主 编 简 介

齐树洁，男，河北武安人，1954 年 8 月生。1972 年 12 月自福建泉州一中应征入伍，1978 年 4 月从新疆军区某部退役。1982 年 7 月毕业于北京大学法律系，获法学学士学位。1990 年 8 月毕业于厦门大学民商法专业，获法学硕士学位。2003 年 11 月毕业于西南政法大学诉讼法专业，获法学博士学位。曾在西南政法学院、中国人民大学、香港大学、澳门大学、台湾中山大学、菲律宾 Ateneo 大学、英国伦敦大学、德国 Freiburg 大学、法国巴黎第二大学、美国佛罗里达大学研修和访问。现为厦门大学法学院教授、澳门科技大学兼职博士生导师。

Access to Justice
厦门大学司法制度研究丛书

英国证据法新论
The English Law of Evidence

齐树洁　主　编

撰稿人（以撰写章节先后为序）

齐树洁　陈慰星　辜恩臻
李辉东　黄　斌　邹郁卓
任才峰　李　宁　于松峰
陶南颖　季俊强　林芳芳
李叶丹

厦门大学出版社
XIAMEN UNIVERSITY PRESS

国家一级出版社
全国百佳图书出版单位

图书在版编目（CIP）数据

英国证据法新论 / 齐树洁主编. -- 厦门：厦门大
学出版社，2011.12（2025.9重印）
（厦门大学司法制度研究丛书）
ISBN 978-7-5615-4020-6

Ⅰ．①英… Ⅱ．①齐… Ⅲ．①证据-法律-研究-英
国 Ⅳ．①D956.15

中国版本图书馆CIP数据核字(2011)第250584号

策划编辑	施高翔
责任编辑	李　宁
美术编辑	李夏凌
技术编辑	许克华

出版发行　*厦门大学出版社*

社　　址　厦门市软件园二期望海路 39 号
邮政编码　361008
总　　机　0592-2181111　0592-2181406(传真)
营销中心　0592-2184458　0592-2181365
网　　址　http://www.xmupress.com
邮　　箱　xmup@xmupress.com
印　　刷　厦门集大印刷有限公司

开本　720 mm×1 000 mm　1/16
印张　27.25
插页　2
字数　480 千字
版次　2011 年 12 月第 1 版
印次　2025 年 9 月第 2 次印刷
定价　76.00 元

厦门大学出版社
微信二维码

厦门大学出版社
微博二维码

作者简介

（以撰写章节先后为序）

齐树洁　法学博士，厦门大学法学院教授。本书主编，撰写绪论、第十六章。

陈慰星　法学博士，撰写第一章。

辜恩臻　法学博士，本书副主编，撰写第二章。

李辉东　法学硕士，撰写第三章。

黄　斌　法学硕士，撰写第四章。

邹郁卓　法学博士，撰写第五章、第十三章。

任才峰　法学硕士，撰写第六章、第十一章。

李　宁　法学硕士，撰写第七章。

于松锋　法学硕士，撰写第八章。

陶南颖　法学博士，撰写第九章。

季俊强　法学硕士，撰写第十章、第十四章。

林芳芳　法学硕士，撰写第十二章。

李叶丹　法学博士，本书副主编，撰写第十五章、第十七章。

出 版 说 明

　　厦门大学法律系(现为法学院)创办于 1926 年,其后几经坎坷,历尽艰辛。自 1979 年复办以来,法学院在重视提高诉讼法学教学质量的同时,始终密切关注并积极参与我国诉讼法律制度的建设及诉讼法学科的发展。40 多年来,法学院教师出版、发表了许多专著、教材和学术论文,内容涉及民事诉讼、刑事诉讼、行政诉讼、海事诉讼、仲裁制度、破产制度、海峡两岸诉讼制度比较以及司法改革等方面,在法学界产生了较大影响。1999 年,经国务院学位办批准,厦门大学开始招收诉讼法专业硕士研究生。2001 年 5 月,为适应诉讼法教学和科研的需要,提升学术研究水准,促进诉讼法学科的发展,并为我国正在进行的司法改革摇旗呐喊,尽绵薄之力,我发起编写"厦门大学法学院诉讼法学系列"。受 20 世纪 90 年代英国民事司法改革的启示,我们将本丛书的主题确定为"接近正义"(Access to Justice)。

　　本系列第一辑以民事诉讼法为主题,包括《民事程序法》、《民事司法改革研究》、《民事证据法专论》、《仲裁法新论》、《英国证据法》、《ADR 原理与实务》(再版时改名为《多元化纠纷解决机制》)、《强制执行法》、《破产法研究》等 8 种,已于 2004 年 6 月全部出齐并先后重印或再版。这套书的出版在法学界引起很大的反响,受到专家和读者的好评,并被多所法律院校采用为教材。2002 年 9 月,英国文化委员会和驻华大使馆发来贺信,对《英国证据法》的出版表示祝贺并予以高度评价。[①] 2003 年,《仲裁法新论》获得厦门市第五次社会科学优秀成果二等奖;《英国证据法》获得福建省第五届社会科学优秀成果三等奖。2004 年,《民事程序法》《英国证据法》同时获得"首届中国优秀法律图书奖"。2006 年,《民事程序法》入选普通高等教育"十一五"国家级规划教材。

　　第二辑在继承第一辑写作风格的基础上,有所发展和创新。为适应我国司法改革的新形势,这一辑以司法制度及其改革为主题,共计 10 种,包括《程

---

　　① 英国文化委员会和英国驻华大使馆的贺信称:" We are extremely excited about the publication of Evidence Law in the UK. The enlightening piece of work,being the first of its kind to elaborate on UK evidence law,is obviously a breakthrough in its particular field of study."

序正义与司法改革》《公证制度新论》《环境纠纷解决机制研究》《多元化纠纷解决机制原理与实务》《英国司法制度》《美国司法制度》《德国司法制度》《民事审前程序》《台港澳民事诉讼制度》《调解衔接机制理论与实践》，已于 2010 年 6 月全部出齐。其中，《程序正义与司法改革》《公证制度新论》于 2007 年同时获得福建省优秀法学成果一等奖，《程序正义与司法改革》《多元化纠纷解决机制原理与实务》于 2008 年分别获得厦门市第七次社会科学优秀二等奖和三等奖。

"厦门大学法学院诉讼法学系列"第一辑、第二辑共计 18 种书，总字数 1000 余万字，涉及面广，工程浩大，影响深远。数百名作者呕心沥血，不计名利，历时 10 年，终于大功告成。这是厦门大学诉讼法学科建设的一件大事，值得庆贺和纪念。在此基础上，厦门大学法学院诉讼法学科与广东省东莞市第一人民法院合作，决定共同编写"厦门大学司法制度研究丛书"。本丛书以司法改革、多元化纠纷解决机制为主题，拟编写并出版 10 种相关著作。

《英国证据法新论》系新丛书之一种。英国证据法历史悠久，体系严密，内容丰富，与时俱进，对各国和地区（尤其是普通法系国家和地区）证据制度的发展产生过重要的影响。本书利用大量的中文资料以及最新的英文资料，从论述英国司法制度的历史渊源、基础理念入手，介绍英国证据制度的基本原理、主要规则、运作状况、改革动态及其发展趋势，以期为我国证据制度的改革与完善提供参考和借鉴。

本丛书的出版得到了厦门市中级人民法院、东莞市中级人民法院、福州市中级人民法院、泉州市中级人民法院、莆田市中级人民法院、漳州市中级人民法院、厦门市司法局、厦门仲裁委员会、厦门市公证处、泉州市公证处、北京市天元律师事务所、广东君强律师事务所、厦门大学法学院、厦门大学出版社的鼓励、支持和帮助，在此一并表示衷心的感谢。司法改革任重而道远。我们将不畏艰难，奋力前行。

尽管作了很大的努力，但由于作者的学识和能力所限，本丛书的不足之处在所难免，恳请专家、读者批评指正。

齐树洁　谨识

2025 年 7 月 31 日

于厦门大学法学院

目　　录

绪　论

证据是审判的基础,证据规则是诉讼制度的核心。19 世纪初期英国著名法学家边沁曾经说过:程序法的直接目的是保证公正的判决,即将有效的法律正确地适用于真实的案件事实;而这必须以相关的证据为依据。① 证据法就是关于法庭认定和使用证据的规则。

英国是一个具有悠久历史的国家,其证据法律制度源于司法实践,内容丰富,体系严密,并且为适应社会的变迁而不断改革,与时俱进。英国证据制度的原理和实务对各国和地区(尤其是普通法系国家和地区)证据制度的发展产生过重要的影响。

5 世纪中叶盎格鲁-撒克逊人进入不列颠之后,英伦三岛即产生了早期的法律。自从 12—13 世纪司法的中央集权化完成以来,从普通法的产生,到衡平法的出现,以及 17、18 世纪的法律制度资本主义现代化,最终形成了今天英国的法律制度。与许多欧洲国家不同,英国法律的发展较为平稳,很少受突发事件或革命的影响而被迫停顿或急剧变更。因此,虽然其发展至今已逾千年,但现代英国法无论在形式上还是内容上都与封建时代的英国法有着千丝万缕的联系。② 从制度层面来说,英国人常常引以为自豪的是,他们的法律制度连续存在了千余年,且一以贯之,从未中断。

随着现代社会的发展,传统的司法制度面临许多新的难题和挑战。近年来,为适应社会的需要,保障人民的权利,英国司法制度正在进行着一场全面的改革,其范围涉及司法理念、法院体系、法律职业、诉讼程序以及纠纷解决等各个方面。例如,颁行《民事诉讼规则》和《刑事诉讼规则》,设立司法部和最高法院,完善行政司法体制,鼓励当事人利用仲裁和调解等非诉讼方式解决争议等。③

---

① 何家弘主编:《新编证据法学》,法律出版社 2000 年版,第 16 页。

② 何勤华主编:《外国法制史》,法律出版社 2003 年第 3 版,第 136 页。

③ 有关近年来英国司法改革的评述,可参见江国华、朱道坤:《世纪之交的英国司法改革研究》,载《东方法学》2010 年第 2 期。

英国司法制度对世界上的许多国家产生过深远的影响。17世纪初开始的殖民扩张使英国法随之在国外传播。在英国法由封建法律转变为资本主义法律的过程中,其对国外的影响也随着英国急剧的殖民扩张而延伸至美洲、亚洲、大洋洲和非洲的广大地区。普通法作为世界主要法系之一的地位终于确立。普通法系以英国法为基础,故又名英国法系。美国法律从总体上而言属于普通法系,尽管具有自己的特征,但其司法制度已经深深地打上了英国法的烙印。普通法系因此又可称为英美法系。① 至19世纪末,以英国为主要代表的英美法系已经成为与大陆法系并驾齐驱的两大法系之一。此外,英国法中的一些具体制度也影响了许多国家,这种影响甚至波及英美法系国家以外的地区,例如,在法国、德国等大陆法系国家,法院越来越重视判例法的作用。

一、历史演变概述

司法制度的形成,取决于一个国家的政治经济体制和国家性质与结构,受到经济基础、政治体制、社会需求、利益平衡、传统习惯、文化等社会因素以及特定的历史条件的制约。时间给每个古老的制度都刻上独特的皱褶和印记。"只有通过历史,才能与民族的初始状态保持生动的联系,而丧失了这一联系,也就丧失了每一民族的精神生活中最为宝贵的部分"。② 研究英国法,可以有许多不同的角度,例如,政治、经济、文化等。由于普通法是在长期的历史发展中演变形成的,如果不了解历史,就无法全面了解普通法。正如波洛克(Pollock)所说:"我是一个法学家;但在我看来,一个人如果没有远远超出一般课本的更多的历史批判知识,他是不可能理解英国法律的。"③

(一)普通法形成之前的法制状态

研究英国法律史,必须从它的"源头"开始。

1.古罗马法对不列颠法律制度的有限影响

公元200年,古罗马帝国司法管辖权的扩张达到了巅峰时期,而不列颠就

---

① 沈宗灵:《比较法总论》,北京大学出版社1987年版,第160~161页。

② [德]弗里德里希·卡尔·冯·萨维尼:《论立法与法学的当代使命》,许章润译,中国法制出版社2001年版,第87页。

③ 转引自李红海:《普通法的历史解读——从梅特兰开始》,清华大学出版社2003年版,第9页。

在这个广大疆域的最北端。公元 4 世纪之前的近 400 年中,不列颠一直只是古罗马帝国的一个边远行省。在理论上,它处于罗马帝国的统治之下——无论是文明发达的希腊还是未开化的不列颠,法律的适用是统一的。但是,由于地理上的因素,罗马人对不列颠的统治仅仅集中在少数几个大城市及其近郊地区,广大的农村地区继续保留着原有的生活方式和社会习惯。古罗马人将事件、习惯法记录下来的习惯也没能对遥远的不列颠产生质的影响,而不列颠人则仍然保持着他们口耳相传的习惯。

2. 盎格鲁-撒克逊时期的不列颠法律制度

古罗马人撤离不列颠以后,盎格鲁-撒克逊人接踵而至。公元 5 世纪中期,北欧原始氏族部落的盎格鲁人、撒克逊人和朱特人相继入侵不列颠。他们在和当地罗马人和凯尔特人(Celts)的战斗中,从 6 世纪初起,形成了七个部落联盟,这标志着国家在不列颠的产生。在这之后,盎格鲁-撒克逊诸王国为了争夺霸权进行了长期的斗争,从 731 年到 829 年的一个世纪时间内,七国之间陷入混战。在混战中,麦西亚脱颖而出。至 8 世纪中叶,麦西亚控制了亨博河以南的所有地区。麦西亚国王奥法(Offa)即位后,自称英格兰国王,他是英国历史上第一位自称英格兰国王的君主。不列颠在 7 世纪开始形成封建制度,至 829 年英格兰统一,史称"盎格鲁-撒克逊时代"。

盎格鲁-撒克逊人的到来给英格兰所带来的深刻影响,丝毫不逊于 1066 年的"诺曼征服"(Norman Conquest)。盎格鲁-撒克逊人入侵英格兰之前还处在原始社会氏族公社时期,社会的主要财富,如土地等都是公共财产,氏族部落的民众集会是管理社会和处理民众纠纷的唯一的社会权力组织。在氏族生活中他们也形成了许多习惯,这些习惯被人们当作是公认的调整社会生活的规则。在征服不列颠的过程中,这种原始社会的朴素关系发生了质的变化。战争的胜利和战利品的分配导致私有制的产生,阶级分化出现,国王成为最高统治者,而在这种转变之前产生的习惯成为国王的法律。盎格鲁-撒克逊民族对不列颠社会的发展起到了不可忽视的作用。"不列颠最早的法律观念、行为模式和习惯在一定程度上造就了一个珍视传统、注重历史连续性和法律生活经验的民族性格"。[①] 这些变化主要表现在以下几个方面:

(1)成文法的出现

在盎格鲁-撒克逊时代的早期,各王国之间的战争客观上促进了各地之间的习惯交流和融合,此外,战争也使国王和贤人会议成为全国性的机构,这就

---

① 张彩凤:《现代英国法治的古代渊源》,载《中国人民公安大学学报》2001 年第 2 期。

为法律的统一和成文化做好了组织准备。① 最早的盎格鲁-撒克逊法律汇编是大约公元 600 年颁布的《埃塞尔伯特法》。②《埃塞尔伯特法》以其各种详细的伤害赔偿规定而著称。此后,又出现了《伊尼法典》、《阿尔弗雷德法典》和《克努特法典》等法律。

此外,成文法在英格兰的出现也与 6 世纪基督教的传入有关。教会将欧洲大陆的许多观念带入这个位于欧洲大陆西海岸的岛屿。

(2)审判组织的形式

第一,中央司法机构——贤人会议(Witenagemot)。在盎格鲁-撒克逊时代,英格兰没有常规运作的司法系统,因此,作为国家唯一的核心司法机构的贤人会议在当时的司法体系中起了重要的作用。贤人会议由国王召集主持,参加者均为贵族,实质上是一种贵族会议,其司法职能主要是审理涉及国王和贵族利益的案件。它拥有贵族案件的专属管辖权,由它作出的判决具有最高效力,即使是国王也不得违背。贤人会议是英格兰最早出现的审判组织形式。这种"国王在法律之下"的观念,是英国近代立宪主义思想的根源。③

第二,地方司法机构——郡法院(County Court)、百户区法庭(Hundred Court)和村镇法庭(Vill-Town Court)。④ 12 世纪初的英格兰布满错综复杂的地方法院网络。这些法院早于封建制度,有些比英格兰王国还古老。⑤ 村镇法庭是最基层的法庭,它的司法管辖权十分有限,只能审理一些轻微案件,如调解邻里纠纷等。数个村镇组成一个百户区,百户区法庭可以审理标的额较大的案件,如继承权或土地转让案件。几个百户区可以形成一个郡。郡法院是负责地方行政、司法和教会事务的主要机构。郡法院由贵族或国王主持,在郡内居住的自由人都有权利和义务参加郡法院的审判。但在这个时期,郡法院的角色更多的是作为一个行政管理主体。

第三,各封建主领地内的封建法庭。在盎格鲁-撒克逊时代后期,英格兰进入了封建社会初级阶段,国王在册封土地时将封地上的居民和封地的部分司法管辖权一并赐予地方封建地主。

---

① 程汉大主编:《英国法制史》,齐鲁书社 2001 年版,第 4~5 页。

② [美]哈罗德·J.伯尔曼:《法律与革命——西方法律传统的形成》,贺卫方等译,中国大百科全书出版社 1993 年版,第 63 页。

③ Rene David & John E. C. Brierley, *Major Legal Systems in the World Today*, Stevens & Sons, 1978, p.294.

④ Xu Shan-na, *English Legal System*, Wuhan University Press, 2003, p.2.

⑤ [英]梅特兰:《普通法的诉讼形式》,王云霞等译,商务印书馆 2010 年版,第 32 页。

（3）思想观念的转变

关于英格兰法律体系的观念转变，有必要从盎格鲁-撒克逊人的原始习惯谈起。"英国早期法律的主体是盎格鲁-撒克逊人在征服不列颠人时期从日耳曼带来的，它是根据日耳曼人的习惯形成的"。① 盎格鲁-撒克逊原始氏族在未入侵不列颠之前，一些氏族习惯已经被奉为具有最高权威的行为准则，氏族内部的任何人均须遵守；入侵英格兰后，虽然其社会结构已经发生了质的变化，但是这种对最高行为准则的信仰始终被盎格鲁-撒克逊人遵守着，甚至包括国王本人，可能是因为"它和自然的任何事物一样，是永恒不变的"。② 这样的法律观念影响着英格兰，是现代英国法治中"法律至上"理念的思想渊源。

英格兰早期的一些成文法的出现实际上与现代意义上的成文法有着本质上的区别。如上文所说，它早期的成文法是对既有习惯法的整理，是一种对法律的宣示行为。譬如，《阿尔弗雷德法典》的序言中写道："我，阿尔弗雷德，现将我的祖先尊奉的法律集中在一起记述下来……我认为这些都是很好的法律，那些我认为不好的法律没有记入……我未敢擅自写入我自己制定的法律，因为我不知道哪些将获得人们的赞同。"③这种制定法典的模式事实上是保存习惯法的有效方法。通过历任国王将近五个世纪连续不断的实施，盎格鲁-撒克逊法为自己打下了一个较为稳固的基础，也深刻地影响了后世普通法以及遵循先例原则的产生和发展。④

（二）普通法的产生及其背景

"普通法"（Common Law）是英美法中的一个重要概念，它是英美法系各国法律的重要渊源。⑤ 从字面上看，它可以被理解为"普通英国人的法律"

---

① Frederick Pollock & Frederick William Maitland，*The History of English Law Before the Time of Edward 1*，Cambridge University Press，1978，pp.xxx-xxxii.

② ［美］萨拜因：《政治学说史》，盛葵阳、崔妙因译，商务印书馆 1985 年版，第 246 页。

③ M.布洛赫：《封建社会》，伦敦 1962 年版，第 110～111 页，转引自程汉大主编：《英国法制史》，齐鲁书社 2001 年版，第 6 页。

④ Charles E. Tucker，Anglo-Saxon Law: Its Development and Impact on the English Legal System，in *United States Air Force Academy Journal of Legal Studies*，1991，Vol.2.

⑤ 《牛津法律词典》对 common law 的解释如下："The part of English law based on rules developed by the royal courts during the first three centuries after the Norman Conquest（1066）as a system applicable to the whole country，as opposed to local customs."See *Oxford Dictionary of Law*，6th edition，edited by Elizabeth A. Martin & Jonathan Law，Oxford University Press，2006，p.104.

(law of the common people of England)，然而，事实上这一理解略有偏差。普通法是特殊政治斗争的产物，它的出现象征着一个集权性司法制度的产生，而这一集权的典型代表就是国王，普通法确立了一套统一的司法制度，它是对中央集权的巩固和加强。

普通法是在诺曼征服后的几个世纪中发展起来的。1066年诺曼人威廉公爵率领军队占领英格兰的事件，被范·卡内冈（Van Caenegem）教授称为是"一场具有极端重要性的灾难"。① 然而，从它对英国法的重大影响程度来说，几乎所有研究英国法制史的人都无法回避这一事件。在诺曼时代的初期，英格兰并不稳定，盎格鲁-撒克逊人进行了长期的反抗诺曼人的斗争，直到1072年威廉一世征服全英格兰。威廉的征服加速了英格兰完成封建化的进程。威廉一世将占领和没收的土地分封给自己的臣子，他们大部分是诺曼人，从此诺曼人接管了英格兰社会的所有事务并给英格兰人民带去了诺曼人的习惯法。出于政治的考虑，威廉一世在其加冕典礼上宣布，作为英格兰国王，要继续服从爱德华时代的盎格鲁-撒克逊法。② 但是随着时间的推移，两套法律互相渗透，不断融合。事实上，诺曼人也从未试图完全改变不列颠地区既存的习惯法。威廉一世在许多法律中都允许不列颠的城镇继续保有原来的法院——这些法院适用爱德华时期的法律，而这些法律就是早期的不列颠习惯法。③

诺曼征服后，国王位于社会阶级的最高等级，拥有最广阔的土地和最大的特权。为了对当时混乱的社会秩序进行规制，英格兰国王决心建立起强大的中央集权政治体系，并将司法审判权也集中到国王及贵族手中。从威廉一世分封土地开始，英格兰的政权不断收拢到国王手里。1086年，威廉制定了著名的《末日审判书》（Domesday Book），从而确立了封建土地所有制。④ 此外，由于当时教会的强大力量足以抗衡王室，威廉将教会法院从郡法院中分离出来。"在这个国家中，各个教派以关心自由为名，不时求助于人民的权利来反对世俗君主的恶劣行径，又不得不轮番将自己置于法律的保护之下，它们的教徒在这种激烈的宗派斗争中接受了政治教育，他们比当时的大部分欧洲人更熟悉权利观念和真正自由的原则"。⑤ 在无数次的王权与宗教权力的斗争中，

---

① ［英］R. C. 范·卡内冈：《英国普通法的诞生》，李红海译，中国政法大学出版社2003年版，第5页。

② 张彩凤：《现代英国法治的历史开端》，载《公安大学学报》2001年第3期。

③ Denis Keenan, *English Law*, 14th edition, Pearson Longman, 2004. p.6.

④ 何勤华主编：《英国法律发达史》，法律出版社1999年版，第12页。

⑤ ［法］托克维尔：《论美国的民主》，董果良译，商务印书馆1991年版，第32页。

双方都不是胜者,最终获胜的是法律。法律被置于高于王室和宗教的地位,因此可以认为:英国比其他欧洲国家更早开始实行法治。相对于当时欧洲宗教统治的状况,这是难能可贵的。

亨利一世退位之后,不列颠地区经过了短暂的"无政府时期"(the Anarchy)(1135—1154),时任国王的史蒂芬(King Stephen)无法将亨利一世确立的体制予以保持,整个国家陷入了相对混乱的状态。然而,在随后的亨利二世统治时期,被称作"普通法之父"的亨利二世使英格兰的司法中央集权得到了进一步的强化。司法专业化也被确立,至此,普通法已经初具规模。在这个过程中,中央法院、令状制度,以及陪审团制度的确立对普通法的形成起到了积极的作用。

1.中央法院的兴起

对于许多普通民事案件而言,早年从王室法院(the King's Court)分离出来的三个法院即民事诉讼高等法院(the Court of Common Pleas)、理财法院(the Court of Exchequer)和王座法院(the Court of King's Bench)均有平等的管辖权,这三大中央法院成了固定的专职审判部门。然而需要指出的是,王座法院和理财法院是通过精巧奇特的拟制才得以受理普通民事案件的,而民事诉讼高等法院则垄断了对物诉讼。① 围绕着中央王室法院的工作,一个各地风貌迥异的王国被连接为一个整体,王室法官便是其中的生命线,他们缔造了一种通行全国的法律——普通法。② 这三者中最早产生的是民事诉讼高等法院,它是从英国早期的财政部中派生出来的一个机构,主要由法官组成并以司法职能为主。虽然财政部的主要职责是处理国家财政事务但是它也兼管行政和司法工作,但它仍然未实现职能的专业化。尽管如此,"财政部作为这架机器的首脑,既是最高司法长官,也是国王缺席时作为其化身的摄政者"。③ 民事诉讼高等法院经过几十年的变革,最终成为中世纪英国最繁忙的法庭。

在民事诉讼高等法院从财政部分离后,财政部有时还需要处理一些有关税额争议的财政纠纷案件,一些普通诉讼的当事人要求将他们的争议交给财政部处理,理财法院于是应运而生。随着民事诉讼高等法院影响的不断扩大,

① ［英］梅特兰:《普通法的诉讼形式》,王云霞等译,商务印书馆 2010 年版,第 19 页。

② 周威:《英格兰的早期治理——11—13 世纪英格兰治理模式的竞争性选择》,北京大学出版社 2008 年版,第 132 页。

③ ［英］S.F.C.密尔松:《普通法的历史基础》,李显东等译,中国大百科全书出版社 1999 年版,第 23 页。

理财法院后来不得不放弃普通诉讼的管辖权,只保留财政案件的审判权。

王座法院原意指国王亲临审判的机构,并因此得名。王座法院的萌芽产生于"无地王"约翰统治时期。尽管王座法院产生于约翰的专制统治的野心,但是它对普通法的形成发展却具有无可替代的重要影响。由于王座法院的设立目的,它成为三大中央法院中地位最高的、由国王直接行使审判权的法院,并且它的管辖范围也最广——从涉及王室利益的行为到私人的不法行为。此外,王座法院的职责除了审理案件外,到16世纪时,它还要对所有王室法院的案件进行复审。

2.令状制度

自古以来就有这样的规则,如果没有国王签发的令状,任何人都不能在王室法院中诉讼——即没有令状,任何人都不得诉讼(Non potest quis sine brevi agere)。① 在中世纪早期,令状本是一种信件式的行政命令或通知,它作为一种行政管理手段被教皇和欧洲各国统治者们普遍使用;在盎格鲁-撒克逊时期,令状的作用仍未超出这一范围。到了诺曼王朝时期,国王为了扩大自己的司法权限,逐步将令状由原先的行政命令转化为司法文书,令状被赋予了新的作用。具体而言,令状是当事人提出的申请经国王同意后,由国王文书处大法官庭签发的,"它更像一种判决执行通知书"。②

令状制度在亨利二世和爱德华一世的时候得到了迅速的发展。令状不再含有应如何补偿受害一方损失之类的内容,而是指示有关当事人或郡长应采用什么样的方式向王座法院起诉,法庭应如何传唤被告出庭,应遵循什么程序进行案件审理等;它已经成为启动某一类诉讼的必要手段,是司法程序开始的形式要件。此外,亨利二世利用令状制度将刑事审判权收归到王室手中,所以"令状制度的产生和发展就是司法管辖审判权中央集权化的过程"。③ 亨利二世在位期间,令状制度发展到不可收拾的地步。令状种类繁多,当事人必须申请合适的令状,否则便得不到救济。这种烦琐而且僵硬的规则危及了封建贵族的利益,于是在爱德华一世时期,新的令状形式受到限制,令状制度基本定型。

由于令状制度存在种种弊端,它在历经了长达几个世纪的磨难后,终于在

---

① [英]梅特兰:《普通法的诉讼形式》,王云霞等译,商务印书馆2010年版,第22～23页。

② 程汉大主编:《英国法制史》,齐鲁书社2001年版,第69～70页。

③ 项焱、张烁:《英国法治的基石——令状制度》,载《法学评论》2004年第1期。

1875年被废除。尽管令状制度带来诉讼上的不便和耗费,但它培养了英国人的法律思想,尤其是在法律至上、程序优先和正当程序等方面的理念。时至今日,这些法律理念仍然深深地影响着英国法律制度。此外,令状制度的种种弊端也为衡平法的产生提供了契机。

3.陪审团的产生

陪审团起源于古代法兰克的调查陪审团,主要服务于王室行政。后由诺曼征服者威廉引入英格兰,起初也主要服务于王室行政,后经亨利二世的改革,陪审团才逐步普遍应用于司法领域。[①] 1164年,他首先在《克拉伦登诏令》中规定,巡回法官在审理土地纠纷案件和重大刑事案件时,应找12名了解案情的当地居民担任陪审员,这是第一次以法令的形式将陪审制运用于审判程序中。此后,他又在《克拉伦登法令》和《诺桑普顿法令》中规定必须有陪审员参与案件的审理。到了13世纪,国王根据社会实际的需要又将债务关系、非法扣留动产、抵押权纠纷等案件类型纳入适用陪审团的范围之中,至此,陪审团被推广到不动产和重大刑事案件之外的诉讼类型中。最后,《大宪章》将这一制度固定了下来,使之成为普通法区别于大陆法的重要特征。

4.《大宪章》(Magna Carta)

与普通法的发端处于同一历史时期的《自由大宪章》在英国乃至整个西方世界宪政历史中都有着里程碑式的意义。它与法律演进方式之间存在着某种关系,向我们展示出一个更加规范化和常规化的,由王室所提供的司法体制的发展进程。[②]

亨利二世退位后的几十年间,英国经历了理查德一世、约翰以及亨利三世的统治。其中,理查德一世在其当政的10年期间几乎都被架空,约翰则受困于外敌入侵和内乱,亨利三世继位时只有9岁,他不得不依赖于自己的母亲。《大宪章》就是产生于这样一个动荡的时期:约翰当政期间,肆意践踏封建契约关系,激化了与贵族的矛盾,从而激起了贵族集团的反抗,随着内战的展开,贵族集团逐渐取得军事上的优势地位,约翰迫于无奈只得在一份事先由贵族拟好的文件上署印,这份文件就是《大宪章》。

由于反约翰战争具有封建性和人民起义的双重性质,作为战争结果的《大

---

① 任蓉:《英美陪审团——审判制度机理与实效研究》,中国社会科学出版社2010年版,第235页。

② [英]约翰·哈德森:《英国普通法的形成——从诺曼政府到大宪章时期英格兰的法律与社会》,商务印书馆2006年版,第243～244页。

宪章》也当然具有了双重属性。一方面，它系统地阐述了封建习惯，是一个封建性文件；另一方面，它又是一个表明王权有限、法律至上原则的宪法性文件，特别值得一提的是，《大宪章》通过赋予议会征税权，使得议会的参政、议政权有了获得保障的基础。①

在当时的历史环境下，《大宪章》不仅在欧洲范围内，而且在全世界范围内都是独一无二的。它客观上成为反对封建王权的象征和标志，尽管它的出现本身是一种革命实力与王权的妥协。17 世纪的资产阶级革命几乎都是围绕着《大宪章》展开的，甚至"整个英国宪政史就是对《大宪章》进行解读的历史"。② 事实上，几乎现代西方宪政中所有的理念都可以从《大宪章》中找到根源。

(三)衡平法的产生

衡平法(Equity)是英美法上的一个重要概念。③ 如前所述，至 14 世纪，以地方法院和普通法院为中心的一半的法官机构已得到确立，但未能受到这些审判机构公正裁决的人，仍可以向国王请愿(petition)以求实现正义。④ 在 14 世纪后叶普通法垄断时期，随着案件类型的多样化，无法通过令状向前述三种专门法院请求司法救济的当事人会径向国王提出诉讼请求，事实上这种请求大多由大法官处理。至 15 世纪，经过向国王请愿而由大法官处理的诉讼案件数量激增。1474 年，出现了专门的"衡平法院"(Courts of Equity)。在这种法院里，大法官在处理案件时秉持"正义、良心和公正"的理念。事实证明这种方式比普通法效率更高、结果更公平、诉讼成本也更低。⑤ 但是随着衡平法法院影响的扩大，衡平法过于个性化的缺陷也暴露了出来。普通法院的法官嘲笑衡平法的规则"就像大法官的脚长一样，换个大法官就得换套规则"。英国学者约翰·赛尔登(John Seldon)也批评说，"(衡平法)是一种恶作剧，因为

---

① 程汉大主编：《英国法制史》，齐鲁书社 2001 年版，第 213～217 页。

② Theodore F. T. Plucknett, *A Concise History of the Common Law*, 5th Edition, CITIC Publishing House, 2003, p.25.

③ 《牛津法律词典》对 equity 的解释如下："That part of English law originally administered by the Lord Chancellor and later by the Court of Chancery, as distinct from that administered by the courts of common law." See *Oxford Dictionary of Law*, 6th edition, edited by Elizabeth A. Martin & Jonathan Law, Oxford University Press, 2006, p.197.

④ ［日］望月礼二郎：《英美法》，郭建译，台湾五南图书出版公司 2004 年版，第 21 页。

⑤ Gary Slapper & David Kelly, *The English Legal System*, 9th edition, Routledge-Cavendish, 2009, pp.4-5.

法律有一个尺度,而衡平法却是完全凭借大法官的良心裁决"。① 衡平法的迅速发展削弱了普通法法院的社会地位,因此遭到了普通法法官的不满,这种反对势力让衡平法法院不得不作出让步:凡是普通法承认的权利,衡平法一概承认;而普通法中有适当救济办法的案件,衡平法也不再审理,其结果就是衡平法成为普通法的补充而非普通法的替代品。事实上,衡平法对英国法律制度也是作出巨大贡献的,曾有学者说过,"如果英国从来没有一个衡平法法院,那么今天的大陆法系和普通法系也就相差无几了"。② 此外,衡平法和衡平法法院的存在使得大法官摆脱了王室和教会的控制,从而确立了独立的司法地位。

上述对衡平法法院的批评是偏激的,事实上,衡平法法院法官也要遵循先前的判例所确定的原则,而不是完全依照自由裁量权判案。从根本上说,衡平法与普通法还是存在共性的。衡平法是以存在作为一般法规的普通法为前提的,用以弥补普通法在某些具体、局部的不足。所谓"衡平法追随普通法"(Equity follows the law)正是表达这个意思。③ 随着令状制度的消亡,将衡平法与普通法分立的必要性也已经越来越小。《1875 年司法组织法》终于废除了衡平法法院,并将普通法法院和衡平法法院统一到同一法院体系中。这一做法被认为是英国法院走向现代化的开始。

(四)近现代英国法治的发展状态及趋势

英国法治的发展状况在世界范围内是罕见的,英国人可以坚定地捍卫着古老的法律传统不变并坚守几个世纪之久,其间还经历了极其艰辛曲折的过程,这着实令我们吃惊。文艺复兴、资产阶级革命和工业革命等社会变革对文化和工商业的深刻影响并没有带动英国法律制度的革新。19 世纪前英国民事司法制度的变化基本上是一种微调,是在诉讼的形式主义框架内的发展。当时的刑事司法制度与民事司法制度还没有明确的界线,刑事审判也多是依靠判例法进行的。近现代以来,一些西方国家所爆发的"司法危机"促使英国政府开始反思这一问题:传统的司法制度是否能够适合现代社会的发展? 因此,19 世纪以来英国展开了时断时续的司法制度改革。20 世纪末,英国终于决定推行大规模的有计划的改革,其标志是 1994 年开始的以"接近正义"

---

① E. A. Freeman,*The Growth of the English Constitution*,Macmillan and Co.,Limited,1909,pp.98-102.

② [美]约翰·亨利·梅利曼:《大陆法系》,顾培东、禄正平译,法律出版社 2004 年版,第 52 页。

③ [日]望月礼二郎:《英美法》,郭建译,台湾五南图书出版公司 2004 年版,第 23 页。

(Access to Justice)为主题的民事司法改革,以及 2002 年正式开始的以"所有人的正义"(Justice for All)为主题的刑事司法改革。

事实上,这两场改革仍处在持续纠偏的状态中,现在对其下定论还为时尚早,但是可以肯定的一点趋势是:由于英国近几年的司法改革均以议会制定法律作为标志和推动力,制定法在其法律制度中的分量越来越重,尤其是刑事司法改革依靠制定法的特点更为突出。对制定法的依赖根源于普通法的局限性,这一趋势是否会持续下去,我们将继续予以关注。

二、现行司法体制

(一)程序正义

程序正义(procedural justice)理念起源于 1215 年的《自由大宪章》,而后 1354 年爱德华三世第 28 号法令又进一步规定了程序正义的原则。这两个法律文件则被认为是程序正义最早的渊源。程序正义又被人们称之为"自然正义"(natural justice),[①]当年受古罗马法精神浸淫的诺曼人从欧洲大陆越过英吉利海峡的时候,将自然正义的观念带入了英格兰。经过几个世纪的演变,这套观念发展成了英国几个世纪以来遵循的基本程序标准。在某种意义上,普通法法院正是通过不断地求助于自然法原则来裁断案件的,这个过程构成了英国普通法长期发展的过程。[②] 我们可以从这几个案件大致了解这个过程:在 1608 年的 Calvin's 案件的判决中,法院认为,上帝创造人类之时所植根于人们心中的自然法是英格兰法律的一部分,而且是不可更改的一部分,它应该优越于任何司法法或者国内法。[③] 在 1760 年的 Moses v. Macferlan 一案中,曼

---

① 《牛津法律词典》对 natural justice 的解释如下:"Rule of fair play, originally developed by the courts of equity to control the decisions of inferior courts and then gradually extended (particularly in the 20th century) to apply equally to the decisions of administrative and domestic tribunals and of any authority exercising an administrative power that affects a person's status, rights, or liabilities." See *Oxford Dictionary of Law*, 6th edition, edited by Elizabeth A. Martin & Jonathan Law, Oxford University Press, 2006, p.351.

② H. H. Marshall, *Natural Justice*, Sweet & Maxwell, 1959, p.7.

③ 转引自杨寅:《普通法传统中的自然法原则》,载《华东政法学院学报》2000 年第 3 期。

斯菲尔德勋爵（Lord Mansfield）认为，"根据案件的情况，当事人应当受到自然正义的限制"。随后，历史和社会文明的发展说明了自然法是先验的，而自然正义是普通法中的司法原则。

尽管自然正义与自然法的关系难以明确界定，但是，通过英国法数百年的实践不难看出，自然正义的标准有如下公认的两点：任何人都不能成为自己或与自己有利害关系的案件的法官；任何一方当事人都应当被同等对待。实质正义原则具体内容的不确定性和实际操作的不统一性，导致了普通法中程序正义原则的诞生。这也是法哲学从先验主义发展到经验主义的过程。

英美法系各国之所以推崇程序正义，是由于英美法系经验理性的法哲学思想的盛行。日本学者谷口安平认为，英美法之所以强调程序优于实体，缘于英美法的法律机制，即陪审团裁判以及作为其前提的当事人主义诉讼结构、遵循先例原则以及衡平法的发展。陪审员都是非法律专业人士，只能依靠程序来确定他们作出的结果是否正确，而判例制度则使得法官不得不认真倾听双方当事人的辩论，"辩论的技术和程序就有了重要的意义"；衡平法让法官必须从案件的事实出发，依照程序作出适当的判决。① 由此可以看出，经验论者所说的"经验"并不是某一个人的经验，而是多数人的经验，从而归纳总结出大家都认可的东西，它的可贵之处并不在于经验本身，而在于这些经验背后所体现的司法的精神和司法的价值。难怪曼斯菲尔德勋爵要说："判例的理由和精神可成为法律，而特定先例的文字却不能。"②

如今，程序正义的观念不仅存在于英美法系国家，而且还在逐渐影响着大陆法系国家的法治发展。值得一提的是，美国继承了英国程序正义的观念并发展成独具特色的"正当程序原则"。

（二）司法机构的设置

1.司法部（Ministry of Justice）

司法部成立于 2007 年 5 月，其职能包括原宪法事务部（Department for Constitutional Affairs，其前身为司法大臣办公厅）和内政部有关英格兰和威尔士地区的刑事政策、判决政策、假释、监狱和预防犯罪等方面。司法部在英国共设有 900 个办事机构，涉及 650 座法庭和裁判庭以及 139 座监狱。其职

---

① ［日］谷口安平：《程序的正义与诉讼》，王亚新、刘荣军译，中国政法大学出版社2002 年版，第 4～5 页。

② ［美］E.博登海默：《法理学——法律哲学与法律方法》，邓正来译，中国政法大学出版社 1999 年版，第 430 页。

能范围涵盖刑事诉讼、民事及家事审判、民主、权利和宪法等诸多领域。司法部主要致力于实现以下两个目标：第一，运送正义，即为所有人提供有效并且可接近的正义；第二，保护公众，管理罪犯并帮助其顺利融入社会。具体而言包括以下方面：减少累犯，为被害人和公众提供更高效、透明和回应性的刑事司法体系以及公正便捷的民事和家事审判体系；对整个司法体系——法院、监狱以及国家缓刑署（Probation Services）和少年犯管教中心（Attendance Centres）予以有效监督管理，并与其他政府部门一起致力于改革刑事审判体系，服务公众，援助被害者。同时，司法部还肩负制定新的法律、巩固民主、促进宪法现代化的任务。

2. 法院体系

英国有着庞大的法院体系，依据管辖权的不同，可以将它们分为普通管辖权法院（Courts of Normal Jurisdiction）和特别管辖权法院（Courts of Special Jurisdiction）。

（1）普通管辖权法院

普通管辖权法院可以分为高级法院（Superior Courts）与低级法院（Inferior Courts）。高级法院包括英国最高法院（前上议院）、上诉法院、高等法院和刑事法院。上诉法院又分为民事上诉庭和刑事上诉庭，其中民事上诉庭主要审理来自高等法院所有三个分庭以及郡法院的民事上诉案件；刑事上诉庭则审理来自皇家刑事法院的上诉案件。高等法院则包括三个分庭：大法官分庭、王座分庭和家事分庭，它们各自享有平等的管辖权。

值得一提的是，鉴于上议院享有立法权与司法权的双重身份日益遭到民众的质疑和批判，以及迫于《欧洲人权公约》对司法独立提出更高要求的巨大压力，2005 年《宪政改革法》（Constitutional Reform Act 2005）从上议院分离出一个全新的部门——英国最高法院（Supreme Court of the United Kingdom）。① 它享有独立的人事、财政体系，并取代上议院成为英国的最高终审司法机构（除苏格兰地区的刑事案件外）。最高法院坐落在伦敦国会广场的米德尔塞克斯市政厅（Middlesex Guildhall），于 2009 年 10 月 1 日正式成立。首任最高法院院长菲利普斯勋爵（Lord Philips）指出："这是联合王国第一次实现清晰的三权分立，意义重大。把最高司法权从立法机构分离出来，将更强调

---

① 江国华、朱道坤：《世纪之交的英国司法改革研究》，载《东方法学》2010 年第 2 期。

司法独立。"①最高法院的主要职责是审理来自英格兰、威尔士及北爱尔兰三个司法管辖区的上诉案件——商业纠纷、家庭事务、对公共机构的司法审查及《1998年人权法》等等各类型的诉讼并主要着力于那些具有重要影响的司法案件。此外,最高法院亦可审理刑事上诉案件,但苏格兰地区刑事案件除外(该类案件由苏格兰高等法院管辖)。此外,除继承原上议院相关事务外,最高法院还对"权力下放事宜"(devolution issues)享有司法管辖权(过去由枢密院司法委员会管辖)。就听审程序而言,最高法院需由单数法官(至少为3人)组成合议庭,其中常任法官需占半数以上。②

郡法院作为低级法院,只能受理民事案件,而且其管辖权有地域上的限制。治安法院同时拥有民事和刑事案件的初审管辖权。除此之外,英国还设有多种审裁处(tribunal,又译裁判庭、裁判所),它们可以就行政管理中的特殊法律事项争议进行裁判。③

(2)特别管辖权法院

特别管辖权法院首先包括欧洲法院(The European Court),它受理的绝大部分案件都是由各成员国、欧盟下属机构以及各国法院所提交的。特别管辖权法院还包括劳工上诉法庭和验尸官法院等。参见图1-1所示。

3. 内政部(Home Office)

内政部是英国法律体系的重要组成部分。作为英格兰和威尔士的一个行政管理机构,它在发展刑事审判体系方面扮演着重要的角色。内政部设立的主要目的是依靠个人和社区的力量建立一个安全、公平、宽容的社会,一个权利义务对等的社会,一个将公众安全和保护放在首位的社会。英国内政部在

---

① 徐美君:《司法制度比较——以英、美、德三国为主要考察对象》,中国人民公安大学出版社2010年版,第6页。

② Gary Slapper & David Kelly, *The English Legal System*, 9th edition, Routledge-Cavendish, 2009, p.153.

③ 审裁处和裁判所都是对英文"tribunal"的翻译。除此之外,审裁处的名称还包括委员会(commission or committee)、局(board)等。参见英国《牛津法律词典》对"administrative tribunal"一词的解释:A body established by or under Act of Parliament to decide claims and disputes arising in connection with the administration of legislative schemes, normally of a welfare or regulatory nature. Examples are employment tribunals and rent assessment committees. They exist outside the ordinary courts of law, but their decisions are subject to judicial control by means of the doctrine of *ultra vires* and in case of error of law on the face of the record. See *Oxford Dictionary of Law*, 6th edition, edited by Elizabeth A. Martin & Jonathan Law, Oxford University Press, 2006, p.15.

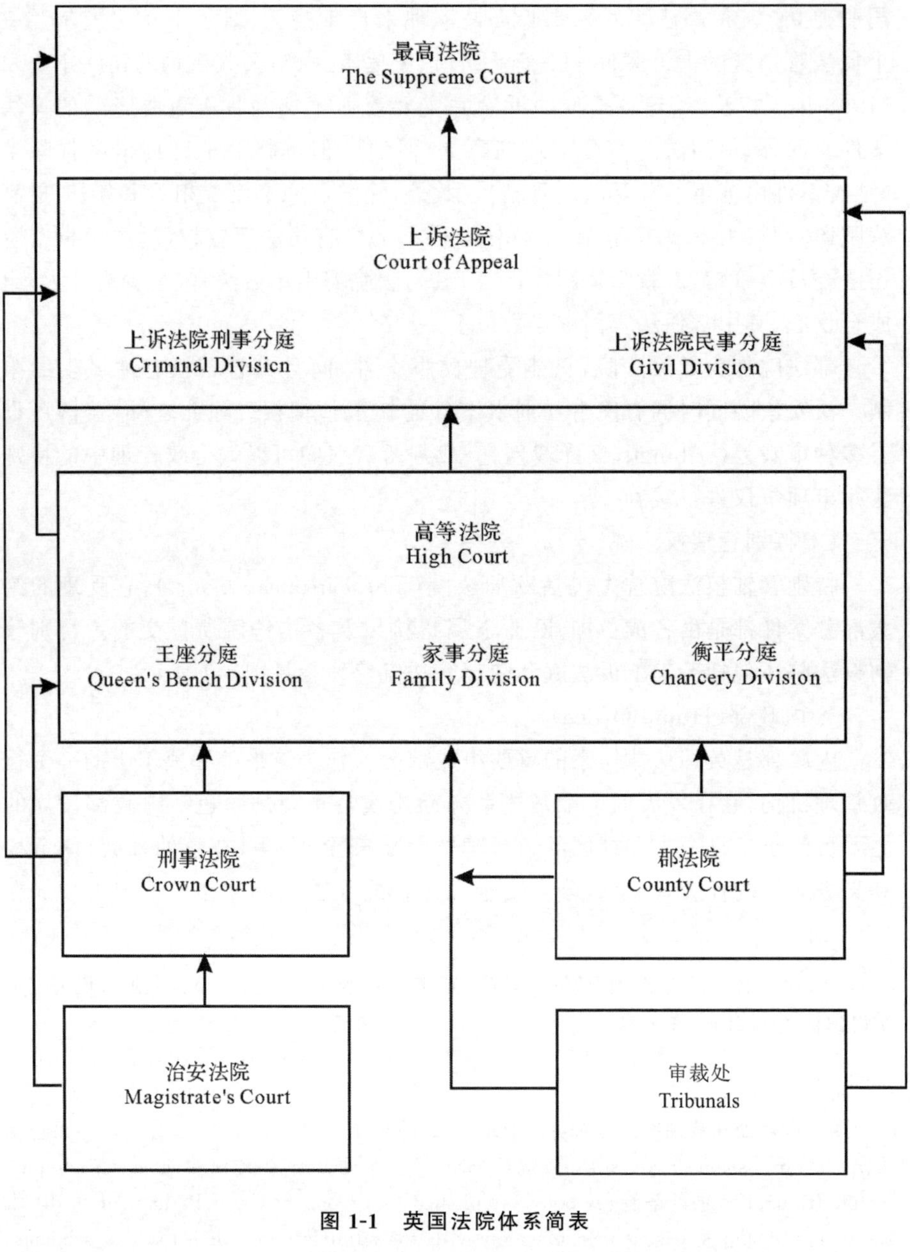

图 1-1 英国法院体系简表

内政大臣(the Home Secretary)的领导和指挥下工作。

具体而言，其管理事务涉及警察、罪犯管理和验尸官法院(Coroner's Courts)、监狱管理、移民和归化、引渡、消防、公共秩序、禁毒等诸多领域。内政大臣有权监督 42 个地方管辖区内的警察机构(Police Authorities)、司法科学机构（Forensic Service）、国家缓刑署、监狱机构（Prison Service）、监狱警卫和监管机构（Prison Escort and Custody Service）、刑事伤害赔偿机制（Criminal Injuries Compensation Scheme）和被害人援助中央基金（Central Funding of Victim Support）的工作。为敦促警方办案效率，2005 年，内政部设立严重有组织犯罪防治署（Serious Organized Crime Agency），取代了此前的国家刑事情报局（National Criminal Intelligence Service ）和国家犯罪研究小组（National Crime Squad）。①

此外，内政大臣还在刑事司法体制的改革中发挥了重要的作用。近年来，内政部发布的诸如《建设刑事司法：前方的路》（*Building Criminal Justice：The Way Ahead*）、《所有人的正义》、《建立安全社区，打击犯罪——21 世纪更有效的警务工作》（*Building Communities，Beating Crime—A Better Police Service for the 21st Century*）等一系列白皮书，对特定领域的改革起到了指导作用。

4. 皇家法院服务处（Her Majesty's Courts Service）

皇家法院服务处于 2005 年 4 月成立，旨在统一行使法院之行政管理机构，并借此整合法院服务（courts service）和治安法院委员会（Magistrates' Courts Committees）的相关职能。

皇家法院服务处的成立得益于上议院议员奥德勋爵（Lord Auld）主持的《刑事法院评审报告》（*Review of the Criminal Courts*）。在该报告中，他提议成立一个"单一、集中、有固定资金"的行政机构负责对民事、刑事和家事法院的行政管理并以此提供更协调和灵活的法院服务。该机构致力于为团体、纳税人、受害者、证人以及其他所有使用法院者提供更优质的服务，旨在敦促各法院部门提供高质量的服务并最大限度地优化资源利用。皇家法院服务处负责管理英格兰和威尔士地区的民事、家事和刑事法庭，包括刑事法院、郡法院和治安法院等。②

---

①　Martin Partington，*An Introduction to the English Legal System*，3rd edition，Oxford University Press，2006，p.84.

②　Gary Slapper & David Kelly，*The English Legal System*，9th edition，Routledge-Cavendish，2009，p.140.

5.检察长（the Director of Public Prosecutions）、皇家检察署（Crown Prosecution Service）和严重诈骗案件侦查局（Serious Fraud Office）

（1）检察长（DPP）

检察官制度建立于 1879 年，后来经过几次立法的更改，如 1978 年的《犯罪起诉规则》（*Prosecution of of Fences Regulations* 1978），直至《1985 年犯罪起诉法》（*Prosecution of Offences Act* 1985）才大致确立了检察长的职责和地位。

DPP 由总检察长（Attorney-General）任命，只有具备 10 年检控资格的人才有可能获得任命。DPP 有两大职权：一是任何有关特定犯罪的起诉都必须经过 DPP 的同意。二是 DPP 可以接管任何刑事案件并且可以采取任何他希望采取的方式，如不提交任何证据给法庭。这些权力赋予了 DPP 在特定刑事犯罪的起诉上有相当大的控制权，但其作出的每个检控决定都必须接受法院的司法审查。

《1985 年犯罪起诉法》保留了总检察长对 DPP 的权力限制，主要有两个方面：总检察长可以对不予起诉的案件进行干预；对一些特定犯罪行为的起诉必须得到总检察长的许可。对于后者比较典型的例子是《1996 年法律改革法》（*Law Reform Act* 1996）规定，对于已经因被控杀人而受到裁判的罪犯，如果被害人在犯罪事件发生的 3 年或者更长时间后去世的，对该罪犯的起诉必须得到总检察长的同意。[①]

（2）皇家检察署（CPS）

皇家检察署依《1985 年犯罪起诉法》的相关规定于 1986 年成立并由 DPP 主持工作。在此之前，刑事案件的起诉主要由警察提起，警察权力的滥用导致侦查起诉被不当干预以及审判不公现象时有发生。为此，皇家刑事司法委员会（Royal Commission on Criminal Procedure）于 1981 年建议分离刑事调查和检控职能，并成立独立机构行使检控权。[②] CPS 在英格兰和威尔士地区共设 13 个辖区，各辖区均由一名皇家首席检察官（Chief Crown Prosecutor）主持工作，每名各配有一名区域事务主管（Area Business Manager）。CPS 下设两个特别案件小组——分别负责重大诈骗和严重犯罪案件。截至 2010 年 3

[①] S. H. Bailey et al., *Smith*, *Bailey & Gunn on the Modern English Legal System*, 4th edition, Sweet & Maxwell, 2002, p.867.

[②] Martin Partington, *An Introduction to the English Legal System*, 3rd edition, Oxford University Press, 2006, p.106.

月底，CPS雇佣8316名职员，包括事务律师（solicitor）和出庭律师（barrister）。其中35％具有检察官资格，93％的雇员在检控第一线服务。尽管CPS与警察的侦察工作联系密切，但是它是完全独立于警察机构办案的，这种独立的组织形式是其重要的宪政基础。此外，皇家检察署还是一个以实行《1998年人权法》为目的的公共主管当局，因此，它还必须依照该法律贯彻执行《欧洲人权公约》的行为准则。①

（3）严重诈骗案件侦查局（SFO）

根据1987年的《刑事审判法》（Criminal Justice Act 1987）成立的严重诈骗案件侦查局，其主要职权是调查任何存在可疑的严重或复杂的欺诈行为，其职权甚至可以延伸至北爱尔兰，比CPS的职权范围大得多。在严重诈骗案件侦查局，侦查权与控诉权被合二为一。值得一提的是，该局主要关注于国内最为严重的诈骗案件，其他一般的诈骗案由CPS下的欺诈调查组（Fraud Investigation Group）负责。②

6.政府法务官（Treasury Solicitor）

英国财政部及其他政府部门在司法领域中的参与主要体现在行政司法事务上。政府法务官是行政司法事务的指挥者，旨在为政府部门提供法律服务。政府法务官的历史可追溯至公元6世纪的因尼（Ine）国王时期，但直至1661年，这一职位才得以正式确认。迄今为止，它为180余个中央政府部门和其他政府资助机构提供法律服务，拥有近900名雇员，其中事务律师和出庭律师占半数以上。政府法务官领导着一个庞大的法律部门，既有为财政部工作的法律工作人员，也有为其他政府部门工作的法律工作人员，如政府内阁办公室、教育部门、劳动部门等等。政府法务官的职责是对行政司法事务进行建议、规范律师管理，此外，还可以皇室名义继承无主物（bona vacantia）。政府法务官还接受政府法律服务秘书处（Government Legal Service Secretariat）的资助。自1996年起，除了欧洲事务以外，其他的政府法务官的工作内容仅限于行政管理方面，因为总检察长已经接管了政府法律服务指导的工作。

（三）法律职业

大众司法见证了缺乏法律职业（并不缺失法律与司法制度）所引起的非理

---

① Code for Crown Prosecutors，2004，s 2.6.

② Martin Partington，*An Introduction to the English Legal System*，3rd edition，Oxford University Press，2006，p.107.

性后果,见证了法律在此情形下易沦为大众情形的暴虐力量工具的倾向。① 于是,神明裁判、决斗等理所当然地成为人们诉诸纠纷解决的手段。直到诺曼征服后的 100 年,法律职业才初步兴起;到 13 世纪中期,随着职业规章的引入和职业训诫的出现,这一职业才基本成型。② 上文阐述了英格兰和威尔士法律体制的发展概况,从中可以看出,在公元 13 世纪之前,英国适用的主要是习惯法,案件的审判尚无固定地点,裁判者亦非特定人员。公元 3 世纪之后,英国的法律制度基本上定型,令状制度、陪审团制度和抗辩制等等构成了英国法律制度发展的牢固基石。审判随之具有了较强的专业性和技术性,法律职业者阶层的出现便成为历史的必然。现今英格兰和威尔士的法律职业者种类越来越丰富,主要有律师、法官和检控官等等。下文仅对法官和律师阶层的历史及现状作简单的介绍。

1. 法官阶层

12 世纪后,英国法律制度发生了突破性的进展,由国王任命的若干名专职法官组成的中央法院随之兴起,至此专职法院便诞生了。伴随着司法机构的专业化,法官的专业化进程也随之启动。13 世纪晚期,英国形成了专业的法官群体,并逐步建立起法官队伍结构的双轨制,这是英国法官制度最为显著的特征之一。尽管英国是最早实现司法专业化和职业化的国家,但专业全职法官从未完全独霸司法舞台,由非专业兼职法官分享司法权的传统保持至今。相较于其他国家,当代英国专业法官的规模甚小,这意味着大部分(主要为小型轻罪案件)司法工作是由数十倍于专业全职法官的非专业兼职法官完成的。③

英国的法官分为多个等级,随着改革的深入,一些相关制度必然会发生相应的变化,在此仅就当前情况作简要介绍。最高等级的法官为最高法院的大法官。如上所述,2005 年《宪政改革法》创设了最高法院,结束了英国自古没有形式上的最高司法机关的历史。改革后,上议院议长不再担任司法职务。最高法院共设 12 名法官,包括最高法院院长、副院长及 10 名最高法院法官(Justices of Supreme Court),由女王以特许状(Letter Patent)形式在司法任

---

① 陈绪刚:《法律职业与法治——以英格兰为例》,清华大学出版社 2007 年版,第 29 页。

② J.H. Baker, *An Introduction to English Legal History*, 4th edition, Butterworths, 2002,p.156.

③ 程汉大、李培峰:《英国司法制度史》,清华大学出版社 2007 年版,第 161 页。

命委员会(Judicial Appointments Commission)名单中遴选。如确有必要,最高法院院长可任命上诉法院法官作为最高法院的代理法官(acting judge)。[1]最高法院以下各等级法官依次为上诉法院民事庭庭长、普通上诉议员、上诉法院法官、高等法院法官、巡回法官和记录法官、治安法官。

此外,英国在对法官的选拔和资格审查上都有比较严格的规定。法官的培训由高级法官负责主持和指导。由地方治安法官、律师和政府工作人员及学者组成的司法研究委员会建立了专门组织,通过这个组织,法官从各种形式的培训中获得不断的帮助。

2. 律师阶层

与法官职业化同步发展的是律师群体的出现。随着专门法院和职业法官的出现,法律规则和诉讼制度不断完善,日益复杂。未受过法律训练的当事人难以独自完成整个诉讼过程,更缺少在诉讼过程中辩论的技巧,律师作为代表和协助当事人完成诉讼的职业群体因此应运而生。

英国实行律师业务分流制。[2]将律师分为事务律师和出庭律师两种。有关数据显示自 1979 年以来,执业事务律师的人数以平均每年 4% 的速度增长,截至 2009 年 12 月 31 日,英国共有 112589 名执业事务律师。此外还有 12136 名出庭律师(截至 2008 年 12 月),大约有 3000 名律师活跃在公司、政府部门和机构内部。[3]

事务律师是具备"普通实践经验"的法律职业者,其全称为"最高法院的事务律师"(Solicitor of the Supreme Court),[4]因此有一种意见认为事务律师是法院官员。事务律师除了不出庭进行诉讼外,可以代理任何事务,其业务范围包括提供法律咨询、代办公司注册、调查取证、制作诉讼文书、聘请出庭律师等事项。特别需要说明的是,事务律师还提供在其他国家通常由公证机关提供的服务。[5]

律师公会(the Law Society)对事务律师进行管理。该组织是一个高度自

① Gary Slapper & David Kelly, *The English Legal System*, 9th edition, Routledge-Cavendish,2009,p.153.

② 齐树洁主编:《英国民事司法改革》,北京大学出版社 2004 年版,第 143 页。

③ Carlf F. Stychin & Linda Mulcahy, *Legal Methods and System*, 4th edition, Thomson Reuter (Legal) Limited,2010,p.308.

④ Jan McCormick-Watson, *Essential English Legal System*,武汉大学出版社 2004 年英文影印版,第 12 页。

⑤ 齐树洁主编:《英国司法制度》,厦门大学出版社 2007 年第 2 版,第 119~120 页。

治的团体,其办公费用和员工工资均由政府拨款,但是政府很少干预其工作。律师公会拥有很大的权力,它对事务律师的教育和培训进行管理;规范事务律师的行为;授予事务律师资格;制定事务律师执业规范等。此外,律师公会还代表全体事务律师与政府及其他团体进行交流,并致力于推动法律的改革。

　　出庭律师的主要职能是代表当事人在法庭上进行辩论,或办理与出庭相关的咨询业务。出庭律师主要通过一些专业的职业课程培训和实践获得诉讼和辩论方面的专业技能,大多数法官曾经担任过出庭律师。资深出庭律师可被授予皇室律师(Queen's Counsel,简称 Q.C.)的称号,这在英国律师界是一种极高的荣誉,目前仅有约 10％的出庭律师获此殊荣。未被授予皇室律师荣誉称号的出庭律师被称为初级出庭律师(junior barrister)。近年来,英国国内对皇室律师的授予程序、标准和任命存在着一些批评意见,尤其是在少数民族和性别歧视问题上。不断有学者建议应对律师制度进行改革,因此,1990 年的《法院与法律服务法》(*Courts and Legal Services Act* 1990)和 1999 年的《接近正义法》(*Access to Justice Act* 1999)都对律师制度进行了相应调整,以期打破两类律师的职业垄断格局。其终极目标在于拆除“人造藩篱”,引入市场机制,允许两类律师相互流动,自由竞争,让每一名律师都能毫无限制地找到自己的最佳位置,最大限度地发挥自己的兴趣与专长。①

　　(四)判例制度

　　1.判例制度的产生

　　判例是英国法的渊源之一,它是英国法律发展与其他大陆法系国家的重要区别。判例制度即遵守先例,它是经验主义哲学盛行的结果,是一种有着生命脉络的自然衍生物。“经验主义哲学源于英国,这种情形不是偶然地形成地,应当说它与英吉利人民注重传统、笃信经验的民族精神气质紧密相关。因为对经验的笃信,在那里顺理成章地产生了经验主义哲学”,②正是由于英国民众对经验的笃信,判例法作为人类重要的制度形式在那里产生了。判例法不是立法者事先制定的一般规则,而是裁判者在具体审判过程中的创造物。③

　　许多关于英国法律史的宏大著作都将公元 1066 年诺曼公爵威廉对英国的征服作为研究普通法时代到来的起点。诺曼征服之前,英国所处的不列颠

---

　　①　徐美君:《司法制度比较——以英、美、德三国为主要考察对象》,中国人民公安大学出版社 2010 年版,第 121 页。

　　②　谢晖:《判例法与经验主义哲学》,载《中国法学》2000 年第 3 期。

　　③　齐树洁主编:《英国民事司法改革》,北京大学出版社 2004 年版,第 121 页。

岛屿处于法治不统一的状态。1066 年后,英国建立起了强有力的中央集权政府,国王指派代理人(法官)到各地巡回审判案件。这些代理人按照当地的习惯断案,当他们在威斯敏斯特(Westminster)定期汇集时,他们会将各自遇到的案件与同僚们一起讨论,总结办案经验,同时将国王的敕令、地方习惯、教会法和罗马法融为一体,久而久之形成了普遍适用的原则和制度。在这个过程中,国王的意志被融入案件审理中,王室逐渐统一了全国法律的实施,并由此产生了普通法。这在很大程度上排斥了成文法的制定,为判例法的确立奠定了基础。其后,亨利二世的司法改革使得遵循先例原则逐渐发展起来,至 13 世纪末,法官在处理案件时不断援用之前法官作出的判决。到 16 世纪,援引先例的做法已被作为惯例确立下来。19 世纪后半期,随着法院组织的改革和统一以及系统可靠的判例汇编的出现,遵循先例的原则得以正式确立。

2. 有权作出判例的法院和判例的效力

判例制度的正当性根据来自"同案同判"(like cases should be treated a-like)的理念。由这一观念推导出"遵循先例"(stare decisis)的规范,要求法官按照先例(precedent)进行审判。[①] 在英国,判例制度经过几个世纪的发展成熟,已经形成了一定的模式。判例的作出必须符合严格的条件,高素质的法官和律师队伍有助于判例制度的有效运作。

(1)并非所有法院判决皆可成为判例。在英国,只有最高法院(2009 年前为上议院)、上诉法院、高等法院(包括其分庭)。最高法院是最高审判机关,其裁决对所有下级法院均有约束力。上诉法院的判决除了对其下级法院有拘束力外,其本身也必须受到自己裁决的约束。高等法院作出的裁判对其本身只有参考价值,对下级法院和裁判具有约束力。此外,根据 1972 年《欧共体法》的相关规定,欧洲法院所作出的有关英国法律问题的裁定对所有英国法院和裁判所具有拘束力。

(2)遵循判例的效力不是绝对的,法官可以在普通法的空隙界限之内进行创新。[②] 这意味着在特定的条件下法官作出的先例判决有可能被推翻或改变,这种改变往往出现在上议院。上议院的判例对自身的约束,自 1898 年的 London Tramways Co. v. London County Council 一案以来被视为绝对性的原则,但 1966 年,上议院发表的"司法先例实务声明"(Practice Statement)却

---

① [日]望月礼二郎:《英美法》,郭建译,台湾五南图书出版公司 2004 年版,第 82 页。

② [美]本杰明·卡多佐:《司法过程的性质》,苏力译,商务印书馆 1998 年版,第 63 页。

宣告了这一时代的终结。该声明认为在适当情况下,上议院可以对先前判例予以修正,即可不遵从先前判例。① 新设立的最高法院继承了此前上议院设定的先例效力的规则。也就是说,遵循先例是原则,改变先例是例外。上议院改变先例必须也只能是因为先例发生了错误,为了该目的,往往需要证据证明案件的基本事实和法律规定发生了变化。如在 1968 年的 Conway v. Rimmer 一案中,上议院法官一致同意推翻 1942 年 Duncan v. Cammell Laird and Co.,Ltd.一案的判决。1942 年案件的焦点在于原告是否有权要求被告公开战争时期一份有关潜水艇设计的文件;而 1968 年案件的焦点在于,一名处于试用期的警察是否有权坚持要求警察局局长公开一份有关这名警察的报告。在先例中,法官认为内政部部长的保证书(minister's affidavit)足以让法院在民事争议中不公开这份文件;而对 1968 年的案件,法官认为内政部部长的保证书并不能约束法庭,是否应该公开文件是法院自身决定的事情。如果公开文件就可能对国家利益产生损害,如果不公开文件则可能是对当事人的不公平,这两个案件就是在这两者之间寻求平衡。目前,内政部部长的保证书可能仍然会被法庭考虑,但它已经不是解决争议的核心要素。

3. 判例制度的优点和弊端

判例制度的首要优点是其一贯性,它可以对事实相似的案件在相似的基础上进行审判,而不需要由法官个人作出决定。从这个方面来说,在特定案件中判例制度保证了审判的公正。其次,判例制度使当事人可以预期案件的审理结果,同时民众也可以对自己行为的法律后果有合理的预期。再次,判例制度具备独特的实践品质,它不承认任何天赋的东西,而是遵循了如下理想观念,即所有的法律都必须在法院得到检验,并因而享有活力和继续保持变化的能力。②

判例制度作为英国司法的特色制度在历史上经历了漫长的几个世纪,其间暴露出来的缺点主要是僵化和保守。判例是法官造法的行为,如果先例是错误的,下级法院的法官也只能依循它作出判决。此外,形成先例判决的多个因素会因时间的推移或空间的改变而不存在,社会正义的价值标准可能也会因环境的变化而有所不同,如果严格遵循先例可能会导致在一些案件中作出

---

① M. Zander, *The Law-Making Process*, 4th edition, Weidenfeld and Nicolson, 1994,p.193.

② [美]亨利·J.亚伯拉罕:《司法的过程:美国、英国和法国法院评介》,泮伟江等译,北京大学出版社 2009 年版,第 11 页。

不公正的判决。

(五)陪审制度

陪审制度是英国司法的一大特色,也是其诉讼制度的核心,被认为是英国法的基础。① 威廉公爵除了将自然正义的观念带到英格兰以外,还带来了陪审制度和司法决斗制度。后者最后发展成为当事人辩论的审判模式,而陪审制度随着司法制度的进化也产生了质的变化。在13世纪时,审判被告人还需借助"酷刑折磨制度",而到了16世纪,陪审团审判已经成为了国家引以为荣的制度。但是尽管如此,陪审团审判的起源仍是王室特权,在法制史上,它的主要功能之一就在于将案件带至"国家"的法庭。②

1.陪审制度发展的巅峰时期

如上所述,陪审制度的产生当初是因为巡回法官为了能够公正断案而召集了解案情的当地居民。随着封建社会法制的发展,以及宗教和王权的政治斗争,陪审制度被固定下来,并且区分了起诉陪审团(大陪审团)和审判陪审团(小陪审团)之间的职能。起诉陪审团的主要职能是调查起诉,它只存在于刑事审判中;审判陪审团的职能在于确定案件事实并决定被告人是否有罪。资产阶级革命结束后,资产阶级上台执政,陪审制度作为标榜国家民主的有力工具,被确立为英国的一项重要制度。18世纪至19世纪初期,英国不断对陪审制度进行修正,对陪审制度运作的全过程,从陪审员的资格到陪审员的补贴,均作了十分详细的规定,陪审制度发展到了巅峰时期。与此同时,陪审团制度还影响到了英国以外的许多西方国家,美国以及北欧地区的陪审团制度都有着很深的英国法印记。

2.陪审制度的日趋式微

到了19世纪末20世纪初,陪审制度的缺陷(包括程序过于烦琐、运作效率低下等等)逐渐暴露出来,陪审制度开始衰落。随着社会的变迁,生活节奏加快,社会关系日益复杂,诉讼也相应激增,司法机关的负担日益繁重,如何提高司法的效率成为诉讼制度需要解决的一大难题。而为使司法体制尽力适应现时代的快捷、高效性,陪审制是首当其冲需要改革的。③ 目前英国民事案件的审理中只有涉及欺诈、诬告、诽谤、错误监禁四类案件才可能由陪审团审理,

---

① 齐树洁主编:《英国司法制度》,厦门大学出版社2007年第2版,第21页。

② 〔英〕爱德华·甄克斯:《中世纪的法律与政治》,屈文生等译,中国政法大学出版社2010年版,第91页。

③ 焦诸华:《英国陪审制的历史嬗变及存废之争》,载《政治与法律》2001年第5期。

但是法官可以依据法律不适用陪审团审判。同时,起诉陪审团的调查职能也逐渐被治安法院行使。目前,英国的专门事实调查陪审团只用于死因调查法庭。由于检察机构的设置,大陪审团现已被取消,涉及精神失常者的案件也不再需要陪审团。① 陪审团审判只出现在个别法庭的少数案件中。

3. 陪审制度的发展趋势

近年来英国许多学者借着司法制度改革的热潮,对陪审制度的存废问题提出了许多建议。有人提议废除,如奥德勋爵在其 2001 年的《刑事法院评审报告》中就持这种观点;也有人建议寻找替代陪审制度的方式;还有人建议对陪审制度进行改革。《2003 年刑事审判法》(Criminal Justice Act 2003)对陪审制度也有涉及,包括加强治安法官的权限;限制陪审团审理案件的种类;放宽陪审员资格,扩大陪审员选择的范围等。从目前的改革情况来看,英国社会保持着对陪审团审判的信仰,甚至在那些对陪审团审判持有诸多批评意见的人们中存在这样一种论调:在重大刑事案件的审理中,陪审团审判仍旧不失为一种理想的方式。② 陪审制度以其强大的生命力在英国司法制度中延续,废除陪审制度只是少数人的意见。大多数民众认为,应当在保留陪审制度的基础上进行改革。

三、民事诉讼制度

英国自 20 世纪 90 年代以来所进行的民事司法改革在西方各国引起了极大的震动。这不仅是因为英国法在普通法系国家具有举足轻重的地位,更重要的是:英国的司法改革从一开始就显示出一种前所未有的广度和深度。为了实现"接近正义"的改革目标,改革者甚至不惜抛弃在司法制度中沿袭了几个世纪的原有哲学基础,而代之以新的诉讼哲学——分配正义(philosophy of distributive justice)。这对许多深受英国法影响的西方国家司法制度产生了巨大的冲击。

1994 年,组织细致而又意义深远的英国民事司法改革正式启动。英国司法大臣任命沃尔夫勋爵(Lord Woolf)负责这项改革。沃尔夫勋爵于 1995 年

---

① 蔡定剑、王新宇:《英国现行陪审制度》,载《环球法律评论》2001 年夏季号。

② 任蓉:《英美陪审团——审判制度机理与实效研究》,中国社会科学出版社 2010 年版,第 209 页。

6月发表了题为《接近正义》的关于英格兰及威尔士的民事司法制度改革中期报告。① 并于1996年7月发表了最终报告。② 这两个报告系统地分析了英国现行民事司法制度中存在的问题,论证了对其进行改革的必要性,指明了改革的内容与方向,并提出了300多项有关改革的具体建议。1998年,以上述两个报告为基础的《新民事诉讼规则》(*Civil Procedure Rules* 1998,以下简称新规则)正式颁布,并于1999年4月26日起施行。英国《民事诉讼规则》是一个包容而开放的体系,截至2025年6月19日,该规则已历经184次修订。

(一)民事司法制度的原则

鉴于英国司法制度的弊病,沃尔夫勋爵认为,为了保证司法的公正与方便,司法制度应该遵循以下原则:"一是保证结果的公正性。二是应当具有公平性,做到:(1)不论当事人的经济能力如何,确保当事人有均等的机会陈述自己的主张和提出答辩。(2)给予每一方当事人充分的机会陈述自己的主张和提出答辩。(3)类似的案件类似处理。三是程序和费用应与所处理的案件性质相适应(proportionate)。四是应以合理的速度(reasonable speed)审理案件。五是可以为使用者所理解(understandable)。六是应对当事人的需要作出反应(responsive)。七是应在可能性范围内保证个案的处理具有最大的确定性。八是应有效地节约资源和组织案件的审理,确保上述原则的实效。"③ 而英国当时的司法制度根本不符合或不支持这些原则,沃尔夫勋爵认为,这在很大程度上可以归咎于现行制度下无限制的对抗式诉讼文化。

(二)新的诉讼哲学

英国民事司法改革所赖以进行的新的诉讼哲学是分配正义。原先的诉讼哲学认为,法院的功能是"根据是非曲直作出公平判断"(do justice on the merits)④,也就是说,以事实真相和正确的法律为基础,而不是基于程序的理由来决定案件。这是一种追求实质正义或实体正义的诉讼哲学。这种哲学假定:只要法院根据事实和法律作出判决,正义就已经实现了,就不会存在其他

---

① Access to Justice-Interim Report to the Lord Chancellor on the Civil Justice System in England and Wales (1995).

② Access to Justice-Final Report to the Lord Chancellor on the Civil Justice System in England and Wales (1996).

③ 齐树洁主编:《民事审前程序新论》,厦门大学出版社2011年版,第331页。

④ do justice on the merits 可直译为"根据案件的是非曲直作出公平的司法判断"。民事司法改革前英国奉行的这种哲学,追求的是一种实质正义。为了与新出现的诉讼哲学——"分配正义"相对应,本书将它意译为"实质正义"。

任何问题了。

然而,在审判过程中往往会出现一些很实际的问题。在改革前,英国民事司法存在以下主要弊端:案件审理过分拖延;诉讼成本过高;不适当的复杂性;诉讼中对可能花费的时间与金钱的不确定性;不公正性,即财力强的当事人可以利用诉讼制度的所有短处击败对手。① 在民事司法改革的过程中,分配正义作为新的诉讼哲学被提出来了,并最终取代了原先的实质正义诉讼哲学。新的诉讼哲学主张:第一,它认为像所有其他投入公共服务的资源那样,民事司法的资源是有限的。司法资源必须在那些寻求或需要正义的人们中公正地分配。第二,公正地分配这些资源必须考虑具体案件的特征,以确保个案能够获得法院充分的审理和注意。法院资源的配置,时间和金钱的投入必须保持一种对于具体案件的难度、复杂性、价值以及重要性的合理关系。第三,在资源的配置中,时间和成本是相互关联的因素。正义不应当是以过高的价格"买来"的;并且,迟到的正义为非正义。第四,司法责任。法院不仅应就个案作出公平判决,还应当对作为整体的民事司法制度的资源及其公平与正当的分配承担责任。

(三)民事诉讼的首要目标

上述主张已经体现在新规则中。新规则第1.1条明确规定了民事诉讼的首要目标:"本规则为新诉讼程序法典,其最高目标是确保法院公正地审理案件。为公正地审理案件,应切实做到:(1)保障当事人的地位平等;(2)节省诉讼费用;(3)采取与如下因素相适应的方式审理案件:(1)案件所涉及的金额;(2)案件的重要性;(3)争议事项的复杂性;(4)各方当事人的经济状况;(5)保证高效、公平地处理案件;(6)适当地分配法院资源,并考虑其他案件配置资源的需要。"②

---

① [英]欧文勋爵:《向民事司法制度中的弊端开战》(1997年12月3日在普通法和商法律师协会的演讲),蒋惠岭译,载《人民司法》1999年第1期。

② *The Civil Procedure Rules*. Part 1.1, The Overriding Objective (1) These Rules are a new procedural code with the overriding objective of enabling the court to deal with cases justly. (2) Dealing with a case justly includes, So far as is practicable— (a) ensuring that the parties are on an equal footing; (b) saving expense; (c) dealing with the case in ways which are proportionate—(i) to the amount of money involved; (ii) to the importance of the case; (iii) to the complexity of the issues ; and (iv) to the financial position of each party; (d) ensuring that it is dealt with expeditiously and fairly; and (e) allotting to it an appropriate share of the court's resources, while taking into account the need to allot resources to other cases.

　　根据沃尔夫勋爵的改革方案,为了公正地处理案件,法院和当事人都有义务促进首要目标的实现。他认为,"公正地审理案件"涵盖了平等原则(the principle of equality)、经济原则(the principle of economy)、比例原则和快速原则(the principles of proportionality and expedition),由此构成了现代有效司法制度的基础。这些程序正义的必要条件在传统对抗模式下运作,将打造出新的司法制度,它不但可以保证结果是公正的,同时也可以确保程序的公正性。据此,新的司法制度所具备的特征大致如下:(1)尽可能减少诉讼(Litigation would be avoided wherever possible.)。(2)减少诉讼的对抗性,增加合作(Litigation would be less adversarial and more cooperative)。(3)简化诉讼(Litigation would be less complex.)。(4)诉讼期间缩短,且将更具确定性(The timescale of litigation would be shorter and more certain.)。(5)诉讼费用制度合理化(The cost of litigation would be more affordable,more predictable,and more proportionate to the value and complexity of individual cases.)。(6)经济能力受限的当事人也将能平等地进行诉讼(Parties of limited financial means would be able to conduct litigation on a more equal footing.)。①

(四)新规则的主要内容

　　在沃尔夫勋爵领导下,主要进行了如下一些改革:统一了高等法院和郡法院的诉讼规则。新规则将以前分别适用于高等法院的 1965 年《最高法院规则》和 1981 年《郡法院规则》中的"核心内容"重新拟定,形成了统一的新规则,这样既便于法院、当事人以及律师进行诉讼活动,又可以增加审判结果的确定性;加强了法院对诉讼程序的干预。众所周知,英国民事诉讼采用的是当事人对抗制的诉讼模式,其诉讼的发动、继续和发展主要依赖于当事人,诉讼过程由当事人主导,法官仅处于一种消极的、中立的裁判者地位。这一诉讼模式强调了当事人在诉讼中的主导地位,但当事人及其律师往往就诉讼中出现的任何问题会不顾及诉讼时间和费用而一味争论下去,从而影响了当事人对抗制这一模式优势的发挥。作为此次改革的重点,新规则引进了案件管理制度,将原先由当事人及其律师掌握的诉讼控制权,改为由法院掌握,由法院对案件实

---

　　①　*The Civil Procedure Rules Ten Years On*,edited by Deirdre Dwyer,Oxford University Press,2009,p.4.

行积极的管理。① 从某种意义上说,新规则实施后的任何诉讼都将至少出现"三方"当事人,其中,法院将作为新的特别一方"当事人"出现;防止诉讼过分迟延。此外,新规则充分体现了"提高诉讼效率"作为此次民事诉讼制度改革的重点地位:如在小额程序中严格限制案件上诉的可能性,在快速程序中制定了确定的时间表,要求当事人和法院严格遵守,并对时限的修改作了极严格的限制,这些措施在一定程度上都是为了防止诉讼的过分迟延;严格控制诉讼费用。新规则在"早期卸除"(front loading)方面增加了许多内容,要求当事人严格按照新规定进行诉讼(如遵守诉前议定书、呈交完整的诉讼文书、出席案件管理会议并准备好案件简述以及有关证据的细节等)。尽管在这些过程中可能会使诉讼时间和费用有所增加,但改革者们预期在其后的诉讼进程中能够节省诉讼费用和时间,从而从总体上减少时间和金钱的耗费。在小额程序中鼓励当事人本人的诉讼,对诉讼费用采取固定制,这些措施对减少当事人的诉讼费用都将起积极的作用;鼓励当事人采用 ADR 解决纠纷。采用 ADR 解决纠纷在世界范围内受到了普遍的欢迎,通过 ADR 方式解决的纠纷数量呈上升趋势。新规则对于采用 ADR 解决纠纷的有效性给予了充分的关注。规定法院可以依当事人申请,也可以职权决定中止诉讼 1 个月(如有必要可延长此期限),以便当事人通过 ADR 或其他方式达成和解。在 2004 年的 Halsey v. Milton 一案中,上诉法院指出:拒绝使用 ADR 的当事人必须承担对其不利的费用命令的结果。②

2001 年 3 月,英国司法大臣办公厅(Lord Chancellor's Department)发表

---

① 《牛津法律词典》对"case management"(案件管理)的解释如下:Under the Civil Procedure Rules (CPR), the new procedure for managing civil cases produced from 1999. Under new regime, the judge becomes the case manager. Each case is actively managed by the judge be a court-controlled timetable with the aim of encouraging and facilitating cooperation between the parties, identifying the areas in dispute, and encouraging settlement. The court can control the progress and even "strike out" an action. In considering the benefits of a particular way of hearing it can use a range of procedural devices to enforce discipline against lawyer and parties not complying with CPR pre-action and/or Practice Directions, including costs sanction and refusing an extension of time. See *Oxford Dictionary of Law*, 6ᵗʰ edition, edited by Elizabeth A. Martin & Jonathan Law, Oxford University Press, 2006, p.76.

② A party who refuses even to consider ADR is always at risk of an adverse cost order. See *Blackstone's Civil Practice*, 10ᵗʰ edition, edited by Maurice Kay, Oxford University Press, 2009, p.1058.

《民事司法改革初期评估报告》;2002年8月,发表了《民事司法改革后续评估报告》。两个报告基于对民事司法改革实效的调查,作出详尽的初步评估。总体而言,社会各界对改革措施持肯定的态度。① 有学者指出,英国替代性纠纷解决机制的出现,是欧洲各国在"接近正义"口号推动下进行司法改革的一项成果。②

(五)审前程序

在英国,英国大多数案件都是在审前程序中解决的,因此审前程序在英国民事诉讼中占据重要的地位。从提起诉讼至开庭审理前的诉讼阶段,此阶段的一切程序步骤皆属审前程序。③ 通过这一程序,确保了审理的连贯性和集中性,更为重要的是,它还提供了一条无须审判便可解纷的途径。在英国,作为审前程序核心的审前会议(pre-trial conference)主要由诉答程序中的案情声明(statement of case)和证据开示制度及其他审前事项构成。在民事司法改革中还引入了诉前议定书(pre-action protocol)制度,以此约束当事人的诉前行为。④

根据有关民事诉讼的程序法和民事司法实践,英国的审前程序由主事法官(Master)主持,监督和指导当事人做好案件审理前的准备工作。首先,当原告向法院提交诉状后,法庭会让双方当事人签订一份诉前议定书(pre-action protocols)。这份议定书主要为了促使双方当事人理智地处理他们之间的纠纷,并进行协商、谈判与和解;同时议定书规定原告只能在签订议定书的3个月后起诉。

其次,如果当事人无法达成和解,在签订议定书的3个月后提起诉讼,双方进入诉答程序。诉答程序是英国司法制度中的一项古老的程序,经过几次改革,现代诉答程序已经与以往有所不同。新的程序通过当事人向法庭提供和相互交换相关证据材料,使双方当事人明确争执点、获取对方当事人的信息和收集证据等,从而使当事人之间能进行公平、公开的"竞争"。

有些案件在审前程序就可以被处理,而无须开庭。这个阶段称为"审前处

---

① 有关这两个报告(中译本)的具体内容,参见齐树洁主编:《英国民事司法改革》,北京大学出版社2004年版,附录一、附录二。

② [澳]娜嘉·亚历山大主编:《全球调解趋势》,王福华等译,中国法制出版社2011年版,第130页。

③ 徐昕:《英国民事诉讼中的审前程序》,载陈刚主编:《比较民事诉讼法》(第3卷),中国人民大学出版社2002年版。

④ 齐树洁主编:《民事审前程序新论》,厦门大学出版社2011年版,第333～335页。

理",在这个阶段可以进行撤诉(discontinue)、缺席判决(judgement in default)、即决判决(summary judgement)、基于自认的判决(judgement on admissions)等等。这一阶段的设计大大节省了诉讼资源,提高了诉讼效率。

审前程序的最后一个阶段是审前救济。法院在审前处理、审前救济中居于主导地位。当事人为了保护自己的合法利益,可以在诉讼未开始前向法院申请采取救济措施,这些措施通常表现为各种临时禁令的形式。与审判程序相比,审前程序必须对出于各种目的、形式各样的申请进行处理,因而看起来不具有连续性,这是英国民事审前程序最突出的特征。①

(六)审判程序

首先,高级法院和基层法院均采用相同、统一的规则,将特殊诉讼类型诉讼限制在一个很小的范围内,方便当事人参与诉讼程序,同时也减少了诉讼成本。

其次,设立案件管理制度。民事案件根据其标的数额的大小分别采用小额程序(small claims track)——针对人身伤害案件标的额不超过 5000 英镑,其他的案件不超过 10000 英镑;快速程序(fast track)——处理超过小额诉讼主张数额限度但不超过 25000 英镑的案件;多轨程序(multi-track)——针对超过 25000 英镑的案件,以及那些本应采用快速程序但案情复杂的案件。案件管理制度旨在保证案件的公正审理,提高诉讼效率,节省诉讼资源。

(七)上诉程序

上诉(appeal)是指"请求上级法院对下级法院的决定进行司法审查。在现代英国司法实践中,大多数上诉案件限于使用下级法院审理过的证据资料或记录,据此复查下级法院的判决。在某些情形下,上诉审采用完全的重新听审方式,允许再次传唤证人,提出新证据"。②

20 世纪 90 年代以来,英国民事上诉案件的数量不断增加,并且高居不下。1996 年,提起上诉的民事案件总数达到了 1825 件,而未决案件随之增加

---

① Jack I. H. Jacob, *the Present Importance of Pleading in The Reform of Civil Procedure Law*, Sweet & Maxwell, 1982, p.349.

② Appeal:An application for the judicial examination by a higher tribunal of the decision of any lower tribunal. In modern English practice most appeals are limited to a review of the decision of the lower tribunal using a transcript or note of the evidence heard by that tribunal. In some circumstances there may be a full rehearing in which witnesses are recalled and fresh evidence may be introduced. See *Oxford Dictionary of Law*, 6th edition, edited by Elizabeth A. Martin & Jonathan Law, Oxford University Press, 2006, p.32.

到了 1288 件。① 经过不断的改革完善,英国上诉制度发生了很大的变化:上诉法院、上议院(现为最高法院)作为主要的上诉审法院,基本上只受理上诉案件。至于高等法院,它既是重大、复杂民事案件的初审法院,同时也受理针对郡法院一审判决提出的上诉案件。② 上诉程序的基本框架如下:

1.郡法院审理的几乎所有案件都要经过上诉法院(民事庭)的允许才得以进入上诉程序。

2.高等法院分庭的上诉案件将由上诉法院(民事庭)受理。这类上诉案件的审理不接受证人作证,并且上诉只能针对案件的法律问题,或者是在上诉中许可的法律和事实问题。

3.上诉法院审理的案件上诉至最高法院,但当事人上诉必须得到上诉法院或最高法院的同意。每年仅有少数涉及公共利益的案件被上诉到最高法院。此外,最高法院还可以根据《1969 年司法管理法》(*Administration of Justice Act* 1969)受理当事人"蛙跳"(leapfrog)上诉的案件,即直接从高等法院上诉至最高法院。这种做法必须得到双方当事人和高等法院的同意,而且一般需要成文法律的支持或者有先例可循。③

4.司法实践中对于当事人在上诉审中提出新证据(fresh evidence)逐渐予以限制,其中最具代表性的是通过 1954 年的 Ladd v. Marshall 案所形成的"Ladd v. Marshall 规则"。根据该规则,在上诉审中,只有当新证据符合下列情形时才可以被接受:(1)在下级法院的听审中虽经合理的努力仍难以获得;(2)将很有可能对案件结果产生重大的影响;(3)具有明显的可信性。④ 这样做的目的主要是督促当事人在一审中尽可能地提出全部证据,防止当事人有意将争点留到上诉审,以期获得证据突袭的效果。根据 2001 年的 Gillingham

---

① Catherine Elliot & Frances Quinn, *English Legal System*, 3rd edition, Pearson Education Limited,2000,p.376.

② 齐树洁:《英国民事上诉制度改革及其借鉴意义》,载《金陵法律评论》2004 年秋之卷。

③ John O' Hare & Kevin Brown, *Civil Litigation*, 4th edition, Thomson Reuter (Legal) Limited,2009,pp.718-719.

④ Under Ladd v. Marshall,fresh evidence would be allowed on an appeal only if the evidence:(a) could not have been obtained with reasonable diligence for use at the hearing in the lower court;(b) would probably have an important influence on the result; and (c) was apparently credible. See *Blackstone'sCivil Practice*, 2nd edition, edited by Charles Plant, Blackstone Press Limited,2001,p.786.

v. Gillingham 一案的判决,法院在考虑是否接受新证据时,除了斟酌 Ladd v. Marshall 规则的因素之外,应当同时以新规则的"首要目标"作为衡量的标准。①

总之,英国对上诉制度的改革,使得这一制度逐步由复审制向续审制和事后审的方向转变,并努力从规则设计的角度使之与民事诉讼的其他制度相契合。②

四、刑事诉讼制度

(一)侦查制度

当有犯罪行为发生时,最先介入的主体无疑是警察。警察在犯罪发生后依职责必须对犯罪案件进行调查,确定、抓捕并讯问犯罪嫌疑人。在大多数案件中,侦查程序的开始是不同的,有的是被警察当场抓获后开始;有的是在被害人或其他证人的指认后开始;有的是被警察在犯罪现场或犯罪现场附近被逮捕后开始;有的是在其他犯罪分子的讯问过程中被供认出来后开始。只有在少数案件中需要采用侦查技术,如指纹鉴定、通过线人提供信息等。一旦警察的侦查结束,他们作出的决定包括:起诉犯罪嫌疑人;释放犯罪嫌疑人,但要求他们在过后的某一天到警察局报到;给予犯罪嫌疑人正式的警告;释放犯罪嫌疑人,决定不予起诉。

英国关于警察权力的立法主要为《1984 年警察与刑事证据法》(*Police and Criminal Evidence Act* 1984),它在规范警察行为的成文法中处于核心地位。③ 后来一些法律对这一立法作了许多补充,如《1994 年刑事审判与公共秩序法》(*Criminal Justice and Public Order Act* 1994)、《1998 年犯罪与妨害治安法》(*Crime and Disorder Act* 1998)、《2000 年侦查权规范法》(*Regulation of Investigatory Powers Act* 2000)和《2001 年刑事司法与警察法》(*Criminal Justice and Police Act* 2001)等。2002 年,英国议会通过了《警察

---

① In addition to considering the Ladd v. Marshall〔1954〕factors,the court must also apply the overriding objective before admitting fresh evidence.

② 常怡主编:《外国民事诉讼法新发展》,中国政法大学出版社 2009 年版,第 96 页。

③ S. H. Bailey et al., *Smith*,*Bailey* & *Gunn on the Modern English Legal System*,4th edition,Sweet & Maxwell,2002,p.794.

与刑事证据法守则 F》,在立法上正式确立了讯问同步录像制度。自此,警察在进行任何讯问时都必须按照该守则的要求进行录像。[①]

在英国拥有侦查权的机关除了警察之外,还有关税和消费税专员(Commissioners of Customs and Excise)、国内收入局(Board of Inland Revenue)、卫生与安全执行局(Health and Safety Executive)和环境部(Department of Environment)等等。统一的刑事侦查程序不能适用于这些部门处理的各种各样的案件情况。目前,正在对这些部门行为进行规制,而这种程序混同(hotchpotch)的状态也将得到改变。

(二)检控制度

在皇家检察署成立之前,一般是由警察承担向法院起诉的责任。自 1986 年皇家检察署成立以后,则由其决定是否提起公诉。检察官除了审查证据是否充分之外,还把是否有利于保护公共利益作为判断是否起诉的标准,二者必须同时具备。[②] 所以,如果提起公诉不利于公共利益,检察官就不会起诉。对公共利益的考量是基于案件性质、情节轻重和被告人的个人情况等因素而决定的。

皇家检察署对于其受理的案件,必须确保提起公诉是正确的。因此,在大多数案件中,皇家检察官必须负责判断警察移交的案件是否符合应以刑事犯罪被起诉,应以什么罪名起诉。在决定案件应否起诉时,皇家检察官往往要根据案件的情况选择是否有其他起诉的替代措施,如对成年人或者青少年的简单提醒(simple caution)、申述(reprimand)或者警告(warning)。皇家检察官在作出决定前应先阅读所有的材料,并考虑是否有足够的证据证明犯罪嫌疑人有罪,并且是否符合公共利益。由于在检警分离的模式下,侦查和起诉之间会存在摩擦,最终削弱控诉的合力,为此,皇家检察署和警署开始寻求一种新的合作模式。具体措施包括以下几种:(1)"导航计划"。检察署向警署及行政支援部门派遣律师,就具体案件提供早期咨询。(2)"联合操作管理"。旨在使检察署和警署找出司法实践漏洞,并制定弥补措施。(3)"缩减文件计划"。旨在帮助减轻警署行政负担,预计每年可节省 600 万张纸并减少用于行政事务上的时间。(4)"联合培养计划"。旨在提高警官和检察官的业务素质。近年来,皇家检察官开始推行法定指控制度的改革,致力于提高追诉犯罪的效率,

---

① 瓮怡洁:《英国的讯问同步录音录像制度及对我国的启示》,载《现代法学》2010 年第 3 期。

② 李洪朗:《英国检察制度评介》,载《法学评论》2000 年第 1 期。

这是皇家检察署自创设以来对案件处理机制的重要改革。①

(三)审判制度

英国传统的审判模式实行当事人主义,但是,近年来英国刑事审判的特点削弱了抗辩主义,主要是因为律师行为受到更多的约束,而不像美国的抗辩主义允许律师在法律和道德范围内进行辩护。同时,英格兰和威尔士的法官也比美国的法官享有更多的权力,法官在刑事审判中越来越主动,律师常常要应付法官介入法庭调查的行为。尽管如此,纠问式的审判模式在英国仍然没有市场,因为他们担心在纠问式的审判模式中法官会破坏控辩双方的平衡。

此外,陪审团在英国刑事审判中仍然时有采用。基于实践中采用陪审团审判的案件数量与其受到人们关注的程度产生的强烈反差,有些人认为,"象征性功能的陪审团的实际意义显然低于其象征功能"。② 正如上文所述,虽然采用陪审团审判的案件数量在英国刑事审判中越来越少,但是陪审团制度仍有着旺盛的生命力,它还将在英国继续存在下去。

刑事审判程序分为成年人案件审判程序和未成年人案件审判程序两类。在成年人案件中,一般分为起诉、提审、组成陪审团(视案件类型和被告人选择而定)、审理、法官发言、陪审团裁决(采用陪审团审理时存在这一阶段)和法官判决等几个阶段。其中,在提审程序中,法庭将传唤被告人到庭,宣读起诉状后询问被告人进行有罪答辩,或者无罪答辩。对于有罪答辩,只能由被告人自己提出,否则答辩无效;对于无罪答辩则可以由本人或代理律师提出。当被告人选择有罪答辩后,法庭可以让有关部门提供必要的证据材料,如警察局提供的有关被害人前科或品格状况的报告、看守所提供的被害人候审期间的表现、法医提供的精神状况证明等。未成年人案件的审理一般由专门的青少年法院受理。青少年法院审理案件时,公众一般不能进入;媒体不得报道与被告人身份相关的细节;案件由专业法官独任审理;未成年被告人可以和父母、律师一起坐在法官面前。英国的未成年人审判程序强调对未成年人的保护,体现了恢复性司法理念,是一种非正式的福利性体系。

---

①　徐美君:《司法制度比较——以英、美、德三国为主要考察对象》,中国人民公安大学出版社 2010 年版,第 84～85 页。

②　转引自[英]麦高伟、杰弗里·威尔逊主编:《英国刑事司法程序》,姚永吉等译,法律出版社 2003 年版,第 364 页。

第一章　证据的司法功能

一、英国证据法的历史发展

证据是一种用以确信某种事实真伪的信息。[1] 英国司法审判制度对世界法制史具有深远影响,其最大特色就是确立了以排除规则为主体的证据规则体系。追溯历史,这种证据规则体系是通过与"居英国司法体系核心"的陪审制度相互配套而逐渐建立起来的。[2] 陪审制度由入侵英格兰的诺曼底征服者带入英国。由于当时的陪审团处于"法律对司法证明活动没有任何限制"的"自由证明"模式时期,每一位法官或陪审员都可以根据案件具体情况,以及本人的知识去认定案件事实并依此进行裁判。这种自由证明模式被认为是一种依据"常识、经验和良知"的自由认定事实过程。然而,随着司法实践的发展,法官开始对陪审团认定案件事实的活动进行一定的限制与约束,并开始设置了司法意义上的"证据规则",以确保陪审团不会仅依据道听途说而作出裁决。[3] 此时,排除庭外的传闻证据就成为确保陪审团裁判之可靠性的实践需求,并由此开创了英国证据法的"法定证明"时代。[4]

在中世纪,英国司法实践就产生了一些证据规则,但这些规则零星散见于各种判例之中。从 15 世纪到 17 世纪,英国司法制度相继确立了如证人资格规则、传闻证据规则、强制作证规则、证人特权规则和文书证据规则等现代证

---

[1]　Ian H. Dennis, *The Law of Evidence*, 4th edition, Sweet & Maxwell, 2010, p.1.

[2]　Gary Slapper & David Kelly, *The English Legal System*, 9th edition, Routledge Cavendish, 2009, p.289.

[3]　在 1352 年之前,英国的陪审团是一种"知情陪审团",换言之就是对于案件案情有所了解的"邻里陪审团"。这种情形后来才被陪审团回避规定所改变,成为"不知情陪审团"。由此,英国陪审团完成了从信息咨询机构向证据审查机构的转变。参见毛玲:《英国民事诉讼的演进与发展》,中国政法大学出版社 2005 年版,第 88 页。

[4]　何家弘、刘品新:《证据法学》,法律出版社 2004 年版,第 10～13 页。

据规则。进入 17 世纪,司法审判中才出现以证据的种类、方法及采纳标准为内容的较为系统的证据规则体系,并在此基础上发展出律师在法庭上对证人进行主询问和交叉询问的质询规则。① 正如英国一位学者所指出的:"在我们的司法程序开始传唤证人向陪审团举证这种实践后的相当长的时间内,证据法还没有形成确定的形式。直到 17 世纪,证据规则才在民事法庭第一次出现。"② 进入 19 世纪后,英国开始进行一系列证据规则的编撰,并逐渐形成了刑事证据法与民事证据法在法律渊源上的分立。

证人作证资格制度的变革作为主线贯穿于 18 世纪的英国证据法改革之中,其中被告作证资格最为引人注目,被学者戏称为"更年期"问题。③ 英国早期判例中确立起了被告在民事案件中无能力作证的规则,但是,《1851 年证据法》(*Evidence Act* 1851)率先在民事领域废除了这一极不合理的规则。在《1898 年刑事证据法》(*Criminal Evidence Act* 1898)颁行之后,刑事被告人在对自己的审判中也开始具有作证资格。④ 这一系列的变化对其他证据规则产生了一定的影响,并逐步消除了《1843 年证据法》(*Evidence Act* 1843)中其他对证人资格的严格限制。

普通法审判中,事实问题一般被交由陪审团裁决,因此其相关的证据规则是为了适应陪审团审判而逐步发展来的。英国学者普遍认为,若能解决民事和刑事案件证据规则之间的差异难题,证据法会是一个适合法典化的领域。基于这一认识,从 19 世纪到 20 世纪,英国开始进行一系列证据法的编纂。20世纪 60 年代后,英国掀起了证据立法浪潮,并逐渐确立了民刑分立的立法趋势。⑤ 自 1964 年起,英国刑事法律修订委员会对刑事证据法进行全面审查,1972 年的建议报告促成了《1984 年警察与刑事证据法》(*Police Criminal Evidence Act* 1984)和《1988 年刑事审判法》(*Criminal Justice Act* 1988)的修正。从 20 世纪 70 年代到 80 年代,英国刑事证据立法进入了一个高峰期。其

---

① Colin Tapper, *Cross and Tapper on Evidence*,9th edition,Butterworths,1999,p.1.

② [英]西塞尔·特纳:《肯尼刑法原理》,周叶谦译,华夏出版社 1989 年版,第 504 页。

③ Colin Tapper, *Cross and Tapper on Evidence*,9th edition,Butterworths,1999,p.2.

④ 在 19 世纪的英国,理论上刑事被告人虽然被允许通过在被告席上宣誓而取得证人资格,但考虑到这样做可能使被告人在面对指控进行辩护(特别是接受交叉询问)时自证其罪,从而产生明显的不公正,这种做法在司法实践中通常不被采用。

⑤ 齐树洁:《程序正义与司法改革》,厦门大学出版社 2010 年第 2 版,第 231 页。

后的《1994 年审判与公共秩序法》(*Criminal Justice and Public Order Act 1994*)、《1996 年刑事诉讼与侦查法》(*Criminal Procedure and Investigation Act 1996*)、《1998 年犯罪与妨害治安法》(*Crime and Disorder Act 1998*)以及《1999 年青少年审判与刑事证据法》(*Youth Justice and Criminal Evidence Act 1999*)等,构成了 21 世纪之前英国刑事证据法的基本体系。迈入 21 世纪后,大法官罗宾·奥德勋爵主持的《对英格兰和威尔士刑事法院的评审报告》,[①]以及 2002 年 7 月由英国内政大臣、司法大臣和总检察长向议会提出的司法改革白皮书《所有人的正义》(*Justice for All*),[②]标志着一轮崭新而彻底的刑事司法证据变革浪潮,并由此促成了《2003 年刑事审判法》(*Criminal Justice Act 2003*)的颁行。该法旨在彻底改变传闻证据规则等诸多英国证据法陋习,并努力实现刑事被告人与受害人、证人之间权益的再次平衡。其具体内容包括强调证人证言的可信度,控制使用攻击证人品格的证据等。这些改革措施的施行,对英国刑事司法制度造成了一定的冲击。[③]

在 21 世纪初这场声势浩大的刑事司法改革中,证据规则变革被广泛推行于各级刑事法院,以增进司法公正,提高诉讼效率,并借此强化民众对法治的信心。近期,整个刑事审判制度出现了淡化普通法系对抗制传统、弱化当事人程序自治的显著趋势,传统的普通法证据规则对法官采证和法庭行为的刚性限制逐渐被废除,取而代之的是结构开放且更具弹性的公正标准。[④] 这也意味着刑事证据规则将朝向更便于兼职法官、治安法官、陪审团和警察等非专业人士的理解,促使证据裁判向更公平、更清晰、更协调一致的方向发展。在涉及刑事证据的其他相关法律中,前述《1984 年警察与刑事证据法》的变化最具代表性。英国内政部(Home office)和内阁办公室(Cabinet Office)于 2002 年对该法及其《实务守则》(*Codes of Practice*)进行了联合审查,并于 2004 年 7 月 31 日颁行了新的《实务守则》。2005 年颁行的《严重有组织犯罪与警察法》

---

①　在这份报告中,奥德勋爵认为刑事证据应建立清晰的可采性条件,以便证据提出者可以更便利地衡量证据的分量。然而,奥德勋爵并没有跳出 1981 年皇家刑事司法委员会报告的局限,仍将证据分量建立在口头证言和法庭辩论的基础上,因此被不少学者指责为"穿新鞋走老路"。参见 Ian H. Dennis, *The Law of Evidence*, 4th edition, Sweet & Maxwell, 2010, pp.23-24.

②　齐树洁主编:《英国司法制度》,厦门大学出版社 2007 年第 2 版,第 599 页。

③　Katie Quinn, Justice for Vulnerable and Intimidated Witnesses in Adversarial Proceedings, in *The Modern Law Review*, 2003, Vol.66, No.1.

④　齐树洁主编:《美国证据法专论》,厦门大学出版社 2010 年版,第 374 页。

（*The Serious Organized Crime and Police Act* 2005）对《1984 年警察与刑事证据法》进行了重大修改，极大地拓宽了警察的逮捕权范围并简化其适用程序。随着 2010 年新的法律审查工作的结束，《实务守则》中涉及警察调查权、逮捕权、搜查权等内容的最新修正案已于 2011 年 3 月 7 日正式生效。① 由是观之，由于恐怖主义活动猖獗和严重犯罪问题的出现，刑事证据法律整体上沿着放宽要求，便于警察取证的方向发展。这也间接导致了法官刑事证据排除裁量权范围的缩小，事实上意味着 20 世纪末英国尝试通过法官证据裁量权制衡警察取证权的"美国化"革新运动退出了历史舞台。

相比较而言，英国民事证据规则的立法进程显得较为简单。20 世纪的立法重点主要围绕着《1968 年民事证据法》（*Civil Evidence Act* 1968）、《1972 年民事证据法》（*Civil Evidence Act* 1972）和《1995 年民事证据法》（*Civil Evidence Act* 1995)等法律而展开。英国司法制度是历史传统的产物，民主与妥协、保守与变革贯穿于整个发展历程中。② 1968 年和 1972 年民事证据法的颁行，肇始于 1964 年 9 月大法官向英国法律改革委员会和刑法修订委员会提交的一份关于刑事和民事案件证据法的报告。英国法律改革委员会确立了指导证据立法的公正与效率这两大司法标准，并针对那些已不能在现代法律体系中发挥作用的证据规则，提出了相应的修改计划。此外，苏格兰出现了较为活跃的民事证据立法趋势，其立法机关相继颁行了《1988 年(苏格兰)民事证据法》和《1995 年(苏格兰)(家事调解)民事证据法》。③《1995 年民事证据法》颁行不久，就受到了由沃尔夫勋爵领导的英国民事司法改革浪潮的强烈冲击。这次改革的重要成果之一的《1998 年民事诉讼规则》（*Civil Procedure Rules* 1998），在其《诉讼指引》（*Practice Directions*）第 33 章为《1995 年民事证据法》设定了过渡性适用条款，并规定不再适用先前的证据法。为了实现此次改革所提出的简化程序和加速诉讼的目标，《1998 年民事诉讼规则》赋予法官排除可接受证据和限制交叉询问的权力。然而，改革者在考虑使民事司法制度整体上更公正和易接纳时，并未考虑陪审团制度可能在证据方面所起到的积极作用，事实上，新的改革已经将陪审团制度排除在民事证据体系之外。为了

---

① Home Office：Stop and Account：Amendment to Pace Code A（Home Office Circular 032 / 2008).

② 齐树洁主编：《英国司法制度》，厦门大学出版社 2007 年第 2 版，第 641 页。

③ 徐昕：《英国民事诉讼与民事司法改革》，中国政法大学出版社 2002 年版，第 222 页。

缓和沃尔夫勋爵领导的民事司法改革所造成的制度动荡,依据《1997 年民事诉讼法》设立的民事司法委员会(Civil Justice Council)被寄予了更多的厚望。①

迈入 21 世纪的英国民事诉讼制度尽管缺乏标志性立法,但仍然围绕《1998 年民事诉讼规则》及其实务指引进行了大量的修改。截至 2025 年 6 月 19 日,民事诉讼规则及其实务指引已经修改了 184 次。在民事诉讼证据制度的立法方面,呈现出以"最大限度地简化法条以确保证据法恰当地运行"和"放宽证据可采性"为脉络的发展趋势。

二、事实问题与法律问题

(一)事实问题与法律问题的甄别

在英国司法中,审判是一种对过去事件的调查,主要目的是确立讼争的过去事件能够被接受的可能性程度。② 因此,指向过去事件的事实问题与考虑可能性程度的法律问题组成了案件审理的全部内容。譬如在诽谤案件中,所指控的语言是否已达到诽谤程度,这属于法律问题,而诽谤的对象是否为原告则属于事实问题。从证据裁判的机理出发,在"法律规范中充满了不同类型纠纷的要件事实,这些要件事实的基本功能就在于预设纠纷的情境,以应对解决现实生活中发生的纠纷"。③ 这一分析提出了证据法中事实问题与法律问题的哲学分野,即纠纷的要件事实是一种情境的证据,用以描述纠纷本身;而法律问题的实质在于"审查被描述的案件事实是否的确具备法条构成要素所指称的要素"。④ 概言之,"法律是原则,事实是已经发生的事。法律是设想的(conceived),事实是现实的(actual)。法律是关于责任的规则,事实则是用来说明规则如何被遵守或被违反的"。⑤ 因此,认定案件事实,是因为"法律限定了一个纠纷的存在时空,并在一个纠纷存在的时空范围内选择规定了事实",

① Gary Slapper & David Kelly, *The English Legal System*, 9th edition, Routledge-Cavendish, 2009, pp.134-135.

② 牟军:《英国证据法概述》,载《云南法学》1999 年第 4 期。

③ 王麟:《论法律中的事实问题》,载《法律科学》2003 年第 1 期。

④ 林来梵、林伟:《在法律思维中超越三段论》,载梁庆寅主编:《法律逻辑研究》(第 1 卷),法律出版社 2005 年版。

⑤ 薛波主编:《元照英美法词典》,法律出版社 2003 年版,第 525 页。

并因此提供了"认识和选取纠纷事实的标准"。① 事实问题与法律问题之间的根本区别,就在于事实问题关注"某一行为或事实是否存在的问题",法律问题则关注"某一行为或事实是否具有法律上的一定价值意义"。然而,也须审慎地看到,由于事实问题与法律问题之间存在某种流动性,实际上很难通过一个明确的标准予以严格区分。②

总体上看,英国审判过程中产生的法律问题主要包括:权利主张和刑事控诉所适用的实体法问题、证据的可采性问题、有关证据的产生和作用问题以及是否有充足的证据证明法庭对事实考虑的正当性问题。事实问题则主要包括所有关系事实真相以及争议事实可能性的问题,其中,争议可以源于对案件陈述书、控告书或指控,以及任何被允许用来证明或反证所争议事实的证据分量等问题所持有的不同理解。在刑事案件中,若有必要,陪审团还应对被告人拒绝答辩是否恶意以及答辩的合适性问题等作出裁定。可见,凡是陪审团的裁决或其他涉及事实方面的裁决,都必须剥离任何法律元素。

证据的可采性是英国证据法的核心内容,对区分该证据的法律问题或事实问题十分重要。一般而言,证据的可采性属于法律问题,法官对这一问题的考量主要是通过一系列可采性规则来实现的。可采性规则首先要求证据具有相关性,同时禁止那些虽具有相关性,却不具备合法证据形式的证据被采纳。比如,某些传闻证据就属于这种被排除的对象。然而,不可否认的是,证据排除规则的适用是相当复杂的,因为很多证据排除规则都充满了类似于罗马教会证据法中所规定的扩充条款、限制条款、从属限制条款等例外情形。为此,达玛斯卡将英国证据法体系定性为"有序性程度较低"的证据规则结构方式。③ 在司法实践中,上述例外情形主要是通过限缩或扩大立法词汇的内涵来实现,这就意味着证据可采性作为法律问题(questions of law),应当由法官判断。相比之下,在那些与证据本身有所牵涉的法律争点问题上,涉及证据可采性的属于法律问题,涉及证据证明力的属于事实问题。这也塑造了英国证据裁判的基本分工,即通常由法官对证据的可采性问题作出判断,而由陪审团对证据的证明力问题作出裁定。

(二)事实认定的主体

在英国司法审判中,对那些有陪审团参与的案件,当事人所提出的法律问

---

① 王麟:《论法律中的事实问题》,载《法律科学》2003 年第 1 期。

② 齐树洁:《民事上诉制度研究》,法律出版社 2006 年版,第 40 页。

③ [美]米尔健·R.达玛斯卡:《漂移的证据法》,李学军等译,中国政法大学出版社2003 年版,第 13～14 页。

题最后由法官来裁定,事实问题由陪审团来裁定。① 之所以这样分工,可以借用达马斯卡对司法组织结构的分析:"对于二者的裁判活动,事实认定的最佳制度安排无须完全相同。与职业法官相比,由外行人充任裁判者,需要的可能是不同类型的证据,或者说,以不同方式组织起来的证据……裁判者距离真实的生活或者说'厚重'的现实越远,也就越容易把确认下述事实当作他们的职能:与生活关系相分离但在法律上更契合有待裁判案件的事实。"这一分析道破了事实问题与法律问题互相联系却又互相区隔的实质,对于职业化的法官而言,职业惯性会使他们更倾向于按照既往的类型进行证明判定,从而导致一种理性常规化的裁判特征。这种"理性"背后的裁判路径,可能会有悖于普通民众对案件真相的期待,却又因其司法职业化外表而被掩盖起来。为此,普通法系采用二元审判组织结构,陪审员裁断以日常事实判断为对象的事实问题,法官裁断以法律内容分析、涵摄为对象的法律问题。依托司法知识学可知:英国司法将事实问题的裁判交给陪审团的缘由,还在于法律问题的认定具有很高的专业门槛,非专业人员组成的陪审团难以突破这一知识壁垒;此外,利用陪审团人员构成上的综合性来判定事实问题,也更能最大限度地减少裁判偏见和误差。一言以蔽之,"事实和法律的区别并非建立在逻辑上,而是源于陪审团与法官职责的分离"。②

因此,在英国重大刑事案件中总会出现陪审团的身影。③ 最近几年的英美司法实践中,还出现了陪审团有权对证据调查活动进行积极干预的做法,在陪审团职权上首开融合大陆法系职权调查的"混合模式"潮流。④ 对此,学者普遍认为,这种允许陪审员全面参与证据调查的结果可能是"令人沮丧"的,因为这很容易使陪审员变成"当事人的不速之客"(uninvited guests to a party),从而影响当事人对证人质询的顺利开展。然而,上述司法改革试验还不是最重要的,随着现代诉讼的复杂化以及高科技手段的广泛应用,通过感官而进行事实认定的实践价值开始弱化,整个庭审已逐步出现新的发展态势:一方面,由于需要对专业性证明知识进行解释,与应用司法技术手段密切相关的技术

---

① 齐树洁:《民事上诉制度研究》,法律出版社 2006 年版,第 39 页。

② Richard Nobles & David Schiff, The Right to Appeal and Workable Systems of Justice, in *The Modern Law Review*, 2002, Vol.65.

③ 在民事案件中,常由陪审员对诽谤、诬告、诈骗等行为作出裁决,但在这些案件中,陪审员的作用并不是强制性的。当然在其他案件中,也不排斥陪审员的作用。

④ 这一问题在国际刑事司法领域取得了明显的发展。在普通法系国家的实验中,允许陪审团针对证据问题主动发问。

专家意见正日渐凸显其重要性,这也使得仅仅具有普通人认知水平的陪审员似乎没有了用武之地,①或者说,有可能会加重陪审团的负担,但如果只是从具有科学素养的公民中遴选这种专业人士,就会与陪审团应代表社会各阶层的正当程序观这一基本理念相左。另一方面,在法律问题与事实问题的传统分工上,似乎很难准确地区分应由陪审员还是法官来负责评估专家证人的意见,如诉讼出现有关证明方法瑕疵的争议,并且该证明方法可能同专家证人的可信程度相关,那么,这种情况究竟是属于证言可信度的事实问题而由陪审团进行裁判,还是将其视为瑕疵证据的可采性问题而纳入法官职权审判范围?这显然模糊了二者的界限。甚至有些区分本身就不是绝对的,比如初步事实(preliminary fact)的存在与否虽然是由法官判断,但其本质却是事实问题。②

不过陪审团在英国司法审判中的作用正不断弱化,如今仅适用于较重大刑事案件的审判,只有在极特殊的情况下才对普通民事案件和一般的刑事案件启动陪审团审理。③ 目前,在刑事诉讼中采用陪审团审判的案件不到1%,在民事案件中采用陪审团审判的案件每年不足400件。④ 正如达马斯卡预言:"为陪审团审判度量身定做的规则被从其显赫的地位上驱赶出来,我们现在所知的普通上的证据法可能会被限定在一个更狭窄的范围内,也许是严重的刑事案件,或者甚至被彻底抛弃。"⑤

(三)事实问题与法律问题的司法实践

在英国诉讼活动中,正常情况下由当事人双方所提出的大多数证据都是可接受的,因此其庭审核心一般是事实问题。在此类案件中,法官一般不发挥任何作用,除非必须由他来考虑该证据证明力或引导陪审团判断该证据。当然,如果出现证据异议的情况,法官作为裁判者还必须裁定是否接受该证据。通常在有陪审团参与的案件中,由法官负责将法律问题与事实问题进行区分

---

① 有观点就认为陪审团评估传闻证据的能力相对有限,而难以对刑事审判产生重大影响。参见[英]詹妮·麦克埃文:《现代证据法与对抗式程序》,蔡巍译,法律出版社2006年版,第33页。

② Adrian Keane et al., *The Modern Law of Evidence*, 8th edition, Oxford University Press, 2010, p.30.

③ 崔林林:《严格规则与自由裁量之间——英美司法风格差异及其成因的比较研究》,北京大学出版社2005年版,第135页。

④ 齐树洁主编:《英国司法制度》,厦门大学出版社2007年第2版,第158页。

⑤ [美]米尔健·R.达马斯卡:《漂移的证据法》,李学军等译,中国政法大学出版社2003年版,第208页。

是不会引起争议的,由法官主导并推进那些涉及证据争议的程序也是理所当然的。不过,在那些仅由法官独任审判或是治安法官进行裁判的程序中,由于裁断主体的唯一性,审判中事实问题与法律问题就不可避免地混合在一起,这可能有悖正当程序的要求。在这种情况下,英国证据法要求法官必须妥善地行使分离与权衡证据的职能。

如果出现上述事实问题与法律问题相混同的情形,法官必须援引适当的实体法,以便决定哪些属于法律问题应由法官作出裁决,哪些属于事实问题应由陪审团作出裁决。如在诬告案件中,由陪审团裁决的事实问题,一般包括诸如被告人通过什么方式手段获知所诬告的事情,以及被告人是否真正相信所诬告的事实等;而法官应裁决的法律问题则是按照已发现的事实,被告人是否有合理和可能的动机施行诬告。不过在一些案件中,对于合理性的推断可能会被认为是事实问题,如判断被告人对煽动性语言或行为所作出的反应,是否符合正常人的行为。此外,一些具有混合特征的事实问题,也可能会被视为例外而由法官裁决,如有关外国法律的解释问题:对外国法律中正常情况下使用的普通英文单词的解释属于事实问题,但对具有特定法律意义的单词解释则属于应由法官裁决的法律问题。

三、证据的理性裁判模式

(一)理性裁判模式的运行机理

韦伯(Weber)在讨论中国传统司法时,认为传统的中国法律是实质非理性的,因为传统的司法官可以仅根据案件的情况自由地作出判决,而不需要严格地遵守任何普遍的超法律规范(extra-legal norms)。[①] 与此相反,源自西方的司法则隐含着理性主义传统,特别注重证据的理性裁判问题。这种司法裁判的实现,通常可以用英国证据法学者 Twining 所提出的理性裁判模式(rationalist model of adjudication)来表述。[②] 该模式坚持裁判的目标在于实现公正的判决,而公正取决于对事实真相的发现以及对其适用正确的实体法律。

---

① [美]马修・戴弗雷勒:《法社会学讲义:学术脉络与理论体系》,郭星华等译,北京大学出版社 2010 年版,中文版序言第 5 页。

② Twining, *Rethinking Evidence:Exploratory Essays*, 2nd edition, Cambridge University Press, 2006, p.76.

这些事实应当依靠毫不偏私的高水平裁判者,通过法定的证明责任和证明标准,以精确地具有相关性和可信性的证据评价来实现。因此,必须有足够的措施以杜绝其中的腐败和可能的错误,并且建立完备的审查和申诉机制以确保无虞。这一理性裁判模式的哲学根基,是边沁(Jeremy Bentham)提出的以"决定的正确性"为主要目标的证据理性主义。①

Twining 认为这一模式是机械主义的,它预设了公正的裁判是进行依法司法的充分条件。该模式植根于这样一个理念,即达致公正司法的必由之路就是理性地探知真相。② 这种价值立场有助于我们更加明确英国证据法的目的。一言以蔽之,英国证据立法就是致力于通过确保具有关联性和可信度的证据资料进入司法程序,以帮助裁判者公正地进行裁判。这一目标将借助一系列辨清事实真伪的制度设计,以及恰当的证明责任和证明标准界定来实现。

理性裁判模型源自边沁的功利主义理念,即公正的目标最好通过程序性设计予以实现。这一系统的特点是淡化技术性规则,尤其是那些排除某些证据,或是试图详细界定不同证据相关性或衡量证据的规则,即所谓的边沁不排除原则。③ 边沁认为,应当采用一种总原则去统摄证明案件事实的证据,并通过这种原则赋予证据提出人自由决定提出证据以及运用证据的权利。此外,证据规则还需采用指引的方式以帮助裁判者予以理解,而不应当试图通过规定"什么证据可以接受"和"应如何评定该证据效力"等问题影响司法中事实发现的过程。如果司法证明系统中存在过多的证据排除性技术规则,将会使证据裁判本身存在不确定性风险,从而影响举证。取而代之的合理做法是,证据法应尽可能明示那些可能对证据可信度和证据裁量有影响的规则,以便于证据提出人进行预判。

为了使上述原则具有普遍的适用价值,边沁强调了证据裁量的成本问题,允许证据裁判所采用的证明模式依据其可能负担的成本进行调整,即如果为了寻求公正而导致提出的证据收益小于其成本的话,法官就有权将这样的证据排除在外。这一判断传递了借助成本控制自由心证的信号。边沁认为,在

---

① [美]肯尼斯·S.布荣登:《麦考密克论证据》,汤维建等译,中国政法大学出版社 2004 年版,译序。

② Twining, *Rethinking Evidence*: *Exploratory Essays*, 2nd edition, Cambridge University Press, 2006, p.83.

③ 边沁认为从事物的本质上看,为证据寻找到确保公正裁决的可靠规则是不可能的,人类敏感的心智是不适合建立规则的。参见 William Twining, *Theories of Evidence*: *Bentham and Wigmore*, Stanford University Press, 1985, pp.66-75.

一个无须考虑时间和资源的情形下，如果无其他价值相竞争，仅仅依靠自由心证也许是发现真实的司法典范，但在并不具备上述条件的现实审判中，证据裁判不得不受到资源有限性的约束。这种观点与西方社会所秉持的"许多法律规范是以实用性、以获得最大效益为基础的"价值目标一脉相承。①

（二）理性裁判模式的具体展开

1.理性裁判的成本约束问题

理性裁判的核心在于其更加接近案件真相，并强调裁判过程的正当程序，但程序正义的内涵显然不仅仅限于此。评价合理性的裁判往往会被附加上成本的约束，要求"程序必须具备实现减少错误或直接成本或提高过程利益的意义，才具有合理性"。② 从司法程序适用伊始，使裁判成本与时间最小化已经是广为接受的理念，"因为缺乏成本意识的司法更容易产生功能不全的问题"。③ 基于证据听审的成本考量，英国学者持现实主义立场，认为"如果一个证据毫无用处，为其耗费的成本将是不正当的，因此，排除没有相关性的证据是理性模式的必然逻辑"。④ 不过，为司法设定证据成本缩减的目标也是一个备受争议的话题。例如，一位证人在法庭外所作的证言，哪怕是同当前的证言相吻合，也会因传闻证据规制限制而不可采信。人们在直觉上往往认为，证言刻意的前后一致充满人工斧凿的痕迹，并可能让他们感觉啰嗦而心生厌烦。

2.理性裁判的程序正义问题

从自然正义的直觉来看，理性的证据规则应能提高程序正义的最低标准，但这种观点有点模棱两可，毕竟在不同的语境下证据规则可能会有不同的适用结果。以直接言词原则为例，强调直接言词原则有助于推进案件事实的"易懂性"并帮助人们更好地实现诉讼目的，不过可能也会因过多的发言而造成程序成本耗费。这种证据适用价值上的冲突，需要通过理性裁判选择予以化解。基于自然法的平等理念，当事人应充分关注对手的攻击防御方法，拥有合理的机会去获得证据，并有机会借助交叉询问等方式，对不利证据提出反驳意见，以期最终审判得以在一个合理期间内以有序、公正的程序公开进行。

---

① ［英］彼得·斯坦、约翰·香德：《西方社会的法律价值》，王献平译，中国法制出版社 2004 年版，第 3 页。

② ［美］迈克尔·D.贝勒斯：《程序正义——向个人分配》，邓海平译，高等教育出版社 2005 年版，第 166 页。

③ 张榕：《事实认定中的法官自由裁量权》，法律出版社 2010 年版，第 84 页。

④ Ian H. Dennis, *The Law of Evidence*, 4th edition, Sweet & Maxwell, 2010, p.10.

就此而言,程序正义是同证据裁判本身密切相关的,但还是会出现因程序正义而有碍证据裁判的情况:首先,作为对抗性司法,英国法要求当事人从审判中筛选出确定的争点,并对此提出相关证据。这种因辩论主义而赋予当事人限制法院询问范围的权利,使得法官无权要求当事人提供更多证据,让诉讼参与人豁免于直接揭示真相的义务。[①] 不过,该做法也同时降低了判决的准确性,尤其在民事案件中,当事人完全自行举证可能会使法官的自由心证无法获得充分的证据材料。其次,程序正义要求诉讼为当事人提供平等机会,但实际上当事人进行诉讼的能力或资源并不平等。这种情况需要借助专业的律师服务来矫正,而律师代理应先取决于当事人有权通过私密的方式获得相应的法律帮助,由此产生的法律代理特权允许当事人有权拒绝公开他们与律师私下交谈的内容。[②] 尽管这些交谈往往包含了获知事实真相的完全信息,但这些内容显然是证据裁判所不能触及的禁区,致使司法本身面临尴尬的"信息不对称"。

即便如此,程序正义同样是裁判正当性的重要组成部分。对抗程序包含确保当事人享有充分的机会参与庭审的诉讼构造,这可能使当事人更容易接受裁判的结果。在这个意义上,将充分参与庭审视为一种"过程性价值",有助于法院裁判为公众所广泛接受,从而最大限度地体现"正义不仅要被实现,而且应当以看得见的方式实现"这一法谚的真谛。

3.理性裁判的错误避免问题

理性主义者一般会作出这种认识论假设:有关既往事件和庭审陈述的真相,很有可能是从证据中精确推断出来的。然而,我们必须承认的是,当事人所提交的证据很可能不完整或不可信,甚至存在错误的认知,从而导致裁判的错误。为了避免错误的裁判有碍于正义的实现,应当寻求合理的解决途径。对此,麦考密克指出:"如果要对陈述过去事件的相互矛盾的证据进行鉴别,唯一的检验方式是看证据是否具有'协调性'。"[③]换言之,即通过证据之间的互相印证,合理地避免认定事实上的错误。这也正是现代诉讼大量引入"科学证

[①] [英]詹妮·麦克埃文:《现代证据法与对抗式程序》,蔡巍译,法律出版社 2006 年版,第 4 页。

[②] 这种情况也可以表现为律师作证豁免制度,属于法律职业特权范围(legal professional privilege)。参见 Adrian Keane et al., *The Modern Law of Evidence*, 8th edition, Oxford University Press, 2010, p.605.

[③] [美]尼尔·麦考密克:《法律推理与法律理论》,姜峰译,法律出版社 2005 年版,第 85 页。

据”的主要原因，通过运用科学原理来验证证据的真实性。在对具体的、不会重现的过去事实信息的证明力评价过程中，“司法裁判者很大程度上依赖于经验常识和'悄悄低语'的直觉”，但科学的根据是足够数量的规律现象，从而“稳步地将经验常识从各种认识机制中的特权地位上排挤出去”。因此，在法庭上提供此类信息的专家证人甚至会为提供“反直觉”的信息而感到自豪，并据此在不断进步的理性基础上，延续证据制度的理性主义传统（the western rationalist proof tradition）。[①]

从边沁功利主义的视角分析，法的制定应当能够有助于预测并促使人们规范自身行为。有鉴于此，边沁倾向于将法院判决的公正性作为较高的价值目标，而判决的公正性取决于最大限度地实现事实调查的真实性。不过，复杂的证据裁判不但需要考量居于高位的公正价值，还应对诸如当事人陈述的保密性、刑事被害人的感受等予以同等衡量，以实现诉讼冲突利益的平衡。由是观之，理性裁判就不是简单的“科学真相”所能替代的。其中不仅可能存在科学证据本身不科学的“失真”问题，也可能会涉及社会公共福利等宏大背景下证据规则的效果评价问题。比如，家事案件运用强制亲子鉴定程序，就容易在发现真相之后引发监护权更迭等更为复杂的家事纷争。所以，避免错误的理性裁判的前提并非事后结果的准确，而是在证据规范制定过程中就应事先同等重视纷争各方的不同诉求。例如，如果社会坚持错误的有罪判决比错误的无罪判决更有害于被告人立场，那么对被告人违法取证就是“毒树之果”，但如果治安已恶化到令公众难以忍受的程度，则轻微违法的瑕疵取证就应在被相应司法技术补正后予以采信。

相比之下，100 多年来英国刑事诉讼则在法庭科学方面取得了极大的发展：自 1902 年苏格兰司法审判采纳指纹证据后，作为警察侦查的标准特征，指纹已经成为第一类科学的专家证言之一；整个 20 世纪至 21 世纪初，法庭科学产生的影响与日俱增，依据伦西曼皇家委员会的《刑事法院研究报告》（Runciman Royal Commission's Crown Court Study）估计，在所有存在争议的起诉案件中几乎有 1/3 涉及科学证据。[②]

---

① ［美］米尔吉安·R.达马斯卡：《比较法视野中的证据制度》，吴宏耀、魏晓娜译，中国人民公安大学出版社 2006 年版，第 44 页。

② 麦高伟、［英］杰弗里·威尔逊主编：《英国刑事司法程序》，姚永吉译，法律出版社 2003 年版，第 237～238 页。

四、证据的司法准入程序

对抗式诉讼赋予当事人自由提出证据的权利,但并不意味着证据材料就自动成为最终庭审的证据,这涉及英国证据法中特殊的证据司法准入问题。基于证据先前通知制度(advance notice)以及开示程序(disclosure)要求,争议双方必须相互告知对方即将提交给法官的证据,并申明该证据具有可接受性的理由。如果证据的可接受性存有争议,则不能直接向陪审团公开或让其知晓。如果出现控方必须借助争议证据才能作证的情形,[①]法庭就需要启动一个由法官介入的证据评判前置程序,对争议证据进行审查判断,这就是英国证据的司法准入程序。

(一)有陪审团的裁判程序

在法官和陪审团共同参与的案件中,所有关于证据关联性及可接受性问题的裁判权归于法官,而陪审团裁判范围仅限于涉及证据证明力的事实问题。依据这样的分工,在有关证据可接受性问题的庭审过程中,任何被用来引证支持或反对讼争证据的第二位证据(secondary evidence)被禁止在陪审团面前提出,以防止他们在该证据最后被裁定为不可接受时受到"污染"。法官正确的做法是引导陪审团忽略该证据,并完全屏蔽此类证据以减少对陪审团证据裁判的负面影响,以避免相关当事人证据利益受损乃至案件重审。[②] 因此,在司法实践中,证据的可接受性问题通常仅被识别为法律争议,依循"法律问题"方向获得解决。法官将在陪审团不在场的情况下,听取双方关于第一位证据与第二位证据的辩论,并依据相关的证据规则进行独立的裁判。

不过,因为证据可采性问题的复杂性,在一些特殊案件中可能会启动特殊的"案中案"(voir dire or trial within a trial)程序进行处理。[③] 这种复杂性在于证据本身混合了事实问题与法律问题。比如,诽谤录音证据的可接受性问题,既包括录音内容是否构成诽谤的法律问题,也包括录音内容所诽谤的对象

---

① 比如证人在接受质询时,需要恢复(recalling)记忆而阅读先前记录,可采先前记录可能因为取证过程问题而致双方争议。

② Smith, Bailey & Gunn, *On the Modern English Legal System*, 4th edition, Sweet & Maxwell, 2002, pp.1035-1039.

③ Jonathan Doak & Claire MacGourlay, *Criminal Evidence in Context*, 2nd edition, Routledge-Cavendish, 2009, p.4

是否为原告的事实问题。对此,法官一般会在裁断前听取双方证人的证词,并仔细权衡双方律师的意见。如果法官最终决定采纳某一证言,则该证言的证人还需要在陪审团到庭时重新作证。正是由于这种重复作证的流程,"案中案"的程序被认为是一种极为耗费时间的程序。

尽管上述做法在避免使陪审团卷入证据可采性裁判方面发挥了作用,但也给别有用心的控方提供了特殊的交叉询问策略,即控方证人可在被交叉询问之前利用该程序了解交叉询问的大概内容。如果他的供述被法官排除,就可以证明控方让其证人进入"案中案"程序的价值——以便有机会在后续的陪审团审判时调整回答内容。如果其供述被采纳,该证人就能通过这一程序对后续的质询进行"彩排",并且可能在陪审团面前强化他们的证据可信度和证明力。有鉴于此,被告人一方有时就会排斥"案中案"程序,而直接要求适用预先审查程序,在陪审团面前一次性地完成质询。这种做法在 1981 年 Ajodha v. The State 案中得到了主审法官 Bridge 的肯定。《1984 年警察与刑事证据法》正式确立了这种做法:在任何供述的可采性问题产生争议时,都应启动预先审查程序。该法第 76 条第 2 款对此还作了补充规定,即当控方以被告人所作的供述作为证据,并且被告人在法庭称其供述存在或者可能存在法律规定可被排除的情形时,[①]法庭不允许将该供述作为对被告人不利的证据提出,除非控方向法庭证明该供述并非在上述情形下获得。

不过,需要指出的是,英国司法部门也曾有过这样的处理方式:若控方提出的证据有可能被排除,法官有权在后续的审判阶段重新考虑启动预先审查程序。目前,多数案件依据《1984 年警察与刑事证据法》第 76 条的规定,要求被告人须在该供述被确认为可采性证据之前就提出排除主张。在 1988 年 R v. Sat-Bhambra 一案中,上诉法院针对第 76 条的关键词提出了具有里程碑意义的解读:对"建议作为证据"和"不能采纳为证据"的文义解读,不应当局限于描述过去的事情,而仅仅用于处理在陪审团之前出现供述的情况。然而,也有观点认为,审判法官应据此保留一般性证据的自由裁量权,以便在供述被采纳后又发现其确有错误时,有权解散陪审团并重启审判,以确保被告人受到公正的审判。

(二)无陪审团的审判程序

事实上,在英国高等法院和地方法院审理的大多数案件,主要由专业法官

---

①　这种情况包括刑讯逼供,或者基于他人言行,在当时的情况下可能影响供述的可靠性所作出的任何供述。

负责审理。在大多数案件中，当需要对证据争议问题作出裁判时，法官可以依据一般法律原则或某种关于争议事件的描述予以解决。不过，对于那些既需裁定事实问题又要听取证据争议问题的案件（比如目击证人有罪的证词是否是通过诱供而获得的），这种做法可能会产生一种程序隐患：如果讼争证据后来被排除了，法官就会要求陪审团遗忘该证据，但陪审员反而因此产生刻意排除该证据的心理障碍，即越是想要忘记却越强化了对该证据的记忆。

由于上述的程序问题，学术界对类似于即决审判（summary trial）程序中预先审查的有效性颇有微词。在 1982 年 F v. Chief Constable of Kent 案中，初审法院就极端地认为预先审查程序徒费时间，甚至在缺乏可行性替代方案的情况下，就草率地将预先审查程序从治安法院审判程序中予以排除。不过，利物浦地方青少年法院（Divisional Court in Liverpool Juvenile Court）在随后的上诉审中对此予以改判，强调了在前述第 76 条第 2 款规定的情形存在时，必须将预先审查程序适用于治安法院审理。客观地来看，预先审查程序具有一定的独立价值，因为由其所产生的一系列关于证据可采性的规则，往往针对的都是侦查过程中容易被忽略的细节（比如是否合法传唤被告人进行供认，就可能会影响到该供述的可采性等问题）。这些细节性的问题如果先经过预先审查程序的过滤，就可以较好地避免事实裁判者产生对被告人不利的观感。

总体来看，在这场关于预先审查程序存废的争论中，初审法院反对增设预先审查程序的意见有其必然性：考虑基层司法所面临的数量剧增的诉讼案件，[1]在证据可采性制度中抛弃效果一般却又烦琐的讯问程序，而直接进入审判，将会极大地提高诉讼效率。然而，出于对审判质量以及法律审职权限制的考虑，对负有审判监督职能的上诉法院而言，他们显然更希望通过预先审查程序，过滤不够专业的基层事实裁判者可能滋生的偏见，以确保进入上诉审程序的事实裁判的可接受性。[2] 上下两级法院不同的诉讼价值取向导致英国司法在个案裁判上的激烈冲突。当公正性、诉讼时间与诉讼费用作为"评价一国民事司法制度的三个互相联系的参数"竞合于同一制度时，[3]对面临大量简单案

---

[1] Adrian A. S. Zuckerman, Lord Woolf's Access to Justice, in *Modern Law Review*, 1996, Vol.59.

[2] 在普通法国家，初审法院认定的事实而且其认定结果一般不会再受到上诉法院的审查，上诉法院职权一般限于程序和法律解释方面的问题。参见齐树洁：《民事上诉制度研究》，法律出版社 2006 年版，第 42 页。

[3] Adrian A. S. Zuckerman, *Civil Justice in Crisis*, Oxford University Press, 1999, pp.1-10.

件的基层司法而言,摒弃烦琐的预先审查制度,可能会更符合沃尔夫勋爵提出的"接近正义"这一改革目标;而由此凸显的司法效率诉求,恰恰成为了世纪之交英国进行大规模司法改革的动因之一。

(三)审判法官作出证据裁决

由审判法官而不是一般的司法官员(如司法主事官,或主要负责中间程序或预审的地方法官)作出证据裁决,是近年来英国证据裁判采用的一项基本原则。理性的证据裁判要求对案件进行通盘考虑,这不仅包括案件陈述、证人证言、物证,还涵盖审判中所可能涉及的证据相关性和可采性问题。证据结论必须要等到案件事实审理得较为清晰时,才能被确定。最终,只有审判法官才有机会目睹并听取所有证据以及所争议的案件事实,也只有审判法官作出或采纳的判决才能成为案件判决的一部分。相应地,负责中间程序或预审的裁判者一般没有进行最终证据裁判的机会,这是由中间程序的救济性程序定位所决定的。倘若审判法官同时也负责审理中间程序和预审程序,那意味着该法官在作出最后裁决之前,又对中间裁判进行审查,这不仅有违程序正义,也使中间程序丧失了复审的意义。

基于相同的原因,《1996年刑事诉讼与侦查法》剥夺了此前治安法院所拥有的审查拘押程序的正当性、裁定证据可采性事项的权力,并将上述审判权转交给负责审判的刑事法院(Crown Court)。具体的职权范围包括供述的可采性、传闻证据的可采性,以及在法院自由裁量权范围内对任何证据进行排除等。当然,若属于简易案件的审理,治安法院也可以拥有上述证据事项的裁判职权。《1998年民事诉讼规则》对此规则进行了拓展,该法第32条第1款授权法院通过裁定向当事人释明需要证据证明的争议、证据的特性以及证据的提交方式等,以此来引导证据提出。

(四)审级与证据异议

基于审级与分工,上诉法院并不会将一审中出现的证据错误纳入上诉审理范围,除非该错误属于必须慎重考虑的重要问题之列,或者出现重大的新证据。究其原因,一方面可能是司法系统为了维护自身审判的绝对权威,也是对各司其职的各级法官群体专业素养和裁判质量的信任;另一方面,如果过度纠缠原审事实问题,当事人也很难给出更令人满意的解释,而只有围绕新的证据问题,所有证据错误才有机会得到根本解决。不过,即使上诉法庭不会轻易改变案件的事实认定问题,但还是需要对一审中某一证据可采性裁定的异议作出裁断。除此之外,上诉法官必须谨慎审查那些在初审中没有提到而在上诉法院中首次提到的问题,但有批评意见认为,这种做法显然与上诉法院仅就上诉内容享有管辖权的法院垂直分工原则相左。此外,当前英国司法系统还存在着一种新做法,即对终审裁判所出现的错误,原告律师有义务要求法官改正任何明显的法律错误,以确保原告诉权的正当实现;但对于辩方律师而言,基于其对被告人所负有的职业义务,他无须向法官要求改正那些会引起上诉的错误。

(五)其他证据裁判问题

由于陪审团参加审判一般需要审判法官的指导,因此法官通常会针对证据的产生、意义、效果以及证据利用等事项对陪审团作出指示。具体而言,法官这一义务包括对证明责任、证明标准的解释,对证据可采性的合理利用,对事实的推定,关于供述价值的确定,品格证据的意义,被告人为自己辩护的证人地位,以及其他一些可能出现的法律问题。由于法官有权对当事人提出的证据证明力和可信度等问题发表意见,为了避免法官意见对陪审团的不当影响,此时法官必须向陪审团表明其意见仅供参考,帮助陪审团树立他们才是事实问题最终裁判者的认知。

此外,法官还享有依证据情况而从陪审团撤回案件的权力。当刑事审判举证质证结束时,法官必须根据个案证据的情况,裁定是否继续将案件留给陪审团审判。如果缺乏足够的证据证明被告人有罪,或证据的证据力太弱以至于陪审团无法据此作出判决,此时法官应从陪审团那里撤回案件。由于陪审团是事实问题的裁决者,它有权在举证质证结束后的任何时候中止案件以支持被告人,但必须要在各方结案陈词结束后才能作出裁决。

五、法官对证据的自由裁量权

达玛斯卡在论述英美证据法特征的时候指出:"普通法程序通常被视为自由评价证据的城堡。"[①]即使是采用高度强调当事人主义的对抗制方式,当事人实质上并没有绝对的证据主导力,而只有基于证明责任的证据提出和证据说明义务。因此,《1998年民事诉讼规则》第32条第1款规定了"法院主导证据之权力",这被学者们解读为"法院拥有排除证据之自由裁量权"。[②] 对法官

---

① [美]达玛斯卡:《漂移的证据法》,李学军等译,中国政法大学出版社2003年版,第23页。

② 张卫平主编:《外国民事证据制度研究》,清华大学出版社2003年版,第28页。

而言,除了决定哪些证据是可接受的外,还可以依据公平对待双方当事人的法定职责,自由裁量证据的可采性问题。在特殊情况下为了公正断案,法官可对原本可采纳的证据不予采纳,或对原本不能采纳的证据则予以采纳。必须指出的是,普通法并没有直接赋予法官实体法意义上的自由裁量权,唯一明确规定的是在刑事案件中,法官享有的对控方提出证据的有限度排除裁量权。换言之,这种证据裁量权,主要是通过法官排除不具有可采性的证据来体现的,而非由他们自由决定采信那些不具有可采性的证据。由于缺乏一个精确的标准来界定疑难案件①中自由裁量权的行使,司法实践呈现了多种类型的法官证据自由裁量权。

(一)包含裁量权

包含裁量权(inclusionary discretion),是指在某些特殊情况下为了公正审案,法官拥有采纳原本不能采纳的证据的自由裁量权,即将本不能采纳的证据包含进入证据体系的一种裁量权,它是相对于法官依法排除证据的自由裁量权(exclusionary discretion)而言的。

然而,不论在刑事案件还是民事案件中,普通法都没有关于采纳原本不可采纳证据的自由裁量权的明确规定,②在 1965 年的 Myers v. DPP 一案中,Reid 法官对这种权力持否定态度:“控方知悉法律并不允许将私人记录作为证据,却坚持让法官运用自由裁量权,采纳对案件公正审理有重要价值的私人记录作为证据。由于法律本身明确了这种证据的不可采性,这与法官拥有自由裁量权排除具有法定可采性的证据是迥然不同的。无论该证据是多么强有力、不可辩驳,除非它属于可采纳的范围,否则都应排除。”这一裁判思路实际上延续了 1964 年 Sparks v. R 案的做法。在该案中,一名美国飞行员被控猥亵幼女,幼女告诉她的母亲,施暴者是有色人种,而被告人却是白人。在该案审判中,幼女未出庭作证,后被告人被判有罪。被告人在上诉中提出孩子的陈

---

① 所谓疑难案件,是指那些可能会诱导法官超越甚至不顾法律原则而作出裁断的案件,并因此生成恶法。《布莱克法律词典》这样解释 hard case(疑难案件):A lawsuit involving equities that tempt a judge to stretch or even disregard a principle of law at issue. Hence the expression, “hard cases make bad law”. See Bryan A. Garner, *Black's Law Dictionary*, 8th edition, West Group, 2004, p.734.

② Adrian Keane et al., *The Modern Law of Evidence*, 8th edition, Oxford University Press, 2010, p.42.

述应当被作为身份证据或者真事实,①而被法庭所采纳。但是枢密院司法委员会在终审中认为,该传闻证据没有被采纳的基础,即使有被采纳的基础,也不能证明该证据与猥亵在时间上和本质上存在紧密联系,能够构成真事实。所以,母亲的陈述不可采。依据枢密院司法委员会的意见,英国证据法实际否认了那些虽具有很强相关性但不可采的证据被司法采纳的任何可能性。

(二) 民事案件中的排除裁量权

英国法律尚未明确界定民事案件中的证据排除裁量权,但从《1968 年民事证据法》第 18 条第 5 款的规定可见,法庭拥有在任何法律程序中自行决定排除证据的权力。

值得强调的是,民事案件的排除裁量权是与证据可采性密切相关的。依据证据可采性的"黄金规则",法官主要通过"证据能否合理地影响系争事实存在的可能性进行评价"的判断,来排除缺乏相关性的证据。② 与此相关的著名判例是 1896 年 Hart v. Lancashire and Yorkshire Railway Co. 案。在该案中,原告尝试提出被告铁路公司在事故后修改了相关操作手册的证据,以此来证明被告存有过失,并应对原告车祸伤害承担过错责任。但这一证据却被法官运用排除裁量权予以排除,理由是被告对操作方式的事后调整与被告是否过错的事实争点之间并不存在相互关系,因此就不能成为证明被告过失的证据。

在英国司法实践中,有关排除裁量权的案件一般仅能表明法官拥有裁定证据是否具有可采性的职能,却不能证明排除裁量权的独立存在。通常而言,这种排除裁量权仅被隐蔽地体现在少数"机密性"(confidentiality)案件的处理过程:机密性作为一个法律问题,③可以让法官有权在审判中阻止当事人提出问题、查看机密文件,或者制止那些引诱证人透露机密性信息的行为,但这种裁量权主要是通过评价待保密信息的重要性,或者通过公众利益与保护个人隐私权之间的利益衡量,来实现对"机密性"证据的排除。

运用裁量权排除证据的做法,在 1982 年 ITC Film Distributors Ltd. v.

---

① 其拉丁原文为 *Nex gestae*,指成就之事、客观事实,即与案件的确切事实和传闻的事实相对。

② 张卫平主编:《外国民事证据制度研究》,清华大学出版社 2003 年版,第 27 页。

③ confidentiality 亦称为"特许不外泄"(privileged communication),一般是指如下情形:(1)对律师以及为律师工作的任何人的要求:不透露有关客户的情况,除非其客户的行为可能涉及犯罪。(2)对其他某些人如神职人员、医生、丈夫和妻子等的要求:不泄露在某些情况下所获得的情况。

Video Exchange Ltd.案中被拓展到保护对方证据方面：当原告及其律师将一些文件带到法庭上使用后，被告获得了这些文件并准备作为证据使用，被告这一行为遭到主审法官 Warner 的否决。Warner 法官认为，被告这种行为是对法庭的藐视，因为这些证据系被告违法取得的且未经开示，法庭不能采纳这样的证据以纵容这样的行为。不过，拒绝采纳上述证据的理由却在 5 年后有所变化。在 1987 年 Goddard v. Nationwide Building Society 案中，Nourse 法官认为 Warner 法官的上述裁定并非一种自由裁量权的产物，而是基于公共政策(public policy)作出的决定，因为 Warner 法官实际上持有一种公共利益比较的立场，即法官维护诉讼当事人携带文件进入法庭且不被偷窃的权利以及由此体现的公共利益，要比维护对方利用所有可以得到的证据来揭示事情真相的公共利益更为重要。

(三)刑事案件中的排除裁量权

1.普通法中的排除裁量权

在刑事案件中，保证被告人得到公正的对待，既是法官的职权也是法官的首要义务。这一目标可以通过与证据可采性相关的多种途径来实现。例如，当存在证据可采性异议时，法官可直接排除那些以令被告人感到压迫的行为所取得的证据，来确保被告人获得公正的刑事对待。[①] 这意味着如果对被告人造成的不公正的损害超过证据本身的证明价值，法官有权直接排除或在法律上限制相关证据的使用。这里所指的不公正的损害情况，通常是原告提供的证据存在激怒陪审团的潜在可能性，或使陪审团可能基于与证据证明力无关的因素，而作出对被告人不利的判决，如控方提交有助于渲染犯罪情节恶劣的佐证。这种因不公正损害被告人利益而排除证据的权利，也可能被视为一种自由裁量权，因为法官可以将证据可采性问题转化为法律问题。正如Bruce 法官在 1980 年 R v. Gunning 案中所比喻的："在英国刑事审判中，法官更像一个无所不能的斯诺克比赛裁判。"一言以蔽之，法官行使普通法证据裁量权，需要充分考虑证据的证明价值、不公正损害的可能范围、审判过程出现的各种情况，以及如何保证公正地审判所必要的程序等。

普通法一般要求法官在进行证据自由裁量时实现一种利益平衡：既充分考虑采纳证据给控方带来的指控利益，也同时兼顾被告人获得公正审判的利益。在上述的利益权衡中，如果法官认为控方提出证据的消极影响大于其证

---

① Peter Murphy, *Murphy on Evidence*, 7ᵗʰ edition, Blackstone Press Limited, 2000，p.81.

明价值,他就拥有自由裁量权排除该证据。根据该原则,如果在共同犯罪案件中,控方通过对一名共同被告人的非法取证来指控另一名共犯,那么初审法官就可以排除控方提出的证据。

在一般情况下,证据排除裁量权只能排除控方提出的证据,法律禁止根据共同被告人的请求来排除另一名共同被告人所提出的证据,尤其绝对不能排除该共同被告人自我开脱罪行的相关证据。① 然而,无论上述利益"平衡"规定被设置得如何精巧,对于法官而言,他在行使证据排除裁量权时首先仍需扪心自问:如果控方提出的证据在通常情况下被采纳,那么是否仍有必要为了保证对被告人的公正审判而排除此证据? 我们尝试通过以下几个具有代表性的判例,来细化这一认识。

早在 1949 年 Noor Mohammed v. R 案中,Du Parcq 法官在传达枢密院的意见时就指出:"在所有这样的案件里,为了达到公正审判的目的,法官应考虑当事人双方所提供的证据是否充分,是否与其所要达到的目的相称,是否代表了司法审判的利益而可以被采纳。如果证据本身因为其证明力而难以实现这些目标,那么法官排除它是正确的。"然而,这并不意味着法官能够据此将证据证明力与证据可采性相混淆,因为二者侧重点有所不同:前者是关于证明能否成立的问题,而后者是关于证据是否正当的问题。将证据充分性和实现审判利益作为目标,决定了法官在涉及证据证明力和证据可采性方面均需要作充分地考量,并依自由裁量权而决定最终证据价值的判定。

在 1966 年 List v. R 案中,Roskill 法官重申了法官确保公正审理案件的义务,并且将其提升到陪审团公正裁判的高度上予以强调:"在某些特别的案件中,法官即使认为某一证据在严格意义上应被采纳,但采纳这一证据将可能导致后续审判中陪审团实际上不可能对案件事实作出客观公正、冷静的判断,此时法官应排除这一证据。"在多年后的 1980 年案中,Diplock 法官在吸纳了前人观点后,对该问题总结道:"现在司法实践已经发展出一项普遍适用的规则,在有陪审团参加的审判中,法官拥有将法律上可采纳的证据予以排除的自由裁量权,只要他认为该证据会对陪审团的判断带来不利影响,且这一不利影响与其本身的证明价值不相称。"

频频出现的判例实际上已经证明证据自由裁量取得了普通法中一般法律原则的地位,但需要注意的是,上述案件所关注的重点在于陪审团的公正判

---

① Lord Templeman & Rosamund Reay, *Evidence*, 2ⁿᵈ edition, Old Bailey Press, 1999, p.35.

断,与非法证据排除规则本身并无直接关联。Sang案的判决依旧禁止法官行使司法裁量权排除非法或不正当获取证据,这表明了英国法官长期漠视证据获取方式合法性的偏见仍然根深蒂固。几乎所有的初审法官都无意于通过证据排除来影响警察权力的行使。这似乎也预示了源于《1984年警察与刑事证据法》的法官证据排除裁量权在司法实践中的命运。①

2.《1984年警察与刑事证据法》中的排除裁量权

《1984年警察与刑事证据法》中的排除裁量权,②主要基于该法第78条的规定:(1)在任何诉讼中,③如果法官在考虑包括证据获取方式在内所有状况的基础上,认为证据的采纳将会对程序公正产生如此不利的影响而不能采纳它,那么法官可以拒绝采纳控方打算提交所依靠的证据。(2)本条所有规定不妨碍任何法律规则要求法庭排除证据。与此同时,该法的第82条第3款特意保留了普通法上的证据排除裁量权,由此形成了普通法与制定法上证据排除裁量权共存的局面。

从目前的实践来看,司法机关更倾向于认为第78条的规定创建了法规形式的自由裁量权,而第82条第3款特意保留了普通法意义上的自由裁量权。这种拓展自由裁量权适用的立场,表明了英国司法机关为更好实现"事实发现、准确裁断和保护私权"而不断致力于扩大证据可采性的努力。④ 不过在该法颁布初期,法官对于第78条规定的证据排除裁量权,与普通法上的证据排除裁量权二者之间的关系并未形成统一认识,这可以从当时的英国司法判例中找到一点踪迹。

在1987年Matto v. Wolver Hampton Crown Court案中,沃尔夫勋爵认为:"无论第78条的正确解释是什么,它丝毫不会减损法官依据普通法排除不公平证据的自由裁量权。"换言之,任何根据普通法的规定可予以排除的证据,当然也可依据第78条予以排除。在1997年R v. Khan案中,Nolan法官则从源头上更具体地剖析了这一排除规则:"判定法官的这项排除自由裁量权的实质,应从普通法自由裁量权的构成要件来判断。这一问题被Griffith大

---

① 陈龙环:《英国法官的证据排除裁量权》,载《贵州民族学院学报》2006年第5期。

② 如前述,尽管该法在近几年屡有修改,并且《2005年严重有组织犯罪与警察法》对其作了重大调整,但涉及证据自由裁量权的相关规定并无变动,故本章仍以1984年的相关条款为蓝本进行讨论。

③ 这一规定中的诉讼仅指刑事诉讼,包括治安法院的简易审判。

④ Ian H. Dennis, *The Law of Evidence*, 4th edition, Sweet & Maxwell, 2010, p.53.

法官在 Scott v. R 案的裁判中予以重申：法官为了保证对被告人的公正审判而排除该项证据是十分必要的。因此，无须将普通法中规定的情形与第 78 条规定的情形分开考虑。第 78 条所赋予法官为公正审判而排除相关证据的权力，在权力范围上至少与普通法中相关规定一致。"

在这种实践潮流中，"当法官们意识到，《1984 年警察与刑事证据法》第 78 条为他们在各种复杂情境下处理证据可采性争议提供依据时，该法的适用范围便得到了扩大"。① 于是，随着法官对该法第 78 条的认可和频繁适用，证据排除裁量权对刑事司法程序整体上产生越来越显著的影响。这种影响促使了第 78 条的适用重心从普通法关注公正审判，切换到涉及警察权正当行使的"审前"问题上，这实际上意味着第 78 条已经扩大了普通法自由裁量权"'不公正'须与法院的程序相关，而不是与警察侦查中发生的事情相关"的范围。② 此外，1980 年 R v. Sang 案表明，在普通法中除了自认证据以及经被告人授权允许而获得的其他证据外，法官没有权力排除通过其他方式所获得的证据。据此，第 78 条实质上支持这种外延宽泛的证据排除规则：在包括取证在内的所有情形下，只要证据采用可能给诉讼程序的公正性带来负面影响，法庭就应当予以排除。这也是奥德勋爵在 1998 年 R v. Chalkley 案中的主要观点。

问题在于，如果某一证据的采纳会引起诉讼上的不公正，那么普通法上的证据采纳权与第 78 条的自由裁量排除权究竟有何不同呢？这实际上涉及排除裁量权最首要的理论基础——可靠性保障。在 1994 年 R v. Stagg 案中，Ognall 大法官认为在处理被告人依第 78 条规定而请求排除"不公正"控诉证据时，可靠性应成为法官考虑的主要因素。基于可靠性保障的立场，法官似乎更倾向于采纳可靠的实物证据，即使这些证据可能通过非法渠道或不可采信的供述而获得。③ 此外，法官对可靠性保障理论的重视与刑事司法程序的科学化趋势密切相关。现代科技证据对于事实真相的巨大作用，使得法官一般不会轻易排除非法取得的 DNA 证据。④

---

① David Ormerod & Diane Birch, The Evolution of the Discretionary Exclusion of Evidence, in *Criminal Law Review*, 2004, No.10.

② V. Bevan & K. Ljdstone. *A Guide to the Police and Criminal Evidence Act*, Butterworths, 1985, p.294.

③ Paul Roberts & A. A. S. Zuckerman, *Criminal Evidence*, 2nd edition, Oxford University Press, 2004, p.173.

④ 陈龙环：《英国法官的证据排除裁量权》，载《贵州民族学院学报》2006 年第 5 期。

(四)证据自由裁量权的特殊适用

在 Sang 案件之前,司法界就对刑事案件中证据排除裁量权是适用于控方提出的所有类型证据,还是仅仅适用于某些特殊类型的证据纷争较大。从第 78 条的内容来看,立法似乎更倾向于前者。尽管如此,在实践中还是有些特殊类型的证据比其他证据更易引起对排除自由裁量权的争议。具体分述如下:

1. 先前行为证据(evidence of extraneous acts)

先前行为证据是一种涉及之前犯罪记录或者不良品行的证据,但这种证据本身同被告人目前被指控的罪行并无关联,如纵火案犯在之前曾有酒后驾车犯罪就属此类。[①] 如果允许先前行为作为证据进入当前庭审,陪审团可能会先入为主地对被告人产生有罪认知。无论这些证据的证明价值如何,显然它具有潜在的损害性。如果陪审团因此被误导,那就难以有效地对被告人被指控的行为作出理性判断,法官就有义务对此进行平衡考量(balancing test),以排除这一类证据。

2. 持有赃物(handing stolen goods)

在有关财产性的犯罪中,法官一般会排除那些被告人涉嫌持有赃物的证据。这类证据包括被告人先前被判有盗窃罪或持有赃物罪的物证,以及依据《1968 年英国盗窃罪法》(*The Theft Act* 1968)第 27 条的规定,用来证明被告人明知而持有赃物的证据。排除的原因在于,一方面,这些证据本身对指控犯罪的证明价值不大,缺乏相关性;另一方面,赃物的证据也可能会使得被告人被贴上"他也许就是一个惯犯"的标签,导致陪审团存有对被告人的偏见。

3. 有关品格的交叉询问(cross-examination about character)

在被告人可能就其品质问题而接受交叉询问的场合中,依据《1997 年刑事证据法(修正)》第 1 条第 2 款和第 3 款的规定,法官可以运用先例自由裁量权,将此种经交叉询问获得的证据予以排除,或将其限制在有助于陪审团正确评估被告人品格的方面。从近年来英国司法实践看,法官在此类案件中行使自由裁量权的热情时涨时落,有时即使非常明显地存在对被告人不公正的品格证据,法官也未必会行使排除自由裁量权。如在 1986 年 R. v. Rowson 案中,法官已先行排除了共同被告人 D1 和 D2 的供述,却又允许在后续的交叉询问中对 D1 供述所涉的内容进行交叉询问,同时指示陪审团不接受 D2 的证

① John Floyd & Billy Sinclair: *The Real Danger of Extraneous Offense Evidence*, http://www.johntfloyd.com,下载日期:2011 年 4 月 10 日。

言。这种明显带有偏见的做法一直备受外界批评,但上议院依旧我行我素,并在 1997 年的 R v. Myers 案中延续了这一做法,这也间接印证了英国司法极为复杂的政策摇摆态势。

4.供述(confession)

在《1984 年警察与刑事证据法》生效前,如果发现被告人提出的供述证据在法律上具有可采性,而其获得的方式却违反了程序规则,法官可行使自由裁量权予以排除。然而,法官同时也会考虑这种行为是否违反了《法官职业守则》第三部分(Code Practice C)所限定的范围,即审查采纳该供述证据是否会对诉讼的公正性带来不可接受的不利影响。法官在行使这一权力时,应充分考虑任何可能因某种行为导致的不公正情况。其中既包括证人欺骗警察的情况,也包括警察恶意取证的情况。

据此,普通法中采纳供述证据的标准可以简明扼要地归纳为一句话:供述应基于自愿产生,或是非胁迫手段获得。《1984 年警察与刑事证据法》第 76 条第 2 款为此确立了一个更为宽泛的供述自愿性原则,即除了通过胁迫手段获得的证据外,那些"基于他人言行而在当时情况下可能影响供述可靠性"①的供述,也被视为法官应当行使排除裁量权的证据。

5.第三方有罪判决(convictions of third parties)

为了证明被告人有罪,控方往往会向法庭出示其他与被告人有着相同的行为而被定罪的判决,以作为指控的证据。根据《1984 年警察与刑事证据法》第 74 条的规定,法官可以考虑行使自由裁量权采信这一证据,但需要注意的是,这种证据通常证明价值较低,并且有损害被告人的风险,特别在被告人被指控犯相同罪行时,会因个案的差异性而存在潜在的不公正性。

6.其他情形

除了上述几种特殊证据的排除,实践中证据自由裁量范围也相当灵活:如是否接受通过列队认人程序(identification parade)②所获得的证据,也被认为是法官证据自由裁量权的范围;又如,法官可以排除某一谋杀案中令人恐怖的死者照片,因为诸如死者恐怖的照片等容易引起人们感官上刺激的证据,往往

---

① 在该法中,此规定的下半部分为:"……法庭不应允许将该供述作为对被告人不利的证据,除非公诉方向法庭证明该供述(尽管供述可能是真实的)并非在上述情形下获得的。"

② 又被称为 Lineu,是指把嫌疑犯和其他的人混在一起排列一行,让证人详细辨认以指认嫌疑人的过程。该指认结果将成为定罪的一个证据。See Bryan A Garner, *Black's Law Dictionary*, 8th edition, West Group, 2004, p.761.

会影响陪审团作出理性判断。① 总体来看,只要证据本身所包含的损害风险,超过它们所带来的实际证明价值,法官就有权予以排除。

当然,仅仅依靠上述简要的梗概,很难全面叙述英国证据法的历史流变与现代发展、裁判主体与职权划分以及程序分化与裁量权类型等庞杂内容。事实上,迈入新世纪后,英国证据法在司法改革中得到了长足的发展。以废除大量例外规则的证据法简化浪潮、对证据可采性采用更宽泛的容许心态,以及赋予法官更具弹性的证据裁量自由为特征的修法运动,使我们有理由相信古老的英国证据制度将重新焕发生机与活力。

---

① 学者认为,陪审团通常采用的是无须深思熟虑且纯粹感性决断的方式进行裁判,所以他们更容易被这种刺激性证据所左右。参见 Gary Slapper & David Kelly, *The English Legal System*, 9th edition, Routledge Cavendish, 2009, pp.289-290.

第二章 证据的相关性与可采性

法庭所采纳的证据必须是与案件事实具有相关性的证据,不具有相关性的证据必定是不可采纳的;但是,具有相关性(relevance)①的证据并不必然具有可采性(admissibility),它只有在不被法律规定的排除规则或法官自由裁量权所排除的情形下才是可采纳的。相关性与可采性是英国证据法中的两个基础性原则,也是其最为重要的特征之一。②

一、证据的相关性

(一)相关性的界定

1.相关性

尽管相关性被认为是支撑着整个英国证据法的基础概念之一,但事实上,不论是成文证据法,还是普通法都没有对相关性作出权威定义。这种界定的

---

① Relevance: Term used in the law of evidence to refer to a connection or relationship between facts and events which ordinarily tends to render one probable from the very existence of the other. The general rule of relevance in evidence is that all facts which, though not in issue, may be given as evidence so that the court is enabled to reach a conclusion on facts in issue, are relevant. When one fact logically tends to prove a fact in issue it will be generally admissible unless excluded by some rule. See L. B. Curzon & P. H. Richards, *The Longman Dictionary of Law*, 7th edition, 法律出版社 2007 年英文影印版,第 500 页。

② Adrian Keane et al., *The Modern Law of Evidence*, 8th edition, Oxford University Press, 2010, p.19. 英国法学著作论及关于证据法基本原则时,通常是这样表述的:The two governing principles underlying the English law of evidence are that: (a) Evidence must be sufficiently relevant in order to be admissible, but (b) such evidence will only be admissible in so far as it is not excluded by the court either by virtue of rule of law or in the exercise of its discretion. See *Blackstone's Civil Practice*, edited by Maurice Kay, 10th edition, Oxford University Press, 2009, p.653.

缺失一方面使得相关性概念的运用具有一定的灵活性，另一方面也使得其具有模糊性和不一致性。有关相关性概念的经典论述是斯蒂芬（Stephen）在《证据法精要》（*Digest of the Law of Evidence*）一书中提出的。他认为，相关性意味着两项事实彼此之间是如此的紧密相关，按照事件的通常进程，其中一项事实本身或与其他事实相联系，能证明另一事实在过去、现在或将来的存在或不存在，或者增强其可能性。这一定义表明相关性具有以下特征：

（1）相关性指的是证据与待证事实之间的关系。一项证据在案件中是否具有相关性并不是抽象的，它必须与某些事实相联系，而这一事实正好是案件所需证明的目标。因此，证据是否具有相关性也必须置于对争议事实问题的准确分析中才能得出结论。

（2）相关性的判断依据为事件的通常进程，即关于事物的普遍性知识，具体而言包括逻辑、常识和经验等。因此，塞耶（Thayer）曾指出，法律无法为相关性设定标准。在判断事物的原因、结果及其关联关系时，法律并没有设定相关准则，确认事实之间的关联关系的依据只有自然规律和人类的行为规律。[①]通常认为，当我们判断一项事实与另一事实之间具有关联性的时候，一些普适性的知识总是在起着作用，这种普适性的知识来源于生活经验和常识，其权威性主要是基于它的真理性已经为大众所接受。比如，在确定谋杀案的凶手身份时，被告人具有杀人动机被视为是一个具有关联性的问题，这是不言自明的。大部分人都会认为，谋杀通常是有理由的，没有动机的谋杀极其地罕见。因此，如果证据显示 D 有杀害 P 的理由时，这将会增加 D 有罪的可能性。这一推理过程被称为归纳推理。法律并没有为这种逻辑推理提供基础，这一推理的根据其实就是日常经验，必要时以专家知识作为补充。

在斯蒂芬之后，克洛斯（Cross）和泰伯（Tapper）指出，在证据是否具有相关性存疑的情况下，可以通过三段论逻辑推理加以验证。[②]三段论是由大前提、小前提和结论组成的逻辑结构。大前提是一个普适的命题，其真理性已经得到确认；小前提则是一个具体的、特定的命题，其真实性已经得到承认或者可以通过证据得到证明。比如，大前提是"人终有一死"，小前提是"苏格拉底是一个人"，那么，结论即"苏格拉底终会死亡"。就证据法中的相关性而言，相关性存疑的证据即小前提。此时，问题则转化为是否有一个已经被接受了的

---

① I. H. Dennis, *The Law of Evidence*, 4th edition, Sweet & Maxwell, 2010, p.63.

② Colin Tapper, *Cross and Tapper on Evidence*, 11th edition, Oxford University Press, 2007, pp.69-70.

普适性知识可以作为大前提,以供事实发现者得出结论。这种技术看上去将问题转化为演绎分析,其结论的有效性依赖于大前提的说服力,反过来又最终取决于假设前提在多大程度与常识或者专家知识相符。

(3)对相关性的评估可以根据该事实本身,也可以和其他事实相结合。在案件中,没有必要把证据孤立认定。事实上,其他证据的存在常常影响着对一项证据的相关性的判定。例如,假设被告人被指控谋杀其丈夫,但被告人称系因其丈夫对她实施了严重的侮辱行为,才致使她丧失理智而实施了杀害行为。被告人厌恶并轻视其邻居的证据单独而言与本案并不具有关联性。但是,进一步的证据显示其丈夫一直拿她与邻居相提并论,并以此嘲讽她,这一证据则改变了原有证据的相关性,因为,这一证据使得她由于受到丈夫侮辱而丧失理智这一事实更为可能。

(4)证据应该能够证明或者增加争议事实存在或者不存在的可能性。不过,丹尼斯(Dennis)认为,如果仅从文义上理解和运用,这一标准将显得过高。① 依此标准,很多环境证据(circumstantial evidence)将被排除在外,而这些环境证据依一般人的直觉可能是具有相关性的。比如前述犯罪动机的例子,并不是说 D 有犯罪动机,因此 D 就很可能谋杀 P。这一推论隐含的普适性背景知识在于,一个人如果有动机去杀害另一个人,他就有可能实施杀害行为。这显然有点言过其实了。要求证据证明达到"盖然性"(probability),其程度太高。犯罪动机的存在会增加 D 谋杀 P 的嫌疑,但并不能当然地证明犯罪事实,也不能表明已经完成"盖然性"标准,即具有很大程度的可能性。如果坚持"盖然性"标准,则可能混淆了相关性和证据的充分性(sufficiency of evidence)这两个概念。证据的充分性是案件中所有证据的功能,而不是个别证据的功能。每一个环境证据就好比是一堵墙上的一块砖,它没有必要单独发挥一堵墙的功能,也就是说,它没有必要单独承载一个案件的全部证明分量。但是,从英国的司法实践看,法庭并不会简单地采纳仅仅具有一定程度的逻辑相关性的证据,除非它潜在的证据分量会因为其他证据的出现而增加。因此,从这一角度而言,简单地从文义上理解斯蒂芬的定义并不恰当。

2. 逻辑相关性(logical relevance)

与英国证据法不同,美国《联邦证据规则》第 401 条对证据的相关性作了明确规定:"具有相关性的证据指具有下述倾向(tendency)的证据,对任何一项对诉讼裁判结果有影响的事实的存在,若有此证据将比缺乏此证据时更有

---

① I. H. Dennis, *The Law of Evidence*, 4ᵗʰ edition, Sweet & Maxwell, 2010, p.63.

可能或更无可能。"英国学者认为,不大可能有比这一规定表达得更清楚的相关性概念。[1] 这一定义被称为"逻辑相关性"。西门(Simon)勋爵在 1973 年的 DPP v. Kilbourne 一案中提出的另一个更为简练而具可操作性的定义也颇具盛名:一项证据如果对待证事实存在与否具有逻辑上的证明作用则被认为具有相关性。他同时指出:"我无意于分析'逻辑上的证明性'(logical probativeness)包含哪些内容,只是为了提醒大家注意该词本身所表达的并非经验因素而是其他,虽然经验在法律的实施过程中意义重大。虽然有同义反复之嫌,我们还是可以说,具有相关性(即逻辑上的证明性)的证据即那些可以使待证事实显得更有可能或更不可能的证据。"这一定义可以说是对斯蒂芬定义中的盖然性标准的修正。依据这一定义,并不要求证据所包含的事实 A 必须使待证事实 B 更为可能或者不可能,而只是要求事实 A 增加或者降低事实 B 存在的可能性。换言之,在证据存疑时,我们可以假设如果没有该证据,待证事实存在或不存在的可能性是多大? 建立这一指标后,结合其他证据或者有关法律规定之后,待证事实存在或不存在的可能性是否发生了变化,如果发生变化,则这一证据就具有相关性。

斯泰因(Steyn)勋爵在 2003 年的 Randall 一案中重述了西门勋爵的观点,并引申出关于相关度(degrees of relevance)的观点:法官在裁决与相关性有关的可采性问题时,必须判断这个证据是否可以增加或减弱争议事实存在的可能性。相关性问题是典型的决定"度"的问题,并且大部分都可以依据常识和经验得出结论。但显然,丹尼斯对此并不认同,他指出,如果相关性是一个度的判断问题,则需要有另一个标准来告诉我们到哪一个度是充分的,使得证据可以被采信;而这是一个法律问题,不能仅仅依据常识和经验得出答案。[2]

3.充分相关性(sufficient relevance)

对相关性的第三种定义即充分相关性,该定义将相关性视为是证据的可变质量。为衡量证据的可采性,证据不能仅仅具有逻辑相关性,即增加或降低待证事实存在或者不存在的可能性,而且应该具有充分的相关度以超过采信它的成本。这与威格莫尔(Wigmore)的观点相契合,他认为,为了具有足够的相关性以便向陪审团提交,所有证据必须具有"累积价值"(plus value)。

---

[1] ［英］詹妮·麦克埃文:《现代证据法与对抗式程序》,蔡巍译,法律出版社 2006 年版,第 42 页。

[2] I. H. Dennis, *The Law of Evidence*, 4th edition, Sweet & Maxwell, 2010, p.67.

就司法实践的角度而言,逻辑相关性和充分相关性的运用其实异曲同工,法官是从哪一种进路判断相关性并不特别重要。逻辑相关性定义的运用通常与法官排除证据的自由裁量权相伴。因此,基于充分相关性采纳证据和基于逻辑相关性加上排除裁量权采纳证据,二者所考虑的因素是相同的。所不同的是,后者将这些因素视为是排除裁量权行使的理由,而前者将它们视为是认定相关性的一部分。值得特别指出的是,从法律效果上而言,二者仍然有区别。充分相关性将成本因素视为判断相关性的一部分,该判断属于法律判断,而非自由裁量,一旦上诉法院持有不同观点,可以直接以自己的观点取而代之。但是,在运用逻辑相关性定义时,成本因素属于排除裁量权的考虑范围,上诉法院法官不得轻易改变。

4.一般理解

从上述对定义的分析来看,学者对相关性的概念存有争议,但是,过于考究的定义并不适合于司法实务。很多英国学者倾向于简单的理解,即相关性其实只是一个事实问题,是证据与案件事实之间的某种逻辑上的联系;能协助诉讼证明程序的证据即具有相关性,而不能协助诉讼证明程序的则不具有相关性。① 此外,值得注意的是,在论述证据的相关性与可采性时提到的"证据"指的是事实,而非证明方式或手段,其指向的是证据的内容而非形式。

那么,哪些证据可以称为具有相关性呢?每个案件的争点都可以分为两类。第一类是直接关系到法庭对案件事实作出判断的争点。举例来说,在一起盗窃案中,控方必须证明:(1)被告人行为的不诚实;(2)被告人将某一财产占为己有;(3)该财产属于别人;(4)被告人企图永久性地剥夺别人的财产。为使陪审团确认被告人有罪,控方必须一一证明以上事实,这些也便成为该案的争议事实。当然,在案件调查中,被告人有可能就某些事实问题作出具有拘束力的自认(binding admission)从而缩小案件调查的范围。例如,他可能承认他不诚实地把财产占为己有并且企图保留下来,此时控方就只需证明财产是否属于他人所有这一问题。当然,控方仍然必须向法庭证明被告人已经作出自认,从而证明被承认的争点。案件争议事实可以通过直接证据(direct evidence)来证明,但是,并不是每个案件或者每个争议事实均能获得直接证据的支持,因此,争议事实往往也可以根据能够得出唯一正确结论的环境证据来证明。第二类争点则是与用来证明案件事实的证据相关的。就上面所举的

---

① Lord Templeman & Rosmund Reay, *Evidence*, 2nd edition, Old Bailey Press, 1999, p.1.

盗窃案件而言,如果控方提供的关于第 3 个争点的唯一证据是一名证人,该证人宣称他是争议物品的所有人,但此人在证人席上显得非常不诚实,并且他无法提供证据证明他对物品的所有权,被告人则应被开释。这并不是因为没有关于第 3 个争点的证据,而是因为该证据不能有效地证明这个争点。证人证言真实与否与被告人是否确实犯罪并不直接相关,但二者之间是有间接关系的,案件是否会被发回重审与证人是否诚实是密切相关的。因此,尽管有关证人可靠与否的证据本身不会告诉法官或陪审团与案件有关的事实,但这些证据具有相关性。

由以上的分析可知,相关性作为证据与待证事实之间的某种关联,其可能是直接的,也可能是间接的,甚至是遥远的(remote)。从关联程度上看也有大小强弱之分,每个证据并不需要具有自我充分性(self-sufficient),也不必具有直接相关性,只要它通过和其他出示的证据比较显得具有相关性,这样就足够了。相关性是一个质的问题,并不涉及该证据是否就真的能为法庭采纳而证明案件事实。

(二)相关性的判断

1.经验法则

具有相关性的证据必须对待证事实的证明程序起协助作用,但是如何判断证据对证明程序确有帮助呢? 学者认为并不存在固定的标准,这只是一个经验问题,很大程度上依赖人们的常识与经验来判断。[1] 比如,在一起对医生提起的医疗过失的诉讼中,证实该医生在该项治疗中的技术的专家证据是可采的,但有关他对其他病人的治疗技术的证据则必须被排除。[2] 在因疏忽大意而导致的事故发生之后,被告已经改变并提高其技术的证据与事故是否是由其疏忽大意所致并无关联,也应当被排除。[3] 这类判断都基于常识和经验。

在相似事实的情况下,经验法则对于相关性的判断具有更为重要的意义。例如,在 1810 年的 Holcombe v. Hewson 一案中,原告诉称被告违反了双方之间的啤酒买卖合同约定,被告辩称原告提供的啤酒不符合质量要求,原告为了反驳这一辩称要求法庭传唤由他提供啤酒的其他酒吧老板出庭作证他所提供的啤酒都是好的,但法庭排除了这一证据方式的使用。埃伦伯勒(Ellen-

---

① Adrian Keane, *The Modern Law of Evidence*, 5th edition, Butterworths, 2000, p.20.

② R v. Whitehead (1848) 3 Car & Kir 202.

③ Hart v. Lancashire and Yorkshire Railway Co. (1869) 21 LT 261.

borough)勋爵指出："我们不能通过调查提供给不同人的啤酒来判断啤酒的质量。原告有可能给某个人好的啤酒而给其他人不好的，还是让他提供一些经常去被告酒吧喝他所提供的啤酒的人来作证吧，或者他也可以提供其他的有关其啤酒质量的证据。"

在 1858 年的 Hollingham v. Head 一案中，被告为了在有关商品价格的诉讼中获胜，欲寻求证据证实他和原告所订立的合同与他和其他顾客所订立的合同具有同样的条款，但法庭未予许可。威尔斯（Willes）法官认为该证据"不能证明原告确有可能订立过被告所主张的合同，因为我不能理解一个人在他的一生中一次或多次地按特定的方式行事这样的一个事实前提，如何得出他在特定的情形下也必定如此行事的结论"。如果以现代眼光观之，这一论断则显得很有问题。这已经与现代社会的生活习惯大为不同，现代商事往来大量使用格式合同，被告提供原告与其他顾客订立的合同往往能够影响事实发现者的判断。不过，这也从一个侧面反映出，对相关性的判断有时是基于法官的生活经验和常识。

相反地，在 1908 年的 Hales v. Kerr 一案中，其他顾客在使用了被告理发店的剃须刀后即被感染癣菌的证据被认为是具有相关性的。在 1916 年的 Joy v. Phillips, Mills and Co. Ltd 一案中，一名男孩被证实是受马踢伤致死的，死者生前不止一次由于用缰绳逗马而被责备的证据以及他被发现死亡时手上还紧抓着缰绳的证据被认为是可采的。萨金特（Sargant）法官说："在这类案件中，案件发生时仅有死者一人在场，法庭只能按照估计的可能性来处理案件，但估计的可能性与纯粹的猜测并不相同。在我看来，本案中估计的可能性在于认可小孩子是顽皮的与认可马是安静的这二者之间是相关的。"对于相似的事实，法官之所以作出不同的认定，其中的原因一方面在于法官的常识和经验，另一方面则引入了概率理论。显然，在 Hales v. Kerr 一案中，同一个理发师的三名顾客感染同样的病症的概率极低。[①]

2.逻辑推理

如上所述，对相关性的判断很大程度上依赖于常识与经验，这一点在比较简单的案件中体现得非常明显。但有时仅仅依赖经验是不够的，严格的逻辑推理也是判断相关性的一个重要方法。但这二者之间并不是截然区分的，常识与经验必须是符合逻辑的，逻辑推理也必须以常识和经验为基础。

上议院在 1985 年 R v. Blastland 一案中所作的结论成为运用严格的逻辑

---

① 齐树洁主编：《英国证据法》，厦门大学出版社 2002 年版，第 136 页。

推理判断相关性的例子。上诉人 B 被指控对一名男孩犯有鸡奸罪及杀人罪。在审讯中，B 承认他确实遇见该男孩并试图与之发生性关系。但他同时提出，当他看见附近有另一名男子，想到该男子可能目睹他的所为，他就惊慌失措地放弃了他的计划并逃逸。B 描述了他所见到的男子的模样，并指称是该男子犯下了上述罪行，根据 B 的描述，该男子的特征与 M 极为相似。审讯中，控方提供了一些正式自认（formal admission）作为证据，其中一些与 M 在案发当晚的行踪有关，另一些则表明 M 在凶杀案发生之后，警察曾对 M 进行过调查，并表明 M 曾与成年人而非儿童有过同性恋行为。被告人请求法庭允许其提出证人作证，证明在男孩的尸体被发现之前 M 曾经对他们宣称有一男孩被杀。问题在于此种证据是否具有相关性？初审法官裁定这一证据不可采纳，理由是该证据为传闻证据，B 被指控的两项罪名均被认定成立。在上议院审理期间，上诉人提出，即使就证明其所宣称的事实而言，M 的陈述为不可采的传闻证据，但就证明宣称者当时的心理状态即就证明 M 在男孩的尸体被发现之前对凶杀案的认识而言，其为第一位证据，是可采的。作出上议院判决的布里奇（Bridge）勋爵认为：此类证据的原始证据只有在待证的心理状态本身是直接的争议问题，或与审判中的某一争议问题直接关联时才是可采的。该案中的问题在于 M 是否犯了罪，与这一问题相关的并非 M 对案件的了解情况，而是他是如何知道案件情况的。因为 M 可能从多种不同的途径得知案件情况，陪审团就 M 知情而得出 M 比 B 更有可能为凶手的结论并不合理，该证据也因此被拒绝。但有学者指出，从这一案例看，对相关性的要求有时会对被告人造成不公。[①]

在 1992 年的 R v. Kearley 一案中，相似的手段却为被告人的利益而使用。控方提供警察局的官员出庭作证称，在他们搜查被告人住所的过程中及被告人被捕后，他们截听了很多为购买毒品而找被告人的电话，甚至有人直接到被告人公寓欲购买毒品，但控方无法提供这些人作为出庭证人。上议院的大多数法官认为这一证据与被告人是否是毒品提供者这一争议事实之间并无关联。阿克纳（Ackner）勋爵指出：一项口头请求或请求被告人提供毒品的证据只能证明请求者的心理状态，而由于他或他们的心理状态并不是案件中的

---

① Alan Taylor，*Principles of Evidence*，2nd edition，Cavendish Publishing Limited，2000，p.4.

相关问题,因此,不论他们是如何提交的,他们是不相关的因而是不可采的。①

对证据相关性的判断看似简单,其实在司法实践中存在着很多的难题,现实生活总是复杂多变的,同样类型的证据在不同的案件中可能起不到同等的作用。人们很难对相关性提出一个统一的标准,尽管已经总结出了一些规则,但相关性的判断主要还是依赖于法官的经验常识与逻辑分析,综合个案情况进行认定。比如,在涉嫌贩毒的案件中,法官曾对警察发现的不同数额的金钱是否具有相关性作出不同的认定。在 1994 年的 R v. Batt 一案中,被告人被控持有并意图销售印度大麻膏,上诉法院认为在被告人房间内发现的 150 英镑这一证据不具有可采性,这些金钱数额太小了,不能得出结论认为它与销售毒品的意图有关。而在相同类型的其他案件中,法官则认为毒品交易者需要随身携带大量金钱,因此所发现的较大数额的金钱毫无疑问可以成为与争议事实相关的证据。②

二、证据的可采性

(一)相关性与可采性

可采性规则决定着一项特定的证据资料能否为法庭所接受,英国证据法中的大部分证据规则其实就是可采性规则。③ 相关性是可采性的前提,对没有相关性的证据,不必去考虑其可采性问题;具有相关性的证据只是具有了表面的可采性,它还必须不为证据排除规则所排除方具有可采性。可采性规则是法律规则,它与相关性不同,相关性仅仅由证据与案件事实之间的逻辑联系决定,而可采性则是一个法律问题,由法官来决定。④ 同时,可采性问题依审判地法(lex fori)即英国法律裁决,即使该证据是在国外收集而得或事实发生在国外或该事实问题在某些方面与外国有联系。

---

① Edward Phillips, *Briefcase on Evidence*, Cavendish Publishing Limited, 1996, p.2.

② 具体案情参见齐树洁主编:《英国证据法》,厦门大学出版社 2002 年版,第 120~123 页。

③ Peter Murphy, *Murphy on Evidence*, 7th edition, Blackstone Limited, 2000, p.24.

④ 齐树洁主编:《英国司法制度》,厦门大学出版社 2007 年第 2 版,第 185 页。

(二)可采性判断的难题

具有相关性的证据如果没有被排除,则它们具有可采性。对证据可采性的判断看起来似乎是一个简单的问题,但在司法实践中往往并非如此。判断证据可采性的两种特殊情形为:

1.多重的可采性(multiple admissibility)。有些证据可能不限于某一方面具有可采性,这样的证据一般不会存在疑问。但有的证据可能仅在某一方面具有可采性,而在另一方面不具有可采性,这将会带来一些问题,特别是对陪审团或其他非专业的事实法庭而言。如果一项证据在某一方面具有相关性与可采性,而在另一方面不具有,那么,从法律上讲,它在第一方面仍为可采。例如,法庭外的陈述从其内容的真实性角度而言作为传闻证据不具有可采性,但从该陈述的作出角度而言,该传闻证据作为第一位证据显然具有可采性。这一原则被称为"多重可采性"原则。运用这一原则时,证据提出人有权要求法庭承认这一证据,而其反对者有权要求法官引导陪审团注意他们只能在该证据的可采方面,而不能在其他方面使用该证据。如在 1951 年的 R v. Gunewardene 一案中,被告人的自认作为其所陈述的内容的证据具有可采性,但这一自认涉及其本人与其他共同被告人,此时,法官有责任提醒陪审团,这一自认只对其本人有效而对其他共同被告人无效。[①] 与此相类似,一项陈述中也可能同时包含着可采的自认与其他不可采成分,如有关被告人犯有其他罪行的倾向的成分,法官因此有义务提醒陪审团忽略那些不可采的部分。[②] 一般认为,该证据被全部排除所带来的损害远远超过陪审团误解或漠视这一提醒的危险性,[③]而在案件中采纳这些证据,由其所带来的潜在的偏见还是明显存在的。[④]

法律设置了这么多特殊的情形致使陪审团的任务不再那么容易实现,因此,陪审团的上述倾向还是可以为人们原谅的。可以不夸张地说,有些对证据的指引对于法官而言也是一种挑战。如用于质疑证人的证据,即先前不一致的陈述是证人前后不一的证据而非证人所陈述的案件事实的证据;又如,强奸案中的控诉人最近作出的控诉是强调其声明的证据,却不是其所指控的案件

① 2007 年的 R v. T(AB)[2007] 1 Cr App R 43.一案也表明了同一原则。

② R v. Flicker [1995] Crim LR 493.

③ Adrian Keane et al., *The Modern Law of Evidence*, 8th edition, Oxford University Press, 2010, p.27.

④ Peter Murphy, *Murphy on Evidence*, 7th edition, Blackstone Limited, 2000, p.25.

事实的证据。这类指引具有相当的难度。

在一些案件中,偏见的危险是如此之大,以至于司法实践中会出现这样的情况:共同被告人中的一方作出自认,由他的自认带来的问题必须通过分别审讯来解决。但在绝大多数案件中,证据的支持者与反对者之间的利益平衡要求允许采纳具有多重可采性的证据,同时法官必须提醒事实审理者不要就其不可采的方面使用该证据。

2.附条件的可采性(conditional admissibility)。有些证据,孤立地看,它可能显得不具相关性从而为不可采的证据,但如果将它与其他证据放在一起考察,就能体现其相关性。然而,在英国的审判程序中,证据通常都由当事人及其律师在法庭上按一定的顺序逐项提出,经当事人异议,法官依证据规则对其进行认定,决定排除与否,而陪审团则依法官认定的证据解决事实问题,因此,要将前后有印证关系的证据一并提出或将后一证据先于前一证据提出较为困难。为解决这一问题,法庭一般先将前一项证据有条件地接受下来,如果根据随后提交的证据认定它具有可采性,则法庭必须考虑该证据;如果提交后一项证据后,它仍不具有可采性,那么,该证据则应被排除。这一原则的运用可以用将被告人在场的指控作为证据时它的可采性来说明,该指控作为证据是否具有相关性取决于随后提交的有关被告人对这一指控的反应的证据。对被告人在场的指控,在一般情形下,被告人会作出如辩解、否认等反应,这种指控在特定情形下可以作为不利于被告人的证据采用,其被采纳的基础在于陪审团可以借助被告人语言上的或行为上的反应,甚至是他的沉默,合理地得出被告人对指控的事实真相知情的推论。当然,如果控方随后没有提交证据来证明被告人对指控的事实真相确实知情,法官应当指引可能被误导的陪审团忽略整个指控的内容。

(三)证据的分量(weight)

证据的分量是与证据的可采性密切相关却又不同于可采性的一个问题。证据的分量是指证据对待证事实的说服力或证明价值。就法律而言,证据具有相关性与可采性意味着当事人一方有权将该证据带上法庭,该证据因此获得可能性去说服法官相信其所表明的案件事实,但其对案件事实的实际说服价值依赖于被采纳的有关该证据的真实性、可靠性、说服性的意见。与相关性一样,证据的分量有一个程度问题:在一个极端,该证据可能对争议事实仅具有微弱的证明力,而在另一极端,它又有可能是结论性的证据。如果一项证据,哪怕其毫无矛盾之处,但由于其分量过于微弱以至于无法为提出该证据的一方当事人的利益得出某一结论,这种证据被称为"不充分证据"(insufficient evidence）；反之，如果一项证据的证明力大到足以为提出它的一方当事人提供有利的结论，那么，这种证据被称为"表面证据"（prima facie evidence）。然而，值得注意的是，表面证据通常也用来指这样的一类证据，即在没有相反证据的情况下，一方当事人提出的证据就具有一定分量从而能够作出有利于该当事人的证明。"结论性证据"（conclusive evidence）一词可能被认为是指最具可能性的、分量最强的证据，而事实上，该词指的是不考虑其证据分量而能得出争议事实的结论的证据：法庭认定该争议事实已经得到证明，争议结束，且不再接受相反证据。

证据的分量是一个事实问题，而可采性是一个法律问题。因此，在陪审团审判中，法官决定某一证据是否具有相关性与可采性，而一旦证据被采纳，则由陪审团来考虑其分量问题。严格地讲，在证据的相关性与可采性问题得到确认之前，证据的分量问题不应被提出，但学者指出将事实与法律的性质截然分离往往不可能。证据的可采性常为其分量所限制，指称一项证据不具有足够的相关性从而不能被采纳必定包含着对该证据的分量的判断。在法官有一定的自由裁量权去承认或排除证据的情况下，他通常会考虑该证据可能的分量及其可能导致的偏见，这是一个惯例也是合法的。①

对证据分量的估计事实上是一个一般的感觉与经验问题，其判断依赖于多种因素：（1）它被其他证据所支持或反对的程度。（2）在直接证言中，证人的举止、能说会道、可信性及他据以获知争议事实的所有具体情况。（3）在传闻证据中，对于证言中所包含的庭外声明的准确性，如该声明是否是在所声明的事实发生或存在的同时作出，其声称者是否有任何隐蔽或误传的动机，据以合理获得推论的所有具体环境。根据《1988年刑事审判法》或《1995年民事证据法》的有关条款，有的传闻证据具有可采性，英国议会同时提供一项声明供法庭在估计这些可采的证据的分量时考虑。理性的法庭会关注各种不同的因素，并且人们认为对这些因素的精心阐述是不必要的。

认为一项证据缺乏分量并不意味着该证据就是伪证、或由当事人不诚实地提出或是夸张的，当然一项证据具有这些特点就缺乏分量。但同样的，由于证人回忆的失败或由于证人不具有充分的机会去理解他所要作证的事实或由于其对案件事实认识的有限，或者对于一个专家证人，由于其专长、经验或调查研究机会的有限，证据同样具有不可靠性，所以，与案件事实相关的证据也

---

① Peter Murphy, *Murphy on Evidence*, 7ᵗʰ edition, Blackstone Press Limited, 2000，p.25.

可能因此而不能给法庭提供帮助。

⚖ 三、证据的排除

相关性规则与可采性规则所要解决的问题就是采纳或者排除证据,相关性与可采性是证据的两层过滤网。在英美法系各国,证据最终获得采纳通常要经过四个步骤:(1)证据是否与争议问题相关,如不相关,则无可采性。(2)具有相关性的证据是否受制于某些证据排除规则,如选择"是",则继续第3步骤,如选择"否"则进入第4步骤。(3)受制于证据排除规则的证据是否存在例外情形,如"是"可继续第4步骤,如"否"则该证据不具可采性。(4)最后一个关卡即证据是否会受法官自由裁量权排除,如果"会"则不可采,如果"不会"则该证据可采。① 英国证据法也不例外,证据被排除通常是由于如下情形:(1)证据不具相关性;(2)具有相关性的证据为证据排除规则所排除;(3)因证据力微弱而被排除;(4)为法官的自由裁量权所排除。

(一)因不具相关性而排除

证据的相关性主要由常识、经验与逻辑法则来判断。在长期的司法实践中,英国证据法形成了一些一般性的原则:(1)排斥他人行为的原则(res inter alios acta)。"不应该因他人之事遭受损失。"是英国古老的证据规则。② 诉讼当事人之外的人的行为或事件其后果不能由当事人来承受,一个明显的例子就是共同被告人之一的自认,该自认只对本人有效而对其他共同被告人无拘束力。(2)相似事实(similar fact)。一个人在其他场合的行为与当前场合的类似行为是没有关联的证据。这一原则的案例我们在相关性一节中已经介绍了很多,如在1810年的 Holcombe v. Hewson 一案中,法官认为不能以原告提供给其他人的啤酒的质量来证明原告提供给被告的啤酒的质量,其理由是显而易见的。目前,英国证据法对于相似事实的不采纳形成了一些例外规则,主要是在形成体系(system)、驳回辩护(rebutting)、一致性(identity)和明知

---

① Simon N. M. Young, *Hong kong Evidence Casebook*, Sweet & Maxwell Asia, 2004, p.31.

② 何勤华主编:《英国法律发达史》,法律出版社1999年版,第515页。

(knowledge)的情形下发生。[1]　(3)品格证据(evidence of character)。当事人品格的好坏与他在特定场合的行为一般并无关联,法律也不能承认"一次做贼,永远是贼"为一般原则,因此,品格证据一般会因不具相关性而被排除。[2]但也有一些重要的例外,如对证人的可靠性进行攻击时可以采用品格证据。

(二)因证据排除规则而排除

证据必须具有足够的相关性才可能被采纳为证据,但具有足够相关性的证据只有在不被证据法的其他规则排除的情况下才可以被采纳,其结果当然就是有些具有相关性的证据亦被排除。与陪审制度相适应,英国普通法长期以来形成了数量庞大的证据排除规则。每一个排除规则都有其原理,或者是为了保障诉讼当事人的特殊权益,或者是为了保证裁决的合法性,有待本书其他章节具体阐述。有人将其划分为排除证明手段的规则与排除相关事实的规则,前者包括传闻证据规则、意见证据规则等,后者包括非法证据规则、禁反言、公共政策等。分述如下:

1.传闻证据规则(rule against hearsay)。传闻证据指证人听旁人传说所提供的证据,一般情况下这种证据将被法庭拒绝,英美法中甚至有"传闻不是证据"(Hearsay is no evidence)的法谚。[3]　其原因在于第三人在法庭外宣称被告人犯有被指控的罪行的证据虽然具有高度的相关性,但在法庭上陈述第三人的主张的证人可能自己对于案件事实并无更多的了解,而试图反驳这一证据的当事人却没有机会对第三人进行交叉询问。[4]

2.意见证据规则(opinion evidence rule)。这里的意见证据指非专家证人提供的意见证据。一般情况下,非专家证人只能就其所知的案件事实进行作证,而不能夹杂自己的观点与推测。不管其意见与争议事实的关联程度如何,该证据通常都被排除,因为法庭可能被意见证据误导,而不是从案件事实本身寻找结论。但涉及当事人的年龄、身份、车速等简单问题的意见现在已经可以作为例外采纳。

3.非法证据规则(illegally obtained evidence rule)。非法证据规则中的非法证据采狭义理解指通过非法途径或不当途径而获得的证据。非法证据包括

---

[1]　欧阳涛等:《英美刑法刑事诉讼法概论》,中国社会科学院出版社 1984 年版,第 273~274 页。

[2]　Jonathan Doak & Claire McGourlay, *Criminal Evidence in Context*, 2nd edition, Routledge-Cavendish, 2009, p.165.

[3]　编写组编:《英汉法律词典》,法律出版社 1999 年第 2 版,第 358 页。

[4]　R v. Turner (1975) 61 Cr App R 67.

非法获得的被告人的供述证据及其他的非法证据。对于前者一般严格予以排除,对后者,英美有着不同的选择。比较之下,英国法的规定更为宽容,法官更多地关注证据与争议事实的关联性及其对诉讼的正面意义。

4.禁反言(estoppel)。这是英国普通法上的一项原则,意在禁止当事人反驳自己既定的立场,哪怕该立场与事实真相不符。在证据法中的禁反言主要分为两种:一种是民事案件中的记录禁反言,另一种是刑事案件中的禁止双重危险原则。在私法上,禁反言使当事人免受在不同程序中处理同样纠纷的困扰;而公法上,禁反言阻止法院滥用程序。①

5.公共政策(public policy)。具有高度关联性的证据可能由于该证据的提交或开示将损害公共安全或其他公共利益而被排除,主要包括公共特权(public privilege)及司法程序等。公共特权更多地运用于文书证据中,如果一项证据的提交会有损于公共利益,当事人或证人有权拒绝提交,即使当事人不拒绝,法官也有权拒绝考虑接受。司法程序则是指为维护法官包括陪审员的威严,不得迫使法官和陪审员提供有关诉讼过程中在他们面前发生的情况或陪审团在陪审团室内讨论的情况的证据。

此外,有学者将最佳证据规则也纳入证据排除规则中。② 最佳证据规则曾一度被认为是证据法的基础原则,包含着容许与排除两方面的内容,即:所有最佳证据都是可采的;同时,所有证据,除非它是最佳证据,都不可采。然而,这一规则很少作为容许规则使用,权威人士认为这一规则是一项排除规则,在有更好的证据存在的情形下排除次佳证据的可采性。在现代英国证据法中,最佳证据规则的地位已日趋没落,其作为证据排除规则的地位已不复存在。目前该规则只适用于文书证据。即使从这一层面而言,2001 年的 Springsteen v. Flute International Ltd. 一案也基本废除了这一原则。但是,如果是一方当事人原本能够提供最佳证据却未提供,则仍然会产生判决上的不利后果。比如,2003 年的 Post Office Counters Ltd. v. Mahida 债务纠纷一案,原告由于自己的原因破坏了书证的原件,转而试图依赖被告提供的次佳证据来支持自己的主张,法官认为原告的证明失败。

值得注意的是,近年来,英美法系证据法的一个发展趋势即简化证据的证

---

① Colin Tapper, *Cross and Tapper on Evidence*, 12th edition, Oxford University Press, 2010, p.97.

② Adrian Keane et al., *The Modern Law of Evidence*, 8th edition, Oxford University Press, 2010, p.27.

明，放宽对证据的限制，尽量让所有相关的证据进入法庭，而由法庭对其分量进行判断，以利于事实认定者全面地对案件事实进行判断。比如，英国《1995年民事证据法》废除排除传闻证据的规则，容许在民事诉讼程序中接纳传闻证据。2005年的一个案例确立了这样一个原则：通常情况下，证据具有相关性；就该证据可能具有的缺陷，陪审团得到恰当的指示后依然认为其具有一定的分量，那么这一证据就是可采的。[①]

(三)因证明力微弱而排除

实践中还有一些特殊的情况，即虽然从技术上讲，某证据是可采的，但证据的证明力也就是证据的分量相当微弱，那么明智的做法就是不提交该证据，特别是在刑事程序中当此种证据的许可将导致对程序公正的负面影响时。当然这类证据的排除也涉及法官的自由裁量权排除，因为这一般都得依赖于法官的裁量。具有边际相关性(marginal relevance)的证据也会被排除，因为采纳这些证据可能带来繁多的案件附属问题，这些问题将干扰法庭对主要问题的注意力，并且可能使法庭卷入拖沓的法庭调查或疑问重重的争论之中。[②]

四、法官的排除裁量权

具有逻辑相关性的证据可能由于各种各样的原因被排除，除了前述的证据排除规则之外，还有其他一些因素，比如证据过于遥远、不公正、可能增加争议、可能误导或者迷惑陪审团或者可能导致不必要的迟延和成本。排除这类证据的理论根据主要有以下方面：一是为保证证据的可靠性；二是对非法证据提供者起到震慑作用；三是保护被告人的权利；四是效率的要求。美国《联邦证据规则》第403条明确规定了法官排除证据的裁量权："虽然证据具有相关性，但是，若其证明价值实质上被下列因素超过，即导致不公正偏见、混淆争议或误导陪审团的危险，或者考虑到不适当拖延、浪费时间或不必要的出示重复证据，则仍然可以排除该证据。"英国法虽然没有像美国这样明确地列明排除裁量权的考虑因素，但是，不管是在民事诉讼中还是在刑事诉讼中都实质地考虑这些问题。将这种排除决定定性为法官裁量权是重要的，因为这种排除决定对上诉法院是具有效力的。按通常的做法，上诉法院极少干预法官的自由

---

① 　R v. Terry [2005] 2 Cr App R 118.

② 　Attorney-General v. Hitchcock (1847) 1 Ex 91.

裁量权,除非法官的裁量决定明显有悖常理或者违反了基本原则,比如采纳了没有相关性的证据或者忽略了具有相关性的证据,但是上诉法院不能仅仅依据裁量权作出不同的结论。

(一)民事诉讼程序中的排除裁量权

法官可以在刑事诉讼程序中行使普通法或制定法赋予的自由裁量权,但在民事诉讼程序中,英国证据法并未明确地规定法官的排除裁量权。在《1998年民事诉讼规则》(以下简称新《规则》)颁行之前,民事法官对于法律上已经许可的证据并没有用自由裁量权去排除,即使争议证据是非法获得或以其他不恰当的方式获得的情况下亦然。① 在早期,法官也确实没有排除具有相关性和可采性的证据,即使该证据明显具有美国《联邦证据规则》第 403 条规定的情形。但即便如此,英国民事法官并不会放任这些证据误导陪审团或扰乱诉讼程序,而是在决定证据是否具有相关性之时即直接考虑这些因素。霍夫曼(Hoffmann)在 1994 年的 Vernon v. Bosley 一案中陈述了一条基本原则:"使得证据可采的相关度并不是标尺上的一个固定点,它将随着证据的性质而变化,特别要考虑不方便、成本、迟延以及采信它将带来的压迫局面。"

新《规则》则在民事诉讼程序中引入概括性的排除裁量权。该《规则》第32.1 条规定了法院主导证据之权力。第 1 款规定法官可以通过对确定提供证据的事项、裁决上述事项所要求的证据以及向法院提交证据的方式这三个事项进行指令从而对证据进行主导。第 2 款规定:"法院根据本规则有权排除可采纳的证据。"第 3 款规定:"法院可以对交叉询问进行限制。"这些规定确立了法官在民事程序中对排除证据的自由裁量权,并且这一规定作为一项例外适用于小额索赔诉讼。对法官自由裁量权的赋予目的在于确保法院公正审理案件,对自由裁量权的行使必须符合新《规则》第 1.1 条所确立的基本目标。② 第 32.1 条第 2 款所赋予法官的自由裁量权的范围相当广泛,只要符合第 1.1 条的规定,对这一权力行使的方式与范围并没有清晰的界定。如前所述,法庭有权排除证明力过于微弱或者只具有边际相关性的证据,但第 2 款的规定显然更进一步:法庭有权排除任何类型可采的证据,甚至是具有明显相关性的证据,虽然证据越具相关性法庭就越不愿意去排除它。根据该款,法庭还有权限

---

① Helliwell v. Piggott-Sims〔1980〕F.S.R. 582.

② 具体条文内容可参见徐昕译:《英国民事诉讼规则》,中国法制出版社 2001 年版,第 3 页。

制传唤证人的数量以及排除法官认为不必要的任何证据。① 根据第 3 款的规定,在交叉询问中,法官有权排除在他看来是不必要的、不恰当的或压迫性的问题。

自 1999 年 4 月实施以来,新《规则》已经运行了十余年,但目前还不能很确定地说在多宽泛的程度上或者在哪些类型的案件中可以行使法官的排除裁量权,只能说案例中已经确立了一些原则,并作出了指引。上诉法院法官指出自由裁量权的行使必须极其慎重,并且只能为了实现公正处理案件这一终极目标而行使。在新近的判例中也可以看出法官是比较谨慎地行使这一权力的。② 在其后的一系列案件判决的附带意见中,都可以看出法官充分考虑了这一原则,并且逐渐地明晰如何行使这一权力。在 2005 年的 O'Brien v. Chief Constable of South Wales Police 一案中,菲利普斯(Phillips)勋爵指出,只有以与这一案件所涉情形相称的并且是公正和迅速的方式,才能说让案件得到了公正的处理。上议院就这一案件也指出,法官在进行案件管理排除原本可采的证据时,应充分考虑处理该证据所需要的时间、成本和其他资源负担,以及采信该证据而可能带来的下列不利影响:使案件审理偏离方向,使决定者专注于细枝末节的争议而分散了注意力,或者可能导致不公正的偏见。在 2003 年的 Post Office Counters Ltd. v. Mahida 一案中,上诉法庭以排除可采的传闻证据可以避免庭审陷入没完没了的局面为例,说明法律赋予法官排除裁量权的目的之一在于使法官有权阻止案件失控。在 2003 年 Jones v. University of Warwick 一案中,上诉法院首席法官沃尔夫(Woolf)勋爵指出,民事诉讼程序中的积极案件管理,其所要关注的不仅仅是摆在法庭面前的个案诉讼,而且是作为一个整体的诉讼。法官在行使排除裁量权时必须考虑当事人非法取得证据的手段,比如侵犯了申请人的人权,以及法官对有关行为进行谴责将对作为整体的诉讼所产生的影响。这其实是引入了公共政策因素的考量。通过对上述法律意见的解读,我们也可以得出结论,目前英国司法实践中对新《规则》所赋予的自由裁量权的行使,实际上考虑了美国《联邦证据规则》第 403 条所提及的各种因素。

(二)刑事诉讼程序中的排除裁量权

刑事诉讼程序中的排除裁量权通常是指向以非法手段或者不公平的手段

---

① Charles Plant, *Blackstone's Civil Practice*, 2nd edition, Blackstone Press Limited, 2000, p.452.

② Great Future International Ltd. v. Sealand Housing Corp. [2002] EWCA Civ 1183.

取得的证据,但并不局限于此。刑事诉讼中法官的排除裁量权不仅存在于普通法,而且也得到了立法的确认。

1.普通法中的排除裁量权

自 1914 年的 Christie 一案以来,英国普通法即已经确认法官在刑事案件中的证据排除裁量权,但对于该裁量权准确的范围和限制至今尚未有定论,普遍认可的是两个基本原则:一是证据的偏见性影响(prejudicial effect)超过其证明价值;二是对被告人不公平。①

法官排除偏见性影响超过证明价值的证据裁量权已为诸多判例所确认,经过上议院在 Sang 一案中的权威阐述之后,这一原则已经不容置疑。在该案中,上议院面临的问题是,初审法官是否有权力拒绝具有相关性,并且具有最低证明价值的证据。上诉委员会(the Appellate Committee)全体成员一致同意,不管对裁量权的限制究竟应该是怎样的,可以确定的是,它一定可以适用于那些证据的偏见性影响超过其证明价值的案件。这一论断的依据在于,法官有确保被告人得到公正审理的义务,法官有权阻止对证据的不公正的使用。② 在同一个案件中,迪普洛克(Diplock)勋爵指出,以下三类案件可以适用法官排除裁量权:涉及相似事实(similar fact)证据的案件,涉及就被告人的前科或不良品格进行交叉询问的案件,以及涉及被告人的回答可能被视为是对该指控事实的拟制自认(implied admission)的案件。当然,排除裁量权并不仅限于这三种情形。在 Sang 一案之前,法官即已经在不止一个案件中启用排除裁量权排除自愿却不可靠的供词。③ 迪普洛克勋爵在 Sang 案中也对这一问题作出原则性阐述。毫无疑问,排除裁量权应扩及那些可能激怒陪审团从而对被告人不公正的证据。

如果证据的采信会导致事实认定者基于证据原本应该具有的证明力之外的其他理由而认定被告人有罪,那么,这类证据就可以视为是对被告人具有偏见性影响的证据。比如,品格证据即属于这类证据。品格证据不仅证据力不大,还会转移事实审理者的注意力,使案件的主要问题偏离到一些旁枝末节上去,导致时间的浪费和不正当偏见。其中可能导致的偏见包括推理性偏见(reasoning prejudice)和伦理性偏见(moral prejudice)。推理性偏见是指事实

---

① I. H. Dennis, *The Law of Evidence*, 4ᵗʰ edition, Sweet & Maxwell, 2010, pp.89-91.

② R v. Sang [1980] A.C. 402.

③ Stewart (1972) 56 Cr. App.R.272.

认定者偏离了对证据的适当评价,赋予证据过高的证明价值;而伦理性偏见的产生则来自不良品格证据本身的属性,使事实认定者基于道德上的厌恶感而给被告人定罪,而不再考虑该证据的证明价值。[①]

为了对被告人公正而排除证据主要适用于非法取得证据或者以其他不公正的方式取得证据的情形。英国普通法对非法证据的态度经历了不同的发展阶段。[②] 普通法过去的一贯立场是集中关注证据的质量,由法律通过一系列的机制,如排除规则、排除裁量权、司法警告和指引等来保证证据的可信性,因此,法官并不会关心在案件进入法庭之前发生了什么,警察如何取得证据并不是案件的实质问题。不过,有一个显著的例外就是对被告人在庭审前作出的归罪型陈述(incriminating statement)相关的证据。法官多年来对这类证据大多持怀疑态度,因为被告人可能被不恰当地引导而作出认罪的供述,其可靠性难以确认。Sang 案终结了普通法的这种一贯立场,迪普洛克勋爵以不得自证其罪特权为基础重新诠释了非自愿供述规则,从而证立法官排除此类证据的裁量权。Sang 案对英国证据法而言意义重大,这是英国最高司法机关首次明确地承认普通法应该关注证据质量之外的一些因素。显然,该案确立的裁量权其范围较为狭窄,枢密院认为该案并没有完全界定法官为保护被告人而可以行使裁量权排除证据的案件类型。格里菲思(Griffiths)勋爵也指出,Sang 案并没有考虑到未出庭的证人所作的宣誓证言存在的问题。在 1989 年的 Scott and Barnes v. R 和 2006 年的 Grant v. R 两个案件中,法官行使裁量权排除了未能在庭上作证的证人的宣誓证言。

2.制定法中的排除裁量权

《1984 年警察与刑事证据法》对法官的证据排除裁量权作出了明确规定,该法有两个条文涉及这一权力,并且对其的理解与适用与普通法排除裁量权的原则相互影响,由此呈现出普通法与制定法证据排除裁量权共存和互动的局面。

该法第 82 条第 3 款规定,本法中的任何规定不影响法院根据其裁量权排除证据,不论是通过禁止提问还是其他方式。这一规定被视为是对普通法中的排除裁量权的确认和承袭。而第 78 条规定:"在任何程序中,如果法庭综合考虑包括证据获得的情形在内的所有情形,认为采纳该证据将对不采纳该证据时的公正程序产生不利影响,则法庭可以拒绝控方提交的证据。本条规定

---

① 黄士元、吴丹红:《品格证据规则研究》,载《国家检察官学院学报》2002 年第 4 期。

② 齐树洁主编:《英国证据法》,厦门大学出版社 2002 年版,第 142 页。

不影响其他任何要求法官排除证据的法律规定。"该条规定在多大程度上扩大了法官在普通法上的排除裁量权尚未定论,实务中存在限缩理解和宽泛理解这一条文的两种观点,但一般认为,这一规定明显扩大了 Sang 一案中所接受的法官排除证据的范围。尽管对这一条文的适用尚有争议,但对以下几项原则已达成共识:(1)这一条文仅适用于控方提交的证据,而不适用于被告人或共同被告人提供的证据,初审法官没有排除辩方证据的裁量权。(2)在通常情况下,排除控方证据由辩方提出,但是这并不排除在辩方没有提出时法官主动适用的权力,因为,本条所涉及的不仅仅是辩方的利益。(3)对法官排除裁量权的检验应适用 1947 年 Associated Provincial Picture Houses Ltd. v. Wednesbury Corp. 一案确立的原则,上诉法院法官不能仅仅因为观点不同而直接变更初审法官的裁定。(4)在考虑采纳争议证据将对公正所产生的不利影响时,应结合其他的归罪证据进行判定。如果其他证据已经明显能够定罪,那么是否采纳争议证据对公正的影响较弱;如果争议证据是孤证或主要的控方证据,是否采纳它将对公正有显著影响。

第三章　证明责任与证明标准

英国证据法学者泰勒（Taylor）指出："在我们对抗制诉讼中，一个当事人——无论在刑事诉讼还是在民事诉讼中——为击败对方当事人必须做两件事：他必须提供充分的证据以满足法律审理者（tribunal of law）的需求；他提供的证据还必须在一定的程度上最终说服事实审理者（tribunal of fact）。换言之，一个当事人要赢得诉讼，有责任证明其主张的事实，并且其证明要达到必要的标准。"①这里涉及两个问题，一个是证明责任（burden of proof），另一个是证明标准（standard of proof）前者是指证明主体为了使自己的主张得到法院裁判的确认所承担的，提供和运用证据支持自己的主张以避免不利诉讼后果的责任；②后者是指承担证明责任的人运用证据证明案件事实所需要达到的程度。③

在英国刑事诉讼中，这两个问题是当事人上诉的主要理由。"上诉最经常提出的理由是法官误导了陪审团，或是在某个关键问题上未作指示。法官犯这两类错误的形式是多种多样的。比较典型的是，法官在相关法律问题上给陪审团以错误的指示，如在证明责任、证明标准或犯罪的构成要素等问题上误导或没有给予指示。"④可见，无论是对当事人还是对法官而言，证明责任和证明标准都是诉讼中的重要问题。

---

① Alan Taylor, *Principles of Evidence*, 2nd edition, Cavendish Publishing Limited, 2000, p.13.法律审理者指法官；事实审理者指陪审团，在没有陪审团审理情况下指法官。朱克曼指出："一个一般性的普通法原则是事实问题归陪审团审理，法律问题归法官审理。这个原则据说有个别的例外。"参见［英］A.A.S. Zuckeman：《英国证据法上的事实认定》，魏晓娜译，载《研究生法学》2002年第2期。

② 卞建林主编：《证据法学》，中国政法大学出版社2007年第3版，第261页。

③ 齐树洁主编：《民事诉讼法》，厦门大学出版社2011年第5版，第223页。

④ ［英］迈克·麦康维尔：《英国刑事诉讼导言》，程味秋等译，载中国政法大学刑事法律研究中心编译：《英国刑事诉讼法（选编）》，中国政法大学出版社2001年版，第77页。

一、概述

证明责任是指"证明在法庭上主张的事项是真实的义务"。① 其意义不但在于它关系诉讼的最终结局,而且还在于决定哪方当事人应当首先向法庭提供证据;在何种情形下,被告方在控方或原告陈述事实后,可以成功地提出"没有需要答辩的事实"(no case to answer)的动议;②初审法官如何指示陪审团。由是观之,"证明责任乃诉讼的脊梁"。③ 在英国证据法中,证明责任作为一个总称术语,实质上由两部分构成,即法定责任和证据责任。

(一)法定责任

法定责任(legal burden)又称说服责任(persuasive burden)、最终责任(ultimate burden)等。不同的术语反映了法定责任的不同特征。

在证据法上,法定责任是指当事人按照要求的证明标准,说服事实审理者基于全部证据确信争议事实为真实或具有充分盖然性的责任。当事人若无法依证明标准卸除其所负法定责任,将在争议问题上败诉。法定责任包含两个基本要素:其一,它是指当事人通过证明"系争事实"(facts in issue)从而确定其整个诉因的义务;其二,这种证明责任的履行程度对当事人权利能否得到法院的保护具有决定性的影响。换言之,这种责任如不能适当履行,责任主体便极有可能要承担败诉的结果。

法定责任与特定争议事实相关。当然,大多数案件不只存在一个争议事实,这些争议事实的法定证明责任由诉讼当事人分别负担。具体而言,每项诉讼主张、指控或答辩都有其确定的基本要素,其证明对于主张者的胜诉是必要的。这些要素并非来源于证据法,而是由适用于诉讼主张的实体法所决定的。

法定责任只能根据适当的证明标准评估所有在案证据后作出裁决。如果法庭在综合全案证据后仍无法在当事人之间作出谨慎的判断(虽然少见,但并

---

① "Duty to prove that something which has been alleged in court is true."参见［英］P.H.科林:《英汉双解法律词典》,陈庆柏、王景仙译,世界图书出版公司 1998 年版,第67 页。

② 没有需要答辩的事实指原告或控方的证据不足以支持其主张或指控。如果该动议成立,法官就可作出有利于申请方的裁决。

③ ［德］汉斯·普维庭:《现代证明责任问题》,吴越译,法律出版社 2000 年版,译序,第 1 页。

非不可能)，案件的结果并非"和局"(draw)，而是负担法定责任的当事人败诉。[①]

(二)证据责任

证据责任(evidential burden)又称提供证据责任(burden of production)、推进责任(burden of going forward)。它是指当事人就某事实有责任提交足够的证据以证明其有理由获得有利于己的事实认定。证据责任的要素如下：其一，它是指当事人有义务提出适当的证据证明某些系争事实，以便法官在被证明的事实基础上作出对其有利的认定；其二，如果当事人未能适当履行证据责任，他就有可能(但不必然)承担在特定主张上失利的风险，这与法定责任履行不能的后果有所不同；其三，证据责任一旦由一方当事人适当履行，它便具有转移的效力，即他方当事人因此而承担证据责任；最后，证据责任是否已得到适当履行，取决于是否达到证明标准。[②]

证据责任有着重要的地位。除非原告提供初步的证据支持其主张的每一项争议事实，否则被告有权提出"没有需要答辩的事实"的动议。如果被告的动议成功，就可作出有利于被告的判决而无须要求其提出事实。这是因为原告没有提交足够的证据以形成争议，其主张具有法律上的致命缺陷，被告可以拒绝提供任何证据。如果法官作出有利于原告的裁决，该裁决在上诉时将被撤销。

法官在裁决"没有需要答辩的事实"的动议时，可以简单地评估原告是否已对请求的每个基本要素提出表面理由。当其提供足够的证据时，就构成表面理由。[③] 德夫林(Devlin)勋爵在 1970 年 Jayasena v. R 一案中描述道："这样的证据如果可信，且未遭反驳和并非无法解释，可以被陪审团接受为证明。"证据责任的卸除意味着原告就待证事实已提供足够的证据，足以构成争议事实的表面理由，从而击败被告提出的"没有需要答辩的事实"的动议。

(三)证据责任与法定责任的关系

在英国证据法上，证据责任与法定责任是相互独立的责任。二者存在以下区别：

[①]　Peter Murphy, *Murphy on Evidence*, 7th edition, Blackstone Press Limited, 2000, p.102.

[②]　李浩：《英国证据法中的证明责任》，载《比较法研究》1992 年第 4 期。

[③]　表面理由(prima facie case)，又可译为表面事实、表面可信、表面上成立。构成表面理由的证据即表面证据(prima facie evidence)，又称初步证据，是指在没有相反证据的情况下，足以确认某一待证事实的证据。

　　首先,功能不同。证据责任针对的是法律审理者(法官),目的在于使法官将争议事实提交陪审团审理或继续听审。法定责任针对的是事实审理者(陪审团或法官),目的在于说服事实审理者最终就争议事实作出有利于己的裁决。① 对于当事人而言,证据责任只在否定、反驳、减弱或丑化对方证据;法定责任则涉及文书请求的所有重要事实的证明责任,面较广,也非得如此才能胜诉。② 学者威廉斯(Williams)从另一角度指出:"证据责任决定法官之所为:将争议问题交由陪审团审理,或将它从陪审团那儿撤回。说服责任决定法官之所言:指示陪审团如何作出裁决。"③

　　其次,发生的时间不同。在实际的诉讼过程中,证据责任的发生要早于法定责任。英国学者形象地将证据责任比作第一道障碍,将法定责任比作第二道障碍。负有证明责任的当事人要想使争议事实提交陪审团裁决,就必须提出足够的证据,以便越过第一道障碍。而即使越过了第一道障碍,当事人仍可能在第二道障碍前受阻,因为当事人提供的证据可能并不足以说服陪审团,在对方当事人提出强有力的反证时更是如此。④

　　再次,立法理由不同。证据责任规则的立法目的在于防止在缺乏表面事实依据的情形下,迫使对方当事人为他过去的行为作辩解。该规则保护个人的隐私权,部分地控制陪审团任意地作出事实判断。法定责任规则的立法目的在于援用司法制度的一方当事人引起他人忍受麻烦和负担费用,因此他应当承担发动诉讼的麻烦。这样做能防止发动折磨人的诉讼。⑤

　　复次,影响责任卸除的因素不同。法官裁决证据责任是否卸除时,他只要考虑有利于负担证据责任的当事人的证据,需要裁决的问题是这些有利的证据是否足以形成可由法庭审理的争议;对方提交的证据可能证明某些事实,但

---

　　① 从苏格兰法关于两种责任的定义也可清楚地看出二者在功能上的区别:(1)说服责任:在某个特定争议上达到适当证明标准以说服法庭确信的责任。(2)证据责任:在某个特定争议上提供足够的证据以使法庭有理由最低限度地接受它。参见 David Field & Fiona Raitt, *The Law of Evidence in Scotland*, W. Green/Sweet & Maxwell, 1996, p.12. 苏格兰证据法虽非"正宗"的英国证据法(后者主要适用于英格兰和威尔士),但在论述英国证据法时亦有重要的参考价值。

　　② 杨良宜、杨大明:《国际商务游戏规则:英美证据法》,法律出版社 2002 年版,第683 页。

　　③ R. Cross & C. Tapper, *Cross and Tapper on Evidence*, 9th edition, Butterworths, 1999, p.111.

　　④ 转引自李浩:《民事举证责任研究》,中国政法大学出版社 1993 年版,第 6 页。

　　⑤ 沈达明:《英美证据法》,中信出版社 1996 年版,第 44 页。

在此阶段是无关紧要的。而事实审理者(法官、陪审团或治安法官)裁决法定责任是否卸除时,他要考虑已提供的所有在案证据:包括先前用来卸除证据责任的证据,以及后来用来巩固或反驳的证据。[1]

最后,证明标准不同。法定责任的证明标准依案件类型而定,刑事诉讼法定责任的一般证明标准是"排除合理怀疑",民事诉讼法定责任的一般证明标准是"盖然性占优势"。证据责任的证明标准较低,只要表面成立即可。

(四)证明责任的转移问题

由于证明责任一词具有法定责任和证据责任双重含义,所以在判例或学说中所称证明责任的转移,应理解为证据责任的转移。而法定责任根据法律规定分配并在案件初始时固定,所以在审判过程中不会发生转移。在论及证明责任的转移时,英国学者常用"临时性的责任"或"机变责任"(tactical burden)之类的变称。

机变责任是指虽然法律并无规定,但基于实际情况考虑而施加给一方当事人举证的责任,亦即在面临对方强有力的证据时,当事人基于实际需要而应当提供证据。作为诉讼上的策略,他必须提供证据以赢得任何胜诉的机会。机变责任由如果不提交进一步证据则可能败诉的一方当事人承担,这一特点使得机变责任会随着案件的进行由一方当事人转移给另一方。

关于证明责任的转移,典型的判例是 1883 年的 Abrath v. North Eastern Railways 案。在该案中,法院认为最初的证明责任应当赋予原告,而后该责任来回转移。博文(Bowen)首席法官对此进行阐述:"原告首先开始举证;如果他无所作为,就要败诉;如果他提供了表面证据,而被告却没有任何回应,那么被告就要败诉。因此,证明负担或证明责任,无论作何种措辞,其含义是简单的。法官不妨问自己:如果没有提供证据或没有就有关争议问题提供更多的证据,哪一方当事人将胜诉?很明显,作为进行诉讼的对立的双方当事人,证明责任一直都在不停地转移,直到裁判机关必须说'到此为止',争议才得以特定的方式得到裁判。我所说的证明责任不是自始至终都由一方当事人承担的责任(说服责任)。一旦一方当事人提供证据推翻了所反驳的证据,除非再得到反驳,天平的指针就倒向另一方当事人,直到其提出更有利的证据,指针才会偏回对方当事人。"[2]

---

① Ian Dennis,*The Law of Evidence*,4th edition,Sweet & Maxwell,2010,p.454.
② 此处译文参考高家伟:《行政诉讼证据的理论与实践》,工商出版社 1998 年版,第 66 页。

⚖ 二、刑事诉讼中的证明责任

(一)一般规则:控方负有证明所有争议事实的法定责任

在刑事诉讼中,一般规则是控方负有证明所有争议事实的法定责任,即任何对控方的理由来说是必要的事实的法定责任,都自始至终由控方负担。消极主张可能和积极主张一样是控方的理由所必需的,因此在强奸案中,控方负有证明不存在被害人同意的法定责任。一般情况下,被告人不负担证明犯罪基本构成要件的法定责任,无论是积极事实还是消极事实,也无论他是否承认这些事实的一部或全部。① 在某种意义上,刑事案件中控方负有排除合理怀疑地证明被告人有罪的证明责任,不过是以不同的语言重述"无罪推定"原则而已。

早在 1935 年,上述原则就在 Woolmington v. DPP 一案中得以完全确立。在该案中,被告人被指控谋杀已和他分居的妻子。他辩称,他试图以威胁自杀的方式来劝说妻子和他回家,这时,枪意外地走火了。② 初审法官指示陪审团,一旦控方证明了某人因他人的行为而死亡,就可以推断该他人是凶手,因而轮到被告人证明其缺乏犯罪意图。上诉法院亦认为应由被告人负担证明其没有犯罪意图的法定责任。上议院则认为初审法官的指示是错误的。大法官桑基(Sankey)说:"……控方必须证明被告人有罪,而被告人没有责任去证明他的清白,对于指控他的罪行,他只要提出疑问就足够了。他没有义务说服陪审团相信他是清白的。"据此,应当由控方来证实犯罪意图的存在,即控方对此负有法定证明责任。

接着,桑基说了如下具有里程碑地位的话:"纵观英国刑法之网,常常可以看到一条金线(golden thread),那就是证明被告人的罪行是控方的责任,除非是我曾经说过的精神失常抗辩和制定法规定的例外。在最终考虑全部案情时,如果控方或被告人提交的证据,在被告人是否蓄意杀害被害人问题上能够引起合理怀疑,那么控方就没有证成其指控,被告人有权获得无罪判决。无论

---

① Adrian Keane et al., *The Modern Law of Evidence*, 8th edition, Oxford University Press, 2010, p.81.

② 关于这一经典判例的详细案情,参见[英]丹宁勋爵:《法律的界碑》,刘庸安、张弘译,法律出版社 1999 年版,第 386~389 页。

是什么指控,也不论在何处审判,控方必须证明被告人有罪的原则是英国普通法的一个组成部分,任何削弱该原则的企图均不予接受。"

在 1963 年的 Bratty v. A-G for Northern Ireland 一案中,被告人被指控犯有谋杀罪。他以行为失控和精神失常为由提起上诉。上议院认为,就行为失控这一理由而言,控方负有证明被告人的行为系有意而为的责任,因为故意是犯罪行为证明的一部分。

在 1976 年的 DPP v. Morgan 一案中,被告人被指控犯有强奸罪。案件起因是被害人的丈夫告诉他们(被告人),其妻愿与他们发生性关系。该案存在如下争议:(1)是否由控方证明:发生性关系并非被害人自愿,以及被告人是否知晓这一点,或没有合理理由相信她同意发生性关系;(2)是否由被告人证明其可以合理地相信被害人同意发生性关系。上议院判决,控方有责任证明犯罪行为的所有构成要件。为了证明强奸事实,控方有责任证明不存在被害人同意的事实,或被告人不能合理地相信被害人同意发生性关系。

(二)例外规则之一:控方负担法定责任,被告人负担证据责任

在一般情况下,控方负担指控犯罪的法定责任的同时也负担证据责任,被告人不承担证明自己无罪的义务。但在大多数案件中,被告人可能提出某些事实争议,而该争议若要移送陪审团审理,被告人必须提交足够的证据。理由很简单:不能要求控方在每个抗辩事由提出之前先发制人并予以否定。[1] 如果被告人无意提出这些抗辩,控方对此举证绝对是浪费时间。所以法律将这些事实的证据责任赋予被告人。一旦被告人提出抗辩事由,就轮到控方进行否定(法定责任自始至终由其负担)。正如戈达德(Goddard)勋爵在 1957 年的 R v. Lobell 一案中所说:"必须……明白的是,坚持(法定)责任总是由控方负担的规则,并非意味着在被告人提出正当防卫的抗辩事由前,控方必须提出反驳该事由的主要证据(evidence in-chief),或者确需对这一问题提交证据。"当然,正当防卫仅仅是被告人提出的众多抗辩事由之一,他在任何抗辩中都会频繁举证,而非无所作为。因此,在诉讼中,被告人会力图提出受胁迫抗辩、受挑衅抗辩、紧急情况抗辩、意外抗辩、非精神失常的行为失控抗辩,或者酒醉抗辩。在这些情形下,被告人必须提交足够的证据以使法官认为争议事实应移送陪审团审理。如果没有证据支持抗辩,那么法官有权将争议从陪审团撤出。一旦该证据责任卸除,控方的法定责任就开始发生作用。作为证明被告人有

---

[1] Alan Taylor, *Principles of Evidence*, 2nd edition, Cavendish Publishing Limited, 2000, p.15.

罪的任务的组成部分,控方不仅要证明犯罪的构成要件(除非被告人承认),还要证明犯罪并非基于受挑衅或正当防卫而实施的。被告人通过成功地提出抗辩争议,扩大了控方法定责任的范围。

在 1942 年的 Mancini v. DPP 一案中,被告人被指控犯有谋杀罪,他辩称受到了挑衅。上议院判决,控方负有证明谋杀事实的责任,这可以意味着否定挑衅事实的责任。但是,除非被告人提出某个涉及存在挑衅事实的证据,否则不构成一项争议,此即履行证据责任。① 这并不是说该证据必须来自被告人,但上议院判决的潜在之意是控方无须处理是否存在挑衅的可能性问题,除非从控方的某个证人提供的证据中能发现挑衅事实,或被告人提供了这样的证据。这一规则在 1955 年的 Chan Kau v. R 一案中得到进一步明确。该案中,被告人提供了可以推断出存在挑衅事实的证据。枢密院司法委员会认为初审法官应当将挑衅问题移送陪审团审理。而在 1994 年的 R v. Rossiter 案和 R v. Cambridge 案中,法院指出如果有证据——尽管很薄弱——能够证明存在挑衅的可能性,那么法官应当将挑衅抗辩移交陪审团审理,即使被告人的抗辩并非基于该证据而提起。

在 1975 年的 R v. Lobell 一案中,被告人被指控有意致被害人重伤,他辩称其行为是正当防卫。初审法官指示陪审团应当由被告人证明存在正当防卫事由。刑事上诉法院不同意这一指示,认为应当适用 Woolmington 案所确立的规则。刑事上诉法院判决,控方始终负有证明责任,除了两个例外:精神失常和任何制定法规定的例外。然而,这并不意味着控方有责任否定所有可能出现的抗辩。如果关于正当防卫的争议要移交陪审团审理,那么被告人应对该抗辩事由可能存在提交证据。刑事上诉法院认为,陪审团应综合全案证据作出裁决。如果一个合理抗辩的证据来自被告人,那么陪审团应当予以考虑。

在 1963 年的 R v. Gill 一案中,被告人被指控共谋盗窃并予以实施。他提出受到胁迫的抗辩。刑事上诉法院认为,应由被告人提交有关受胁迫的证据。戴维斯(Davies)法官说:"一旦他成功地举证,那么就轮到控方来推翻该抗辩。"

(三)例外规则之二:被告人对精神失常抗辩负担法定责任和证据责任

精神失常抗辩是桑基大法官在阐述"金线"原则时所称的普通法上唯一一例

① 对于该判例,学者菲利普斯(Philips)指出,根据《1957 年杀人罪法》第 3 条规定,挑衅抗辩现已纳入制定法调整范围。但该法并没有特别赋予被告人法定证明责任,所以该判例拟定的规则并没有受到影响。参见 Edward Philips, *Briefcase on Evidence*, Cavendish Publishing Limited,1996,p.7.

外情形。自从 1843 年的 M'Naghten 案以来，该规则始终不容置疑：在刑事审判中，如果被告人提出精神失常抗辩，那么他负有法定责任（同时负有证据责任）来证明这一抗辩事由；但他的证明标准低于控方，只要达到盖然性占优势即可。根据普通法，如果一个人在处于精神失常状态时杀了另一个人或使之致残，都将被判为"无罪"。在 M'Naghten 案中，被告人被指控犯谋杀罪。他为自己作无罪辩护，提出的证据是他认为他从上帝那里得到一项杀死被害人的使命。首席法官廷德尔(Tindal)指示陪审团："要决定的问题是：在该行为发生时，被告人是否有能力认识到他正在做一件错误的或邪恶的事。"于是，陪审团根据"精神失常"作出无罪裁决。该案的指示和裁决在议会内外受到许多批评。最终，上议院要求法官提出自己的意见，法官答复道："在所有的案件中都应该告诉陪审员，每个人都是可以被推定为神智健全的，而且对于自己的犯罪行为都具有足够的推理能力。但相反的证据可以使他们确信情况不是如此。如以精神失常为理由进行辩护，则必须清楚地证明，在行为发生之时，被告人由于大脑疾病而缺乏理智，以致不知道自己正在进行的行为的性质；或者如果他知道这一点，就必须证明他不知道他做的事情是错误的。"①

当被指控犯谋杀罪的被告人提出其精神失常或具有减轻责任的情形时，根据《1964 年刑事诉讼程序（精神失常）法》[Criminal Procedure (Insanity) Act 1964]第 6 条之规定，准许控方提供证据证明上述抗辩事由之外的争议。在该情形下，控方对其他争议同时负有法定责任和证据责任。

(四)例外规则之三：制定法规定的例外情形

桑基大法官在阐述"金线"原则时，还提到"制定法规定的例外"。一般而言，制定法规定的例外情形有明示和默示两种类型。制定法上的例外往往被视为责任倒置的规定(reverse onus provisions)。随着《1998 年人权法》(*Human Rights Act* 1998)的实施，这一传统理论的影响受到限制。

1.明示的制定法例外

许多制定法明确规定被告人负有证明相关事实的法定责任。② 例如：

《1916 年防止腐败法》(*Prevention of Corruption Act* 1916)第 2 条规定，除非有相反事实证明，给予政府官员的任何金钱、礼品或其他报酬推定为不正

①　[英]丹宁勋爵：《法律的未来》，刘庸安、张文镇译，法律出版社 1999 年版，第 57～59 页。

②　英国目前至少有 29 部制定法规定了这类例外。参见何家弘主编：《外国证据法》，法律出版社 2003 年版，第 114 页。

当地支付、提供或收受。在 1943 年的 R v. Carr-Briant 一案中，被告人被指控犯贪污罪。法院判决，由被告人负担责任证明该笔款项系合法所得。

《1957 年杀人罪法》(*Homicide Act* 1957)第 2 条第 2 款规定，在谋杀案中，被告人负有证明其存在减轻责任情形的法定责任。

《1971 年滥用毒品法》(*Misuse of Drugs Act* 1971)第 28 条规定，被告人负有证明其不知道或者未怀疑争议中的药品为管制药品的责任。在 1981 年的 R v. Champ 一案中，被告人被指控非法种植大麻。被告人辩解并不知道该植物是大麻，她是被诱导后才相信讼争植物是大麻。法院的判决指出，根据第 28 条的规定，被告人负有证明该事实的责任。在 1993 年的 R v. Rautamaki 一案中，被告人被指控持有管制药品并企图供应给他人。法院的裁决指出，当被告人承认持有药品时，根据第 28 条的规定，证明其无罪的责任应由其负担。如果他能证明他不相信、不怀疑，也没有理由认为该物品是管制药品，那么被告人就可无罪释放。

《1988 年道路交通法》(*Road Traffic Act* 1988)第 5 条第 2 款规定，在血液中酒精浓度高于规定限度驾驶车辆的案件中，被告人负有证明在其驾驶车辆时不存在酒精浓度高于规定限度之可能性的责任。

2.默示的制定法例外

《1980 年治安法院法》(*Magistrate's Courts Act* 1980)第 101 条规定："被告人针对某一告发或控告(information or complaint)，若援引例外情形(exception)、免责事由(exemption)、但书规定(proviso)、抗辩原因(excuse)或法定资格(qualification)等进行辩护，不论其辩护是否符合法律规定的犯罪或控告事项的描述，应负担证明存在例外情形、免责事由、但书规定、抗辩原因或法定资格等的责任；尽管告发或控告中有否认例外情形、免责事由、但书规定、抗辩原因或法定资格等的声明。"从该条措辞可以看出，其所涉及的情形是被告人被指控做了某件应由特定人做的事，或在其他场合做了某件应在特定场合做的事。该条主要适用于要求有执照或许可的管制型犯罪(regulatory offences)，被告人应证明其拥有必需的执照或许可。适用第 101 条的审判可分为两个阶段：首先，控方必须提供关于被告人做了未经准许的事的证据；其次，被告人必须提供证据证明他已获得准许。①

第 101 条适用于简易审判。但在普通法上，类似原则亦适用于公诉案件

---

① Lord Templeman & Rosamund Reay, *Evidence*, 2nd edition, Old Bailey Press, 1999, p.77.

(trial on indictment)。① 这项规则由上议院在 1975 年的 R v. Edwards 一案中予以确定,后上议院又在 1987 年的 R v. Hunt 一案中予以固定:该条(即第 101 条)以制定法形式重申了普通法的早期规则。

在 Edwards 案中,被告人被指控无照零售酒类,违反了《1964 年许可法》(*Licensing Act* 1964)第 160 条的规定。控方证明了他曾经售酒,但未提出证据证明他没有执照。法院对被告人作出了有罪判决。被告人的上诉被多次驳回,最后由劳顿(Lawton)首席法官审查。他说:"在我们的判决里,这些驳回起诉的法院证明了经过几个世纪,作为经验的总结和确保正义既对社会也对被告人实现的需要,普通法已经发展了一个我们刑事法律中起诉方必须证明被起诉罪行的所有方面这一规则的例外。这个例外,和普通法中的其他例外一样,是从答辩中产生的。它限于制定法规定的犯罪,如禁止在特定的环境下,或者由特定阶层的人,或者特定的技能,或者必须由执照,或者须经特定机构许可才能做某种行为的犯罪。当控方寻求援引这些例外时,法院必须对指控所根据的制定法进行解释。如果真正的解释是制定法根据限制条款、例外或者类似的规定而禁止做一定的行为,那么起诉方则可以援引这个例外。"② 在该案中,被告人以执照为抗辩,属于法律所规定的情形,则被告人应负担证明其拥有执照的责任。

在 Hunt 案中,被告人被指控违反《1971 年滥用毒品法》第 5 条的规定,持有管制药品。根据《1973 年滥用毒品条例》(*Misuse of Drugs Regulations* 1973)规定,如果药物中吗啡的比例不超过 0.2%,并且药物混合使得吗啡不能被拣出,且对人的健康没有危险,那么第 5 条不适用。警察在被告人家中发现一些白色粉末,这些粉末经分析含有吗啡,但是,控方没有提供证据证明粉末中所含吗啡的比例。被告人提出了"没有需要答辩的事实"的动议。该动议被初审法官驳回。被告人提出了有罪答辩,其后上诉,但被上诉法院驳回。最后,上议院准予上诉。上议院判决:证明指控罪行的所有构成要件乃控方的职责。指控罪行的一项基本构成要件是粉末中所含吗啡的比例超过 0.2%,控方忽略了对该要件的证明,那么,根据 Woolmington 案所确立的规则,应撤销有罪判决。上议院还指出,Edwards 案已作出正确判决。对此,阿克纳(Ackner)勋爵指出:"制定法会赋予被告人证明责任……以明示方式或必要的默示方式……当议会没有就证明责任制定明示条款时,法院就必须分析指

---

① Indictment,指根据普通法在高等法院提出的刑事指控。

② 刘春善等:《诉讼证据规则研究》,中国法制出版社 2000 年版,第 67 页。

控所依据的法律条文。但法院不能拘泥于条文所使用的语句。法院必须考虑条文的实质和意旨。"这意味着法院可以依据公共政策作出判决。

(五)英国刑事证明责任分配的发展

在 2002 年的 R v. Lambert 一案之前,上议院一直将犯罪构成要件标准作为证明责任分配的基本规则,由控辩双方分担说服责任。在 Lambert 案中,上议院推翻了沿用多年的犯罪构成要件标准,确立了无罪推定标准。据此,任何制定法中要求被告人承担证明责任的规定都只是要求被告人承担证据责任,说服责任一般由控方承担,除非法院作出相反的认定。造成刑事证明责任分配标准发生转变的最主要原因是《1998 年人权法》的颁布实施,该法将《欧洲人权公约》所确立的大部分权利适用于英国公民。[①]《欧洲人权公约》第 6 条第 2 款规定了无罪推定原则:"任何被指控犯罪的人,在被依法认定有罪之前,都应当被推定为无罪。"[②]

在 Lambert 案中,被告人被判持有并企图供应可卡因罪。他由于携带装有两公斤可卡因的行李袋而被捕。被告人声称,他付钱取走行李袋,并认为里面装的是旧珠宝,他不相信、不怀疑或没有理由认为里面装的是可卡因或其他管制药品。初审是在《1998 年人权法》生效前进行的。初审法官指示陪审团,根据法律规定,一旦控方证明被告人有意持有行李袋,且被告人知道袋子里有东西以及袋子里事实上装有管制药品,那么,根据《1971 年滥用毒品法》第 28 条的规定,被告人应以盖然性占优势标准负担证明其不知道袋子里装有管制药品的法定责任。上议院在《1998 年人权法》生效后审理了该上诉案,多数意见认为,尽管《1998 年人权法》并不溯及既往,但无论如何也要考虑:由被告人负担证明其不知情的法定责任是否违背了《欧洲人权公约》第 6 条第 2 款关于无罪推定的规定。

上议院多数成员认为,通过要求被告人负担法定责任,从而在此类案件中合法地减轻控方证明药品在包装物里的责任,这是不合理的。因此,为使《1998 年人权法》与《欧洲人权公约》第 6 条第 2 款保持一致,需要将《1971 年滥用毒品法》施加给被告人的责任"降格解释"(read down)为仅仅是证据责

---

① 该法第 3 条规定,应尽可能将基本法和附属法的解释和效力与公约规定的权利保持一致;第 4 条规定,如果法院认为法律的规定与公约权利不相一致,即可作出不一致的宣告。中文译文见《英国 1998 年人权法案》,梁淑英译,黄列校,载《环球法律评论》2002 年夏季号。

② 张吉喜:《论英国刑事诉讼中的证明责任分配标准》,载《西南民族大学学报》2007 年第 4 期。

任。霍普（Hope）勋爵指出：《1971 年滥用毒品法》第 28 条规定的"证明"（to prove）、"如果他证明"（if he proves），应理解为"提供足够证据"（to give sufficient evidence）。"在此意义上，法定责任自始至终在控方。如果被告人所提供的证据足以构成一个争议，则要求控方以排除合理怀疑标准证明被告人的证据不足为证"。

在上述案件中，斯特因（Steyn）勋爵提出了检验法律与公约是否一致的三步骤：首先，法律规定是否与《欧洲人权公约》第 6 条第 2 款无罪推定原则相抵触？其次，如果存在抵触，那么该抵触规定是否具有正当目的（object justification）？最后，如果具有正当目的，那么该抵触规定是否符合比例原则（proportion），亦即没有超过必要限度。斯特因勋爵的三步骤检验方法，实际上提出由被告人负担法定责任必须符合的两个条件：具有正当目的和符合比例原则。否则，只能理解为法律的相关规定给予被告人的责任是证据责任。

综上，就法院运用解释权阐释《1998 年人权法》第 3 条规定而言，Lambert 案堪称有益的实例。依此，如果对无罪推定的合理限制可以正当化，法院有权将法律规定的"证明"用语解释为通常意义上的法定责任，予以责任倒置（reverse onus），即由被告人负担法定责任。但是，如果法定责任倒置无法正当化时，"证明"用语就要替换为非通常意义上的"提供足够证据"责任。[①]

但是，将法定责任施加给被告人的做法还是很普遍的。在没收财产案中，苏格兰、英格兰、威尔士关于毒品犯罪的立法都确立了各种各样的推定，对于这些推定，被告人负有证明推定有误的法定责任。[②] 例如，在 2003 年的 Johnstone 案中，根据《1994 年商标法》（Trade Marks Act 1994），被告人被判持有侵犯注册商标商品罪。此罪针对的是假冒商品经营者，最高可以处以 10 年监禁。根据该法第 92 条第 5 款规定，如果被告人可以证明（系法定责任）他有理由相信讼争商品并非侵权商品，他可以提出这一抗辩。上议院支持根据比例原则予以法定责任倒置，其立论基础在于"该事实在被告人认知范围内"，即他从事贴有商标的商品贸易，就应当知道假冒商品的风险。

---

① Ian Dennis, *The Law of Evidence*, 4th edition, Sweet & Maxwell, 2010, p.473.

② ［英］安德鲁·艾什沃思：《论英国人权法对英国刑事司法程序的影响》，于志刚译，载《中国刑事法杂志》2005 年第 3 期。相关术语译法略有改动。

三、民事诉讼中的证明责任

在英国,除了依靠证据推定的事实外,任何特定争议事实的证据责任由对该事实负有法定责任的当事人承担。民事案件中的法定责任取决于何方当事人对争议事实提出积极主张,以及争议事实对谁的请求或抗辩是必要的。这是民事案件的正确规则,因为在民事案件中,法律寻求的是在当事人间维持一种中立的平衡。英国法官认为这是"一条基于健全判断力而产生的古老规则,非基于强有力理由不得违背"。①

一项请求或抗辩的基本要素由实体法决定。对大多数民事案件,从诉答文书中就可以清楚地判断应由谁负担某个争点的法定证明责任。例如,在过失侵权案件中,原告在诉讼请求中主张存在过失事实,那么他必须予以证明;被告若辩称互有过失(contributory negligence),②那么他亦应证明存在互有过失的事实。当然,民事诉讼的实际情形可能会比这一例子更为复杂,但一般规则是"谁主张谁证明"(he who asserts must prove)。③ 上述过失侵权案例同时揭示了另一规则,即被告负担的是除单纯否定原告主张之外的抗辩的法定证明责任。因此,在过失侵权案中,如果被告仅仅简单地抗辩:其没有注意义务,或没有违反注意义务,或不存在因果关系,或没有造成损害后果,那么,这些事项的法定证明责任由原告负担。但是,诉答文书也不是万能的。在2003 年的 BHP Billiton Petroleum Ltd. v. Dalmine SPA 一案中,法院认为,虽然在大多数民事诉讼中,案情声明或许是法定责任分配的好指南,但这还不够。因为当事人不能通过简单的诉答意见承担法律所未施予他的责任,或免

---

① 毛姆(Maugham)法官在 Joseph Constantine Steamship Line v. Imperial Smelting Corp 一案中的意见。

② contributory negligence,台湾学者多称为"与有过失",指原告或第三人的过失。依英国普通法,被害人对损害之发生若与有过失时,不得请求赔偿。此项规则深受学者批评,法院亦多方设法缓和其严酷性,直至《1945 年与有过失法》(*Law Reform*,*Contributory Negligence Act* 1945)始明定以过失轻重分配责任之原则。参见王泽鉴:《民法学说与判例研究》(第一册),中国政法大学出版社 1998 年版,第 71 页。

③ 这一法谚来源于古罗马法:"举证责任在乎主张者,不在乎否认者;盖事物本性使然,否定事实者毋由证之。"参见李宗锷、潘慧仪主编:《英汉法律大词典》,法律出版社 1999 年版,第 307 页。

于承担法律所施加给他的责任。

在英美证据法中，一般认为证明责任的分配不存在一般的标准，只能基于政策、盖然性、证据持有等若干因素的综合性考量而作出个案决定。英国关于民事证明责任分配的具体规则主要体现在 1883 年的 Abrath v. North Eastern Railways Co 案。在该案中，原告被指控在火车事故后蓄意欺诈。原告作为医生，治疗过一名在涉及被告的火车碰撞事故中的受害者。该受害者起诉东北铁路公司（即本案被告）并获得赔偿。嗣后，东北铁路公司对 Abrath 提起诉讼，声称 Abrath 和受害者共谋欺诈他们，但诉讼被驳回。Abrath 后起诉铁路公司，他主张被告的指控缺乏合理且可信的事由。上诉法院认为，尽管原告主张消极性事实，但该主张是原告理由的一个实质组成部分，原告应就此承担证明责任。"不论一方当事人是提出一定事实存在的积极主张，抑或提出就特定目的而言特定事项并不充分的消极事实，皆应负证明责任"。①

在 1942 年的 Joseph Constantine Steamship Line Ltd. v. Imperial Smelting Corp 一案中，原告诉称被告违反租船合同，被告则辩称租船合同已因作为标的物的船舶爆炸而无法履行，被告对此毫无过错。因此，法院须确定由谁承担过错问题的法定证明责任。法院裁决，要求被告承担过错的反证异常困难，故分配原告承担证明被告过错的证明责任。在通常情况下，证明积极事实比证明消极事实容易一些。因此，作为一般原则，原告有责任证明其诉讼请求正确的可能性超过不正确的可能性。而被告对积极抗辩的事实承担提出证据的责任，如同意、关于时效的法律规定、怠于行使权利、不具备资格、优先购买权以及既判力等。②

在 1948 年的 Levison and another v. Patent Steam Carpet Cleaning Co Ltd. 一案中，原告是一条贵重地毯的所有权人，他将地毯交由被告清洗，但地毯丢失了。双方当事人签订的合同规定了过失排除条款，即过失并非重大违约行为。法院认为，由谁承担重大违约的证明责任的依据为：谁更容易承担法定证明责任。地毯由被告控制时，原告根本无从知悉丢失的地毯发生了什么，而被告则是"知悉或应知悉该地毯发生了什么，证明责任应由被告承担"。正如丹宁（Denning）勋爵所说："本案中，清洁公司没有说明地毯发生了什么。他们不能证明地毯是如何丢失的。他们为不能交货提出了各种借口，最后说地毯被盗。那么我要问：地毯在何处被盗？是否被他们的某个雇员偷走？或

---

① 程春华主编:《民事证据法专论》,厦门大学出版社 2002 年版,第 577 页。

② 张卫平主编:《外国民事证据制度研究》,清华大学出版社 2003 年版,第 8 页。

者是在他们的纵容下被偷走的？还是说，被他们的某个雇员送错地方？"被告不能回答这些问题，因而他们负有责任。该案常常被援引为证明责任应由最容易卸除它的当事人负担的权威判例。

在 1985 年的 Rhesa Shipping Co. SA v. Edmunds and Another 一案中，原告是一艘在好天气时沉没在宁静海洋中的船只的所有人，他声称船只沉没的近因是与潜水艇相碰撞，据此，向签发保险单的被告请求海难保险赔偿。被告主张船只沉没的原因是磨损过度，但船只已沉没在深海中，不可能进行检查。原告应负担证实沉没原因的证明责任，但他们无法做到，法院据此判决原告败诉。虽然被告提出了船舶沉没的另一种原因，但并没有承担证明责任。上议院指出，在这种情形下，诉讼的胜败仅仅取决于由谁负担证明责任。正如布兰登（Brandon）勋爵所说："没有哪个法官喜欢就证明责任的负担作出裁决，如果他能合法地避免这样做的话。但总有些案件，由于证据状况不令人满意或其他原因，使得法官除了裁决证明责任的负担别无他法。"

在 1998 年的 Pickford v. ICI 一案中，原告是被告的专职秘书。原告诉称，她在雇佣期间得了器质性疾病，这是由于她的手反复打字所致。其理由是被告疏于警告她存在患病的可预见风险以及需要间断性休息。被告反驳称原告的状况系转换性歇斯底里（conversion hysteria），属于心理性原因。那么，该争议的证明责任应由谁负担？上议院大多数意见认为，原告应证明其状况系由于器质性原因所致。霍普勋爵指出："被上诉人（即原告）的全部理由是她的抽筋症状是器质性原因。证明该症状系由于她打字时的反复动作所致，对于原告胜诉是必要的。所以，基于一般规则，原告负有责任证明其所主张的病因。对于上诉人（即被告）而言，他可以引入反证证明病因是心理性的，但他不必证明症状是由于原告转换性歇斯底里所致。"

四、证明标准

确定何方当事人负担证明责任后，第二个问题就是卸除责任所应达到的范围和程度，此即证明标准（standar of proof）。所谓证明标准，是指当事人为说服裁判者相信其主张，对其主张形成心证而必须达到的最低证明程度。[①]

---

① 王学棉：《证明标准研究——以民事诉讼为中心》，人民法院出版社 2007 年版，第 41 页。

标准问题事关真实,哲学家普特南(Putnam)说:"真实并非底线:真实自身也从我们那具有合理的可接受的标准中获取生命。"①在 2009 年的 Re B (Children)(Sexual Abuse)一案中,霍夫曼(Hoffmann)勋爵如此表述证明过程:"当法律规定要求证明一项事实(即争议事实),法官或陪审团必须判决该事实是否存在,而不能认定该事实或许存在。法律采用二进制方法,分值只有 0 和 1。事实要么存在,要么不存在。如果法庭存有怀疑,解决怀疑的规则就是由一方或另一方当事人承担证明责任。如果承担证明责任的当事人没有卸除责任,得 0 分,(应认定)事实不存在。如果他卸除了证明责任,得 1 分,(应认定)事实存在。"

学者摩菲(Murphy)认为:"'证明标准'术语,是指卸除证明责任必须达到的范围或程度(extent or degree)。它是证据必须在事实审理者头脑里形成的确定性或盖然性程度的尺度(measurement);是负担证明责任的当事人在有权赢得诉讼之前必须运用证据说服事实审理者的标准,或是他为获得有利于己的认定而对某个事实争议进行证明所应达到的标准。所以,从卸除证明责任的角度看,它是证据的质量和说服力应达到的尺度。"他又说:"证明标准有时需要依待证争点的性质而变化,其基本分叉在于刑事案件和民事案件之间。"②在刑事诉讼中,适用"排除一切合理怀疑"(proof beyond reasonable doubt)的证明标准;民事诉讼则适用"盖然性占优势"(proof on the balance of probabilities)的证明标准。③ 这就是刑事和民事诉讼证明标准的一般规则,英国判例和学说对此均无异议。但对于在刑事和民事标准之外,是否还存在第三种证明标准,在英国争议很大。

应当注意的是,英美证据法注释者、教科书作者和法官讲到"证明标准"时,通常指说服责任。④ 本章如无特别指出,证明标准一般指法定责任的卸除标准。

---

① 转引自何家弘:《论司法证明的目的和标准——兼论司法证明的基本要领和范畴》,载《法学研究》2001 年第 6 期。

② Peter Murphy, *Murphy on Evidence*, 7th edition, Blackstone Press Limited, 2000, p.119.

③ *Oxford Dictionary of Law*, 6th edition, edited by Elizabeth A. Martin & Jonathan Law, Oxford University Press, 2006, p.510.

④ David Field & Fiona Raitt, *The Law of Evidence in Scotland*, W. Green/Sweet & Maxwell, 1996, p.38.

(一)刑事证明标准

1.控方负担法定责任

确定证明标准是法官要处理的法律问题,而当事人所提交的证据是否达到证明标准是陪审团要处理的事实问题。所以,在刑事案件中,法官必须指示陪审团关于控方应达到的证明标准。

控方证明一项争议应达到非常高的证明标准。桑基大法官在前述 Woolmington 案中指出,如果在全案终结时仍存在"合理怀疑",被告人有权获得无罪判决。

在 1983 年的 R v. Ewing 一案中,被告人被指控犯有许多罪行,包括盗窃罪和伪造罪。控方力图证明文书上的笔迹是被告人的,并进行笔迹比较。上诉法院认为,初审法官应当要求控方须以排除合理怀疑标准证明文书上的笔迹是被告人的。奥康纳(O'Connor)首席法官指出:"第 8 条规定:'任何书写须证明是真实的,达到使法官确信的程度。'从措辞上看并没有涉及应适用的证明标准。但指示是由法官而非陪审团作出,并且证明标准是由普通法调整的……当它(指证明标准)在刑事案件中适用时,必须适用刑事标准。"制定法可以规定控方对某个事实的证明标准低于普通法的要求,但没有哪部制定法如此规定。① 因此,当控方负担证明责任时,证明标准必须达到"排除合理怀疑"。

何为"合理怀疑"以及法官如何向陪审团指示的问题,在英国法中颇具争议。丹宁勋爵在 1947 年的 Miller v. Minister of Pensions 一案中对排除合理怀疑标准进行阐述。该案是不服养老金裁决而提起的上诉,其中一个争点涉及证明标准。丹宁勋爵指出:"在刑事案件中卸除证明责任所要求……说服力的程度(degree of cogency)……已经得到很好的解决。它无须达到绝对确定,但须有高度的盖然性。排除合理怀疑证明并不意味着无丝毫怀疑之阴影。如果法律容许空想的盖然性妨碍正义之路,那么它就无法保护社会大众。如果不利于被告人的证据十分有力,从而使有利于被告人的可能性甚微,对于该可能性可由如下判决予以驳回:'它当然是有可能的,但决非很可能。'(Of course it is possible,but not in the least probable.)这样便为排除合理怀疑证明,而且并不欠缺充分条件。"但不幸的是,问题并非如此简单,至少法官要在他们的总结提示里煞费苦心地解释"合理怀疑"的真正含义。清楚、准确地界

---

① Lord Templeman & Rosamund Reay, *Evidence*, 2ⁿᵈ edition, Old Bailey Press, 1999,p.90.

定盖然性程度是极其困难的,丹宁勋爵的意见可以说是一个明晰的典范,但它并没有被理所当然地逐字引述给陪审团,相反的是,一般情况下要避免定义和解释,而且没有要求使用任何提法或专门术语。

(1)定义和解释

在司法实务中,一般要求法官尽可能避免对"合理怀疑"进行定义和解释。1976 年的 R v. Yap Chuan Ching 案颇具代表性。在该案中,被告人被指控犯有盗窃罪。在向陪审团解释控方应达到的证明标准时,初审法官指出,合理怀疑"是你可以给出理由的怀疑,而非单纯空想的推测:'当然,这个世界没有什么可以确定,没有什么可以证明。'……它有时可以说是你在考虑商业事务时会影响你的问题。例如,涉及你的房产按揭事务,或诸如此类性质的其他事务"。陪审团以 11 票对 1 票认定被告人有罪。上诉法院认为,在大多数案件中,法官无须试图对"确信无疑"或"合理怀疑"的含义进行注解,那样做常常会产生困难,添乱多于帮助。首席法官劳顿指出:"应忠告法官们不要试图注解'确信无疑'的含义是什么或'合理怀疑'的含义是什么……我们指出并强调:如果法官停止尝试界定那些几乎不可能定义的事项,则会减少上诉。"在 1992 年的 R v. Penny 一案中,上诉法院建议"关于这一重要事项的指示,应简明扼要"。

但是,陪审团常常会要求法官界定合理怀疑,因而法官也常常向陪审团进行定义和解释。在 1969 年的 R v. Walters 一案中,被告人被指控犯有谋杀罪。上诉的一个争点是关于初审法官对证明标准的指示问题。枢密院司法委员会认为,多年来,法官的一个普遍做法是以类比方式来阐述"合理怀疑"这一简单措辞。迪普洛克(Diplock)勋爵指出:"法官在审判中作总结提示时,他有机会观察陪审员……最好是让他行使自由裁量权,选择最适当的语言以使陪审团明白:除非他们对被告人有罪感到确信无疑,否则不能作出不利于他的裁决。"在 1983 年的 R v. Quinn 一案中,上诉法院同意"被说服以至于他们(陪审团)对被告人有罪感到确信无疑"的表述,这可能是现今关于刑事证明标准最通行的界定了。

鉴于"排除合理怀疑"难以定义和解释,英国近年来出现了反对使用该术语的趋势,认为"排除合理怀疑"指示属于法官自由裁量的范围,是法官"通常而非必要"的指示方式。[①]

---

①　张斌:《英美刑事证明标准的理性基础——以"盖然性"思想解读为中心》,载《清华法学》2010 年第 3 期。

（2）提法

就涉及控方证明标准的事项指示陪审团时，没有专门提法。事实上，权威意见一向反对使用专门术语。"已经说过多次，使用某种明确提法或专门术语并非要紧之事"。① 尽管如此，在实务中有两个典型提法：①"排除合理怀疑"；②"被说服直至你们感到确信无疑"（或更简单些："确信有罪"）。第一种提法由于向陪审团解释合理怀疑的性质存在困难而一度遭到冷遇，而第二种提法获得广泛支持。

在1950年的R v. Kritz一案中，被告人被指控以欺诈手段骗钱。初审法官曾指示陪审团，说他们应被合理地说服。被告人上诉的一个理由是：该指示是否充分。法院认为，有没有使用"排除合理怀疑"的用语，并不重要。首席法官戈达德勋爵指出："这将很不幸（特别是在刑事案件中），如果总结提示的准确性取决于法官或主持人是否使用专门提法。关键的不是专门提法，而是总结提示的效果……一旦法官开始使用'合理怀疑'，并试图解释合理怀疑是什么和不是什么——比起用平白语言来说明它们：'控方的责任是说服你们确信被告人有罪。'——他更可能把陪审团弄糊涂。"戈达德勋爵表示他更倾向这样对陪审团作指示："他们必须被彻底说服相信被告人有罪，并且除非他们感到确信无疑（feel sure），否则不能作出不利于他（被告人）的裁决。"

在1979年的R v. Ferguson一案中，被告人被指控犯有谋杀罪。初审法官指示陪审团：合理怀疑是"可以影响一个人在处理重要事务时的意见"的那种怀疑。在本案中，Walters案亦得到遵循。斯卡尔曼（Scarman）勋爵指出："虽然法律没有要求使用专门提法，但通常情况下，法官会明智地采用一个专门提法。由来已久的提法是必须排除合理怀疑地说服陪审团。……指示陪审团他们必须被说服以至于他们对被告人有罪感到确信无疑，这一般是充分的又不会引起争议的。不过，其他措辞也可以是充分的，只要意旨清楚就行。"

当前关于证明标准的"指示范本"是"使陪审团确信无疑"（making the jury sure），即控方多大程度成功地证明被告人有罪？回答是：使你确信无疑……在评判全案证据后，如果你确信被告人有罪，你必须判决"有罪"。如果你不能确信，你必须判决"无罪"。②

---

① Per Fenton Atkinson LJ in R v. Allan [1969] 1 ALL E.R. 91.

② Adrian Keane et al., *The Modern Law of Evidence*, 8th edition, Oxford University Press, 2010, p.105.

(3)适当和不当的指示

法官有责任在所有案件中,以适当的提法指示陪审团,使他们注意到证明标准有多高。如果法官不能作出这样的指示,即属严重错误,将给有罪判决造成致命的缺陷,除非控方的证据是压倒性的。关于法官应如何适当地给予陪审团指示,最可靠的途径是对那些在上诉时被赞成和不赞成的指示进行比较。

在 1952 年的 R v. Summers 一案中,被告人被指控犯有盗窃罪。上诉中的争点是关于初审法官指示中的证明标准问题。首席法官戈达德勋爵认为,在日常生活中,人们会问自己是否对某事确信无疑,而不会问自己是否存有合理怀疑,所以他们(陪审团)"必须确信无疑"的指示可得益于他们已经熟悉使用的语言。戈达德勋爵再次强调他在 Kritz 案中的意见:"如果一个陪审团被告知他们的职责是考虑证据,看它能否说服他们,使他们在作出有罪判决时感到确信无疑,这比起用'合理怀疑'的措辞强多了,我希望将来能够这样做。我在总结提示时从不用那样的措辞。我总是告诉陪审团,在他们作出有罪判决前,他们必须感到确信无疑,他们必须被说服相信控方已经证明被告人有罪。"

但三年之后,戈达德勋爵在 1955 年的 R v. Hepworth and Fearnley 一案中却同意使用"合理怀疑"的措辞。在该案中,初审法官向陪审团解释排除合理怀疑标准时,仅仅使用了"说服"一词。被告人提出上诉,认为法官指示有错误,因为"说服"的标准太低。戈达德勋爵解释说,他以前反对使用合理怀疑措辞,是由于向陪审团解释什么是合理怀疑存在困难。"给陪审团解释说合理怀疑不是一个空想的怀疑,就等于没有作出任何真正的指导;给陪审团说合理怀疑是使他们在自己的事务中产生犹豫的那种怀疑,在我看来也没有提出任何特殊的标准。因为,一位陪审员感到犹豫的事,另一位陪审员可能会说那件事对他来说根本不会产生犹豫"。他认为适当的指示是说:"你们,陪审团,必须被彻底地说服";或更好些:"你们必须对被告人有罪感到确信无疑。"本案被告人上诉理由被法院采纳,因为法官仅仅指示陪审团他们必须被"说服",却没有提示应达到的说服程度,是不适当的指示。

在 1974 年的 R v. Gray 一案中,被告人被判决犯有入店行窃罪。初审法官指示陪审团:合理怀疑"是一种可以影响你日常事务中的行为的怀疑。"上议院批驳了该指示,其理由是:"在这种情况下谈及'你日常事务的行为',对陪审团而言暗示了一种很低的证明标准;因为影响重要事务决定的怀疑,显然不同于影响'日常事务'的怀疑。"

2.被告人负担法定责任

被告人在证明任何争点时从来不必达到与控方同样严格的标准。他只要以盖然性占优势标准说服陪审团即可。

在 1936 年的 Sodeman v. R 一案中,被告人提出精神失常抗辩从而产生了证明标准的争议。枢密院司法委员会认为,被告人证明精神失常所应达到的证明标准仅仅是盖然性占优势,并不"高于民事诉讼中负担责任的原告或被告"。

在 1943 年的 R v. Carr-Briant 一案中,被告人被指控犯有贪污罪。初审法官指示陪审团:被告人的证明标准是排除合理怀疑。有罪判决后被撤销。汉弗莱斯(Humphreys)法官指出:"在任何情形下——无论是制定法还是普通法——'除非相反事实得以证明',否则可假定某个事项不利于被告人,这时应当指示陪审团那是由他们裁决相反事实是否得以证明,所要求的标准低于控方的排除合理怀疑……"亦即,在任何情形下,被告人负担法定证明责任时,他必须以盖然性占优势标准证明争点。

在 1986 的 R v. Campbell 一案中,被告人被指控并被裁决犯有谋杀罪。问题在于初审法官是否应指示陪审团考虑减轻责任情节存在的可能性,即使该情节并没有因被告人的抗辩而提出。法院认为,尽管根据《1957 年杀人罪法》第 2 条的规定,减轻责任情节的证明责任由被告人负担,但其标准是民事标准,即盖然性占优势。

(二)民事证明标准

与刑事证明标准一样,民事证明标准亦不易界定。澳大利亚学者伊格莱斯顿(Eggleston)指出:"奇怪的是,经过数世纪的法官(或法官指示下的陪审团)的事实审理活动,民事诉讼中的说服标准(standard of persuasion)仍有许多不确定之处。一般地说,在英国和澳大利亚,案件事实系基于'盖然性占优势'标准而认定。而在美国最常见的提法是'优势证据'标准。但这些表述究竟意味着什么,仍是一个争论不休的问题。"①

1.盖然性占优势的界定

就像刑事证明标准中的"排除合理怀疑"或"确信无疑"那样,"盖然性"是民事证明标准的重要概念。在民事裁判程序中,真实性一般被理解为盖然性问题。基于人类认知能力所固有的局限性,没有哪个当事人曾经被要求以绝对的、精确的、毫无疑问的标准证明事实。"法庭可能永远无法完全确定过去究竟发生了什么事,因而事实认定需要借助于盖然性的程度。盖然性概念是

---

① Richard Eggleston, *Evidence, Proof and Probability*, Weidenfeld & Nicolson Ltd., 1983,p.129.

证明的最重要构成。"①盖然性（probability）作为哲学术语，其确定性居于 certainly 和 doubt 或 possibility 之间。盖然性程度实际上就是审理者对争议事实的确信程度。刑事排除合理怀疑实际上也是盖然性程度问题，从前述丹宁勋爵在 Miller 案中对刑事证明标准的阐述中可知，排除合理怀疑是仅次于"绝对确定"的高度盖然性。②

对于民事证明标准有不同表述，丹宁勋爵在 Miller 案中提出了可能是最清晰也是引用最频繁的阐释。他在解释刑事证明标准后，接着说："在民事案件中卸除证明责任所要求……说服力的程度……已经得到很好的解决。它必须采纳一个合理的盖然性程度，但无须与刑事案件一样高。如果证据能够使法院认为'我们与其信其无，毋宁信其有'，那么当事人的证明责任就可卸除。但如果两种盖然性势均力敌，那就没有达到要求。"此外一些表述诸如"优势盖然性"（preponderance of probability）、"优势证据"（preponderance of the evidence）、"盖然性占优势"（balance of probabilities）等，其中第二种是美国常用的术语，第三种则通用于英国。所有这些术语都意指原告主张的事实虽然不要求非常可能，但它存在的可能性一定大于不可能。这表明对盖然性占优势的最佳解释是：有 50% 以上的确信度即可。亦即，这些术语不仅指相对于对方证据的优势，还指满足于规定的盖然性程度。③ 确切地说，盖然性占优势"只是意味着事实审理者斟酌全案证据后，必须能够说当事人主张的事实存在的盖然性大于不存在。如果盖然性对等，亦即事实审理者无法作出判断，负担证明责任的当事人将败诉"。④ 这个标准显然低于刑事案件要求控方达到的标准。

---

① Mike Redmayne，Standards of Proof in Civil Litigation，in *The Modern Law Review*，1999，Vol. 62，No.2.

② 美国证据法则和证据理论对证明程度的划分可作参考：第一等是绝对确定；第二等即排除合理怀疑；第三等是清楚和有说服力的证据；第四等是优势证据；第五等是合理根据；第六等是有理由的相信；第七等是有理由的怀疑；第八等是怀疑，可以开始侦查；第九等是无线索，不足以采取任何法律行为。参见《美国联邦民事诉讼规则·证据规则》，白绿铉、卞建林译，中国法制出版社 2000 年版，导言。

③ R. Cross & C. Tapper，*Cross and Tapper on Evidence*，9th edition，Butterworths，1999，p.144.

④ Peter Murphy，*Murphy on Evidence*，7th edition，Blackstone Press Limited，2000，p.125.

2.在民事案件中提出的刑事指控的证明标准

在上诉法院关于 1957 年的 Hornal v. Neuberger Products Ltd. 一案判决前,权威典籍对民事案件中当事人提出刑事指控应适用什么证明标准是不明确的。一种观点认为该标准应像刑事案件中要求控方的标准那样高,另一种观点认为应适用民事案件的盖然性占优势标准。

在 Hornal 案中,原告提起非违约事由的损害赔偿诉讼,指控对方存在欺诈。该案的争议在于证明欺诈事实所应达到的证明标准。上诉法院认为,在民事案件中提出的刑事指控,其证明标准是盖然性占优势。Hornal 案所确定的规则在 1964 年的 Re Dellow's Will Trus 一案中亦得以遵循。该案中,一对夫妇立了共同遗嘱。但是,两人在家里因煤气中毒死亡。根据同时遇难死亡推定①,妻子被认为是后亡者。一项指控提出事实上是妻子杀害了丈夫,由此产生了证明标准争议。安戈德-托马斯(Ungoed-Thomas)法官指出:"指控越严重,证据的说服力就要求越强。"尽管如此,法院最终还是确认,民事标准将予以适用。最新的类似案件是 2009 年的 Re B(Children)(Care Proceedings:Standard of Proof)一案。上议院指出,通常的民事标准适用于监护诉讼中提出的性犯罪指控,尽管此类指控很严重。

因此,在民事诉讼中,凡当事人主张有犯罪行为甚至谋杀行为事实存在,只需要适用盖然性占优势标准即可。②

3.婚姻案件的证明标准

权威典籍中关于婚姻案件应适用的证明标准仍存有分歧,早期判决要求适用刑事排除合理怀疑标准,最近的判例则倾向于民事盖然性占优势标准。在 1948 年的 Ginesi v. Ginesi 案中,上诉法院认为证明通奸事实必须适用刑事标准,因为通奸在宗教法庭被视为准犯罪指控。本案可与 1938 年的 Briginshaw v. Briginshaw 一案比较,在后者,澳大利亚高等法院倾向于适用民事标准。

1951 年的 Bater v. Bater 一案是因虐待而提起的离婚诉讼。问题在于,初审法官关于证明应达到排除合理怀疑的程度的指示是否错误。法院认为,指示没有错误。首席法官巴克尼尔(Bucknill)说:"我认为离婚诉讼属于非常

---

① 即在同时遇难死亡的情形下,因无法确定各遇难者的死亡时间,为方便解决继承权问题,法律规定年长者推定为先死亡,年幼者推定为后死亡。

② 毕玉谦:《证明标准研究》,载陈光中、江伟主编:《诉讼法论丛》第 3 卷,法律出版社 1999 年版。

重要的诉讼,不仅对当事人很重要,对国家亦如此……我想,如果基于案件对于当事人和社会的重要性而要求达到高度证明标准(high standard of proof),那么离婚诉讼就是要求达到高度证明标准的案件。"

与 Bater 案相似,数月后的 Preston-Jones v. Preston-Jones 案亦支持刑事标准。在该案中,丈夫以通奸为由提起离婚请求。他主张在他离开英国期间,其妻怀上了孩子。一个争点是关于证明标准。法院认为,通奸事实的认定将产生宣告孩子为私生子的效果,这就要求当事人须以排除合理怀疑的标准来证明胎儿确实是在丈夫离开英国期间怀上的。然而,迈克德莫特(MacDermott)勋爵认为该裁决有异于刑事:"依我之见,二者采用同样的一般标准的真正理由——排除合理怀疑——并不存在任何相似之处,但在争议的严重性和重要性方面却是相关的";"离婚裁判关系到当事人的身份地位和社会公共利益,这要求婚约不能轻率地撤销或不进行严格的调查"。在 1968 年的 F v. F 一案中,丈夫以通奸为由提出离婚,并主张他妻子后来生的孩子不是他的。瑞斯(Rees)法官根据 Preston-Jones 案,认为认定通奸事实将不可避免地导致宣告孩子为私生子的效果,丈夫只能以排除合理怀疑标准来证明通奸事实。

但是,在 1966 年的 Blyth v. Blyth 一案中,情况发生了转变。在该案中,丈夫以通奸为由请求离婚。他试图否认他已宽恕通奸的推定,该推定得自他在其妻通奸后的一天与她发生性关系。通奸行为得到宽恕,对离婚请求是一个障碍,问题在于否定宽恕通奸的证明标准。多数法官认为恰当的标准是盖然性占优势。在多数意见中,皮尔生(Pearson)勋爵认为二者要区别开来:离婚理由的证明(刑事标准)和离婚障碍的不存在(民事标准)。丹宁勋爵甚至认为通奸也可适用盖然性占优势标准:"简单地说,就离婚理由而言,像任何民事案件一样,可以适用盖然性占优势标准来证明,但盖然性程度取决于案件具体诉因(subject-matter)。"他不赞成 Ginesi 案的意见,而赞成与 Ginesi 案同一年的澳大利亚高等法院在 Wright 案中的判决,即认为通奸事实应适用民事证明标准。

从制定法的演变对离婚的影响来看,确切地说这些判例已不合时宜。①《1969 年离婚(改革)法》(Divorce Reform Act 1969)废除了主要立足于"婚姻犯罪"(matrimonial offence)概念的离婚理由,将其变更为婚姻不可挽回地破裂。因此,离婚理由是婚姻的失败,而非婚姻"过错"。例如在 1972 年的

① 例如《1969 年离婚(改革)法》、《1973 年婚姻理由法》以及《1996 年家庭(改革)法》。

Pheasant v. Pheasant 一案中,丈夫根据《1969 年离婚(改革)法》规定,以婚姻已不可挽回地破裂为由请求离婚。法院认为,他未能证明婚姻已不可挽回地破裂。奥玛洛德(Ormrod)法官在附带意见中评述:"现在这个问题从违背责任的角度进行探讨,而非按照过时的婚姻犯罪观念,就符合新法的精神。"

在 1983 年的 Serio v. Serio 一案中,丈夫以妻子所生孩子为非婚生子为由请求离婚。法院认为,《1969 年家庭法》的宗旨是废除必须以排除合理怀疑标准反驳法律推定的旧原则。但是,这并非意味着婚姻案件的证明标准要与违约或过失案件的证明标准相同。

1996 年的 H v. H and C 和 K v. K 两个案件,都是以性虐待为由请求拒绝父亲探视孩子。其中一个争点是应达到的证明标准。上议院认为,行使包括监护和探视请求在内的婚姻案件裁判权时,确定父亲对孩子的性虐待是否发生的适当证明标准,是通常的民事盖然性占优势证明标准。但是,诉讼主张的性质越严重,打破平衡的证据的说服力就要求越强。尼克尔斯(Nicholls)勋爵说:"非刑事案件的证明标准是优势盖然性,通常又称为盖然性占优势。这是已确立的一般原则。虽然有些例外情形为司法实务所忽视,但我想没有理由认为家庭案件是一个例外……除了某些特征,家庭案件根本上仍是民事案件的一个类型。家庭案件中常常提出严重争议,但其他类型的民事案件中亦然……虽然结果多数是相同的,但这并不意味着诉讼主张的性质越严重,证明标准就要求越高。"

综上所述,在婚姻案件中,虽然存在相互矛盾的判例,但较可取的意见是适用通常的民事标准。

4.民事证明标准的例外规则

相对于民事诉讼证明标准的一般规则,还有许多界定明确的例外规则:第一,刑事排除合理怀疑证明标准适用于民事的藐视法庭诉讼;第二,根据法律规定要求适用刑事证明标准的民事诉讼;第三,基于特定目的,适用与刑事证明标准难以区分的严格民事证明标准,例如民事案件中提出的刑事指控、足球禁赛令诉讼、反社会行为令诉讼。①

在 1970 年的 Re Bramblevable Ltd. 一案中,H 由于没有遵守法庭的命令,未提交某个文件,构成藐视法庭。问题在于,民事案件之外的藐视法庭指控应适用什么标准。上诉法院认为,应采用刑事标准。丹宁勋爵说:"藐视法

---

① Adrian Keane et al., *The Modern Law of Evidence*, 8th edition, Oxford University Press, 2010, p.106.

庭指控是刑事性质的指控。一个人会因此而被送进监狱的。所以指控事实必须证明得令人确信,它必须以排除合理怀疑标准来证明。"

(三)第三种证明标准的探讨

在上文的论述中,我们可以看到,在证明标准问题上虽有定论,但第三种标准的提议亦不绝于耳。这至少体现在"通常的民事盖然性占优势标准"的提法常见诸判例和学说中,由此表明有的法官和学者认为通常的民事标准是较低的标准,不足以适用于民事案件的所有情形。他们主张在许多争议中,适用的标准应高于通常的民事标准;或者,基于诉讼主张的严重性或不可信性,要求提供比其他案件更有力或更有说服力的证据。①

在刑事排除合理怀疑标准和民事优势盖然性标准之外,是否还有第三种证明标准,英国法和美国法对此的差异较大。英国法不承认有这样一个标准存在,美国法则确立了该标准。虽然通常的刑事和民事证明标准被称为明确的或固定的盖然性程度,但应强调的是,在民事案件中,基于诉讼主张的严重性以及争议裁决对于当事人的潜在后果,要求证据的说服力程度是因案而异的。"诉讼主张的性质越严重,证据的说服力就要求越强。"②正如莫里斯(Morris)首席法官在 Hornal 案中所说的:"当决定适用盖然性占优势标准时,案件的重要性因素构成整个案件情境一部分,必须予以考量。"该观点有时被认为是同一标准中的不同证明程度(degrees of proof within the same standard)。

一些英国法官和学者认为,证明标准是弹性的(flexible)或浮动的(floating)甚至是滑动的(sliding),但也有不少学者表示质疑。③ 关于弹性证明标准经典的表述,是丹宁勋爵在 Bater 案中的意见:"最近的一些案子所引起的关于证明标准的不同意见很可能变成一个文字问题,而不是其他什么问题。当然,根据我们的法律,刑事案件要比民事案件要求更高的证明标准。但这从属于条件,而不管在何种案件中,条件是没有一个绝对标准的。在刑事案件中,指控必须被证明是排除合理怀疑的;不过即使在这个标准中可能也有几种证明的程度。正如首席法官贝斯特和其他伟大的法官所说:'从比例上说,因为罪恶是很大的,所以证明应该是清楚的。'在民事案件中也是如此,案件可

---

① Charles Plant，*Blackstone's Civil Practice*，5th edition，Blackstone Press Limited，2000，p.467.

② Per Ungoed-Thomas J in Re Dellow's Will Trust ［1964］1 WLR 451.

③ 在英国证据法论著中,可以看到这样的标题:"A floating standard?""A sliding scale?"可见该标准颇具争议性。

以由优势盖然性标准证明,但在那个标准中可以有很多程度的盖然性。其程度取决于案件具体情况。"①在丹宁勋爵看来,证明标准并非可以便利地固定且不可改变的事项,而是事关证据质量、证明的说服力的问题。②

在澳大利亚,弹性的证明标准已被载入法律中。加拿大亦承认弹性标准。然而,美国并不承认弹性标准。取而代之的是,一个独立的中间证明标准被习惯地适用于民事案件或行政案件的某些重大争议的审理中,该第三种标准就是"清楚的、令人信服的证据"(clear and convincing evidence)。③

尽管在英国的判例中,不乏与美国的第三种标准相近甚至一样的表述,但英国法律界的一般观点是将这些表述作为盖然性占优势标准中的较高程度,并不视之为新标准。亦即在民事证明要求上,只有程度(degree)之分,没有标准(standard)之别。最新发展表明,最高司法机关不仅否定了中间证明标准,也排除了弹性证明标准。近年来,上议院和最高法院一再强调:在英国法中,只有两个证明标准。他们拒绝接受以下意见:应有一个中间证明标准,或者是在盖然性占优势和排除合理怀疑之间还有其他证明标准,或者是在盖然性占优势概念中存在不同程度的盖然性。④

(四)证据责任的证明标准

英国证据法著作对证据责任的证明标准一向着墨不多。当事人要卸除特定争议的证据责任,必须提供足够的证据以构成表面理由,即当事人只需要提供表面证据。民事或刑事案件的当事人是否卸除其负担的特定争议的证据责任,是由法官而非事实审理者裁决的。

1.刑事案件

在刑事案件中,卸除证据责任的标准取决于该责任是由控方还是被告人负担。

(1)控方负担证据责任

控方负担证据责任时,如果其提供的证据构成表面理由,即可卸除其证据责任。这意味着控方必须提供足够的证据,以使事实审理者作出同一争议的

---

① [英]丹宁勋爵:《法律的界碑》,刘庸安、张弘译,法律出版社 2000 年版,第 222～223 页。译文根据原文略有改动。

② 关于英国学说和判例对弹性证明标准的观点,详见齐树洁主编:《英国证据法》,厦门大学出版社 2002 年版,第六章"证明标准"。

③ Mike Redmayne, Standards of Proof in Civil Litigation, in *The Modern Law Review*, 1999, Vol.62, No.2.

④ Ian Dennis, *The Law of Evidence*, 4th edition, Sweet & Maxwell, 2010, p.496.

法定责任已卸除的认定。

如果被告人提出"没有需要答辩的事实"动议，那么就必须对控方在每个争点上是否履行其证据责任作出裁决。这样的动议经常在控方结束事实声明时提出，但没有什么理由可以阻止被告人在陪审团退庭前的任何时候提出这一动议。在1981年的Galbraith案中，上诉法院认为，如果"法官所得出的结论是：控方的证据尽其最大限度，仍无法使得到适当指示的陪审团据以适当地作出有罪判决"，那么"没有需要答辩的事实"动议应当支持。例如，在一件处置赃车指控案中，除非有证据证明争议车辆是盗窃来的，否则被告人可以提出"没有需要答辩的事实"动议。如果该争议的证据包括车主的证词，称车子未经他允许被开走，并且从未返还，那就应由陪审团判断是否要相信车主的证词。如果陪审团不相信车主的证词，被告人必须被无罪开释，但这是陪审团的职责而非法官的职责。在考虑控方是否履行其证据责任时，法官要裁决是否有证据能够使一个理性的陪审团就争议作出有利于控方的认定。他不必考虑他是否相信所提供的证据，而仅需考虑一个理性的陪审团是否相信该证据。[①]

（2）被告人负担证据责任

当被告人负担证据责任时，如果其提供的证据"可以置陪审团于合理怀疑之中"，[②]就卸除了证据责任。该标准仅适用于被告人负担特定争议的证据责任而不负担法定责任的情形。在被告人同时负担某特定争议的法定责任和证据责任时，若被告人提供了证据使陪审团相信其需要证明的事实具有存在的可能性，其证据责任就卸除了。

2.民事案件

在民事案件中，无论哪一方当事人负担特定争议的证据责任，其卸除标准都是盖然性占优势。或者说，当事人必须提供足够的证据，以便使事实审理者可能有理由作出同一争议的法定责任已卸除的认定。

---

① Lord Templeman & Rosamund Reay，*Evidence*，2ⁿᵈ edition，Old Bailey Press，1999，p.91.

② Per Lord Morris in Bratty v. A—G for Northern Ireland［1963］A.C. 386.

第四章　证　人

一、概述

作为一种法定的证据形式,英国法上的证人证言(testimony of witness)是指证人经过宣誓后在法庭上以公开方式所作的口头陈述。在现代法治国家,出庭作证作为公民的一项基本义务已经得到了普遍的认同与贯彻。在对抗制的诉讼模式之下,证人作证规则已成为司法审判制度的传统基石之一。[①]英国民事诉讼的进行几乎可以说是以证人证言为核心的。[②]司法实践对证人证言的现实需要,推动了证人制度立法的不断更新以及司法判例的大量积累。时至今日,英国法已形成一套相当完善的证人制度。

就广义而言,证人制度的内容可以用两个问题来概括:"其一是什么样的证人可以被传唤到法庭来宣誓作证;其二是什么样的证据可以通过证人的陈述提交给陪审团考虑。"[③]对于后者,法律通过设置一系列精巧的交叉询问规则,使证人提供虚假证言的可能性降至最低,保障陪审团或法官对案件事实作出正确的认定。而对于前者的解答,衍生出以下三个方面的证据规则:(1)证人选定规则。即规定什么人可以被传唤到法庭宣誓作证,什么人不能被传唤到法庭宣誓作证,而什么人又必须应法庭的传唤出庭宣誓作证。(2)强制证人出庭作证规则。包括传唤规则与宣誓规则两个方面,传唤规则保障证人能够按时出庭作证;宣誓规则着眼于使那些被传唤出庭作证的证人能如实全面地提供证言。(3)证人特权规则。即规定在哪些情况之下具有何种特殊身份的人可以对哪些事项拒绝回答问题或提供证据。

在英国证据法理论中,上述第二个问题所涵盖的研究内容(即进入法庭审

---

① I.H.Dennis, *The Law of Evidence*, 4th edition, Sweet & Maxwell, 2010, p.535.

② 许建苏:《英国证人制度评介》,载《河北法学》2004年第1期。

③ 何家弘、张卫平主编:《外国证据法选译》,人民法院出版社2000年版,第32页。

理之后的证人询问规则)通常并不包括在"证人"(witness)的研究范畴之内。而在第一个问题包含的研究内容中,证人特权规则往往单独地或与"公共政策"(public policy)合并起来作为一个问题加以论述。为与英国的学术传统保持必要的协调,本章所述"证人"之内容仅限于证人选定规则和强制证人出庭作证规则。

证人选定规则通常包括证人资格(competency of witnesses)与作证义务(compellability of witnesses)两方面。证人资格是指法律所认可的特定社会成员具备提供言词证据的能力,同时该证人也有意愿提供证据。[①] 其内容包括:(1)特定社会成员满足法定条件,具备作证之能力。在英国普通法上,公民是否具备宣誓能力是其具备证人能力与否的核心要素之一(甚至也可以认为是唯一的要素)。此外,由于英国证据法对证人能力多采取排除性规定,因此公民只要不在法律所列举的排除范围之列,通常就可以认为具备证人之能力。(2)证人既可以出庭作证以履行其法定义务,也可以在符合法定条件之下拒绝出庭作证,并且这种拒绝权的行使不会招致国家公权的干预。所以,英国法上的"competency of witnesses"实际上是包括证人的能力与证人的选择权两个方面的内容。至于作证义务,其法律内涵是指对那些具备了证人能力的公民,法律规定其必须出庭作证(在特定情况下也可以提供书面证言),而不管是否符合其主观愿望,如果证人拒绝作证将被视为藐视法庭并面临刑事处罚的危险。[②]

总之,关于证人资格与证人义务,英国法上公认存在以下两条通则:(1)在任何诉讼程序中,任何人原则上都被视为具备证人资格;(2)所有具备证人资格的人原则上都必须履行作证义务。传统普通法曾经对第一条通则规定了多种例外,但是通过法律的发展,此类例外的范围逐渐被缩小,现在主要仅存在被告人作为证人、儿童和智障人士两项例外;而对第二条通则,现今的例外范围主要集中于被告人、被告人配偶或民事伙伴、国家元首、外交人员和部分银行业者。[③] 这就导致在证据法理论中这二者通常是被作为一个问题加以论述的,本章亦将循此例。同时,鉴于上述通则的存在,英国法上证人的范围得到

---

① Lord Templeman & Rosamund Reay, *Evidence*, 2nd edition, Old Bailey Press, 1999, p.17.

② R v. Yusuf [2003] 2 Cr App R 488.

③ Adrian Keane et al., *The Modern Law of Evidence*, 8th edition, Oxford University Press, 2010, pp.116-117.

了最大化,现行成文法与司法判例中关于证人的规则主要就是针对这两条通则来设置一些特例,并在特例之中再设置一些特例。所以,关于这些特例以及"特例之特例"的介绍与梳理将成为本章研究之核心。

二、英国证人制度沿革

　　"在英国法早期,陪审员即证人(witnesses and jurymen were identical),是由当地熟悉案情的十二父老,就其对该事实之所知,辅佐法庭,判决讼争。其具有半公务员之性质,故选择不能不慎,资格限制不能不严"。① 自 16 世纪后,英国的陪审制与作证制度日趋分离,陪审员原则上不再担任证人。然而,英国法对证人进行严格限制的传统并没有随之消灭,相反,仍在早期的普通法中得到保留。直到 19 世纪的早期,普通法仍然认为下列一些人不具备证人资格:(1)缺少提供可靠证言的智力或精神能力的人,主要是指儿童与精神不健全者。(2)缺乏宗教宣誓约束力的人,包括非基督徒和无神论者。(3)与诉讼的结果有利害关系因而可能产生偏见者,包括罪犯、当事人及其配偶等。自 19 世纪后期以来,基于发现案件真实的考虑,英国证据立法日益趋向于缩小对证人资格的限制,而扩大证人的范围。在证据学理论中,下面一种观点逐渐占据上风:证人的不可依赖性或潜在倾向性应该是其证词的效力大小问题,而不应是其可否作证的问题。② 这正如学者边沁所说:"基本上只有一种方法可以发现真相……看一切可以看的东西,听一切可能了解案情的人的叙述。"③ 当然,英国证据法上关于证人范围的扩大并非一日之功,而是通过对上述几类特定社会成员证人资格与作证义务的不断修正与变更而逐渐形成的。

(一)非基督徒及无神论者

　　在早期普通法中,考虑到非基督徒和无神论者的证言无法通过依《圣经》宣誓(oath)而保证其证言的真实性,这些人的证言在诉讼中不能作为证据加以采用,也就是说非基督徒和无神论者通常被认为不具备证人的资格。但随着 18 世纪英国判例法上出现的"非基督徒案"以及《1869 年证据再修正法》

---

　　① 戴立宁:《证人之基本观念》,载刁荣华主编:《比较刑事证据法各论》,台湾汉林出版社 1984 年版,第 125～126 页。

　　② 齐树洁主编:《民事司法改革研究》,厦门大学出版社 2006 年第 3 版,第 598 页。

　　③ I. H. Dennis, *The Law of Evidence*, 4th edition, Sweet & Maxwell, 2010, p.536.

(*Evidence Further Amendment Act* 1869)的生效,上述规则逐渐受到修正。在英国现代证据制度中,非基督徒可以以自己信仰的宗教为名进行宣誓,对那些拒绝宣誓的无神论者,《1978 年宣誓法》(*Oath Act* 1978)亦允许他们以"正式的陈述或声明"(affirmation)来替代宣誓。因此,无论是非基督徒还是无神论者在英国现代诉讼制度中事实上都已取得了作证的资格。

(二)罪犯

早期的普通法曾认为那些受不名誉罪(infamous crimes)宣告者,不具备证人之能力。所谓的"受不名誉罪宣告",通常认为是指曾经遭受徒刑以上的惩罚,包括叛乱罪、重婚罪或伪造罪等。之所以要剥夺这类罪犯的证人资格,主要是认为"犯罪行为足以表现道德之堕落致使犯罪人完全不堪信任,以及有罪之裁判成为被告人有罪决定性之证据,而剥夺其作证之资格,不过为惩罚之一部而已"。[①] 不过自《1828 年罪犯民事权利法》(*Civil Rights of Convicts Act* 1828)生效之后,上述规则已逐渐开始修正,并为《1843 年证据法》(*Evidence Act* 1843)所彻底废除。

(三)与诉讼结果有利害关系者

基于发现案件事实的考虑,现代各国的诉讼制度基本上不排除与诉讼结果有利害关系的人出庭作证,英国法亦然。但在英国普通法的早期,并不认为与诉讼结果有利害关系者为合格证人,而是到《1828 年证据法》(*Evidence Act* 1828)生效后,那些与诉讼结果有金钱利益或财产权益关系的人才取得了证人资格。

(四)当事人

如果说上述三类特定社会成员的证人资格与作证义务,在英国法上的演变还相对简单的话,接下来我们要讨论的当事人及其配偶的作证资格与作证义务则要复杂得多,并且时至今日还处于不断地变化与修正之中。作为早期普通法的一项规则,无论是在刑事诉讼还是在民事诉讼中,当事人既没有作证的资格也没有作证的义务,不过自 19 世纪中期开始,上述的规则发生了动摇。

在民事诉讼中,随着《1851 年证据法》(*Evidence Act* 1851)和《1869 年证据再修正法》的先后颁布实施,当事人不仅就其所参加的案件具备了证人资格,还承担了作证的义务。只要民事诉讼的一方当事人愿意,他既可以就该案件提供证言,也可以强迫诉讼中的任何一方当事人就与案件相关的事项提供证言。

---

① [美]埃德蒙德·摩根:《证据法之基本问题》,李学灯译,台湾地区"教育部"1982 年版,第 108 页。

在刑事诉讼中,普通法之所以认为当事人不具备证人资格(既不能为维护自己的利益为辩方作证,也不能替控方作证),这一方面是因为考虑到诉讼中包含着当事人的利益,另一方面也是担心如果允许当事人在指控自己的案件中作证可能产生强迫当事人自证其罪的风险,而这样的事情在星座法院(Star Chamber)时期就曾经发生。因此,在19世纪的英国,刑事被告人虽然理论上被允许通过在被告席上宣誓而取得证人资格,但考虑到这样做可能使被告人在面对指控进行辩护(特别是接受交叉询问)时自证其罪,从而产生明显的不公正,这样的做法在司法实践中通常不被采用。一直到《1898年刑事证据法》(*Criminal Evidence Act* 1898)生效之后,关于刑事被告人在指控自己案件中的作证资格才得到首次确认,该法第1条及但书 a 款规定:"在刑事诉讼的任何阶段,无论是作为单独被告人还是共同被告人,针对辩护之事项,任何被告人均为适格之证人。并且:(a)根据本法,除非被告人自己申请,任何人不得强迫证人作证。"

必须指出的是,《1898年刑事证据法》仅仅确认了刑事被告人"针对辩护之事项"为自己作证的资格,而并未允许被告人在自己被指控的诉讼中为公诉方作证,这一规则在英国司法实践中沿用至今。

(五)当事人的配偶

根据早期普通法,无论是在民事诉讼还是刑事诉讼中,也不论其证言所涉事项是发生在婚姻关系存续期间或之前,诉讼一方当事人的配偶均不得在该诉讼中提供证言以支持或反对其配偶。这主要是考虑"夫妻在身份、情感以及财产上的特殊关系,极易使得配偶不愿作出与事实相符的证言,此外,配偶与被告人共同生活,也使其极易受到被告人的恐吓而不敢作出真实的证言,所以一般认为如允许被告人配偶作证,则由此获得的证据可信度会大打折扣,伪证匿证会大量出现,而妨碍司法公正"。[①] 但是在英国法不断放宽证人资格限制的趋势之下,在民事诉讼中,上述的规则在《1853年证据修正法》(*Evidence Amendment Act* 1853)生效之后已为该法第1条所废止。而在刑事诉讼中,通过《1898年刑事证据法》以及《1984年警察与刑事证据法》(*Police and Criminal Evidence Act* 1984)的相继规定,上述规则亦发生重大变革并区分为以下两种情形:

---

① 陈虎:《刑事诉讼配偶作证资格和作证义务问题研究——以英国及香港地区为中心》,载《国家检察官学院学报》2004年第2期。

1.如果被告人的配偶试图为辩方作证,根据《1898 年刑事证据法》第 1 条和但书 c 款的规定,当事人既可以为其被指控的配偶作证,在经过其配偶同意的情况下也可以为本案中的其他共同被告人作证。但无论是为配偶作证还是为同案的其他被告人作证,被告人的配偶均只具有证人资格,而不具备作证之义务,任何人皆不得强制其出庭作证。《1984 年警察与刑事证据法》生效之后,根据该法第 80 条规定,法院可强制刑事被告人的配偶为该被告人作证(除非该配偶本身亦是本案之被告人),在某些特殊的情况下也可以强制刑事被告人之配偶为同案的其他共同被告人作证。

2.如果被告人的配偶试图为公诉方作证,在《1984 年警察与刑事证据法》生效之前,尽管在普通法与成文法上均存在种种例外情况,英国普通法原则上认为被告人的配偶并不具备作证的资格。《1984 年警察与刑事证据法》生效之后,所有的例外情况均被取消了,同样是根据该法第 80 条的规定,在所有的刑事案件中被告人的配偶均可作为公诉方的证人而针对被告人作证(除非该配偶本人亦是该案的被告人),在某些特殊情况下还可以强迫该配偶针对同案的其他共同被告人为公诉方作证。

需要说明的是,关于"配偶"证人规则的适用要注意婚姻关系是否存续。在英国刑事诉讼中,如果婚姻关系已结束,被告人的前任配偶就如同一般的证人一样既具备证人资格又必须履行作证义务。该前任配偶不仅可以为婚姻存续期间的事项作证,也可以就结婚前或离异后的所有事项作证。[1] 但是,在民事诉讼中,前任配偶能否为其婚姻关系存续期间的事项作证则仍处于争议当中。应当注意的是,根据 2001 年上诉法院对 R. v. Pearce 一案的判决,即使双方已经同居 19 年,且生育 3 个子女,只要双方不存在法律上的婚姻关系,一方所承担的法律义务与一般人无异。

三、证人资格与作证义务

经过成文法上的不断废立,加上司法判例的不断出现,英国早期普通法上关于证人资格与作证义务的诸多限制已日趋削弱。上述的关于证人制度的两条通则,即"任何人都被视为有作证资格"以及"所有具备作证资格的人都有作证义务",不仅在诉讼理念上,更在法律制度上得到了贯彻。英国现代证据制

---

[1]　I.H.Dennis，*The Law of Evidence*，4th edition，Sweet & Maxwell，2010，p.556.

度针对上述两条通则所制定的特例,即哪些人不具备证人资格(这可以视为第1条通则的除外规定),以及哪些人不可以强迫其作证(这可以视为第2条通则的除外规定)也就构成英国现代证人制度的核心部分。如仅从适用范围上看,此部分内容通常只涉及儿童、精神不健全者、刑事被告人及其配偶以及某些具有特殊的职业身份者,似乎并不复杂。但事实上,在英国现代证据制度中,"关于文书证据的规则都是古老和定型的,而关于口头证据的规则都是年轻的和尚在变化之中的"。①特别是在证人资格与作证义务的除外规定上,"成文法上的改革经常是摸索性的,当涉及儿童的问题时甚至是令人迷惑的"。②

(一)基于证人机能的考察

1.儿童

在英国现代证人制度中,当涉及儿童证人时,通常都只论及证人资格,而不涉及作证义务问题。对于儿童的证人资格,在民事诉讼与刑事诉讼中,英国的成文法规定与司法判例有所不同。其中有两个问题应当注意:第一,对于儿童年龄的界定,刑事诉讼与民事诉讼的规定有所不同。在英国刑事诉讼中,"儿童"指年龄在 14 周岁以下的未成年人,而在民事诉讼中,"儿童"的范围扩大到年龄在 18 周岁以下的未成年人。第二,英国法上关于儿童证人的规定将大量涉及"宣誓证言"(sworn evidence)与"非宣誓证言"(unsworn evidence)的区分问题。在现代证据法中,除了在某些特定情况下允许某些特定的人提供非宣誓证言外,所有的证人在作证前都必须宣誓或以其他的方式承诺其所陈述的事项确为真实,③而儿童所提供的非宣誓证言正是英国证据法上关于宣誓一般规定最为重要的例外与变通。

(1)民事诉讼

在《1989 年儿童法》(*Children Act* 1989)生效之前,如果儿童证人不能理解宣誓的意义,他就不具备证人资格。《1989 年儿童法》生效之后,上述做法有所改变。该法第 96 条第 1 款规定:"在任何民事诉讼程序中,只要法官认为儿童符合本条第 2 款规定的情形,即使他不理解宣誓的意义,也可以要求其作为证人出庭作证。"第 2 款规定的情形包括:"(a)该儿童了解其有义务陈述案

---

① 何家弘、张卫平主编:《外国证据法选译》(上册),人民法院出版社 2000 年版,第26 页。

② Peter Murphy, *Murphy on Evidence*, 7th edition, Blackstone Press Limited, 2000, p.443.

③ Lord Templeman & Rosamund Reay, *Evidence*, 2nd edition, Old Bailey Press, 1999, p.17.

件的真相；(b)他有充分的理解能力以使其证言具备正当性。"据此，儿童不理解宣誓的意义不再构成否定其证人资格的完全条件，只要他满足上述法律规定的条件，即"了解其有义务陈述案件的真相"或"有充分的理解能力以使其证言具备正当性"，亦可取得证人资格并提供"非宣誓证言"。

尽管《1989 年儿童法》在无形中增加了民事诉讼中儿童出庭作证的可能性，但是儿童是否理解宣誓的意义仍然是民事法官必须首先考虑的问题，因为它影响到儿童是否可以提供宣誓证言的问题。在司法实践中，英国法官传统上沿用的是普通法的权威做法，即通过事先确定的一些问题对儿童进行询问以确定其是否理解宣誓的意义。到底年纪多大的儿童才要接受这样的询问，长期以来并没有确定的标准，直到 1981 年的 R v. Khan 案，该案的三名法官从其审判经验出发，提出对 14 周岁以下的儿童必须进行询问，以确定其是否理解宣誓的意义。此后，这样的做法成为普遍的工作守则。

对于儿童是否能通过询问的测试以提供宣誓证言的问题，应由法官依自由心证谨慎加以决断。至于能否要求儿童履行宣誓仪式以提供宣誓证言，英国法起初规定取决于儿童证人是否"理解提供虚假证言(在宗教上)的不敬与危险"。[①] 受此观念影响，民事法官常常使用一些事先设计好的问题以查明儿童证人能否理解宣誓在宗教上的神圣性与约束力，诸如"你在学校是否接受过神学教育"或"你是否了解以上帝为名意味着什么"等。不过，这样的做法逐渐受到质疑，并通过上诉法院 1977 年的 R v. Hayes 案为"非宗教的方法"(secular approach)所代替。所谓"非宗教的方法"，正如 Bridge 法官所说，是指决定儿童能否提供宣誓证言将取决于"该儿童是否对出庭作证的庄严性有足够的认识，是否理解在法庭上陈述真相包括宣誓将比在日常生活一般性地讲真话承担更多的义务"。[②]这样的变化主要是基于以下一种思想：在当时的社会，既然连成年人都不能对宣誓在宗教上的神圣性与约束力普遍接受，又怎么能指望儿童对其完全理解呢？因此法官在诉讼中必须着重考虑的是儿童是否能充分了解"出庭作证的庄严性"以及"他在法庭上说真话(包括宣誓)所要承担的责任要大于其在日常生活说真话的责任"。

总之，在现代英国民事诉讼中，儿童的证人资格并不取决于其年龄的大小。只要儿童证人能够通过 R v. Hayes 案所确定的"非宗教测试"，他就可以

---

① 　R v. Braiser (1779) 1Leach 199.

② 　在《1999 年青少年审判与刑事证据法》生效之后，此项测试已取得成文法上的效力。

像成年人一样通过宣誓提供宣誓证言。即使儿童不能通过测试,只要他能满足《1989 年儿童法》第 96 条第 2 款 a、b 两项规定的条件,也可以提供非宣誓证言。

（2）刑事诉讼

《1999 年青少年审判与刑事证据法》(*Youth Justice and Criminal Evidence Act* 1999)第 53 条第 1 款规定:"在刑事诉讼的每个阶段,所有人(不论其年龄如何)都有资格提供证据。"据此,刑事诉讼中证人的年龄在事实上已不再是法官确定其证人资格时所必须考察的问题,儿童的证人资格问题在无形中被淡化了。根据 2006 年的 R v.Macpherson 一案的判决,法官不能仅因儿童的年龄问题而否认其作证资格。除了上述原则性的规定外,该法第 53 条第 3 款还规定,当儿童作为证人时,"不能理解向他提出的问题"以及"作出的回答无法理解"时,不具有作证资格。如果证人能满足上述的两个条件就有资格在刑事诉讼中提供证据,反之则不能。对于该例外,需要注意对第 1 项"作为证人时"的理解。"作为证人时"应当被理解为"在法庭上提问时",而儿童是否能了解自己被置于证人的位置上或者是否能分辨真伪与其作证能力无关,只影响事实判断者对其证言可信性的判断。[①] 基于此,只能用婴儿用语和母亲交流的儿童不具证人资格;但如果儿童可以和陌生人用基本的英语交流,则应当被认为具有证人资格。此外,如果儿童无法区分真实和幻想,则应当认为其"作为证人时,不能理解向他提出的问题"而且"作出的回答无法理解"。

儿童证人是否可在刑事程序中作证的问题既可以由一方当事人在程序中提出,也可以由法庭提出动议,但是无论何种情况下,法院都应当根据《1999 年青少年审判与刑事证据法》第 54 条第 1 款作出裁判。而根据第 54 条第 2 款,提出证人的一方负证明儿童具有作证能力的证明责任,证据具有"盖然性优势"即可。此外,根据第 54 条第 4 款、第 5 款的规定,儿童作证能力的判断一般被作为预先审查事项,需要在陪审团不在场的情况下由法官作裁断,且关于该问题的专家证据可以被采纳。在判断该问题时,法官应当观看对儿童的采访录像,或者向儿童提出合适的问题。若根据这些措施法官认定儿童具有作证能力,但是在庭审中若发现儿童"不能理解向他提出的问题"而且"作出的回答无法理解"时,法官应当立刻判决其不具作证能力。[②]

此外,对于儿童是否应当宣誓的问题,第 55 条第 2 款规定:"证人无须为

---

① R v. Mac Pherson [2005] EWCA Crim 3605.

② R v. Powell [2006] EWCA Crim 3; R v. Malicki [2009] EWCA Crim 365.

提供证据的目的而宣誓,除非满足以下条件之一:(1)年满 14 岁;(2)能够充分理解宣誓的庄严以及宣誓后应如实提供证据的特殊责任。"也就是说,14 周岁以下的儿童是不能提供宣誓证言的,事实上这是延续了《1988 年刑事审判法》第 33 条第 1 款第 1 项的规定。

2. 精神不健全者(mentally unsound)

除了儿童之外,英国证据法基于证人机能而限制其证人资格的另一类社会成员是精神不健全者。在普通法中原则上不允许精神不健全者作证,此规则是从 1851 年的 R v. Hill 案之后开始修正的。在该谋杀案中,证人是一个精神病患者,尽管平时他常常幻想有神灵在和他对话,但对于宣誓的神圣性却有清醒的认识,王室法院因而认定他具备证人的资格。自从该案之后,关于精神不健全者的证人资格规则在英国司法实践中得到确立:(1)对于那些智力有缺陷的证人,如果法庭认为他们不理解宣誓的意义与神圣性,这些人就不具备证人的资格。(2)证人即使智力有缺陷,只要他理解宣誓的意义就可以作证,其证言的效力如何由陪审团进行权衡。(3)智力有缺陷的证人如果得以作证,但是其证言过于混乱与荒诞以致缺少可信性,陪审团可摒弃其证言。上述规则在英国的司法实践中一直得到适用。在 2010 年的 R v. B 一案中,法官认为,根据《1999 年青少年审判与刑事证据法》第 53 条的规定,精神不健全者原则上不再被视为单独的一类证人加以考察,而是与所有证人一样接受同样的测试。只要精神不健全者理解向其提出的问题并能提供合理的答案,就应被视为合格的证人,反之即为不适格。例如,2005 年的 R v. Sed 一案涉及一位 81 岁且患有阿尔茨海默病的妇女。法官认为第 53 条并未要求询问者和证人之间必须达到 100% 的互动和理解,应当允许证人根据案情对其重要的程度作出不同的反应。

必须说明的是,英国证据法上的精神不健全者在大多数情况下指的是精神病患者,但除此之外还包括那些暂时性的精神耗弱者,如醉酒者、吸毒者和间歇性的精神病患者等。① 对于这些人,在其神志清醒时具有与普通人相同的证人资格,但如果处于精神耗弱状态则不能在诉讼中作证。而对于聋哑人,

---

① 在英国,当一个人由于精神疾病、醉酒或者其他类似原因,不能理解宣誓的性质,或者不能理解对其提出反对问题和不能提供让人理解的回答时,不具有证人能力。精神病人在精神正常的时候,醉酒的人在清醒之后,仍然有资格作证;如果精神病人的精神疾病仅影响其人格的一个方面,并没有降低其回忆能力或者理解宣誓性质的能力,仍然有资格作证。参见何家弘主编:《外国证据法》,法律出版社 2003 年版,第 120~121 页。

基本上不认为他们存在作证资格的限制,如果聋哑人识字,可要求其提供宣誓书以代替口头宣誓,如果聋哑人不识字则可在手语翻译的辅助下通过手语的方式进行宣誓。① 对于那些既不识字又不懂得手语的聋哑人是否允许其作证的问题,则未有明文规定。

(二)基于诉讼利害关系的考察

1.刑事被告人

英国现代证据法关于刑事被告人证人资格与作证义务的规定可简要概述如下表:

	证人资格	作证义务
为公诉方作证	无	无
为自己作证	有	无
为共同被告人作证	有	无

（1）为公诉方作证

如上所述,在早期普通法中,无论是作为单独被告人还是共同被告人,刑事被告人均不得为公诉方作证,此规则在英国现代证据法中亦未改变。《1999年青少年审判与刑事证据法》第 53 条第 4 款规定:"在刑事诉讼中被指控的人无权为公诉方作证(无论他是诉讼中唯一被指控的人,还是两个或两个以上的被指控的人之一)"。所谓"被指控的人",根据同条第 5 款的补充解释,"不包括在诉讼中不负法律责任,或不再负法律责任的人(不论是因为认罪还是其他的原因)"。

"考虑到刑事诉讼对抗性的本质,如果允许刑事被告人为公诉方作证将是奇怪的"。② 因此,公诉人如果希望刑事案件中的某一共同被告人为公诉方作证,它就必须结束其与被告人之间的这种对抗性关系,即该被告人在诉讼中不负法律责任。为满足该条件,必须符合以下四种情形之一:①该被告人认罪。②该被告人被宣告无罪,比如没有足够的证据指控他或他成功地为自己作了辩护。③一项关于分割控告的申请被批准以致该被告人得以不再与其他共同

---

① Lord Templeman & Rosamund Reay, *Evidence*, 2^(nd) edition, Old Bailey Press, 1999, p.24.

② Alan Taylor, *Principles of Evidence*, 2^(nd) edition, Cavendish Publishing Limited, 2000, p.54.

被告人相联系。④总检察长批准终止公诉程序(nolle prosequi)，①并结束对该被告人的指控。在上述的四种情况下，刑事案件中的某一共同被告人即取得为公诉方作证的资格，同时承担了作证义务，具备了可强迫作证性。②

（2）为自己作证

如前所述，《1898年刑事证据法》第1条及但书a款的规定使得在所有的刑事诉讼程序中，刑事被告人可就辩护事项为自己作证，但并不承担作证义务，任何人均不得强迫被告人作证。《1999年青少年审判与刑事证据法》第53条第1款的规定，即"在刑事诉讼的每一个阶段，任何人（不论其年龄）都有资格提供证据"，不仅没有改变《1898年刑事证据法》的规定，反而巩固了该法关于刑事被告人为自己作证的规定。而所谓的"在刑事诉讼的任何阶段"，意味着被告人不仅在庭审中可以选择是否为自己作证，即使在预先审查程序(voir dire)，③或定罪之后也可以进行选择。如果被告人选择为自己作证，他在庭审中必须接受公诉人的交叉询问。此外，即使被告人的证言并不针对任何其他共同被告人，他也必须接受同案中任何一名共同被告人辩护律师的交叉询问。事实上，在刑事诉讼中被告人一旦选择了出庭作证，受《1898年刑事证据法》第1条第2款、第3款、第4款相关规定的约束（同时已亦为《2003年刑事证据法》所确认），他在证据法上的地位就等同于任何其他证人，其证言在诉讼中可以被广泛使用于各种目的。因此，每一名被告人为自己辩护的证言在刑事诉讼中就可能被用来指控同案的其他共同被告人，而不论这样的证言是由被告人直接陈述的，还是在交叉询问中由于律师的询问诱导而作出的。④

（3）为其他共同被告人作证

无论是根据《1898年刑事证据法》第1条，还是根据《1999年青少年审判与刑事证据法》第53条第1款的规定，我们都很容易推导出以下结论：被告人在刑事诉讼中如果是作为共同被告人，他有权而无义务为同案的其他共同被告人作证。但是如果该被告人在该案件中已终止其被告人身份，则其不但取

---

① 在英国刑事诉讼中，在案件未判决之前，主控人可向法庭提出终止控诉，该控诉终止必须得到总检察长的批准。参见余文景编译：《英国法律辞典》，香港大地出版社1980年版，第195页。

② Adrian Keane et al.，*The Modern Law of Evidence*，8th edition，Oxford University Press，2010，p.117.

③ 所谓"预先审查程序"，指从前英国星座法院所采用的一种讯问程序，法官在证人作证前向证人发问一些问题，看是否有作证能力。

④ I.H.Dennis，*The Law of Evidence*，4th edition，Sweet & Maxwell，2010，p.553.

得了为其他被告人作证的资格,还因此而承担作证义务并可能被公诉方强迫作证。

(4)怠于作证之后果

作为英国诉讼实践中的习惯规则,如果当事人未能提供可强迫作证的证人(包括他自己),不仅允许法庭得出合理的对其不利的推论,法官和对方当事人针对该被告人不利的意见也因此可以获得支持。尽管《1898年刑事证据法》允许被告人可以选择是否作证,但是一旦他选择了拒绝作证,陪审团往往会质疑其拒绝作证的动机,并使其可能因此遭受不利之裁判。正如1953年的R v. Jackson案中Goddard法官所说:"任何人在证人席上缺席就意味着他需要大量的解释。"为了防止公诉人不当利用被告人怠于为其本人作证的情形,也为了避免"刑事被告人拒绝作证的权利变得没有实质意义",①《1898年警察与刑事证据法》第1条b款曾经明文规定:"若刑事被告人不能提供证据,公诉方不得发表任何意见。"如果公诉人违反上述规定发表意见,法官在总结陈词时必须对可能产生的损害进行修正。不过在《1994年刑事审判与公共秩序法》(Criminal Justice and Public Order Act 1994)对刑事被告人的反对自证其罪特权进行限制之后,《1898年警察与刑事证据法》第1条b款的规定在事实上已经失效。这是因为根据《1994年刑事审判与公共秩序法》第35条的规定,在某些特殊的情况下,如果被告人怠于作证或明确拒绝作证,将会产生对其不利的推论。

如果刑事被告人怠于作证,英国法律并不禁止律师对被告人的行为发表意见,如果律师这样做了,根据英国上诉法院的意见,法官亦无须阻止律师的行为。此外,《1898年警察与刑事证据法》第1条b款亦没有阻止法官对被告人的行为发表意见,事实上Lord Russell法官就曾经认为:"(就被告人怠于为自己作证)在某些案件中发表意见是不明智的,但是在另外一些案件中基于审判利益的考虑这样的意见阐述是完全必要的。而发表意见是否必要完全属于法官判断之范畴。"②对于法官在何种时机下应该发表何种意见,在1973年的R v. Muth案中,法官提出了如下一种根据案件的具体情况进行区分的标准:在审判过程中如果被告人作出了"供认和规避"(confession and avoidance)(如"我在那里,但并不想那样做"),法官就应该提醒被告人如果怠于为自己作

---

① Peter Murphy, *Murphy on Evidence*, 7th edition, Blackstone Press Limited, 2000, p.450.

② R v. Rhodes [1899] 1 Q.B. 77.

证将可能遭受不利的推论;如果被告人针对指控作出了直接的否定(如"我没有做"),法官就没有义务提醒他。之所以提出这样一种标准主要是考虑到如果公诉方的证据是强有力的,而被告人能够却不愿为证明自己的无辜提供证据将足以引起陪审团的质疑。[①]《1994 年刑事审判与公共秩序法》生效后,法律进一步规定,不论被告人针对指控作出怎样的反应,即使其存在怠于为自己作证的情形,法官也必须提醒陪审团这并不意味着被告人承认自己有罪。

2.刑事被告人的配偶

鉴于英国现代证据法中关于刑事被告人配偶证人资格与作证义务,主要规定在《1999 年青少年审判与刑事证据法》以及《1984 年警察与刑事证据法》中,后者第 53 条第 4 款规定:"在刑事诉讼中,被指控的人无资格为控方提供证据(不论被指控的人是一个还是两个以上)。"《1984 年警察与刑事证据法》第 80 条规定:"(1)在任何诉讼中,被告人的妻子或丈夫有资格——(a)为公诉方作证,但受第 4 款的限制;并且(b)基于维护被告人或者任何共同被告人的利益而为其作证。(2)在任何诉讼中,可强迫被告人的妻子或丈夫,基于维护被告人利益的目的为被告人作证,但受第 4 款限制。(3)在任何诉讼中,当且仅在下列情形时,可强迫被告人的妻子或丈夫,为公诉方或者为任何共同被告人作证,但受第 4 款限制——(a)被指控的犯罪涉及殴打、伤害或者威胁伤害被告人的妻子或丈夫,或者涉及在关键时刻(material time)不满 16 周岁的人;或者(b)被指控的犯罪为性犯罪,并被指称是对在关键时刻年龄在 16 周岁以下的人实施的,或者(c)被指控的犯罪包括意图或者密谋策划实施或者帮助、教唆、指导、引诱、煽动实施属于 a 项或者 b 项规定的犯罪。(4)丈夫和妻子因某一犯罪被共同被起诉时,配偶双方均不得在审理中根据第 1 款 a 项、第 2 款或第 3 款,有资格或可有义务对该项犯罪作证,除非配偶一方在审理中因为认罪或其他原因不应或者不再被判决有罪。(5)在任何诉讼中,以前曾和被告人结婚而现在已经离婚的人,如同此人从未和被告人结婚一样,有资格并可以强迫其作证。(6)第 3 款第 b 项中'性犯罪'是指《1956 年性犯罪法》《1960 年猥亵儿童法》《1967 年性犯罪法》《1977 年刑法》第 54 条或者《1978 年儿童保护法》所规定的犯罪。"

(1)为公诉方作证

如上所述,在《1984 年警察与刑事证据法》生效之前,刑事被告人的配偶

---

① Alan Taylor, *Principles of Evidence*, 2nd edition, Cavendish Publishing Limited, 2000, p.55.

原则上不具有为公诉方作证的资格。虽然,普通法与成文法中存在一些特例,但在这些特例中公诉方都不得强迫被告人的配偶作证。在英国的司法实践中,关于当事人的配偶为公诉方作证问题逐渐引起了英国刑法修改委员会(Criminal Law Revision Committee)(以下简称委员会)的重视,该委员会的第 11 次报告就在何种范围内要求被告人的配偶为公诉方作证进行了论证。上述报告实际上是在不同的社会价值与观念之间进行权衡:一边是基于发现案件真相的渴望,要求所有与案件相关的证据都应该在法庭上出示;另一边则要考虑到强迫婚姻一方提供指控其配偶的证据可能造成的粗暴干涉,以及社会舆论对这种破坏婚姻和谐性的反对。最终,委员会得出结论,认为那些基于婚姻和谐性的传统意见,以及担心由于被告人的配偶与诉讼结果存在利害关系因而可能偏袒其配偶的考虑,在当时的社会没有太大的现实意义。因此,只要被告人的配偶愿意,他就可以为公诉方作证。此结论后来体现为《1984 年警察与刑事证据法》第 80 条第 1 款第 a 项之规定。随后该规定被《1999 年青少年审判与刑事证据法》第 53 条第 1 款所取代,在刑事诉讼中,所有人都有资格提供证据。但是该款受到第 4 款的约束,据此,在刑事程序中,如果被告人的妻子和丈夫在同一程序中被起诉(无论起诉罪名是否同一),妻子不具有为公诉方作证的能力。

　　至于刑事被告人的配偶是否具有作证义务,委员会赞同保留普通法的规则,即在涉及对配偶人身伤害的家庭暴力案件中,配偶具有为公诉方作证的义务。该意见的提出一方面是基于应加强对暴力犯罪的惩罚以维护社会公益,另一方面也是考虑到在绝大多数情况下,被告人的配偶如果出庭作证比较不会遭受该被告人的恐吓,而且也更容易规劝被告人提供证据。此外,对于针对 16 周岁以下未成年人的性犯罪以及家庭暴力犯罪,委员会建议应强迫配偶作证,其理由主要是基于以下几点:①上述案件的社会危害性;②妻子由于害怕丈夫而不敢作证;③查明上述案件的困难度,特别是那些针对儿童的性犯罪;④在上述案件中,被告人的配偶即使不涉案,也可能默许被告人犯案。不过在委员会提出上述意见之后,此建议并没有马上在司法实践中得到贯彻。在 1979 年的 Lords in Hoskyn v. Metropolitan Police Comr 一案中,被告人被指控对其配偶进行家庭暴力,上议院的绝大多数法官不愿强迫其配偶出庭作证。但是 Edmund Davies 法官作为唯一持反对意见的法官,认为此类案件大多涉及的暴力并非微不足道,严重暴力会影响配偶出庭作证的意愿,因此应要求配偶履行作证义务。尽管法官的意见出现分歧,反对声音也很大,英国国会还是修正了该案中绝大多数法官的意见,而转而采纳委员会的建议,并对其进行扩展,形成《1984 年警察与刑事证据法》第 80 条第 2A—4A 款的规定。

当然,对于那些对控方有作证资格但是无作证义务的配偶,法律没有要求对其作出无作证义务的告知。[1]

(2)为刑事被告人作证

在《1984 年警察与刑事证据法》生效之前,刑事被告人的配偶有资格为其配偶作证,但任何人均不得强迫其为配偶作证。在委员会所提出的建议中,刑事被告人的配偶不仅有资格同时也应该有义务为其配偶作证,此建议后来即体现为该法第 80 条第 1 款第 b 项及第 2 款的规定。需要进一步解释的是第 4款的限制,所谓"丈夫与妻子因某一犯罪被共同起诉",并不包括夫妻双方在不同的法院受到审理的情形,只要夫妻双方在不同的法院接受审判,即使他们是因同一罪名受到指控,也可以在对方案件的审理过程中出庭作证。[2]

(3)为共同被告人作证

依据《1898 年刑事证据法》第 1 条及其但书 c 款的规定,刑事被告人的配偶在其配偶同意的情况下可为同案的其他共同被告人作证,但并不承担作证义务。对此规定,委员会从维护同一案件中所有被告人的权益出发,建议即使某一被告人不同意,其配偶也可为同案的其他被告人作证,此建议后来成为《1984 年警察与刑事证据法》第 80 条第 1 款 b 项并为《1999 年青少年审判与刑事证据法》第 53 条第 1 款规定所确定。

不过,关于被告人配偶为共同被告人做证义务的问题则相对复杂。从维护所有被告人的权益及程序正义的角度出发似乎应该强迫被告人的配偶为共同被告人作证,但问题是如果强迫配偶为共同被告人作证则该配偶必须接受公诉人的交叉询问,此时可能诱导出对共同被告人极为不利的证据,这就与强迫配偶为共同被告人作证人的宗旨大相径庭了。考虑到这一点,根据《1984年警察与刑事证据法》第 80 条第 2A 款以及第 3 款的规定,共同被告人的配偶只能在其他人被单独指控的程序中被强制作证,即使该指控与其配偶被指控的罪名有关联。[3]

(4)怠于作证之后果

根据《1898 年刑事证据法》第 1 条但书 b 款的规定,法律禁止公诉方因为

---

① R v. L (R) [2008] 2 Cr App R 243.

② R v. Woolgar [1991] Crim LR 545.

③ Adrian Keane et al., *The Modern Law of Evidence*, 8th edition, Oxford University Press, 2010, p.129.

刑事被告人的配偶怠于为其作证而发表任何意见。就此规定,委员会曾经建议将其取消,但为国会所拒绝。《1984 年警察与刑事证据法》第 80 条第 8 款因此规定:"若被告人的妻子或丈夫怠于为其作证,对此公诉方不得发表任何意见。"不过必须注意的是这样的禁令只适用于公诉方,在合适的情境下法官所作的意见阐述却是必要的。根据《1898 年刑事证据法》第 1 条但书 b 款的规定,通常认为如果公诉人因为被告人的配偶怠于为其作证而发表不利于被告人的意见,法官就有义务根据每个案件的具体情况在公诉人进行总结陈词时纠正其上述的不法行为。如果公诉人违反了《1984 年警察与刑事证据法》第 80 条第 8 款的规定,法官也应作出相应的纠正。

(三)基于身份关系的考察

在英国证据法中,基于使某些特殊领域的活动顺利开展的考虑,法律往往对某些具备证人资格但同时具有特殊身份的证人的作证义务进行一定的限制或豁免,这主要包括以下三种情况:

1.法官与陪审员

法官虽然有资格就其履行法官职责时相关的事项作证,但是司法实践中关于法官出庭作证的相关先例并不多见。事实上,直至 1999 年的 Warren v. Warren 案,关于法官可以出庭作证的理念才得到了真正的强化。在这个案件中,一名法官曾就一宗婚姻诉讼履行过裁判职能,问题的焦点是律师要求传唤该法官在其后的上诉审中出庭作证的行为是否具备正当性,以及是否应承担错误申请令状而支出的费用。基于司法实践中相关的判例非常少,上诉法院的法官认为律师的行为不应因此受到惩罚,也就是说当事人或律师有权申请法官出庭作证。

在司法实践中,关于法官作证最为重要的一点是:法官是否可以在他主持审理的案件中作为证人提供证词? 通常认为答案是否定的,因为在诉讼中裁判功能与证明功能并不具有一致性,[①]不能同时由法官来加以承担。当然,如果法官发现他的证言对案件的裁判至关重要而他自己又愿意出庭作证,他可以退出其所审理的案件,并在履行宣誓仪式后成为一个适格的证人。总之,需要法官加以证明的事项只要与法官履行其裁判职能并无牵涉,此时的法官就等同于一个普通的证人。

与法官的身份类似,陪审员不得在其参与审理的案件中出庭作证。但是,

---

① Peter Murphy,*Murphy on Evidence*,7th edition,Blackstone Press Limited,2000,p.469.

如果陪审员品性不端、曾经实施某些违法行为,或者遭受过外界某些不正当的压力,而这些事项又可能影响陪审员作出正确的裁决时,英国证据法并不禁止就上述事项对陪审员进行询问,而且通常认为陪审员也有义务就上述事项作证。以 1995 年的 Young 案为例,一起谋杀案的陪审员在宾馆中饮用了含酒精的饮料之后,通过占卜术希望与死者灵魂进行沟通以确定本案被告人是否曾经犯下谋杀罪。针对陪审员的荒唐行为,上诉法院法官认为既然陪审员的不当行为已经发生并可能对裁决的正确性产生影响,就有必要对上述事项进行调查。

2.国家元首与外交使节

在英国证据法中,无论是本国还是其他主权国家的元首虽具证人资格,但并不负有作证义务,法院不得强迫他们作证。而对于外交使节、领事官员和某些国际组织的官员,根据《1964 年外交特权法》(*Diplomatic Privileges Act* 1964)、《1968 年领事关系法》(*Consular Relations Act* 1968)、《1968 年国际组织法》(*International Organizations Act* 1968)等一些法律的规定,在许多情况下这些人员就作证义务可以享有不同程度的豁免权。

3.银行从业者

为避免给银行从业者带来不必要的不便,使银行业务得以顺利开展,英国证据法就此类人员的作证义务给予了一定的豁免。根据《1879 年银行簿据证据法》(*Banker's Books Evidence Act* 1879)第 6 条的规定:"在任何诉讼程序中,只要银行家或银行的职员不是诉讼的一方当事人,除非法官为某些特殊理由发出命令,否则不得强迫他们出示其内容为本法所保护的银行簿据,亦不得强迫他们出庭证明相关的事件、交易或银行账目。"

四、证人作证义务的保障制度

必须履行作证义务的公民,在无任何外界压力的情况下,能够主动出庭作证并如实、全面地陈述案件事实,这是一种理想的状态。但如果证人并不情愿履行作证义务甚至采取某种对抗措施,法律就必须设置一定的预防与惩罚机制,以保障公民作证义务的履行。在英国证人制度中,证人作证义务的制度化保障,主要是包括了以下两个方面:

(一)强制出庭

英国实行对抗式的审判程序,为确保交叉询问的公平实施,法律要求证人一般必须亲自出庭作证。由于证人在绝大多数情况下是诉讼外的第三人,更重要的是英国法认为"证人通知程序是否有效将关系到证人出庭率,进而影响起诉的成功率和人们对司法程序的信心",[1]作为"强制"证人出庭的前提条件,无论是民事诉讼还是刑事诉讼,法院都必须履行严格的证人通知程序。当然,在不同的诉讼形态中传唤证人的主体与形式存在较大的区别:

1.民事诉讼

在《1998年民事诉讼规则》颁布前,受当事人主义诉讼模式的影响,证人被视为当事人的证人,因此,法院既不能够主动传唤更不能够强迫当事人传唤证人。[2] 民事诉讼当事人可以根据自己的意愿,基于支持自己的诉讼主张的需要来决定是否传唤证人。[3] 根据《1998年民事诉讼规则》第32.1条的规定,法院可以在一些情况下对证据作出指令,规定证据提交的方式,制作证人传唤令状。证人传唤令状,是指由法院签发的要求证人出庭作证或向法院出示书证的文书。其主要规定如下:

(1)签发。证人传唤令状,须由审理案件的法院或举行审理程序的法院签发。对于那些无权签发证人传唤令状的下级法院或法庭,也可由其上级法院协助签发。法院必须向每个证人签发独立的证人传唤令状。在经法院许可的情况下,法院也可按当事人的请求以下列方式签发证人传唤令状:①在开庭审理之日前7日内签发;②要求证人在开庭审理确定日期之外的其他任何日期出庭作证或提供书证;③要求证人在非开庭审理之听审程序中出庭作证或出示书证。

(2)送达。证人传唤令状原则上须由法院送达,如果令状所代表的当事人以书面形式明确表示要求其亲自送达的除外。在通常情况下,证人传唤令状只有在不迟于开庭之日前7日送达证人才具有拘束力,不过即使令状无法在开庭前7日送证人法院亦可指令该令状具有拘束力。证人传唤令状的拘束力至开庭审理终结时止。

(3)撤销与变更。法院可以撤销或者变更自己签发的证人传唤令状。

---

① 何家弘主编:《证人制度研究》,人民法院出版社2004年版,第102页。

② 沈达明:《英美证据法》,中信出版社1996年版,第34页。但应注意的是,此规定亦非绝对,在涉及民事上的藐视法庭罪(Civil Contempt)诉讼中,法庭可主动传唤证人。此外,如当事人已传唤证人,法庭亦有权力再次传唤该证人。

③ Briscoe v. Briscoe [1966] 1 All E.R. 465.

2.刑事诉讼

与民事诉讼有所不同,在英国的刑事诉讼中,传唤证人的选择权主要掌握在当事人的手里。特别是在《2005 年刑事诉讼规则》(*Criminal Procedure Rule* 2005)生效之后,根据第 3.3 条的规定,当事人被认为有义务协助法院以实现刑事诉讼公平审判的首要目标。因此,《2005 年刑事诉讼规则》第 3.9 条规定:当事人必须采取所有可能的措施以确保其证人在必要时出庭作证。此外,根据该法第 3.10 条的规定,为了实现"案件管理"的目的,法院可以要求当事人确认以下证人传唤事项:一是他到底要传唤哪些证人来提供证言;二是他希望出庭证人作证的顺序;三是当事人是否需要向法院申请令状以强制证人出庭作证;四是当事人是否有任何可以便于证人出庭作证的其他措施。

在英国,选择证人出庭的权利主要由当事人行使,但是法院基于司法正义的考虑,亦可在未经控、辩方同意的情况下主动传唤证人。此外,1995 年的 R v. Russell-Jones 案确立了公诉方在检控审判中传唤证人的如下原则:(1)原则上,公诉方应将所有公诉书中所列证人都传唤到法庭,目前实践限于那些控方提出指控所依据的证人证言。(2)控方可自主决定对辩方提出的证人进行交叉询问,但是该权力并非不受限制。(3)该权力应当符合司法利益,有助于促进公正审判。(4)控方应当传唤所有对主要案情可给出直接证据的证人,即使控方仅依赖证人的部分证言作出指控,也应当传唤他们。[①] (5)由控方决定哪些证人可以对主要事实给出直接证据。(6)检察官对证人是否在重大问题上不可信赖具有初步判断权。(7)检察官只要适当地行使了裁量权,就没有义务仅为辩方的利益向法庭提供证人。

在传唤证人的顺序问题上,尽管一般认为当事人有权根据自己的意愿加以选择,但英国普通法通常要求在传唤包括被告人在内的多名证人时,辩方应在传唤其他证人之间首先传唤被告人。正如 Alverstone 法官在 1911 年的 R v. Morrison 案中所说的:"被告人理应在听到任何他所想要传唤的证人的证言与交叉询问之前先提供证据。"通过 1968 年的 R v. Smith 案,此规则进一步得到上诉法院的认可,但上诉法院同时亦指出在极个别特殊的情况之下,法院亦可以许可在传唤被告人之前先传唤其他证人。此后,英国刑事法律修改委员会同意保留普通法上关于证人传唤顺序的上述规则,并建议法院在决定是否在传唤被告人之前先传唤其他证人时,应拥有比 R v. Smith 案中所界定的更为广泛的自由裁量权。此建议后来为《1984 年警察与刑事证据法》所采

---

① 　R v. Cairns〔2003〕1 Cr App R 662.

纳,形成该法第79条:"如果在审理某人犯罪的案件时,辩方意图传唤与案件事实有关的两名或两名以上的证人,而且上述证人包括被告人,则应在传唤其他证人之前先传唤被告人,但法庭根据自由裁量权作出其他指令的除外。"

3.证人出庭的例外

作为证人出庭作证原则的例外,英国法在某些特定的情况下亦许可某些特定的证人可以不出庭而以其他替代性的方式提供证言。在民事诉讼中,根据《1998年民事诉讼规则》第32章第3条的规定,证人可以通过音像媒体或其他形式向法院提供证据。在刑事诉讼中,根据《1988年刑事审判法》第32条的规定,在检控的审判过程或在青少年法庭进行的诉讼程序中,处于联合王国之外的人(除被告人之外)可以不到庭而通过远程视频提供证据。《1999年青少年审判与刑事证据法》生效之后,基于保护那些在刑事诉讼中"易受攻击与被恐吓的"证人,该法规定了多种允许证人不出庭而提供证言的措施。

(二)要求证人宣誓(oath)与"正式的陈述或声明"

强迫证人作证意味着法院可以不顾及证人的意愿而要求其提供证言,这就隐藏着这样一种后果,即证人可能提供虚假证言以对抗司法权。考虑到这一点,为保证强迫作证能产生实质的积极后果,英国证据法规定除了允许儿童提供非宣誓证言等某些特殊情况之外,[①]证人在作证前均需承诺所陈述的是案件的真相,而这种承诺包括宣誓与"正式的陈述或声明"两种形式。

根据《1851年证据法》第16条的规定,所有有权听取证言的人都可以主持宣誓仪式,但是在诉讼实践中宣誓仪式通常是由法院的书记官主持的。虽然英国并非典型的宗教国家,但英国的证人宣誓具有浓厚的宗教色彩。根据《1978年宣誓法》第1条第1款的规定,如果证人信奉基督教或犹太教,在宣誓时要求证人手持《新约》(适用于基督教徒)或《旧约》(适用于犹太教徒),再宣读誓词。誓词的内容通常为:"以全能的上帝为名,我宣誓我所提供的证据将是实情,全部实情,只是实情。"不过这样的仪式也并非绝对,如果证人并不信奉基督教或犹太教,或者拒绝履行上述的仪式,《1978年宣誓法》第1条第3款规定证人可以使用"任何合法的方式"进行宣誓。一般来说,这样的证人在司法实践中通常是依据其所信仰的或与其信仰近似的宗教教规进行宣誓。此

---

① 在民事诉讼中,证人提供宣誓证言的特例还包括:(1)适用小额请求程序(small claim track)的民事争议。(2)证人仅仅被要求提供书面证据,而且当事人双方对该书证均无争议。(3)律师就当事人之间所达成协议的内容提供的证言。参见 *Blackstone's Civil Practice*,2nd edition,edited by Charles Plant,Blackstone Press Limited,2000,p.471.

外,对于那些在少年法庭审理的案件或以儿童和青少年(14～17周岁)为证人的诉讼,宣誓仪式也可以采取相应的变通方式,这时候"我在全能的上帝面前宣誓(swear)"可以用"我在全能的上帝面前承诺(promise)"代替。

证人宣誓的前提是其具有一定的宗教信仰,如果证人没有任何宗教信仰,英国普通法传统上认为其不具备证人的适格性。《1869年证据再修正法》的颁布,使无神论者取得了作证资格。为解决无神论者以及其他拒绝宣誓的证人的证言可靠性问题,也使这些人意识到作证的严肃性及作伪证可能产生的法律后果,《1978年宣誓法》第5条第1款规定证人也可以用"正式的陈述或声明"的方式来代替宣誓,其陈述的内容为:"我(某某),庄严地,诚意地,真诚地声明我将提供的证言将是真情,全部真情,只是真情。"根据同条第4款的规定,"正式的陈述或声明"在法律上被认为与宣誓具有相同的效力。但是,如果一位当事人本可以根据宗教教规进行宣誓,但是他却选择了"正式的陈述或声明"的形式,法官有权让证人回答为什么他没有宣誓的问题。①

根据《1911年伪证法》,如果证人在宣誓或"正式的陈述或声明"之后提供虚假证言,他就会因伪证罪而招致公诉。考虑到司法实践中常常有证人在宣誓或"正式的陈述或声明"之后声称宣誓当时誓词对其缺乏约束力,并企图逃避作伪证的责任,《1991年伪证法》第1条明确规定,伪证是指"证人合法地进行了宣誓或'正式的陈述或声明'之后……在司法程序中任意地提供虚假的或他知道并非真实的陈述材料。"《1978年宣誓法》第4条第2款更明确指出,在宣誓时宣誓人没有宗教信仰的事实"对宣誓的合法效力不具有任何实质影响"。

(三)证人培训的禁止与证人服务

在2005年R.v.Momodou案中,上诉法院认为在刑事诉讼中应该禁止在出庭作证前对证人进行任何形式的培训,但是可以允许证人对法庭规则进行必要的了解。之所以禁止在作证前对证人进行任何形式的专业性培训,主要是担心证人的证言可能因此偏离出特定人员所希望的轨道,从而削弱证言的可靠性。但是,在开庭前允许证人对法庭进行必要的熟悉,从而有助于减少证人在作证时的恐慌,进而有助于提高证言的质量。从1996年开始,英国刑事法院的证人服务制度就逐渐施行,由专门的证人服务机构"通过志愿者的免费、保密的服务,缓解证人在审前、审中及审后所可能感到的不稳定情绪,给他

---

① R v. Mehrban[2002] 1 Cr App R 561.

们以心理上、情感上的支持"。①

⚖ 五、证人的特殊保护措施

在对抗式的诉讼形态下,证人所提供的证言不可避免地要偏向其中一方当事人(通常是传唤他出庭的当事人),并因此可能遭受那些承担不利诉讼结果当事人的恐吓或报复。有鉴于此,为最大限度地减少"易受攻击的与被恐吓的"(vulnerable and intimidated)证人在刑事诉讼中作证可能遭受的不安与精神创伤,英国内政部于1998年公布了一份名为"呼唤正义"(Speaking up for Justice)的报告,就上述问题的解决提出了一些建议。这些建议后来被《1999年青少年审判与刑事证据法》所采纳,并最终构成了该法第二编第1章(第16～33条)"对案件中易受攻击的和被恐吓的证人采取特殊措施的指引"的基础。对于这些"弱势证人",法官根据案件的具体情况可以决定是否采取以下八项特殊措施(special measures)之一项:(1)遮护证人以避免见到被告人(screen);(2)通过现场视频连接方式提供证据(live link);(3)秘密作证(evidence in private);(4)要求法官除去假发与法袍(removal of wigs and gowns);(5)通过录像记录的直接证据(video-recorded evidence-in-chief);(6)交叉询问或再询问的录像记录(video-record cross-examination or re-examination);(7)通过中介第三方询问证人(examination of witness through intermediary);(8)能够便于同证人进行交流的其他辅助手段(aids to communication)。

在具体介绍上述八项特殊措施的内涵之前,需要了解两个问题:第一,法庭指令采取特殊措施所要保护的对象,即所谓"易受攻击的与被恐吓的证人"到底是指哪些人? 第二,抛开每项具体的特殊措施的适用条件不论,法庭在决定作出特殊措施指令时,应该满足哪些共性条件?

(一)特殊措施的保护对象

1.基于年龄或无行为能力而需要保护的证人

《1999年青少年审判与刑事证据法》第16条第1款规定,刑事诉讼中的证人(除被告人之外)如果在听证时不满17岁,或者法庭认为证人提供的证据质量有可能因为符合第2款的情形而被削弱时,就可以适用本条的规定来加

---

① 何家弘主编:《证人制度研究》,人民法院出版社2004年版,第175页。

以保护。第2款规定的情形主要是指证人患有精神疾病、智力和社交能力有重大缺损以及身体残疾等。

前款所称"听证时",是指法庭决定是否作出一项特殊措施指令的时间。此外,法庭在考察证人是否在精神或身体上患有疾病以致降低其所提供的证据质量时,必须全面考虑证人表述的全部观点,而不能断章取义地作出判断。至于所谓的"证人提供的证据质量",是指它在完整性、连贯性和准确性方面的质量。其中的"连贯性"是指证人通过回答向他提出的问题以提供证据时,这样的回答无论是单独地或从整体上都能为一般人所理解。

2.基于作证的恐惧和忧虑而需要保护的证人

除了上述17岁以下的儿童与无行为能力人之外,根据《1999年青少年审判与刑事证据法》第17条第1款的规定,如果法庭认为刑事诉讼中的证人(除被告人之外)提供的证据的质量可能因为证人在作证过程中的恐惧或忧虑而被削弱,法庭亦可以借助特殊措施而对其进行必要的保护与协助,以使其能在刑事诉讼中顺利地、无顾忌地提供证据。在决定证人是否符合上述条件时,法庭必须特别考虑以下四类因素:(1)诉讼所涉及的犯罪的性质和诉称的情况;(2)证人的年龄;(3)证人的社会文化背景、人种、家庭和职业情况、宗教信仰或政治观点;(4)由被告人、被告人家族成员、团伙成员或其他任何有可能成为被告人或证人的人所采取的,针对证人的任何行为。

需要进一步解释的是,法庭在决定证人提供的证据的质量是否可能因为证人在诉讼程序中的恐惧与忧虑(以上述四种要素为考察重点)而被削弱时,与考察证人的精神状况一样,同样必须全面、充分考虑证人所表述的所有观点。此外,如果性犯罪的被害人在关于该犯罪或与该性犯罪相关的其他犯罪的诉讼程序中充当证人,他将自动受到特别措施指令的保护,除非该证人已通知法庭他无意接受特殊措施指令的保护。

根据《1999年青少年审判与刑事证据法》第18条第1款的规定,上述八种特殊措施指令可以适用于基于年龄或无行为能力的考虑而需要保护的证人(即第一类对象);但对于那些由于作证的恐惧或忧虑而需要保护的证人(即第二类对象),只能适用第23条至第28条规定的特殊措施(即上述八种特殊措施中的前六种)。

(二)特殊措施指令的实施程序

在对特殊措施所要保护的证人的范围进行必要的界定之后,《1999年青少年审判与刑事证据法》第19条至第22条就法庭作出特殊措施指令的条件,即法庭在决定作出特殊措施指令时必须考虑的各种因素作出了详细的规定。

这些规定根据特殊措施指令所要保护的证人的年龄可以区分为以下两种情况:

1.通常情况

在通常情况下,只要证人属于上述的特殊措施保护对象之列,诉讼当事人一方就可以申请法庭作出采用特殊措施的指令,而法庭亦可主动权衡是否应该作出这样的指令。法庭在确认证人因为符合条件而需要采取特殊措施加以保护时,还必须同时满足以下两个条件:第一,在法院看来,无论对证人(或证人的组合)采用何种特殊措施,都可能有助于提高证人提供的证据的质量;第二,在法庭看来,决定采用的特殊措施(或措施的组合)将有可能最大限度地提高证据的质量,并且指令中决定采用的具体措施或措施的组合要能够适用于证人提出的证据。

此外,法庭在考虑特殊措施是否有可能"提高或最大限度地提高证人提供的证据质量"时,必须充分考虑证人表述的所有观点。此外,一项特殊措施的指令从其作出至该诉讼程序得到裁判或被取消期间均具有约束力。不过,在诉讼进行过程中,基于公平正义的考虑,法庭也可以根据诉讼一方当事人的申请或主动结束、改变原来作出的特殊措施指令。必须注意法庭无论是作出还是改变一项特殊措施指令,抑或拒绝诉讼当事人的特殊措施指令,均须在公开的法庭上阐明其理由。

2.适用于儿童证人的特殊规定

除了上述的通常情况之外,该法还在第 21 条就涉及儿童证人的刑事案件中采取特殊措施所必须注意的事项作出了特殊的规定。所谓"儿童证人",通常是指年龄在 17 周岁以下的未成年证人。对于儿童证人是否"需要特殊的保护",取决于要求其作证的诉讼所涉及的犯罪的性质。一般来说,仅在被告人犯符合《1999 年青少年审判与刑事证据法》第 35 条规定的罪行(包括性犯罪、绑架、伤害等)时,才有必要对儿童证人采取特殊措施加以保护。

(三)特殊措施的具体方式

作为《1999 年青少年审判与刑事证据法》规定的"对案中易受影响和被恐吓的证人采取特殊措施的指令"的核心部分,该法第 23 至 29 条依次介绍了八种法庭基于保护案件中弱势证人而可以指令采用的特殊措施,兹分述之:

1.遮护证人以避免见到被告人

为了防止证人在法庭上由于见到被告人从而在心理上产生不必要的顾虑,法官的特殊措施指令可以规定,当证人在法庭上提供证言或宣誓时,可以遮蔽方式或其他方式阻止其看到被告人。[①] 但是无论采用遮蔽方式还是其他方式都不能阻止以下人员见到证人:(1)法官、高等法院法官或陪审团(如果有的话)。(2)进行该诉讼的法定代理人。(3)任何被指定帮助证人的翻译或其他人。

2.现场视频连接[②]

法官的特殊措施指令可以规定证人通过现场视频连接的方式提供证言,这种方式受到刑事司法改革的纲领性文件——《所有人的正义》的肯定。该文件认为应当进一步扩大证人通过录音或电视线路作证的范围。[③] 如果通过其他的方式可使证人看见法庭上的人并听见他们所说的话,而且证人本身又能被法官、高等法院法官、陪审团(如果有的话)、进行该诉讼的合法代理人、任何被指定帮助证人的翻译或其他人看见或他的话被听到,即使证人不出现在法庭上,这些方式亦可获得法庭的许可。不过,即使法官作出了同意证人通过现场视频连接的方式提供证言的特殊措施指令,只要有利于司法公正的实现,其后亦可同意证人通过其他的方式提供证据。

3.秘密作证

根据《1999年青少年审判与刑事证据法》第25条的规定,特殊措施可以规定在提供证人证言的过程中,向法庭申请不让指令中特别指出的人到场。但排除对象不能包括被告人、参加诉讼的代理人或被指定帮助证人的翻译或其他人。法庭同意申请的指令仅在涉及性犯罪的诉讼,以及法庭发现有合理理由相信除被告人之外尚有其他人可能威胁证人时方可作出。

4.要求法官除去假发和法袍

为了减少法庭的正式性,缓和证人不必要的紧张,特殊措施可以规定在证人提供证言的过程中,要求法官除去穿戴的假发与法袍。

---

① 上诉法院允许在涉及轮奸案件中对被害人采取遮蔽措施,参见 R v. Cooper and Schaub〔1994〕Crim LR 531;法院认为如果治安法官认为有合理的理由,其有权采取措施保护证人,参见 R. v.Watford Magistrates Court Ex p. Lenman〔1993〕Crim. L.R. 388.

② 通过现场视频连接的方式提供证言在英国多部法律中均有规定,除了《1999年青少年审判与刑事证据法》外,《2003年刑事审判法》以及《2009年验尸官与审判法》也有类似规定,在刑事诉讼中应当提供特别措施,如在证人席设置遮蔽物,进行实时视频链接,为情感脆弱和易受恐吓的证人提供的最好条件。此外,除了刑事诉讼,根据《1998年民事诉讼规则》第32.3条的规定,在民事诉讼中,法官也可以允许证人通过录像或其他方式提供证据。

③ 最高人民检察院法律政策研究室组织编译:《所有人的正义——英国司法改革报告》,中国检察出版社2003年版,第86页。

5.通过录像记录的直接证据

在刑事诉讼实践中,无论是控方还是辩方均可能在庭前与证人进行大量的交流,而这样的交流又可能通过录像记录的方式加以保存。针对此种录像记录在证据法上的效力,第 27 条规定:"(1)特殊措施指令可以规定证人谈话的录像记录被采纳为证人的直接证据。(2)但是,如果法庭在综合考虑了案件的所有情况之后,认为基于司法正义不应该采纳该录像记录或其中的一部分,特殊措施指令就不能规定该录像记录或其中的一部分可以依据本条而为法庭所采纳。"

为此,如果法院认为录像的某部分不可采,则录像必须据此重新剪辑。①为决定录像记录的全部或任何一部分是否应该依据前述第 27 条而具备可采性,法庭必须考虑采纳部分记录可能给被告人带来的偏见与展示记录的全部或实质性全部的可取之处,并判断孰轻孰重。假设录像记录(或其中的一部分)为法庭所采纳,它在其后的诉讼程序中就产生了如下两方面的效力:一方面,除非一项特殊措施指令已事先规定证人在交叉询问中必须提供的证据可以以法庭证言之外的方式作出,或诉讼当事人就证人没有必要出席交叉询问达成一致,否则该证人就必须由出示该录像记录作为证据的当事人传唤出庭并接受对方的交叉询问。另一方面,证人也就不能以录像记录之外的其他方式提供直接证据。

如果一项特殊措施指令已规定一份录像记录由于本条的规定而具备可采性,在以下两种情况下,法庭亦可以在事后命令该记录不具备可采性:第一,证人将不能出庭接受交叉询问(不论是根据通常的方式还是按该指令的方式进行)并且诉讼当事人并未对证人无须出席交叉询问达成协议;第二,当事人对任何法庭规则——要求披露记录制作情况的遵守,未能令法庭满意。

特别需要强调的是,如果通过录像作证的是儿童证人,英国内政部为了确保此类证言的可靠性,于 2006 年颁布了一份名为《追求刑事诉讼最佳证据:对易受影响和被恐吓的证人(包括儿童)的指引》(*Achieving Best Evidence in Criminal Proceedings：Guidance for Vulnerable or Intimidated Witnesses, Including Children*)的文件。该文件规定的指引性方法可以视为司法实践确保儿童证人录像证据可靠性的标准,一旦证据的取得方式未遵循该指引,法官或陪审团就有理由质疑证据的可靠性。

---

① Practice Statement［CA（Crim Div）：Consolidated Criminal Practice Direction］［2002］1 WLR 2870.

6.交叉询问或再询问的录像记录

根据该法第 28 条第 1 款的规定,如果法院根据第 27 条作出的特殊措施指令规定录像记录可以采纳为证人的直接证据,该项指令与此同时还可以规定对证人的任何交叉询问或再询问以录像进行记录并将该记录直接作为证人在接受交叉询问或再询问时提供的证据。而在进行这样的记录时,根据第 2 款的规定,除了要求证人必须到场而被告人不得在场之外,还需要满足以下两个条件:第一,参加诉讼的法官以及合法代理人能够看到和听到对证人的询问,并且能够与在现场进行记录的人进行交流。第二,被告人能够看到和听到该询问,并且能够与为他辩护的合法代理人进行交流。

如果诉讼当事人一方有两个或两个以上的合法代理人,只要其中一人满足上述的两个条件,就可以认为所有的代理人都满足了该要求。如果法院的一项特殊措施指令已规定一份录像记录依据本条而为法庭所采纳为证据,它就产生以下的效力:第一,即便当事人对第 2 款或法庭规则或该指令本身的遵守不能令法院满意,法庭在其后也不能作出相反的指令。第二,只要对证人接受交叉询问或再询问的情况进行了录像记录,此后证人就不能在该诉讼程序中就其提供的证据接受交叉询问或再询问,除非法庭进一步作出指令。而法庭得以作出进一步指令的条件,根据第 6 款,限于法庭发现:"(a)诉讼当事人一方打算再进行交叉询问,因为自从原始记录按第 1 项的规定作出,该方已意识到他不能以合理的努力弄清案件的真相;(b)基于公平正义的其他理由有必要作出进一步的指令。"

7.通过中介第三方询问证人

根据该法第 29 条的规定,一项特殊措施指令可以规定针对证人的任何询问(不管怎样以及在哪里进行)通过翻译或其他法院许可的中介人进行。中介人的作用是就向证人提出的问题与证人进行交流,以及就证人的问答与提出问题的人进行交流,并且尽可能地解释这些提问,使之既能为证人也能为提问人所理解。在依据第 29 条所进行的任何询问必须按法庭规则或指令的要求在上述这些人在场的情况下进行,除非:(1)参加诉讼的法官以及合法代理人能够看到和听到对证人的询问,并且与中介人进行交流。(2)陪审团(如果有的话)能够看到和听到对证人的询问,但询问以录像记录的案件例外。

8.能够便于同证人进行交流的其他辅助手段

该条为兜底规定。根据第 30 条的规定,特殊措施指令可以规定在证人提供证据时(不论是以法庭证言还是以其他方式),法庭依据使问题和回答适于证人所知或所表达的原则,为证人提供适当的设备,而不论证人存在或遭受了何种缺陷、疾病或其他伤害。

(四)成就与不足

《1999年青少年审判与刑事证据法》关于特殊措施指令的规定是对英国传统诉讼程序的一种理智的修正，从理论上讲也的确能够满足刑事诉讼中保护儿童证人及其他易受影响的证人的需要，符合英国现代证据法所凸显的证人范围扩大化的思想。但与此同时，也有学者指出了上述制度存在的四点不足：(1)这些制度过于复杂，有些内容甚至令人费解。(2)有些制度过分呆板，在涉及儿童的案件中对于性犯罪和伤害犯罪被告人的区分过于粗糙。[1](3)通过录像记录对证人进行交叉询问和再询问的制度并没有真正实施。(4)保护弱势证人一些更有效的手段并没有被规定进来，[2]这些措施包括首次询问应当被录像，削减不适当的询问及交叉询问技巧等。[3]

---

[1] Debbie Cooper， Pigot Unfulfilled： Video-recorded Cross-examination under Section 28 of the Youth Justice and Criminal Evidence Act 1999，in *Criminal Law Review*，2005，No.6.

[2] Mandy Burton，Implementing Special Measures for Vulnerable and Ontimidated Witnesses：The Problem of identification，in *Criminal Law Review*，2006，No.3.

[3] Mandy Burton et al.，Vulnerable and Intimidated Witnesses and the Adversarial Process in England and Wales，in *International Journal of Evidence & Proof*，2007，Vol.11，No.1.

第五章 书 证

一、概述

(一) 书证的概念

书证(documentary evidence)又称文书证据。从当事人提供证据的角度来看,它是指当事人向法院提交的供法官和陪审团获悉案件事实的文书材料;[①]若从法院认定案件事实的角度来看,它是指法官通过查阅向法院提出的文书得悉有关事实的证据。[②] 基于书证的重要性及其独特地位,无论是大陆法系国家还是英美法系国家,均将其作为一种独立的证据形式加以规定。Darling 法官在 1908 年的 R v. Daye 一案中指出:"任何可能作为证据的书写之物,均可被描述为文书证据……而无论书写于何物之上,它可能书写在纸张上,这也是目前最常见的。但在过去,最常见的却不是写在纸张上,而是在羊皮纸上。在此之前,也曾经写在石头、大理石或黏土上。"据此,并非只有写在纸上的东西才符合"文件"的定义。而且文件也不限于写下来的东西。文件的基本特征在于它传递的信息。[③] 现代科技的发展扩展了传统意义上文书的外延,如今墓碑、房屋的照片、磁带录制品、电影、储存于硬盘的信息均已经被接受为文件。这意味着传统的纸张等同物还包括照片、录像带、解剖图、动画等等;而且文书传递信息的手段也不仅限于文字和数字,还包括模型、图画、图表等。[④]《1995 年民事证据法》第 13 条规定,"书证"是指记载任何描述信息之物;而"副本"(copy)是指与书证相关,通过任何方式直接或间接将书证记载的

---

① 张永泉:《民事证据采信制度研究》,中国人民大学出版社 2003 年版,第 85 页。

② 沈达明:《英美证据法》,中信出版社 1996 年版,第 47 页。

③ Grant v. Southwestern Properties〔1975〕Ch.185,193,per Walton J.

④ Thomas A. Mauet & Warren D. Wolfson, *Trial Evidence*, 4th edition, Aspen Publisers, 2008,p.317.

信息予以复制的物品。

书证的概念极具灵活性,有关判例清楚地表明对文书的界定因诉讼程序的性质及案件具体情况的不同而不同。在刑事诉讼中,文书的外延相对比较窄。在1982年Kajala v. Noble一案中,被告人被指控在索特沃发生的骚乱过程中向警察投掷投射物。一名控方证人通过观看BBC新闻影片指认该被告人是参与这次骚乱活动的一员。按照BBC的有关规定不允许将影片的原件带出公司,因此控方只提交了录像带的拷贝版,法庭采信了这一证据,认为该证据相对于其原件亦是真实可信的。在上诉中,被告人辩称既然存在电影录像原始版本,那么根据最佳证据规则,控方就不能提交拷贝版。最终,上诉法院认为该规则仅适用于"书写文书",并不适用于录音带及影片。针对"如果原始文书在一方当事人手中,该当事人必须提交原始文书而不能提交辅助证据"这一规则,双方产生了是否必须将影片的原件提交法庭的争论。对此,Ackner法官总结道:"这一古老规则从严格意义上讲仅对书写文书有效,而与录音带与影片无关。"

相反地,在民事程序中,根据《1998年民事诉讼规则》第34.1条的规定书证指"记载任何描述信息之事物"。这种定义宽泛得足以将传统的文件外的其他形式,例如音轨、底片、光盘、录音、录像、影片、计算机存储的信息等涵盖在文书的范畴之中。[①] 相同的定义还见之于《1995年民事证据法》(*Civil Evidence Act* 1995)第13条和《2003年刑事审判法》(*Criminal Justice Act* 2003)第134条第1款。

(二) 书证的分类

1.公文性书证与私文性书证(public document & private document)[②]

公文性书证指公职人员依公众职责为公共事务而制作的,并使公众在日常生活中加以援用的文书,如国会制定的成文法、法院的记录、出生或死亡登记册等等。其中公文性书证可以进一步作如下区分:(1)法律。(2)司法记录。(3)其他官方文件,如驾驶执照、结婚申请、出生证明等。(4)对私文性书证的官方记录,如契约与抵押登记等。私文性书证是指私人文书或个人记录,如信

---

① Adrian Keane et al., *The Modern Law of Evidence*, 8th edition, Oxford University Press, 2010, p.251.

② 英国刑事证据法将文书划分为三类,私人文件、公共文件和司法文件,其中司法文件指记录法院法律诉讼和判决的文件。参见[英]理查德·梅:《刑事证据》,王丽等译,法律出版社2007年版,第42页。本章将公共文件和司法文件归为一类,私人文件为另一类。参见 Roderick Munday, *Evidence*, 3rd edition, Oxford University Press, 2005, p.580.

件、备忘录、自动答录机所记录的信息、自杀遗言或遗嘱等任何非公文书的书面证据。[①]

公文性书证与私文性书证是英国证据法中最主要的文书分类,二者在实际运用中有着较大的区别。公文性书证的性质决定了公文性书证作为传闻规则的例外而具有可采性,其陈述一般可以作为证明其所记载的事实的证据而被采纳。[②] 公文性书证的运用主要通过对副本的使用而实现的,并不要求出示原始证据,这意味着最佳证据规则并未运用到公文性书证上。较之公文性书证,私文性书证则受到更多的约束。它一般由原始证据予以证实,即最佳证据规则对其具有普适性,只在特殊情况下,二手证据方可被采信。

2. 第一位证据与第二位证据(primary evidence & secondary evidence)

与最佳证据规则相适应,第一位证据或称最佳证据与第二位证据或称次要证据、辅助证据也是书证制度中相当重要的两个概念,但应注意的是,这两个概念并不是对文书的分类,而是对文书内容的分类。文书以其内容来证明案件事实,一项文书要被采纳为证据,其内容应首先被证明为真实且与案件有关联,证明途径一般由第一位证据证明,仅在特定情形下允许使用第二位证据,据此以降低因文件副本(copy)或依文件内容而作的口头证言所导致的欺诈、错误以及不精确的风险。

所谓第一位证据是指最可靠、与需要证明的事实有最直接联系的证据,诸如文书原件这样的证据,这些证据依其性质决定了不可能有比它更好的证据。英国证据法中有如下三类公认的第一位证据:(1)文书原本(the original document)。文书原本最能体现文书的真实内容,最能真实反映订立文书之时当事人的权利义务状态,因此它是当然的文书内容的最佳证据。当事人要证明文书的内容必须提交原始文书,这就是最佳证据规则的要求。无论是通过复写纸、复印机还是影印机的方式得到文件副本,除非经过签署或能被证明为合法作成,否则都不能将其作为文书原本。此外,在某些案件中,对文书原本的判断需要具体分析。以1887年R v. Regan案为例,对发件人而言,"原本"是交由邮局或邮局备案记录的文件;但对于收件人而言,"原本"则是其所收到的

---

① Norman M.Garland & Gilbert B. Stuckey, *Criminal Evidence for the Law Enforcement Officer*, 4th edition, McGraw-Hill Companies, 2000, p.420.

② 公文性书证一般指公共官员以公共使用和引用为目的,在执行公务过程中制作的且所有与之相关的人员均可查阅的文件,包括出生、结婚和死亡等登记。参见 Tracey Aquino, *Essential Evidence*, 2nd edition, 武汉大学出版社 2004 年英文影印版, 第117页。

文件。对于一些文书如租约的副本，一份仅由出租人签章，另一份仅由承租人签章，那么就签章而言，两份副本都为"原始的"。(2)经登记的文书的副本(copies of enrolled document)。有些私文性书证其原件依法律规定必须向法庭或其他政府机关登记，那么法庭或其他政府机关签发的副本可视为原本。例如，检验遗嘱(probate)的副本乃不容置疑的遗嘱内容之证据。但应注意，若涉及遗嘱制作过程的相关问题时，法庭有权查看经登记的遗嘱原件，如法庭可以查看原件中是否存在涂擦痕迹等。① (3)当事人的自认(admissions made by parties)。一方当事人对私文性书证内容的自认可视为得以对抗其自身的第一位证据，另一方当事人则无须再提供原本。当事人自认的方式可以是正式的，也可以是非正式的；可以是口头的，也可以是书面的。例如，在1840年Slatterie v. Pooley一案中，法庭便认可了当事人的口头自认。

第二位证据亦称次要证据，指最佳证据以外的且次于最佳证据的证据，如已丢失的文件之副本、证人对已丢失的文件内容之陈述等。在最佳证据灭失或无法获得时，次要证据也可被采信。第二位证据通常以副本的形式出现，主要包括以下几类：(1)口头证言(oral evidence)。即曾经阅读过文书的证人的证言，但不得为别人读给他听的文书的内容作证。(2)副本(copy)。副本有多种形式：经核对的副本(examined copy)，即由核对过原本的证人就副本的正确性作宣誓；官方副本(office copy)，即对契据、记录或其他文书负有保管之责的官员制作的或经其认可制作，并由其盖印或认证的副本；经证明的副本(certified copy)，指经保存原件的官员签字证明为真实的文件或记录的副本；政府出版局的副本，例如政府出版局出版的国会立法的副本；印刷或石印的副本。(3)副本的副本(a copy of a copy)。在1960年的R v. Collins案中，被告人因在明知其账户已被结清情况下，开出一张空头支票而被指控犯有诈骗罪。由于其无法提供银行寄给他的账户结清的通知书，因此第二位证据便可采信。控方传唤了一名银行经理，并提交了该账户结清通知书复写文书的副本(a copy of a carbon-copy of the letter)，经核实该副本不仅为原件副本的真实副本且使用了与原件相同的术语，因此刑事法院认为副本的副本仍可被采信。(4)微缩胶卷复制件(microfilm copy)。即以微缩胶卷方式形成的文书副本。一旦第二位证据被采信，那么它可以上述的任何形式提交，且无等级之分。各种类型的第二位证据之间的唯一区别在于它们之间证明力的不同。例如对遗嘱而言，法官更乐于接受遗嘱原本或副本而非口头证据；对司法文书和银行账

---

① Re Battie-Wrightson, Cecil v. Battie-Wrightson ﹝1920﹞2 Ch 330.

簿而言,则常由官方副本和经核对的副本予以证明而非口头证言。值得注意的是,在经核对或经证明的副本等均无法证明的情况下,口头证言可用来证明公文性书证。

(三)书证的出示

物证、书证等证据属于展示性(exhibit demonstrative)证据,即只有在法庭上展示或出示,才能发挥其证明作用。[①] 由于书证这种展示性证据对事实裁判者具有直接的感官影响力,使得我们能普遍感受到其具有特殊说服力的直观性和真实性。同时这也意味着在书证的出示过程中,需要证据提供者予以必要的说明。

1.书证出示规则

书证的出示应遵循两个基本规则:一是证据鉴真规则(authentication rule);[②]二是最佳证据规则(the best evidence rule)。证据的鉴真是确认作者身份或身份识别的一个基本要件。最佳证据规则要求在证明文件、书信或记录内容之时,除存在无法提供原件的合理理由外必须提交法院原件。

(1)证据鉴真规则

证据鉴真是指确认法律、记录或书面文件等展示性证据的真实性或权威性的证明活动,从而使其可以作为证据被采纳,是一种对书证形式真实的检验规则。鉴真旨在证明展示性证据与案件特定事实之间联系的真实性,是文书证据被采信的先决条件。[③] Wigmore 将鉴真规则的作用描述为"内在的逻辑需求"。[④] 证据鉴真规则要求当事人在介绍文书时要指出文书与诉求的关联性。如公诉方以勒索罪起诉被告人,当其向陪审团出示勒索纸条时,首先需要证明的便是这张纸条乃出自被告人或与被告人有直接关联。具体而言,可以通过具有知情证人的证言(具体指证人看见被告人书写了勒索纸条,观察到了文书证据的创设或签署情况),因熟悉书写笔迹而提供证人证言的非专家证据、陪审团或专家对书写笔迹样本进行的对比分析,纸条上与众不同的特征和

---

① 张保生主编:《证据法学》,中国政法大学出版社 2009 年版,第 188 页。

② 对 authentication 一词,《元照法律词典》译为"鉴定或认证",但学界多译为"鉴真",详见[美]罗纳德·J.艾伦:《证据法:文本、问题和案例》,张保生等译,高等教育出版社 2006 年版,第 218~219 页。

③ Norman M.Garland & Gilbert B. Stuckey, *Criminal Evidence for the Law Enforcement Officer*, 4th edition, McGraw-Hill Companies, 2000, pp.420-421.

④ Steve I. Friendland et al., *Evidence Law and Practice*, 2nd edition, Matthew Bender & Company Inc., 2004, p.801.

其他类似特征的展示等方法予以鉴真。在英美证据法中,鉴真在本质上是一种对关联性的要求。① 审判法官采纳或排除一项证据的裁定总是取决于一个或多个预备性问题(laying the foundation②),法官需运用证据规则对这些预备性问题作出决定。文书、记录或照片等文书证据的鉴真和关联标准便是其一。当法官认为文书证据的真实性(genuineness)已足以说服陪审团且证据与案件争议事实有关联时,该文书证据将被获准成为证据。

(2) 最佳证据规则

最佳证据规则是指一方必须提出本案性质所允许的最佳证据(the best that the nature of the case will permit),有时又被称为原始书证规则(original writing rule)。③ 在 1982 年的 Kajala v. Nobel 一案中,Ackner 法官指出该规则曾是证据规则的重要部分,但现存的唯一痕迹便是,如果能取得文书的原件则必须提交原件。在 2001 年的 Springsteen v. Masquerade 音乐有限公司一案中,上诉法院甚至将该规则最后残存的痕迹也抹去了。追本溯源,主要是因为在最佳证据规则起源之时,制作文书副本只有手工复制一种方式,确存错误与欺诈之风险。其实,不能提供最佳证据的唯一弊端是可能降低证据的证明力,④但随着复印机、传真机等其他电子光学设备的涌现,现代化的文件复印能够满足法律对"复印件"的基本要求,最初的严格坚持最佳证据规则便显得有些格格不入了。⑤ 因此,现今法院倾向于采纳全部证据,而无论其是否为最佳证据。

2.书证出示程序

一般来说,文书提交后,需通过证人证明其本质和真实性。这意味着为使书证具备可采性,提交书证方需传唤一名有资格的证人,该证人需对待证事实有着第一手的知识并能证明书证所表达的真实意思。为了保证证据的关联性,文书证据还有助于陪审团理解与案件相关的某些事实。例如,在持械抢劫

---

① Arthur Best, *Evidence: Examples and Explanations*, 7th edition, Aspen Publishers, 2009, p.214.

② 预备性问题是指向证人提出的,据以确认其他证据可采性并与争议事项有关的问题。

③ Arthur Best, *Evidence: Examples and Explanations*, 7th edition, Aspen Publishers, 2009, p.222.

④ Roderick Munday, *Evidence*, 3rd edition, Oxford University Press, 2005, p.24.

⑤ Norman M.Garland & Gilbert B. Stuckey, *Criminal Evidence for the Law Enforcement Officer*, 4th edition, McGraw-Hill Companies, 2000, pp.421-422.

案中,控方出示了抢劫发生时便利店柜台的示意图,作为证人目睹了抢劫过程的便利店店员则需要证明该示意图重现了发生抢劫事件的柜台区域。①

（1）书证的宣读

书证除需要在法庭上直接出示外,还应当在法庭上宣读,以便让对方当事人、第三人以及法官直接知悉书证所记载的信息。因为书证是借助于文字、符号或者图画等表达的思想内容,而并非仅凭外观便可证明案件事实,其思想内容通常需要用语言予以解释或说明。宣读书证时,应当说明书证的来源、内容、所要证明的事项等。每份书证在出示并宣读后,对方当事人、第三人及其诉讼代理人、辩护人应当分别就该书证内容的真实性和证明力发表意见。若任何一方当事人在宣读证书时未听清楚或持有异议,应当重新宣读或作解释和说明。对方当事人有阅读能力的,宣读完毕后,还应当将该书证交予对方当事人阅读。②

（2）书证的提交

书证通常由诉讼当事人提交法院。如果书证并不在当事人手中,法院可依其申请,向控制该书证之人发出特别传票,责令其提交书证;持有该书证之人若无正当理由而拒绝提交,则可以藐视法庭罪论处。③

3.瑕疵书证的出示

最佳证据规则的目的一方面在于预防欺诈,另一方面在于确立诉讼中书面陈述的中心地位。④ 尤其是在涉及执行性或处分性文件的案件,例如在契据、遗嘱或合同这类案件中,细微的文字差异也意味着巨大的权利变动。对于残缺不全或者部分内容模糊不清的书证,仍应向法庭出示。举证一方当事人应当就该书证的来源、内容以及造成残缺的原因予以解释和说明,证明这种毁损事出偶然或善意,而并非为了阻止原件作为证据使用,必要时还应当同时提供并出示能够证明该书证的真实性及其内容的鉴定文书或其他证据。实践显

---

① Thomas A. Mauet & Warren D. Wolfson, *Trial Evidence*, 4ᵗʰ edition, Aspen Publisers, 2008, p.317.

② 张保生主编:《证据法学》,中国政法大学出版社 2009 年版,第 192～193 页。

③ 齐树洁主编:《英国证据法》,厦门大学出版社 2002 年版,第 98 页。

④ 最佳证据规则的目的在于防止当事人将那些带有欺诈性的、不准确的或不完整的内容证据提交给事实发现者。参见［美］肯尼斯·S.布荣等:《麦考密克论证据》（第 5 版）,汤维建等译,中国政法大学出版社 2004 年,第 465 页。

示,若当事人不能证明"偶然或善意"情况下的破坏书证将导致不利的裁决。①
在1985年Infabircs v. Jaylex案中,原告因衬衫布料被仿制而提起侵犯版权
诉讼,在诉讼开始之后,大部分的发票、股票记录和相关文书都被对方破坏殆
尽。法官将之称为"这个国家最糟糕的事且不可原谅",并据此裁决被告败诉。

二、文书的证明

　　英美法系国家证据法秉承"所有相关证据均具可采性,不具有相关性的证
据不可采"之理念,对证据可采性的问题采取开放的态度。在诉讼中文书的证
明须经过两个阶段:一为证据内容的证明,即必须适用最佳证据规则对文书内
容的真实性进行判断;二为文书合法作成的证明。②

(一)文书内容的证明

　　在刑事诉讼中,诉讼一方所要依赖的文书的证明主要集中在《2003年刑
事审判法》第133条及《1984年警察与刑事证据法》第71条。在民事诉讼中
则主要由《1995年民事证据法》第8~9条来规范。根据《2003年刑事审判法》
第133条的规定,在刑事审判中,文书中所表明的内容可以被采纳为证据,但
须通过以下途径证明:(1)提供该文书;或(2)(无论该文书是否存在)提供该文
书或该文书重要部分的副本,并经法庭许可的方式鉴真。根据《1984年警察
与刑事证据法》第71条的规定,在任何刑事程序中,(无论该文件是否仍存在)
文件的内容均可通过放大该文件或其重要部分的微缩胶卷复制件的方式予以
证明,但文件必须以法庭认可的方式鉴真。《1995年民事证据法》第8条的规
定与《2003年刑事审判法》第133条相类似。

1.普通法的一般规则——最佳证据规则

　　最佳证据规则是英美法系国家最为古老的证据规则之一。撒耶
(Thayer)曾指出"最佳证据规则"这一用语最早出现于1700年首席大法官霍
尔特(Holt)的论述之中——"仅仅需要事物本身所能具有的最佳证据"。这
一论述是作为接受证据的原因而被提出的,毫无疑问,"所能具有的最佳的"这

---

　　① Christopher Style & Charles Hollander, *Documentary Evidence*, 3rd edition, Longman Group UK Ltd., 1991, pp.5-6.

　　② I. H. Dennis, *The Law of Evidence*, 4th edition, Sweet & Maxwell, 2010, p.506.

一高度灵活的准则,相反地却孕育了一个非常狭窄的规则:即必须提供所能提出的最好的证据,次等好的证据是不可以的。① 18 世纪的 Omychund v. Barker 一案,将最佳证据规则视为一项容许规则(inclusionary rule),允许当事人所能提交的最佳证据具有可采性。然而在现代证据法场域内,容许规则却极少被引用。与之恰恰相反,最佳证据规则更倾向于被视为一项排除规则(exclusionary rule),即当有最佳证据存在时,次佳证据则丧失可采性。② 这意味着最佳证据规则具有容许与排除两方面的内容,即所有最佳证据都是可采的;同时,所有证据,除非它是最佳证据,都不可采。早期的最佳证据规则不仅适用于文书证据,也适用于实物证据。但是,这样极端的规则存在着诸多弊端且并不被人们所赞同。经过多次修正,如今的最佳证据规则已不再是采纳证据的障碍,其适用范围已演变为仅限于书写文书。③ 有关最佳证据规则的最新阐释是由丹宁勋爵在 1969 年 Garton v. Hunter 一案中作出的。丹宁勋爵指出:"……这一古老的规则早已成为过去。就我所知,这一规则依然保持的内涵是如果一方当事人手中持有书证的原件,那么他必须将其提交给法庭,而不能提交复制件即第二位证据。但我们不能将自己束缚于最佳证据,我们应当允许所有相关的证据进入法庭,至于这样好不好则是一个证明力问题而非可采性问题。"近年来,法院在实践中则秉持这一理念,倾向于采纳所有证据,要求书证的提供者尽量提供原件,若提供副本、抄本、影印本等非原始材料,则必须提供理由加以佐证,不能提供最佳证据的唯一弊端是可能降低证据的证明力。④

---

① 〔美〕肯尼斯·S.布荣等:《麦考密克论证据》(第 5 版),汤维建等译,中国政法大学出版社 2004 年版,第 464 页。

② Adrian Keane et al., *The Modern Law of Evidence*, 8th Edition, Oxford University Press, 2010, p.28.

③ 事实上最佳证据规则仅适用于书写文书这一结论是经过争议的,在 1975 年 Grant v. Southwestern and County Properties Ltd. 一案中,法庭认为磁带录音依《最高法院规则》(*Rules of the Supreme Court*)应被视为文书,必须开示。一年后 1976 年的 Senior v. Holdsworth 案中,上诉法庭认为影片和录音录像依《郡法院规则》(*County Court Rules*)的相关规定应视为文书,因此可以使用举证传票(subpoena duces tecum)要求证人将文书带上法庭。但在 1982 年的 Kajala v. Nobel 案中,Ackner 法官并没有遵循这两个判例而确立了最佳证据规则仅适用于书写文书这一规则。参见齐树洁主编:《英国证据法》,厦门大学出版社 2002 年版,第 404 页。

④ Christopher B. Muller & Larid C. Kirkpatrick, *Evidence under the Rules: Text, Cases, and Problems*, 4th edition, CITIC Publishing House, 2003, p.1005.

2.最佳证据规则的例外——第二位证据的可采性

最佳证据规则确定了这样的原则:原始文字材料优于其复制品或者根据其回忆所作的口头陈述,它更强调的是原始书证,目的是减少提出误导性证据的可能性。① 但在一些例外情形中,第二位证据(非原始证据)仍可被使用,当然,第二位证据必须经原始证据的认证,即证明提出的复制件确为原始文书之复制件后方能被采纳。必须强调的是设立最佳证据规则的例外规则旨在为那些无过错又确实无法提交原件的当事人提供救济。如果文书的应提交者占有文书或能够获得并提交该文书,那么即使他不能提交原件另有原因(即并非有意藏匿文书)也不得适用这些例外规则。②

(1)成文法规定可采的传闻陈述(hearsay statements admissible by statute)

依《2003 年刑事审判法》的规定而具有可采性的文书的内容,可以根据该法第 133 条及《1984 年警察与刑事证据法》第 71 条的规定予以证明。依《1995 年民事证据法》的规定而具有可采性的文书的内容可以根据该法第 8 条、第 9 条规定的方式来证明。这意味着在文件具备可采性的情况下,传闻陈述可以通过出示副本的方式予以证明,不论副本与原件之间被复制多少次。

(2)当事人在接到通知后仍无法提供原件(failure to produce after notice)

毫无疑问,普通法不允许任何一方当事人通过拒绝或无法提交处于其占有、保管或控制的文书而规避最佳证据规则。在文书处于由对方当事人保管或控制的情况下,如果该当事人在接到提供文书的通知(notice to produce)后无法提交原件,不仅一方当事人可以以第二位证据证明文书的内容,且对方当事人不得再依赖于原件,即使第二位证据与原件不符。值得注意的是,提供文书的通知并不代表强迫当事人必须提交文书。在民事诉讼中,一方当事人若想通过原始文书来赢得诉讼,那么他就要倾力于证人传票传唤能提供书证的证人出庭作证。刑事诉讼亦如此,即使已经送达了提交文书通知,法院仍无权强迫被告人服从,如果这么做的话,无异于要求被告人出示对自己不利的证据,这显然侵犯了被告人不得自证其罪的权利。③

---

① Michael H. Graham, *Evidence: An Introductory Problem Approach*, 2ⁿᵈ edition, Thomson West, 2007, p.266.

② Adrian Keane et al., *The Modern Law of Evidence*, 8ᵗʰ edition, Oxford University Press, 2010, pp.255-260.

③ Trust Houses Ltd. v. Postlethwaite (1944) 109 J. P. 12. D. C.

（3）非当事人的合法拒绝（a stranger's lawful refusal to produce）

在任何案件中，如果文书为非诉讼当事人之第三人占有或保管，一般由法院签发提交书面文件传票（subpoena duces tecum），①要求其携带文书出庭作证，但如果该第三人有合法理由拒绝提交文书，如他拥有特权、外交豁免权或其不属该法院管辖，则文书的内容可以通过第二位证据证明。然而，若其拒绝是非法的，第二位证据则不可采，因为此时可以运用强制手段要求其提交文书。该规则的作用在于通过强制非当事人提交原始文书，降低可靠度较低的第二位证据被采信，防止非当事人与当事人的恶意勾结。

（4）原件遗失（lost documents）

如果原件已被毁损或在合理搜寻后仍无法取得，那么第二位证据即为可采的证据。证明被毁损或遗失的文书的证据其性质因争议文书的性质和价值的不同而不同。在1820年的Brewster v. Sewell案中，原告由于火灾而无法提交保险单原件，而该保险单又是其索赔的依据。火灾之后，也是诉讼前的几年，新的保险单出台。法庭认为，在此情况之下，原保险单的原件已经成为废纸一张，并且有证据证明进行了适当的搜寻，应允许第二位证据的使用。Bayley法官指出："有用的与没用的文件之间有很大的区别。法律的推定在于每个人都会好好保管那些对他有价值的，将来可能用得上的文件。这一推定的反面在于人们不会去好好保管那些已经完全免除他们的义务并且丧失使用目的的文件。"

（5）无法提交原件（production of original impossible）

在提交原件存在物理上不能或是法律上不能时，文书的第二位证据具有可采性。所谓物理上不能指文书原件被镌刻在墓碑或墙壁上，所谓法律上不能是指文书原件是一项依法应长期粘贴在工厂或车间的通知，②或是墙上张贴的广告。③

（6）公文性书证（public documents）

根据普通法，大部分的公文性书证的第二位证据具有可采性，原因在于提

---

①　提交书面文件传票是指要求受送达人出庭作证并向法庭提交所需的书面文件，该证人除非受到质询，不必宣誓，也不得被交叉询问。根据英国的诉讼规则，传票需在签发令状后12周内送达，且不得用于可能签发证人传票的刑事诉讼中。如果请求签发传票的人是出于恶意且属于滥用传票的情况，不论是刑事诉讼还是民事诉讼，法庭都有权撤销该传票。

②　Owner v. Bee Hive Spinning Co. Ltd. ［1914］1 K.B 105.

③　Fursey（1833）C&P. 81.

交公文性书证的原件会给公众带来极大的不便。① 在现代法上,也有大量的法规规定可以使用第二位证据证明公文性书证的内容。这类用途的第二位证据通常表现为经核对的(examined)、鉴真的(authenticated)、证明的(certified)、官方的(office)、国王特许印刷者的(Queen's Printer's)或文书局(Stationery Office)的副本。

(7)银行账簿(bankers' books)

在民事和刑事诉讼程序中,常有提交银行簿据的内容作为证据的情形,为避免当事人因提交银行簿据原件而带来的不便,保护银行不受因移动总账和账户引起的干扰,《1879 年银行账簿证据法》(*Bankers' Books Evidence Act 1879*)允许副本的使用。根据该法第 3 条的规定,在所有法定的程序中,银行账簿中账目的副本均应作为该账目以及其记载的内容、交易与账单的表面证据(prima facie evidence)。银行被定义为存款接受者(deposit-taker)或国民储蓄银行(national saving bank)。“银行账簿”从最初的“分类账”(ledgers)、日记账(day books)、现金账(cash books)和会计账(account books)等概念范畴扩展到包括“其他的银行普通业务记录,不论该记录是书写的还是存储在缩微胶卷、磁带或其他任何机械或电子数据形式的检索装置中”。这里的“其他的银行普通业务记录”与上述分类账、日记账、现金账均属同类,是指银行所记录的日常的金融交易(day-to-day financial transactions),并不包括银行有关雇员、顾客及他人对话的记录及银行内部的备忘录。② 此外,在交易结束之后由银行保管的已兑现的支票及存款凭条被认为不属于银行簿据,因为即使这些文件的总和可以看作是银行日常业务记录,但单张的支票或凭条仍不能被看成是这些记录的一个条款。③ 这一理由同样可以解释银行书信往来卷宗中信件的副本亦不构成银行簿据。④

(二) 文书合法作成的证明

按一般的规则,无论是在民事程序中还是在刑事程序中,文书不仅要证明其正当形式和内容,还要证明其系合法作成(due execution)的。公文性书证为此规则的例外,法律一般都规定允许其使用第二位证据证明其内容,同时免除对其系合法作成的证明。对于私文性书证,则必须要求其证明文书的合法

---

① Motimer v. M'Callan (1840) 6 M. & W. 58.

② Re Howglen Ltd. [2001] 1 All E.R. 376.

③ Williams v. Williams [1987] 3 All E.R. 257.

④ R v. Dadson (1983) 77 Cr App R 91. See also Barker v. Wilson [1980] WLR 884.

作成。文书合法作成一般有三种证明方式,即对笔迹或签章的证明、见证的证明、推定的证明,此外对于要求印花税的文书还须有贴花。

1.笔迹及签名的证明(proof of handwriting and signatures)。证明私文性书证是否由某人书写或签名的方法一般有三种。第一种是最为常见也是最为简便的办法,即请证人证明文书的字迹或签章确为文书所表明的书写人或签章人的字迹或签章。在此情形下,有关签署人在文书上签署了特定的名字的事实,可以由签署人本人或其他目睹了文书制作的证人提供直接口头证言证明,甚至可以由可采的传闻证据来证明。第二种方法是由未目睹文书制作过程,但熟悉制作人的笔迹的人证明,这就是所谓的意见证据证明。然而这也带来了小小的质疑,证人需要有充分的机会以便熟悉书写笔迹。但这种机会如何获取却无关紧要。[①] 第三种笔迹证明的方法是比较法,即将争议文书与经证明确为争议书写人所书写的文书作比较。《1865 年刑事诉讼法》(*Criminal Procedure Act* 1865)第 8 条规定(该条款适用于民事和刑事程序),允许由证人将争议文书与经法院认可为真实的文书作比较,经证人证明为一致的文书可以提交给法庭及陪审团作为证据使用。其后的判例还允许未曾见到争议文书原件(如原件丢失)的证人使用影印件作比较。[②] 在民事诉讼中,对文书的证明只要达到高度盖然性标准(on a balance of probability)即可;刑事程序中则将这一证明标准提高到排除合理怀疑的标准(beyond reasonable doubt)。[③] 但在刑事诉讼中,陪审团在没有专家证人的帮助下不能单独就笔迹比较作出结论。[④] 然而一旦专家证人出庭作证,他的作用仅在于指出对比文书之间的异同,而最终的结论仍由陪审团作出。

2.见证的证明(proof of attestation)。所谓见证是指在证人在场的情况下签订契约、订立遗嘱或签署其他书面文件的习惯做法,证人须在文件上签名,以证明文件内容及当事人签字的真实性。最常见的如遗嘱证明(proof of will)或其他的遗嘱证书(testamentary document)。除了遗嘱检验外,为了证明遗嘱的作成,如有可能,文书的见证人必须出庭作证。遗嘱作成的见证人被视为法庭的证人,并且欲证明文书系合法作成的一方当事人可以对其进行交

---

① I. H. Dennis, *The Law of Evidence*, 4th edition, Sweet & Maxwell, 2010, p.514.

② Lockheed-Arabia Corpn v. Owen〔1993〕3 All E.R. 641.

③ R v. Ewing〔1983〕2 All E.R. 645.

④ R. v.Harden〔1963〕1 Q.B.8.

叉询问。① 如果见证人否认了文书的合法作成或拒绝提供证据,其他的证据便具有可采性。如果所有的见证人均已死亡、精神错乱、超出法院管辖范围或确难寻找,那么应当采用见证的第二位证据即证明见证人之一的笔迹的证据。如果已经尽了最大努力仍无法证明文书见证人之一的笔迹,其他合法作成的文书便具备了可采性。②

3.自认与推定(admission and presumption)。在实践中,文书的作成经常因当事人的自认或推定予以证明。在民事程序和刑事程序中文书作成的自认都必须正式作出,刑事程序中的自认由《1967 年刑事审判法》第 10 条规定。根据《1998 年民事诉讼规则》第 32.19 条第 1 款的规定,除非一方当事人向对方当事人送达通知,表示自己希望书证在开庭审理时证明,否则将依《1998 年民事诉讼规则》第 31 章(书证的开示与查阅)推定该当事人已自认开示书证的真实性。如争议书证已为对方当事人控制且对方当事人拒绝提交时,文书作成已无证明必要。③ 此外,对当事人的自认可以通过情势证据(circumstantial evidence)加以佐证,即在原件丢失的情况下若双方当事人仍以行动履行,则原件视为仍然存在。④ 例如在 1858 年 R v. Inhabitants of Fordingbridge 案中,尽管师徒契约(indenture)已丢失,但法庭从当事人的行为上推断仍存在学徒关系。

20 年以上的文书如果是从妥善保管的地方得来的,可推定为有效地作成(proof of presumption)。"适当的保管"并不意味着该文书必须是在"最佳的最适当的存储的地方"(the best and most proper place of deposit)找到的,如果文书是在其他地方找到的,只要该保管根据案件的具体情况是符合情理的、自然的,法庭则应予许可。这是 Tindal 法官在 1836 年 Meath(bishop) v. Marquis of Winchester 案中所提出的观点,他认为,与主教教区有关的文书从刚去世的主教的文件中获得比从他的接班人保管中获得更可以称得上"适当的保管",因此它也就是存储的最佳地方。其他常见的有关文书的法律推定还包括:(1)文书的制作日期推定为文书上所载的日期。⑤ (2)契据(deed)上的删改推定为在文书作成前所为,遗嘱上的删改推定为文书作成后所为,理由在

① Oakes v. Uzzell〔1932〕P 19.

② Clarke v. Clarke (1879) 5LR Ir47.

③ Cooke v. Tanswell (1818) 8 Taunt 450.

④ Roderick Munday, *Evidence*, 3rd edition, Oxford University Press, 2005, p.584.

⑤ Anderson v. Weston (1840) 6 Bing NC 296.

于遗嘱以外的契据如被推定为作成后的删改将导致文据的无效。① （3）契据被推定为已合法盖章(duly sealed)。②

4.印花文书(stamped documents)。有些要求缴纳印花税(stamp duty)的文书必须在文书上贴花。在刑事程序中,此类文书如无贴花仍为可采的。但在民事程序中,一项要求贴花的文书,除非其已经根据现行法律的规定适当地在其首次作成时贴花,否则将不能成为证据。对于本应在其作成后贴花的文书如果由于贴花的遗漏或不充分而遭法庭拒绝,在当事人补足应付税款(包括罚金)后,该文书仍然可以成为证据。

三、书证的开示与查阅

证据开示制度起源于 16 世纪英国衡平法司法实践。17 世纪中叶英国曾出现过证据开示的判例,体现出英国对其固有传统审判风格的沿袭。直至 19 世纪,英国司法改革促成了普通法和衡平法的融合,两者相互适应和趋同发展并因此引发一种新的诉讼模式和证据方式——证据开示制度。③ 证据开示(disclosure),④是指了解以前未知,并且揭露和展示原先隐藏起来的事物的程序,它是实质诉讼的一种附属程序,赋予当事人开示争讼文件的权利,使其得以通过该程序从对方当事人处获取与案件有关的事实与信息,以助于准备庭审。⑤ 英国学界对证据开示制度有着较高的评价,例如 Zukerman 教授认为,证据开示是一项"获得证据"(access to evidence)的权利,它是如此重要以至于可被视为一项宪法权利。⑥ 欧洲人权法院认为公平的证据开示是公正审判不可或缺的一部分。在英国,证据开示的范围不像美国那么宽泛,有关法律也

---

① Doe d Tatum v. Catomore (1851)16Q.B. 745.

② Re Sandilands (1871) LR 6 CP 411.

③ 齐树洁主编:《民事审前程序》,厦门大学出版社 2009 年版,第 124 页。

④ 证据披露(disclosure)、证据开示(discovery),在现代英美证据法理论中,对二者通常不予区分,本章在引用时使用"开示"一词。参见 Paul Matthews& Hodge M. Malek, *Disclosure*, 3rd edition, Sweet & Maxwell, 2007,p.3.

⑤ Christopher Style & Charles Hollander, *Documentary Evidence*, 3rd edition, Longman Group UK Ltd., 1991,pp.95-96.

⑥ A. A. S. Zukerman, Privilege and Public Interest, in *Crime Proof and Punishment*, edited by C. Tapper, Butterworth, 1981,p.248.

比美国更接近其原始面貌,①但有时却被指责未能达到预期的目的和发挥优势。英国的开示主要集中在"书证开示"(disclosure of documents)方面,即要求一方当事人把他控制的与诉讼有关的书证资料向法院或其他诉讼当事人披露。此外英国更强调法官对案件的管理职能,赋予法官更具张力的管理职权以防止开示程序的滥用。在刑事诉讼中,书证的开示由《1996 年刑事诉讼与侦查法》予以规范,《1999 年青少年审判与刑事证据法》作为补充;民事诉讼中的书证开示则由《1998 年民事诉讼规则》第 31 章及诉讼指引予以规范。

(一)书证开示的范围

1.刑事证据开示的案件范围

刑事诉讼程序中的书证开示制度在普通法上已经有了较长的一段历史,但其规则一直为人所诟病,英国《1996 年刑事诉讼与侦查法》建立了与之明显不同的一套书证开示规则,规定了公诉人与被告人的开示义务。在刑事诉讼中,由于双方诉讼地位和举证能力的差异,控辩双方的证据开示义务并不对等,除自诉案件外,公诉方因其诉讼优势而承担着更主要的证据开示义务。作为公诉方的检察官要履行"客观义务",除基于公共利益等法定理由外,其开示的范围不限于有利指控的证据还包括有利被告人的证据,不仅包括公诉方准备在法庭上使用的证据还包括其不准备在法庭上使用但对于辩护方做好辩护准备具有重要意义的证据。② 较之公诉方,被告人的开示义务则具备更大的自由度。

(1)公诉方的全面开示义务

公诉方的全面开示义务分为初步开示义务(initial duty of disclosure)和继续开示义务(continuing duty of disclosure)。《1996 年刑事诉讼与侦查法》第 3 条规定了公诉方的初步开示义务,即是指公诉人必须向被告人开示之前尚未向被告人开示且公诉人认为可能损害或帮助被告人的指控材料,若无上述指控材料,则公诉人还须提交给被告人一份书面声明表明没有上述材料。由于公诉方的初步开示义务具有较大的主观性,即是否开示及开示内容,基本上均由公诉方决定。为制约其恣意性,英国法院曾通过有关判例确立公诉方开示证据的标准,包括以下几点:①与案件相关或可能相关;②其存在提出或可能提出新问题;③将成为发现上述两类证据的线索。证据开示的时间安排

---

① [英]J.A.乔罗威茨:《民事诉讼程序研究》,吴泽勇译,中国政法大学出版社 2008年版,第 34 页。

② 龙宗智:《刑事诉讼中的证据开示制度研究(上)》,载《政法论坛》1998 年第 1 期。

与开示效果息息相关,从有利于被告人准备及决定是否提出或接受诉辩交易的角度看,审前开示的价值较之审判阶段开示更为重要。① 为此,英国警察机构专门设有证据开示官员(disclosure officer),负责核对在侦查阶段保留的证据并向检察机关展示。这项工作还包括准备闲置材料(unused material)计划表、区别敏感和非敏感材料等。不过正式的控方证据开示仍主要由公诉方完成。在英国,公诉方的初步开示通常是在移送审查起诉过程中完成的。②

《1996年刑事诉讼与侦查法》第7A条创设了公诉方的继续开示义务,即指公诉人在履行初步开示义务之后至被告人宣告无罪或认定有罪或公诉人决定终止诉讼之前的任何时间段内,公诉人必须不间断地审查指控材料,一旦公诉人发现尚有未向被告人开示的可能损害被告人或可能帮助被告人辩护的材料,他必须在合理的时间内尽快向被告人开示。而一旦被告人有合理理由相信公诉人仍有未向被告人开示的可能有助于被告人辩护的指控材料,被告人可以申请法庭签发命令要求公诉人开示。所谓的"指控材料"(prosecution material)是指公诉人现已掌握的或审查过的与指控被告人的案件有关的材料。上述所谓"审查过的材料"是指材料尚在警察或第三人手中,暂未被公诉方掌握。总检察长证据开示指导意见(The Attorney-General's Guidelines on Disclosure)列举了上述"可能损害或帮助被告人"的开示材料。如任何有关质疑公诉方证据准确性的材料;任何有关指证第三方的材料(无论该第三方是否因参与犯罪团伙而被指控);任何有关质疑自认真实性的材料;任何有关质疑控方证人可靠性的材料;任何有关支持被告人的材料;任何有关质疑控方证据可采性的材料。③

(2)被告人的有限开示义务

在英国,案件被移送刑事法院后至法庭审判开始前,被告人便负有提交自己的辩护陈述给公诉方和法院的义务,主要包括被告人提出的辩护的内容;被告人与公诉方发生分歧的事实、理由;若被告人准备提出不在场辩护,则还须载明这一证据的细节,如提供证明被告人不在场证人的姓名和住址等。被告人的开示义务依案件的性质及程序的不同而分为强制开示(compulsory dis-

---

① Frank W. Miller et al, *Criminal Justice Administration*:*Case and Materials*,5th edition,Foundation Press,2000,p.755.

② 张保生主编:《证据法学》,中国政法大学出版社2009年版,第165页。

③ I. H. Dennis, *The Law of Evidence*, 4th edition, Sweet& Maxwell, 2010, pp.363-364.

closure by the accused)与自愿开示(voluntary disclosure by the accused)两种。

2.民事证据开示的案件范围

民事证据开示由《1998 年民事诉讼规则》所调整,该规则的颁布是基于民事司法改革的纵深推进。书证开示制度使英国度过了前述的司法危机,随着时间的推移却诱发了另一场危机,即当事人对书证开示制度的滥用以及开示制度本身的低效性。针对这一状况,上诉法院大法官沃尔夫勋爵在著名的以"接近正义"(Access to Justice)为题的中期报告(the Interim Report)和最终报告(the Final Report)中提出,"应对开示制度的范围进行比现在更为实质性的控制",并建议法院应依据具体案件的不同而适用不同的开示范围。①《1998 年民事诉讼规则》对书证开示的规定就是依据沃尔夫勋爵的报告而设计的。书证开示主要有"标准开示"(standard disclosure)与"特定开示"(specific disclosure)两种方式,它们之间的区别在于法庭介入程度的不同及对证据的要求程度不同。

(1)标准开示(standard disclosure),即当事人自动开示书证,除非法院要求开示书证的命令另有指定,否则所进行的一切开示均为标准开示。当事人在诉讼初始(交换诉讼文件结束之日起 14 日内)便可要求对方开示书证,任何一方必须通过书面陈述的方式对有关书证予以开示,而无须等待法院发出指令。标准开示的材料包括:①当事人所依赖的书证;②从反面影响到当事人案件的书证;③从反面影响到他方当事人案件的书证;④支持他方当事人案件的书证;⑤其他有关《诉讼指引》要求开示的书证。当事人的开示责任只限于他所控制或已经控制的书证,具体包括:①书证为其实际占有或者曾经为其实际占有;②当事人有权或者已经有权对书证进行实际控制;③当事人有权或者已经有权进行查阅或者制作副本。如果法院认为当事人在开示声明中所作陈述不合理,可以作出"特别开示命令"要求当事人开示法院特别制定的书证材料,命令其在确定范围内进行调查并根据调查结果对书证进行开示。②

(2)特定开示(specific disclosure),即强制开示,是指在一方当事人不履行开示义务或双方当事人对书证开示有争议时,法院可以根据一方当事人的

---

① Ian Grainger & Michael : *An Introduction to the New Civil Procedure Rules*, Cavendish Publishing Limited 1999 , p.42.

② 韩象乾主编:《民事证据理论新探》,中国人民公安大学出版社 2006 年版,第433~434 页。

申请指令另一方当事人开示书证。开示命令可责令一方当事人作出如下一项或多项行为：①开示法院命令中所特定的书证或各类书证；②就命令所确认的范围进行搜寻；③依搜寻结果对书证进行开示。特定开示源于 1883 年 Cie Financière et Commerciale du Pacifique 一案所确立的原则，法院在实践中并不经常使用，因为在大多数情况下，法庭和当事人可通过合作将开示的范围限制在一个合理的范围之内。① 当事人申请特定开示的，须以申请通知书的形式提出，并载明申请理由和相关证据。如果法院经过审查认为进行开示的当事人确实没有遵守开示命令所确定的义务（如没有对书证进行充分搜寻等其他原因），则法院通常会签发确保持有书证的当事人适当履行有关开示义务所必需的命令。值得注意的是，在民事诉讼的证据开示中，双方当事人还需要互换证人证言（witness statement）。② 这项义务是近年来针对民事诉讼中频发的诉讼突袭而进行的一场变革，折射出对案件积极管理的迫切需求和在审前鼓励当事人解决纠纷的愿望。但就本质而言，特定开示是一种在标准开示效果不明显时所采用的救济手段。③

（3）要求诉讼外第三人开示书证。作为处理私法领域的争议的程序，民事诉讼具有明显的相对性，书证开示一般只发生在案件当事人之间，且当事人开示书证之责任只限于他所控制或已经控制的书证，对于开示第三人控制的书证，必须通过法院命令的方式进行。这一规定体现了英国证据立法的价值取向，即相较于当事人的利益，法律更注重于保护第三人的隐私权。④《1998 年民事诉讼规则》有条件地允许第三人开示书证，即法院仅在寻求开示的书证可能支持申请人的案件，或从反面影响到诉讼程序中其他任意当事人的案件的情况下，以及为合理处理当事人之间的诉讼或有节约诉讼成本必要的情形下，法院方可以作出书证开示命令。由于第三人的此种义务并非因其自身行为而产生，故法院不能施加给其不合理的负担，因而第三人在开示的过程中没有调查的义务；如果申请人的开示请求给第三人造成其他损害的，第三人有获得补偿的权利。此外，值得注意的是《1981 年最高法院法》第 34 条规定，在涉及人身伤害的诉讼中，法院有权强制第三人开示书证。如在 1974 年 Norwich

---

① Ian Grainger & Michael Fealy, *An Introduction to The New Civil Procedure Rules*, Cavendish Publishing Limited, 1999, p.42.

② Lord Donaldson 在 Mercer v. Chief Constable of Lancashire［1991］1 W.L.R. 367 案中的论述。

③ 齐树洁主编：《英国民事司法改革》，北京大学出版社 2004 年版，第 266 页。

④ Grant v. Southwestern and County Properties［1975］Ch.185.

Pharmacal Co. v. Commissioners of Customs and Excise 一案中,上议院认为,在指认违法者时可以强制第三人开示书证以保证诉讼程序的进行。这便是著名的 Norwich Pharmacal 规则,即任何人若牵涉或促使他人的违法行为之中(该人行为与违法行为发生"混同"),即使该人本身是无辜的或毫无个人责任,那么他不再仅是证人(more than mere witness),而可被法院强制披露违法者之身份。①

(4)诉前开示(pre-trial disclosure)。

诉前开示是指提起诉讼之前对证据的开示,其功能在于敦促申请人及时确认诉因。申请人提出诉前开示申请须满足以下条件:①在对方当事人与申请人均可能成为即将提起的诉讼的当事人。② ②申请人应在申请书中明确即将提起诉讼的性质,表明其具有适格起诉意图及正当诉因。一般认为,为以下目的在诉前开示书证视为具备正当诉因:为合理地处理即将提起的诉讼;协助通过非诉讼方式解决纠纷;节约诉讼成本。③当事人的申请须有证据佐证且其寻求开示的书证须在可开示的范围之内。满足上述条件后,法院可以签发开示命令。诉前开示起初只适用于人身伤害案件和非法致死(wrongful death)案件,《1998 年民事诉讼规则》将它扩大适用于所有类型的案件。

(二)书证开示范围的例外

1.刑事证据开示的案件范围的例外

基于某种社会政策的考量,或为保护某种特殊利益,英国在规定公诉方全面开示义务的同时又设定了若干证据开示的例外,主要集中在"公共利益豁免"方面:如果有关证据材料涉及"公共利益",公诉方所负证据开示义务即可得到免除。《1996 年刑事诉讼与侦查法》第 2 章规定,检察官可以根据"公共利益"原则不开示"敏感材料",这些材料包括:与国家安全有关的材料,来自情报机关和安全机关的材料,来自国外的情报源并能显示出敏感的收集方法的材料,秘密提供的材料等。刑事证据开示的例外还有保密特免权,包括律师与委托人、医生与患者、夫妻、自我归罪特权等。此外还有工作成果例外(work product doctrine),即检察官或律师在侦查起诉过程中制作的各种报告、备忘

---

① Paul Matthews & Hodge M. Malek, *Disclosure*, 3rd edition, Sweet & Maxwell, 2007, p.58.

② Dunning v. Board of Governors of United Liverpool Hospitals [1973] 2 ALL E.R. 454.

录等资料可不予开示。①

2.民事证据开示的案件范围的例外

民事诉讼证据开示的范围与刑事诉讼基本一致。值得注意的是,在民事诉讼中,还存在一类所谓"不相称"情形,即当有关书证与案件有关问题不相称时,且该书证属于从反面影响当事人案件的书证、支持或从反面影响他方当事人案件的书证时,不允许查阅该书证。对于"不相称"的判断可以参考以下因素:(1)书证的证明力低下;(2)书证不具备关联性或关联性很弱;(3)查阅书证对案件任何系争点的公正审理毫无意义;(4)即使书证有关联性,但查阅书证的公正繁重,涉及大量材料的编辑;(5)书证具有保密性。当事人可以采取书面形式,同意免除或限制标准开示义务。②

(三)书证开示之后果——书证的查阅

1.书证的查阅(inspection of documents)

书证开示之后,对方当事人有权查阅并复制已开示的书证。所谓"查阅"是指查看,但不限于视觉上的接触。③ 对于书证的查阅,开示书证的当事人也有一定的抗辩权。如果该书证已不再由开示的当事人控制或开示该书证的当事人有权利或有责任禁止对该书证的查阅或允许查阅某类书证与案件系争点不相称的,开示书证的当事人可以拒绝对方查阅书证,但在最后一种情形,开示书证的当事人必须在开示声明中声明不允许查阅。此外,禁止开示的书证同时禁止当事人查阅。如果当事人因疏忽而允许他人查阅享有保密特权的书证时,除非经法院许可,查阅该书证的当事人不得使用该书证或该书证包含的内容。

有权查阅书证的当事人必须向开示书证的当事人就查阅书证的意愿提出书面通知,开示书证的当事人必须在接到通知之日起 7 日内允许提出通知的当事人查阅书证,如果提出通知的当事人愿意承担合理的复制费用则有权获取书证的副本,开示书证的当事人必须在收到获取副本请求之日起 7 日内向请求人提供副本。在查阅书证时,最好双方当事人或者代理人均在场。此外,开示外文书证的当事人并无提供译本的义务。但双方当事人贫富悬殊较大时,法院可酌情考虑由富裕一方提供译本。

---

① 张保生主编:《证据法学》,中国政法大学出版社 2009 年版,第 164 页。

② 张卫平主编:《外国民事证据制度研究》,清华大学出版社 2003 年版,第 103～104 页。

③ Grant v. Southwestern and County Properties [1975] Ch.185.

2.附条件的查阅

在被申请人主张留置权的案件中,法院可责令附条件查阅书证,条件为:申请人向法院付款,付款金额与留置金额相同。此外,有些书证虽不享有保密特权,但也属于机密文件,法院可在许可查阅这些书证时酌情附加限制条件。附条件限制开示的目的,在于防止机密信息因诉讼以外的其他无关目的而强制开示。①

3.特定查阅

如果开示书证的当事人拒绝对方查阅书证或双方对查阅书证有争议,则请求查阅书证的当事人可以向法院申请签发特定查阅命令(specific inspection)允许当事人查阅书证。

(四)不开示书证的法律后果

如果当事人不开示或不允许查阅书证,则未经法院许可该当事人在诉讼中不得依赖该书证。这种法律后果类似于大陆法系的"证据失权",有助于防止证据突袭,确保诉讼的目的是实现当事人之间真正的公平和公正。此外,如果当事人不遵守法院命令,在确定期间不开示特定书证的,法院还可以撤销其案情陈述。对不遵守开示的当事人或诉讼外的第三人,法院还可以裁定其藐视法庭,处以罚金或拘留。② 以刑事诉讼为例,尽管立法未对公诉方违反开示义务的法律后果作出明确规定,但法院通过判例确立了一些规则,例如,对于控诉方无故拒绝向辩护方开示证据,法院可以采用证据排除手段使证据失去证明效力;对于控诉方以"公共利益豁免"为由拒绝开示某些证据,法院有权对其理由进行审查,如果控诉方拒绝提交审查,则该案将被撤销。在强调公诉方证据开示责任的同时,为确保证据开示制度的实施,对被告人亦作了较为严格的规定,例如被告人若不承担或不能较好地承担证据开示义务时,将失去获得公诉方向其进行第二次开示证据的机会,同时法官或陪审团可据此作出对其不利的推论。

---

① Paul Matthews & Hodge M. Malek, *Disclosure*, 3rd edition, Sweet & Maxwell, 2007, pp.58-60.

② 齐树洁主编:《英国司法制度》,厦门大学出版社 2007 年第 2 版,第 312 页。

第六章 实物证据

一、概述

证据种类的划分在不同的法域差别较大,制度语境不同,往往会基于不同的目的来区分证据种类,从而方便为不同的制度所用。[①] 在英国证据法上,关于证据的法定分类并无统一的规定,英国证据法法典繁多,[②]各类证据规则散见于各证据法规之中。英国并非不重视证据的实际分类,对证据的种类划分没有局限于一定范围之内,而是采用开放式的立法模式。该种模式既有利于法官和陪审团就个案证据的证明力大小,结合与案件事实的关联性和可采性,适用证据规则加以认定,也在事实上为法官在未来的诉讼活动中创设司法先例预先拟制必要的空间。[③] 在学理上,多数学者认为,证据分为证人证言、书证、实物证据三种类型。[④]

(一)实物证据(real evidence)的概念及特点

在英国证据法上,实物证据并非一个专门的术语,也没有关于实物证据的权威定义。在《牛津法律词典》中,实物证据是指以有形体为表现形式的证据。多数学者认为,实物证据包括有体物,文书,人或者动物的外表,证人的言行举止,对厂房、建筑等场所的勘查,以及其他不涉及人的主观能动的设备自动记录等。[⑤] 实物证据具有如下特点:

1. 实物证据具有较强的客观性和可信性。实物证据大多是客观存在的,

---

① 周洪波:《诉讼证据种类的区分逻辑》,载《中国法学》2010 年第 6 期。

② 如《1984 年警察与刑事证据法》《1995 年民事证据法》《1999 年青少年审判与刑事证据法》《2008 年刑事证据法》等。

③ 齐树洁主编:《民事司法改革研究》,厦门大学出版社 2006 年第 3 版,第 658 页。

④ 英国法上的实物证据不仅包括我国证据种类中的物证,还包括视听材料,勘验、检查笔录。

⑤ I. H. Dennis, *The Law of Evidence*, 4th edition, Sweet & Maxwell, 2010, p.515.

伴随着案件的发生而形成,不像证人证言那样容易受人的主观因素的影响而出现虚假或失真。① 法官或陪审团通过对实物证据的检查,可以根据他们自己的感知独立作出结论,因此,实物证据是一种最可靠的证据。美国著名物证技术学家赫伯特·麦克唐纳曾指出:"在审判过程中,被告人会说谎,证人会说谎,辩护律师和检察官会说谎,甚至法官也会说谎,唯有物证不会说谎。"②

2. 实物证据具有不可替代性。实物证据一般属于特定的物体,具有不可替代性。比如在某谋杀案中被害人衣服上存有被告人的指纹,虽然被告人在其他场所也会留下许多同样的指纹,但只有在犯罪现场中提取的指纹才能作为裁决的依据。

3. 实物证据本身容易灭失。实物证据的存在离不开一定的客观条件,一旦外在条件发生变化,实物证据就可能灭失。比如醉酒驾车人身体内的酒精含量会随着时间的流逝而降低,犯罪现场的指纹、脚印等可能会因暴风雨而消失,这也是实物证据本身的缺陷。

4. 实物证据对案件事实的证明具有间接性。实物证据因其具有客观性和稳定性的特点而有证据之王(the king of the proof)之美誉,但是它并不能直接向法庭证明案件事实,而必须与其他证据结合使用才能证明案件事实;而且,如果没有其他证据相佐证,其证明力极其有限。比如侦查人员在犯罪现场找到一把沾有被害人血迹的菜刀,并在刀柄上找到被告人的一枚指纹,仅凭该指纹不能确定是被告人实施了犯罪行为,仅能证明被告人到过犯罪现场。该指纹只有和其他证据(如被告人的口供)相结合使用才能确定被告人是否有罪。再比如在凶杀现场发现一把匕首,如果不能证明该匕首为被告人使用过(如在匕首上提取到被告人的指纹或者在被告人家中发现该匕首),那么它的证明价值则是极其有限的。

5. 实物证据具有依赖性。实物证据的证明价值往往要借助于一定的科技手段才能实现。许多实物证据的发现和提取需要借助于专门的科技手段,例如将发光氨撒到有血迹的地方,任何有血迹的地方都会发出淡蓝色的光,血迹越多的地方光线越强。很多实物证据本身所承载的信息也需要科技手段去分析,比如血液或者毛发中的 DNA 鉴定、毒品鉴定等。

(二)实物证据的保全

实物证据的保全包括固定和保管两个环节,是指用适当的方式和手段将

---

① 何家弘、刘品新:《证据法学》,法律出版社 2008 年第 3 版,第 128 页。
② [美]刘易斯:《血痕弹道指纹探奇》,何家弘译,群众出版社 1991 年版,第 1 页。

已经发现或提取的实物证据固定下来,妥善保管,以便法院在审判过程中认定案件事实时使用。具体的保全方法包括原物保全、复制保全、照相保全、封存保全等。① 在实物证据保全时应遵循以下原则:

1.原物优先原则。对于各种物证,应当尽量采用提取原物的方法进行保全。只有在确实无法或不便提取原物时,才可以使用其他方法进行保全。

2.原地拍照原则。对于各种实物证据,无论使用何种方法进行保全,都应当先在发现或提取该实物证据的地点进行拍照,客观记录该实物证据的原始状态和特征,建立与案件事实的原始性联系。

3.物证标签原则。侦查人员在提取每件物证的时候,都应当为其制作“物证标签”。标签上一般应当写明下列情况:(1)案件的名称或编号;(2)提取的日期和场所;(3)物证的编号;(4)提取人的姓名;(5)物证的基本特征或主要特征。标签应当以恰当的、不会损坏证据证明价值的方式固定在物证上。②

4.物证保管链规则。物证的每个保管环节都应当有专人负责,而且每次移交都应当有完备的手续。每个保管人都应当把自己的姓名和接管该物证的日期写在物证标签上,并且在有关的移交文书上签名或盖章。每件物证的所有保管环节应当构成一个完整的链条,不应有间断或短缺。③

二、勘查

所谓勘查,是指庭审人员对于案发现场或者不便于在庭审中出示的场所或物品的检查。④ 勘查主要适用于以下三种情况:其一,由于某实物证据体积过于庞大,无法或不便在法庭上出示,比如汽车、大型机械等。在这种情况下,法院可在休庭后组织勘查。这种勘查同对任何其他在法庭上出示的物品检查一样,属于实物证据的范畴。其二,法官和陪审团可以去查看事发现场(locus

---

① 需要指出的是,这里的复制保全与实物证据的不可替代性并不矛盾,所谓复制保全,即采用复制和制作模型等方法保全物证的证明价值,主要适用于各种痕迹物证。

② 何家弘:《物证也“说谎”》,http://www.privatelaw.com.cn,下载日期:2011 年 5 月10 日。

③ 何家弘:《物证会不会说谎》,载何家弘主编:《三言九问——德恒证据学论坛实录》,中国政法大学出版社 2007 年版。

④ Adrian Keane et al., *The Modern Law of Evidence*, 8th edition, Oxford University Press,2010,p.267.

in quo)。其三,当争议的焦点是某一块土地,法庭可以组织进行勘查。勘查在审判期间的任何时间都可以进行。

在法庭审理过程中如果有必要进行现场勘查,法庭将宣布休庭,组织庭审人员去现场勘查。在 1951 年的 Goold v. Evans Co. 一案中,法官确立了如下勘查规则:(1)勘查本身是证据的一部分;(2)法官必须在双方当事人均在场的情况下才能进行勘查;(3)双方当事人必须被给予到场的机会;(4)在双方当事人缺席的情况下,法官不得举行或参加任何形式的演示或重演。在 1975 年的 Tito v. Waddell 一案中,Megarry 法官和双方当事人勘查了位于西太平洋上的一个小岛。在 2009 年的 M v. DPP 一案中,M 被指控蓄意毁坏一辆汽车,有证人出庭作证,声称其在阳台上看到 M 实施了破坏行为,法庭决定进行现场勘查,以确定站在证人所述的阳台上能不能看到汽车的位置。法院经现场勘查认为,尽管在阳台与汽车之间有一堵墙,但这堵墙并不妨碍证人的视线,由此采纳了证言。

需要特别指出的是,在组织现场勘查时,法庭应将举行勘查的时间、地点等详细情况通知各当事人及其代理人,保证各当事人有同等的机会参与勘查。[①] 一般而言,法官、陪审团、当事人及其律师应当在场,并且法官单独勘查事故现场原则上是不允许的,[②]因为开庭审理时,案发现场很可能已经发生重大变化,法官根据他所见到的改变后的状况很可能会作出一个错误的判断。[③]勘查应当在根据证据作出结论之前举行,并且双方当事人均应有机会就治安法官在事故现场所注意到的任何细节作出评价。在进行刑事案件勘查时,被告人应当始终在场,因为被告人可能会指出其律师忽略的细节或者法官理解错误之处。如果因法庭工作的失职导致一方当事人没有参与现场勘验,案件可能会重新审理。例如,在 1992 年的 R v. Ely Justices ex p Burgess 一案中,因被告人缺席勘查而发回重审。在该案中,治安法官、检察官以及被告人的律师进行现场勘查,而被告人被排除在外。上诉法院指出,勘查属于庭审的一部分,勘查时被告人必须在场,被告人的缺席属于实质性违法;仅仅由治安法官和检察官进行现场勘查难以保证案件的公正审理。

---

① Peter Murphy, *Murphy on Evidence*, 10th edition, Oxford University Press, 2007, p.620.

② 该规则的一个例外情形是法官可以单独去查看公共场所,如道路交通事故现场。

③ David Ormerod, M v. Director of Public Prosecution: Magistrates' Court Proce-dure-Justices Deciding to View Scene of Crime, in *Criminal Law Review*, 2009, No.9.

但是,并非在所有情形下当事人都必须参与勘查。在 1970 年的 Salsbury v. Woodland 一案中,Paul 法官没有通知双方当事人而自行到现场勘查。Widgery 法官指出,法官进行现场勘查时双方当事人应当始终在场并非一项绝对的规则,如果在庭审过程中当事人已经通过照片等方式向法庭展示了案发现场,那么法官不必通知当事人即可独自进行现场勘查。在 1986 年的 Parry v. Boyle 一案中,治安法官在双方当事人不在场的情况下勘查了道路事故现场,初审法院采纳了该勘查结论并裁定被告人无过失。控方提起上诉,上诉法院驳回了上诉。上诉法院认为,治安法官在查验现场前已经向双方当事人发出含蓄的邀请,该勘查结论具有可采性。此外,在 1956 年的 Karamat v. Queen 一案中,Goddard 法官指出,如果被告人拒绝参加勘查,那么他不得在事后提出因其缺席致使审判无效的主张。

在进行现场勘查时,法庭经常会要求当事人当场演示或模仿事故发生过程。证人可能会指出案发时他站在什么地方或者当时在做什么,证人也可能会重新启动机器以再现案发时的情形,例如在 1956 年的 Buckingham v. Daily News Ltd. 一案中,原告(雇员)在清理一台运转的机器时受伤,初审法官现场检查了该机器并观看该机器运转时的情况。上诉法院认为,对机器现场勘查等同于将机器带至法庭接受检查,初审法院的法官有权将勘查结论作为判决的依据之一。① 法院可强制当事人提供重现现场的设施,如在 1989 年的 Ash v. Buxted Poultry Ltd. 一案中,原告因人身损害赔偿起诉被告,法院责令被告的雇主许可原告进行录像,以展示原告工作的性质。②

陪审团应仔细检查现场,但不许发表任何言论。证人可以做演示,但不得与陪审团交流。如果陪审团对现场勘查存有疑问,通常应当在勘查程序结束之后重新开庭时再询问当事人。需要注意的是,现场勘查时,不能只委托陪审团中的一个人作为代表,然后向其他陪审团成员汇报勘查过程;当事人也不得在休庭期间,邀请陪审团成员在回家的路上去查看犯罪现场。应当注意的是,在有陪审团参与审理的刑事案件中,法官应当与陪审团一同参加勘查,法官应当禁止证人之间相互交流,但为了再现案发情形所必需的交流除外。③ 在 1957 年的 Tameshwar v. R 一案中,上诉法院指出,进行勘查时法官和陪审团

---

① I. H. Dennis, *The Law of Evidence*, 4ᵗʰ edition, Sweet & Maxwell, 2010, p.517.

② 张卫平主编:《外国民事证据制度研究》,清华大学出版社 2003 年版,第 22 页。

③ Adrian Keane et al., *The Modern Law of Evidence*, 8ᵗʰ edition, Oxford University Press, 2010, p.268.

应同时参加,法官缺席将对公正审判造成严重影响。

三、视听材料

　　随着科学技术的发展,拍照、录音、录像等技术的发明不仅丰富了人类生活,也使得取证手段逐步智能化,照片在 19 世纪被采纳为实物证据,录音带和录像带在 20 世纪走进法庭,为法庭提供最直接的证据。音像制品在审判过程中起到了越来越重要的作用。Taylor 法官曾指出,证据法必须适应技术的发展,拒绝在证据法中采纳通过新技术获取的信息是错误的。法院在确保案件得到公正审判的同时,不得阻止陪审团从技术进步中获得有效帮助。

　　视听材料包括照片、录音和录像三种。英国现行立法将视听材料规定为书证,在这种情形下,视听资料的采纳应当受最佳证据规则和传闻证据规则的规制;但是基于某种用途,将它们作为实物证据更有意义,视听材料能够展现其声音、声色和外观特征,这样便能够克服由于文字在其内容上的灰色和繁缛而带来理解和解释上的困惑。① 视听材料作为证据使用时,不受最佳证据规则和传闻证据规则的规制。下文对照片、录音、录像三种视听资料作简要分析。

　　1.照片

　　(1)照片的可采性

　　早在 19 世纪,照片就可以在法庭审判中作为身份识别的证据使用。在 1846 年的 R v. Tolson 一案中,Willes 法官认为照片可以作为身份识别的证据使用。在该案中,被告人被指控犯有重婚罪,Willes 法官允许证人观看被告人第一个丈夫照片以确认他就是结婚证书中被告人的丈夫。同样,在谋杀案件中警察会对尸体进行拍照,在进行毒品突击检查时也会拍照,这些照片将作为与其所表现的场景有关的证据被采纳。

　　在某一照片被采纳之前,举证方必须证明其真实性,如举证方须证实该照片为其所拍摄,并提供拍摄的时间和地点,还要证实该照片是从原始底版中冲洗而来的。此外,该照片须与案件具有相关性,并且不受一般排除规则的限制。如果根据《1984 年警察与刑事证据法》第 78 条,采纳该照片所带来的不

---

　　① 樊崇义等:《视听材料研究综述与评价》,中国人民公安大学出版社 2002 年版,第 106 页。

利影响超过了其证明价值,从而使整个审判失之公正时,法官有权行使自由裁量权排除该照片。[①]

(2)照片识别

如前所述,照片常用来识别身份。在开庭审理过程中,法庭可以向证人出示一张照片并让其辨认照片中的人是否为被告人,陪审团不必就身份识别问题发表意见;但是,在某些案件中,不存在能识别照片中的人是否就是被告人的证人,在这种情况下,陪审团必须自行作出判断。

在刑事案件中,当被告人身份的认定主要依赖于对照片和被告人进行对比确认时,法官应如何给予陪审团有效指导,1976 年的 R v. Turnbull 案给出了经典的答案。该案中,有其他确凿证据证明 T 和 C 就是照片中的人,其真实性不容置疑,因此,上诉被驳回;但对 R 和 W 指控所拍摄的照片较为模糊,并且没有其他证据证明 R 和 W 就是照片中的人,因此罪名被撤销。上诉法院指出,当被告人身份的认定主要依赖于对照片和被告人进行对比确认时,法官必须对陪审团进行以下特别告诫:①陪审团只有完全确信被告人系照片中的人才能依据该辨认结论认定被告人有罪,某一个(甚至所有的)证人可能会发生误认,即使证人是被告人的朋友、家人,也可能会发生误认,因此,依赖该辨认结论可能产生误判。②陪审团应当特别关注举行辨认时的场所,包括证人对被告人观察的时间,证人与被告人之间的距离,辨认场所的光线,被告人因拍照与审判间隔一定时间而发生面貌变化等。③当用以辨认的照片拍摄得非常清晰时,陪审团可以完全依赖于该照片对被告人的行为进行评价;但是当照片比较模糊时,无法确定照片中的人就是被告人(即无法证明至排除合理怀疑的程度),除非有其他证据表明照片中的人确定是被告人,法官应中止辨认程序并引导陪审团作出无罪的认定。④任何违反前述规则的辨认程序都可能导致罪名被撤销。

此外,在 1984 年的 R v. Dodson 一案中,被告人被指控犯有抢劫罪,正处于工作状态的两架照相机拍下了其进行抢劫的照片。被告人请求排除该照片,理由是这些照片本应由熟悉被告人的证人通过正式的辨认程序作出指认,该请求被上诉法院驳回。上诉法院认为,陪审团有权自行通过对比照片和被告人独立作出判断,法官必须对陪审团进行特别指导,法官必须告诫陪审团有

----

① Rosemary Pattenden, Authenticating "Things" in English Law: Principle for Adducing Tangible Evidence in Common Law Jury Trials, in *International Journal of Evidence & Proof*, 2008, Vol.12, No.4.

可能发生错误指认,根据这样的证据进行定罪可能会发生误判。比如在本案中法官必须向陪审团指明照片的质量问题(如照片的曝光度)以及被告人面部变化等诸多可能造成错误辨认的因素。在 1995 年的 R v. Downey 一案中,上诉法院进一步指出,要根据每个案件的具体情况对陪审团给予恰当的指导,如果没有特殊因素出现,事前未予以告诫不能被视为误导陪审团。

根据《实务守则 D》的规定,① 警察可以作为证人对照片进行识别,警察应仅基于照片独立作出判断,而不应借助于其他信息,以防止警察之间相互串通(collusion),即只有警察初次看到照片时的第一反应才能作为证据被采纳。例如在 2008 年的 R v. Smith 案中,M 被指控协助谋杀,警察通过照片识别指认 M 系照片中的人。上诉法院认为,警察在进行识别时,应当将其看到照片时的第一反应记录在案并提交法庭接受检验,但是控方忽略了这一点,陪审团无法就该识别证据的真实性作出判断,警方的识别程序存在瑕疵,其结论是不充分的,因此该证据应被排除。在 2009 年的 R v. Chaney 一案中,警察 E 的识别结论被法庭采纳。在该案中,警察 E 在案发前就认识被告人 C,但 E 并非本案的侦查人员。办案警察在侦查过程中给 E 发了一封电子邮件,附有案发时的照片,办案警察在邮件中认为照片中的人就是 C 并请求 E 发表意见,E 在回复邮件中声称他能够认出是 C。E 同时得知作案工具(一辆白色的汽车)正登记在 C 的名下。被告人提出识别程序存在瑕疵的抗辩,请求排除 E 的证言。上诉法院认为,办案警察与 E 之间的信件交流内容已经提交给陪审团审查,并且 E 在回信时并没有将该回信作为证据提出的意图,而仅仅是就照片识别发表意见,可以认为 E 在看到照片时的第一反应是真实而自然的判断,采纳该证据并非不公正。②

当证人和陪审团无法就照片作出准确辨认时,可能会求助于专家证人,陪审团是否需要专家证据帮助应由法官作出决定。在 1993 年的 R v. Stockwell 一案中,S 蒙面抢劫的过程被拍摄下来,但被告人在被捕前不久又蓄起胡子,这给身份辨认带来困难。初审法院决定聘请专家证人发表意见,后陪审团认定被告人有罪,S 提起上诉。上诉法院驳回上诉并在判决中指出,当身份识别

---

① 《实务守则》是根据《1984 年警察与刑事证据法》制定的,其内容包括制止和搜查(守则 A)、搜查土地和房屋及查封财产(守则 B)、拘留、审判和讯问(守则 C)、鉴定和识别(守则 D)和会谈的录音(守则 E)的规定。

② Andrew J. Roberts, Identification: Police Officer Recognizing Appellant from CCTV Images-Whether Admissible-Police and Criminal Evidence Act 1984, Codes of Practice, Code D, in *Criminal Law Review*, 2009, No.6.

发生争议或者被告人蒙面作案时,法庭可以聘请专家证人来帮助陪审团,专家证人凭借其专长发表专家意见,但法官应当特别告诫陪审团其没有接受专家证据的义务,陪审团应当对该争议独立作出判断。在 1995 年的 R v. Clark 一案中,C 被指控犯有抢劫罪,银行的摄像机拍下了 C 抢劫时的照片。这些照片被送到一家专门从事面部识别的机构作鉴定。在开庭审理时,该机构的负责人作为专家证人出庭作证。该专家证人使用了一种叫作视频叠加的面部识别技术,并向法庭解释了该技术的技术原理。他认为根据该技术分析,可以认定照片中的抢劫者就是被告人。辩方同样聘请了一位专家证人,该专家证人认为并没有足够的证据证明被告人就是照片中的抢劫者。被告人辩称法官应当根据《1984 年警察与刑事证据法》第 78 条的规定排除该技术作为证据使用。初审法院裁定视频叠加技术具有可采性并采纳了控方的专家意见。被告人提起上诉,但被驳回。上诉法院在判决中指出,视频叠加面部绘图技术可以作为一项实物证据在法庭出示,专家证人可以凭借其专业知识向陪审团解释该视频叠加技术,并且专家意见的证明价值以科技为后盾,具有一定的可靠性。

2.录音与录像

警察在讯问时同步录音录像的做法已经普遍施行,同步录音录像有诸多好处,比如可以作出准确的讯问笔录,可以约束警察的行为;当音像制品在法庭上播放时,陪审团可以实际听到或看到讯问过程,从而能更准确地确定被告人是否有罪。关于录音录像的使用主要集中在可采性与在法庭上出示两个方面。下文以录音磁带为例作简要介绍。

(1)录音磁带的可采性

一般而言,法官只要认为证据具有相关性,并且该证据不受一般排除规则的限制,就可以提交给陪审团,至于能否作为认定案件事实的根据是陪审团要解决的问题。但是录音磁带稍有不同,如果对录音磁带的准确性发生质疑,法官在采纳之前必须自己确实弄清楚该磁带的来源和可靠性。[①]

1965 年的 R v. Maqsud Ali 一案确立了录音磁带可采性的条件。在该案中,M 和 A 被指控合谋杀害 A 的妻子。他们自愿来到警察局帮助调查,M 和 A 被单独留在某房间,他们用巴基斯坦方言的交流被警方偷录下来。尽管录音不是很清晰,但其中的一部分可以辨别出来,其内容等同于自认其罪。该录音及其翻译被法庭采纳。上诉法院认为,录音磁带具有可采性的条件如下:其一,控方须证明录音磁带的真实性,磁带中的声音可以适当辨别出来;其二,录

---

① [英]理查德·梅:《刑事证据》,王丽等译,法律出版社 2007 年版,第 22 页。

音内容与案件有关,并且该录音磁带不受一般排除规则的限制。法院认为,不存在制定关于录音磁带可采性的规则,法官必须首先适用于相关性与可采性的一般规定,如果录音磁带的内容与本案不相关或者与排除规则相抵触,就不应被采纳。其中,有几点需要注意:

首先,录音磁带真实性的判断。法官对录音磁带真实性的审查仅限于表面(prima facie)审查。在1971年的R v. Stevenson一案中,法院认为,在刑事案件中,如果被告人提出录音磁带非原始证据的质疑,法官必须在将该录音磁带提交给陪审团之前确认该磁带的真实性。录音磁带只有被证明是原始证据后才能为法庭采纳,但法官并未明确真实性的证明标准。在该案中,控方无法证明录音磁带系原始证据,因此该证据被法院排除。在随后的1972年的R v. Robson一案中,法官确立了磁带录音真实性的审查标准。法院认为,法官只需进行表面审查,比如经过交叉讯问之后该录音磁带仍然保持完整。在2005年的R v. Saward一案中,法庭在审前程序中用长达四天的时间来确定光盘的真实性和准确性。经过表面审查,法官如果确信该录音磁带属于原始证据,即可将该录音磁带提交给陪审团,由陪审团来进一步判断该录音磁带对案件事实的证明力是否达到了超出合理怀疑的程度。法官对录音磁带的实质性审查将是对陪审团职能的僭越。①

其次,偷录磁带的可采性。录音资料除了要满足真实性的要求之外,还不应受一般排除规则的限制。在司法实践中备受争议的是偷录磁带的可采性问题。在英国普通法上,证据取得方式本身的非法性对证据的可采性不存在必然影响,法官更为关注证据对案件事实的证明力以及它对诉讼的正面意义。法院主要关注证据是否具有相关性,如果取得的证据具有相关性(即证明案件事实的能力),就不能因取证手段的非法性而将其排除。因此,对于以非法或不当手段取得的证据,以采纳为原则,以排除为例外。比如在著名的1979年的R v. Sang一案中,Diplock法官在判决中指出,当采纳某证据的不利影响超出其对案件事实的证明价值时,法官有权行使自由裁量权排除该证据。《1984年警察与刑事证据法》第78条第1款对证据排除作出了如下的规定:"在任何诉讼中,如果在法庭看来,考虑到包括取得证据的情形在内的各种情形,采纳公诉方提请依据的证据将对该诉讼的公正性造成不利影响,法庭可以

---

① Rosemary Pattenden, Authenticating "Things" in English Law: Principle for Adducing Tangible Evidence in Common Law Jury Trials, in *International Journal of Evidence & Proof*, 2008, Vol.12, No.4.

拒绝采纳公诉方提出该证据。"因此,在偷录磁带的可采性问题上,法官应依照《1984 年警察与刑事证据法》第 78 条第 1 款的规定,考虑包括证据取得在内的所有情形,判断采纳该录音的不利影响是否超出其对案件事实的证明价值,是否会使整个审判失之公正。在前述 Maqsud Ali 案中,虽然磁带录音是警察偷偷录制的,但法官认为采纳该录音无损程序的公正。类似的案例还有 1968 年的 R v. Senat 案,用以指控被告人犯罪的电话录音系偷录所得,法院最终裁定采纳该录音证据。

《1985 年通讯截获法》规定,警察和情报部门根据内政大臣签署的许可令可以截获通信信息。根据该法第 2 条的规定,截获通讯的许可令是"为防止或侦测严重罪行"而发出;第 6 条进一步指出,以任何截取所得的材料制作的每件复制品,应当在没有必要保留之时立即销毁。在 1993 年的 R v. Preston 一案中,上议院指出,防止及侦测罪行不包括就罪行而提出检控。换句话说,根据《1985 年通讯截获法》的规定,通过截取电讯而取得的有关材料不得为任何待决的或预期中的刑事检控而予以保留,因为在原先发出许可令的目的之中,并不包括就罪行而提出检控。在 1997 年的 R v. Rasool 一案中,上诉法院认为,Preston 案只能适用于有许可令的窃听。

最后,从原始录音磁带派生而来的第二位证据的可采性。一般而言,如果可以获得原始磁带,有关其内容的第二位证据不应被采纳(被告人无异议例外)。如果无法获得原始磁带,只要法庭确信复制带来源于原始磁带且具有真实性,就可以采纳复制带。在 1982 年的 Kajala v. Noble 一案中,高等法院指出,最佳证据规则只适用于书证,录音带和录像带不受其规制。在该案中,法庭采纳了英国广播公司电视新闻中公开播出的电影的复制带。如果原始磁带和复制带均无法获得,并且举证方对不能出示该磁带的原因作出合理的解释,法庭可以准许由听过该磁带的证人出庭作证,该证言不应被视为传闻证据。

(2)磁带录音的录制和出示

首先,磁带录音的录制。警察在讯问录制完毕后,通常应准备一份书面综述,概述讯问过程并进行恰当的评价。被告人的律师有权获得录音磁带,讯问方通常会给被告人的律师一份复制带。但是,并非在所有的案件中辩方都可以获得复制带,比如被告人承认警察的综述是准确的,而在仅仅对其补充的情况下就没有必要。

在警察担任讯问主体的案件中,一般没有必要准备录音副本(根据磁带录音而作的书面记录),因为在警察局的讯问相对比较清晰。当然,如果讯问过程比较复杂,细节问题较多,也可以制作录音副本,这样陪审团在录音副本的帮助下可以对讯问的内容有清晰的了解。在非警察讯问的案件中,讯问方往往会向法庭提供录音副本,因为录制环境可能比较嘈杂,录音内容不清晰,而录音副本可以帮助陪审团准确了解录音内容。如果磁带是用外文录制的或者对犯罪嫌疑人的讯问是通过翻译进行的,应当在事后准备一份英文翻译。原始录音磁带只有附有翻译件才能提交给陪审团。在这种情况下,讯问方必须承担翻译件是对磁带内容的准确翻译的证明责任。

英国内政部于 1991 年颁布了《录音实施条例》,该条例要求警察在讯问犯罪嫌疑人时必须同时制作两盘录音带。开始录音时,要说明被讯问人的姓名,讯问人和在场人的姓名和身份等情况。讯问结束后,立即将其中一盘封存,封存标签上要注明录音时间和地点,并由被讯问人签名;另一盘供诉讼中使用。如果当事人对使用中的录音带提出异议,则在法官的主持下,将封存的录音带调出,当庭拆封公开播放,以便与引起争议的那盘进行对比。《录音实施法修正案》补充规定,除制作两盘录音带外,还要制作两盘录像带。两盘录音带必须由同一录音机同时录制;两盘录像带也必须由同一录像机同时录制,均不允许拷贝。① 该制度打消了辩方对录音和录像的真实性的质疑,使得询问笔录的采纳概率大大提高。

其次,磁带录音的出示。在讯问方向法庭提供录音副本的情况下,如果被告人同意该副本是准确的,那么可以只宣读录音副本,而不必播放磁带。如果警方制作的讯问录音综述足以证明被告人的犯罪行为且被告人未质疑综述,也没有必要在法庭上播放录音磁带。在某些案件中,如果陪审团需要借助录音副本才能更好地把握录音内容,副本应当在播放录音之前发给陪审团。法官应当告诫陪审团在播放录音时不可只看副本,而应把主要精力放在录音磁带上。在录音磁带播放完毕后,副本应当收回。② 需要指出的是,律师同意将录音综述交给陪审团并非意味着对其内容的认同,在审理过程中,如果事实争议只能通过播放录音磁带来澄清,那么可以在开庭审理的任何环节播放录音磁带。在非警察录制讯问录音案件中,制作录音磁带的人必须出示该磁带。

如有必要播放录音磁带,讯问方应当出示该磁带并对其内容的准确性加以证实,如对录音中某人的身份发表意见,驳斥录音带可能造假的质疑等等。出于庭审效率的考虑,辩护方律师应当指出有必要播放的部分,但这样做也可

---

① 卞建林主编:《证据法学》,中国政法大学出版社 2007 年第 2 版,第 153～154 页。

② Laura Hoyano, ABE Interview: Retirement-Transcript of Prosecution Witness's Video Evidence Retained by Jury, in *Criminal Law Review*, 2011, No.3.

能产生负面影响,因为并非所有相关部分都在法庭上播放,仅听其中一个片段有可能对陪审团产生误导。陪审团可以在合议时再次听取磁带录音。在1987 年的 R v. Rampling 一案中,被告人反对将录音记录提交陪审团。上诉法院认为,是否允许陪审团得到录音副本应由法官自由裁量,无须控方和被告人的同意,初审法官允许陪审团参阅副本并无不当。在 1991 年的 R v. Emmerson 一案中,上诉法院指出,如果磁带录音已经全盘在开庭时播放且附有全盘录音副本,陪审团在合议时可以将全盘磁带及其录音副本带至陪审团合议室;如果开庭时仅仅播放部分片段但附有全盘录音副本,陪审团在合议时可以将全盘录音和全盘录音副本带至陪审团室;如果开庭时仅仅播放其部分片段且仅就该片段附有录音副本,陪审团在要求将该录音磁带带至陪审团室时,法庭应当对磁带进行剪辑,陪审团仅能带走开庭审理时播放的片段。上诉法院在本案中同时指出,没有必要重新开庭听取录音磁带。在 1992 年的 R v. Riaz 案进一步指出,如果开庭审理时控方仅宣读磁带录音副本而未当庭播放磁带,陪审团在合议时请求听取录音磁带,法庭应予准许。在 2010 年的 R v. Popescu 一案中,被告人的英语带有浓重的罗马尼亚口音,法官准许陪审团在开庭听取录音时参考副本,并准许陪审团在合议时带走录音副本。

当陪审团对录音磁带的内容译解发生困难时,法庭可准许证人出庭帮助陪审团,比如法庭可以聘请一名磁带录音译解方面的专家出庭作证。在 1991 年的 R v. Robb 一案中,被告人被指控犯有绑架罪,其勒索赎金的过程被录制下来。上诉法院指出,专家证人可凭其专业技能和经验出庭作证,警察也可以出庭作证,其证言并非意见证据,而是对录音证据中被告人声音的识别。当控辩双方对磁带内容的真实性发生争议时,法官应指导陪审团作出裁决,陪审团在决定依据该磁带内容作出裁决时,其内心确信(真实性)应达到超出合理怀疑的程度。如果录音磁带的真实性难以确定,仍然由陪审团来最终决定磁带的证明力。

录像作为视听材料的一种,在法庭上可作为实物证据被采纳。录像的可采性以及在法庭上出示同录音磁带基本一致,比如当无法获得原始录像带时,法庭在确信其复制带真实的前提下可以采纳复制带;证人可以就其所看到的录像带的内容出庭作证,该证言不受传闻规则的限制;当采纳某录像带所带来的不利影响超出其对案件事实的证明价值时,法官可以行使自由裁量权排除该录像带;陪审团在合议时可再次观看录像带等等。

四、其他实物证据

鉴于勘查和视听材料较为复杂,上文将其单列出来进行阐述,下文仅对其他几种证据进行简要评析。

(一)有体物(material object)

当双方当事人对某有体物的存在、状况或价值发生争议时,该有体物就应当提交法庭接受检查。比如在民事诉讼中,消费者主张商品与销售者的描述不符,该商品就应当提交给法庭,法官根据自己的观察独立作出判断。同样在刑事诉讼中,杀人凶器应当提交给陪审团审查。虽然物证需要在法庭上接受法官或陪审团的检验,他们通过自身的观察独立作出结论,但正如法谚所云:"没有一条规则没有例外。"(No rule without an exception)现实情况千变万化,有体物往往在审判时因为客观原因已经灭失,仅仅留下复制品或对原始实物证据的记录;即便有体物仍然存在,法官也不是全能的上帝,仅从有体物的表面情况难以作出科学的判断。对于上述两个难题,法官应如何处理呢?兹简要分述如下。

1.有体物在审判时已经灭失。如前所述,实物证据具有不可替代性,但是不可抗力等原因有可能导致原始实物证据灭失,在这种情况下,允许控方使用从原始实物证据派生出来的证据,即通过复制、复印、传抄、转述等中间环节形成的第二位证据。比如在盗窃案中,被盗物品系易腐物品,这种情况下原物可以不必出示。在 1944 年的 Hocking v. Ahlquist Bros Ltd. 一案中,双方争议的焦点是关于过去制作某种衣服的制作方法。法院判决认为,虽然审判时这种衣服已不再生产,但是能够详细说明衣服制作过程的言词证据可以采纳。在 1969 年的 Miller v. Howe 一案中,被告人将醉酒检测器打碎,而后辩称检测标本不是从自己身上提取的,法院认为在这种情况下无须出示原始证据。在 1971 年的 R v. Orrell 一案中,O 被指控醉酒驾车,控方在法庭上没有出示检测标本和记载有被告人名字的标本标签,O 提出检测标本不是出自本人的抗辩,鉴于检测标本中的酒精会随着时间的延长而挥发,导致不可以重新检测。法院认为检测人员的证人证言可以证明被告人体内酒精含量超标。

因此,对于有体物,原始证据的灭失会影响由其派生而来的第二位证据的可采性,但是在证明力上,法官可能会综合其他因素加以判断。

2.法官由于自身知识面较窄,难以对实物证据作出科学判断。在多数情况下,法官可以根据自己的观察对实物证据独立作出判断,但是,在某些案件中,仅凭肉眼的检查无法确定该有体物性状,此时法官需要借助于专家证人。在刑事诉讼中,警察局、皇家检察署和法院分别承担刑事案件的侦查、审查和决定起诉以及审判工作,一般是由警察局聘请专家证人,检察机关负责审查证据,认为需要鉴定或补充鉴定一般责成警方出面聘请,法院既不聘请也不委托专家证人。辩护方也可以聘请专家证人向法庭提供意见。在民事诉讼中,是否聘请专家、聘请何人为专家均取决于当事人的自由意愿,而与法官意志无关。专家证人的职责范围、义务所在以及专家证人的报酬也由当事人与专家证人双方协商确定。① 专家证人一般应当亲自出庭作证,并接受控辩双方(或原被告双方)的交叉询问,但在特殊情况下,经法官同意也可以书面形式呈交专家意见。需要注意的是,英国的专家证人制度受自由主义理念和怀疑权威等文化传统的影响,无论是对专家证人资格的判断,还是可采性问题的决定,法官的自由裁量权最终都起着决定性的作用。② 即专家证人所作的证言对陪审团或法官并不能产生当然的约束力,陪审团或法官在认定案件事实时可以自行决定是否采信专家证人的意见。此外,当专家证人对同一问题得出不同的结论时,法官或陪审团必须决定选择接受何方的专家证据。

(二)文书

文书被视为书证还是物证取决于使用该文书的目的,如果文书以其记载的内容证明案件事实,应被视为书证;如果文书以其式样、部位、颜色、大小、所处的位置等外部特征和属性证明案件事实,则应被视为物证。比如文书的质地——是羊皮纸还是普通纸张、褶皱的还是平整的——均可构成一项实物证据。再比如甲偷走乙的钱包,钱包中有身份证和驾驶执照,该身份证和驾驶执照也应视为实物证据。

(三)人和动物的身体特征

在很多情况下,人的身体特征会对案件事实有较高的证明价值。比如人的身高、体重、肤色、发型以及人说话时的音高或者特别的音质对于身份识别案件有重要的作用。身体特征一般由法院指令进行检查。身体的伤痕可以在

---

① 近年来,在民事诉讼领域,为遏制专家证人作出倾向性判断、防止诉讼迟延以及降低诉讼费用,英国在专家证人制度方面进行了卓有成效的改革,如《1998年民事诉讼规则》规定专家证人对法院承担优先职责,设立共同专家证人制度等。参见齐树洁、洪秀娟:《英国专家证人制度改革的启示与借鉴》,载《中国司法》2006年第5期。

② 季美君:《英国专家证据可采性问题研究》,载《法律科学》2007年第6期。

法庭上出示以证明其受伤的性质和程度,但在刑事案件中,如果有其他更为理性(less emotive)的方式证明该方当事人身体所受伤害,法院一般拒绝当事人当庭出示身体伤痕。"但出示有生命之物体,能激起公愤或群众情绪,而其作用远胜于证据价值者,亦得视情形不许其出示。英美少数法院之判例中主张被害人不得出示身体上之衣着部分,即此之故"。①

早在19世纪,法官就比较重视动物的身体特征对案件事实的证明作用,例如在1862年的 Line v. Taylor 一案中,案件争议的焦点是被告饲养了一条极其凶恶的狗。在庭审时,法官允许将狗带到法庭,陪审团由此可以直观地体会原告在案发时的感受。在涉及动物的所有权争议的案件中,法官也曾允许将鹦鹉或猫带上法庭。这样,事实裁判者就可以观察到有关动物对那些自称(或被称)为是它们合法的所有人的反应,从而作出相应的判断。②

(四)证人作证时的行为举止

在普通法上,法官一直将证人作证时的行为举止作为衡量证言可信性的重要因素。证人出庭作证时,法庭对证人的言行(而非证言内容)的关注实质上是在审查一项证据事实(evidentiary fact),从证人的言行举止中可以对其证言的可信性进行初步判断。因此,证人作证时的言行举止像人和动物的身体特征一样在法庭上接受法官和陪审团的检验,从而也被归类为实物证据。

证人的神态——自信还是紧张、清楚明白还是模棱两可——是判断证人证言可信度的重要因素,因此证人必须出庭作证即成为普通法上不成文的规定。如果证人作证时言行坦诚、直率,其证言更容易为法官和陪审团所接受。证人行为举止的重要性最集中体现在传闻证据规则上,排除传闻证据的一个重要的理由是证人不出庭作证,法官和陪审团没有机会观察到其言行举止,从而对其证言的可行性无法作出判断。③ 此外,上诉法院不愿对证人证言的真实性重新审查,一个重要的原因就是初审法院是证人提供证言的亲历者,上诉法院仅凭书面笔录难以作出比初审法院更为客观的判断。④

---

① 姚其清:《英美证据法之研究》,载刁荣华主编:《比较刑事证据法各论》,台湾汉林出版社1984年版,第330页。

② Christopher Allen, *Practical Guide to Evidence*, 4th edition, Routledge-Cavendish, 2008, p.62.

③ I. H. Dennis, *The Law of Evidence*, 4th edition, Sweet & Maxwell, 2010, p.516.

④ Christopher Allen, *Practical Guide to Evidence*, 4th edition, Routledge-Cavendish, 2008, p.62.

(五)自动录制

随着科技的发展,自动监控设备越来越深入地介入人们的生活,自动摄像机等电子摄像仪器遍布各重要公共场所。证据法也应当顺应科技的发展,对以此类仪器自动录制的音像制品的使用加以规范。

在 1968 年的 The Statue of Liberty 一案中,两艘船碰撞引发诉讼,原告请求采纳一份由海边雷达站的雷达回波制作的影片作为证据。被告争辩说这份证据是仪器所制作的,没有人的参与,是不可采纳的传闻证据。Jocelyn Simon 法官驳回了被告的主张。他认为,"如果录音磁带是可采纳的,那么雷达接收的照片,或者更准确地说,其他任何种类的照片,都是可采纳的。那种观点——由摄影师拍下的可以采纳,而由一个自动拍摄装置拍下的就不予采纳——是很荒谬的。同样,如果天气情况的证据与系争事实具有关联性,但法律认为只有由监测晴雨表的人提供的证据才能使用,而晴雨表的记录就不能证明,这样的法律就违背了常理"。[①] 同样的原理适用于电脑输出的文件,在 1982 年的 R v. Wood 一案中,上诉法院认为计算机打印件显示的由计算机作出的某种计算结果可以作为物证采纳。[②] 2005 年的 DPP v. Thornley 一案体现了同样的思路,法庭裁决由自动监控系统拍下的被告人超速驾驶的记录可以作为实物证据使用,而无须证人出庭对其加以证实。

需要注意的是,法院在采纳此类自动录制品前,应当确保该录制品属于原始证据而非复制品,其原始性的证明标准只需达到表面真实的程度即可,举证方应当能够对自动录制品的来源和出处进行合理的解释。如果有证据表明自动录制品可能被剪辑过,或者录制质量较差以至于陪审团不可能根据其内容形成合理的判断,则该自动录制品应当被排除。[③]

---

① Adrian Keane et al.，*The Modern Law of Evidence*，8th edition，Oxford University Press，2010，p.266.

② [英]理查德·梅:《刑事证据》,王丽等译,法律出版社 2007 年版,第 39 页。

③ Peter Murphy，*Murphy on Evidence*，10th edition，Oxford University Press，2007，p.622.

第七章　传闻证据

一、概述

（一）传闻证据的概念

英国学者根据普通法判例中对传闻证据的认识，从不同角度对传闻证据进行定义。[1] 尽管各种定义方式不同，但彼此之间仍存有共性，即普通法上的传闻证据是一人在庭外所作的"断言"，例如某一项陈述或主张，被作为证明其内所述事宜真实性的证据提交给法庭，而法庭在庭审中却无法对原陈述人进行检验。[2] 据此，传闻证据包含以下三个基本因素：首先，传闻的内容是原陈述人在庭审或其他法律程序之外所作的、关于某项案件事宜的陈述。其次，此陈述被原陈述人以外的人在法庭上以口头、书面或者行为方式提出并作为证据。最后，诉讼各方提交该证据旨在证明其内所述事宜的真实性。由于传闻证据是由原陈述人以外的人所作的陈述，因此若该人知道原陈述人所述的事实，则其陈述为第一手传闻（first-hand hearsay）；若该人不知道原陈述人所述的事实，则其陈述为第二手传闻（more remote hearsay）。[3] 对于传闻证据，英美法的基本态度是按照直接主义、言词主义的原则，否定其证据能力。[4]

传闻规则（the hearsay rule）亦称反传闻规则（the rule against hearsay）、传闻排除规则（the rule except hearsay），产生于 17 世纪末的英国，是由普通

---

[1]　齐树洁主编：《英国民事司法改革》，北京大学出版社 2004 年版，第 450~451 页。

[2]　I. H. Dennis, *The Law of Evidence*, 4th edition, Sweet & Maxwell, 2010, p. 682. 当然，还有其他对传闻证据的定义方式，例如从庭外陈述者可靠性的角度来界定。帕克（Park）教授即认为对传闻证据的定义应"以'陈述者'为基础（declarent-based），即如果作出行为或提交言词是为证明某一看法或声明，那么该行为或言词即为传闻证据"。这一定义方式也被称为"危险分析"。

[3]　乔欣主编：《外国民事诉讼法学》，厦门大学出版社 2008 年版，第 57 页。

[4]　陈浩然：《证据学原理》，华东理工大学出版社 2002 年版，第 277 页。

法发展起来的主要证据排除法则之一。作为传闻证据的排除法则,传闻规则的定义以上述"断言"为基础。在诸多学理定义中,克罗斯(Cross)教授的主张在实践中被广泛接受。① 他认为传闻规则是指"不是由在诉讼程序中提出口头证据的人所作的,然而作为其内所述事项(或意见)的证据而提交的断言将不被采纳。"② 若提交证据旨在证明庭外陈述的真实性,那么该证据属于传闻证据,适用传闻规则;若提交证据是基于其他目的,如表明确实作过庭外陈述,③那么该证据属于原始证据,不适用传闻规则。在 1956 年的 Subramaniam v. Public Prosecutor 一案中,枢密院对传闻证据的提交目的作了详细的阐释:"证人将他人之前对其所作的陈述作为证据提交,此时,该证人所作的陈述可能属于传闻证据,也可能并非传闻证据。当提交证据旨在证明其内所述事宜的真实性时,该证据为传闻证据,不被采纳;当提交证据旨在证实确曾作出该表述时,该证据不是传闻证据,可被采纳。"④以某诽谤案为例:被告曾给原告的证人写过一封信。在信中,被告称原告是一名小偷。此诽谤性陈述本身是系争事实,成为原告的诉因。原告将这封信提交给法庭,用以证明被告确曾作出该诽谤性陈述,而非证明信内所述事宜是真实的,即自己确实是小偷(这是被告主张的事实)。因此该证据不属于传闻证据,不适用传闻规则。

(二)传闻规则的发展

在英国,传闻该规则伴随古老的陪审团制度的演变而确立。早期的陪审团由 12 名熟悉案情的当地居民组成,这些陪审员根据自身所了解的案件情况协助法官判案。无论其主张的控罪事实是耳闻目睹还是道听途说,均可作为判决的依据,⑤这就意味着传闻证据可自由使用。1352 年,为保证陪审员在参加审判时无事前偏见,英国法律赋予被告人要求了解案情的陪审员回避的

---

① 荆琴、邱雪梅:《英国证据法的传闻规则研究》,载《厦门大学法律评论》第 3 期,厦门大学出版社 2002 年版。

② Rupert Cross, *Cross on Evidence*, 6th edition, Butterworth & Co. Ltd., 1985, p.454.

③ 沈达明:《英美证据法》,中信出版社 1996 年版,第 100 页。

④ 汤维建:《英美证据学的历史、传统与证据规则》,载何家弘主编:《证据学论坛》(第二卷),中国检察出版社 2001 年版,第 57 页。

⑤ 占善刚、刘显鹏:《证据法论》,武汉大学出版社 2009 年版,第 258 页。

权利,由此产生了现代意义的小陪审团。① 自 15 世纪始,陪审团参与庭审时,在法庭上听取证人证言,通过交叉询问保障证言的可靠性。1660 年起,由于将传闻证据作为定案唯一根据的做法受到愈来愈多的质疑,因此该类证据被禁止单独采纳,仅能作为佐证使用。1680 年以后,传闻规则最终在英国正式确立。② 19 世纪初,该规则得到进一步巩固,成为英国证据制度的一个组成部分。

传闻规则是由一般排除规则和例外规则所组成的综合体,即原则上要求排除所有传闻证据,除非符合法律规定的例外情形。具体来说,为判断某一证据的可采性,审判法官必须首先依照"传闻证据"概念复杂的内涵和外延,审查该证据属于传闻还是非传闻。如果不属于传闻,则可以采纳;如果属于传闻,则需进一步审查它是否属于传闻排除规则的例外情形。如果属于例外情形,则仍然可以采纳。③ 该设计旨在鼓励诉讼各方传唤证人出庭接受询问,以促进事实真相的发现。然而,由于庭外陈述被严格排除,在某种程度上反而有碍于真实的探求。随着传闻规则例外的不断增加,证据法体系也愈发错综复杂,难以控制。④

经过数世纪的演变,传闻规则成为"最古老、最复杂、最令人困惑的证据排除规则之一"。⑤ 它不仅使普通民众感到难以理解,就连法律界人士也时常无所适从。自 20 世纪以来,该规则面临体系过于庞杂,适用趋于僵化的困境,导致诉讼成本攀升、效率低下等弊端,不能适应司法实践和社会发展的需求。为此,英国法律界着手进行了一系列重大改革。在 1965 年的 Myers v. DPP 一

---

① 樊崇义、李静:《传闻证据规则的基本问题及其在我国的适用》,载《证据科学》2008年第 3 期。

② 何邦武:《刑事传闻规则研究》,法律出版社 2009 年版,第 40 页。

③ 孙维萍主编:《证据法学》,上海交通大学出版社 2009 年版,第 344 页。另参见《牛津法律词典》对传闻证据(hearsay evidence)的解释:Oral or written evidence statements made by someone who is not a witness in the case but which the court is asked to accept as evidence for the truth of what he stated. In general, hearsay evidence has been inadmissible (the rule against hearsay), but this principle is always been subject to numerous exceptions. See *Oxford Dictionary of Law*, 6th edition, edited by Elizabeth A. Martin & Jonathan Law, Oxford University Press, 2006, p.251.

④ Lempert & Saltzburg, *A Modern Approach to Evidence*, 2nd edition, West Publishing Co. Ltd., 1983, p.493.

⑤ Rupert Cross, *Cross on Evidence*, 6th edition, Butterworth & Co. Ltd., 1985, p.453.

案中,上议院作出了一个里程碑式的判决,将制定传闻规则例外的任务交由立法机关承担。该案被公认为是传闻规则发展过程中的重要转折点,具有重大的影响。① 它标志着通过普通法创制传闻规则例外的做法已经成为历史,传闻规则的法典化改革进入立法机关的议事日程。1993 年至 1997 年,法律委员会就证据法改革先后提交了两份报告,以期增强规则的明确性和可操作性。经过一系列的立法更迭,法官在适用传闻规则时更加灵活,在对传闻证据的可采性进行判断时,也比以前享有更大的自由裁量权。 由此,在民事领域,传闻规则经历了从严格到宽松直至被取消的变化;在刑事领域,传闻规则也朝着扩大传闻证据采纳范围的方向发展。目前,民事诉讼中的传闻规则实际上已完全被取消;②刑事诉讼中的传闻规则尽管未被彻底废除,但也为成文法所取代,并由此扩大了先前的规则例外范围。

二、普通法中的传闻规则

(一)传闻规则的一般原则及其适用

传闻证据一般不具有可采性,不能被法庭接受作为证明事实的证据。之所以谨慎地排除此类型证据,主要基于以下两点原因:首先,传闻证据的价值令人担忧。在 1952 年的 Teper v. R 一案中,诺曼德(Normand)法官对传闻证据的缺陷作了经典概括:"'传闻证据'不是证明事实的最佳证据。这种证据的作出未经宣誓,无法通过交叉询问、观察行为的质证方式,来证实未接受上述检验方式的人所作陈述的可靠性和准确性。"③采纳传闻证据还可能存在伪造或者复述不准确的可能。因此,通过传闻规则的适用,可驳回当事人希望法庭对不出庭证人的可靠性予以认可的请求,从而确保证据的真实性以及事实认定的准确性。其次,传闻证据的采纳不利于程序价值的实现。英国传统的对抗式审判方式要求法官消极主持审判活动,当事人积极主导程序进行。任何证据均应在法庭上提出并经双方辩论,未经被告人方交叉询问的证人证言不

---

① Peter Murphy, *Murphy on Evidence*, 7th edition, Blackstone Press Limited, 2000, p.210.

② 何家弘主编:《外国证据法》,法律出版社 2003 年版,第 124 页。

③ I. H. Dennis, *The Law of Evidence*, 4th edition, Sweet & Maxwell, 2010, p.687.

得作为判决的实质性依据。① 据此,只有促进对质权的实现才能保证法庭公正裁判。随着传闻规则在近代的发展,诉讼程序中保障人权的比重不断增加。② 通过传闻规则的适用,可赋予当事人实质性的对质权,不仅促进双方当事人参与决策过程,还检验了证据的证明价值,使判决的合法性得以强化。

在普通法上,传闻规则适用于三种类型的传闻证据,即口头陈述、书面陈述以及行为陈述。③ 通常来说,大部分传闻证据所涉及的陈述,均是载有原陈述者所作的关于事实的明示陈述,但仍有部分传闻证据载有原陈述者关于事实的默示陈述。由于传闻规则是排除传闻证据的法则,因此明示陈述和默示陈述属于传闻规则的适用范围。

首先,明示陈述是指有明确的意思表示,可成为一种主张的行为,包括以口头、书面、或者行为方式作出的陈述,④例如以点头的方式回应对方提出的问题,或者被要求说出袭击者时用手指认在场的某人。当明示陈述的目的是证明其内所述事实的真实性时,普通法中的传闻规则适用于该陈述;当明示陈述的目的是证明确曾作出该陈述时,该陈述不属于传闻规则的适用范围。其次,默示陈述是指无直接和明确主张的意思表示,但能够通过推理方式,从中得出一种主张的行为。⑤ 普通法认为传闻规则当然适用于默示陈述。除此之外,在普通法传统上,实物证据也必须由亲身感知的人以言词的形式提出于法庭,因此传闻规则还影响着实物证据的证据资格。⑥

(二)传闻规则的例外

1. 传统传闻规则例外

鉴于传闻证据自身的缺陷,法官在传统上倾向于严格适用传闻规则,原则上排除传闻证据。然而,传闻证据在某些特定情形下仍具有一定价值,主要表现在以下两个方面:一是证据价值。当缺少直接证言时,传闻证据可能是能够获得的最佳证据形式。比如陈述者在审判前突然死亡。其死前所作的陈述在某种意义上被认为是最佳的证据形式。若该陈述与系争事实相关,法庭更倾

---

① 樊崇义、李静:《传闻证据规则的基本问题及其在我国的适用》,载《证据科学》2008年第3期。

② 卞建林主编:《证据法学》,中国政法大学出版社2007年第2版,第382页。

③ Richard May, *Criminal Evidence*, 2nd edition, Sweet & Maxwell, 1990, p.154.

④ Lord Templeman & Rosamund Reay, *Evidence*, 2nd edition, Old Bailey Press, 1999, p.115.

⑤ 齐树洁主编:《英国证据法》,厦门大学出版社2002年版,第470页。

⑥ 宋英辉、吴宏耀:《传闻证据排除规则》,载《人民检察》2001年第6期。

向于采纳陈述者的死前陈述。在可获得直接证言时,传闻证据可能比当庭证言更加可靠。比如相较于审判时已遗忘案件细节的证人所提供的当庭证言,以书面形式记录案件具体情况的庭外陈述具备更高的可信度。有法官认为排除此类传闻证据往往会妨碍事实真相的发现,因此法官在审判中并非基于规则,而是根据"看上去比较公正"的感觉对传闻证据进行判断。[①] 二是程序价值。当陈述是唯一或决定性的有罪证据,且辩方没有或者有极为有限的机会对证人进行质疑时,采纳该陈述一般会导致审判不公。[②] 但当辩方有机会在审前程序中对证人进行质疑时,该证人所作的传闻陈述可被采纳。[③] 即使审前程序中,辩方未有机会质疑证人,但该证人的身份若已得到法庭确认,且存在其他证据支持有罪判决,或者该证人所提供的证据具备其他可靠性的情形保证时,此传闻证据仍具有高度的可靠性。在原陈述人无到庭的必要或者有正当原因无法出庭作证的情形下,法庭仍可信任该庭外陈述。[④] 采纳此陈述将不会导致审判不公。

由此看来,如果严格排除一切传闻证据,有可能导致相当一部分案件的真相根本无法查明,或者查明真相的成本过大,[⑤]这不仅是司法证明的重大损失,也是司法公正的重大缺陷。[⑥] 因此,在司法实践中,法官会在特别情形下按照判例法的规定,以"必要性"和"可靠性"为准则采纳传闻证据。[⑦] 运用列举法和排除法,法官逐渐对可作为定案根据的传闻例外进行了归纳和总结,在传闻规则的一般原则之外,形成并创设了诸多普通法传闻规则的例外。[⑧] 概而言之,普通法上的传闻例外主要有六种类型:(1)有关事实的一部分;(2)死者临终前的陈述;(3)非正式自认;(4)先前程序中的陈述;(5)公共文书和记

[①]　J. W. McElhaney, The Heart of the Matter, in *ABA Journal*, 2003, No.3.

[②]　Al-Khawaja and Tahery v. United Kingdom [2009] 49 E.H.R.R. 1.

[③]　SN v. Sweden [2004] 39 E.H.R.R. 13.

[④]　郭志媛:《刑事证据可采性研究》,中国人民公安大学出版社 2004 年版,第 221 页。

[⑤]　占善刚、刘显鹏:《证据法论》,武汉大学出版社 2009 年版,第 261 页。

[⑥]　何家弘:《从应然到实然——证据法学研究》,中国法制出版社 2008 年版,第 39 页。

[⑦]　Lempert & Saltzburg, *A Modern Approach to Evidence*, 2ⁿᵈ edition, West Publishing Co. Ltd., 1983, p.348.

[⑧]　在美国,传闻证据排除有超过 30 种的例外情况。参见廖永安、[美]彼得·安德森主编:《对话与交融:中美证据法论坛》,湘潭大学出版社 2011 年版,第 29 页。

录;(6)论述公共事务的权威出版物。①

2.《2003 年刑事审判法》保留的普通法传闻例外

随着司法判例的增加,越来越多传闻证据的可采性相继被判例法所肯定,新的传闻规则例外也不断被成文法所吸收。由此,传闻规则的例外愈显庞杂。为彻底清理与规范散落在普通法与成文法中庞杂的传闻规则,采纳传闻证据的主要法律依据由普通法变为成文法。由于《1995 年民事证据法》废除了传闻规则,因此普通法上有关民事案件的传闻规则例外已不再适用。时至今日,普通法上的例外只在刑事诉讼中仍具有意义。

《2003 年刑事审判法》第 118 条列举了八项被成文法保留的普通法传闻规则例外。除了该条所保留的规则以外,关于刑事诉讼中传闻证据可采性的普通法规则均被废除。兹分述之。

(1)公共信息

论述公共事务的出版物,如历史书籍、科学著作、字典和地图等,作为其所述事项的证据可被采纳。这一类证据实际上被视为以文书形式表现的特殊专家证据,其可靠性源自写作者的资质、研究程度以及专业性。

公共文书如公共名录、公共机构就公共利益所作的报告等,特定的法庭记录,条约,皇家授权、赦免以及委任的记录等,作为其所记载内容的证据可被采纳。该些记录之所以具有可靠性是基于对文书制作者勤恳履行其职务的假设。1880 年的 Sturla v. Freccia 一案表明,传闻规则例外的适用必须满足以下三个主要条件:文书记载的内容须为公共事务;须由公职人员基于调查和记录的职责而作出;须为公众查阅和检查而保留。

(2)有关品格的声誉

一个人的声誉作为证明其品格良好或者品格不良的证据可被采纳。尽管在大多数案件中,“名声”并非最富有信息量或最具可靠性的品格证据,但普通法仍规定可以名声证据证明相关品格。成文法上保留该规则仅限于允许法庭将此类证据视为对相关事项的证明。

(3)声誉或者家族传统

首先,关于血亲或姻亲的陈述。鉴于死者是系争主体的血亲或配偶,且陈述是在争议产生前作出的,因此死者关于血亲或姻亲的陈述,无论是口头还是书面,作为证明或者反驳某人出生、身份或婚姻状态的证据均可被采纳。该类

---

① 荆琴、邱雪梅:《英国证据法的传闻规则研究》,载《厦门大学法律评论》第 3 期,厦门大学出版社 2002 年版。

陈述可被采纳的主要原因在于：与血亲或姻亲有关的事实发生在审判之前，时隔多年，死亡的家庭成员对争点最为熟悉，其所作的陈述是判断该争点最佳、也是唯一可获得的证据。其中，血亲或姻亲必须是直接争点，相关陈述不能被用以证明其他事项，如证明一人违反合同时未成年。由于未要求陈述者须是对所述事宜有亲身感知的人，因此关于血亲或姻亲的陈述可以是世袭的家庭传统或名声，即使是多重传闻也可被采纳。

其次，关于公共或集体权利的陈述。鉴于陈述是在争议发生前作出的，且就集体权利来说，陈述者具有与权利相关的智识，因此死者关于公共或集体权利的陈述，无论是口头还是书面，作为证明或者反驳其内所述权利的存在的证据可被采纳。公共权利即民众的权利，如公共道路的使用；集体权利即特定人的权利，如教区居民基于特定目的使用公共土地的权利。这一例外同样可能使多重传闻被采纳。

（4）有关事实的一部分

有关事实的一部分源自拉丁语"Res gestae"，指在许多事实和事件中，伴随陈述或同步陈述是其必不可少的组成部分，若未提到这些陈述，对事实或事件的叙述将含糊不清、没有意义或者容易产生歧义。[①] 该类陈述可被采纳的主要原因在于：首先，此陈述具有自发性、同时性的特点，其内所述内容一般真实可靠。其次，此陈述与相关事项联系密切甚至构成事实的一部分，在某些特定情形下具备可采性。起初，该术语被运用在证明事实或者有关事实、意见的特定陈述的可采性上。这些陈述不但包括诉讼当事人的反应，一定情形下还包括旁观者和陌生人的陈述，[②]但由于分类不够成熟，因此在具体适用上存在过度的概念主义倾向。

近些年，法庭开始转向关注此类陈述的相关性和可靠性问题。《2003年刑事审判法》规定了该类传闻证据具有可采性的三种情形：一是本能的陈述，即该陈述是一个人在情绪上受到某一事件的强烈刺激下作出的，以至于可忽略陈述者虚构或者歪曲的可能性；二是伴随相关行为并对此作出解释的陈述，即该陈述是伴随某一行为作出的，该行为作为证据，只有与此陈述结合考虑时，才能被正确评价；三是有关思想或身体状态的陈述，即该陈述涉及身体感

---

① 孙维萍主编：《证据法学》，上海交通大学出版社2009年版，第345页。
② 薛波主编：《元照英美法词典》，法律出版社2003年版，第1188页。

觉或者精神状态,如意图或情感。①

(5)供述

诉讼一方所作的不利于己的供述,无论是自认还是混合陈述,②作为其内所述事宜真实性的证据均可被采纳。也只有在供述者对所承认的事宜具备个人智识时,该供述才具有证明价值。该类陈述可被采纳的主要原因在于:首先,一般人不会作出不利于自己的陈述,除非该陈述是真实的。③ 其次,审判中自愿作出陈述的一方当事人有机会提交证据,并就此作出相应解释。

供述通常是明示的。在1834年的 R v. Simons 一案中,治安法院对被告人纵火一案进行了审判。被告人在离开法庭时对其妻子作出有罪陈述,这一陈述无意间被他人听到。法官艾德森(Alderson)允许该人作证,并认为"不仅无意间听到的被告人对其妻子的陈述可作为证据,连被告人的自言自语也可作为证据"。与此相似,在1962年的 Rumping v. DPP 一案中,被告人给妻子写了一封信,信中对其实施的谋杀行为供认不讳。随后这封信被警方拦截,并作为证据提交。上议院认为该证据可被采纳。

供述也可隐含于一方当事人的沉默或行为之中。1914年的 R v. Christie 一案确认了自认规则适用于默示供述,即根据当时环境完全有理由期待被告人当场否认自认为失实的指控,但被告人未有任何作为,这相当于其对指控真实性的默示供述。1976年的 Parkes v. R 一案确认了这一立场。该案受害者的母亲指控被告人杀害她的女儿,被告人对此控诉未作任何回应。当这位母亲声称要扣留被告人直到警察赶到时,被告人试图将其刺杀。枢密院认为,若指控失实,则完全有理由期待被告人否认这位母亲的控诉。法官因此允许陪审团采纳该默示供述。

自认规则适用于语境中的明示供述,而非警察质问中的明示供述。实际上,无论出于自愿,还是迫于警方审讯压力,错误的供述,特别是弱智、患有精

---

① Andrew Choo, *Hearsay and Confrontation in Criminal Trials*, Clarendon Press, Oxford, 1996, pp.112-139.

② 混合陈述指陈述中部分为有罪陈述,部分为无罪声明。刑事诉讼中被告人所作的不利于自己的承认相当于《1984年警察与刑事证据法》第82条第1款所规定的自认,即"某人所作的全部或部分不利于己的陈述"。若控方试图依赖于自认中的有罪部分,则必须满足该法第76条第2款所规定的自认的可采性条件并提交全部自认,不得仅提出有罪部分。此外,法官还需就混合陈述向陪审团作出指导。

③ 易延友:《传闻法则:历史、规则、原理与发展趋势——兼对我国"传闻法则移植论"之探讨》,载《清华法学》2008年第4期。

神疾病或人格障碍的被告人所作的供述，均存在重大危险。为防止采纳不可靠的供述，法庭须根据《1984年警察与刑事证据法》或普通法上所规定的排除证据的自由裁量权，排除不具有证明力的供述。

(6)代理人的承认

在刑事诉讼中，当代理人所作的承认符合以下两种情形时，该承认作为不利于被告人的证据可被采纳：①被告人的代理人所作的承认；②被告人告知他人可以从第三人处获得信息，该第三人所作的陈述。当一人与系争主体"私下知悉"时，系争主体有时会承认该人所作的不利于自己的陈述。此陈述者不仅包括前任所有权持有人、对争议财产或义务有相同利益的人，如合作伙伴或受托人，还包括有权代表一方当事人行为或对他人说明争议事项的代理人。"私下知悉"则指从未公开阐明。刑事案件中，由于刑事责任自负，代理人的承认问题尤为特殊。

(7)共同行为

在刑事案件中，共同行为的一方当事人所作的陈述，作为不利于另一方当事人的证据可被采纳。[1] 当提交该证据旨在证明共同行为的范围或目的时，此陈述具有可采性；当提交该证据旨在证明另一方当事人实施了共同行为时，此陈述不具备可采性。后者须以其他独立证据加以证明。

在1996年的R v. Devonport, Pirano and White一案中，五名被告人被控合谋欺诈银行31万英镑。案发后，被告人将该笔钱款从伦敦的两个银行账户分别转到异地的其他账户中，部分钱款转到慕尼黑账户，后不知所终。警察在其中一名被告人女友的家中搜出一份文书，其内详细记载了五名被告人的分赃情况。该份文书由该被告人口述，其女友记录。尽管该案并无其他四名被告人共同行为的证据，法官仍采纳了这份不利于所有被告人的文书。上诉法官认为，该文书是其中一名案犯所作的陈述，旨在对赃款进行有目的或可预期的分配，以促进密谋的实现，因此该文书作为不利于其他同案犯的证据具有可采性。据此，共同行为的一方当事人所作的陈述须旨在促进密谋的实现。若作出陈述时，共同目的已经实现，陈述内容仅是对具体实行行为的单纯描述，则不属于此传闻规则例外的适用范围。

(8)专家证据

在刑事诉讼中，专家证人可援用与其专业领域相关的知识，就专业内的任

---

[1] K.Spencer, The Common Enterprise Exception to the Hearsay Rule, in *International Journal of Evidence & Proof*, 2007, No.11.

何事项提供证据(尽管不是其亲身经历)。当专家证人提供的意见是依据他人在相关专业领域提出的实质性发现,而非表面事实的发现时,该专家的陈述实际上包含着其内所述事宜是真实的这一明示或默示的主张。因此,专家证据在逻辑上属于传闻,但鉴于专家证据内在的高度可靠性和专业性,普通法允许采纳此类证据。

三、民事案件中的传闻规则

(一)传闻规则在民事领域的演变

在民事领域,传统的传闻规则经历了从严格到宽松的演变过程。《1938年证据法》尽管规定了特定条件下可采纳第一手书面传闻,但由于该法适用上的有限性制约了其影响力,因此在民事案件中仍适用普通法上的传闻规则以排除传闻证据。为建立一个更为全面的成文法基础,使传闻证据得以在民事诉讼中被采纳,[①]《1968年民事证据法》进一步放宽了限制,将可采性范围扩展至第一手口头传闻,同时扩大了书面传闻的范围,将计算机制成的文件中所记载的陈述纳入具备可采性的证据范围,并为审判中试图提交传闻证据的当事人设置了复杂的通知程序。除此之外,还赋予某些普通法例外以成文法上的强制力。[②] 尽管该法未取消传闻规则,除了规定第二手传闻一般应予以排除,除非存在特定的例外情形,如非正式自认、临终陈述、政府文件上的陈述等,[③]还规定关于传闻的法则仅适用于事实陈述而不适用于意见陈述。[④] 尽管如此,对于民事案件中原本适用的普通法传闻规则来说,该法所作的规定可谓一项重大突破。

(二)改革背景

20世纪下半叶的英国,无论是民事诉讼的制度环境还是社会文化均发生了根本性的变化。

---

① Rupert Cross, *Cross on Evidence*, 6th edition, Butterworth & Co. Ltd., 1985, p.479.

② Adrian Keane et al., *The Modern Law of Evidence*, 8th edition, Oxford University Press, 2010, p.322.

③ 吴高庆主编:《证据法学》,清华大学出版社2010年版,第375页。

④ Peter Murphy, *Murphy on Evidence*, 7th edition, Blackstone Press Limited, 2000, p.305.

首先,传统上,适用传闻规则可在一定程度上限定陪审团接触证据的范围,使其免受律师诉讼技巧或繁杂证据的误导与迷惑。① 然而,近些年民事案件已很少实行陪审团审理,当事人可申请使用陪审团的民事案件仅限于四种类型,即欺诈、诽谤、恶意滥诉和非法拘禁。即使在这四种案件中,法官仍可行使自由裁量权,以拒绝当事人提出的使用陪审团的申请。② 至于高等法院、郡法院案件的事实发现及证据评估问题,也几乎全由专业法官承担,从而有效地制约了非法律专业人士参与民事诉讼。由此看来,外行的事实审判者难以评估证据价值的传统问题大多已不复存在。

其次,一般认为,传闻在传递过程中很可能改变信息内容,产生虚假或歪曲原陈述的危险,适用传闻规则有利于鼓励当事人尽可能提供直接证据,通过对出庭证人的交叉询问,排除其误听或误报陈述的可能。然而,在现代民事诉讼中越来越多的证据主要是书面形式,通常由计算机制作而成。科技的进步不仅使这种记录形式的可靠性和稳定性得以增强,也使人们的认识能力逐步提高,对证据真实性的审查不再仅仅依赖于证人出庭接受询问,传闻规则存在的理由因此不再充分。

最后,英国传统的审判方式呈现明显的对抗制特点,为促进对质权,保证消极主持审判的法官发现真实,传闻规则成为必然要求。然而,近些年民事诉讼少了剑拔弩张的对抗性,进一步适应诉讼当事人合作的需求。③ 审判活动的中心也由庭审程序转移至审前程序,不仅追求案件管理的高效性,也强调在审前程序中鉴别、提炼争点,使当事人无法在审判时提交策略性证据,避免"突袭判决"。④ 若因书面证据不是原始陈述而适用传闻规则予以排除,审前程序的作用则难以发挥。

基于上述根本性变化,英国法律界围绕是否废除传闻规则展开了激烈的争论。有人主张,在具备保障措施的前提下,应废除传闻规则;有人则持反对意见,认为传闻规则应被保留,但须改进现有法例的相关条文;其他人则主张赋予法庭广泛的自由裁量权以采纳传闻证据。⑤ 综合上述观点,法律委员会认为,传统的传闻规则存在以下三大问题:一是笨拙难用;二是陈旧过时;三是

---

① 卞建林主编:《证据法学》,中国政法大学出版社 2007 年第 2 版,第 382 页。

② 齐树洁主编:《英国民事司法改革》,北京大学出版社 2004 年版,第 96～97 页。

③ 徐昕:《英国民事诉讼与民事司法改革》,中国政法大学出版社 2002 年版,第 8 页。

④ 常怡主编:《外国民事诉讼新发展》,中国政法大学出版社 2009 年版,第 85 页。

⑤ 香港法律改革委员会:《民事法律程序中的传闻证据规则研究报告书》(1996 年 7 月),http://www.hkreform.gov.hk/,下载日期:2011 年 5 月 15 日。

过于复杂。① 因此,《1968 年民事证据法》所确立的机制已远远落后于民事诉讼制度及其实践的发展,在民事领域废除传闻规则的时机已经到来。随后应运而生的相关变革应遵循以下两项基本的指导原则:一是法律应当简化,最大限度地与证据法的功能保持一致。二是作为总的原则,除非有令人信服的排除理由,否则所有传闻证据都应当被采纳。② 经酝酿,法律委员会于 1993 年公布了《民事程序中的传闻证据规则》最终报告书(法律委员会第 216 号),并附有一部法律草案。

《1995 年民事证据法》的颁行使法律委员会在最终报告书中的建议得以固定,该法标志着传闻规则在民事领域的终结。新法明确废除了民事诉讼中的传闻规则,不再将此规则视为证据可采性规则,而是将规则内隐含的基本价值诉求作为裁判者在评估证据分量时的参考。具体来说,首先,证据可采性是由法律预设的判断证据是否可被采纳的标准,即证据必须为法律所容许,方可用于证明案件的待证事实。③ 而证据是否可被采信的关键不在于该证据是否属于传闻,而在于其内所述内容是否可信,④这其实是对证据证明力或证据价值的评估,已超出证据可采性的范围,应交由裁判者运用自由裁量权进行判断。⑤ 其次,裁判者往往需要运用其经验和常识对传闻证据的可信度进行判断,而传闻规则,尤其是传闻规则的例外正是人们智慧与经验的结晶,其内蕴含的发现真实、追求程序正义的思想精髓有助于裁判者正确区分传闻证据与非传闻证据,并对不同类型的传闻证据进行恰当评估。

(三)具体制度

《1995 年民事证据法》对传闻规则进行了大刀阔斧的改革。第 1 条第 1 款规定:"在民事诉讼中,证据不得因系传闻而予以排除。"这就明确取消了民事诉讼中传闻规则的适用,使得传闻证据可被采纳。第 11 条对"民事诉讼"作了较为宽泛的界定,所谓"民事诉讼"是指在任何裁判庭面前,根据法律或当事人之间的协议,严格适用证据规则的民事程序。因此,该法适用于在普通法

---

① Hodge M. Malek et al. , *Phipson on Evidence*, 16th edition, Sweet & Maxwell, 2005, p.814.

② 英国法律委员会:The Hearsay Rule in Civil Proceedings (1993),http://www.official-documents.gov.uk,下载日期:2011 年 5 月 26 日。

③ 张卫平主编:《民事证据制度研究》,清华大学出版社 2004 年版,第 40 页。

④ 张培:《传闻证据规则在英国民事诉讼中的变革及其评价》,载齐树洁主编:《东南司法评论》(2010 年卷),厦门大学出版社 2010 年版,第 448 页。

⑤ 何家弘主编:《证据法学研究》,中国人民大学出版社 2007 年版,第 8 页。

庭、审裁处以及严格适用证据规则的仲裁活动中所进行的民事诉讼。《1999年治安法院规则》也规定,上述规则适用于治安法院审理的民事案件。①

基于对传闻证据可靠性的担忧,《1995 年民事证据法》第 14 条第 1 款明确保留了根据其他理由排除传闻证据的可能。该款的规定表明传闻规则在民事领域的废除并不会影响证据法上其他排除规则的有效性。新法还规定了一系列程序保障措施,以防止诉讼当事人不当使用传闻证据,并帮助法庭正确评估传闻证据的分量。具体措施表现在以下四个方面:

首先,预先通知的要求(第 2 条)。为使他方当事人能应对证据中的传闻部分,新法规定在当时合理可行的情形下,欲提出传闻证据的一方当事人必须预先通知,令对方当事人在审讯前有足够时间决定是否需要传唤陈述者,并应其要求,提供该传闻证据的详细情况或者与该传闻证据有关的详细情况。②法院也有权根据实际情况制定不适用本条款的情形。当事人若未预先通知或未预先有效地通知对方,不影响传闻证据的可采性,但法庭在行使对诉讼的控制权时,会将此纳入考量范围,如决定休庭使被通知者有足够时间对该证据作出反应,或者对通知者施以费用制裁,同时也会将此视为影响证据分量的因素。

其次,传唤证人的权利(第 3 条)。新法规定,当一方当事人提交的是未出庭证人所作的陈述时,对方当事人经法庭许可,可传唤该陈述者,并就其可靠性和陈述内容进行交叉询问。为防止对证据不必要的重述,根据第 6 条第 2款的规定,在具备证人资格的陈述者无法出庭作证时,法庭可允许采纳其所作的传闻陈述。但许可条件不适用于具有独立证明价值的传闻陈述,因为该类陈述能辩驳捏造的主张。根据第 5 条第 2 款的规定,如果陈述者未被传唤,当事人仍然可提出任何旨在攻击或支持该缺席证人可靠性的证据,例如提交该陈述者先前的有罪判决,先前所作的不一致的陈述,或者作出传闻陈述之后,该陈述者所作的其他不一致的陈述。此规定旨在取得与该证人出庭作证时一样的效果。③

再次,评定传闻证据分量的法定指导(第 4 条)。为正确评估传闻证据的

---

① Hodge M. Malek et al., *Phipson on Evidence*, 16th edition, Sweet & Maxwell, 2005, p.816.

② 齐树洁主编:《英国证据法》,厦门大学出版社 2002 年版,第 509 页。

③ Alan Taylor, *Principles of Evidence*, 2nd edition, Cavendish Publishing Limited, 2000, pp.220-221.

分量,新法规定法庭需要考虑任何可以合理推断出证据可靠性的情形。这些情形包括:传唤原始陈述人出庭作证是否合理可行;原始陈述的作出是否与所述事件的发生同时;证据是否为多重传闻;涉案人员是否有隐瞒或歪曲事实的动机;原始陈述是否经过删改,是否与他人合作,或者是否基于特殊目的而作出;提交传闻证据的情形是否表明该方当事人试图妨碍法庭评估证据分量。① 上述情形中,"涉案人员"除了指原始陈述人,还包括任何听到或记录该陈述的证人,以及将该陈述传达给最后"收到者"的中间人。② 如果这些人有隐藏或歪曲的动机,将会影响传闻证据的可采性,因此,特定情形下,法庭会根据传闻规则作出裁决。"法律未禁止法庭仅因该证据未经证实、无法被检验或与对方当事人的证据相矛盾便认为传闻证据不具分量"。③ 若法庭十分怀疑传闻证据的可靠性,可排除该证据。

最后,陈述者的资格和未被传唤的证人的可信性(第 5 条)。证人资格是传闻可采性的先决条件,新法对此作了规定。对证人资格的要求适用于作出传闻陈述的任何人,包括记录另一个传闻陈述并据此作出陈述的人。若陈述者作出陈述时并不具备证人资格,而传闻证据恰是由该人所作的陈述组成,或通过该人所作的陈述加以证明,那么此传闻证据不具可采性。"不具证人资格"意指精神、身体欠妥,或缺乏理解力等。民事诉讼中,这些缺陷将导致陈述者不具备证人资格。但若符合《1989 年儿童法》第 96 条第 2 款 a 项以及 b 项所规定的采纳儿童违背誓言的证据条件,那么该儿童应被视为具备证人资格。据此,一方当事人欲信赖由 X 作出的口头传闻陈述,则必须证明 X 作出陈述时已具备证人资格。若 X 的陈述被 Y 以书面形式记录,则必须证明 Y 在做记录时已具备证人资格。

除此之外,《1995 年民事证据法》第 7 条保留了普通法上除了非正式自认以外的其他传闻规则例外,如有关品格的声誉等。非正式自认是普通法承认的一项重要例外,这一规则曾适用于民事和刑事领域。如今,新法第 1 条和第 7 条第 1 款规定在民事诉讼中,非正式自认不再因为其为传闻证据而被拒绝采纳,但仍须遵守该法所设置的程序性保障措施,如预先通知等。因此非正式

---

① 荆琴、邱雪梅:《英国证据法的传闻规则研究》,载《厦门大学法律评论》第 3 期,厦门大学出版社 2002 年版。

② Adrian Keane et al., *The Modern Law of Evidence*, 8th edition, Oxford University Press, 2010, p.333.

③ Welsh v. Stokes [2008] 1 W.L.R. 1224.

自认规则现在仅适用于刑事领域。

《1995 年民事证据法》对《1968 年民事证据法》的制度作了很大变动。在司法实践中,这些新的变动能否成功解决旧制度所遗留的问题,目前尚不清楚。有学者认为,简化的通知程序仍要求欲提交传闻证据的当事人在审判前须确证传闻,并告知对方当事人自己欲提交传闻证据。如果这一要求在新法颁布前并未起作用,新法施行后,在一些案件中,当事人仍可能无视或忽略法律程序。[①] 实际上,尽管不遵守法律程序不会影响证据的可采性,但当事人提交的证据的分量仍会被削弱,这是新法所规定的制裁措施。此外,由于法官过去谨慎地根据《1968 年民事证据法》检验传闻证据的可采性,因此现在根据新法对传闻的可采性进行检验应该也没有什么不同。

四、刑事案件中的传闻规则

(一)传闻规则在刑事领域的演变

在传闻证据的可采性问题上,刑事案件比民事案件更为严格,传闻证据给刑事案件带来的麻烦也远比给民事案件多。[②] 因此,成文法对普通法上的众多传闻规则的例外予以承认。鉴于普通法上的这些例外无法满足现代诉讼的需要,成文法还规定了某些书面传闻具有可采性。例如,在普通法上,只允许文书中的"公共记录"作为传闻规则的例外,业务文书不属于例外范围。在 1965 年的 Myers v. DPP 一案中,多数法官认为传闻规则在普通法中的发展已经达到极限,拒绝将业务文书创设为新的例外,并宣称任何新的传闻例外均应由立法机关创设。这一判决因缺乏灵活性而受到批评,最终被《1965 年刑事证据法》所推翻。新法规定刑事案件中任何与贸易和业务有关的文书均可被采纳,但对计算机制作的文书仍未有任何明确的规定。[③]《1984 年警察与刑事证据法》取代了《1965 年刑事证据法》。该法第 68 条规定任何文书中的陈述均可被采纳。在满足特定条件时,计算机制作的文书也可被采纳。《1988

---

① J. Peysner, Hearsay Is Dead! Long Live Hearsay! in *International Journal of Evidence & Proof*, 1998, No.2.比斯纳的这一观点其实更多表达的是英国法应该废除通知程序,使传闻在没有更多限制的情形下具可采性。

② Alan Taylor, *Principles of Evidence*, 2nd edition, Cavendish Publishing Ltd., 2000, p.199.

③ 宋英辉、吴宏耀:《传闻证据排除规则》,载《人民检察》2001 年第 6 期。

年刑事审判法》则对传闻规则的例外作了最为重要的改革。① 该法第 23 条规定在确有保障的情形下,如果书面传闻制作者无法提供证言或者传唤其出庭作证毫无意义,那么此人所作的记载于文书中的传闻,即第一手书面传闻可被采纳。第 24 条进一步扩大了传闻规则的例外范围,规定商业、贸易、其他职业活动或者办公过程中制成的文书可被采纳。②《1996 年刑事诉讼与侦查法》还规定已在移送审判程序中提出过的所有证据,若无须进一步证明,则可在审判过程中作为证据加以宣读,除非一方当事人提出反对。这一规定突破了传统的传闻规则,使在移送审判程序中经过治安法官审查的证人书面证言笔录,在双方当事人无异议的情况下,具有可采性。③ 当辩方提出异议,反对在审判程序中宣读证人的书面证言时,若法庭认为拒绝辩方的这一要求更符合司法利益,且不会对被告人造成不公正的危险,仍可以采纳此书面的证人证言。④

(二)改革背景

1997 年,法律委员会公布了《刑事审判中的证据:传闻证据及相关问题》报告书。该报告书指出尽管传闻规则的适用理由存在诸多缺陷,但在刑事诉讼中仍不应彻底废除传闻规则。其理由主要有两点:一是彻底废除该规则会使所有具有说服力、倾向于证明被告人无罪的传闻证据,甚至是传闻危险较高的多重传闻均被采纳,如此一来,外行事实审判者将难以评估证据。二是被告人可能会提供大量传闻证据来迷惑事实审判者,使其无法确信被告人有罪。此外,法律专家也强烈反对传闻证据的可采性不受限制。

该报告书中还提出了 50 项改革建议并附有一份立法草案。在众多改革建议中,委员会更倾向于坚持其在咨询文件中提出的临时建议,即保留排除传闻证据的一般规则,但须制定特定的传闻规则的例外情形,并遵循《1984 年警察与刑事证据法》第 78 条的规定,即当控方将某项传闻证据作为指控犯罪的依据时,法官可判断采纳该证据是否会影响诉讼的公正性,据此决定应否将该证据予以排除。为确保实现个案的公正,还须增设一个"安全阀"式的条款,赋予法庭有限的采纳传闻证据的自由裁量权,使原本不属于任何其他例外情形的传闻证据具有可采性。

---

① Andrew Choo, *Hearsay and Confrontation in Criminal Trials*, Clarendon Press, Oxford, 1996, p.143.

② 孙维萍主编:《证据法学》,上海交通大学出版社 2009 年版,第 346 页。

③ 吴高庆主编:《证据法学》,清华大学出版社 2010 年版,第 375 页。

④ 卞建林主编:《证据法学》,中国政法大学出版社 2007 年第 3 版,第 386~387 页。

《2003 年刑事审判法》采纳了上述临时建议,对刑事案件中的传闻规则进行了重大修改。新法实际取代了普通法上的传闻规则,它不仅标志着成文法上传闻规则的新开始,表明立法者进一步放宽传闻规则倾向,也使原本既存的问题得到妥善解决。[①] 法律委员会的报告从以下几个方面促进了法律的进步:第一,新法将"默示陈述"排除在传闻规则的适用范围之外。[②] 第二,鉴于陈述者的身份是可确认的,未接受检验的人所作的包括第一手传闻证据,无论是口头的还是书面的,均具可采性。第三,新法修正了先前法起草时存在的重大瑕疵,规定业务文书属于传闻规则的例外。第四,"安全阀"式的条款放宽了原本苛刻的类型化例外,有助于确保具有重大证明价值的传闻证据不被排除。这一包容性的自由裁量权平等适用于控方和辩方所提交的传闻证据。最后,旧法依据证据的提交目的,将证人的先前陈述分为两种类型。这两种类型分别是旨在证明其内所述事宜真实性的先前陈述,以及旨在证明陈述者可靠性的先前陈述。新法的相关条款废除了这一令人费解的区分。

上述发展受到了社会的好评。《2010 年刑事诉讼规则》(*The Criminal Procedure Rules* 2010)第 62.11 条、第 62.13 条分别规定了提交口头、书面及其他形式的传闻证据的通知程序,第 62.14 条规定了对传闻陈述者进行交叉询问的申请程序,第 62.15 条规定了质疑传闻陈述者可靠性和一致性的通知程序。这些规定已于 2011 年 4 月 5 日起生效。[③] 与传闻规则相关的改革仍将继续,正如有的学者所评论的那样,"在传闻规则被最终废除前,需要更多的委员会报告以及司法改革来逐步削弱传闻规则的基础"。[④]

(三)《2003 年刑事审判法》中的传闻规则

1.传闻规则的规制架构

《2003 年刑事审判法》第 114 条规定了传闻证据的可采性,指出在刑事诉讼中,非以口头方式作出、旨在证明其内所述事宜真实性的陈述,只要符合下述四种情形之一,即为可采:(1)依据制定法规定可以采纳;(2)依据被本法第 118 条予以保留的普通法规则可以采纳;(3)诉讼的各方当事人一致同意可

[①] [英]内政部:《英国 2003 年刑事司法法立法说明》,郑旭译,载陈光中主编:《21 世纪域外刑事诉讼立法最新发展》,中国政法大学出版社 2004 年版,第 103 页。

[②] R v. Kearley [1992] 2 A.C. 228.

[③] 英国司法部:The Criminal Procedure Rules (2010),http://www.justice.gov.uk,下载日期:2011 年 4 月 18 日。

[④] J.D. Jackson, Hearsay: The Sacred Cow That Won't Be Slaughtered? in *International Journal of Evidence & Proof*,1998,Vol.2, No.4.

采;(4)法庭确信采纳该陈述符合司法利益,可裁定允许采纳之。① 据此,就非以口头方式作出、旨在证明其内所述事宜真实性的陈述而言,本条废除了普通法上关于禁止采纳此类传闻证据的规定,在成文法上确立了有条件采纳此类传闻证据的规则。

结合第 114 条第 1 款和第 118 第 2 款的规定来看,首先,传闻性陈述仍属于排除规则所涉范围内,但是其所依据的是成文法而非普通法。其次,传闻证据必须符合第 114 条第 1 款规定的四种情形之一,才具有可采性。最后,由于普通法规则已被废除,因此,如果一项陈述在普通法上被认为是传闻证据,但是却没有被包含在第 115 条所规定的"陈述"与"所陈述事宜"中,它就不属于成文法中传闻规则所规制的内容,仅需考察其相关性。如果它是由控方提出的,可能还会引起法官自由裁量的问题。

2. 传闻规则的范围

《2003 年刑事审判法》第 115 条第 2 款、第 3 款分别对"陈述"和"所述事宜"的定义作了规定。

首先,该法所称"陈述"的涵盖范围比普通法更广,指一人通过各种方法对事实或意见所进行的描述。具体包含以下两层意思:一是"陈述"包括对事实或意见所进行的任何表述。其中,证人在诉讼中非以口头方式提供证据时所作的意见陈述不仅受到传闻规则的支配,还受到规范意见证据的规则的支配。二是陈述可以"通过各种方法"作出,包括口头、书面以及以行为方式所作的陈述。由于以素描、照片拼凑人像法或其他绘画方式制成的人像图主要依据陈述者对他人外貌所作的描述,因此人像图是目的性交流的产物。若将此作为证据提交,意味着法庭被要求信赖陈述者庭外描述的准确性,因此,该类证据不具可采性。

其次,该法指称的"所述事宜"涵盖的范围窄于普通法,其定义取决于陈述者作出陈述的目的。只有陈述者的目的符合下列情形时,该陈述才属于传闻规则调整的范围:(1)使他人相信该事项,或者使他人以该事项与所陈述的内容相同为基础而行为。以费用索赔为例,由于交给账务员的申明存在伪造的危险,因此该申明属于传闻规则的适用范围。(2)使某一机器以该事项与所陈述的内容相同为基础而运作。如申明或类似的陈述是用电脑制成的。

① 孙长永等译:《英国 2003 年〈刑事审判法〉及其释义》,法律出版社 2005 年版,第 592 页。

(1)默示陈述

新法第 115 条界定"所述事宜"时,以陈述者的目的为临界点,旨在将默示陈述排除在传闻规则的适用范围之外。默示陈述可被采纳的原因在于:适用传闻规则的目的在于防止陈述者捏造事项的可能。当该陈述者的本意并非将一事实或意见传达给对方,或并非为使对方相信该事项时,其不诚实的可能性其实是微乎其微的。因此,传闻规则只应适用于陈述者试图使对方相信该陈述,以及陈述者在陈述时暗示其所述的事宜是真实的情形。新法的这一规定改变了普通法的立场,推翻 1992 年的 R v. Kearley 一案中上议院所作的与常识相悖的判决。原判决认为控方提交的他人来电和到访的证据旨在证明被告人意图供应毒品。这一"暗示的论断"属于传闻规则的适用范围,不具备可采性。①

在适用该规定时,仍需详细分析证据的关联性。在 2009 年的 R v. Leonard 一案中,被告人被控私藏毒品并企图提供给他人。该案的争点是被告人手机上的两则短信。一则短信就毒品质量称赞了被告人,另一则短信对毒品质量进行了抱怨。控方将这两则短信作为证据提交。上诉法院认为基于以下几点理由,原审法庭错误地采纳了这两份证据。首先,根据第 115 条第 2 款的规定,这两则短信属于证人在诉讼中非以口头方式提供证据时所作的意见陈述。其次,控方提交证据的目的是使陪审团据此推断被告人曾向发送该些短信的人提供毒品。最后,短信发送者旨在使接收这些短信的人相信其内所述事宜的真实性,因而符合第 115 条第 3 款所规定的情形。尽管这两份证据属于传闻,不具有可采性,但由于该案还存在其他大量不利于被告人的有罪证据,因此即使将这两则短信予以排除仍不足以影响被告人的定罪。

(2)否定的传闻证据(negative hearsay)

否定的传闻证据指作为证据提交的某文书或记录中默示主张某项事实并不存在。例如某公司采用一个系统记录雇员的聘用日期,若无法在系统中找到某人的聘用日期,即默示主张公司未曾聘用过这人。新法第 115 条规定,当默示陈述与一项没有作出记录的事件相关时,若没有记录该事件的人目的不在于使人们相信该事件确实没有发生过,则该否定的传闻证据便不属于传闻规则的适用范围。新法的这一规定,同样也改变了普通法的立场,

在 1982 年的 R v. Shone 一案中,审判法官允许负责库存记录的人作证

---

① 香港法律改革委员会:《刑事法律程序中的传闻证据咨询文件》(2005 年 11 月),http://www.hkreform.gov.hk,下载日期:2011 年 5 月 15 日。

证明,若某物品未被收录于库存记录中,则它一定是被偷了。上诉法院认为某一信息不在库存记录内,是以相关事实的直接证据形式表现出来的原始证据,不属于传闻证据。提供这些信息的员工通常会在从事交易活动的同时做相应记录,因此不太可能产生观察或者记忆上的失误。因此,某一特定事实未被记录,可以合理推断出该事实并不存在。

五、成文法上传闻规则的例外

如前所述,在现代法制中,采纳传闻证据的主要法律依据已由普通法转变为成文法。成文法不断吸收新的传闻规则例外,同时也改变了普通法上部分传闻规则例外的立场。《2003 年刑事审判法》在成文法意义上对现代传闻规则的例外作了相应规定。

(一)无法提供证言的证人

1.范围

《2003 年刑事审判法》第 116 条规定,传闻陈述者因特定原因无法出庭作证时,其所作的传闻陈述,无论是口头还是书面,均具有可采性。控方和辩方可引用本条款。其中,需要证明证人无法提供证言的原因,[1]除非该原因得到过正式采纳。由此看来,新法取代并扩大了《1988 年刑事审判法》所规定的范围,主要表现在以下几个方面:首先,规定了以口头、书面以及行为方式所作的传闻陈述均具有可采性。其次,在满足可采性条件的案件中,这类证据的可采性不受争议。即使是证人证言中的传闻,也无须得到法庭的许可即具备可采性。[2] 采纳传闻陈述须以法庭许可为前提的唯一情形是证人因恐惧而无法提供证言。

2.证人(相关人)无法提供证言的原因

2002 年英国政府公布的白皮书《所有人的正义》(*Justice for All*),对被害人的权利给予了特别关注,由过去对被告人权利保障的倾斜转向两者权利保障的平衡。在这种社会变革的大背景下,要求所有相关证人都出庭作证已

---

① R v. Wood and Fitzsimmons〔1998〕Crim. L.R. 213.

② 根据《1988 年刑事审判法》第 23 条至第 26 条的规定,所有案件中证人的传闻陈述若要具有可采性,均须得到法庭的许可。除非基于公正的要求,该传闻陈述应被采纳。

不太可能。① 对于传闻陈述者来说，若因法律规定的特殊原因无法提供证言时，其所作的传闻陈述仍具备可采性。《2003 年刑事审判法》对此作了明确规定。

第一，此人死亡。在 2007 年的 R v. Musone 一案中，上诉法院认为，根据《2003 年刑事审判法》第 116 条，狱中因刺受伤的受害者所作的认为被告人是攻击者的临终陈述具可采性。尽管陈述者的可靠性存有怀疑，但审判法官未根据《1984 年警察与刑事证据法》第 78 条所规定的自由裁量权排除控方传闻证据的做法是正确的。

第二，由于身体或精神条件，此人不适合成为证人。有些人因生理疾病或缺陷无法出庭，不适合成为证人；有些人在生理上适合，但精神上不适合成为证人，如该人患有老年性痴呆症（Alzheimer's disease）或其他神经疾病，以致无法记得系争事实。在 2007 年的 R v. Keet 一案中，被告人在逃 4 年后被捕，审理时作为被告人行骗对象的老人的精神状态已不适合提供证据，但他的陈述又是本案唯一不利于被告人的证据，因此，上诉法院认为这位老人先前所作的陈述具有可采性。

第三，此人不在英国境内，确保其出庭并非合理可行。《1988 年刑事审判法》第 23 条第 2 款有助于判断相关人士在国外的情形。② 上诉法院认为判断相关人出庭是否"合理可行"，应当考虑以下因素：首先是证据的重要性、证人特别是关键证人若不出庭将对被告人造成的损害程度。其次是确保证人出庭的成本和困难。如，要求控方花费高额费用传唤证人从南美洲来英国提供证据，而该证人所提供的证据实际上仅为一般性证据，在交叉询问中并不会引起强烈质疑。再次是证人不便出庭或出庭并非合理可行的原因。在 2007 年的 R v. Gyima 一案中，证人年仅 14 岁，其在美国的父母拒绝让他来英国作证。皇家检察署多次打电话给证人的父母，劝说其改变主意，但无效。上诉法院认为采纳该小男孩先前所作的证言是正确的。

第四，尽管采取了合理可行的方式仍无法找到这人。为判断这一问题，需明确提交传闻陈述的一方当事人是否已作出充分努力寻找陈述者。对此，法庭需要考虑的因素与相关人在国外时所需考虑的因素相同。在 2007 年的 R v. Adams 一案中，当事人一直无法联系到某位关键证人。上诉法院认为，审

① 张榕主编：《证据法》，厦门大学出版社 2007 年版，第 133 页。
② 法律委员会：A Consultation Paper：Evidence in Criminal Proceedings：Hearsay and Related Topics（1995），http://www.justice.gov.uk，下载日期：2011 年 5 月 19 日。

判日数月前即已确定,当事人却直到审判前最后一个工作日才在证人手机留下语音信息,试图与证人联系。这充分表明当事人预先并未采取合理可行的措施寻找该证人,因此审判法官不应采纳该证人证言。在 2008 年的 R v. Kamuhuza 一案中,上诉法院同样认为,为寻找离开军队的军官,当事人所采取的措施是"散漫的",并指出该军官身为前公务员,要找到其住址,寄去退休金收据其实是很容易的。

第五,此人出于害怕而未在诉讼中提供(或持续提供)口头证据,无论是完全未提供证据或是未提供与主要事项有关的证据,而这一做法符合司法利益并且得到法庭的许可。一般来说,控方的潜在证人之所以感到害怕主要是因为担心若作证将受到被告人或其同伙的威胁或恫吓,但本法并不要求"害怕"必须基于此原因。这里的"害怕"应作广义解释,包括证人只是出于对作证过程本身的害怕,或者对经济上可能蒙受的损失,其家人或朋友可能受到的直接威胁或恫吓的害怕。为避免这一可能,控方可提交该证人所作的书面陈述。但同时为保护被告人,采纳该陈述必须得到法庭的许可。

对"害怕"作广义解释,有利于鼓励法庭驳回对"害怕"施以客观测试的主张。在 1991 年的 R v.Acton Justices Ex p. McMullen 一案中,高等法院上诉庭否决《1988 年刑事审判法》第 23 条所规定的隐性限制,即害怕需要有合理根据。沃特金斯(Watkins)法官说:"法庭若能确信证人之所以感到害怕是因为担心若作证将遭受物质损害,或受到言语威胁后可能面临其他损害,那么这一确信便具有充分性。"[1]在 2006 年的 R v. Davies 一案中,上诉法院也认为,"要求法庭通过传唤证人检验其害怕的原因是不明智的",[2]审判法官没有义务通过相关的录像或磁带记录确证证人害怕的原因。当然,鉴于证人仅需通过宣称害怕,表明其不想出庭,便可避免出庭以及其后可能产生的焦虑,因此,法官不能不加区分地接受所有宣称害怕的主张。若因诉讼一方当事人或者以其名义行事的人促使上述原因得以成就,那么这些原因视为不成就,此陈述将不被采纳。

3.许可条件

为防止证人在提供证言后轻易宣称自己感到害怕,借此避免提供口头证言、接受交叉询问,新法允许提交该证人的书面陈述,但同时为保护被告人,只有符合司法利益并得到法庭许可时,该陈述才具备可采性。就司法利益而言,

---

[1]　R v. Acton Justices Ex p. McMullen［1991］92 Cr.App.R. 98.

[2]　R v. Davies［2006］EWCA Crim. 2643.

应当综合下列因素：该陈述的内容、对诉讼的任何一方当事人所造成的不公正的危险，以及根据《1999 年青少年审判与刑事证据法》第 19 条对证人作出特殊措施指示的事实等。

除必须考虑特殊措施指示的事实外，其他因素与《1998 年刑事审判法》第 26 条规定的因素基本相似。后者规定根据第 23 条或第 24 条，当陈述被用于刑事调查或者诉讼程序时，只有符合司法利益且得到法庭许可，该陈述才可被采纳，否则此类证人证言不具有可采性。第 26 条适用于证人无法提供证言的任何情形，而非仅限于证人感到害怕。尽管新旧法要求的程度各不同，但鉴于《2003 年刑事审判法》第 116 条所规定的许可条件以及法庭须考虑的因素与《1988 年刑事审判法》中的相关规定具有相似性，后者能为法庭判断是否应予许可提供颇具价值的指导，因此法庭很可能从中寻找既成的基本原则。

上诉法院认为，法官若适用《1998 年刑事审判法》第 26 条，应综合考虑以下三个重要的因素，即证据质量、证据重要性，以及因无法对证人进行交叉询问、将其行为置于事实审判者的观察之下而对被告人造成的不公正程度。[①] 上诉法院认为，法官所作的个案判决旨在行使自由裁量权以使上述各因素达到平衡，因此要确认适用"符合司法利益"的统一情形绝非易事。只有法官错误适用基本原则，如未考虑某一相关因素时，上诉法院才会干预初审判决；如果法官已考虑相关因素，上诉法院将会维持该判决。

在控方提交某一质量较高且较为重要的表面证据时，若法庭认为被告人可以通过亲自举证或传唤辩方证人来辩驳此证据，那么该证据具有可采性。多数案件中，上诉法院认为应采纳目击证人就犯罪所作的证言，[②]并通过适当的司法警告以及对传闻证据瑕疵的说明，来弥补由于缺少交叉询问机会而产生的任何不公。[③] 在证据较为重要，但其质量值得怀疑时，一般而言基于公正，该证据将被排除。在 1995 年的 R v. Lockley and Corah 一案中，被告人在关押时就自己所犯的谋杀罪向狱友作了未经确认的自认。有证据表明这位狱友作为证人不但不诚实而且具有不良品格。上诉法院认为对待未经确认的狱中自认应当极为谨慎。对陪审团来说，直面证人并在交叉询问中观察其行为是十分重要的。

---

① 法律委员会：A Consultation Paper：Evidence in Criminal Proceedings：Hearsay and Related Topics (1995)，http://www.justice.gov.uk，下载日期：2011 年 5 月 19 日。

② R v. Cole [1990] 90 Cr.App.R. 478.

③ R v. Gokal [1997] 2 Cr.App.R. 266.

与陈述者身份有关的证据也同样会产生可靠性问题。在 1994 年的 R v. Setz-Dempsey 一案中,被告人将失窃的航空发动机带至后来发现该发动机的地方。证人向法庭提交了辨认被告人的身份证据,这是唯一不利于被告人的证据。审判时,该证人的精神状态不适合提供证据。上诉法院认为审判法官未考虑医学证据的效力,这一医学证据能证明证人当时提交证据的精神状态。审判时,由于无法对证人证言进行检验,对被告人而言是极为不公的,因此不应采纳该书面陈述。

(二)业务文书

《2003 年刑事审判法》第 117 条取代了《1988 年刑事审判法》第 24 条,规定在诉讼中提交的口头证据作为其所主张事宜的证据具有可采性,但未要求信息提供者、文书制造者或保存者须亲自陈述,包含该陈述的文书在满足下列特定条件时同样具有可采性。这些特定条件包括:(1)该文书是一人在行业、商务、专业或其他职业活动过程中制作或收到的,或者以某一付薪或者不付薪的职位的持有人的身份制作或收到的。(2)包含在该陈述中的信息的提供人(相关人)对于所涉及的事项有亲身感知,或者可合理地被推测为亲身感知。(3)转达信息的人是在行业、商务、专业或其他职业活动过程中,或者以某一付薪或者不付薪的职位的持有人的身份制作或收到的。① 这人具备或可合理推断出其具备与所述信息相关的智识。1995 年的 R v. Foxley 一案确认了这一立场。该案中,文书内容本身即是证据。

第 117 条的适用范围较广,除涵盖《1988 年刑事审判法》第 24 条所规定的范围,如记载了丢失或被盗信用卡的银行报告、电脑打印的股票记录、制造商的合同费用记录以及证据副本,还涵盖在商业过程中书写或收到的信件,以及刑警在犯罪现场找到的指纹记录,由监狱长和被告人共同签字的记载特许条件的特许释放通知。该条款不仅适用于第一手文书传闻,也适用于多重文书传闻,即不是由信息提供者直接传递,而是通过中间人在贸易、商业或其他职业活动中间接传递给文书制作者的载于文书内的信息。例如,A 是一名雇员,他将自己目睹的发生在办公室内的一场事故告诉了上司 B,随后 B 将此转述给经理 C,C 将事故详情记录下来。由于 C 是在商业或贸易过程中制成该文书,其内包含的信息是由亲自感受事故的 A 所提供的,B 在职业过程中从 A 那里得知信息后转述给 C,因此,该记录作为证据在刑事诉讼中具有可采

---

① 孙长永等译:《英国 2003 年〈刑事审判法〉及其释义》,法律出版社 2005 年版,第 594 页。

性。如果 A、B、C 三人均无法出庭提供证言,当事人仍可以提出任何旨在攻击或支持该缺席证人可靠性的证据,这些用以证明证人可靠性的证据可被采纳。①

当书面陈述被用于刑事调查或者诉讼程序时,问题更为复杂。只有在提供信息的"相关人"基于第 116 条第 2 款规定的五种情形之一无法提供证言,或被认为有理由不能回忆起陈述中的相关事宜时,该陈述才具可采性。在 2008 年的 R v. Kamuhuza 一案中,被告人被控入室行窃,刑警在犯罪现场的窗户找到了被告人的指纹,并对此作了报告。被告人质疑该报告的可采性,声称需要就当时窗户是开向右边还是左边,是否在屋内还发现了其他指纹等问题询问该刑警。上诉法院认为,审判时距案发已过去 5 年,其间,该刑警到过许多犯罪现场,已无法合理期待其记得本案的具体情况,且该刑警现已离开警察队伍,杳无音信。因此根据第 117 条的规定,该报告可被采纳。

第 117 条第 7 项还规定了排除书面传闻的自由裁量权。相比《1998 年刑事审判法》第 25 条的规定,新法更为严格。法庭除了需考虑传闻的可靠性、重要性、与案件争点的关联性外,还需考虑采纳或排除该陈述后对被告人可能造成的不公。若法官根据陈述的内容(如存在内在矛盾),包含在该陈述中的信息的来源(如由真实性值得怀疑的人提供),提供或收到信息的方式(如匿名信),或者提供或收到相关文书的情形(如报告含糊其词或不完整),认为该证据材料的可靠性值得怀疑,即可行使自由裁量权排除该传闻。当然,《1984 年警察和刑事证据法》第 78 条仍可继续适用。法庭在符合司法利益时,可排除控方的传闻证据,或根据《2003 年刑事审判法》第 116 条排除辩方的传闻证据。

(三)证人的先前陈述

《2003 年刑事审判法》使证人的先前陈述在审判中得到更为广泛的采纳。该法第 119 条对证人不一致的先前陈述的可采性作了规定。具体分为以下两种情形:一是提供口头证据的人承认作出不一致的先前陈述,或根据《1865 年刑事诉讼法》第 3 条至第 5 条,这些不一致的先前陈述被证明对其不利时,该陈述作为其内所述事宜的证据具有可采性。二是未提供口头证据的人所作的传闻陈述被采纳时,根据第 124 条第 2 款 c 项的规定,可提交关于陈述者可靠性的证据,包括与传闻陈述不一致的先前陈述,以及任何与陈述者可靠性相关

① Charles Plant, *Blackstone's Civil Practice*, 2nd edition, Blackstone Press Limited,2000,pp.549-550.

的证据。该证据作为其内所述事宜的证据具可采性。

第 120 条则包含了大量与证人先前陈述有关的重要条款,大多是对普通法中证人先前一致陈述的可采性规则的补充。首先,如果先前的一致陈述旨在反驳最近的伪证指控,则这些先前的陈述具有可采性。[①] 其次,为唤起陈述者的记忆,包含传闻陈述的文书可作为证据使用,以便对证人进行交叉询问。最后,在下述三种情形中若证人确认其作了具有真实性的先前陈述,那么该陈述作为其口头证言内所述事宜的证据可被采纳,这三种情形分别是对人、物、地点的先前辨认、被害者的控诉,以及在对所述事宜的记忆鲜明时,证人作了先前陈述,但如今有理由认为该证人已无法忆起陈述中的相关事宜。其中,被害者的控诉可针对任何犯罪。只要非基于威胁或承诺而作出,该控诉即具有可采性。

上述规定扩大并最终改变了普通法对证人先前陈述的适用规则,后者规定证人先前不一致的陈述、受害者的控诉均不能作为其内所述事宜的证据。前者只有与证人可靠性相关时才具有可采性;而后者的范围,仅限于对性犯罪的指控,且该控告必须非基于引导性问题而作出。

(四)符合司法利益

赋予法官根据公平正义原则采纳任何传闻证据的自由裁量权是《2003 年刑事审判法》的重大创新。该法第 114 条第 1 款 d 项规定,法庭确信采纳该陈述符合司法利益时,可裁定允许采纳之。由此表明,只要非以口头形式作出的庭外陈述是确定且可靠的,法院就可据此采纳不属于其他可采纳类型的该陈述。法庭进行判断时应考虑下列因素:(1)该陈述对于诉讼中的系争事项有多大的证明价值(假定陈述是真实的);(2)是否无法通过其他途径提供该陈述所涉及的证据;(3)作出该陈述的情形;(4)作出该陈述的人所表现的可靠性程度;(5)没有提交口头证据的理由;(6)另一方当事人质疑该陈述的困难程度以及因此所受到的损害。本条款列出上述因素的目的在于,令法院重点关注作出陈述的情形是否表明该陈述具有较高的可靠性,以至于已达到可被采纳的程度,而无须考虑未能对该陈述进行交叉询问的事实。[②] 在 2006 年的 R v. Taylor 一案中,罗斯(Rose)法官认为,第 114 条第 2 款要求法官考虑所有列

---

① 易延友:《传闻法则:历史、规则、原理与发展趋势——兼对我国"传闻法则移植论"之探讨》,载《清华法学》2008 年第 4 期。

② 孙长永等译:《英国 2003 年〈刑事审判法〉及其释义》,法律出版社 2005 年版,第 593 页。

举因素以及所能想到的其他相关因素,并逐一评价各因素的意义和分量,从而得出该证据是否应被采纳的唯一结论。

在辩方难以对传闻陈述进行交叉询问,或控方证人可以提交口头证据却以传闻证据取代时,尤其需要考虑上述因素。"最佳证据"原则便是考虑因素之一。比起传闻陈述,将证人置于陪审团前,对证人所作的先前陈述进行交叉询问,更有助于实现公正。在 2009 年的 R v. Z 一案中,被告人被控威胁以及强奸他人。某位女士和被告人的妻子均分别作过先前控诉,声称被告人曾对其实施强奸。控方将这两份先前控诉提交给法庭,旨在证明被告人具有不良品格。上诉法院认为,审判法官错误地采纳了这两份证据。首先,这位女士具备证人资格,其之所以未提供口头证言,非基于任何客观原因,仅是因为其不愿意出庭作证。由于无法对其所作的先前控诉进行检验,因此未能确证该证据的可靠性。其次,由于审判时被告人的妻子已死亡,被告人难以质疑其妻的控诉,采纳该控诉将对被告人造成不公,因此不存在司法利益要求该证据当为可采。这一原则也适用于辩方所提交的传闻证据。在 2007 年的 R v. Finch 一案中,D1 试图向警察提交 D2 所作的自认,使自己免于共谋私藏枪支弹药的控罪。然而,D2 虽对该罪供认不讳,却不愿意为 D1 出庭作证。上诉法院支持审判法官的判决,认为由于 D2 不愿意提供口头证据以支持其传闻陈述,因此削弱了该陈述的可靠性,且不存在司法利益要求该陈述当为可采,所以该陈述不具有可采性。

尽管行使自由裁量权的实例主要针对有利于被告人的传闻陈述,但实际上自由裁量权的行使同样适用于有利于控方的传闻陈述,2006 年的 R v. Taylor 一案肯定了这一立场。该案中,两名控方证人被允许作证看到被告人实施了严重殴打行为,且他们已得知被告人的名字。尽管其中一位证人的证言是值得怀疑的传闻证据,预审法官仍根据第 114 条第 1 款 d 项的规定,作出采纳该传闻证据的判决。上诉法院认为由于存在其他大量不利于被告人的证据,该些证据足以确认传闻证据的可靠性,因此该传闻证据可被采纳。类似的,在 2008 年的 R v. Y 一案中,X 对谋杀罪所作的自认牵连被告人入罪。控方提交了该自认,审判法官予以排除。上诉法院认为"无论系争传闻是不利于被告人的控诉,还是属于控方提交的证据,第 114 条第 1 款 d 项均适用于该传闻",[①]因此控方所提交的自认可被采纳。

此外,该法第 126 条也规定了法官排除传闻证据的自由裁量权,即只要其

---

① 　R v. Y〔2008〕EWCA Crim. 10.

确认采纳庭外陈述所导致的时间上的不当浪费,将明显超过该庭外陈述的证据价值时,法院便可排除该多余的陈述。①

(五)多重传闻

该法第 121 条对多重传闻作了规定。通过一个传闻陈述加以证明的另一个传闻陈述不具备可采性,除非符合以下三种情形:(1)根据第 117 条、第 119 条或第 120 条,两项传闻陈述均为可采。一般而言,为避免传闻链上每增加一个传闻环节,伪造或误传的危险就相应增加,第 116 条(证人无法提供证言时所作的传闻陈述)、第 118 条(被保留的普通法传闻例外)均规定只有第一手传闻证据才具备可采性。但这一限制不适用于满足第 117 条规定的具备可采性的业务文件,或满足第 119 条、第 120 条规定的可接受交叉询问时,证人前后不一致的陈述以及先前所作的其他陈述。(2)诉讼的各方当事人一致同意其为可采;或者(3)法庭鉴于两项陈述的可靠性程度,确认后一项陈述的证据价值很大,以至于司法利益要求其可被采纳,作为证明以前曾作出的传闻陈述的证据。②

应当注意的是,尽管同样采用了"司法利益"这一标准,但比起第 114 条第 1 款 d 项,本条款对可采性的检验更加繁杂。在 2008 年的 R v. Scorah 一案中,被告人被控故意伤害,虽然被告人和其女友提交了不在场证明,但是被告人的母亲从他人处获知被告人案发时在场,于是将详细情况告知警察。若这一传闻陈述是真实的,将有力辩驳被告人所提供的不在场证据。上诉法院认为,尽管被告人母亲所提供的证据十分重要,但鉴于原陈述者身份不明,被告人难以对其进行检验,因此这一证据的可靠性并不确定,原审审判法官错误地采纳了该多重传闻。

---

① I. H. Dennis, *The Law of Evidence*, 4th edition, Sweet & Maxwell, 2010, p. 773.

② R v. Xhabri [2006] 1 All E.R. 776.

第八章 品格证据

一、概述

"品格"(character),在普通法中指人的一般声誉。[1] 依据英国《1898 年刑事证据法》第 1 条的规定,"品格"既包括一般声誉、还包括"倾向性",即一个人以特定方式行动或者思考的倾向。[2] 英国证据法学者认为,"品格"一词至少有三种不同的含义:"第一,指一个人在其生活的社区中或工作环境中所享有的名声(reputation)。第二,指一个人所具有的某种行为倾向(disposition)。第三,指一件从前所发生的特定事件,主要指犯罪前科(previous conviction)。"[3]该观点得到了很多学者的支持,遂成为通说。[4]

在现代英国,民事案件中很少采用陪审团审理,而是由专业法官来审理,当事人的不良声誉和此前受过的制裁不会影响法官对案件的裁决,而且,民事案件并不像刑事案件那样强调品格证据的排除。为此,本章侧重于探讨刑事案件中的品格证据问题。

根据不同的分类标准,可以对品格证据作出如下区分:首先,按品格证据证明内容的不同划分为:(1)行为历史,例如前科劣迹。(2)声誉,指某人所拥

---

① 何家弘主编:《外国证据法》,法律出版社 2002 年版,第 137 页。我国学者认为,品格包括品德和性格。前者主要指一个人得到的社会评价;后者是指一个人对现实的稳定的态度和习惯化的行为方式所表现出的个性心理特征。参见刘立霞等:《品格证据在刑事案件中的运用》,中国检察出版社 2008 年版,第 16 页。

② 李伟:《英国刑事证据法评析》,载何家弘主编:《证据学论坛》(第 2 卷),中国检察出版社 2001 年版。

③ Murphy & Peter, Murphy on Evidence, 10th edition, Oxford University Press, 2008, p.619.

④ 冀帅然:《品格证据规则在刑事量刑程序中的运用》,载张卫平、齐树洁主编:《司法改革论评》(第 12 辑),厦门大学出版社 2011 年版。

有的社会评价。（3）性格，即某人特有的行为倾向和心理特征的总和。① 其次，品格证据按照道德标准划分为：（1）良好品格证据，如没有前科劣迹、为人诚实、善良、守法等。（2）不良品格证据，如有前科劣迹、有暴力倾向、自私欺诈等。

一个人的品格可以通过外在的不同行为方式表现出来。他的不良品格可以通过先前判决、犯罪行为、失信行为、财产犯罪、集团犯罪、不良癖好（如恋童癖）以及恶劣的名声等来判断。同样，他的良好品格也可体现在其没有前科劣迹，在其他场合下做过好事，获得其他人的良好评价以及具有良好的声誉等方面。此外，在刑事案件中，根据品格证据的主体不同，可以划分为非被告人的不良品格证据和被告人的不良品格证据，前者主要包括被害人的不良品格证据、证人的不良品格证据等。

英国的品格证据规则散见于普通法和《1898 年刑事证据法》中。针对这些规则存在的弊端，英国法律委员会提出了改革建议。《2003 年刑事审判法》保留了旧法中关于品格证据规则的部分结构和概念，并修改和增加了许多新内容，例如第 100 条对非被告人不良品格证据的规定，第 101 条对被告人的不良品格证据的规定。英国早期的品格证据规则与《2003 年刑事审判法》中的品格证据规则的主要区别在于两点：

第一，早期的品格证据规则严格限制被告人不良品格证据的运用。不良品格证据容易使陪审团对被告人产生"一日为贼，终身为贼"的偏见，可能使陪审团在得知被告人曾有类似罪行后倾向于认定被告人有罪，从而严重影响发现事实真相。例如，如果陪审团得知被告人有猥亵儿童罪的前科，他们很容易产生对被告人负面的评价，更倾向于认为被告人不诚实，更有可能在法庭撒谎等。为了保护被告人的权利，防止被告人因其不良品格而遭受偏见，英国普通法规定，在一般情况下，控方不能提交被告人的不良品格证据，除非该证据与案件有充分的关联性。只有当被告人的不良品格证据能够证明此人于特定环境下实施的不当行为与其品格有关联性时，法庭才可以采纳，这是关于品格证据的一般原则。② 此外，根据《1898 年刑事证据法》的规定，只有在两种情况下被告人必须回答与自己品行相关的问题，一是自己提出自己的好品格；二是被告人攻击控方证人的品格。

---

① 刘立霞、白静：《品格证据在未成年被告人量刑中的运用研究》，载何家弘主编：《证据学论坛》（第 13 卷），法律出版社 2007 年版。

② 齐树洁主编：《英国司法制度》，厦门大学出版社 2007 年第 2 版，第 206 页。

第二,早期的品格证据规则在限制运用被告人的不良品格证据的同时,却不加限制地运用非被告人的不良品格证据。例如,除了在强奸案中不得在交叉询问中提出有关被害人的性行为问题外,对于证人的品格,公诉方和辩护方均可攻击,也可以交叉询问证人以前的有罪判决,以证实其证言的不可靠。[①]

以上两点是英国早期的品格证据规则存在的两大缺陷,也是《2003 年刑事审判法》改革的两项重点内容。

二、刑事案件中非被告人的不良品格证据

(一)《2003 年刑事审判法》第 100 条的规定

英国早期的普通法规定,在对证人进行交叉询问的过程中,可以通过提出证人先前的不良行为来质疑其证言的可信性。例如,对证人先前的不诚实、不道德行为,曾经作过虚假陈述的行为,或者酗酒吸毒等不良行为,都可以在交叉询问中提出。旧法关于证人品格证据的规定存在很多问题,[②]例如,忽视证人的权利保护。在旧法的规定下,控辩双方在对证人的交叉询问过程中,为了反驳不利于己方的证人证言,往往披露该证人在很久之前的不良行为,无论是否有必要。因此,司法实践中控辩双方经常将那些无关紧要的有关证人的不端行为的事件暴露在法庭之上,严重地侵犯了证人的权利。[③]随着这种做法弊端的暴露,英国法官逐渐在个案判决中制定一些规则,以此限制控辩双方对证人的不良品格进行漫无边际的交叉询问。例如,法院在 1929 年的 Hobby v. Tinling 案的判决中确立了三项有关交叉询问证人不良品格的规则:(1)如果交叉询问证人过程中披露的不良品格对法官是否采纳证人证言具有重要作用,那么控辩双方可以为证明证人证言的可靠性而对其不良品格进行交叉询问。(2)如果证人的不良品格与本案间隔久远,或者证人的不良品格对法官是

---

① 李伟:《英国刑事证据法评析》,载何家弘主编:《证据学论坛》(第 2 卷),中国检察出版社 2001 年版。

② 总体而言,品格证据规则由成文法和普通法中的有关规定组成,而这些规定缺乏统一、确定的体系,扰乱了一些重要的刑事诉讼程序,法官的判决容易受到律师的辩护技巧和策略的影响,妨碍被告人在陪审团面前陈述案件事实的权利,不仅如此,旧法同时忽略了证人的权利保护。

③ 法律委员会:*Evidence of Bad Character in Criminal Procedure*,http://www.justice.gov.uk,下载日期:2011 年 5 月 20 日。

否采纳证人证言作用不大,那么就不需要在交叉询问中就证人的不良品格问题进行询问。(3)如果证人的不良品格证据的重要性与其证言的重要性之间严重不成比例,那么不应当采纳不良品格证据。也就是说,如果某个证人的证言对查明案件事实非常重要,但是,控方或辩方提出的证人不良品格的证据却对案件作用不大,两者的重要性形成严重的反差。此时不宜因微不足道的不良品格而忽略举足轻重的证言的可信性。1929 年的 Hobby v. Tinling 案建立的规则在 1991 年 R v. Edward 案中得到了运用。法官认为,根据第 1 项规则,为了证明证人证言的可靠性,可以在交叉询问中对证人的先前不良行为包括有罪行为进行询问。

对于证人不良品格证据的采纳,英国法律委员会认为应当予以进一步的限制,主要是基于以下考虑:第一,防止控辩双方在提出证人的不良品格证据时将无关紧要的证据提交给法庭,这种证据容易误导案件事实的发现过程,分散陪审团的注意力,以至于不能集中精力对案件的主要问题作出正确的判断,不利于案件事实的查明。第二,防止打击证人出庭作证的积极性,如果不加限制地允许控辩双方提出证人的不良品格,很容易侵犯证人的隐私权、名誉权等。① 公正的诉讼程序不应只注重被告人的权利保护,其他诉讼参与人同样需要得到保护,尤其是证人。只有证人的权利得到充分的保护,才能消除证人出庭作证的后顾之忧,从而激励证人出庭作证,高效公正地查明案件事实。

《2003 年刑事审判法》采纳了法律委员会的这项建议,第 100 条第 1 款规定了采纳非被告人的不良品格证据的三种情况:(1)它是重要的说明性证据;(2)它对下列事项有重大的证明价值:①诉讼中的争议事项,②在全案中有相当的重要性;(3)诉讼各方当事人一致同意该证据可采。这里的非被告人不仅仅指证人,还包括除被告人以外的其他人。下文将对采纳非被告人不良品格证据的三种具体情况进行剖析。

---

① 根据美国有关证人不良品格证据规则的规定,只有当证人的先前不当行为与其作证的可信性有关,采纳在交叉询问中进行询问。例如,不能对证人之前的杀人行为进行披露,因为该行为不能证明其有说谎的倾向。美国普通法规定,可以运用证人先前的犯罪行为来质疑其证言的可靠性,主要有两种犯罪行为,一是任何重罪行为,无论该重罪行为是否涉及证人的可信性;二是有关证人不诚实或作虚假陈述的轻罪行为。该类犯罪行为包括:伪证罪、诈骗罪、挪用公款罪、侵占罪、骗取退税罪、其他有关伪造或假冒的犯罪行为等。除此之外,只要以欺诈方式实施的其他犯罪,同样可以在交叉询问中提出。此外,在交叉询问中控辩双方还可以引用证人不诚实的不良名誉,用以质疑证人的可靠性。See Steven L. Emanuel, *Evidence*, 4th edition, 中信出版社 2003 年英文影印版, 第 13 页。

(二)重要说明性的证据

《2003 年刑事审判法》第 100 条第 2 款规定,本条第 1 款规定的"具有重要说明性的证据"是指那些帮助法官或者陪审团审查判断其他证据时必不可少的,或者对审理整个案件具有重要价值的证据。除此之外,如果控方或辩方不能提出非被告人的不良品格证据就无法完全彻底地阐述自己的主张时,也属于该条款规定的情形。[①] 因此,如果待证事实本身是清楚的,通过其他证据就可以查明,此时控方或辩方提出的有关非被告人的不良品格证据就不属于本条规定的"具有重要说明性的证据",从而不具有可采性。[②]

"重要说明性的证据"包括"背景证据"。早期的英国普通法规定,当不良品格证据属于背景证据时具有可采性。例如,在 1994 年的 R v.Sidhu 案中,被告人因私藏爆炸物而被指控,一份证明被告人曾经在巴基斯坦组织领导他人武装反叛政府的录像带被作为有过犯罪历史的背景证据而采纳。在 1995 年的 R v.Stevens 案中,被告人被指控犯有谋杀罪,控方将被告人曾经暴力袭击他人的行为作为一项背景证据提出。控方应当注意,这类情况下的证据必须对事实审理者理解其他证据具有重要作用,以至于无此证据就无法理解其他证据。此外,这类证据还必须对事实审判者审理整个案件有一定的帮助作用。虽然《2003 年刑事审判法》没有对何为"重要"作出界定,但通过剖析具体的法律条文可知,这类证据的说明性必须达到重大程度。因此,如果某些关于非被告人不良品格证据对其他证据的说明性达到重大程度,而且有助于法官审理整个案件,那么就具有可采性。

(三)具有重要证明价值的证据

在第 100 条第 1 款规定的第 2 种情况下,这类证据必须具备两项缺一不可的特性:一是控辩双方提出的非被告人不良品格证据涉及第 100 条第 1 款的规定"诉讼程序中的问题",即刑事诉讼中有争议的问题或者非被告人的可信性问题。[③] 二是对查明整个案件事实有举足轻重的作用。总之,具有可采

---

① Adrian Keane et al.，*The Modern Law of Evidence*，8th edition，Oxford University Press，2010，p.459.

② Roger C. Park et al.，*Evidence Law：A Student's Guide to the Law of Evidence as Applied in American Trials*，2nd edition，Thomson West，2004，p.491.

③ Arthur Best，*Evidence：Examples & Explanations*，7th edition，Wolters Kluwer，2009，p.61.

性的非被告人不良品格证据必须具有证明价值而且证明力很强,否则不予采纳。① 法官在判断这类证据的证明价值时应考虑以下因素:

1.与非被告人的不良品格证据有关的事实的性质和数量。具体而言,如果某个证人之前有过数个犯罪行为或者其他不当行为时:首先,法官要判断这些犯罪行为或者不当行为的性质是否能够影响该证人作证的可信性,例如证人之前的轻微违章行为或者虐待动物的行为不能说明证人有作伪证的倾向。② 其次,法官对先前不当行为的性质作出判断后,如果确定控方或者辩方披露的不良品格能够证明证人有作伪证倾向时,还要根据不当行为的数量来判断这些不良品格证据的证明力大小。如在 2006 年的 R v.S 案中,被告人 S 被指控犯有强制猥亵罪。他提出被害人是一名娼妓,被害人同意以 10 欧元的价格发生性行为,事后被害人违反约定向被告人索要更多的钱,但被被告人拒绝。于是被害人以控告被告人对其实施强奸来威胁被告人并试图抢夺他的金项链,以达到勒索钱财的目的。对此,被告人提出请求,希望对被害人先前的协助他人实施盗窃、处理赃物以及入户盗窃的行为进行交叉询问。法庭同意了该项请求,因为法官认为该项不良品格证据不仅能够证明被害人不诚实的倾向,而且对于查明被害人是否威胁过被告人以及是否具有勒索被告人的钱财的目的具有重要的证明价值。从该案可以看出,法官之所以同意被告人对被害人不良品格进行交叉询问的申请,主要是认为被害人的入户盗窃行为的性质能够影响被害人证言的可信性。

2.非被告人先前不当行为发生的时间或者存在的时间。如果有关非被告人犯罪行为或者其他不当行为的事实离本案件时隔久远,即使先前的不当行为严重程度很高,其证明力也将大打折扣。③ 例如,两个非被告人甲和乙,甲在 10 多年前有过入户盗窃的行为,乙在几个月前因缺乏诚信而失去了一项生意订单。从表面上看,甲的不当行为比乙严重得多,对证言的可信性影响更大,证明价值更大。但是,法官一般不会采纳甲的不良品格证据,关键在于甲的不良品格的事实时隔太远。如果采纳该证据,不仅不利于查明案件事实,而

---

① Roger C. Park et al. , *Evidence Law: A Student's Guide to the Law of Evidence as Applied in American Trials*, 2ⁿᵈ edition, Thomson West, 2004, p.479.

② Steven L. Emanuel,*Evidence*,4ᵗʰedition,中信出版社 2003 年英文影印版,第 12～15 页。

③ 齐树洁主编:《英国司法制度》,厦门大学出版社 2007 年第 2 版,第 207 页。

且容易导致"标签理论"的负面效应。[①] 一般而言,不当行为的发生时间距离正在处理的案件时间越久远,其证明力越小。除此之外,非被告人作证的年龄与先前不当行为发生时的年龄也是考虑因素之一。

3.当控辩双方披露的不良品格属于非被告人先前的不当行为,而且认为其先前的不当行为与当前的不当行为之间存在相似性时,法官必须认真考虑两个行为之间是否具有相似性以及相似性的程度如何。据此,此种情况下的不良品格证据的证明价值取决于该证据与其他不当行为的相似性程度,因此,如果被告人提出某警察的证言是捏造的,而且提出该警察曾经威胁过辩方的证人,并且有证据表明该警察曾有超期办案的行为。法官在判断该证据是否有证明价值时,须考虑该警察之前的不当行为与其捏造证言的行为是否具有相似性以及相似程度如何,如在其他案件中其是否同样威胁过辩方的证人等。

4.在辩方提出某非被告人先前有数次(相同或者相似)犯罪行为,并认为他是当前犯罪行为的实施者的情况下,法官在确定是否采纳上述不良品格证据时,必须考虑该不良品格证据是否足以表明非被告人每次都是该类犯罪行为的实施者。此种情况一般存在于对犯罪人身份存有争议,并且辩方提出证据表明是被告人之外的某人实施了犯罪之时。例如,被告人被指控在公园里实施性犯罪,控方指出实施性侵犯的犯罪人身着奇装异服,但是对于犯罪人的确切身份,控辩双方产生了争议。辩方提出证据,表明住在公园附近的 X 曾经多次在公园里实施过性侵犯。法官在判断该证据的证明力时应该考虑该证据是否能够表明 X 是每起公园性犯罪的实施者,例如,该项证据是否能够证明 X 在每个场合下均身着奇装异服甚至是同样的奇装异服。由此看来,这类证据的表现形式通常为相似事实证据。[②]

(四)经过所有当事人同意的证据

这里的"当事人"包括公诉人、被告人以及共同被告人。根据第 100 条第

---

① 西方犯罪学理论中的"标签理论"认为,犯罪不是某种行为或某个人的固有属性,而是社会或刑事立法、司法所贴的一个标签。刑事立法与司法就是社会对某个行为标附贴签的过程,这种过程会影响人们对自己的评价或对未来的认知。它的代表人物之一贝克尔也说过,犯罪是社会互动的产物,是社会对行为作出反应的结果,重要的并不是个体的犯罪行为,而是社会对其作出的反应。标签论者使人们注意社会反应的副作用,他们认为社会反应是导致越轨的原因,当个人初次越轨后会引起社会正式与非正式的反应,导致个体的重新定位自我认识,从而继续扮演越轨者的角色。

② Adrian Keane et al., *The Modern Law of Evidence*, 8th edition, Oxford University Press,2010,p.462.

4 款的规定,对于这类证据的采纳,法官是没有自由裁量权的,换言之,只要所有的案件当事人同意采纳非被告人的不良品格证据,那么法官必须准许。

三、刑事案件中被告人的良好品格证据

普通法中对刑事案件被告人的良好品格证据问题进行了规定。首先,被告人的良好品格对于判断其是否有罪具有关联性,如果被告人没有前科,陪审团就容易得出被告人无罪的结论,因为他是一个守法公民。[①] 其次,良好品格证据与被告人作为证人时的可信性有关联。被告人可以提出证据表明其没有不诚实的劣迹,不是那种在严肃问题上说谎的人,从而证明其证言是真实的。[②]

英国证据法之所以采纳被告人的良好品格证据,关键在于良好的品格能够影响事实裁判者对被告人的道德评价。由于事实裁判者是判断被告人是否实施了犯罪以及是否应当被判处刑罚的主体,因此被告人的良好品格证据最终会影响陪审团和法官对被告人的定罪量刑。关注被告人的良好品格能够使陪审团认识到对被告人作出公正裁判的重要性,尽量避免无辜的人被误判,因为犯罪污点很可能会摧毁一个人在社会中的道德地位,犯罪性质越严重,这种可能性就越大。而从长远来看,道德地位的摧毁带来的危害远远超过被告人所受的惩罚。被告人的良好品格证据一般从以下两方面来影响陪审团的裁决过程,并最终使陪审团作出对被告人有利的裁决。一方面,鉴于被告人的良好品格,陪审团可能不愿意对被告人作出有罪判决,除非有罪证据能够排除合理怀疑;另一方面,即使控方提交的证据能够充分证明被告人确实实施了犯罪行为,但陪审团基于被告人一贯的良好道德素养而不愿作出有罪判决。英国的陪审团不仅有权否定控方的有罪指控而且有权否定法律的适用,亦称"陪审团废法"。[③] 由此可见,当被告人的良好品格证据展现在陪审团面前时,陪审团完全有权拒绝依照法官的指示作出对被告人有利的裁判,从而有利于实现对

---

① Arthur Best, *Evidence*: *Examples* & *Explanations*, 7th edition, Wolters Kluwer, 2009, pp.32-33.

② Tracey Aquino, *Essential Evidence*, 2nd edition, 武汉大学出版社 2004 年英文影印版,第 78 页。

③ 易延友:《陪审团审判与对抗式诉讼》,台湾三民书局 2004 年版,第 171 页。

被告人权利的最大保护。[①] 英国普通法长期以来容许提出良好品格证据,特别是被告人提出自己的良好品格证据,制定法对此从未进行过任何干涉,这是早期司法实践中有利于被告人的具体体现。英国普通法规定,刑事案件中被告人的良好品格可以用来作无罪辩解,以及证明被告人作证的可靠性。[②]

在英国,众多判例法针对法官如何对陪审团运用被告人良好品格证据进行指导作了规定。如果被告人的品格不是臭名昭著,那么法官比较难以判断被告人是否具有良好品格,"不坏"与"好"之间界限模糊,有时很难区别,因此法官在对陪审团指导时会比较困惑。[③] 如上所述,良好品格证据既指向被告人的定罪问题,也指向被告人作为证人作证时的可信性问题。事实裁判者应当根据案件的具体情况,对被告人的良好品格证据证明力进行衡量。一般而言,不良品格证据越不充分,或者与案件的关联性越小,那么其证明力就越小。但是在司法实践中,该项规则的操作与判断困难重重。在 1993 年的 R v. Vye 案中,上诉法院对于法官如何运用自由裁量权对被告人的良好品格向陪审团进行指导,以及采用何种形式进行指导的问题产生了意见分歧。法院为解决该问题制定了一套规则来指导法官行使自由裁量权,Taylor 法官将这些规则总结如下:(1)被告人无论是在当庭作证还是在审前陈述与接受讯问中提出良好品格证据时,法官都应当就被告人良好品格证据对可信性的影响问题进行指导。[④] (2)不论被告人是否举出良好品格证据、是否作预审陈述、是否回答问题,法官都应当对被告人良好品格对其定罪产生的影响进行指导。[⑤] (3)在共同犯罪中,共同被告人甲的不良品格能够证明被告人乙有良好的品格证据,以上两项指导规则同样适用。

"Vye 指导规则"并没有对法官指导时运用的语言形式进行规定,但要求法官必须明确地向陪审团表明,陪审团在考虑被告人的可信性问题和定罪问

---

① 施鹏鹏:《陪审团制度研究》,中国人民大学出版社 2008 年版,第 136 页。

② 从英国近期的一些案例来看,即使不涉及被告人作证的可信性问题的案件,依然可以运用被告人的良好品格来判断被告人的定罪问题。

③ Tracey Aquino,*Essential Evidence*,2nd edition,武汉大学出版社 2004 年英文影印版,第 79 页。

④ 由于该规则最先在 Vye 案中确立,所以又称之为"Vye 指导规则",此处是"Vye 指导规则"的第一项规则。

⑤ 齐树洁主编:《英国证据法》,厦门大学出版社 2002 年版,第 550 页。

题时必须顾及被告人良好品格与这两个问题之间的关联性。[①] 在 1979 年的 R v. Bryant & Oxley 案中,几名共同被告人被指控犯有抢劫罪。其中一名被告人在上诉中提出,初审法官错误地向陪审团作出指示,被告人的良好品格证据仅仅指向该被告人证言的可靠性而不涉及其是否有罪。上诉法院支持了该被告人的上诉理由,认为初审法院将被告人的良好品格的两个指向性割裂对待是不合理的。虽然一项良好品格证据主要的指向是被告人作证时的可靠性,但这不能说明该证据与被告人是否有罪完全无关。从广义上说,该证据与被告人的定罪问题是有关联性的。这是因为,一般而言,具有某种良好品格的人犯罪的可能性比较低。[②] 其一,法官应当向陪审团表明被告人的良好品格使其作证时的证言以及庭外陈述更具有可信性;其二,被告人的良好品格在一定程度上也能证明被告人犯罪的可能性较低。当然前者的关联性程度比后者要大得多。

四、刑事案件中被告人的不良品格证据

(一)被告人不良品格证据的理论基础

把握不良品格证据的相关性有助于理解不良品格证据在发现法律事实方面的证明价值。只有当被告人的不良品格和不端行为与案件存在逻辑上的关联性时,才能认定这些证据具有证明价值。判断某项证据是否与案件有关联性,以及有多大证明价值,通常根据以下三种情况作出判断:一是不良品格证据和不端行为证据的说服力,说服力是指不良品格证据的证明力,具体指被告人有过不良行为的可能性程度;二是案件的主要问题;三是案件中其他证据的情况。正如英国法律委员会所言,如果不良行为的证据是不真实的,那么就谈

---

① 从这个意义上而言,陪审团是没有选择权的,不能仅就其中一项内容与被告人良好品格证据之间的关联性问题作出判断,必须兼顾被告人可信性以及被告人是否有罪两方面。

② Edward Phillips, *Brief Case on the Law of Evidence*,武汉大学出版社 2004 年英文影印版,第 157 页。

不上有证明价值,只会造成陪审团对被告人形成偏见。[①] 但是,如果那些证明被告人有不良品格的证据是真实的,那么这些证据的关联性大小需要通过它所指向的主要问题来判断。例如,相似事实证据规则对以下两种情况作了区分:一是在被告人承认其实施了法律禁止的行为但否认有犯罪故意时,运用不良证据规则证明被告人实施了犯罪行为;二是在被告人完全否认实施了犯罪行为时,运用不良品格证据规则证明被告人有罪。如果某些证据仅仅是表明犯罪案件不属于意外事件而是行为人故意犯罪,则不足以证明作无罪答辩的被告人是有罪的。更重要的是,其他证据的状况会影响相似事实证据的采纳,一般而言,相似事实证据越多,其关联性就越强。由此看来,案件中的其他证据在很大程度上影响相似事实证据的证明价值。

在刑事审判中,控方披露被告人的不良品格和不当行为,会误导陪审团对被告人作出有罪判决,这是被告人不良品格产生的偏见效应。[②] 偏见意味着对被告人不利,会导致陪审团忽视依据证据作出合理判断的重要性。[③] 偏见会产生很大的风险,导致无辜的人被判有罪,或者在证据没有达到排除合理怀疑的证明标准时而轻易判决被告人有罪。

英国法律委员会将"偏见"区分为"推理偏见"和"道德偏见"。怀有"推理偏见"的事实裁判者往往会高估不良品格证据的证明价值。英国法律委员会认为,不科学的犯罪分析方法容易导致错误的逮捕和指控。通常情况下,警方认为前科犯比其他人更有犯罪倾向,因此,在侦破案件时会首先调查"前科犯"。基于被告人的前科记录,陪审团往往会无视被告人的无罪辩解,依据前科犯的犯罪记录作出有罪判决,从而使被告人遭受偏见的危害。此外,陪审团可能降低证明标准,不按照排除合理怀疑的证明标准来定罪。在 1995 年的 R v. Bills 案中,陪审团最初撤回对被告人非法伤害罪的判决,但当在量刑阶段知道被告人有暴力倾向时,又试图改变判决。陪审团认为,被告人有严重主观恶性和人身危险性,应当予以严惩。

---

① 此处可以结合证据能力和证明力来理解,不良品格证据首先是真实的,然后才能有证据能力,即上文所说的证明价值,这是进入庭审的关键。证据能力是证明力的前提,不良品格证据能够在多大程度上支持控方的观点,是法官自由心证的问题。参见林钰雄:《严格证明与刑事证据》,法律出版社 2008 年版,第 82 页。

② "偏见效应"是指判决不是经过一系列的逻辑推理而得出的合法结论,而是过分地关注不良品格证据("推理偏见")并根据这些不良品格证据作出判决("道德偏见")。

③ 一般而言,任何有罪证据都很容易使人们对被告人产生偏见,恶化被告人在诉讼中的地位,因此偏见的证据不利于诉讼的公正进行,应当避免。

　　"推理偏见"由陪审团基于被告人的不良品格证据进行推理而产生,而"道德偏见"是陪审团基于不良品格证据本身而产生,不存在推理过程。具体而言,倘若不良品格证据表明被告人是一个道德败坏的人,未受过法律专业训练的陪审团很可能会因为对被告人的反感而影响自己对事实问题的判断,并忽略控方证据的证明力而直接对被告人作出有罪判决。而且,如果陪审团认为即使被告人没有实施控方指控的罪行,但是会实施其他犯罪,或者被告人的劣迹已经表明他是一个对社会有害的人,为了保护社会,他们也会对被告人作出有罪判决。例如,在猥亵儿童案中,如果被告人曾经因猥亵儿童而被定罪处罚,那么陪审团很可能对被告人作出有罪判决,否则被告人将来还会有类似的行为。由此看来,被告人的不良品格很容易导致陪审团对其产生偏见,从而作出不公正的判决。因此,为了实现案件的公正判决和保护被告人的利益,如果被告人遭受了陪审团的偏见,并且陪审团的这种偏见影响了他们的判决,那么陪审团作出的判决就是不合法的。其做法违反了刑事诉讼的基本原则,即对被告人的定罪处罚必须建立在有罪证据达到了排除合理怀疑的标准基础之上,不能仅仅因为被告人是个道德败坏、品行不正的人就轻易对其定罪。①

　　不良品格证据本身具有不可靠性的缺点,在其他有罪证据比较薄弱、不充分的情况下,陪审团很容易依据不良品格证据对被告人作出有罪判决。因此,不能用不良品格证据来代替那些能够充分证明被告人确实有罪的"真凭实据",只有在证据确凿的情况下才能判决被告人有罪;尤其是在其他证据比较薄弱的情况下,更不能仅仅依据被告人的不良品格来判决。② 其他有罪证据越薄弱,就越容易产生"推理偏见"和"道德偏见",因为这些偏见可以填充控方薄弱的证据与排除合理怀疑证明标准之间的"空隙"。当然,如果在其他有罪证据确实、充分的情况下,采纳被告人不良品格证据也不会对案件裁决的公正性造成影响。那么是否在其他有罪证据不充分的情况下完全排除被告人的不良品格证据呢? 对此,应当根据案件的不同情况来决定是否排除,尤其当被告

---

① I. H. Dennis, *The Law of Evidence*, 4th edition, Sweet & Maxwell, 2010, pp.791-792.

② Roger C. Park et al., *Evidence Law: A Student's Guide to the Law of Evidence as Applied in American Trials*, 2nd edition, Thomson West, 2004, pp.141-144.

人的不良品格证据属于相似事实证据时,不一定要排除该项证据。① 例如,被告人在先前实施的一系列犯罪行为中,使用了一些具有自身特色的手段,当控方指控的犯罪中的实施手段恰恰符合被告人的惯用犯罪手段时,相似事实证据会作为识别犯罪嫌疑人身份的证据而被采纳。

最后,有必要说明不良品格证据在司法实践中的运用情况。英国皇家专门调查委员会的调查表明,在参与调查的案件中有 77％的案件中的被告人有前科。一半以上的案件适用了品格证据。初审法官对先前判决的严重性作了以下评估:10％属于极为严重的判决,53％属于比较严重的判决,37％的案件属于轻微的判决。因此需要法律着力解决案件裁决中出现的引用先前判决的问题。② 刑事法院的研究表明,在 20％的案件中引用了被告人的先前判决,而且在这些引用先前判决的案件中,有一半以上是由辩方提出先前判决而非控方。③ 在有的案件中,辩护律师的辩护策略是通过提交被告人不严重的先前判决来证明被告人具有良好的品格;在有的案件中,当被告人指出控方证人有不良品格或者提出不利于共同被告人的证据时,被告人需要接受交叉询问,此时,辩护律师会尽量减少交叉询问给被告人带来的负面影响;还有一些案件中,先前判决是因为疏忽而被知晓,例如被告人或者他人失口说出先前判决。

在控方提交被告人先前判决的案件中,被告人由于诋毁控方证人的品格而必须就自己的品格接受交叉询问,控方为了反击被告人和证明被告人存在不良品格通常会提交被告人的先前判决。由此看来,在某些案件中,控方之所以提交被告人的先前判决主要是基于"以牙还牙"原则,只要被告人诋毁控方证人的人格,那么控方一般会提交被告人的先前判决来反击。在 1983 年的 R v. Britzmann & Hall 一案中,被告人被指控犯有入户盗窃罪。在初审中,警

---

① 相似事实证据(similar fact evidence)是指与本案待证事实相类似的其他案件事实被控方提出,用以证明某个特定对象的证据。相似事实证据分为有罪行为证据和不当行为证据,前者通过先前的定罪判决直接证明,后者需要调查取证。由此看来,不良品格证据与相似事实证据是包含与被包含的关系,因为不良品格证据包括三种情况即不良的名声,不良的行为倾向和曾经实施过的特定的具体的犯罪行为和不当行为。相似事实证据属于第三种情况。

② Steven Greer, The Right to Silence, Defence Disclosure and Confession Evidence, in *Journal of Law and Society*, 1994, Vol.21, No.1.

③ 在辩方提供先前判决的比率上,法官和律师的看法不一致。法官认为先前判决提交法庭的案件中有 80％的案件是由辩方自己提交的,而律师认为只有 60％的案件是辩方提交的。

方提交了被告人在侦查阶段的讯问中的供述内容。被告人否认了供述内容，并声称警方捏造了该项证据。根据《1898 年刑事证据法》第 1 条第 6 款第 2 项的规定，①初审法官允许控方对被告人先前的犯罪行为进行交叉询问，因为被告人对警察证人的品格进行了攻击。英国刑事法院调查得出，在 28％的案件中，被告人受到"以牙还牙"原则的限制，在 72％的案件中并未受此限制（可能是在这些案件中被告人并没有对控方证人的人格进行攻击，也可能是由于其他原因没有受到控方"以牙还牙"的反击）。

（二）被告人不良品格证据规则的发展

1.早期法律对品格证据的规定

英国早期法律对品格证据的规定更多地体现在相似事实证据规则上，相似事实证据规则规定了能否采纳控方提交的被告人不良品格和不当行为证据，因此，相似事实证据规则是理解品格证据规则的基础。上议院在 1975 年的 DPP v. Boardman 一案中正式确立了相似事实证据规则，规定那些证明被告人曾受过处罚或者不良品格的证据不能被采纳，因为这些证据会导致陪审团对被告人产生偏见，影响案件的公正判决。② 美国法学家波斯纳指出，采纳该类证据风险不在于其欠缺证明价值，而是在于陪审团过度重视该类证据，甚至会基于不充分的证据而作出有罪判决。陪审团倾向于认为：既然被告人是犯罪阶层中的一员，很可能已经实施了尚未受到刑事处罚的其他犯罪。③ 然而，毕竟任何不良品格证据都存在着潜在的风险即推理偏见，如果一概排除则失之偏颇。因此，随着时代的发展，英国判例法逐渐放宽了对品格证据的限制。尤其在 1991 年的 DPP v. P 案之后，只要品格证据与案件有充足的关联

---

① 《1898 年刑事证据法》第 1 条第 6 款第 2 项规定，被告人在作为证人提供证言时，不得对被告人先前的犯罪行为等不良品格进行交叉询问，除非被告人为了间接提出自己的良好品格证据而对控方证人的品格进行交叉询问，或者在交叉询问中直接攻击控方、控方证人、死亡被害人的品格。

② 即使相似事实证据与案件有关联性，英美法系也不予支持。美国《联邦刑事诉讼证据规则》第 403 条规定：证据虽然具有相关性，但可能导致不公正的偏见、混淆争议或误导陪审团的危险大于该证据可能具有的价值时，或者考虑到过分拖延浪费时间或无须出示重复证据时，也可以不采纳。英国《1898 年刑事证据法》第 10 条第 3 款规定，刑事诉讼中的被指控人在诉讼中被传为证人时，不被提问有助于表明其曾实施除正在被指控的罪行以外的其他罪行，或者曾因此被判有罪或者受到指控的任何问题，或者是表明其品格不良的问题，即使提出，被告人也不必作任何回答。

③ 刘国庆：《美国刑事诉讼中被告人品格证据使用问题研究》，载《河南司法警官职业学院学报》2009 年第 4 期。

性,而且关联性程度足以忽略其潜在的偏见危险,那么就具有可采性。

英国普通法虽然允许"推理偏见"的存在,但不允许"道德偏见"的存在。在1973年的 R v.Mackie 案中,控方指控被告人杀害了一名三岁的男孩。该男孩因惧怕被告人伤害他,在逃跑过程中坠楼身亡。控方举出被告人曾经殴打过男孩的证据来证明被告人有罪。初审法官向陪审团指示这些证据只能证明男孩逃跑的原因是害怕被告人再次殴打,但不能说明被告人有殴打男孩的意图。显然,该案的初审法官不认为控方提供的品格证据应当排除。而上诉法院认为,该证据产生的偏见影响大于其具有的证明价值,这项证据导致了陪审团对被告人产生了"道德偏见",虽然被告人这次没有意图殴打男孩,在该案件中没有实施犯罪行为,但他之前的殴打行为使陪审团认为他应当对该男孩的死亡负责——这是典型的"道德偏见"。"道德偏见"比"推理偏见"对被告人更加不利,前者直接影响了整个案件判决结果的公正性,其危害性更大,应当禁止。

2.法律委员会提出的改革方案

英国法律委员会在内政大臣于1994年提出被告人不良品格证据的议题后,开始进行审议,并于1996年制定了征询意见书,于2001年制作了调查报告。法律委员会在此份报告中总结了法律存在的主要问题:第一,相似事实证据规则过于笼统,可操作性较差,没有明确区分不具有可采性的相似事实证据与具有可采性的个人背景资料证据,这样很可能导致那些偏见性的证据进入庭审。第二,证人在交叉询问其品格时没有受到法律的保护。第三,对被告人的交叉询问规定存在很多不足。认为被告人的品格不具有可分割性是不正确的,这会导致不公正的偏见。① 英国早期的法律没有明确规定在何种情况下被告人提出良好品格证据将会使其失去法律的保护。如果被告人为了替自己辩护而不得不提出控方证人品格不良的证据,而法律却规定被告人因此而失去法律的保护,这会打击辩方进行正当辩护的积极性。法律委员会认为新修订的法律应当规定,即使被告人声称控方证人证言不真实或者警方捏造有罪证据,也不会失去法律的保护。

法律委员会的改革方案建立在调查研究和意见征询的基础之上,对基本规则进行了明确的阐述。尽管《2003年刑事审判法》多数规定都参照了法律委员会的建议,但在"保护被告人不受不良品格证据偏见影响"的问题上却未

---

① 法律委员会:*Evidence of Bad Character in Criminal Procedure*,http://www.justice.gov.uk,下载日期:2011 年 5 月 21 日。

遵循这一惯例。[①] 因此,在该条文提交议会讨论阶段引发了各方的热烈讨论。上议院认为,第101条的规定摧毁了"无罪推定原则"。[②] 此外,由于保护证人在交叉询问中的权利是英国政府一项重要的刑事政策,因此不可避免地与《2003年刑事审判法》草案加强对被告人权利的保护产生冲突。法律委员会注重保护被告人的利益,而政府更强调保护证人和被害人的利益,《2003年刑事审判法》则尽可能兼顾了两方面的考虑。

⚖ 五、《2003年刑事审判法》有关品格证据的规定

《2003年刑事审判法》通过修改《1898年刑事证据法》第1条第3款的规定(该条规定了被告人作证时接受控方对其先前罪责和不良品格进行交叉询问的问题),进一步扩大了证据法体系的内容,废除了近两个世纪以来的相似事实证据规则。此外,新法还规定进一步加强对法官的专业培训。因此,该法实施后不久,几乎所有的法官都参与了专业培训。在新法实施后的第一年内,上诉法院作出了7份指导性判决。这些判例表明,法院在一定程度上放宽了对不良品格证据可采性的限制。

《2003年刑事审判法》第98条明确了被告人和非被告人的"不良品格"证据概念,废除了普通法对不良品格证据的规定,确立了采纳被告人的不良品格证据的条件。第100条规定了对非被告人不良品格证据的可采性,第101条规定了对被告人不良品格证据的可采性问题,第102条至106条规定了采纳被告人不良品格证据的七种情形,最后的五种情形还附带了相应的解释性条款。[③]

---

① 英国法律委员会认为关键是解决缓和不良品格证据的证明价值和产生的偏见之间的冲突,并认为法律框架结构仍然采取证据排除方式,并通过类别排除的方法来改进原有的法律。虽然英国法律委员会的建议稿扩大了采纳被告人不良品格证据的范围,但是仍然强调被告人在刑事案件中的权利保护。法律委员会关注更多的是法官作出是否采纳不良品格证据的决定的质量,而不是不良品格证据的数量。

② 法律委员会:*Evidence of Bad Character in Criminal Procedure*,http://www.justice.gov.uk,下载日期:2011年5月22日。

③ I. H. Dennis, *The Law of Evidence*,4th edition, Sweet & Maxwell, 2010, p.821.

1.《2003 年刑事审判法》第 98 条的规定

《2003 年刑事审判法》第 98 条对被告人的不良品格证据的含义进行规定:本法所称"不良品格"是指被告人的不当行为或者不良习性,而且被告人的不良品格证据必须与指控的案件事实有关联,或者与侦查和指控有关。第 112 条第 1 款对第 98 条中的"不当行为"作出界定,"不当行为"是指违法犯罪行为和应受谴责的行为。

(1)第 98 条包含的内容

第 98 条的不良品格证据包括那些有犯罪倾向的证据,包括被告人犯罪预备行为,[①]被告人的犯意表示以及持有犯罪工具行为。[②] 此外,第 98 条的不良品格还包括"受到谴责的行为",但是新法并没有对"应受谴责的行为"的含义作出明确规定。虽然这条规定没有对不良品格的外延进行明确规定,但其范畴不仅仅限于先前的犯罪行为。此外,对于是否应当将"谴责性"进行限制解释,学界尚存争议。例如,在 2005 年的 R v. Renda 一案中,被告人被指控犯有抢劫罪,但是被告人声称自己具有良好的品格。控方对此进行反驳,指出被告人曾经因为一起人身伤害案被指控,虽然当时的行为没有构成犯罪,但是被告人先前实施的人身伤害行为是"受到谴责的行为",属于被告人的不当行为证据。上诉法院对以上观点表示支持。此外,在 2009 年的 R v. Saleem 案中,被告人被指控参与一起斗殴案,警方发现被告人的电脑中存有暴力图片和为庆祝自己生日而改写的涉及暴力的说唱歌词,歌词内容是被告人蓄意在生日当天实施暴力袭击。该案正好发生在被告人生日当天。上诉法院认为,这些暴力图片和歌词至少表明被告人的行为应当受到谴责,因此属于不良品格证据。根据《2003 年刑事审判法》第 101 条第 1 款第 4 项的规定,这项不良品格证据与被告人在案发当时是否在现场的问题密切相关,因此应当采纳。

(2)第 98 条的排除规定

第 98 条规定,不良品格证据不包括以下两种证据:

第一,与案件本身直接相关的证据。当某项证据能够直接证明被告人犯有控方指控的犯罪,那么它不属于不良品格证据,这类证据不适用第 101 条的

---

① 犯罪预备,是指做实施犯罪前的准备工作。如准备犯罪工具、创造犯罪条件等。

② 所谓犯意表示,一般认为是指具有犯罪意图的人,通过一定的方式,将自己的犯罪意图表露出来的外部活动。例如甲与乙有过冲突,甲怀恨在心,曾对第三人丙说其要找机会杀掉乙。这是典型的犯意表示。一般认为,犯意表示有三种形式:(1)以言语表示;(2)以文字表示;(3)以举动表示。

规定。判断某项证据是否与案件本身直接相关,关键在于该证据的产生是否与案件的发生在同一时间。在 2006 年的 R v. Machado 案中,被害人声称被告人对其实施了抢劫,被告人请求对被害人进行交叉询问,确定被害人是否在案发当晚吸过毒,并向被告人提供毒品。通过交叉询问得知,被害人是因自己摔倒而受伤,并非因被告人的行为所致。初审法官认为有关被害人案发当晚吸毒的证据属于不良品格证据,根据《2003 年刑事审判法》第 100 条的规定,不具有可采性。但是上诉法院认为,初审法院不予采纳该项证据的做法是错误的,因为该项证据与案件本身直接相关,不是独立于案件本身之外,因此不属于不良品格证据,①不适用品格证据规则。

第二,案件侦查或起诉阶段中的不当行为证据。就被告人而言,不当行为具体表现为:被告人的抗拒抓捕行为,唆使证人作伪证行为,编造不在犯罪现场的证据等;就非被告人而言,警察伪造被告人供述的行为,以及在案件侦查中的其他不当行为。这类证据不属于第 98 条规定的不良品格证据,不适用第 100 条和第 101 条的规定。

2. 第 101 条规定的采纳被告人不良品格证据的七种情况

(1)不良品格证据的采纳须经所有当事人同意

第 101 条第 1 款第 1 项规定,不良品格证据的采纳须经所有当事人同意,这是采纳被告人不良品格证据的第一种情形。在 2008 年的 R v. Hussain 案中,被指控犯有抢劫罪的两名共同被告人为了把责任推托给对方,相互揭露对方先前实施的犯罪行为,并主张将先前犯罪的证据作为不良品格证据采纳,于是控方将他们各自的先前犯罪行为作为不良品格证据提交法庭。在该案中,被告人的不良品格证据之所以可以采纳,是因为经过了控方、两名共同被告人的同意。在这种情形下,法官不具有自由裁量权,只要所有当事人同意采纳被告人的不良品格证据,那么法官必须采纳,没有自由裁量的空间。

(2)被告人自己提出的不良品格证据

《2003 年刑事审判法》保留了旧法关于被告人自己提出不良品格证据的内容。第 101 条第 1 款第 2 项规定,如果不良品格证据由被告人自己提出,或

---

① 由于与案件本身直接相关的证据不属于品格证据的范畴,因此不适用品格证据规则,而是适用其他证据规则。这是一项直接证据,只要属实即可采纳。直接证据与案件是同时发生的,而品格证据是独立于案件本身之外的证据,不是同时发生的。

者在交叉询问证人时透漏自己的不良品格，①那么该项证据就具有可采性。同样，法官在这种情况下仍然没有自由裁量权，即不能拒绝采纳该项证据。

被告人之所以披露自己的不良品格可能出于种种原因，例如，被告人为了证明自己在案发当时不在犯罪现场而提出自己正被监禁的证据，或者因为担心自己的沉默会陪审团留下不好的印象，只好主动交代自己以往的不当行为，或者被告人原本是为了证明自己具有良好品格，所以会提到自己很久之前的罪行来证明自己已经洗心革面，重新做人……但实际上，这些不良品格证据不会仅仅局限于被告人的辩护目的，不会只是对被告人产生有利的影响，一旦该证据对证明被告人有罪或者其作为证人不可信具有证明价值，那么控方可以依据被告人提出的不良品格证据来实现控诉目的。

（3）重要说明性的证据

何谓"重要说明性的证据"？《2003 年刑事审判法》第 102 条对此作出了界定，首先，如果一项证据对法官或者陪审团审查其他证据具有非常重要的作用，以至于没有该项证据无法审查判断其他证据，那么该项证据就是第 101 条第 1 款第 3 项规定的"重要说明性的证据"。其次，"重要说明性的证据"是指那些对查明整个案件事实具有重大价值的证据。英国法律委员会曾认为，如果不良品格证据具有重要的说明价值就应当采纳，并由法官运用自由裁量权来对解释性价值进行判断。《2003 年刑事审判法》第 102 条的规定保留了旧法中有关"背景证据"可采性规则，"背景证据"与案件具有关联性，因为它能使案件的其他证据受到更好的审查和判断。② 然而，"背景证据"也存在一定的弊端，会导致诉讼迟延、诉讼费用增加、案件复杂化，从而分散了事实审判者的注意力，适用不当还会使被告人遭受偏见。因此，进入庭审的"背景证据"越多，诉讼成本可能就越大。为此，旧法也设立了判断"背景证据"关联性的一套规则，来解决其负面影响。从表面上看，《2003 年刑事审判法》第 102 条与旧法的相关规定不同，但在实质上仍然保留了旧法的精神，即证据与解释目的之间的高度关联性原则。如果案件的其他证据本身已经明确，不需要"背景证

---

① 对于后一种情况，举例而言，在被告人对警察证人进行交叉询问的过程中透露出被告人之前实施过犯罪行为。这项证据是可以使用的。

② 在 2005 年的 R v. Chohan 一案中，证人声称她在大街上看到被告人实施抢劫之后逃走了。为了证明自己看到的人确实是被告人，她提供了另一项证据，即她经常向被告人购买海洛因，因此对被告人的相貌很熟悉。该项证据就是所谓的"背景证据"，对审查判断其他证据（本案中的证人证言）具有重要的作用，如果没有这项证据，事实审判者很难判断证人证言的真实性。法院采纳了该项具有重要解释价值的"背景证据"。

据"进行解释和补强,那么"背景证据"就不具有可采性。

(4)事关控辩双方之间重要问题的证据

根据《2003 年刑事审判法》第 101 条第 1 款第 4 项的规定,如果某些证据与控辩双方之间的重要问题有关联性,那么该证据具有可采性。第 103 条规定,控辩双方之间的重要问题包括:①被告人是否有实施控方所指控罪行的倾向;②被告人是否有不诚实的习性。[1]

被告人是否具有犯罪倾向包括以下几种情况:①被告人实施过与控方指控罪行相同的犯罪;②被告人实施过与控方指控罪行相似的犯罪。如果控方提交的证据符合该项规定的情形,那么就具备了可采性。[2] 第四项规定是七种情况中最重要的一项规定,该项规定取代了旧法中关于排除相似事实证据和不良品格证据的规则,赋予了控方在一定条件下可以提交被告人不良品格证据的权力。因此,无论被告人是否提出自己的品格证据或者是否攻击其他人的品格,控方都有权提交涉及案件重要问题的证据,即那些证明被告人是否有犯罪倾向和撒谎习性的不良品格证据。

(5)对被告人与其他共同被告人之间的重要问题有证明价值的证据

《2003 年刑事审判法》第 101 条第 1 款第 5 项规定,如果某些证据对于证明被告人与其他共同被告人之间的重要问题有很大的证明价值,那么该证据就具有可采性。第 104 条对该项规定作了补充解释,即根据第 101 条第 1 款第 5 项的规定,只有当被告人在为自己辩护的过程中损害了其他共同被告人的利益时,关于被告人有说谎倾向的证据才可以被采纳。这类证据包括:①其他共同被告人提出的证据;②代表其他共同被告人作证的证人在交叉询问中提出的证据。这类证据的提出主体是共同被告人,控方无权提出这类证据。对于第五种情形,法官不具有自由裁量权来决定证据是否采纳,即使该证据具有使被告人遭受偏见的风险。

通过第 104 条的规定可以看出,被告人的可信性是一个重要问题。在通常情况下,其他共同被告人为了证明被告人比自己更有可能犯罪而提出被告人的不良品格证据,从而证明自己是无辜的。《2003 年刑事审判法》对此问题的规定不同于《1898 年刑事证据法》的有关规定。后者规定,只要被告人提出

---

[1]　Peter Mirfield, Character and Evidence, in *Criminal Law Review*, 2009, No.3.

[2]　当然这并非适用于所有的案件,也有例外情况,例如在某个特殊案件中,如果法官认为被告人曾实施的犯罪时间久远或者其他原因,可以不采纳被告人的前科证据来证明被告人是否有犯罪倾向。

了对其他共同被告人不利的证据,那么其他被告人就可以提出被告人的不良品格证据来证明被告人作证的不可靠性。但《2003 年刑事审判法》对前提条件进行了限制,只有当被告人既提出了对其他共同被告人不利的证据同时又摧毁了他们的辩护——控方采纳了被告人提供的证据,其他被告人才能够提出被告人的不良品格证据。①

(6)纠正被告人虚假印象的证据

《2003 年刑事审判法》第 101 条第 1 款第 6 项规定,如果某项证据能够纠正被告人的虚假印象,那么就具有可采性。新法第 105 条对此作了补充规定,第 1 款规定:"如果被告人所作的陈述会误导法官和陪审团,并使他们对其产生不真实的印象,那么就认定被告人作出了误导性的陈述,产生了虚假印象。对被告人的虚假印象具有纠正作用的证据就可以采纳。"第 2 款规定:"无论被告人是否故意,只要作出误导性陈述,都有可能导致法官和陪审团对其产生虚假印象。具体包括以下两种情况,一是被告人在侦查阶段的讯问过程中所作的误导性陈述;二是被告人在审查起诉阶段所作的误导性陈述。除此之外,其他人关于被告人的证言也容易产生虚假印象的问题,如代表被告人作证的证人提供的证言,任何证人在交叉询问过程中回答被告人的目的性问题而作出的陈述,被告人引用的庭外证人证言。"第 3 款规定:"如果被告人撤回了那些误导性的陈述,就不再适用纠正其虚假印象的证据。"第 4 款规定:"如果被告人在诉讼中通过某些行为,努力作出虚假的陈述来误导法官和陪审团,那么被告人应该对误导性陈述承担其后果。"第 5 款规定:"第 4 款中的'行为'包括被告人的外貌和着装。"第 6 款规定:"本法第 101 条第 1 款第 6 项规定的可予以采纳的证据是指能够充分证明纠正被告人的虚假印象的证据。"此外,控方提出的旨在纠正被告人虚假印象的不良品格证据应该与被告人提出的误导性证据相适应。例如,如果被告人提出自己的诚实品格证据,那么控方只能提出被告人不诚实的品格,而不能提出被告人先前的性犯罪证据来纠正被告人的虚假印象。

(7)被告人攻击他人品格的情形

这项规定是《2003 年刑事审判法》第 101 条第 1 款规定的最后一种适用被告人不良品格证据的情形。如果被告人在诉讼中对其他人的品格进行攻

---

① Peter Mirfield, Character and Evidence, in *Criminal Law Review*, 2009, No.3.

击,那么控方可以提交被告人的不良品格证据。① 同样,该法第 106 条也对第 7 种情况作出解释,第 1 款规定:"如果被告人提供证据攻击他人的品格,或者在交叉询问过程中通过询问证人来攻击证人的品格,或者在刑事诉讼的侦查阶段、审查起诉阶段中有攻击他人品格的陈述,都属于该法第 101 条第 1 款规定的第 7 种情形。"第 2 款规定:"被告人攻击他人品格是指提出其他人有犯罪前科,或者有过应受谴责的不当行为,或者有不当行为倾向等不良品格证据。"

根据《2003 年刑事审判法》第 101 条第 1 款第七种情况以及第 106 条的规定,需阐明三点:一是被告人何时进行攻击;二是被告人可以攻击何人;三是何谓品格攻击。② 首先,被告人攻击他人品格的陈述既可以是在庭审中,也可以在庭外,例如,在案件的侦查阶段和审查起诉阶段的讯问过程中所作的陈述。其次,受被告人品格攻击的"他人"范围比较大,包括代表控方作证的证人、受害人、警察以及共同被告人等,简言之,与案件有关系的任何人,无论这些人是介入到案件的审判阶段还是侦查、起诉阶段。③ 最后,根据第 106 条第 2 款的规定,攻击他人品格的证据是指被告人提出他人先前实施过犯罪行为,或者实施过受谴责的行为,或者有不良行为倾向,即所谓的"诋毁"。

综上,《2003 年刑事审判法》对英国品格证据规则的改革有两大亮点:一方面,通过第 100 条规定的四种情况,对采纳非被告人的不良品格证据进行严格限制,以达到保护非被告人合法权利的目的;另一方面,第 101 条将《1898 年刑事证据法》采纳被告人不良品格证据的两种情况扩展到七种情况,放宽了对采纳被告人不良品格证据的规定,在保障刑事被告人的权利与英国政府倡导的刑事政策之间实现了平衡。较之英国早期的品格证据规则,《2003 年刑事审判法》更具科学性和合理性。

---

① Arthur Best, *Evidence: Examples & Explanations*, 7th edition, Wolters Kluwer, 2009, pp.49-50.

② I. H. Dennis, *The Law of Evidence*, 4th edition, Sweet & Maxwell, 2010, pp.869-870.

③ 《1898 年刑事证据法》第 1 条第 3 款第 2 项规定中,明确表明包括死亡的被害人,如果被告人对死亡的被害人的品格进行攻击,那么控方就可以提出被告人的不良品格证据进行反击。但是,《2003 年刑事审判法》没有规定死亡的被害人属于被告人的品格攻击对象。

第九章　相似事实证据

相似事实证据(similar fact evidence)作为英美法系国家的一项重要证据形式,体现了普通法国家"宁可漏判,不可使无辜者受惩罚"的司法理念。在这种理念的指导下,"被告人享有无罪推定的特权,除非他的罪行受到'排除合理怀疑'(beyond reasonable doubt)的确认,否则,该特权会像盾牌一样保护被告人;只有面对一项明确的指控时,嫌疑人才能转变为被告人,而指控之外的任何事件都不能用作对其不利的证据"。① 本章主要论述相似事实证据规则在英国民、刑诉讼中的运用,以及《2003 年刑事审判法》(*Criminal Justice Act* 2003)颁行后,这一传统规则受到的影响和挑战。

一、概述

(一)相似事实证据的基本含义

相似事实证据是指当事人在诉讼中提出的旨在表明对方(主要是被告人)实施过的,与被指控罪行具有相类似行为的证据。② 由于这些行为实施的时间不同于被控行为,通常不会被接受作为被告人的入罪证据,但如该证据同时符合以下两个条件时,法庭可予以采纳,用于证明被告人犯指控之罪:(1)此类行为与案件争点有关联并呈现出相当的一致性。(2)此类行为足以证明当事人具有从事目前被控罪行的动机、手法和目的。③

按性质划分,可将相似事实证据分为"有罪行为"和"不当的或错误的行

---

① David P. Leonard, In Defense of the Character Evidence Prohibition: Foundations of the Rule Against Trial by Character, *in Indiana Law Journal*, 1998, Vol. 73, No. 3.

② *Oxford Dictionary of Law*, 4th edition, edited by Elizabeth A. Martin, Oxford University Press, 1997, p.433.

③ 相似事实证据是英国学者使用的概念,在美国称为类似事件(similar happenings)。参见 Bryan A. Garner, *Black's Law Dictionary*, 8th edition, West Group, 2007, p.4316.

为"(misconduct)两种类型。① 有罪行为与不当行为的区别主要在于：前者可以由先前的有罪判决直接证明，后者则需通过特定方式的调查来证实，如采用"案中案"(trial within a trial)方式。②

按时间划分，相似事实证据可分为控前事实证据和控后事实证据。也就是说，相似行为并不必然发生于所控行为之前。在起诉后至判决下达这段期间内，如果被告人的行为证据符合可采性的一般要求，仍然可以为控方收集并使用。③

按适用领域区分，相似事实证据可分为刑事诉讼中的相似事实证据与民事诉讼中的相似事实证据。在民事诉讼中，由于陪审团很少参与审判，较之刑事诉讼，法官甄别证据时更强调其证明价值而非偏见影响，④相似事实证据因而更能被广泛采纳。

（二）相似事实证据的特点

相似事实证据主要具有以下特点：

1.相似事实证据是间接证据。根据一般证据理论，间接证据不能单独、直接证明案件争议事实，而需结合其他证据，形成中间事实才能达到证明或否定案件争点的效力。在多数情况下，一个人的案外行为证据不能直接证明他就是本案的始作俑者，但若被告人先前对本案受害人多次侵害，或每次作案都会留下明显记号且本次也不例外时，法官和陪审团就足以相信被告人依照其一贯的行为倾向行事，从而认定他可能是本案的行为人。可见，对相似事实证据的甄别应当侧重考察它与本案待证事实之间的相关性程度。

2.相似事实证据来源广泛，表现形式多样。相似事实证据不仅来源于被告人所实施的相似不法行为，被告人具有的某种不法习性或性情也被认为构成相似事实证据。⑤ 在 1918 年的 R v. Thompson 案中，由于在被告人寓所处发现大量男童不雅照，法院遂认定其具有同性恋和恋童倾向，进而判决猥亵男童罪名成立。此外，相似事实证据可表现为书证、物证、视听资料，甚至非本案目击证人的证言也会成为其表现形式之一。在 1981 年的 R v. Barrington 一案中，被告人否认以照看孩子为由引诱被害人至寓所并实行性侵犯，法庭于是

---

① 蔡杰、汪键：《英国相似事实证据规则简介》，载《中国刑事法杂志》2005 年第 1 期。

② "案中案"是指在没有陪审团的情况下去争辩与判决有关的一些证据是否具有可采性。参见齐树洁主编：《英国司法制度》，厦门大学出版社 2007 年第 2 版，第 207 页。

③ R v. Mason (Reginald) [1914] 10 Cr App R 169.

④ 齐树洁主编：《英国证据法》，厦门大学出版社 2002 年版，第 588 页。

⑤ ［英］理查德·梅：《刑事证据》，王丽等译，法律出版社 2007 年版，第 112 页。

传唤其他曾遭被告人性侵害的女孩出庭作证。她们表述的引诱理由均与本案相似,该证言遂被采信以证明指控成立。

3.相似事实证据可能导致事实裁决者产生偏见。和其他证据形式相比,相似事实证据极容易使裁判者产生强烈的心理偏见,使他们在其他证据不足的情形下仍然倾向于认定被告人有罪。① 尽管案外相似的行为并不直接体现被告人的品格,但这些不端前科将给裁判者留下被告人品行恶劣的印象。在陪审团审理的案件中,陪审员由于缺乏系统法律训练,普遍会"先入为主",过分重视相似事实证据的证明价值,将个人道德批判灌入对事实的判定之中。譬如,20世纪的英国社会对同性恋和恋童癖极度反感——Sumner大法官甚至将同性恋和猥亵儿童视为"极其堕落的色欲"。② 这种思想导致在性犯罪案件中,体现被告人反常性倾向的证据会自动被采纳作为定罪依据。③

(三)概念区分——相似事实证据与品格证据

无论是英美法系还是大陆法系国家,在论及相似事实证据时,学界和实务界通常将其与品格证据理论相联系。有学者认为,相似事实证据属于品格证据的一种特殊形式,④亦有人认为品格证据与相似事实证据是相互区别的一组概念,但均为倾向性证据的子概念。⑤ 而无论相似事实证据与品格证据的关系如何,它都具有一定的独立性价值。

在广义上,品格证据包括以下几种类型:声誉(reputation),即某人在其生活的社区或工作环境中所享有的他所认识的人给予他的总评价;性格倾向(disposition),即某人以一定的方式作为;某人之前的行为,主要指犯罪前科(previous convictions)。相似事实证据的独立性价值在于该证据既能抨击被告人的品格,也可以因为其他目的而被采纳,如犯罪计划、阴谋劣迹、犯罪前科,犯罪动机、机会、预备,犯罪作案手法、是否构成意外或过失、默认行为、被告人辩词可靠性怀疑等。⑥ 从这个意义上说,相似事实证据不能完全成为品格证据的附属概念。

---

① 蔡杰、汪键:《英国相似事实证据规则简介》,载《中国刑事法杂志》2005年第1期。

② Tracey Aquino, *Essential Evidence*, 2nd edition,武汉大学出版社2004年影印版,第67页。

③ R v. Horwood (Anthony) [1970] 1 Q.B. 133.

④ 黄士元、吴丹红:《品格证据规则研究》,载《国家检察官学院学报》2002年第4期。

⑤ [英]理查德·梅:《刑事证据》,王丽等译,法律出版社2007年版,第111页。

⑥ [美]乔恩·R.华尔兹:《刑事证据大全》,何家弘等译,中国人民公安大学出版社2004年版,第97～101页。

在英国,由于相似事实证据是普通法判例得出的证据形式,与制定法中的品格证据有所差别,学者多半将其视为与品格证据平行的证据形式并将两者一同归入倾向性证据中。[1] 至于一些学者认为相似事实证据与行为倾向、名声共同构成品格证据,[2]这可能是受美国证据理论的影响,因为在美国,刑事诉讼中的相似事实证据附属于品格证据。[3]

二、民事诉讼中的相似事实证据

在刑事诉讼中,相似事实证据的采纳与排除事关被告人程序性权利的保护和程序正义精神。而在民事诉讼中,由于现今极少有陪审团参与审理,法官似乎更易摒除因相似事实证据而产生的偏见性影响,并将重点放在对其证明力的判断上。因此,民事诉讼中采纳相似事实证据所遵循的原则更接近于普通证据的可采性标准。

1976 年的 Mood Music Publishing Co. Ltd. v. De Wolfe Ltd.案被称为民事诉讼中采纳相似事实证据的经典案件。该案原告起诉被告某公司侵犯其音乐制作版权。被告承认其作品与原告的音乐创作存在一定相似之处,但辩称该相似纯属巧合。原告遂援引证据表明被告曾经四次大量抄袭他人音乐著作,上诉法院采纳该证据以反驳被告的"巧合"辩解。丹宁勋爵通过该案总结出相似事实证据在民事案件中的适用规则,他认为:"在民事案件中,如果证据具有逻辑证明力,则法院应当采纳之。也就是说,该证据需要与本案待证事项具有逻辑相关性,并且这种采纳不会对另一当事方造成压迫或不公平感,此外,该方已被合理告知对手将在诉讼中适用此证据,且其对该情形能有应对之策。"

民事诉讼中相似事实证据的采纳标准与一般证据基本相同:只要该证据与待证事项相关联,或者该证据表明的事实与本案事实是同种形式的,就均可

---

① Edward Phillips, *Briefcase on the Law of Evidence*, 2nd edition,武汉大学出版社 2004 年影印版,第 147 页。

② 我国多数学者在理论上将相似事实证据划归品格证据。参见任惠华、杨立云:《论品格证据——含义、现状与制度设计》,载《甘肃政法学院学报》2010 年第 7 期;俞亮:《品格证据初探》,载《中国人民公安大学学报》2004 年第 4 期;季美君:《英国刑事证据法中的品格证据》,载《中国刑事法杂志》1999 年第 5 期。

③ 蔡巍:《美国联邦品格证据规则及其诉讼理念》,载《法学杂志》2003 年第 4 期。

能被采纳。以 1978 年 Sattin v. National Union Bank 案为例,被告(银行)将原告质押的钻石丢失。被告声称已尽到最大注意义务,而原告则举证指出被告曾有在类似情形下丢失钻石的先例,此反驳证据被法官采纳。在 1988 年 West Midlands Passenger Executive v. Singh 一案中,原告起诉被告因种族歧视而拒绝将其升职,他以近年被告公司人事调动的频率和升迁对象的种族来表明其有种族歧视倾向,法院认为被告晋升员工考虑种族因素与歧视原告密切相关,故采纳该证据。

然而并非所有民事案件都是如此处理,有些案件虽然属于民事性质,但在实质上与刑事无异。特别是在一些惩戒重大业务过失的民事程序中,民事裁判可能导致负面的公众影响;而对被告来说,丧失名誉和生计也许同被判入罪一样严重。[①] 枢密院在 1990 年的 Lanford v. General Medical Council 案中同意将刑事初审程序适用于民事惩戒程序。由此,刑事诉讼中的相似事实证据可采标准被应用到本案中,这意味着采纳标准的提高。例如,只有当多位证人的证词之间具备惊人的相似性,该证言才得以相互印证并被采纳。

普通法时期的英国证据法基本上不区分民事证据和刑事证据,但近年开始进行的一系列证据规则编纂却显示出民刑分立的趋势。肇始于 20 世纪 90 年代中期的民事司法改革已经对民事证据规则产生重大影响,[②] 相似事实证据在民、刑诉讼中的可采性标准被逐渐分离并加以严格区分,2005 年的 O'Brien v. Chief Constable of South Wales Police 案就是典型代表。本案原告曾因谋杀入罪,在服刑 11 年后该案被撤销,原告被无罪释放。原告据此以职务过失(misfeasance in public office)和恶意诉讼(malicious prosecution)起诉警察局,声称侦查督察 C 默许了侦查员 L 在调查中的部分不法行为,自己因此受到 L 和 C 的共同陷害(framed)。为证明该陷害的存在,原告举证 L 曾经在两起案件侦查中有类似不正当行为,而 C 在对另一起案件的监督中也有类似默许。上议院认为初审法庭对该证据的采纳是适当的,因为民事诉讼中的相似事实证据采纳检验标准与刑事诉讼不同,即如果该证据具有潜在证明力,则可以被采纳。鉴于《2003 年刑事审判法》并没有对民事诉讼程序进行规制,法官作为民事诉讼程序的处理者,可以将一些政策性因素纳入考虑范围。例如,根据《1998 年民事诉讼规则》(*Civil Procedure Rules*)第 1.1 条的规定,

---

① I. H. Dennis, *The Law of Evidence*, 4th edition, Sweet& Maxwell, 2010, p.799.
② 齐树洁:《程序正义与司法改革》,厦门大学出版社 2010 年第 2 版,第 228～229 页。

民事诉讼程序的最高目标是确保法院公正地审理案件,应切实做到保障当事人地位平等,合理分配司法资源,节省诉讼费用。为此,该规则第2章明文赋予法官排除证据的自由裁量权。至于最为人诟病的偏见性影响问题,上议院指出,在民事诉讼中,相似事实证据不一定会对当事人造成不公正的偏见。在陪审团审判时,即使会造成这种负面影响,法官也会基于比例和效率的需要进行考虑。例如,他会考虑该证据的相关性程度是否无可争议,对该证据的采纳是否会令审判偏离重点等,进而酌情对陪审团作出指示,而非单纯考虑证据的偏见效应。①

三、早期普通法上的刑事相似事实证据规则

在《2003年刑事审判法》颁布之前,相似事实证据在《1968年盗窃罪法》(*The Theft Act* 1968)和《1911年国家安全秘密法》(*The Official Secrets Act* 1911)中有零星规定。② 制定法对相似事实证据的适用情形、证据形式和证明对象都进行了严格限制:仅允许在特定情况下为特定目的采纳相似事实证据,且大多情形局限在对特殊类型犯罪的审理程序中,并未形成系统、普遍的证据规则。而英国普通法判例基于程序公正和被告人权利保护的考量,确立起完善的相似事实证据规则:原则上排除相似事实证据,只有当该证据与本案的争议点具有相当程度的关联性,并且其证明价值高于负面影响时,才被允许采纳。③ 这一基本原则贯穿于英国早期司法实践中,也为后来《2003年刑事审判法》制定相似事实证据规则提供蓝本和思路。

(一)法官的自由裁量权

对证据的证明力衡量是"一个法律问题,而不是法庭的自由裁量权问题"。④ 然而,在法律技术上符合可采性标准的证据并不必然会被采纳。由于制定法没有对相似事实证据可采规则进行系统规定,在将该证据呈送给陪审员进行衡量前,法官需要对其进行相关性和偏见性影响的考量,并可以自行决

---

① O'Brien v. Chief Constable of South Wales [2005] UKHL 26.

② 主要是指《1968年盗窃罪法》第27条第3款,《1911年国家安全秘密法》第1条第2款。

③ 齐树洁主编:《英国司法制度》,厦门大学出版社2007年第2版,第208页。

④ DPP v. Boardman [1975] A.C. 421.

定采纳与否。①

Scarman 法官指出:"如果法官认为相似事实证据具有必要的证明力特征从而可以被采纳,则他可能会考虑到某些现实可能性,如证据因共谋、集体异议,或者其他一些原因而存在的瑕疵,即便与本案具有惊人的相似性,该证据仍然是具有偏见影响力的,并且可能还超过了它的证明力。"②也就是说,法官可以基于自由心证排除相似事实作为证据进入诉讼程序。对于这种自由裁量权,普通法没有形成规范的体系,但这些均不影响法院一直沿用该项权力。③从某种意义上说,普通法上的相似事实证据规则是法官自由裁量权的应用规则。

(二)相似事实证据的排除

一个人不因其为何人被定罪,而应因其做何事被定罪。英国司法界一直坚持不在诉讼中贸然引入相似事实证据,这首先是由于其一般缺乏作为证据的相关性特征,更重要的是担心因此导致陪审团对被告人产生偏见,仅仅根据被告人的先前所为就判定其犯有本案指控之罪。

对于相似事实的相关性特征识别,Herschell 法官曾有一段经典阐述:"如果某一证据只能证明被告人曾经实施过类似被指控之罪的行为,且其援引之目的仅在于根据被告人的性格和以往的犯罪行为来证明被告人有可能实施当前被控之罪,则该举证入罪之行为显然是不合适的。"④证据的相关性必须同时具备两项独特的要素:其一,它必须有助于证明或否定一个事实结论;其二,证据所说明的事实与有关法律之间存在实质性的或因果的关系。⑤ 例如,在1949 年的 Noor Mohamed v. R 一案中,被告人——一名合法持有氰化物的金匠,被控谋杀与他同居的一名女子。证据表明该女子死于氰化物中毒,但无法证明就是被告人下毒。控方于是举证说明被告人数年前以治疗牙病为名诱使妻子服下氰化物且导致其中毒身亡。枢密院认为即使被告人对其妻之死难逃干系,该证据仅能证明其有投毒之可能性,不能与本案被害人之死形成实质性的因果关系,因此不能作为定罪证据。

普通法制定排除性规则一方面是因为一些相似事实证据证明价值微弱,

① Rupert Cross, *Cross on Evidence*, 6th edition, Butterworths, 1985, p.313.

② R v. Scarrott [1978] Q.B. 1016.

③ B.L.Raisbeck, *Evidence*, HLT Publications, 1990, p.26.

④ Makin v. Attorney-general for New South Wales [1894] A.C. 57.

⑤ 马贵翔:《刑事证据相关性规则探析》,载《东方法学》2009 年第 1 期。

另一方面是基于价值的考量。首先,相似事实证据的采纳可能会导致"推理型偏见"(reasoning prejudice)。① 从生物学上看,每个人都会在一定程度上重复自己先前的行为、视角和分析理解问题的方式。② 基于对这种心理行为的笃信,听闻被告人具有类似前科时,裁判者会无意识地提升该证据的相关性程度,过高估计其证明价值。或者,裁判者会受犯罪记录影响而罔顾被告人作出的正当辩护,甚至降低证明标准,对被告人轻易定罪。其次,被告人过去的一些不当行为会令裁判者产生"道德型偏见"(moral prejudice)。前科令裁判者理所当然地认为被告人有道德瑕疵:即使被告人不是本案行为人,他也可能犯有其他罪行,或者该不良记录表明被告人是个危险分子理应受到惩罚。然而,道德价值观总是伴随时间、社会形势和公共政策而改变,并不能形成一个可预测、可衡量的标准。更重要的是,道德或者以道德面目出现的意识形态对法律的干预与侵蚀将导致社会公正失去底线,法律丧失独立性。用道德评价被告人虽然能够平"民愤",却深刻危及法治,这也是普通法在采纳相似事实证据时慎之又慎的根源。

(三)相似事实证据的可采性规则

尽管排除规则的效力被认为不能有任何的降低或减少,但历经百年数个判例的演变发展,普通法确立起较为完善的相似事实证据可采性规则。

1.采纳相似事实证据的情形

1894 年的 Makin v. Attorney-general for New South Wales 是普通法历史上第一次系统采纳相似事实证据的案例。在 Markin 案中,被告人夫妇被指控杀害其收养的一名婴儿并埋在自家后院,但他们辩称该婴儿是自然死亡。于是控方将其他 13 个曾为被告人夫妇收养的婴儿死亡的事实作为相似事实证据向法院提出:在被告人住所后院被发现埋有 3 名婴儿的尸体,另外 10 具婴儿尸体也被埋葬在他们其他寓所的后院,13 名婴儿均死因不明。控方认为一名婴儿死于自然疾病是可信的,但是其他 13 名婴儿都是自然死亡就值得怀疑,即便如此,被告人夫妇擅自将孩子埋在后院的行为也匪夷所思。最后法院采纳控方证据,判决被告人谋杀罪名成立。

大法官 Herschell 对本案的评述后来被作为相似事实证据可采性的判断

---

① I. H. Dennis, *The Law of Evidence*, 4th edition, Sweet & Maxwell, 2010, p.791.

② 苏力:《送法下乡——中国基层司法制度研究》,中国政法大学出版社 2000 年版,第 234 页。

准绳:如果相似事实证据与争议事实相关,或者是为了证明被控事实是蓄意的抑或偶然的,或是为了反驳被告人可能提出的辩护意见,则该相似事实证据可采。① 这一论断系统地阐释在何种情形下可以采纳相似事实证据,并举例限制其范围,后世法官对该规则的完善和发展也始终围绕这个基本前提展开。

2.采纳相似事实证据的标准

(1)惊人相似性采纳标准

Herschell 规则在随后的司法实践中被应用得困难重重,因为尽管它区分了采纳相似事实证据的不同情形,却没有厘清采纳的标准——证据应当与案件事实相关到什么程度才能够具有可采性。

1915 年的 R v. Smith 案(浴缸新娘案)确立了可采性标准的大体框架。本案被告人涉嫌将新婚妻子溺死在浴缸中,被告人辩称妻子是癫痫发作意外死亡。控方提出证据表明:①被告人的前两位新婚妻子也被发现溺死在浴缸中;②三位妻子死时浴室的门都没有上锁;③被告人均声称妻子们因癫痫发作而死;④被告人均从三位妻子处继承到巨额遗产。法庭采纳该证据并判被告人入罪,因为"一次意外使某人受益可能存在,但次次如此就不禁怀疑是故意所为"。② Smith 案体现出这样一种逻辑推理:被告人的其他行为或境遇与本案事实十分相似,并且明显超过一般概率,这种超乎寻常的巧合使得裁判者相信除非人为设计否则是不可能的。

随后著名的 1975 年的 DPP v. Boardman 案将这种标准概括为"惊人的相似性"(strikingly similar)。该案被告人是一名小学校长,他被指控对其学校的两名男生实施性侵犯,但被告人否认此事实的发生。控方遂利用证据指出数个猥亵行为的相似处:被害人都是被被告人从学校的宿舍中叫醒,然后被告人均邀请他们至其起居室,接着被告人对他们提出性请求,并且要求他们在性行为中扮演主动角色。法庭最终认为该相似证据具有可采性,判定被告人犯有猥亵儿童罪,且得到上议院的支持。Salmon 大法官对该判例规则进行总结:如果被控之罪与其他行为均以一种独特的(uniquely)、惊人的(strikingly)相似的方式实行,并且这种惊人相似性按照一般常识都不能将其归为巧合时,

---

① Edward Phillips, *Briefcase on the Law of Evidence*, 2nd edition, 武汉大学出版社 2004 年影印版, 第 148 页。

② Adrian Keane et al., *The Modern Law of Evidence*, 8th edition, Oxford University Press, 2010, p.484.

那么该相似事实可以作为证据呈给陪审团以使其合理地裁判被告人入罪。①

（2）积极证明力采纳标准

惊人相似性标准的确立为后世案件尤其是行为人身份辨认争议（identity）的裁判提供了可行性依据。然而这种对案外事实相似性的过度依赖，会导致法官忽视对证据其他方面证明力的考量。于是早在20世纪90年代初，就有不少法官认为不宜机械照搬惊人相似性标准，并另外提出"积极证明力价值"标准。

积极证明力价值标准由上议院在1991年的DPP v. P案中提出，该判例也被认为是对相似事实证据可采性规则的权威总结。在该案中，被告人被控对他的两名女儿分别犯有四项强奸罪和四项乱伦罪。两个女儿都作证称父亲对她们进行强奸和虐待，而被告人的妻子对该乱伦行为保持沉默。证据表明被告人管束女儿相当严格，经常限制她们的自由，但每个女儿曾有过由被告人付钱堕胎的经历。上诉法院认为，除了被告人付钱给两个女儿堕胎的事实具有罕见的一致性外，其他事实作为相似事实证据值得商榷，因为这些事实没有达到惊人的相似性程度，况且也没有不寻常之处——本案的行为特征在父女乱伦案件中很普遍。但上议院最终还是支持初审法院对事实相似程度的认定：被告人为女儿付钱堕胎的事实就直接证明他是强奸实施者，并且达到一种惊人的相似度（都是被告人付钱，费用金额相同，堕胎诊所相同）；而被害人所述的其他事实主要用于证明被告人有作案的动机、意向等，这些证据并不需要达到惊人的相似性，只要其证明力大于可能给事实裁判者造成的偏见倾向即可被采纳。Mackay大法官赞同道："那些证据之所以被采纳，本质上是因为它们具有证实被告人犯罪的充分证明力，虽然可能会带来一些不公正的偏见。"②不同案件情形不同，对事实证据要求达到的相似程度也不一致，所以需要具体案件具体分析。但Boardman案确立的惊人相似性标准并非绝对被摒弃，在直接印证被告人是否为犯罪行为人时，事实证据仍需达到一种惊人的相似度。换句话说，除非为印证行为人身份之目的，其他证明事实即使未达到惊人相似性，只要经过法官权衡，仍然可以作为相似事实证据被采纳。因为直接认定被告人是行为实施者相对于认定其动机、目的、作案手法等要更为慎重：

---

① Edward Phillips, *Briefcase on the Law of Evidence*, 2nd edition, 武汉大学出版社 2004年影印版, 第151页。

② Tracey Aquino, *Essential Evidence*, 2nd edition, 武汉大学出版社 2004年影印版, 第55页。

认定身份可决定犯罪行为人是谁、被告人是否要量刑;而诸如动机、目的等其他待证事实只是决定量刑的幅度,这两者间有质的区别。①

四、《2003 年刑事审判法》与相似事实证据规则

英国先前的证据规则大都以案例为载体,而 20 世纪中期以后,英国在证据领域的立法开始变得频繁,并且不断改革由普通法确立的证据规则,相似事实证据也不例外。《2003 年刑事审判法》以专章对品格证据、相似事实证据进行规定,并辅以《2010 年刑事诉讼规则》(*Criminal Procedure Rules* 2010)进行程序细化,堪称证据立法上的一大变革。

(一)相似事实证据规则改革背景

普通法通过判例建立的相似事实证据规则虽然比较完善,但整体系统却十分混乱,如判例之间的效力层级不明、判例规则较为零散、规则中混杂制定法等。此外,它过分强调对被告人的保护而忽略了非被告人如受害人、证人的权利,形成在程序公正理念上的顾此失彼。2001 年 10 月,法律委员会公布了名为《刑事程序中的不良品格证据》(Evidence of Bad Character in Criminal Proceedings)的改革研究和建议报告。② 该文件对随后制定的《2003 年刑事审判法》产生了重要影响。报告指出普通法上的相似事实证据规则既不明确,也难以应用,并且法官用以衡量证据相关性和偏见性的标准不一。委员会希望通过建立法院许可(leave)程序限制法官采纳相似事实证据的自由裁量权,并以制定法的形式规范法院许可条件、适用案件范围。这表明法律委员会的保守立场:仅希望对相似事实证据规则予以系统梳理,对法官的自由裁量权进行合法化和规范化,对偏见风险的发生加强预防,而非改变普通法的传统可采性标准。

《2003 年刑事审判法》却并未完全遵照这种建议。立法拒绝这一保守改革,不仅废除普通法相似事实证据采纳规则,还降低了可采性标准:证据仅需要与案件重要事项相关即可被采纳,并且无须经过法院的许可程序。议会甚至一改以往制定法的严格限制作风,将这些规则的适用范围扩大到一般刑事

① 汪健:《论倾向性证据规则》,武汉大学 2004 年硕士学位论文,第 12～13 页。

② 法律委员会:Evidence of Bad Character in Criminal Proceedings,http://www.justice.gov.uk,下载日期:2011 年 4 月 18 日。

诉讼领域。这在根本上体现出议会与法院在立场上的差别:法院希望在证据采纳上给予决策者(指审判法官)更多的自由裁量权;而议会却倾向于信任事实发现者(fact-finders,主要指陪审团),①希望通过简化证据规则、扩大证据采纳范围来使得司法更贴近公众。议会的这种倾向体现出英国社会近几年的司法改革精神——大力推崇对被害人和目击证人的权利保护,②降低被告人的过高待遇,重新平衡刑事司法体制。正如英国刑事司法改革白皮书《所有人的正义》(*Justice for All*)所言:"修改证据规则,确保能够最大限度地获得与判决相关的材料。这包括向法官和陪审团提供与本案相关的先前的犯罪和违法行为的记录,使前后记录相衔接。"③

(二)对相似事实证据含义的新界定

《2003年刑事审判法》在界定"不良品格"含义时,一改传统的概念区分,将相似事实证据涵盖入内。

该法第98条规定,所谓一个人的"不良品格"证据,是指一个人不良行为的证据或者其不良行为倾向的证据,但是以下证据除外:①与被告人被指控的犯罪事实有关的证据;或者②与对被指控犯罪进行侦查和起诉有关的不良行为的证据。同时第112条第1款对不良品格作出解释,即:"'不良品格'应当按照第98条的规定加以理解……'不良行为'指犯罪或者其他应受谴责的行为。"

据此,被告人除指控罪名之外所为的其他不法行为均成为不良品格证据的题中之义。这包括被告人的先前定罪记录,被告人在本诉讼中被指控的其他罪行,还有被告人所为的其他不法行为——这些行为可能是未被起诉的,也可能是正在调查或审判的,只要与本案事实有关联,是否查证定罪并不重要。该条款还容纳了倾向性证据,包括被告人的犯罪预备、推断被告人有实行某类犯罪的性格倾向等。此外,其他一些"应受谴责"的行为(other reprehensible behavior)也成为本规则的适用对象。

---

① Lord Justice Auld, *Review of the Criminal Courts of England and Wales*, The Stationery Office, 2001, p.567.

② 这一精神早在英国《1999年少年刑事审判和证据法》中就有所体现,该法专章规定证人和被害人在诉讼中的保护措施,如秘密作证、向被告遮蔽证人、保护证人免受被告亲自交叉询问等。参见何家弘、张卫平主编:《外国证据法选译》(上卷),人民法院出版社2000年版,第93~120页。

③ 最高人民检察院法律政策研究室主编:《所有人的正义——英国司法改革报告》,中国检察出版社2003年版,第66页。

由于普通法上不良品格证据、相似事实证据、倾向性证据等相关规则纷繁复杂并且层次混乱,《2003 年刑事审判法》通过简化和归并,使不良品格证据基本涵盖普通法上与之相关的边缘概念,这可以为被告人和证人提供综合、公平的证据可采规则。此外,将更多类似不良品格的证据尽入其中,可以扩大对这类证据的规范范围,有利于对被告人权利的保护,平衡控辩双方力量。因此,根据该法的定义,相似事实证据被归入不良品格证据范畴之中,其适用规则亦受相关条款的约束。

(三)普通法规则的废除

《2003 年刑事审判法》第 99 条废除了刑事诉讼中不良品格证据可采性的普通法规则。英国内政部在对该法的解释中称:"本法的规定旨在为与证人和被告人相关的证据的可采性提供一系列综合规则,本部分相应地废除了现存的普通法规则,其他成文法也基本上被废除了。"[1]这里要废除的普通法规则是指普通法上的不良品格证据及其他相关证据的可采性规则,要废除的成文法主要是《1898 年刑事证据法》中针对被告人先前罪行和不良品格的交叉询问规定。

但第 118 条保留了如下普通法规则:(1)在刑事诉讼中,为证明一个人的品格良好或者品格不良,他的声誉证据是可采的证据。(2)为证明或者反驳某些事项时,[2]关于声誉或者家族传统的证据是可采的。立法对这种保留作出严格限制,仅允许法院将此种证据作为对相关事项的证明或反驳。

此外,有学者指出,当证据所导致的偏见影响超过其证明价值时,法院仍然可以根据普通法规则行使自由裁量权。[3]而在 2005 年的 R v. Somanathan 案中,上诉法院却认为这种衡量证据证明力和偏见影响的检验已经是过时了的,因为如果需要这种自由裁量权,可直接援引仍然有效的成文法规定,如《2003 年刑事审判法》第 101 条第 3 款、《1984 年警察与刑事证据法》第 78 条等。[4]由此,普通法中的自由裁量权只能涉足成文法未规定或未完整规定的领域。

---

[1]　孙长永等译:《英国 2003 年〈刑事审判法〉及其释义》,法律出版社 2005 年版,第 533 页。

[2]　这些事项包括:(1)血统或者婚姻的存在。(2)任何公共的或者一般权利的存在;(3)任何人的身份或者物的同一性。

[3]　Colin Tapper, Criminal Justice Act 2003: Part 3: Evidence of Bad Character, in *Criminal Law Review*, 2004, No.7.

[4]　I. H. Dennis, *The Law of Evidence*, 4th edition, Sweet & Maxwell, 2010, p.829.

(四)《2003 年刑事审判法》中的相似事实证据可采性规则

第 101 条第 1 款是被告人的不良品格证据被采纳的条件(gateway),其中 d 项实质上就是相似事实证据可采性规则:该证据与控辩双方争议中的一项重要事项相关。根据第 103 条对"控辩双方的争议事项"的解释,"重要事项主要包括两点:(1)被告人是否具有实施被指控之罪的倾向问题,但当他有此种倾向使其不再可能犯该罪时例外。(2)被告人是否有不诚实的倾向问题,但没有人提出被告人的案件涉及任何方面的不诚实时例外。"

这一新的可采性规则不仅替代普通法判例规则,而且也修改了《1898 年刑事证据法》第 1 条 F 款可采规则及其后相应的制定法。在新的可采规则中,只要能够证明被告人具有犯指控之罪的倾向,任何证据都能作为重要性事项被采纳,而不再要求证据与待证事实之间有显著的相似性。这种规则改变早前普通法和制定法严格限制采纳相似事实证据的做法,降低了可采性标准,要求法官采纳该证据时仅进行简单的、一般的相关性考量。[①]

1.类型化相似度采纳标准

第 103 条第 2 款进一步解释:能够证明被告人具有实行本案犯罪行为倾向的先前犯罪证据必须是与本案类型或性质相同的。[②] 根据第 103 条第 4 款的解释,如果一项犯罪与另一项犯罪在各自的书面指控或者正式起诉书中以相同的术语表达,或者都属于内政大臣通过法令规定的同一种类的犯罪,即内政大臣在补充立法中规定的一类犯罪,则属于同一类型或种类。[③] 迄今为止,有两种犯罪按照此规定予以划分:[④]一是盗窃罪及其相关犯罪,如夜盗(burglary)、抢劫(robbery)、窃车(taking vehicles without consent)、占有被盗物品(handling stolen goods)。二是对未成年人的性犯罪,主要指《2003 年性犯罪法》(*Sexual Offences Act* 2003)所规定的 36 种犯罪。

该规定将证据与案件之间的相关性联系进行分类化、标准化和统一化归纳,将相似程度标准降低到只要与指控之罪违反同一特定法律,就能作为相似事实证据被采纳。在 2005 年的 R v. Gilmore 案中,被告人被指控犯有盗窃

---

① 刘宇平:《论英国刑事诉讼中的品格证据规则》,载《贵州大学学报》2006 年第 3 期。

② 孙长永等译:《英国 2003 年〈刑事审判法〉及其释义》,法律出版社 2005 年版,第 586 页。

③ 但制定该法令必须是出于本条款之目的,即是为判断被告人是否具有实行被指控之罪的倾向,且需遵守议会的批准程序。

④ The Secretary of State:Criminal Justice Act 2003 (Categories of Offences) Order 2004 (SI2004/3346),http://www.legislation.gov.uk,下载日期:2011 年 4 月 19 日。

罪,但其声称自己以为该物品是被人丢弃的垃圾。上诉法院认为,被告人先前的三次商店行窃前科与本案属于同一种类犯罪,这已充分证明他具有持续的偷窃倾向。而在原先普通法规则中,相对其他证据,与本案相似的事实或者被告人涉嫌的其他相似犯罪如能被采纳成为入罪佐证必须具有"增强相关性"(enhanced relevance)或"增强证明价值"(enhanced probative value),如果被告人的前科显示出来的犯罪细节与本案并没有高度相似性,就不可能被采纳。

根据新规则,不仅是已定罪的前科,被告人未被定罪的一些不法行为,只要与指控罪行属于同种类型,也能成为证明其犯罪倾向的证据。在 2005 年的 R v. Weir 案中,被告人曾因制作儿童不雅照被警告,而这成为他强奸一名未满 13 岁少女的倾向性证据。在同年的 R v. David Smith 案中,被告人被控对三名儿童实行猥亵。由于涉嫌滥用程序,对被告人猥亵前两名儿童的指控被延缓,但法官在审理被告人对第三名儿童的性犯罪时采纳了前两项指控中的证据以证明被告人具有犯本案之罪的倾向。被告人因此上诉称使用那些未经司法检验证实的证据作为自己的入罪佐证是非法的,但上诉法院认为只要与案件相关,形式如何并不重要。

2.类型化标准的灵活适用

将证据与案件事实之间的相似度进行制定法上的硬性归类并不意味着只要是与本案同种类的行为,就都能被援引证明被告人具有犯本案之罪的倾向。继 DPP v. P 案后,对相似事实证据规则最富有影响力的案件莫过于 2005 年的 R v. Hanson 案,该案是上诉法院就适用新不良品格证据规则作出指导的第一案。本案被告人 Hanson 被指控从宾馆吧台上偷取现金。犯罪情形表明该被告人的嫌疑最大,并且他具有一系列盗窃前科:入室夜盗、恶意窃车、抢劫。上诉法院在裁量是否采纳这些证据时认为仍需要考虑三项因素:(1)该犯罪前科是否构成被告人具有犯本案罪行的倾向;(2)该倾向是否意味着被告人更有可能犯有指控之罪;(3)依赖同种犯罪之前科是否公平,或者,如果该证据被采纳,程序是否正义。在 Hanson 案中,法院对第 103 条第 2 款的适用作出进一步解释:"对于能证明被告人具有犯指控之罪倾向的行为证据并不只限于本条款(或补充立法)所述之种类,并且也并非必须与指控是同种类型或性质的犯罪;能显示被告人具有犯罪倾向的前科没有最低数量之要求,当然前科数量越少该证据的证明力就越弱,孤证不能判定被告人具有犯指控罪行之倾向,而若该证据显示出被告人不寻常的行为方式或者其情形对本案有显著证明力时,则可采纳……但对此证明力的判断并不依赖于证据与本案事实有惊人的相似性。"

此外,即使是与本案不同类型或性质的犯罪前科,也可予以采纳。这主要源于对第 103 条第 2 款的文义解释:该条在列举证明犯罪倾向的方式时,使用了"可以"(may)一词,[①]表明即便不是同类型的犯罪前科也得以用于证明被告人的行为倾向。在 2009 年的 R v. Johnson and others 案中,几名被告人被指控犯有大规模的团伙盗窃。初审法官裁决其中四名被告人的夜盗和偷窃未遂前科与团伙盗窃不属于同一类型犯罪,但这些证据与被告人是否参与团伙盗窃的事实至关重要,因而也得以被采纳。上诉法院支持这一裁决,指出根据第 103 条第 2 款的规定,允许以其他方式证明被告人的行为倾向,遂认同采纳该证据的正当性。

3.新相似事实证据可采规则简要评价

总体上说,新规则已显示出议会与政府的初衷:最大限度地放宽证据采纳的范围,使证据材料得以顺利地、全面地呈现在陪审员面前。然而,这种努力受到笃信普通法规则的学者批判。他们认为,这项规则"可能是有关被告人不良品格证据规则最具革命性的变化……新规则废除了几个世纪以来的相似事实证据传统规则以及该传统在现代的发展,传统规则容许提出被告人以前的定罪证据,其要求是:该项证据与当前指控的犯罪在某些方面存在相似性,其具有的重大证明价值超过了可能产生的偏见性影响。而新规则的要求是证据与案件重要事项有关,但'重要'的要求可能是毫无意义的,因为可能影响案件结果的任何事项都是重要事项。总而言之,新的规则确立的关联性检验仅仅是简单的、比普通法上要求更低的标准"。[②] 甚至有人认为,《2003 年刑事审判法》改变了"排除不良品格证据"原则:只要符合特定标准,不良品格证据就可以被采纳,它已不再成为排除的例外。[③]

尽管《2003 年刑事审判法》对普通法规则进行了大刀阔斧的改革,但在英国内政部颁布的《〈2003 年刑事审判法〉释义》中却明确表示,将保留法官在采纳证据时的裁量权。[④] 同时,司法实践中也照顾到普通法传统,并没有机械地

---

① 第 103 条第 2 款规定:当第 1 款 a 项适用时,对被告人实施被指控的那种犯罪的倾向,可以其曾因下列犯罪被定罪的证据加以证明(不影响以其他方式证明):(a)与被指控的犯罪性质相同的犯罪;或者(b)与被指控的犯罪类型相同的犯罪。

② Richard Taylor, *The Criminal Justice Act* 2003, Oxford University Press, 2004, p.132.

③ R v. Weir (Antony Albert) [2005] EWCA Crim 2866.

④ 孙长永等译:《英国 2003 年〈刑事审判法〉及其释义》,法律出版社 2005 年版,第 585 页。

应用被告人的同类犯罪前科来证明其具有犯指控之罪的倾向。[①] 立法的根本目的是通过前科证据规则来辅助法院对有罪之人定罪,而不是将无辜之人推向偏见和冤枉的风险,这与普通法证据规则的精神是一致的。因此不难从上诉法院的判例指导中看到些许普通法规则的影子。例如,为保证程序公正,上诉法院在对 Hanson 案的判例中提出,控方只能根据个案情况提出不良品格证据,在其他证据证明力较弱的情况下,该证据不能成为本案的入罪佐证,也不能因此造成陪审团对被告人的偏见。

(五)法院的排除裁量权

《2003 年刑事审判法》第 101 条第 3 款规定了法院的排除裁量权:如果根据被告人的排除证据申请,法院认为采纳某一证据将会对诉讼的公正性产生不利的影响,则法院不得采纳该证据。第 4 款进一步说明,法院在裁定该排除申请时,应当考虑证据与本案待证事实之间的间隔时间长短。第 103 条亦有类似规定:如果法院认为,由于定罪之后经过的时间太长或者任何其他原因,对特定的被告人适用第 2 款(即对被告人犯有指控之罪倾向的证明)不公正时,则不适用该款。

第 101 条第 3 款的规定是对采纳不良品格证据的救济:即使该证据与本案控辩双方争议的重要事项有关,被告人也有权申请不采纳该证据。如果法院认为采纳该证据将导致不公正或是该证据导致的偏见性影响将超过证明价值时,可以根据被告人的申请进行排除,这与普通法中的自由裁量权理论一脉相承。

第 101 条第 4 款为法院裁量排除证据提供具体指导:如果证据反映之事实与本案事实发生的时间所隔甚远,则可认为该证据的相关性微弱并予以排除。但第 103 条第 3 款与上述条款存在一定矛盾,它规定如果法院认为定罪之后经过的时间太长或者任何其他原因,采纳与被指控犯罪性质相同或同种类犯罪前科证据将会导致审判不公,就不得将该证据用以证明被告人有实施被指控犯罪的倾向。简而言之,在裁量排除那些与本案重要事项相关的证据时,法官需要考虑的是前一犯罪实行时间与本案犯罪的时间间隔;而在考虑排除那些能证明被告人犯罪倾向的证据之时,法官需要考虑的是前一犯罪定罪时间与本案犯罪之间的时间间隔。上诉法院曾就两个条款适用的关系作出解释:如果先前犯罪实行时间与定罪时间有实质性的差别,在裁量该证据的可采性时考虑犯罪实行时间更为妥当。这是因为,假如与本案没有特别显著的共

---

① R v. Bovell (Kelvin Anthony) [2005] EWCA Crim. 1091.

同特征,先前定罪证据更有可能对程序公正产生负面影响。①

另一个值得注意之处在于,法院自由裁量权产生的前提是"被告人提交排除申请",这抑制了法官根据心证主动行使的传统做法。② 但是根据《欧洲人权公约》第 6 条的规定,如果证据可能会对程序公正产生负面影响以至于不能被采纳,法官在必要时应鼓励被告人提出排除申请。这似乎可以视为主动适用自由裁量权的变通。

(六)诉讼程序上的细化

为配合《2003 年刑事审判法》的实施,《2010 年刑事诉讼规则》对相似事实证据的举证和采纳进行程序上的规制。该法第 35 章详细规定了在提交相似事实证据时双方当事人需满足的程序性要求。

第 35.2 条规定,一方当事人如欲引入被告人的不良品格证据,需给予通知。该通知的内容包括:(1)表明本方援引该不法行为证据所要证明的事实。(2)如另一方对此有争议,应解释本方证明这些事实的具体证据形式(如认罪证明书、官方记录,或其他证据)。(3)应解释这些证据何以具有可采性。

第 35.3 条首先规定了该通知的提交程序。提交方必须在被告人作无罪辩护后的 14 天内将该通知呈交法庭官员及其他各方当事人。随后,这条规定举证异议的提交程序。反对引入该证据的当事方必须在通知呈送后 14 日内向法庭官员和各方当事人提交异议申请,且应在异议中说明:(1)对通知里的何种证明对象有异议;(2)允许更改哪些证明事实;(3)该证据为何不得被采纳;(4)为何采纳该证据会导致程序不公;(5)其他对通知的异议。而法院对该异议申请的处理如下:(1)法院将通过公开、秘密听审,甚至无须听审直接裁定该申请。(2)除非另一方当事人当场提交通知或拥有合理机会对申请作出反应,法院不得裁定申请。(3)法院可中止对该申请的裁定。(4)法院可基于相关法规撤销或改变该裁定。③

第 35.5 条规定法院应在公开庭审时(陪审团缺席)宣布采纳或排除不良品格证据的裁决理由。此外,《刑事实践指导》(*The Consolidated Criminal*

---

① R v. Hanson [2005] 2 Cr App R 21.

② Adrian Keane et al. , *The Modern Law of Evidence*, 8th edition, Oxford University press,2010, p.469.

③ 相关法规主要指《1980 年治安法院法》(*Magistrates' Courts Act* 1980)第 8 条 B 项,《1987 年刑事审判法》(*Criminal Justice Act* 1987)第 9 条和《1996 年刑事诉讼与侦查法》(*Criminal Procedure and Investigations Act* 1996)第 31 条、第 40 条。

Practice Direction)还提供举证通知和异议申请的标准格式文本供以参考。①

《2010 年刑事诉讼规则》一改以往由法官自由裁量程序规则的惯常做法，将相似事实证据的引入和采纳程序进行系统化规定。这项对相似事实证据规则的改革，有利于新规则在司法实践中的应用和推广。

五、相似事实证据规则的最新发展

英国司法部在 2009 年 3 月发布了一项名为《不良品格证据规定对法院影响的研究》(Research into the Impact of Bad Character Provisions on the Courts)的报告。② 该研究指出，新法虽然卓有成效但对刑事初审程序没有革命性的影响。研究表明，实践中被采纳最多的不良品格证据可采性条件，是"与本案重要事项相关的证据"，也就是相似事实证据，而 48% 的举证申请被驳回是基于该证据具有对程序公正的负面影响。皇家刑事法院（Crown Court）的法官称，即便该相似事实证据被采纳，陪审员也会极度小心对待以防止自己的偏见对被告人造成影响。更为奇特的是，被告人过去的不法行为证据甚至会使陪审员觉得其已经被不公正地对待过了（指被判入罪），就更不愿意判其入罪。尽管新规定与普通法传统存在极大差异，但司法界对法官和陪审团处理品格证据的能力抱有极大的信心。例如，曾有人认为新规则降低了相似事实证据采纳门槛，会促使被告人进行认罪或作有罪辩护。而法官以及部分辩护人则表示，法官只会根据案件事实而不是被告人过往记录定罪，陪审团会对品格证据作出正确合理的证明力评估。所以，该证据在审判中所占的重要性并不大，更不会影响辩护策略。

该研究从一个侧面反映出在制定法和普通法交错背景下相似事实证据规则的发展方向。尽管《2003 年刑事审判法》声称废除普通法的适用规则，但是该法仅改革了相似事实证据的采纳标准，其在采纳后如何应用和衡量仍然需要普通法传统的诠释，普通法在其中起到重要的补充和说明作用。何况，早期

---

① The Criminal Procedure Rule Committee：The Consolidated Criminal Practice Direction，http://www.justice.gov.uk，下载日期：2011 年 4 月 20 日。

② Office for Criminal Justice Reform：Research into the impact of bad character provisions on the courts，http://www.justice.gov.uk/publications，下载日期：2011 年 4 月 20 日。

普通法关于相似事实证明的标准也经历一个从无到有、从严格限制到灵活放宽的过程。DPP v.P 案最终明确相似事实证据的证明力不在于其具有与众不同的特性(unusual character),①惊人相似性仅仅是积极证明价值表现形式的一种,各种各样的案件情况要求证据证明价值的获得也是不同的,即使不与案件事实具有"惊人相似性",如果当时的时间和环境等因素使其具有很大的相关性,那么该证据也应被采纳。这反映出由于普通法传统对相似事实证据采纳标准的放宽,相似事实证据排除规则的例外越来越多,"原则上排除相似事实证据"的传统逐渐被打破。② 因此,从发展上看,传统普通法规则与《2003年刑事审判法》规定殊途同归,共同汇成未来相似事实证据宽泛、综合、简单的采纳标准。

英国司法改革白皮书开宗明义地强调并展示了一个连贯而长期的战略:以创造一个透明的、合作的体制为目标,保护被告人的权利,为被害人和广大公众提供更快和更有效的正义。改革将使整个刑事司法过程彻底实现现代化,③从而重新平衡刑事司法体制,使该体制赢得为之服务的公众的尊敬。④这一目标与普通法追求程序公平与正义的宗旨并不矛盾。同时也说明,普通法规则与制定法规则之间并非非此即彼的关系,而应当是相互补充、互为促进共同发展。改革总是渐进的,普通法在相似事实证据上的采纳传统经过百年的阐释已形成相当牢固的体系根基。新规则颁布实施仅有数年,其体制运行依然并不完善,因此也不可能完全废除和取代普通法规则,唯有在吸收普通法、借鉴其优点的基础上不断自我发展,才能逐渐得到实务界肯定,并在司法中广泛应用。

---

① Adrian Keane et al., *The Modern Law of Evidence*, 8th edition, Oxford University press, 2010, p.486.

② 易延友:《英美法上品格证据的运用规则及其基本原理》,载《清华法学》2007年第2期。

③ 这里的司法过程具体是指从刑事侦查到罪犯回归社会的全部体系。

④ 张朝霞、冯英菊:《从〈所有人的正义〉看英国的刑事司法改革》,载《法学家》2004年第6期。

第十章　意见证据

一、引言

意见证据（opinion evidence）是指证人对案件争议事实的看法、观点或者推论等，[①]它有别于证人就自己所了解的客观事实所作的客观性陈述。[②] 作为普通法中的一般规则，意见证据规则（亦称"意见证据排除规则"）要求证人只能就其切身感受的事实发表陈述性证言，明确禁止证人就已经发生或可能发生的事项发表意见。"证人不得发表从事实中得出的推论，不得推测事件发生的原因，更不得对事件发生的原因作出判断"。[③] 例如在一起谋杀案的审理中，证人可以说："我看到被告人对着某甲连开数枪。"但不可以说："我看到被告人枪杀了某甲。"

意见证据排除规则的建立主要基于以下三个理由：第一，证人的意见往往是不必要的。"无论证人所证实的事实是否与案件有关，他的意见一定与案件无关"。[④] 法庭有足够的能力从证人的事实陈述中得出相应推论，进而适用法律并作出裁判。排除证人的意见也有助于缩短询问证人所要耗费的时间，进而加快诉讼进程，提高庭审效率。第二，防止证人篡夺事实裁判者的角色作用。事实推断和认定属于事实裁判者的专有权能，而证人的意见将极大影响事实裁判者的独立判断。"如允许证人为意见之供述，则超过证人之本来机

[①]　Bryan A. Garner，*Black's Law Dictionary*，7ᵗʰ edition，West Group，1999，p.1120.

[②]　薛波主编：《元照英美法词典》，法律出版社 2003 年版，第 1006 页。

[③]　John A. Andrews and Michael Hisrt，*Andrews & Hirst on Criminal Evidence*，4ᵗʰ edition，Jordans，2001，p.21.

[④]　"Whereas any fact that a witness can prove is relevant，his opinion is not." Per Goddard LJ in Hollington v. Hewthorn & Co. Ltd. ［1943］KB 587.

能,进而具裁判官之机能,无异于允许证人代行裁判官之职能"。① 第三,防止证人的意见对事实裁判者产生误导。证人发表的意见不同于其亲身感知的事实,而是对事实的观点或看法,这样的观点或看法有可能仅仅是一种主观猜测,极易出现错误,进而误导事实裁判者。

然而,证人的意见并非一概被排除于法庭之外,意见证据规则同样存在例外情形。随着人类分工的日益细化,事实裁判者常常遇到专业性极强的问题。例如,凶案现场留下的指纹是否为犯罪嫌疑人所留下,血迹中的 DNA 与犯罪嫌疑人的 DNA 是否一致,嫌疑人是否患有精神疾病,车祸现场的刹车印是否与嫌疑人的汽车轮胎的花纹一致,文件上的签名是否为某人所写等等。很显然,对于上述问题只有具备专门知识和经验的人才能给予准确回答,倘若排除专家的意见证据,缺乏专门知识和经验的事实裁判者将很难作出准确判断。由此衍生出了意见证据规则的例外——专家证人(expert witness)可就超出一般人知识和经验范畴的事项向法庭出具专家意见证据(expert opinion evidence)。

二、专家证人意见证据

专家证人意见证据(以下简称专家证据)是指具有专门知识或技能的人,如医生、精神病专家、药物学家、建筑师、指纹专家等,依其拥有的知识或技能对案件中的有关问题提供的意见证据。而专家证人是指具有专家资格,并被允许帮助陪审团或法庭理解某些普通人难以理解的、复杂的专业性问题的证人。② 英国专家证人的萌芽可追溯到陪审团产生初期。早在 14 世纪的英国,为了弥补事实裁判者知识上的不足,法院除了由特殊陪审团来审理案件中的专门问题外,还不时地聘请各领域的专家来帮助解决案件中的专门性疑难问题。③ 在 1351 年的一个案件中,被告人被指控故意出售腐败变质的食物,审案法官为了公正地审理该案,特意召集了一个全部由厨师和鱼贩子组成的陪

---

① 王进喜:《刑事证人证言论》,中国人民公安大学出版社 2002 年版,第 306 页。
② 薛波主编:《元照英美法词典》,法律出版社 2003 年版,第 515 页。
③ 季美君:《专家证据制度比较研究》,北京大学出版社 2008 年版,第 18 页。

审团。① 类似特殊的陪审团还有很多,这些陪审团在当时扮演了专家证人、法庭顾问和事实裁判者的三重角色。在没有陪审团的案件中,法官可以直接请专家充当其顾问,由此也形成了专家证人制度的雏形。② 从 16 世纪中期开始,英国法院开始允许当事人自行委任专家提供意见证据,以更好地证明案件事实。③ 越来越多现代意义上的专家证据也得以呈现于法庭之上。在 1554 年的 Buckly v. Rice Thomas 一案中,审案法官表示:"如果在法庭上出现了涉及其他科学或学科的事项,那么在通常情况下我们都会寻求相关科学或学科的帮助,这是一件值得称颂和推崇的事情。这表明我们并不排斥法律以外的一切其他科学。"法院对于运用专家证据的积极态度最终使得英国成为现代专家证据制度的发源地。18 世纪时,对专家证人的交叉询问规则逐渐形成,运用专家证据的案件频频出现,专家证据制度日趋繁荣。专家证据现已成为英、美证据制度中不可或缺的重要组成部分,在协助法官查明案件事实、再现冲突原状方面发挥着不可替代的作用。④

(一)需要专家证据的事项

专家证据能够扩大和延长法官的感知能力,帮助法官查明有关技术事项的因果关系,进行事实认定。⑤ 因此,随着科技的不断进步,专家证据的应用越来越广,在司法中的作用越来越明显,专家证据的扩张乃是一种不可抗拒之潮流。⑥ 2006 年,英国专家学会在《专家证人指南》(*The Expert Witness Directory*)中列举的可以聘请专家证人的事项已达 1800 多种,包括事故调查和司机行为分析、弹道分析、血液检测、呼吸测醉、血液酒精浓度检测、耳印比对、面部识别、指纹比对、声纹鉴别、DNA 分析、基因指纹分析、写作凹痕分析、精神病鉴定、唇读、婴儿猝死症分析、受虐妇女综合征分析、艺术品鉴定和公众舆

---

① James Bradley Thayer, *A Preliminary Treatise on Evidence at Common Law*, Little Brown and Co., 1898,p.94. 转引自周湘雄:《英美专家证人制度研究》,中国检察出版社 2006 年版,第 16 页。

② 汪建成:《专家证人制度研究》,载何家弘主编:《证据法论坛》(第 15 辑),法律出版社 2009 年版。

③ Louis Blom-Cooper, Experts and Assessors:Past,Present and Future, in *Civil Justice Quarterly*,2002,Vol.21,No.4.

④ 程翔:《英、美专家证人制度的新发展及其借鉴意义》,载张卫平主编:《民事程序法研究》(第 2 辑),厦门大学出版社 2006 年版。

⑤ 齐树洁主编:《英国司法制度》,厦门大学出版社 2007 年第 2 版,第 202 页。

⑥ 程春华主编:《民事证据法专论》,厦门大学出版社 2002 年版,第 470 页。

论状态分析等等。① 在当今社会,需要借助专家证据进行判断的事项已难以计数,英国法院一般也不会对专家证据进行严格的类别限制。② 在此仅简单介绍几类常见的专家鉴定事项。

1.笔迹问题

笔迹专家是最早被法庭接受的"有技能的专家"。③ 在许多案件中,事实裁判者在判断文书真实性时常须依赖于对签名真实性的判断,而这种判断均依赖于笔迹专家出具的相关意见。《1865 年刑事诉讼法》(*Criminal Procedure Act* 1865)第 8 条就笔迹鉴定问题规定如下:"对于存在争议的笔迹,如果存在法庭认为真实的原始版本,那么法庭应该允许证人对笔迹进行比较并向法庭出具意见。在有陪审团审理的刑事案件中,相关笔迹须由专家证人进行比对。"在 1968 年的 R v. Tilley 一案中,法庭明确认为,不应当要求陪审团来比较两份手写笔迹。如果确需进行比较,那么陪审团必须参考专家证人的意见。④ 在 1969 年的 R v. O'Sullivan 案中,法院再次指出,没有专家的帮助,陪审团不得对存在争议的笔迹作出认定。因此,现今英国法院在处理笔迹问题时均会借助专家证据。此外,熟悉他人笔迹的普通证人也能作为专家就笔迹的真实性出具意见,这里的"熟悉"一般是指该证人与笔迹当事人有日常的业务往来、书信往来或存在工作关系、雇佣关系等较密切的联系。例如,在 1837 年的 Doe d Mudd v. Suekermore 一案中,法庭允许一位熟悉雇主笔迹的秘书就其雇主的笔迹提供比对意见。

2.精神问题

精神病学和心理学专家证据在诉讼实践中有着广泛应用。在许多刑事案件中,被告人的精神状态直接关系到罪名的成立与否及刑事责任的减免与否,而事实裁判者要判断被告人的精神状态就离不开精神病学专家证据的帮助。在 1971 年的 R v. Chard 一案中,辩护人提出了一份关于被告人是否有能力形成杀人意图的专家意见。初审法院认为上述事项应由陪审团来判断,故排除了该专家意见。而上诉法院认为,关于被告人是否患有精神错乱或其他可减免刑事责任的精神疾病的专家证据具有可采性。在与该案类似的 1979 年

---

① Adrian Keane et al., *The Modern Law of Evidence*, 8th edition, Oxford University Press, 2010, pp.525-526.

② Deirdre Dwyer, The Duties of Expert Witnesses of Fact and Opinion: R v. Clark, in *International Journal of Evidence & Proof*, 2003, Vol.7, No.4.

③ 刘晓丹:《论科学证据》,中国检察出版社 2010 年版,第 212 页。

④ [英]理查德·梅:《刑事证据》,王丽等译,法律出版社 2002 年版,第 195 页。

的 R v. Smith 一案中,被告人史密斯被指控犯有谋杀罪。史密斯并不否认其实施了杀人行为,但却以杀人行为是其在梦游中的无意识行为为由进行辩解。控方提出了一份精神病学专家的意见用以证明被告人的抗辩理由不成立。最终,上诉法院采信了控方提出的专家证据,理由是因为梦游这种精神病问题已超出普通人的知识和经验范围。根据 2003 年 R v. Walker 一案中法庭作出的总结性论述,精神病学专家证据在证明被告人是否患有某些精神疾病、精神创伤以及是否具有特别胆小、易受影响或者易受压力的精神特质时具有可采性。因为"一个患有精神疾病或有精神创伤的人更易受外界压力或威胁的影响,此时,相关专家证据就可以帮助法官判断在相同条件下一个理性的人是否会作出与被告人相同或者相似的行为"。[①]

3.文学艺术问题

专家证据在认定某一作品的文学艺术性时也具有可采性,这一类专家证据常见于认定某作品是否属于淫秽出版物的诉讼中。在这类诉讼中,被告人常会以《1959 年淫秽出版物法》第 4 条作为其辩护的法律依据。这条规定:"(1)如果证明这一出版物是出于科学、文学、艺术或是其他公众普遍关注的事项,该出版物就是符合公共利益的,创作人就不应被判有罪。(2)在适用本法的任何诉讼中,专家证人有关文章文学、艺术、科学或其他特质的意见都可能被采纳,用来支持或否定以上款规定为理由的辩解。"[②]因此,在判断具有淫秽特征的出版物是否符合公共利益时,专家证人可就出版物的文学、艺术特质等问题出具专家意见,以辅助法庭进行公共利益的判断。当然,法庭亦不允许专家证人将任何问题都与公共利益挂钩。例如在 1977 年的 DPP v. Jordan 一案中,被告人方提出了一份专家证据,用以证明其文章对于少数公众的性取向和性障碍有治疗作用。这份专家证据最终并未被法庭所采纳,因为依据《1959年淫秽出版物法》的规定,专家证据的内容仅限于解释文章的文学性、艺术性或科学性问题。

(二)专家证人的资格条件

英国法中对于专家证人的资格要求并不高,专家的范围既包括特定专业的高级研究人员,也包括汽车修理工、砖瓦工、木工等具有一定技术经验的普通人。在法理上,专家证人与普通证人的诉讼地位大体一致,专家证人与普通证人之间的区别仅在于其掌握的知识多寡不同,二者的陈述无论在逻辑上还

---

① 　R v. Walker［2003］All E.R.（D）64（Jun）.

② 　齐树洁主编:《英国证据法》,厦门大学出版社 2002 年版,第 610 页。

是在心理学上,无论在诉讼地位上还是在法律意义上,都没有本质的差异。①
当然,专家证人并非任何人都能担当,普通人要成为专家证人必须具备以下两
项基本条件:

1.专业知识和经验

"作为普通法上的一个古老规则,在诉讼中出现某一事项需要专门知识和
技能的人才能分析解答的时候,拥有相关知识和技能的证人所提供的意见证
据具有可采性。这样的证人就是所谓的专家证人,他们的专门知识可能由学
习或者实践获得"。② 由此可见,在某一领域具备专门的知识、技能和经验是
成为专家证人的首要条件。对于专家证人获得专业知识的方式,既可以是学
习所得,也可以是通过实践经验的积累所得。总而言之,"法庭关注的是实际
的知识,而不是取得这些知识的方式"。③ 例如,在 1979 年的 R v. Oakley 一
案中,争议的焦点是一名交通警察能否作为专家证人来分析交通事故的发生
原因。这位交警有着 15 年的事故调查工作经验,通过了事故调查员资格考
试,参加了超过 400 起重大事故的调查,法院最终确认这位交警在该案中有资
格就事故发生原因出具其意见证据。④ 在 1894 年的 R v. Silverlock 一案中,
法院允许一位对笔迹有十多年业余研究的律师作为专家证人对争议笔迹提出
鉴别意见。同样,在外国法问题上,如果一个人是外国法辖区内的法律从业
者,或者此前曾是法律从业者,抑或是在学习、使馆工作、外贸工作的过程中熟
悉了相关法律,都可以被认定为有资格作为专家来说明外国法立场。相反,
"单是持有文凭而没有经验的人,即使法院接受他作为专家,他的意见也不会
有多大的分量"。⑤

2.客观中立性

专家证人是否应具备客观中立性是一个争议较大的话题。在传统上,由
于当事人与专家证人之间的关系是委托与被委托、雇佣与被雇佣的关系,专家

---

① 何家弘主编:《司法鉴定导论》,法律出版社 2000 年版,第 94 页。

② Peter Murphy, *Murphy on Evidence*, 7th edition, Blackstone Press Limited, 2000, p.333.

③ 齐树洁主编:《英国民事司法改革》,北京大学出版社 2004 年版,第 280 页。

④ 当然,在刑事案件中,刑侦经验再丰富的警察也不能出具认为被告人有罪的意见
证据。

⑤ 沈达明、冀宗儒:《1999 年英国〈民事诉讼规则〉诠释》,中国法制出版社 2004 年
版,第 214 页。

证人出具的意见证据往往会隐瞒对己方当事人不利的内容。① 当事人在挑选专家证人时也自然会倾向于选任有可能支持他们的专家。"当专家证人日益发展成一项赖以谋生的职业时,社会正义价值与个人利益价值的冲突使承载这二者于一身的专家证人更为迷惘与无奈"。② 此时,专家证人的"证人"属性表现得尤为明显,"当事人不是在选择最好的专家,而是在选择最好的证人"。③ 随着专家证据的偏向性问题愈发严重,人们逐渐意识到,客观性是专家证据的生命,专家证据一旦失去了客观性也就失去了其基本的价值所在,就会背离制度设计的初衷。在 1977 年的 DPP v. Jordan 一案中,威尔伯福斯(Wilberforce)勋爵就认为,虽然在某种程度上向专家咨询是完全恰当的,但是有必要确保呈现给法院的专家意见证据是相对中立的,而不被某方当事人的需要所影响。如果不是这样,则专家证据可能不仅是不正确的,而且将击败自身。"丧失客观性"这一严重问题使得英国开始考虑重新定位专家证人的角色,以法院的中立主导来削弱当事人对专家证人的不良影响,克服偏向性的弊端。于是,《1998 年民事诉讼规则》(以下简称《规则》)第 35.3 条规定:"专家证人的职责在于以其专业知识帮助法院解决有关诉讼程序涉及的问题。专家证人对法院的职责优先于其对指示人或者费用承担人的职责。"④其后颁布的《诉讼指引》指出,专家证人的一般职责如下:"(1)不管诉讼胜败,提供独立的意见。(2)仅就对当事人争议至关重要的事项以及就其专业领域内的事项提供意见。(3)专家在发表意见时,需考虑发表意见时的全部重要事实。(4)专家对于重要事项的意见如有改变,不论意见改变的原因如何,皆应告知指示方当事人。"通过上述一系列规定,民事诉讼中专家证人提供客观中立意见的职责得以明确。⑤ 在刑事诉讼中,《2010 年刑事诉讼规则》第 33.2 条亦就专家证

---

① Deirdre M. Dwyer, The Causes and Manifestations of Bias in Civil Expert Evidence, in *Civil Justice Quarterly*, 2007, Vol.26, No.3.

② 齐树洁、洪秀娟:《司法鉴定制度改革应走创新之路》,载《中国司法鉴定》2006 年第 2 期。

③ Neil Andrews, Liability of Expert Witnesses for Wasted Costs in Civil Proceedings, in *Cambridge Law Journal*, 2005, Vol.64, No.3.

④ 受这一规定的影响,新西兰《2002 年最高法院规则》、澳大利亚《2005 年民事诉讼法》也都明确了专家对法庭的首要职责。参见 G. Edmond, After Objectivity: Expert Evidence and Procedural Reform, in *Sydney Law Review*, 2003, Vol.25, No.2.

⑤ Deirdre M. Dwyer, The Effective Management of Bias in Civil Expert Evidence, in *Civil Justice Quarterly*, 2007, Vol.26, No.1.

人的义务作出明确规定,其要求专家必须在其专业范围内就争议事项出具客观中立的意见以帮助法庭实现首要目标,同时明确认为专家证人对法庭的客观中立义务优先于对指示方或者聘请方承担的各种义务。由此可见,客观中立已成为英国对专家证人的基本要求。

(三)专家证人的选任

1.选任模式的变迁

英国创设专家证据制度的初衷在于帮助法院解决专业问题,因此,专家证人的选任权在一开始便垄断在法官手中。这一做法有利于保证专家证据的客观中立性,也符合高效率和低费用的要求,但却在一定程度上损害了当事人的举证权,仅聘请一位专家证人的做法也无法在程序上保证专家证据的科学性。因此,为了保护当事人的权益,最大限度地追求程序正义和事实真相,从 18 世纪开始,聘请专家证人的权力逐渐从法官手中转移到了当事人手中,开始出现双方当事人都聘请专家证人的做法。① 至 19 世纪,尽管法官依然保留有聘请专家证人的权力,但实践中已鲜有使用。这一时期的英国法庭鼓励当事人聘请多位专家,重视当事人对客观真实的探寻权,为此在制度设计上不惜牺牲诉讼效益。20 世纪初,案件管理思想的萌芽开始在英国产生,一些基层法庭开始注重提高诉讼效益、节约司法资源,放任当事人聘请专家证人的模式不断受到质疑。② 20 世纪末,随着当事人滥用专家证据的现象日益普遍,加之专家证据出现严重失真的问题,英国开始重新考量放任当事人聘请专家证人的合理性,并在民事诉讼中首先开始限制当事人的专家证人选任权。

2.民事诉讼中的选任模式

《规则》第 35.4 条赋予法院决定是否准予当事人出具专家证据的权力:"(1)未经法院许可,任何当事人皆不得传唤专家证人作证,亦不得将专家报告作为证据。(2)一方当事人根据本条规定申请法院传唤专家证人,须表明他所希望依赖专家证据的领域,以及有关专家证人在其希望依赖专家证据的领域经验丰富。(3)如果根据本条规定的申请得到法院批准,则应根据本条第 2 款指定专家证人的姓名或者特定的领域……"该条规定明确阐释了英国限制运

---

① 季美君:《专家证据制度比较研究》,北京大学出版社 2008 年版,第 10 页。

② Michael Reynolds, Of Civil Procedure and Settlement, in *Civil Justice Quarterly*, 2010,Vol.29,No.1.

用专家证据的精神和做法,①当事人申请委任专家证人提供专家证据不再依个人主观意愿而定,而必须要得到法院的批准,这使得法院从根本上掌握了运用专家证据的主导权。

此外,为了确保专家证人的客观中立性,降低诉讼成本并提高效率,《规则》还创设了"单一共同专家证人"(a single joint expert)。② 在英国,传统观念认为如果双方当事人都想援引专家证据,那么就需要两个或两个以上的专家证人,以至于虽然《1981 年最高法院规则》第 40 条早已规定为了选取中立专家,法院可以委任"法庭专家"(court expert),但实践中却几乎没有法官援引这一规定。③ 为此,《规则》第 35.7 条创设了"单一共同专家证人"来对"法庭专家"进行改良。该条规定:"(1)当双方或者多方当事人希望就某一特定问题提交专家意见时,法院可以指定由一名专家证人就有关问题提交专家证据。(2)希望提交专家证据的当事人称为指示方当事人。(3)双方就专家证人不能达成一致时,法院可以从指示方当事人准备或提出的专家证人名单中选择一名专家证人;或者按法院所确定的其他方式选择专家证人。"其后,在许多案件中,出于节约费用和保证公平的考虑,法庭常会要求当事人合意选定一名专家作为共同专家证人。《规则》施行后的第三年,在所有聘请专家证人的民事案件中,聘请单一共同专家证人的比例已达到了 46%。④ 单一共同专家证人是英国专家证人制度改革中最大的创新,⑤其创设在英美法系产生了巨大影响。"法院有权强制当事人使用单一共同专家,这一典型的法院职权行为是英国证据制度的重大转变,它集中反映了民事诉讼程序经济的价值目标,也体现了对抗式诉讼模式的转型和诉讼文化的变革"。⑥

---

① Peter Murphy, *Murphy on Evidence*, 7th edition, Blackstone Press Limited, 2000, p.335.

② Suzanne Burn, Successful Use of Expert Witnesses in Civil Disputes, in *Civil Justice Quarterly*, 2006, Vol.25, No.2.

③ Déirdre M. Dwyer, The Effective Management of Bias in Civil Expert Evidence, in *Civil Justice Quarterly*, 2007, Vol.26, No.1.

④ Remme Verkerk, Comparative Aspects of Expert Evidence in Civil Litigation, in *International Journal of Evidence & Proof*, 2009, Vol.13, No.3.

⑤ 英国创设单一共同专家证人并非突发奇想。早在 1920 年,英国皇家学院教授纽波特(Newbolt)就已经提出,在许多案件中双方不必都聘请专家,共同聘请一位专家对提高效率、节约费用都有好处。参见 Michael Reynolds, Of Civil Procedure and Settlement, in *Civil Justice Quarterly*, 2010, Vol.29, No.1.

⑥ 张卫平主编:《外国民事证据制度研究》,清华大学出版社 2003 年版,第 129 页。

3.刑事诉讼中的选任模式

在刑事诉讼中,出于对被告人基本人权的尊重和对查明事实的更高要求,法官一般不会介入控辩双方选任专家证人的过程。随着民事诉讼中单一共同专家证人的创设,《2010 年刑事诉讼规则》第 33.7 条也规定了刑事诉讼中的单一共同专家证人:"(1)若有超过一位的被告人试图在庭审中引入专家证据时,那么法庭此时可以指示由一位专家就争议事项出具意见。(2)当共同被告人之间无法就专家证人的人选问题达成一致时,法庭可以从共同被告人准备或者确认的专家证人名单中选出一位专家证人,或者通过其他的途径选出合适的专家证人。"从上述规定中我们可以发现,英国刑事诉讼中单一共同专家证人的"共同"是指多名被告人间共同选任一位专家证人,而非控方与辩方之间的共同选任。这也意味着刑事诉讼中控辩双方均可选任专家证人的基本模式并未改变。与此同时,《2010 年刑事诉讼规则》第 33.8 条还规定了单一共同专家证人的指示和费用问题。该条要求某指示方被告人在向专家发出指示时,必须同时将指示副本送交其他指示方被告人,各指示方被告人对应向专家证人支付的费用承担连带责任。此外,在被告人不愿聘请专家证人的情况下,审案法官若认为某一事实问题的判断有参考专家证据的必要,也有权指定专家证人或法庭顾问为法庭出具中立的第三方意见。

(四)专家证据的可采性

专家证据的可采性是指某一专家证据是否具有在法庭上提出的资格。设置专家证据的可采性标准,主要是为了防止冒牌专家和虚假证据进入诉讼进而影响事实裁判者作出准确判断。在英国,有关专家证据可采性问题的立法并不健全,体系内部并不协调一致。[①] 总体而言,可从四个方面对专家证据的可采性进行判断:(1)专家证据的相关性;(2)专家证人的资格问题;(3)专家证据的必要性(necessity);(4)专家证据的可靠性(reliability)。[②] 在英美法系国家,所有证据具有可采性的前提是证据首先具有相关性,专家证据同样须首先具有逻辑上的相关性才可能被采纳。[③] 这种逻辑上的相关性主要是指专家证

---

① Andrew Roberts, Rejecting General Acceptance, Confounding the Gate-keeper: the Law Commission and Expert Evidence, in *Criminal Law Review*, 2009, No.8.

② 在英国,可靠性问题究竟属于可采性问题还是证明力问题至今尚存争论,但多数学者将可靠性问题视为可采性判断过程中一个重要的考量因素。因此,本章将可靠性问题作为可采性问题的一个方面予以讨论。

③ 刘晓丹:《论科学证据》,中国检察出版社 2010 年版,第 79 页。

据能否证明或否定待证事实,使得尚待举证的事实有更大或者更小的可能性。① 此后,法庭须对专家证人的资格进行初步的书面审查,不具备专家证人资格之人出具的专家证据当然不具有可采性。要具备专家资格,首先必须拥有科学、技术或者其他专门知识;其次,这种专门知识对法官或陪审团有帮助。② 对于具体的资格要求,前文已作讨论,此不赘述。这里着重讨论专家证据的必要性和可靠性问题,尤其是英国近两年来在刑事诉讼专家证据可靠性判断问题上出现的改革动态。③

1.必要性判断

必要性标准是指专家意见证据只有针对需要专门知识的事项才具有可采性。当争议事项属于事实裁判者的经验和知识范畴内时,事实裁判者可以对这些问题形成自己的意见而无须专家的帮助,此时,专家意见由于没有必要而不具有可采性。简言之,对于普通人都能得出的结论便无须专家来说明。必要性标准是在 1975 年 R v. Turner 一案中提出的,现已成为判断专家证据可采性的基准之一。该案中,被告人被指控用锤子连续击打被害人头部达 15 次而犯有谋杀罪。在庭审中,被告人以自己被激怒作为辩护理由,具体表述是因为他深爱着被害人,他本以为被害人怀的孩子是他的,但当被害人告诉他孩子是别人的时候,他受到了巨大刺激而怒不可遏。初审法院判决被告人有罪,被告人随即上诉,上诉的理由是初审法官拒绝其传唤一名精神病专家就其犯罪时的精神状态和行为反应进行分析。这位专家本想证明被告人和被害人之间存在着紧密的精神维系,这使得被告人在听见被害人不忠于他的话时极易恼羞成怒、激情杀人。对于这一问题,上诉法院认为,事实裁判者无须精神病专家告知其被告人被激怒的可能性,因为这在普通人的经验范围之内。劳顿法官在该案中对"必要性"的含义作出了权威表述,他认为:"当专家意见能够以超出审案法官或陪审团的知识和经验以外的科学信息帮助法庭进行判断时,专家意见就具有可采性。如果审案法官或陪审团无须专家帮助就能对待证事

---

① 杨良宜、杨大明:《国际商务游戏规则:英美证据法》,法律出版社 2002 年版,第 500 页。

② 汪建成:《专家证人制度研究》,载何家弘主编:《证据法论坛》(第 15 辑),法律出版社 2009 年版。

③ 英国关于专家证据可采性问题的论述集中在刑事诉讼领域。民事诉讼中法庭在判断可采性时也主要参考刑事诉讼中的可采性标准,同时还会参照 2000 年 Mann v. Messrs Chetty & Patel 一案中确立的"利益衡量原则",通过比较专家证言的证据价值与其所花费的金钱来决定是否许可使用专家证据。

实得出自己的结论,那么专家的意见就是不必要的。"①如被告人的犯罪意图问题就属于陪审团可独立作出判断的问题,故医学专家或精神病专家的证据在有关犯罪意图的问题上不具可采性。因此,"法庭接受专家意见是以事实裁判者缺乏进行某些推论所需专业知识为前提条件的。如果没有专家意见的帮助,陪审团同样有能力予以解决,那么,即使该项问题具有一定的专业性,也可以不接受专家意见。至于是否需要专家意见,普遍认为属于法律问题,由法官负责裁断。"②此外,强调必要性考察的另一个重要原因是,专家意见会极大地影响,甚至主导审案法官和陪审团的判断,由此僭越事实裁判者的事实发现权。尤其是在专家意见本身可能存在缺漏和错误的情况下,不必要的专家证据对于事实发现有害而无益。③ 因此,在每一个涉及专家证据的案件中,法官均须在庭审前就对拟出具的专家证据进行必要性判断,重点判断相关事项是否确实超出事实裁判者的知识和经验范围。

2.可靠性判断

在科技突飞猛进的当代,运用新理论和新技术得出的意见证据尤其需要进行可靠性的判断。④ 然而,由于相关立法并不完善,英国法院的法官在判断专家证据的可采性时表现出了"不确定性"和"自由性"过大的问题。⑤ 尤其是在判断专家证据的可靠性问题时,缺乏统一的立法和权威的判例导致法庭在判断可靠性时出现了实用主义和前后不一的问题。在部分案件中,法庭判断可靠性的标准十分宽松。例如在 1995 年的 R v. Clarke 一案中,审案法官特别指出:"为了享受科技的进步和新技术带来的便利,采信专家证据的政策应适当宽松。"⑥在 2009 年的 R v. Atkins (Dean) 一案中,一位面部识别专家依靠其自身的技术和经验对犯罪现场拍摄到的罪犯图像进行鉴别,并得出视频中的图像与被告人的面部图像基本吻合的结论。被告人因此被判有罪。被告

---

① 有学者认为这番表述形成了专家证据可采性判断中的"普通知识规则"。参见季美君:《英国专家证据可采性问题研究》,载《法律科学》2007 年第 6 期。

② 宋英辉:《意见证据规则》,载《人民检察》2001 年第 7 期。

③ Mark Coen & Liz Heffernan, Juror Comprehension of Expert Evidence: A Reform Agenda, in *Criminal Law Review*, 2010, No.3.

④ Tony Ward, Usurping the Role of the Jury Expert Evidence and Witness Credibility in English Criminal Trials, in *International Journal of Evidence & Proof*, 2009, Vol.13, No.2.

⑤ 季美君:《专家证据制度比较研究》,北京大学出版社 2008 年版,第 88 页。

⑥ R v. Clarke [1995] 2 Cr. App. R. 425.

人随即上诉,但上诉法院驳回上诉并认为:"虽然没有一个数据库可用来证明面部识别技术的可靠性,但这并不意味着证人不能就此给出意见证据。在特定案件中,一位在面部识别问题上具备丰富经验的专家可以就相似性给出意见证据。"① 然而,英国法庭有时又会采取相对严格的可靠性判断标准。例如在 2001 年的 R v. Gilfoyle 一案中,上诉人拟向法院提供一份心理学家的专家报告作为新证据,用以证明其妻子死于自杀。这位心理学家通过分析死者留下的日记、探访死者朋友等多种途径得出了死者系自杀身亡的结论。上诉法院拒绝采信这份专家报告,原因是这位心理学家不能提供明确的标准以供法庭衡量其观点的可靠性,同时也没有任何较为权威的理论或数据来支持该心理学家的方法论。

　专家证据可采性问题上的"不确定性"必然增加误判的风险。在 2002 年的 R v. Dallagher 一案中,一名罪犯通过窗户进入被害人的卧室后将其杀害。犯罪现场除了罪犯在窗户玻璃上留下的耳印之外并无其他证据。控方的两位专家就该耳印与被告人的耳印进行了比对,其中一位专家确信窗户上的耳印就是被告人留下的,另一位专家也认为窗户上的耳印和被告人的非常相似。控方据此指控被告人谋杀,初审法院经审理判决被告人有罪。被告人随即提起上诉,并提出了一份专家报告作为新证据用以动摇耳印鉴别技术的可靠性。该报告认为在现有的知识水平和技术条件下,有关耳印的专家证据并不能十分可靠地用来确定犯罪嫌疑人的身份。上诉法院最终采纳了这份专家意见,认为针对上诉人的有罪判决可能有误,遂将案件发回重审。其后,由于在耳印中提取的 DNA 经检测与被告人的并不相同,刑事法院最终撤销了对被告人的有罪判决。② 引发更多争议与反思的是 2004 年的 R v. Cannings 一案。在该案中,被告人生有四个孩子,其中三个孩子均在婴儿时期离奇死亡,被告人遂被控犯有谋杀罪,但控方并无确切证据。庭审中,一位控方聘请的权威专家出具意见证明一家中三个婴儿先后死亡的可能性微乎其微。初审法院认可了控方专家证据的可靠性,被告人被判有罪。上诉过程中,被告人提供了一份新的医学证据,证明婴儿连续死亡的事件虽然难以解释,但却是可能且正常的,应属于婴儿猝死综合征(sudden infant death syndrome)。上诉法院认为,目前尚有很大一部分婴儿猝死的原因并不明确,故在知识和认知有限的情况下

---

① 　R v. Atkins (Dean) [2009] EWCA Crim. 1876.

② 　D. C. Ormerod & Clare Barsby, Evidence: Prosecution Relying on Expert Evidence Relating to Ear Prints, in *Criminal Law Review*, 2002, No.10.

法官不能武断而教条地作出有罪判决,除非有其他证据共同证明婴儿是被谋杀的。因此,被告人最终被判无罪。在该案之后,总检察长(Attorney-general)宣布将重新审查 10 年以来共计 258 起此类判决。通过初步审查发现,其中至少有 28 起案件需要重审。尽管该案中的被告人最终获得清白,但初审法院在判断可靠性问题时的态度引发了人们的反思。英国下议院科学技术委员会(the House of Commons Science and Technology Committee)认为,R v. Cannings 案充分暴露了普通法在可靠性判断上的缺陷。其建议仿照美国的道伯特标准确立英国自己的可靠性判断标准,以指导法院更好地进行可靠性判断。①

　　3.可靠性判断标准的改革趋势

　　面对法院在可靠性判断过程中遇到的问题,英国开始参照美国的专家证据可靠性判断标准,开展以可靠性问题为中心的可采性立法工作。② 2009 年 4 月,英国法律委员会(the Law Commission)发布了英格兰和威尔士地区《刑事诉讼专家证据可采性问题讨论稿》,其目的就是为专家证据可采性标准的立法作准备。法律委员会认为:"法院对于可靠性存在疑问的专家证据轻易采信,使得这些证据很容易进入庭审,而由于得不到充分的质证,这些证据最终又极易为陪审团所采信。"③因此,法律委员会认为,专家证据缺乏可靠性则不具可采性,这是法庭审查可采性的基本原则。在具体如何审查的问题上,法律委员会主要提供了美国在可靠性问题上的两个审查标准以供讨论。其一,普遍接受标准。1923 年的 Frye v. United States 一案在美国确立了"普遍接受标准"(亦称"一般接受标准"④),这一标准认为只有在专家证言所依据理论得到了普遍的认可和接受的情况下,专家证据才是可靠的。其二,道伯特标准。道伯特标准是美国联邦最高法院通过 1993 年的 Daubert v. Merrell Dow Pharmaceuticals, Inc.一案确立的可靠性判断标准。这一标准要求法官扮演看门人(gate-keeper)的角色,在判断专家证据可靠性时仔细考察:(1)该理论

---

① HCSTC:Forensic Science on Trial,http://www.publications.parliament.uk,下载日期:2011 年 4 月 18 日。

② William E. O'Brian, Court Scrutiny of Expert Evidence:Recent Decisions High-light the Tensions, in *International Journal of Evidence & Proof*, 2003,Vol.7,No.3.

③ 法律委员会:The Admissibility of Expert Evidence in Criminal Trials, http://www.justice.gov.uk/lawcommission,下载日期:2011 年 4 月 18 日。

④ 易延友:《证据法的体系与精神——以英美法为特别参照》,北京大学出版社 2010 年版,第 196 页。

或技术是否已经得到或可以被检验。(2)该理论或技术是否得到同行的认可或已公开发表。(3)适用该理论或技术已知的或潜在的错误概率有多大;(4)该理论或技术是否已得到普遍的接受。目前来看,虽然美国的少数几个州依然采纳普遍接受标准,但道伯特标准已取代普遍接受标准成为美国刑事诉讼和民事诉讼中衡量专家证据可靠性的通用标准。① 正因为如此,英国法律委员会在讨论稿中也倾向于采纳道伯特标准。经过两年的讨论和修改,法律委员会于 2011 年 2 月出具了一份最终的立法建议——《刑事程序中的专家证据》(Expert Evidence in Criminal Proceedings)。在《刑事程序中的专家证据》中,法律委员会认为,专家意见只有在满足以下条件时才具备可靠性:(1)意见证据须依据合理可靠的理论、技术和假设。(2)这些理论、技术和假设被恰当地运用到案件事实的分析判断中。(3)意见证据依赖于经过上述理论、技术和假设分析的事实。对于如何开展可靠性判断的问题,法律委员会建议,可靠性存疑的专家证据应由法官通过可靠性测试(reliability test)来判断。同时,应通过新的立法来为法官提供判断可靠性的基本原则和具体标准。② 因此,英国未来确立的可靠性判断标准很可能类似于美国的道伯特标准,要求法官能够在可靠性问题上扮演好看门人的角色。

(五)终局问题规则

终局问题规则(ultimate issue rule)亦称最终争点规则,其含义为无论是普通证人还是专家证人,无论是刑事案件还是民事案件,任何证人都不得就终局问题发表意见。终局问题是必须由法庭来决定的事实问题。③ "终局问题规则不允许专家就被告人有罪、无罪这样的案件基本争点发表意见,因为那是陪审团的职责,否则就是侵犯了陪审团对事实问题的裁判权"。④ 然而,这一规则自其产生之日就存在较大争议,尤其是在专家证据的运用过程中,事实裁判者通常只有在专家详细解释其发现,阐明其对法庭所需裁判问题的观点之后才能真正从专家证据中获取帮助。在涉及高科技、专业性的复杂诉讼中,几

---

① 齐树洁主编:《美国证据法专论》,厦门大学出版社 2010 年版,第 169～171 页。

② 法律委员会:Expert Evidence in Criminal Proceedings in England and Wales,http://www.justice.gov.uk,下载日期:2011 年 4 月 22 日。

③ I. H. Dennis, *The Law of Evidence*, 4th edition, Sweet & Maxwell, 2010, p.903. 需要说明的是,在此我们仅讨论终局问题规则对专家证人的约束,该规则对普通证人的约束将在本章最后一部分"普通证人意见证据"中涉及。

④ [英]詹妮·麦克埃文:《现代证据法与对抗式程序》,蔡巍译,法律出版社 2006 年版,第 204 页。

乎没有什么法律问题,一位法官要做到尽职尽力,实为不易。① 此外,终局问题规则忽视了意见证据可采性和证明力的恰当区分,导致"经常不公平地阻碍当事人进行举证"。②

因此,英国法中适用终局问题规则的案件已越来越少。③ 在民事诉讼中,终局问题规则已为成文法所抛弃。④ 英国《1972年民事证据法》第3条第1款规定:"当某人被委任作为专家证人的时候,无论是在哪一类民事诉讼程序中,只要其有资格针对任何一个相关事项提出意见,那么该意见就具有证据上的可采性。"此外,在刑事诉讼中,虽然最终争论点规则在理论上依旧适用,但在实践中也已被很大程度地忽视了。自1968年的DPP v. A & B C Chewing Gum Ltd.案开始,法院允许专家就终局问题作证的趋势已持续了几十年。⑤ 在该案中,被告人被指控印发一种可以引起猥亵联想的卡片,其散发途径是将卡片放在被告公司生产的整包泡泡糖内一同销售。初审法院认为控方提供的关于卡片能否引发猥亵联想的专家证据不具有可采性,因为这一问题应当由陪审团来判断,但上诉法院否定了初审判决,承认了此类专家证据在涉及儿童案件中的可采性。上诉法院帕克(Park)法官认为:"对最终争论点规则的侵害已越来越多。我们可以发现,刑事法庭中每天都有很多案件要求召集专家对于减轻责任的问题提出意见,虽然在理论上像'你是否认为他可以减轻刑事责任'这样的问题是绝对禁止的,但在实践中法庭却一次又一次地允许这种问题的提出。"⑥在1993年的R v. Stockwell一案中,上诉法院进一步肯定了刑事诉讼中专家证据涉及的内容可以包含终局问题。在该案中,被告人被指控犯有抢劫罪,唯一的证据是一份监控录像,该录像记录下了罪犯抢劫财物的过程,但监控设备老旧导致图像模糊不清。初审法官允许控方传唤一位面部构图专家,以证明录像中的罪犯就是被告人。被告人随即以该专家证据的内容

---

① 杨良宜、杨大明:《国际商务游戏规则:英美证据法》,法律出版社2002年出版,第518页。

② Jhon W. Strong, *McCormick on Evidence*, 5th edition, West Group, 1999, p.26.

③ 加拿大《证据法典》第59条、澳大利亚1995年《证据法》第80条都明确废除了"终局问题规则"。美国《1975年联邦证据规则》第704条也几乎废除了终局问题规则。因此,可以得出的结论是:终局问题规则在英美法系正不断衰落。

④ Tracy Aquinoa, *Essential Evidence*, 武汉大学出版社2004年英文影印版,第161页。

⑤ [英]理查德·梅:《刑事证据》,王丽等译,法律出版社2002年版,第193页。

⑥ DPP v. A & B C Chewing Gum Ltd. [1968] 1 Q.B. 159.

违背终局问题规则为由提出上诉。上诉法院泰勒（Taylor）勋爵最终认为："终局问题规则现已是一种形式性的规定而缺乏实际约束力和可行性。确认身份的专家证据会不可避免地涉及终局问题，法庭所能做的只是告知陪审团他们并不受专家意见的约束。"①

三、专家证据的开示

专家证据开示程序包含了文件提交、书面询问和专家证言保全等程序。② 对于复杂的专家证据而言，证据开示可以使双方当事人全面了解专家证据中所包含的信息，促使当事人为质证制定完善的攻防战术，进而提高质证的质量和效率。同时，开示的过程也是一个发现错误的过程。在 1987 年的 Davies v. EliLilly & Co. and others 一案中，法官约翰·唐拉德森（John Donaldson）对于证据开示评述道："在英国进行诉讼就是'在桌上摊开牌'。其他国家一些人对此难以理解，问这是为什么，'我难道应该向对方当事人提供击败我自身的手段吗？'当然。因为诉讼并非一场战争，也不是一场游戏。诉讼的目的，旨在实现对立当事人之间真正的公平和公正，而如果法院未掌握全部相关信息，则无法实现司法公正之目标。"因此，"专家证据开示的内容十分广泛，包括专家的背景与受教育的情况、职业、收费情况、出版的著作和以前曾经提供过的专家证言、对本案的研究和准备情况、专家意见的基础、推论、对推论的解释、可供参考或咨询的其他专家或该领域内的权威等"。③ 下文分别就民事诉讼和刑事诉讼中对于专家证据开示的相关规定作一简要介绍。

（一）民事诉讼中的专家证据开示

《规则》第 35.11 条规定："如果一方当事人已经开示了专家报告，那么其他各方当事人都可以使用该报告作为证据。"未能开示专家报告的后果十分严重，根据《规则》第 35.13 条的规定，未开示专家报告的当事人在开庭过程中不得引用未开示报告的结论。除非法院同意，也不得传唤专家证人以言词方式

---

① Regina v. Stockwell〔1993〕97 Cr. App. R. 260.

② 专家证据的开示可分为正式的证据开示（formal disclosure）和非正式的证据开示（informal disclosure），前者是发生在起诉后的程序，而后者发生在起诉前的刑事诉讼中。本部分的讨论仅限于正式的证据开示。

③ 周湘雄：《英美专家证人制度研究》，中国检察出版社 2006 年版，第 152 页。

出庭作证。在 1999 年的 Baron v. Lovell 一案中,法院责令双方当事人在 1998 年 11 月 20 日前开示专家意见,但被告聘请的医疗专家在 1999 年 1 月 6 日才对原告进行身体检查,导致被告律师到 1999 年 2 月 24 日才收到医疗诊断意见书。由于已过开示期限,被告律师未能向原告方开示这份医疗诊断意见书。在其后的诉讼过程中,被告方试图在庭上出示该份专家意见,但遭到了原告方的强烈反对。最后,初审法官并未准许被告提出专家意见,初审法院的做法也得到了上诉法院的肯定。上诉法院大法官布鲁克(Brooker)指出:"如此判决可以让所有人知道他们所处的地位,这将节省时间、费用和消除不确定状态。"①

根据《诉讼指引》第 35 章的规定,专家证据开示的内容应包括:专家证人的资格;依据的文献或其他资料;重要的事实和指令;结论所依据的任何测试或者试验;进行上述测试或试验的具体人员和资格;若对于报告结论存在不同观点,则应介绍各种观点,同时说明自己的观点及其理由;概述自己的主张;写明专家证人理解其对法院的义务以及他已经遵守了有关义务。为了防止指示方当事人影响专家证据公正性,《规则》第 35.10 条第 3 款特别要求专家报告中应开示所有重要指示的实质,不论该指示是书面的还是言词的。当然,并非当事人的任何指示均须公开。例如,在 2004 年的 Jackson v. Marley Davenport Ltd.一案中,原告向被告开示了一份关于其受伤情况和受伤原因的专家报告,从这份报告中可以看出这位专家曾在与原告律师会见前提出过一份早期报告,但根据会见后新获得的信息,这位专家在最终开示的报告中修改了早期报告中的结论。被告方遂认为这位专家是受了原告的指示和影响才改变其报告结论的,故要求法院指令开示原告的所有指示。初审法官认为:"被告方的要求符合《规则》第 35.10 条的规定,因为专家意见须采取书面报告的形式陈述所有重要指示的实质,不论是书面指示还是言词指示。"②然而,初审法院的这一判决最终被上诉法院所推翻。上诉法院朗莫(Longmore)法官认为,只有在有理由认为专家证人未能开示当事人指示的实质时,法院才能援引第 35.10 条第 3 款作为要求开示全部指示的依据。而该案中并无理由认为

---

① 徐昕:《英国民事诉讼与民事司法改革》,中国政法大学出版社 2001 年版,第 350 页。

② Jackson v. Marley Davenport Ltd. [2004] All E.R. (D) 56 (Sep).

专家证人隐瞒了当事人的指示,故初审法院的判决理由有误。[①]

此外,专家证据的开示一般仅指最终的专家报告,而不包括专家报告的草稿。《规则》第35.13条并没有赋予法院要求开示专家报告草稿的权力,而法律特权也允许不公开最终报告形成之前的过程。然而,如果一方当事人不满意报告,或者强烈请求法院批准做第二份报告的,这种情况下法院可能会有条件地批准开示第一位专家报告的草稿以令当事人信服。或者是在某个案件中,专家由于各种原因没能完成最终的报告,法庭此时就可能公布包含该专家对案中各问题看法的中期报告。

(二)刑事案件中专家证据的开示

在普通法上,控方不能提出事先未告知辩方的证据而令辩方措手不及;如果控方事先未作通知,辩方有权申请延期审理。[②] 相反,在《1984年警察与刑事证据法》生效之前,英国刑事诉讼中辩方不负有任何在庭审前开示其证据的义务。唯一的例外是《1967年刑事审判法》要求辩方须预先告知控方其作不在场辩护的证据要点。上述不对称现象在《1984年警察与刑事证据法》施行后有所改变,该法第81条要求在刑事法庭进行诉讼的双方都应披露他们想要列为证据的所有专家证据。在1993年的R v. Ward一案中,上诉法院特别指出,控方负有披露任何有可能对辩方有利的证据的一般义务,这项义务不论辩方是否主张都应存在。在此之后,《1996年刑事诉讼与侦查法》第20条、《1999年青少年审判与刑事证据法》第41条及《2005年刑事诉讼规则》第24条均对专家证据的审前开示作出了进一步规定,审前专家证据的开示范围呈现出不断扩展的趋势。控方专家证据的开示范围已不再局限于专家意见所依据的书面材料,而是扩展到了任何有可能帮助被告的材料。

四、普通证人意见证据

普通证人(lay witness),亦称非专家证人(non-expert witness),是指根据对特定事项的亲身感知而在法庭上作事实性陈述的人。传统的英国证据法理

---

① A.A.S. Zuckerman,Disclosure of Expert Reports,in *Civil Justice Quarterly*,2005,Vol.24,No.3.

② Adrian Keane et al.,*The Modern Law of Evidence*,8th edition,Oxford University Press,2010,p.553.

论认为,如果允许普通证人在庭审中发表意见,那么事实裁判者的裁判权将不可避免地受到侵害,对于事实的认定也更易出现偏差。因此,在英国法的传统上,根据意见证据排除规则,普通证人的意见证据不具有可采性。然而,在庭审实务中,法官不可能绝对排除普通证人的意见。因此,现代英国法已有条件地承认普通证人意见的可采性。

(一)采信普通证人意见的原因

意见证据规则要求普通证人在陈述时必须清楚地区分事实和意见,这就意味着证人在作证时只能采用"我看见"、"我听到"之类的表达方式,而不能用"我认为""我觉得""我推测"等句式进行表达。然而在实践中,普通证人在法庭上的陈述却很难满足这一要求。因为"从某种意义上说,所有的证人证言都是意见证据,都是从现象和心理印象形成的结论"。① 在作证过程中,普通证人的话语体系和将回忆重述的过程本身都注定其不可能将其个人意见和事实陈述完全分离开来,②这一点在 19 世纪的英国学界就已得到公认。③ 例如,在刑事诉讼中,证人可能会这样指认犯罪嫌疑人说:"这个人就是我看见的那个人。"这样的陈述显然是意见证据而非事实。证人的意思是说:"这个人很像我所看见的那个人,因此我要说他们是同一个人。"④当然,法庭也可以限制证人只对其所见特定对象进行描述,让陪审团或者法官自己去判断这一描述是否符合被告人的特征,但这么做无疑会增加事实认定的复杂程度。比如证人要说"被告人看上去很紧张",如不允许证人作出推测性判断,那证人就要对被告人之所以紧张的一系列事实表现,诸如脸红、不停地擦汗、坐立不安、说话吞吞吐吐前言不搭后语、两条腿发抖、手指颤抖等一系列行为特征作出具体描述,对于这样的具体描述证人反倒不容易说得很准确,而且显得啰嗦又浪费时间。⑤ 因而可以这样认为:"普通证人虽然是在抽象意义上表达意见,但在本

---

① Andrews & Hirst, *Criminal Evidence*, 2nd edition, Sweet & Maxwell, 1992, p.631.

② I. H. Dennis, *The Law of Evidence*, 4th edition, Sweet & Maxwell, 2010, p.885.

③ James Bradley Thayer, *A Preliminary Treatise on Evidence at the Common Law*, Little, Brown and Co., 1898, p.524.

④ Adrian Keane et al., *The Modern Law of Evidence*, 8th edition, Oxford University Press, 2010, p.525.

⑤ 马贵翔、张海祥:《意见证据规则探析》,载《华东师范大学学报》2009 年第 2 期。

质上仅仅是用最质朴的语言表达其感知到的事实而已。"①如果禁止普通证人意见证据的提出,那么许多案件的事实认定将变得异常艰难。鉴于此,法庭一般会允许证人用其惯常的表达方式提供证据,用最自然和最容易理解的表达方式将其感受到的事实传达至法庭。

(二)普通证人意见证据的涵盖范围

在英国的司法实践中,意见证据主要是专家证人所提供的,②但普通证人的意见证据亦经常出现,且其涵盖的范围十分广泛,包括日常生活中大量的非科学问题,如身份③、笔迹、数量、价值、重量、长度、时间、距离、速度、大小、年龄、温度、身体状态等。具体而言,下列普通证人意见证据通常会被采纳:(1)个人的印象及其叙述。即在如果证人以其他方式表述,证人的印象会太模糊,或者意见是证人表达其所感知事实的一种通常方式时,证人的意见可以被采纳。(2)证人的自身情况。证人可以对其自身情况,不论是身体上的还是精神上的情况提供意见证据。④ 证人还可以就其做某件事的动机或个人感受提供证据。(3)书写笔迹。关于某个特定的书写笔迹是不是某个特定人的,普通证人的意见证据可以被采纳。当然,前提是该证人熟悉或者至少见过特定人的笔迹。(4)恐怖犯罪案件中的证据。如果警察局局长或较高级别的官员口头作证,认为被告人属于或曾经属于某个特定的恐怖组织,这一意见证据可以被采纳。⑤ 总之,当证人意见所涉及的相关事项在一般人的能力和经验范围内时,该意见即具有可采性。

(三)民事诉讼中普通证人意见的可采性

在民事诉讼中,为使事实裁判者更方便地从证人的陈述中获取事实信息,也为使普通证人能用自然的语言向法院进行陈述,《1972年民事证据法》第3条第2款对意见证据规则进行了大胆突破,其规定如下:"在一切民事诉讼中,当某人被传唤作为证人时,即便其不具备就相关事项提供专家意见证据的资格,其依然可就其亲身感知的相关事实发表意见性陈述,这种陈述作为感知的

---

① Peter Murphy, *Murphy on Evidence*,7th edition,Blackstone Press Limited,2000,p.346.

② 齐树洁主编:《英国民事司法改革》,北京大学出版社2004年版,第279页。

③ 当然,普通证人关于他人身份的意见主要运用在民事诉讼中。在刑事诉讼中,为了避免可能的误导和错误,法院依然会限制普通证人出具关于他人身份的意见。

④ 例如,在有关被告人是否醉酒驾驶的案件中,被告方证人可以说:"事发当晚,我和被告人一起在酒吧喝酒,总共喝了8杯啤酒和4杯红酒,但我们都没有醉。"

⑤ [英]理查德·梅:《刑事证据》,王丽等译,法律出版社2002年版,第194页。

意见证据同样具有可采性。"上述规定正视了要求普通证人在作证时区分事实和意见的困难性,也尊重了普通人的语言习惯。随着该法的施行,民事诉讼中普通证人的意见只要是表达其"亲身感知的相关事实",该意见就具有可采性。例如在1974年的 Rasool v. West Midlands Passenger Transport Executive 一案中,被告的一辆公交车撞伤了原告。事后,有一位目击证人向法院提供书面陈述说:"公交司机不应对这起交通事故负责,因为行人(即原告)在过马路的时候没有进行左右观察就径直走入机动车道,同时这位行人也没有走人行横道。"毫无疑问,该目击证人在这份陈述中认为过错责任在于行人的结论代表了其解释案发过程的一种方式,因此,法院最终根据《1972年民事证据法》第3条认定这份意见陈述具有可采性。

此外,《1972年民事证据法》第3条第3款还指出:"前款中的'相关事项'包括诉讼中的主要争点。"该款规定突破了终局问题规则对普通证人的约束,意味着民事诉讼中的普通证人不仅可就其亲身感知的事项发表意见,且其意见中可包含对案件最终争议焦点的看法,法院不会因此而将其意见予以排除。当然,该款规定也并不意味着普通证人可以就任何争议事项随意发表结论性意见。因为在普通证人就终局问题发表意见证据之后的交叉询问环节,律师和法官都会要求证人详述其意见的事实基础和理由,由此保障事实认定的严谨性和准确性。

(四)刑事诉讼中普通证人意见的可采性

相对于民事诉讼中对普通证人意见证据可采性作出的确认,英国至今尚无法律就刑事诉讼中普通证人意见的可采性问题给出明确答案。对此,有学者认为:"虽然实践中对普通证人意见排除规则的适用已十分灵活,但在一般意义上刑事诉讼中意见证据规则依然适用。"[1]另有学者认为:"根据普通法,《1972年民事证据法》在民事诉讼中确立的规则同样适用于刑事诉讼中,即普通证人意见在刑事诉讼中同样具有可采性。"[2]事实上,关于普通证人意见证据可采性的标准可能不会有一条最终规则,[3]在具体案件中,普通证人意见证据的可采性问题最终还是要交给法官,由法官根据实际情况进行判断。在

---

① I. H. Dennis, *The Law of Evidence*, 4th edition, Sweet & Maxwell, 2010, p.886.

② Tracy Aquinoa, *Essential Evidence*, 武汉大学出版社2004年英文影印版,第163页。

③ 齐树洁主编:《英国证据法》,厦门大学出版社2002年版,第620页。

1913 年的 R v. Beckett 一案中,一扇平板玻璃窗的价值成为争议的焦点。由于这种玻璃窗在英国十分常见,法庭允许一普通证人就这扇玻璃窗的价值出具估价意见。与此同时,审案法官也指出,普通证人只能对一般物品出具意见证据,而对于艺术品、古董或其他有特殊价值的物品,其价值就只能通过专家证据来证明。在 1962 年的 R v. Davies 一案中,被告人被指控酒后驾驶。初审法院允许一位普通证人发表其认为被告人喝过酒的意见证言,而根据普通法的传统做法,这类证言本应由医学专家提供。上诉法院认为,虽然被告人是否喝酒的问题本应由专家判断,但假如证人描述的事实是基于一般人的感觉,那么证人可以适当表达其对于被告人是否喝酒的印象。与此同时,普通证人就终局问题所发表意见证据的证明力还须其他证据进行补强。例如在交通事故案件中,根据《1984 年道路交通管理法》第 84 条的规定,普通证人作为目击者也可就车辆的速度发表意见。因此,普通证人可以说:"被告人驾驶的车辆在事故发生前车速很快,已超速行驶。"但是,仅有上述意见还不足以证明被告人存在超速驾驶的行为,因为根据《1984 年道路交通管理法》第 89 条第 2 款规定,仅有证人对被告人超速驾驶的判断意见的证据,不能认定被告人超速罪成立。由此可见,英国刑事诉讼中对于普通证人意见证据的限制较民事诉讼而言更为严格。

第十一章　非法证据排除规则

一、概述

所谓非法证据(evidence obtained by illegal or unfair means),是指通过非法或不当途径取得的证据。① 非法证据的排除规则最早出现在英国的刑事司法判例中,最初主要适用于非法取得的被告人供述,后来逐步扩展至非法搜查、扣押及通过类似手段取得的实物证据。英国学界对于非法证据的价值,有两种不同的观点。一种观点认为,不能由于取证方式不合法就将具有可采性的证据排除,否则可能导致在一些案件中,无法有效指控犯罪。② 据此,凡是有助于实现公正判决的必要证据都应当被采纳,对那些通过非法或不当途径取得证据的人可以根据不同的情形予以相应的处罚。另一种观点认为,通过非法或不当途径取得的证据必须被排除在外。如果法庭采纳这种证据将会刺激人们采用非法手段取证,使得公民的人身权、隐私权等基本权利形同虚设。根据这种观点,所有此类证据均应被排除在外,即使有时这样做会使裁决依据背离客观事实,导致当事人无法获得实体公正。

现代证据法力求在上述两种极端的做法之间实现某种平衡。一方面,法律明确规定通过非法或不当途径获得的证据具有可采性;另一方面,法律授权法官可依自由裁量权将其排除。在英国,证据取得方式本身的非法性对证据的可采性不存在必然和直接的影响,法官更为关注证据对案件事实的证明力

---

① 非法取证方法种类繁多,包括非法搜查所获取证据,在"醉驾"案件中未依法定程序检测呼吸、血液和尿液获取证据,根据从被告人处非法获取的证据形成的专家证据,通过欺骗、诱捕、窃听、秘密监视等技术手段获得的言词证据和实物证据,通过偷窃或者以侵犯隐私权的方式获取证据,在未予警告或者侵犯律师帮助权的前提下获取口供等。参见 I. H. Dennis, *The Law of Evidence*, 4ᵗʰ edition, Sweet & Maxwell, 2010, p.299.

② 比如,指纹或者 DNA 鉴定对于证明被告人罪行往往具有排他的证明力。既然事实认定的准确性是合理裁决的主要决定因素,在法庭上采纳这些证据也就是理所当然的。

以及它对诉讼的正面意义。英国法官普遍认为,法官的职责在于确保案件得到公正处理,对于警察违法取证行为的遏制属于警察机构内部的纪律约束问题,而非法官的职责。①

非法证据排除规则的适用范围能否从刑事案件拓展到民事案件,对此存在两种观点。一种观点认为,在民事程序中法官对于通过非法或不当途径取得的证据不能行使自由裁量权排除,这种观点以丹宁勋爵为代表。例如,在2003年的 Jone v. University of Warwick 一案中,原告诉请人身损害赔偿,被告提出一项关于原告录像带的证据,但该录像带是被告私自侵入原告住所录制的。原告据此请求法院排除该证据。上诉法院认为,尽管被告的偷录行为侵犯了原告根据《欧洲人权公约》第8条所享有的私生活不受侵犯的权利,但是取证行为不至于粗暴到必须排除的地步;②另一种观点认为,在适当的情形下,法官对于具有相关性但以非法手段取得的证据得依自由裁量权予以排除。《1998年民事诉讼规则》第32.1条第2款采纳了第二种观点,根据该规定,为实现高于一切的目标——保证案件的公正审判,法院可以行使自由裁量权排除具有可采性的证据。③ 由于对非法证据排除规则的讨论多集中于刑事案件,本章主要对刑事诉讼中的非法证据排除规则展开叙述。

二、非法证据排除规则在普通法的发展

在普通法上,对于以非法手段取得的证据是不予排除的,只要证据与讼争

---

① 与美国法以维护被告人宪法权利为重心的严格排除规则不同,以救济为本位的英国法在非法证据排除这个命题上坚持实用主义的立场,采取更为务实的态度,无论是普通法还是制定法均以采纳非法证据为原则,以排除非法证据为例外。关于美国证据法上的非法证据排除规则,参见齐树洁主编:《美国证据法专论》,厦门大学出版社2011年版,第222~251页。

② Peter Murphy, *Murphy on Evidence*, 10th edition, Oxford University Press, 2007, p.60.

③ 《1998年民事诉讼规则》第32.1条第2款规定:"The court may use its power under this rule to exclude evidence that would otherwise be admissible."

案件具有相关性,就不会因取证手段的非法性而丧失可采性。① Crompton 法官在 1861 年的 R v. Leatham 一案中指出,取证手段并非确定证据可采性的关键所在,证据即使是偷窃所得,仍具有可采性。②

(一)非法证据原则上不予排除

英国普通法认为,法院不应关注证据是如何取得的,而只需关注证据是否具有相关性,如果取得的证据具有相关性(即证明案件事实的能力),就不能因取证手段的非法性而将其排除。早在 1870 年的 Jane v. Owens 一案中,英国法官就指出,如果非法搜查取得的证据不能被用作指控被告人的证据,会阻碍司法公正的实现。在 1955 年的 Kuruma v. R 一案中,被告人被指控犯有非法持有枪支弹药罪。被告人以非法搜查为由请求排除证据。枢密院拒绝了其请求,认为对于非法取得的证据,原则上不予排除,但法官可以在执行采证的严格规则与公正对待被告人的利益之间进行权衡。③ 在 1978 年的 Jeffery v. Black 一案中,被告人因偷了一个三明治而被捕,而后警察在没有搜查令以及未得到被告人同意的情况下搜查了被告人的住宅并发现大麻。法院认为,仅仅因为一个人偷窃三明治不能推理出其住宅里藏有毒品,并且警察是在没有获得搜查证的情形下对被告人的住宅进行非法搜查,通过该搜查所取得的证据不应被采纳。公诉方提起上诉,勋爵委员会认为,取证方式的非法性与证据是否具有可采性无必然关系,而取决于该证据是否与案件具有相关性。随后案件被发回重审,法官采纳了非法搜查所获得的证据。在 1985 年的 R v. Apicella 一案中,被告人被指控犯有强奸罪,医生仅仅出于治病原因从被告人的体液中提取样本进行检测。医生以为被告人同意取样,但实际上,狱警告知被告人除了配合检测,他别无选择。样本分析显示被告人和被害人患有同种淋病,控方以该检测结果为证据提起控诉。被告人认为该证据的取得方式无异于被迫自证其罪,请求法院排除证据。上诉法院断然驳回被告人排除证据

---

① 在英国,法官之所以不排除以非法手段获取的证据,主要是基于对案件真实的尊重。该理念源于民事诉讼(英国早期没有公诉制度,刑事诉讼属于私讼),因为在民事案件中,双方当事人地位平等,证据由当事人自行收集,法官没有必要考虑取证手段是否合法。在英国法官看来,否定这种可纳的证据,是对实体正义的背叛。当然,对于因非法取证对被告人可能造成的伤害,普通法也提供了救济途径,被告人可以单独提起诉讼并请求赔偿。

② Maureen Spencer & John Spencer, *Questions and Answers:Evidence*, 5th edition, Oxford University Press, 2007, p.174.

③ Raymond Emson, *Evidence*, 2nd edition, Palgrave Macmillan, 2004, p.281.

的异议,认为虽然取证方式存在强制因素,但并未侵犯被告人不得被迫自证其罪的权利,采纳该证据无损审判的公正。[①] 在 1988 年的 R v. Alladice 一案中,被告人被指控犯有抢劫罪,被告人请求获得律师帮助但遭到拒绝。初审法官认为不应排除被告人的供述,因为讯问过程表明,被告人能较好地应对讯问,对讯问前的警告能充分理解,并且适时行使沉默权,即使律师在场,其建议也无助于被告人更好地维护自己的权利。在 2003 年的 R v. Gill 一案中,税务机关与 G 的谈话被控诉机关用作指控的证据,G 辩称税务机关未对其进行事前警告,因此录音带应予排除。上诉法院认为,仅仅违反《实务守则》并非排除非法证据的充分条件,[②]采纳该证据不影响审判的公正性。在 2009 年的 HM Advacate v. Mclean 一案中,被告人被指控犯有盗窃罪和恶意纵火罪,被告人请求获得律师帮助,但被拒绝,后作出有罪供述。欧洲人权法院认为,苏格兰的讯问制度的设计非常完美,已足以为公正讯问犯罪嫌疑人提供充分的保护,即使犯罪嫌疑人被剥夺律师咨询权,采纳供述不影响审判的公正性。

因此,在英国普通法上,对于用不正当手段获取的证据的可采性标准在于它是否与案件有关。法院的职能不是进行纪律约束(惩戒警察的不法行为),而是控制证据在审判中的使用。[③]

(二)例外情形

为保证案件的公正审判,普通法创制了少数例外情形,同时也为法官在某种严格限定的情况下对严重违法取得的证据予以排除保留了一定限度的自由裁量权。法官如果认为采纳证据的不利影响超过了其对案件事实的证明价值,采纳该证据将使得整个审判失之公正,那么法官可以行使自由裁量权将其排除。这主要存在以下三种例外情形:

其一,如果供述是非自愿的,或者警察以利诱、胁迫或欺诈的手段获取口

---

① Peter Murphy, *Murphy on Evidence*, 10th edition, Oxford University Press, 2007, p.63.

② 《实务守则》是根据《1984 年警察与刑事证据法》制定的,其内容包括制止和搜查(守则 A),搜查土地和房屋及查封财产(守则 B),拘留、审判和讯问(守则 C),鉴定(守则 D)和会谈的录音(守则 E)的规定。《实务守则》被内政部视为正确实施侦查的一个简明指引,如果对被告人不利的证据是通过违反《实务守则》的方式获取的(尤其是口供),该证据可能会被法官通过行使自由裁量权予以排除。但实践中,这种事情极少发生。参见〔英〕约翰·斯普莱克:《英国刑事诉讼程序》,徐美君、杨立涛译,中国人民大学出版社 2006 年版,第 9 页。

③ 〔英〕理查德·梅:《刑事证据》,王丽等译,法律出版社 2007 年版,第 345 页。

供,则可以将其排除。① 在 1775 年的 The King v. Rudd 一案中,法官首次宣称应该对供述的可采性有所限制。在 1783 年的 The King v. Warickshall 一案中,法官完整地表述了近代言词证据排除规则的内涵。法庭认为,是否采纳某项供述,取决于该供述是否可信,基于自愿而作出的供述的可信度是最高的;以利诱和胁迫等手段取得的供述,因其可信度较低,往往不为法庭所采纳。1914 年,上议院在 R v. Christie 一案中指出,必须防止法官采纳那些不利影响超出证明价值的证据。在 1941 年的 R v. Barker 一案中,上诉法院认为,刑事案件中如果被告人的供述是不自愿的就不具有可采性,并据此作出判决。在 1963 年的 R v. Payne 一案中,医生在警察局给被告人做检查,警察告知被告人,医生不会对其是否适宜开车发表意见。然而当被告人包括酒后驾车等在内的一系列犯罪受到指控时,这位医生却作证说,被告人因为饮酒不适宜开车。上诉法院认为,法官应该行使自由裁量权将医生的证言排除,因为警察的取证行为属于欺诈,如果被告人意识到医生可能会就他是否适宜开车作证,他完全可以拒绝接受检查。在 1988 年的 R v. Mason 案中,被告人 Mason 涉嫌纵火烧毁他人的汽车,警察在没有掌握直接证据的情况下逮捕了 Mason 并欺骗他说在犯罪现场发现了其指纹,其后 Mason 作出了纵火的供述。初审法院采纳了该供述并判决被告人有罪,该有罪判决被上诉法院宣布无效。上诉法院认为,即便是证据并非通过胁迫(oppression)获得且证据的真实性无可置疑,但只要其获取手段使得整个审判失之公正,就应当予以排除。在该案中,警察使用"欺骗"的手段获取证据,可以认定被告人的供述是不自愿的,其供述应予排除。以上一系列判例体现了普通法对非法言词证据的态度,即只要供述是不自愿的,或者警察以利诱、欺诈和胁迫的方式获得被告人供述(或者相当于供述的自证其罪的证据),法官就应当直接排除供述。②

其二,如果口供是以酷刑方式获取的,则必须被排除。该排除规则与第一项例外密切相关,因为被告人在酷刑之下所作供述也是非自愿的。之所以将其独立出来,是与英国独特的刑事司法制度和警察权力演变历史分不开的。

---

① I. H. Dennis, *The Law of Evidence*, 4th edition, Sweet & Maxwell, 2010, p.305.

② 在普通法的早期,控方必须证明被告人明显不利于己的供述为其自愿作出,否则不予承认。但 20 世纪 70 年代以来,该原则有所修正,法官更为关注被告人的供述是否可信(reliable),而不是是否出于自愿,这一点在《1984 年警察与刑事证据法》第 76 条第 2 款得到了充分的体现。参见[英]丹宁:《法律的界碑》,刘庸安、张弘译,法律出版社 1999 年版,第 18~19 页。

在 19 世纪以前,英国并无公诉制度,刑事诉讼在法律性质上属于"私诉"。刑事诉讼中,不是由检察官出庭诉讼,而是由起诉律师来实行控诉。在提起诉讼后,警察只能将案件交由律师进行,国家司法权力不会主动介入。警察在收集证据时并不比普通民众享有更多的特权。[①] 议会和其他场合的公众言论表明,民众非常提防对警察机关增加授权的任何尝试。[②] 没有自成一体的负责侦查犯罪的有组织的警察队伍,也就不存在警察以非法取证侵害被告人权利的问题。20 世纪以来,英国的警察制度和公诉人制度发生重大变革,警察机构实现了中央集权化,负责侦查的警察成为国家的工作人员,一系列制定法也赋予警察搜查和扣押等权力。1985 年,英国成立了专门的国家起诉机关皇家检察署(Crown Prosecution Service,简称 CPS),该机构负责英格兰和威尔士的大部分刑事起诉,CPS 对于警察提出的指控,经审查认为如果达到起诉标准,则移交法院审判。由此,现代意义上的侦、控、审完全建立起来。[③] 由于警察全面介入刑事司法,在行使侦查权时就可能会以刑讯方式获取证据。在 2005 年的 A v. Secretary of State for the Home Department 一案中,Bingham 勋爵指出:"根据普通法原则,以刑讯方式获取证据是不可信的、不公平的,刑讯取证与人道和尊重人格尊严的共同标准背道而驰,且为公正审判的现代司法理念所不容。"在 2007 年的 Jalloh v. Germany 一案中,欧洲人权法院认为,使用强力催吐剂从被告人体内获得毒品侵犯了其基本权利(core right),采纳该证据将使得审判整体上失之公正,违反了被告人不得被迫自证其罪的原则。因此对此类证据应绝对排除。

其三,一方当事人将享有保密特权的文件提交法院,如果对方当事人以欺

---

①　英国现代警察制度的建立以 1829 年伦敦大都市警察局的成立为起点,在此之前,英国并没有职业的组织机构进行犯罪预防及侦查等社会治安维持活动,维护社会治安是地方责任。自诺曼征服至伦敦大都市警察局建立的 600 年间,英国固守 1285 年的《温彻斯特法案》(Statue of Winchester)确立的治安维护体系。它所确立的原则主要有:"(1)每一个人都有维护王国和平的义务,每个市民都可以逮捕犯罪人。(2)没有报酬的、兼职的治安官(constable)更具有这样的责任,在城镇治安官的工作受到守夜人(watchman)的帮助。(3)如果犯罪人没有被现场抓获,那要鸣金捕贼(Hue and Cry)。(4)每一个人都要准备好武器以参加鸣金捕贼行动。(5)治安官有义务将犯罪人带到采邑刑事法庭(Court Leet)。"显然,这是一种地方民众集体对治安负责的机制。参见夏菲:《论英国警察权制约的组织基础——警察负责制》,载《法学杂志》2009 年第 11 期。

②　齐树洁主编:《英国司法制度》,厦门大学出版社 2007 年第 2 版,第 461 页。

③　[英]约翰·斯普莱克:《英国刑事诉讼程序》,徐美君、杨立涛译,中国人民大学出版社 2006 年版,第 79~80 页。

骗的方式从法院获取这些特权文件或其复印件并作为证据使用,法庭不应采纳该证据而应予排除。① 在 1982 年的 ITC Film Distributor v. Video Exchange Ltd. 一案中,Warner 法官陈述了排除此类证据的两项理由:"首先,在特定情形下,使用这类以欺骗手段获取的特权文件是对法庭的蔑视,法庭不会宽恕这种有损程序公正的行为而采纳此类证据;其次,和发现案件真实相比,确保民众的特权资料安全且不被滥用显得更为重要。"英国有学者认为,法院之所以确立该排除规则,主要原因是维护法院自身的尊严,如果当事人在法院之外(如律师办公室)以欺骗方式获取这些证据资料,法院则有可能会采纳此类证据。

(三)1979 年的 R v. Sang 案

1. R v. Sang 一案所确立的规则

关于非法证据的可采性问题,R v. Sang 一案是具有里程碑意义的案件。该案为法官如何处理以非法手段取得的证据提供了相对明确的解决路径,引用率经久不衰。本案中,S 和 M 被指控合谋伪造银行票据和持有伪造的银行票据罪。被告人的律师申请同时进行案中案的审理,希望证明被告人是受某个检举人引诱才会实施犯罪的,而该检举人正是按照警察的指示而为的。如果没有警察的引诱,被告人就不会实施该犯罪。律师建议法官行使自由裁量权排除通过坐探(agent provocateur)怂恿被告人犯罪而取得的证据。法官裁定,即使被告人犯罪是因为受他人怂恿,法官也无权行使自由裁量权排除此类证据。被告人提出上诉。上诉法院支持初审法官的裁定而驳回上诉。被告人上诉到上议院。

上议院接受了该上诉,认为该案的争议焦点有如下两点:(1)当证据的不利影响超出其证明价值时,法官能否行使自由裁量权排除具有可采性的证据。(2)如果没有警察的引诱,被告人就不会实施所指控的犯罪,法官应否拒绝采纳该犯罪证据。对于上述问题,五位上议院法官均作了评论,其意见可归纳为以下两点:(1)刑事审判中,当采纳证据的不利影响超出其对案件事实的证明价值时,法官有权行使自由裁量权排除该证据。(2)除了供述、自认以及犯罪行为发生后从被告人那里获取的证据之外,对于其他以非法手段取得的证据,

---

① 该排除规则既可适用于民事诉讼也可适用于刑事诉讼。所谓特权文件,是指在证据开示程序中免于开示的证据资料,常见的特权关系有律师与委托人之间的保密特权、夫妻保密特权、医生与病人之间的保密特权、神职人员保密特权等。

法官不享有拒绝采纳的自由裁量权。① 具体到本案，上议院认为自由裁量权的范围并不包括裁决以坐探方式取得的证据，其一，实体法并未规定以坐探方式取得的证据可依自由裁量权排除，所以法官以证据系以坐探方式取得将其排除无异于以程序瑕疵为由规避实体法。其二，本案中指控所依赖的证据并非"供述、自认、犯罪行为发生后从被告人那里获得的证据"中的一种，除了以上的证据，法官不能以证据系非法所得为由行使自由裁量权将其排除。现将各法官的意见简要归纳如下：

Diplock 法官认为，除非证据的不利影响超过证明价值，或者该证据等同于供述或自认，以及证据是在犯罪行为发生后从被告人那里获得的，否则法官并不享有自由裁量权。之所以将供述、自认以及犯罪行为发生后从被告人那里获得的证据排除在外，是为了保护被告人"不得被迫自证其罪"的权利。他在判决书中指出，对于以坐探方式取得的证据，法官不享有排除与否的自由裁量权；但是如果警察引诱犯罪嫌疑人作出有罪供述且引诱的方法是不公正的（Diplock 法官并未对"不公正"作出解释），法官享有排除与否的自由裁量权。

Dilhorne 法官赞同 Diplock 法官的意见，他指出："毫无疑问，在特定情形下法官享有排除证据的自由裁量权，比如，法官可以拒绝采纳对被告人品格进行交叉讯问所获得的证据，可以拒绝采纳与指控本案无关的前科证据，但这些案件并非法官享有自由裁量权的所有情形，在我看来，在任何案件中，法官如果认为采纳该证据带来的负面影响超出了该证据的证明价值，均可拒绝采纳该证据。"与 Diplock 法官一样，Dilhorne 法官并未对"不公正"或"不正当"作进一步阐释。

Salmon 法官的评论较为简短，他指出，为了确保审判的公正，每个法官均有权排除合法取得的具有可采性的证据，证据应否排除取决于个案的特定案件事实以及案件发生时的境遇，是不可限定的，并且排除非法证据的案件类型不是封闭性的，而是开放性的，除非实体法作出明确规定。②

Fraster 法官部分赞同 Diplock 法官对所提问题的看法，但他所认为的适用自由裁量权的情形要比 Diplock 法官和 Dilhorne 法官广得多。此外，Fraster 法官与前面三位的观点的最大不同点在于他对"不公正"和"不正当"

---

① Adrian Keane et al., *The Modern Law of Evidence*，8th edition，Oxford University Press，2010，p.56.

② I. H. Dennis，*The Law of Evidence*，4th edition，Sweet & Maxwell，2010，p.311.

作了更广泛的解释，Fraster 法官认为裁量排除的标准取决于法官对"不公正""压迫""道德上的谴责"等的主观理解，而 Diplock 法官认为排除的情形仅限于侵犯被告人"不得被迫自证其罪"权利的证据。在支持 Diplock 法官对所提问题的回答的同时，Fraster 法官特别指出，犯罪行为发生后从被告人那里所得的证据应包括从被告人本人那里取得的证据和从被告人住宅里取得的证据。

最后的意见是由 Scarman 法官提出的，但该意见更多的是针对原则的讨论而不仅仅是对依据的讨论。他认为，由于证明犯罪是公诉方的责任，所以被告人不能被迫自证其罪，行使自由裁量权去排除可采性证据是出于公正审理的需要，如果控诉依赖于通过欺诈或暴力所取得的供述，审判将是不公正的。根据 Scarman 法官的观点，如果供述、自认以及其他从被告人那里取得的证据是被告人自愿的，那么就无错误可言。

2. 自由裁量权的行使

从很多方面来讲，Sang 案并不是无懈可击的先例，例如，该案对法官自由裁量权行使的范围仍然很不清晰。此后的相关案例不断对其进行解释，自由裁量权的行使规则日益细化。

(1)共同犯罪中被告人的供述与自由裁量权的行使。针对共同犯罪中被告人所作的供述，法官自由裁量权的界限问题，枢密院在 1995 年的 Lobban v. The Queen 一案中作出了解释。该案中三个持枪抢劫者开枪将三个被害人杀死。L 和 R 与三名犯罪嫌疑人被一同提起公诉，他们均申请无罪辩护。R 在向警察的陈述中承认他开车运送三个抢劫者往返，但他并不知道他们的真正意图。而在随后的供述中，他指出 L 是一个抢劫者，也就是说这是一个混合的陈述，部分自认有罪部分辩解无罪。公诉方先后起诉 R 和 L，并以 R 所作的供述作为对 L 进行交叉讯问的依据。L 向枢密院提起上诉，认为法官应当排除 R 陈述中证明 L 犯罪的部分供述，但该请求被驳回。

司法委员会借此制定出两大规则。第一，在刑事审判中，法官如果认为公诉方提起公诉所依据的证据的不利影响超出其证明价值，即可行使自由裁量权排除该证据。如对某一共同犯罪的审判是通过对一个共犯的不公正审判来指控另一共犯，初审法官可以排除公诉方提出的证据。第二，自由裁量权只能排除公诉方提出的证据。[①] 法官可以行使自由裁量权排除公诉方提出的被告人实施犯罪的证据，但不可裁量排除其共犯提出的用以证明自己无罪的证据

---

① 齐树洁主编:《英国证据法》，厦门大学出版社 2002 年版，第 151 页。

(可能共犯用以证明自己无罪的证据部分恰恰能够证明被告人实施了犯罪行为)。在该案中,公诉方无权依据 R 的陈述来控告 L。而 R 有权坚持其陈述中有利于他的部分不被法官排除,这就是"反对自证其罪"原则的体现。对于初审法官而言,需要明确告知陪审团某一被告人的供述不能作为控告其共犯的证据。本案中,初审法官已提醒过陪审团,R 的陈述不是控告 L 的证据。

(2)警察善意违法与自由裁量权的行使。对于警察善意违法所获得的相当于被告人供述的证据,法官可否行使自由裁量权。在 1979 年的 R v. Trump 一案中,被告人在发生交通事故后逃逸,警察逮捕了 Trump 并强行提取其血液样本。检测结论是醉酒驾车。后该证据被提交法庭用以指控被告人醉酒驾车。被告人辩称血液标本系违法取得,应予排除。法院认为,尽管警察以违法手段取得样本,但是他们是基于善意而为,并且证据的采纳并未损及审判的公正性,因此应予采纳。1985 年的 Fox v. Chief Constable of Gwent 一案遵循了同样的标准。Fraser 法官认为,如果被告人被警察骗至警察局,或者警察在讯问时采用压迫的手段获取口供,法官则可以考虑是否行使自由裁量权排除该证据,但是在本案中,并没有上述欺骗和压迫行为,警察仅仅是在执法时犯了一个善意的错误。因此,对于警察善意违法所取得的证据,法官并无自由裁量权。

(3)被告人基于自愿作出的供述与自由裁量权的行使。即使警察依法讯问,被告人自愿作出供述,法院对是否采纳口供仍享有自由裁量权。采纳与否的至高标准(overarching criterion)是保证案件的公正审判,而决定审判是否公正的主要因素是供述是否出于自愿,如果供述系被告人自愿作出,即使取证手段违反了《法官规则》①,法院仍可裁决采纳该供述;但是法官如果认为采纳该供述将使得案件的公正审判无法实现,即使供述系被告人自愿作出,法官仍

① 《法官规则》是在调查犯罪案件时指导警察与公众接触的规则,《法官规则》源于王座法庭的法官不断对限定擅权取证的原则所作的陈述,第一个版本是在 1912 年,最后一个版本是 1964 年。《法官规则》明确要求治安法官或警察在每次询问或预审开始之前,必须主动告知犯罪嫌疑人:"你有权保持沉默。如果你有话要说,那么你所说的一切将被记录下来,用作判案的证据。"如果警察不履行告知义务而径行向犯罪嫌疑人讯问,所取得的口供则有可能以取证手段不合法被法院排除。此外,法官在审判时不应对嫌疑人的沉默发表反对的看法,而是应当提醒陪审团嫌疑人的沉默不等于有罪。需要注意的是,制定该规则的初衷并非遏制警察非法取证,而是服务于刑事侦查,警察希望明确侦查行为的界限在哪里,以避免其取得的证据被法院排除。因此,《法官规则》是保护性的而非约束性的,即保证被告人接受公正的审判,而非遏制警察的非法取证。

可裁量决定排除。比如在 2006 年的 Peart v. Queen 一案中,P 被逮捕并被指控犯有谋杀罪,在被监禁期间,两名警察就谋杀案对 P 进行讯问,后该讯问内容均作为证据被法庭采纳。根据《法官规则》,只有在"例外情形"下才能在指控犯罪嫌疑人后向被告人讯问关于犯罪的问题(否则违反"不得被迫自证其罪"原则)。① 初审法院和上诉法院均认为 P 系自愿作出回答,并据此裁决讯问内容具有可采性。后被告人上诉至枢密院。枢密院认为,在对被告人提起控诉后讯问被告人不具有正当性,被告人的供述不是出于自愿,采纳该证据对被告人是不公平的,据此将该案发回重审。枢密院在判决中着重指出,《法官规则》是指引性的而非约束性的,法官的自由裁量权并不限于《法官规则》的规定,违反《法官规则》并非决定证据是否可采的决定因素。法院可以采纳犯罪嫌疑人在"例外情形"之外的情形下所作的供述,其前提是采纳该供述不影响审判的公正性。公正审判是法官行使自由裁量权的最高标准,而供述是否出于自愿是衡量审判是否公正的重要尺度。

据此,可以对普通法上法官自由裁量权的行使界限简要归纳如下:其一,决定非法证据应否排除的至高标准是保证案件的公正审理,所有的排除规则均应遵从这一理念;其二,法官有权裁量排除的证据仅限于公诉方提出的证据,这是保护被告人"不得被迫自证其罪"权利的必然要求。

三、《1984 年警察与刑事证据法》与非法证据排除规则

普通法为法官裁量排除非法证据留有较大空间,而且法官遵循的标准也未统一,以致出现相互矛盾,这种情况在一定程度上促成了《1984 年警察与刑事证据法》的颁行。该法首次以制定法的形式规定了非法证据的处理问题,具有重要的意义。

(一)非法言词证据的排除规则

《1984 年警察与刑事证据法》第 76 条对非法言词证据的效力作出如下规定:"(1)在任何诉讼中,只要该供述与诉讼中任何一个争议事项有关联,并且根据本条未被法庭排除,被告人所作出的供述就可以作为对其不利的证据。(2)在任何诉讼中,对于控诉方提起诉讼所依据的被告人供述,如果在法庭上

---

① 例外情形包括:一是出于阻止或减少对其他人的侵害或者出于维护公共安全的考虑;二是要求犯罪嫌疑人对侦查阶段所问问题的回答作进一步解释。

有证据证明供述是或者可能是通过以下方式取得的:①对被告人采取压迫的手段;②在当时的情形下,犯罪嫌疑人的言语行为将使得其作出的任何对其不利的供述都不可信,那么,法庭不应准许将该供述作为对被告人不利的证据,除非控诉方向法庭证明该供述(尽管它可能是真实可靠的)没有采取上述途径取得,这种证明要达到排除合理怀疑的程度。(3)在任何诉讼中,对于控诉方所提出的被告人供述,法庭可以自行要求控诉方证明供述并非采取本条(2)所提及的手段而取得的,并以此作为采纳该供述的条件。"

从第76条第1款可以看出,这一规定重申了普通法关于处理言词证据的一个基本原则,即言词证据能否被采纳,关键在于取得方法是否合法。在英国,无论是普通法还是制定法,对非法证据原则上都倾向于承认其效力,此外通过相应的限制来排除某些非法证据。第2款的两项规定是非法言词证据的排除规则,若出现这两种情形,法庭必须无条件地将被告人的供述予以排除,而不享有自由裁量权。因此,第76条实质上确立了非法取得的非法言词证据的自动排除原则。

1.对"压迫"(oppression)的理解

第76条第8款对"压迫"作出了进一步的解释:"压迫",包括刑讯、非人道或者有辱人格的待遇,以及使用暴力或者暴力相威胁(不论是否构成刑讯)。在1987年的 R v. Fulling 一案中,警察在警局讯问之前告知犯罪嫌疑人,其男友在过去三年与另一女子有染,而且该女子因涉嫌犯罪正在隔壁房间里受审。该犯罪嫌疑人从该女子得知监禁在此非常痛苦,为尽快取得保释,犯罪嫌疑人向警察坦白了自己的罪行。在审判中,法官以被告人的供述为证据认定被告人有罪。被告人则以作出供述系受"压迫"为由提起上诉,要求认定供述无效。上诉法院驳回了上诉,支持初审法官对"压迫"的理解,即"压迫"意味着对犯罪嫌疑人某种程度的不公正,"压迫"一词应按其基本含义来理解,即"用令人困扰的、粗鲁或错误的方式非法行使权力;不正义或残忍地对待客体或处于不利地位者;强加不合理或不公正的负担"。[1] 在2005年的 R v. Mushtaq 一案中,被告人在庭审过程中提出供述系"压迫"所致,应予排除。初审法官对陪审团作出如下指示:即使供述系压迫或以其他不当方式所得,只要陪审团认为该供述具有真实性,就可依据该供述作出判决。陪审团裁决被告人有罪后,被告人提起上诉。上诉法院同样认为供述非压迫所致,驳回了被告人的上诉

---

① Colin Tapper, *Cross and Tapper on Evidence*, 11th edition, Oxford University Press, 2007, p.682.

请求。但上诉法院不同意初审法院对陪审团的指引,认为在庭审中,如果陪审团认为供述系压迫或者以其他不当方式所得,应忽略该供述的存在。

需要特别注意的是,如果警察仅仅使用粗鲁的或不礼貌的语言,并不构成压迫,但是,在嫌疑人多次否认其与犯罪有关系时,警察继续要求他供述,并对他吼叫,就构成压迫。[①] 在 1992 年的 R v. Paris, Abdullahi and Miller 一案中,上诉法院认为对被告人的反复讯问亦构成压迫。该案中被告人 Miller 是个精神病患者而且智商仅为 75。Taylor 法官指出:虽然 Miller 否认其牵涉在案的讯问次数已多达 300 多次,但他最终还是作了有罪供述。警察虽然没有对被告人大声呵斥,要求其作出他们希望的供述,也没有对其进行肉体的折磨,但这种无休止的讯问本身即构成"压迫"。[②] 虽然陪审法官已提醒了陪审团 Miller 的供述中牵涉到其他共同被告人的证据是不可采的,但是该提醒并未得到应有的注意。与该案相类似的 1993 年的 R v. Heaton 一案,讯问持续了大约 75 分钟,虽然警察的音调逐渐上升,但是却没有大声呵斥以及压迫性的敌意。讯问的节奏很慢,被告人有充分的时间去考虑如何回答。尽管有些问题被重复,但是法院还是参考了 Taylor 法官在先前判例中所作的陈述:"警察为取得供述而持续讯问嫌疑人的做法是完全正当的,他们不会因为犯罪嫌疑人一次或数次否认与犯罪有关而放弃讯问。"[③]在该案中,被告人是在一个相对而言较短的时间内逐步改变其供述的,而且在警察未强迫他的情形下提供更加详细的细节,因此不构成压迫。

2. 对"不可信"(unreliability)的判断

在判断"不可信"时,法官常根据第 76 条第 2 款考虑被告人的个人特点。针对不同的人,同一种方式有时会产生压迫,有时则不会。因此,讯问中的言语或行为的后果也因涉案被告人的个人特点不同而不同。那些智商低的人就特别容易受到伤害。例如在 1988 年的 R v. Everett 一案中,被告人虽已 42 岁了,但其智力却仅仅相当于 8 岁小孩,初审法官应该考虑到被告人的智力情况,这种情形下所作的供述,其可信度理应受到质疑。同样,被询问者在被讯问时的情绪也应作为"当时情形"中的一部分予以考虑。在 1995 年的 R v.

---

① 林喜芬:《非法证据排除规则:话语解魅与制度构筑》,中国人民公安大学出版社 2008 年版,第 244 页。

② Hilaire Barnett, *Constitutional & Administrative Law*, 8th edition, Cavendish Publishing Limited,2011,p.624.

③ Gary Slapper & David Kelly, *The English Legal System*, 10th edition, Cavendish Publishing Limited,2009,p.474.

Souter 一案中,被告人是一名军人,因涉嫌强奸而被捕,讯问时他已极端情绪化而且神情相当沮丧,根本不适合讯问,这种情况下所作的供述就因不具有可信性而不应被采纳。[①] 在 2005 年的 R. v. Samuel 一案中,被告人是一名黑人,被指控犯有谋杀罪并在尼日利亚被逮捕,被告人听从其狱友的建议按照警察的意思作出了有罪供述,目的是获得律师的帮助并贿赂法官,从而免于牢狱之灾。初审法院采纳该供述并作出有罪判决。上诉法院认为,初审法官已经认识到讯问当时的情境虽然不完全等同于"压迫",但可能使作出的供述不可信。根据第 78 条第 2 款第 3 项的规定,在这种情形下控诉方负有向法庭证明供述非压迫所得之义务(该证明须达到排除合理怀疑的程度),但是初审法院忽略了控方的这一义务,因此应排除该供述。

尽管个人特点属于"当时情形"的一部分,但是除非符合第 76 条第 2 款第 2 项的情形,否则个人特点就毫无价值可言。在 1988 年的 R v. Goldenberg 一案中,被告人被指控吸食毒品,他要求警察进行讯问,目的是取得警察的信任并获得假释,由于其心理状况及内心动机,他所作的供述被认为无效。后来,上诉法院撤销了该判决,认为"言语或行为"在该条中的含义不包括被告人内在的言语和行为,而应限于外在的(external)的言语或行为。[②] 因此,个人特点不包括心理状况和内心动机。在 1990 年的 R v. Crampton 一案中,法官将该案与 R v. Goldenber 案的情形相区别。该案中被告人在遭受毒瘾折磨的情形下作出供述,法官认为被告人遭受毒瘾的折磨以及他要求作供述的动机并非导致其供述不具有可采性的理由,即使警察承认如果他们知道被告人正遭受毒瘾折磨就不会进行讯问也是如此。关键是,被告人当时是否适合讯问,这需要有经验的警察和医生来判断。

(二)非法搜查、扣押及采用类似手段所搜集的实物证据的排除规则

《1984 年警察与刑事证据法》第 78 条对证据排除作出了如下的规定:"(1)在任何诉讼中,如果在法庭看来,考虑到包括取得证据的情形在内的各种情形,采纳公诉方提请依据的证据将对该诉讼的公正性造成不利影响,法庭可以拒绝采纳公诉方提出该证据。(2)本条所有规定均不妨碍任何法律规则要求法庭排除证据。(3)本条不应适用于在治安法院上预审法官调查犯罪的诉讼。"该条的第 1 款包含了四个方面的内容:(1)法院可以拒绝采纳证据,即法

---

① 齐树洁主编:《英国证据法》,厦门大学出版社 2002 年版,第 155 页。

② Colin Tapper, *Cross and Tapper on Evidence*, 11th edition, Oxford University Press, 2007, p.685.

官享有自由裁量权。(2)仅限于公诉方提出的证据。(3)证据取得的情形只是法院考虑的一个因素。(4)法院应考虑某一证据的采纳是否对诉讼的公正性产生不利影响。

对于第78条与 R v. Sang 所确立的普通法规则的关系可以这样理解:第78条仅仅是对普通法上非法证据排除规则的补充而非取代。法官在适用《1984年警察与刑事证据法》第78条第1款时应考虑 Scarman 法官在 R v. Sang 判决中的意见。① 第78条强调程序公正而且认为证据的取得方式会影响程序公正。从第78条第2款可以看出,第78条并不妨碍法院对普通法所确立规则的适用。第82条第3款甚至明确指出,第78条的规定不会妨碍法官根据自由裁量权来排除证据。因此很显然,第78条第1款不能取代普通法上的自由裁量权,仅仅是对其补充。

针对第78条的规定,下文将从以下几个方面作进一步的讨论:

1. 关于第1款的范围。第78条规定的自由裁量权比 R v. Sang 一案所确定的范围还要宽。它适用于公诉方提起诉讼所依赖的任何证据,不论该项证据是由公诉方提出的还是由同案犯交代的,尤其用以排除以下证据:传闻证据(包括被告人供述以及书面笔录)、自认;意见证据(包括识别证据);醉驾检测记录等。迄今为止,该条款用来排除通过不合理的或者不公正的手段获得的证据,并不限于排除 R v. Sang 案所确立的承认、自认以及在犯罪行为发生之后在被告人处取得的证据,它扩展至指控赖以成立的任何证据——不管何时获取,也不论是直接从被告人处取得的还是从其他来源取得的。② 该规则常适用于排除因侵犯律师咨询权而获得的证据,这一领域的代表性案例是1988年的 Regina v. Samuel 案。在该案中,被告人要求获得律师帮助。在知悉指控的罪名之后,被告人的律师试图与其当事人取得联系,但遭到警察的拒绝。警察的理由是该案涉及严重的犯罪并存在惊动其他共犯的可能。被告人作出有罪供述后才被允许会见律师。法院撤销了该项指控,其理由是警察不合理地延误了被告人获得律师帮助的权利。③

2. 关于可采性动议提出的问题。根据第78条第1款的规定,任何证据所

---

① 在 R v. Sang 一案中,Scarman 法官采用了同一种分析,认为排除证据的理论依据是反对自证其罪原则,如果证据是由被告人不自愿地提供给公诉方,那么被告人将无法得到公正的审判。

② Adrian Keane et al., *The Modern Law of Evidence*, 8ᵗʰ edition, Oxford University Press, 2010, p.59.

③ 郑旭:《非法证据排除规则》,中国法制出版社2009年版,第45页。

指的被告人都可以提出关于可采性问题的动议。在警察恶意滥用职权的情况下,如果被告人有合格的辩护人,但是该辩护人也许基于诉讼策略上的考量没有提出此动议,此时,法官没有义务主动行使自由裁量权排除证据。但是法官可以在陪审团不在场的情况下对辩方进行有关询问。

3.行使自由裁量权的标准。在决定是否行使自由裁量权时,第78条第1款指导法院去关注证据取得的所有情形,特别是法院可能会被要求去考虑取得证据所带来的任何不法、不公正或不公平,包括违反《欧洲人权公约》第6条、第8条、第58条等规定的行为,还包括警察滥用《1984年警察与刑事证据法》和《实务守则》所授予权力的行为。

法官在行使自由裁量权之时,最重要的考量是保障被告人获得公正的审判。对被告人的非法搜查并不必然导致对被告人审判上的不公正,因此违反《1984年警察与刑事证据法》或《实务守则》的行为并不意味着因此而取得的证据必须被排除。例如在前述 R v. Gill 一案中,虽然税务机关在讯问 G 之前未履行告知义务,但上诉法院认为,仅仅违反《实务守则》并非排除非法证据的充分条件,采纳该证据并未对程序公正造成重大影响。同样的,通过压迫性行为取得的证据也不能自动地被排除,判断通过压迫性行为所取得的证据是否会对程序公正产生不利影响取决于压迫性行为的程度及其确定的或可能的后果。① 虽然,通过非法手段获取的证据本身并不自动对庭审的公正性产生不利影响,但是第78条“取得证据的情形”这样的表述表明,通过非法手段取得的证据可能对程序产生不良的影响。正像 Lane 法官在 1990 年 R v. Quinn 一案中所指出的,法官的职责是保护庭审的公正。一般来说,如果能保证陪审团听取双方的意见,庭审程序应当是公正的;但是如果一方基于某些原因提出了相关证据,而对方却不能挑战或对抗这些证据,或者出现了程序滥用的情形,那么程序就不再公正了。比如,如果证据是以违反《实务守则》的方法取得的,就可能造成程序上的不公正。

尽管“公正审判”的标准是比较确定的,但是每个案件仍需根据特殊情形来判断。情形是不断变化的,因此很难制定出关于法官行使自由裁量权的统一指导规则,而允许由法官根据第78条第1款的规定进行自由裁量。即便如此,我们还是可以从先前的判决中得出一些合理且清晰的指导——第78条第1款的目的不是约束性的,而是保护性的。警察故意实施的不正当行为可能导致某一证据被排除,但是决定性因素在于采纳该证据是否会对程序公正产

---

① R v. Chalkley and Jeffries〔1998〕All E.R. 155.

生严重不利的影响,是否侵害了犯罪嫌疑人接受公正审判的权利。

(三)英美两国"毒树之果"理论之比较

在此,有必要提及刑事诉讼中的"毒树之果"理论。毒树之果是美国刑事诉讼中对某种证据所作的一个形象化的概括,意指"根据以刑讯逼供等非法手段所获得的犯罪嫌疑人、刑事被告人的口供,并获得的第二手证据(派生性证据)"。① 以非法手段所获得的口供是毒树,而根据口供所获得的第二手证据是"毒树之果"。"毒树之果"与非法搜查、扣押所取得的证据相比,其不同点在于后者的收集程序本身是非法的,而"毒树之果"的收集程序本身是合法的,只是发现该果实之前取得口供有违法情形。在美国,联邦最高法院通过 1920 年的 Silverthorne Lumber Co. v. United States 一案正式确立了"毒树之果"规则,联邦大法官 Hohlmes 明确宣示,禁止以某种方式取得证据之本质,非仅指该项证据不得为本院所采用,且应根本不得加以利用。② 法官对于由非法取得之原始证据衍生得来的证据应当排除。联邦最高法院同时指出,如果第二手证据是通过独立来源获得的,则可以与其他证据一样被采纳,这就创设了"毒树之果"理论的第一个例外——独立来源的例外。此后,"毒树之果"理论的例外情形不断发展,逐渐形成了独立来源的例外、必然发现的例外、出于善意的例外等一系列例外规则。③ 可见,对于毒树之果,美国以排除为原则,不排除为例外。

与美国相对严苛的排除规则不同,在英国,无论普通法还是制定法,对于毒树之果均遵循"排除毒树、食用毒树之果"的原则,即对于根据被排除的被告人供述发现的任何证据和事实,只要具备相关性和其他条件,就可以采纳作为定案的依据。在 1783 年 Warickshall 一案中,被告人因为允诺而作出了接受被盗赃物的供述,根据她的供述,那些被盗的赃物在她的住所被找到。④ 法官认为,无论供述的取得方式合法与否,赃物存在的事实是无法改变的,口供取得方式的非法性并不能影响根据口供所获得的其他证据的可采性。《1984 年警察与刑事证据法》第 76 条第 4 款规定:"依据本条某项供述被全部或部分排

---

① 需要指出的是,美国非法证据排除规则中的"法"仅指宪法及宪法性法律,而不包括行政法规、条例等。联邦第 4 修正案、第 5 修正案、第 6 修正案、第 14 修正案是美国非法证据排除规则的宪法依据。

② 杨宇冠:《非法证据排除规则研究》,中国人民公安大学出版社 2002 年版,第 65 页;齐树洁主编:《美国证据法专论》,厦门大学出版社 2011 年版,第 239 页。

③ 杨宇冠:《"毒树之果"理论在美国的运用》,载《人民检察》2002 年第 7 期。

④ 郑旭:《非法证据排除规则》,中国法制出版社 2009 年版,第 152 页。

除的事实,不影响由供述发现的任何事实采纳为证据。"据此,如果警察采用刑讯逼供迫使被告人供出杀人凶器在何处,被告人的供述不具有可采性,但杀人凶器则可以作为裁决依据。

需要注意的是,近年来美国对毒树之果的绝对排除有了松动的迹象,例如在 2001 年的 Benner 案中,犯罪嫌疑人保释期间持有枪支,警察在未给予有效米兰达警告的前提下获取了 Benner 的口供并找到了枪支,后 Benner 以非法持有枪支罪被起诉。联邦第十巡回法院依据毒树之果规则排除了持有枪支这一证据,联邦最高法院以 5∶4 的比例裁决撤销了联邦第十巡回法院的裁决。Thomas 大法官在判决书中指出:"第一,未能给予嫌疑人米兰达警告并不要求对嫌疑人未经警告但是自愿的陈述的实物证据果实的排除;第二,警察未能在因违反限制令的逮捕中给予米兰达警告并不要求在武器持有审理中排除武器,因为武器是根据被告人的自愿陈述发现的。"[1]在 2009 年的 Hering v. United States 一案中,警察根据错误的记录告知搜查人员确有令状存在,搜查人员在搜查过程中发现毒品和武器并将其提交给法庭,联邦最高法院认可了上述证据的证明力并明确指出,"我们一再强调非法证据排除规则并非违反宪法的必然结果,相反,我们把焦点集中在非法证据排除规则对于将来违反宪法第四修正案的行为的威慑功效方面";"只有在警察取证的行为是充分故意以至于适用排除规则能够有效阻止该项行为的再次发生,并且警察的行为存在充分的可责性以至于值得以所付出的代价来换取这种威慑作用"的情况下,才能适用非法证据排除规则。[2]

由此可见,英美两国对于毒树之果(乃至对于整个非法证据排除规则)的态度上逐渐趋同。在美国,排除毒树之果的适用范围逐渐缩小,例外情况不断增加。这与近年来美国因犯罪浪潮冲击导致社会治安状况恶化有直接的关系。近年来的案例表明,2001 年"9·11"事件之后,联邦法院逐渐收紧了非法证据排除规则的适用条件。

四、陷阱取证与非法证据排除规则

在司法实践中,警察陷阱取证(诱惑侦查)行为时有发生,陷阱取证能否成

---

① 郑旭:《帕特恩案与毒树之果理论的演变》,载《中国审判》2008 年第 11 期。

② 齐树洁主编:《美国证据法专论》,厦门大学出版社 2011 年版,第 249 页。

为法官排除证据的理由,法官在何种情形下有权裁量排除证据,裁量排除时应考虑哪些因素,《欧洲人权公约》与《1984 年警察与刑事证据法》对陷阱取证的立场是否一致。下文就此稍作分析。

首先,在英国制定法上,陷阱取证并非排除非法证据的法定情形,但是,一项建立在陷阱取证上的控诉将被视为对诉讼程序的滥用,当被告人提出警察设陷取证时,法官原则上选择中止诉讼而非直接排除证据。一般来说,警察在执行公务时人为地诱使被告人犯罪是不可被接受的,以此种手段获取的证据指控犯罪将是对公众良知的侮辱。

其次,法官在决定中止诉讼后,应对警察设陷取证行为进行分析和定性,并据此作出采纳与否的裁决。如前所述,确保案件的公正审判是法官决定证据是否采纳的最高标准,那么在何种情形下警察的陷阱取证行为不会损害案件的公正审理,从而可以采纳该证据? 在何种情形下为确保审判的公正性而必须排除该证据? 法官在解决上述问题时应主要考虑哪些因素呢? 下文就这些问题作简要的分析。

第一,犯罪行为的性质。采用前瞻性的诱惑侦查手段在某些案件中更容易为法官所接受,如毒品交易、无直接被害人的犯罪、贿赂犯罪、被害人不愿公开的犯罪以及共同犯罪等。此类犯罪行为具有隐秘性,侦查难度较大。侦查活动的秘密性和困难性以及犯罪活动的实施方式都是应予考虑的相关因素。但是,侦查活动本身的困难并非警察设陷取证以及法官采纳非法证据的充分理由。

第二,警察参与犯罪的理由。警察只有对被告人实施犯罪有合理怀疑时才能设陷取证,即警察必须出于善意。例如在 1993 年的 Williams v. DPP 一案中,A 和 B 被指控犯有盗窃罪,警察在设置陷阱前并没有诱惑某特定犯罪嫌疑人的意图,也没有和 A 和 B 有任何交流。法院认定警察设置陷阱并非恶意引诱,裁定采纳该证据。但是在 2008 年的 Ramanauskas v. Lithuania 一案中,法院裁决排除有关证据。在该案中,R 是一名检察官,Z 任职于某警察反腐机构,Z 因第三人的利益向 R 行贿,R 曾多次拒绝 Z 的贿赂,但最终接受贿赂,后被起诉至法院。R 辩称 Z 的反复贿赂行为是其收受贿赂的直接原因,采纳该证据侵犯了其受公正审判的权利。法院认可 R 的抗辩并在裁决中指出:(1)尽管警察采用陷阱取证的手段本身保持在必要的限度和范围之内是可以容忍的,并且使用该手段并不必然导致审判不公正,但采纳此类证据在公共利益的层面考量并无正当依据,并且陷阱取证使得被告人在初始就面临不公正审判的危险。(2)本案中,R 在警察 Z 行贿之前并无任何实施犯罪的迹象,他并没有主动与 Z 联系索取贿赂，而是在 Z 反复的、公然的贿赂之下实施了犯罪行为。（3）很明显如果没有 Z 的引诱，R 不可能实施犯罪行为。（4）采纳该证据侵害了 R 接受公正审判的权利。

第三，警察参与犯罪的程度。证据应否排除与警察参与犯罪的程度密切相关，一项重要但非决定性的因素是警察的设陷取证行为不仅仅为被告人提供了一个犯罪的机会，而且还是积极导致了犯罪行为的发生。[1] 前一情况的典型案例是 2009 年的 Costorphine v. HM Advocate 案。在该案中，被告人被指控贩卖毒品，并提出该犯罪行为系警察利诱所致。被告人主动向警察暗示他能搞到毒品，警察通过被告人参与了众多的毒品交易。上诉法官认为，被告人主动向警察表示他能提供毒品货源，警察仅仅是像其他买家一样利用该机会向其提出购买毒品——即使是警察之外的任何人向被告人提出购买毒品，被告人也同样会进行毒品买卖。警察的行为仅仅为被告人实施犯罪行为提供了客观条件，而非主动引诱其犯罪。后一种情况的典型案例是 2004 年的 R v. Moon 案。在该案中，犯罪嫌疑人 M 系初犯，在警察引诱之前并无贩毒意图，在警察持续引诱下完成了毒品交易，交易完成之后 M 明确告诉警察她再不会接触毒品和贩毒。上诉法院认为，警察的引诱行为是 M 实施犯罪的直接原因，M 持有并买卖毒品的罪名不成立。[2] 需要注意的是，这种因果关系不能机械地用诱惑侦查行为是积极的还是消极的来回答。例如，毒品交易当事人在和陌生人交易时可能会更警惕一些，因此穿伪装性色调的衣服以及保持和犯罪人一定的接触时间是必要的。因此，英国对诱惑侦查是区别不同类型加以对待的：对于犯意诱发型的诱惑侦查，即诱惑者接触被诱惑者，使其产生犯罪意图并实施犯罪行为的，一般认为不合法而否认其证据效力；对于机会提供型的诱惑侦查，即诱惑者为已具犯意的被诱惑者提供犯罪机会的，承认其合法性及其证据效力。[3]

---

①　Adrian Keane et al.，*The Modern Law of Evidence*，8th edition，Oxford University Press，2010，p.68.

②　Roderick Munday，*Evidence*，4th edition，Oxford University Press，2007，p.51.

③　齐树洁主编：《英国司法制度》，厦门大学出版社 2007 年第 2 版，第 481 页。

最后,在陷阱取证问题上,英国法与《欧洲人权公约》第 6 条的要求是一致的。[①]《欧洲人权公约》第 6 条实质上并未对《1984 年警察与刑事证据法》第78 条以及法官中止诉讼的权力进行修正。欧洲人权法院认为,其司法管辖范围并不包括用其自己对事实的评估代替本国法院的评估,它的职责是判断包括证据的获得方式在内的整个司法程序是否公正。[②] 例如在 1993 年的 Teixeira de Castro v. Portugal 一案中,被告人被指控犯有贩毒罪。欧洲人权法院指出:(1)证据的可采性是国内法要解决的问题,欧洲人权法院的职责并非就法院是否合理采纳证据作出裁定,而是解决以下问题——考虑到证据取得方式的所有情形在内,审判程序整体上是否公平。(2)《欧洲人权公约》并不否认在刑事侦查阶段便衣警察所提供证据的可靠性,但是控方使用该证据对被告人提起控诉是另一回事。(3)在毒品案件中,陷阱取证行为必须保持必要的克制。即使在毒品交易时发生暴力冲突(便衣警察有伤亡),也应以程序的公正性作为采纳与否的最高标准。尽管有组织的犯罪率日渐升高的新情势要求警察在侦查案件时采取行之有效的措施,但是不能仅仅出于方便侦查的考虑而损害审判的公正性。《欧洲人权公约》第 6 条所倡导的公正审判理念适用于所有的刑事案件——包括最简单的案件和最复杂的案件。(4)本案中,葡萄牙警察局并未主张陷阱取证行为属于遏制贩毒行动的一部分,警察当局在陷阱取证之前并没有充分理由怀疑 Teixeira de Castro 从事贩毒活动,相反,Teixeira de Castro 没有前科,也没有关于他的预防性的侦查记录,警察是主动通过中介和 Teixeira de Castro 取得联系的。此外,除了和便衣侦探进行交易时所缴

[①] 《欧洲人权公约》第 6 条是关于公正审理权(right to a fair trial)的规定,其内容如下:(1)在决定某人的公民权利和义务或者在决定对某人确定任何刑事罪名时,任何人有理由在合理的时间内受到依法设立的独立而公正的法院的公平且公开的审讯。判决应当公开宣布。但是,基于对民主社会中的道德、公共秩序或者国家安全的利益,以及对民主社会中的少年的利益或者是保护当事人的私生活权利的考虑,或者是法院认为,在特殊情况下,如果公开审讯将损害公平利益,可以拒绝记者和公众参与旁听全部或者部分审讯。(2)凡受刑事罪指控者在未经依法证明为有罪之前,应当推定为无罪。(3)凡受刑事罪指控者享有下列最低限度的权利:①以他所了解的语言立即详细地通知他被指控罪名的性质以及被指控的原因。②应当有适当的时间和便利条件为辩护做准备。③由他本人或者由他自己选择的律师协助替自己辩护,或者如果他无力支付法律协助费用的,则基于公平利益考虑,应当免除他的有关费用。④询问不利于他的证人,并在与不利于他的证人具有相同的条件下,让有利于他的证人出庭接受询问。⑤如果他不懂或者不会讲法院所使用的工作语言,可以请求免费的译员协助翻译。

[②] [英]理查德·梅:《刑事证据》,王丽等译,法律出版社 2007 年版,第 350 页。

获的毒品外,被告人并未持有更多毒品。没有证据表明被告人在警察接触他之前有贩卖毒品的倾向(predisposition)。国内法院主要依据警察陷阱取证判决被告人有罪。(5)综上所述,警察的陷阱取证行为超出了必要的限度从而直接诱使被告人实施犯罪行为。所有的证据表明,如果没有警察的诱惑,被告人不会实施被指控的犯罪。警察的介入以及法庭采纳警察所取得的证据侵害了被告人接受公正审判的权利,当然也就违反了《欧洲人权公约》第 6 条的规定。

由此可见,《1984 年警察与刑事证据法》与《欧洲人权公约》关于警察陷阱取证的立场是一致的,两者都承认在刑事侦查阶段允许警察设陷取证;关注的重点均是区分犯意诱发型的陷阱取证还是机会提供型的陷阱取证;都是以陷阱取证行为是否对公正审判造成不利影响为根本出发点。

在传统上,英国是一个重视功利主义和实用主义的国家——对实用主义偏爱和坚守,对形式主义和理想主义相对淡漠。基于这种观念的影响,在刑事司法领域,英国始终坚持一种合理化的价值取向,控制犯罪这一刑事司法的初始目标始终未让位于正当程序的价值目标。① 英国关注控制犯罪、发挥司法保障社会安全功能的固有理念必然渗透于其证据规则中,从总体上仍然更倾向于不排除以非法手段取得的证据。尽管 20 世纪以来非法证据不予排除的理念或多或少有些动摇,而且英国已将非法证据排除规则以成文法的形式固定下来,但是,英国毕竟是一个判例法国家,普通法仍然是其法律制度的真正理论内核。普通法几乎总是对法官保持开放状态,以便法官能从限制或例外的角度来理解那些明显确定的规则,顾及其他目的和目标,以帮助法官针对特殊情形适用某种特殊规则。高效的司法等总体目标、保证正义得以伸张的基本程序规则、从其他法律领域总结出来的宽泛原则等,必然会有助于法院适用法律规则的准确性。即使以教条而绝对的形式表述出来的英国制定法规则,也应当根据上述一般原理和总体目标加以解读。② 此外,近年来恐怖主义威

---

① 　丹宁勋爵曾指出,支持警察,承认他们是保卫我们免遭暴力和威胁的前线力量,这是现时要求一个有责任感的公民应尽的义务;而确认警察有逮捕权、搜查和扣留权——当这些权力使用得当的时候,这是当今法庭的职责。参见[英]丹宁:《法律的正当程序》,李克强等译,法律出版社 1999 年版,第 111 页。

② 　[英] P.S.阿蒂亚:《英国法中的实用主义与理论》,刘承韪、刘毅译,清华大学出版社 2008 年版,第 42 页。

胁和暴力犯罪呈上升势头,①迫使英国未来的侦查制度朝着扩张警察权力的方向发展,法官对于以陷阱取证、秘密监听等获得的证据也会表现出更为宽松的态度。

---

① 例如,2005 年 7 月伦敦公交系统爆炸案,造成 56 人死亡,700 多人受伤。2006 年 8 月 10 日,英国警方挫败了一起恐怖袭击阴谋——恐怖分子将伪装成饮料的液体炸弹藏匿于手提行李中,在伦敦希斯罗机场分别登上了飞往美国几大城市的 10 个航班,企图在飞行途中引爆炸弹。2007 年的 6 月 29 日,伦敦市中心发生汽车炸弹袭击(未遂)。6 月 30 日,一辆燃烧的汽车撞向苏格兰格拉斯哥机场大楼。

第十二章　特　权

一、概述

在英国证据法中,特权是指在案件事实查证过程中,证人享有的阻止与法庭程序中的某一问题相关的信息于法庭上被披露出来的诉讼权利。[1] 根据特权规则,即使证人具备了作证的适格性与可强迫作证性,只要他符合法定的条件,即可以此为依据拒绝就特定的案件事实提供口头的或书面的证据。[2] 从表面上看,英国证据法的特权规则与作证义务(compellability of witness)的除外规定有类似的地方,即都意味着对证人如实、全面陈述义务的某种豁免。不同的是,根据证人作证义务的除外规定,具备证人资格的公民可以拒绝出庭作证,而"特权规定影响的是有关当事人在作证时可以说什么,而不是影响其作为合格证人地位"。[3] 换言之,即使证人能够成功地援引特权规则,他依然需要应法院的传唤出庭并进行宣誓,只是可以就特权所涉的问题拒绝作证或提交书面证据。

(一)特权规则的价值取向

从价值形态出发,法律可以看作是一种对各种社会价值进行取舍与协调后的综合体。"如果其中一项价值得到完全实现,难免在一定程度上牺牲或否定其他价值。"[4]英美法系国家普遍规定了证据开示制度,诉讼一方得以在审前从另一方获得与案件有关的事实情况和其他信息,从而有利于最大限度地发现事实真相并防止证据突袭。不过,当发现案件真相的价值与人们同样珍

---

[1] 〔英〕理查德·梅:《刑事证据》,王丽等译,法律出版社 2007 年版,第 367 页。

[2] 齐树洁、黄斌:《英国证据法中的律师特权》,载《中国律师》2003 年第 10 期。

[3] 齐树洁主编:《民事司法改革研究》,厦门大学出版社 2006 年第 3 版,第 634～635 页。

[4] 〔英〕罗杰·科特威尔:《法律社会学导论》,潘大松等译,华夏出版社 1989 年版,第 94 页。

视的社会生活中的另一些价值产生矛盾时,必须在这些价值之间进行权衡并作出相应的取舍,特权规则的存在就是价值权衡与取舍的结果。相对于证据开示规则,特权规则有其独特的价值取向,其存在的正当理由是为了保护特定的利益和关系,这些利益和社会关系是社会正常运转的重要组成部分,不仅有助于特定行业的稳定发展,而且与整个社会关系的巩固息息相关。[①] 确认某种特权可以更好地维护这些重要的利益和关系。

(三)特权的分类

在英国近世的诉讼立法与司法判例中,可以援引特权的法定条件十分有限。法庭倾向于缩小现存的特权,而对于新特权的承认与设定则更加谨慎。目前最为重要的特权主要为以下四种:(1)法律职业特权(Legal Professional Privilege);(2)反对强迫自证其罪特权(Privilege against Self-Incrimination);(3)不受损害特权(Without Prejudice Privilege);(4)公共利益特权(Public Interest Privilege)。以英国的证据学理论为基础,上述的四种特权又被进一步区分为公共特权(Public Privilege)与私人特权(Private Privilege)两大类。公共特权即上述的公共利益特权,而余下的另三种特权则被划入私人特权之列。大多数学者习惯于将证据法中的特权限定于私人特权,而将公共利益特权以"公共政策"为名,并作为一项"事实的排除规则"(rule of exclusion facts)的加以论述。[②] 本书亦采纳这一做法,将特权限定在私人领域,即包括法律职业特权、反对强迫自证其罪特权和"不受损害"的交流特权,而对公共政策问题另设专章予以阐述。

二、法律职业特权

(一)法理基础

对于法律职业特权的存在价值,Taylor 法官在回顾特权在英国发展的历史后曾经作过如下总结:"一个人必须能够秘密地向其律师进行咨询,否则他就会保留事实的一半真相(不告诉律师)。当事人必须确保他在私下告诉律师的事在未经其本人同意的情况下不会在法庭上被公之于众。因此,在某些特殊的案件中,法律职业特权的适用要比一般的证据规则更为重要。而这是为

---

① 何家弘主编:《证人制度研究》,法律出版社 2004 年版,第 221 页。

② R.J.Walker, *The English Legal System*, 5th edition, Butterworths, 1980,p.611.

了保证司法的整体正义所需要的基本条件。"①此外,Scott 法官在谈到特权的理论基础时,强调其在保护公民隐私和安全利益方面具有的重要作用:"我们的社会体系有必要建立在这样一种法律理念之上,即当事人求助于律师的专业技能,由此产生的交流不应受到其他人的监视,无论是警察、行政机关、商业竞争对手还是其他好管闲事者。在我看来,这一点是法律职业特权存在的正当性基础,即使对特权的主张会导致判决所需的证据材料无法被披露出来。"②总之,法律职业特权的存在实质上是英国对抗制的诉讼模式自身的要求。在此种诉讼模式下,一方面,法院不能也不愿承担调查争点的责任,而仅仅充当公平仲裁人的角色,它们以保障当事人的诉讼自由为己任。③ 而当事人被设计为对立和对抗的两方,任何一方都不愿意让对方事先知悉自己的底牌,一方当事人以特权为由往往可以拒绝披露某些事项,从而确保其在诉讼中获得有利的地位;另一方面,法院更倾向于维护程序的公正而不是发现案件的真相,这样的诉讼理念更注重维护当事人的私人权利,也为特权的存在奠定了基础。

(二)特权范围

法律职业特权包含以下两项规则:(1)在所有的案件中,当事人与其律师以提供和获得法律意见为目的所进行的必要的信息交流受特权的保护,此即法律意见特权。(2)当事人与第三人之间或当事人的律师与第三人之间为准备预期的或未决的诉讼而进行的信息交流受到特权的保护,此即诉讼特权。④在上述两种情况下,不管受特权保护的交流是发生在英国还是其他地方,也不管预期的或未决的诉讼是发生在英国还是其他地方,特权的适用均不受影响。

1.律师与当事人之间的交流

(1)"律师"与"当事人"的界定

法律意见特权又称为"律师-当事人"特权(lawyer-client privilege),其中,"律师"包括出庭律师(barrister)、事务律师(solicitor)、实习生、法律顾问、海

---

① Derby Magistrates' Court, ex parte B [1996] A.C. 487.

② Three Rivers DC [2004] UKHL 48.

③ 齐树洁:《英国民事司法改革及其借鉴意义》,载《河南省政法管理干部学院学报》2001 年第 4 期。

④ Peter Murphy, *Murphy on Evidence*, 10ᵗʰ edition, Oxford University Press, 2007, p.462.

外律师及被公司、政府部门及其他团体组织雇佣的法律咨询员等。① 此外,经由律师的职员、其他雇员或代理人而作出的交流同样受特权的保护。值得注意的是,"律师"不只限于具有律师资格的人士,"无论提供意见的人是否具有合法的资格,只要其向当事人提供意见或代表当事人实施与诉讼相关的行为,就可以适用特权规则"。② 根据《2007 年法律服务法》(*Legal Services Act 2007*)第 190 条的规定,法律职业特权扩展适用于当事人与没有律师资格的个人之间的交流,只要当事人的交流对象代表其出庭发言、实施诉讼行为、办理产权转让业务或提供遗嘱认证等法律服务。在特权规则中,律师承担着双重的义务:①在法律程序中为当事人主张交流特权。②在未经当事人同意的情况下,不得向任何人披露其与当事人的交流内容。③

法律职业特权归属于当事人及其继承人,由此产生了特权的延续性问题。在 1898 年 Calcraft v. Quest 一案中,原告拒绝披露长达一个世纪以前的一份原始证据,其先祖在一个有关捕鱼权的诉讼中对该原始证据享有特权,上诉法院认为受特权保护的书面材料在由被继承人转到继承人手中后,仍受特权的保护,因此支持了原告的特权主张。"一旦享有特权,永远享有特权。"④这句话生动地描述了特权的延续性,如果某些书面材料在某一诉讼中受到特权的保护,那么当事人及其继承人可以在以后的诉讼中就这些文件主张特权。目前在司法实践中,权利人如果要在后一个诉讼中主张在前一个诉讼中为法院所承认的特权,通常要求受特权保护的相关材料与前后两诉的诉讼标的均有一定的关联性,而且先前的特权享有者或其继承人必须是后一个诉讼的一方当事人。除此之外,并不要求前后两诉的诉讼标的完全相同或在本质上是相同的,也不要求前后两诉的当事人应完全一致。⑤

当事人的雇员或者代理人也可以享有法律职业特权,但前提是他们只是作为当事人与律师进行沟通的渠道;若其受当事人的指示准备报告并提交给律师,而律师根据其收集的资料向当事人提供法律意见,则当事人的雇员或者

---

① Alfred Corporation Amusement Machines v. Customs and Excise Commissioners (No.2)〔1972〕2 Q.B. 102.

② I.H.Dennis, *The Law of Evidence*, 4th edition, Sweet & Maxwell, 2010, p.411.

③ Colin Tapper, *Cross and Tapper on Evidence*, 11th edition, Oxford University Press, 2007, p.480.

④ "Once privileged, always privileged." See the Aegis Blaze〔1986〕1 Lloyd's Rep. 203 CA.

⑤ The Aegis Blaze〔1986〕1 Lloyd's Rep. 203 CA.

代理人将被视为诉讼特权的"第三人",对于其准备的报告资料只能援引诉讼特权加以保护,而且准备报告的目的必须是为了将它们交由当事人的法律顾问以使用于预期的或未决的诉讼。以 2003 年的 Three Rivers DC v. Governor and Company of the Bank of England(No.5)案为例,该案中银行的雇员准备了一份事故调查报告并提交给银行的律师,被告对这份报告主张法律职业特权。法院认为,虽然当事人可以经由其雇员或代理人与律师进行交流,但是法律意见特权仅在当事人的雇员或代理人作为交流媒介的情形下得以适用,故被告对这份报告不享有法律意见特权,最终法院驳回了被告的特权主张,理由在于被告的雇员准备报告的核心目的不在于提交给律师以使用于预期的或未决的诉讼。

(2)受法律意见特权保护的交流范围

根据英国司法判例形成的一般规则,如果当事人和律师之间交流的实质是为了提供与获得法律意见,则这样的交流可以受到法律意见特权的保护。但是在 1988 年 Balabel v. Air-India 一案中,Taylor 法官扩大解释了"提供与获得法律意见"这一交流的目的。该案中被上诉人要求对营业场所的转租协议进行强制执行,并要求上诉人披露上诉人与其律师除了法律意见外的交流记录,包括草图、工作表、上诉人与其律师进行会谈的出席记录、上诉人的律师所书写的备忘录以及上诉人之间的内部交流等。针对是否应当披露这些证据,上诉法院 Taylor 法官认为考虑到绝大多数律师与当事人之间的关系,特别是在涉及那些需要进行多次协商的案件中,保持律师与当事人关系的连续性是十分重要的,而律师与当事人之间的信息传达正是这种连续性的重要组成部分,这样的信息传达理应受到特权的保护,而且这些证据都是在与出具法律意见相关的背景下产生的。因此本案中被上诉人所获取的上述文件均受特权保护。

在 2005 年 Three Rivers DC v. Governor and Company of the Bank of England(No.6)案中,英国上议院进一步认为说明性的意见(presentational advice)同样适用法律意见特权的保护。该案的争议焦点是英格兰银行向国际商业信贷银行(以下简称 BCCI)破产事件调查委员会(Bingham Inquiry)递交的关于破产事件的书面说明,作为银行与其律师之间的交流是否受法律意见特权的保护?英国上议院赞同 1988 年 Balabel v. Air-India 案中 Taylor 法官的如下观点:"所谓'法律意见'并不限定于告诉当事人法律是什么,它必须包含在相关的背景之下,当事人应当如何谨慎小心地采取措施。"因此,当BCCI 对英格兰银行展开调查以确定相关单位是否已经恰当地履行了银行法所规定的公共义务时,英格兰银行递交的有关破产事件的书面说明是其在听取法律意见之后采取的应对措施,故可以受到特权的保护而不必开示。值得注意的是,当事人与律师的交流必须是保密的,即使双方进行交流时尚未形成委托关系,但只要双方着眼于形成委托关系,则这样的交流也受到特权的保护。①

2.当事人或律师与第三方的交流

(1)"第三方"的界定

在诉讼特权中,当事人或律师与第三人为准备预期的或未决的诉讼而进行的交流受特权的保护。其中,"第三人"的范围很广,包括专家和其他的相关人士。以 2006 年的 Wright v. Sullivan 案为例,一名护理师被委托照顾一名受重伤的病人,其间他出席了当事人与律师和专家证人的会谈,因此被认定为诉讼特权的"第三人"而禁止披露受特权保护的交流信息。关于"第三人"问题有两点值得注意:①基于诉讼目的向当事人或其律师提供建议或信息的第三人是诉讼的潜在证人;②提供证词的目击证人或者作出专家报告的雇员或代理人很可能在案件进入审判阶段后被要求出庭作证。然而一方当事人对上述证人没有专属权,如果一方当事人选择不传唤特定证人出庭作证,他不能阻止对方当事人传唤该证人。但是如果证人对相关事实的知识或专家意见来源于受特权保护的资料并且不能与之相分离,则当事人可以对此主张特权,从而限制该证人接受对方当事人的传唤出庭作证。②

(2)受诉讼特权保护的交流范围

为形成正当合法的法律意见,无论是否与案件相关,当事人或律师一般需要从潜在的证人(包括专家证人)那里获得相应的证言。英国学者通常认为,从潜在的证人那里获得的证据以及从专家证人那里获得的书面意见,应该受特权的保护而维护其秘密性。在 2008 年 R (on the application of Kelly) v. Warley Magistrates' Court 一案中,地区法院的法官在对上诉人展开的审讯中,以进行案件管理为由,命令其在即将到来的审判中开示所有潜在证人的姓名、住址和出生日期。上诉人对此开示命令不服,而后申请司法复核。上诉法院认为,诉讼特权也保护将被传唤出庭作证的第三人的身份及其他详细信息,不论该信息与法律意见是否相关。

一般来说,当事人及其律师与第三人进行交流的"核心目的"(dominant

---

①　齐树洁主编:《英国司法制度》,厦门大学出版社 2007 年第 2 版,第 200 页。

②　I.H.Dennis, *The Law of Evidence*, 4th edition, Sweet & Maxwell, 2010, p.437.

purpose)应当是为了准备预期的或未决的诉讼,这是诉讼特权得以适用的条件。然而在一个案件中,当事人或律师与第三人之间的交流目的可能不只一个,确定何者为交流的核心目的往往十分困难,法官通常需要结合案件的具体情况再作裁量。在1980年的Waugh v. British Railways Board一案中,原告的丈夫是被告的雇员,在一起铁路事故中丧生。事故发生后两天,被告的两名主管依照公司的惯例准备了一份联合调查报告。在原告提起的赔偿诉讼中,被告拒绝开示这份报告。被告认为,其准备报告是出于两个目的:①通知董事会事故发生的原因,以及为避免类似事故的发生采取必要的措施;②将它们交给其法律顾问以使用于预期的或未决的诉讼。上议院的法官认为,被告准备报告的两个目的同等重要,具有同样的分量,难以判定准备报告的"核心目的"是为了准备预期的或未决的诉讼,因此上述报告无法援引诉讼特权的保护。自该案以后,在英国的许多类似的案件中,法官通常认为当事人准备事故调查报告的核心目的在于防止事故的再次发生。

诉讼特权所指的"诉讼"应当是现实存在的或者是可以预期的。所谓"可以预期的诉讼",不要求一方已经得到对方准备提起诉讼的明确信息,而应当是处于"合理的预期"(reasonable prospect)之中,在当事人的预想中,将来诉讼的发生必须具有真实性而不仅仅是一种可能。① 因此,如果某件事或某项纠纷的发生在当事人看来很可能会导致诉讼,为了应对将来的诉讼而与第三人的交流就可以适用特权的保护。

3.不受特权保护的交流

(1)既存文书

只有那些用以获取法律意见或者为了在将来诉讼中使用而产生的文书,才能受到特权的保护。相反,因其他目的产生的既存文书(Pre-Existing Documents),即使交由律师保管并使用于诉讼之中,也不能援引特权而拒绝披露。在1991年的Ventouris v. Mountain案中,上诉法院驳回被告对既存文书的特权申请,该既存文书产生于诉讼之前,系被告的律师为准备诉讼而获取的案件材料。该案Bingham法官认为:"对于律师为准备诉讼而获得的既存文书,不应适用特权的保护。若允许当事人对既存文书主张特权,将对司法管理造成极大的威胁。"尤其是在刑事案件中,如果允许被告人利用特权掩盖那些自证其罪的文书或其他犯罪证据,则其犯罪之后仅需把所有既存文书以寻求法律意见之名交给其律师即可,这无疑将放纵犯罪。既存文书不受特权的

---

① USA v. Philip Morris Inc〔2004〕EWCA Civ 330.

保护这一规则,在民事案件中同样适用。

这里存在一种例外情形:经过律师的挑选、整理或复制的既存文书,由于可能暴露律师准备向其当事人提出的法律意见,因而可以受到特权的保护。以 1884 年 Lyell v. Kennedy(No.3)案为例,一名律师复制了登记册、公共记录及墓石和房子的照片,上诉法院支持当事人对该既存文书副本的特权主张。其理由在于律师对文书的适当选择和复制涉及其专业知识、调查工作及法律技巧,一旦开示该文书副本将使对方知悉律师所出具意见的线索,损害律师业已形成的专业意见利益,且不利于律师为履行职责而对案件展开全面的调查。同时,该案的判决显示,无论是既存文书的正本还是副本,只要是经过律师的挑选、整理或复制,即可同等适用特权规则的保护。

(2)不受特权保护的文件产生的副本

传统上,只要律师出于为当事人提供法律意见或准备诉讼的目的,将一份不受特权保护的文件制作成副本,则该副本可受到特权的保护。这一规则主要是为了保护律师的工作成果。[①] 然而该规则在适用中受到越来越多的质疑,实践中可能出现一种奇怪的情形:不受特权保护的原件的持有者可以对副本主张特权,却仍有义务应法院的传唤携带原件出庭作证。在 20 世纪末的相关判例中,法官们普遍无法认同这种区分正本和副本来适用特权规则的做法。丹宁勋爵认为:"如果对于正本不能主张特权,则其副本也不应受到特权的保护,即使律师制作副本的目的是准备诉讼"。[②] Aldous 法官甚至认为:"在拥有复印机、电脑和传真机的今天,区分正本和副本来适用特权规则实在令人难以置信。"[③]

由于实践中存在诸多争议,英国法官们在适用上述规则时表现出收紧特权的倾向。以 2001 年的 Sumitomo v. Credit Lyonnais Rouse Ltd. 案为例,上诉法院认为,不受特权保护的文件产生的副本应同时满足两个条件方可适用特权的保护:(1)该副本出于准备诉讼的目的而产生;(2)对副本主张特权的当事人没有且从未持有正本文件。换言之,如果律师选择自己客户拥有的文件进行复印或翻译,律师获取的文书副本不能受到特权的保护。对此,上诉法院作出如下解释:假设在律师复印与收集了当事人的重要文件之后,正本文件

---

① 杨良宜、杨大明:《国际商务游戏规则:英美证据法》,法律出版社 2002 年版,第 159 页。

② Buttes Gas & Oil Co. v. Hammer (No.3) (1981) Q.B. 223.

③ Lubrizol Corp. v. Esso Petroleum Co. Ltd. [1992] 1 W.L.R. 957.

因失火而全毁,在此情况下,不能为了特权所保护的利益而放弃对事实真相的寻找。因此对于律师从当事人处复制的文书副本,不予特权保护是较为公平的做法。

4.不受特权保护的事实

律师可能被强迫开示其自身所直接感知的事实,即使这样的事实是律师在与其当事人进行交流时获得的。① 例如,律师可能被要求承认与当事人进行会面的事实、披露其当事人的身份信息、②提供关于当事人精神与身体状况的证据或被要求对其当事人的笔迹进行识别。③

(三)除外情形

在英国证据法上,法律职业特权并非绝对和具有永久性,特权主张可能因为某些成文法的规定而得不到支持。以 2009 年的 In re McE 案为例,上议院认为尽管当事人与其律师之间的交流受到法律职业特权的保护,并且根据《1984 年警察与刑事证据法》第 58 条的规定在押人员享有秘密地咨询律师的权利,但是根据《2000 年调查权规制法》(*Regulation of Investigatory Powers Act* 2000)的规定,警察有权对在押的当事人与其律师之间的交流进行秘密监察。除此之外,当事人的特权主张还会因如下四种情形而得不到法院支持:

1.为了实施欺诈或犯罪而进行的交流

在 1884 年的 R v. Cox and Railton 一案中,法官认为如果当事人向其律师咨询法律意见是为了便于或引导他实施犯罪或欺诈行为,他们之间的交流就不能受法律职业特权的保护。所谓"欺诈",不仅指刑事上的欺诈犯罪,而且包括民事的欺诈侵权和任何形式的欺诈与不诚实,如欺诈性违约、欺骗性共谋和虚假的图谋。但是如果当事人与其律师之间的交流仅仅涉及不法行为(legal wrongs),通常并不能排除特权的适用。

当事人寻求法律意见,或者律师出具法律意见的阶段,是法院判断当事人是否怀有欺诈或犯罪意图的因素之一。如果当事人是为了应对一项已经发生的刑事指控而寻求法律意见,或者向律师咨询某一已发生事项的法律后果,特权一般不被排除适用。此外,在 2005 年的 Kuwait Airways Corp. v. Iraqi Airways Co. 一案中,被上诉人声称上诉人在一系列赔偿纠纷诉讼中使用伪

---

① Tracy Aquinoa,*Essential Evidence*,武汉大学出版社 2004 年英文影印版,第180 页。

② Bursill v. Tanner (1885) 16 Q.B.D.1.

③ Dwyer v. Collins (1852) 7 Exch.639.

造的文件,以致法院受到误导而作出不利于己的判决,因此请求对其开示相关文件。上诉法院认为,欺诈作为特权的例外情形不仅排除法律意见特权的适用,也排除诉讼特权的适用;若欺诈并非诉讼的争点,对于当事人的欺诈意图仅需有表面证据证明即可,但是如果当事人是否实施欺诈是案件的争议焦点,则应有充分的证据予以证明。本案有充足证据证明,所争议之判决的作出是由于上诉人的欺诈。

《1984 年警察与刑事证据法》第 10 条第 2 款规定:"为进一步实施犯罪的目的而持有的事项不受法律特权保护。"在 1989 年 R v. Central Criminal Court ex p Francis and Francis 一案中,一家律师事务所被要求向警方移交一处不动产的产权交易文档,因为警察有合理的理由怀疑第三方已经通过其家庭成员购置不动产的手段非法转移了贩毒的收益。虽然作为家庭成员的当事人与其律师没有实施犯罪的目的,但上议院的多数法官认为,成文法规定的"不受法律特权保护的事项"不限于证据持有者意图通过使用上述证据"进一步实施犯罪的目的"的情形,在证据持有人以外的任何第三人意图通过上述的证据实现犯罪目的时,法律特权亦应加以排除。

2.当事人弃权

法律职业特权本质上是当事人享有的一种权利,因此当事人可以通过故意披露、出庭作证或者授权其律师披露的方式来放弃特权,这种弃权行为既可以是明示的,也可以是当事人或其律师的行为默示。如果当事人以其律师为被告提起民事诉讼,则对于他与律师在相关诉讼中进行的一切交流,视为默示放弃法律职业特权的保护。[1]当事人一旦放弃某些特定的交流所享有的保密特权,他就不能在同一程序中再次主张特权。但存在一个特例:如果民事诉讼的原告基于协助刑事侦查的义务而不得不向警方递交受特权保护的材料,或应公诉人的要求开示此材料,并不意味着在民事诉讼中原告已放弃其享有的特权。[2] 值得注意的是,如果当事人放弃特权将使其他当事人持有的受特权保护的事项泄露,他就不能放弃特权。[3]

关于特权放弃的规则比较复杂,特别是涉及部分弃权的问题。一般情况下,法院不允许当事人故意地部分弃权,因为一方当事人如果只选择于己有利的特权文件进行披露,对于对方当事人而言是不公平的。在对对方证人的反

---

① Lillicrap v. Nalder & Son (a firm) [1993] 1 All E.R.724.

② British Coal Corpn v. Dennis Rye Ltd. (No. 2) [1988] 3 All E.R. 816.

③ Minter v. Priest [1930] A.C. 558.

询问中一方律师如果基于维护本方当事人利益的目的而发表某些评论,并在上述的评论中放弃了当事人的法律职业特权(即使只是一小部分),则相当于授权对方律师传唤证人就全部的评论进行反询问。

在很多情况下,当事人并不想放弃特权,但由于其本人或者律师及其他人员的疏忽,而将享有特权的交流信息无意中泄露给对方。根据《1998 年民事诉讼规则》第 31.20 条的规定,如果一方当事人是在不经意间使其受特权保护的文书为对方所查阅,仅在法院同意的前提下对方当事人才能将此文书或其内容作为证据使用。在实践中,法院一般倾向于补救一些无心之过,如果对方明知当事人无意放弃特权,则法院一般出于公平考虑,不允许对方利用因当事人的疏忽而被披露出来的文件。

3.第二位证据

法律职业特权的存在,使得当事人、当事人的律师、相关的第三人以及进行交流所必需的辅助人,如秘书、职员等,均可援引特权而避免回答某些问题或提供某些书证。但是如果上述几类人之外的任何其他人无意中听到受特权保护的谈话或得到受特权保护的文书,他就有可能被强迫出庭作证或提供书证,[①]其提供的证言或书证就是所谓的"第二位证据"。前文述及的 1898 年 Calcraft v. Guest 案是关于第二位证据问题的权威判例。在该案中,原告对 100 多年前(1787 年)的文件主张特权,虽然这一主张得到了初审法院的支持,但被告律师在上诉审之前获得了受特权保护的原件的副本,并申请法庭采纳该副本文件作为证据。上诉法院认为,受特权保护的原件继续受特权保护,但掌握在上诉人手中的副本文件可以被当作第二位证据在法庭上使用。此外,假如享有特权的一方当事人(包括其律师及交流辅助人)以外的任何其他人获得受特权保护的文件正本,正本文件同样可以被当作第二位证据在审判中使用。[②]

第二位证据规则同样适用于刑事案件。在 1977 年的 Tompkins 案中,控方在法庭的地板上发现一张可以证明被告人有罪的纸条,而后在交叉询问阶段向被告人展示该纸条并就纸条的内容进行提问,辩方对此提出反对。初审法官作出裁定,禁止公诉人直接提及该纸条,但可就纸条内容继续进行交叉询问。最终上诉法院维持初审裁定,Ormrod 法官认为:"该纸条虽然可以受到特权的保护,但其一旦落入控方的掌握中,则具有可采纳性。证据的可采性主

---

① 齐树洁主编:《英国证据法》,厦门大学出版社 2002 年版,第 279~280 页。

② Ashburton(Lord) v. Pape [1913] 2 Ch. 469.

要取决于文件的相关性,与其获取方法并无关联。"该案的判决表明,受特权保护的文件一旦被披露后,如果其与案情有关,则会被采纳作为证据使用,除非法官认为该项证据的使用将对诉讼的公正性造成不利的影响。该规则的理由在于公共利益对于查明案件真相的要求。[①]

在刑事案件中,出于保护被告人享有的公平审判权的需要,审判法官拥有自由裁量权以限制或排除控方使用第二位证据。根据《1984 年警察与刑事证据法》第 78 条的规定,如果在考虑到包括收集证据的情况在内的所有情况后,法院认为采纳控方提供的证据将会对诉讼的公正性造成不利的影响,可以拒绝采纳公诉方据以作出指控的证据。因此,如果受特权保护的文件是以不正当手段获得的,即使它们与案件中的某一问题有关,法院也可以拒绝将其作为证据采纳。此外,法律赋予特权的归属人一定的救济手段以限制第二位证据的使用,只要权利人能在对方使用证据之前申请禁令,通常能够阻却对方当事人在法庭上开示受特权保护的文件。

4.法庭命令开示(court-ordered disclosure)

在当事人与律师之间交流的隐秘性与其他公共利益发生冲突,而法院认为披露特权文件所保护的利益更为优先时,特权文件将因法院命令而被开示。例如,在关于青少年犯罪的诉讼中,英国法官往往基于儿童的利益高于一切的价值倾向排除诉讼特权的适用。在 1997 年的 Re L 案中,一名父母均为吸毒者的儿童在摄入过量的甲烷后被送到医院。地方当局根据《1989 年儿童法》第 4 章的规定申请了关于青少年犯罪的令状,法院因此要求该儿童的母亲开示其委托律师向一名病理学家获取的医学报告。儿童的母亲以法院的要求侵犯了她与专家进行交流的特权为由向上议院提出上诉。上议院的绝大多数法官认为当事人与律师之间的秘密交流是绝对的,但是当事人与第三方所进行的交流(即使这样的交流是为了诉讼而准备)在关于青少年犯罪的诉讼中并不适用,因此驳回了儿童之母的上诉。自此案之后,英国学者通常认为在涉及青少年利益的案件中,专家报告或与专家所进行的交流不应受法律职业特权的保护。但此例外规定通常只适用于第三方的报告,而法律意见提供者与其当事人之间的交流仍然受特权的保护。[②]

---

① 〔英〕理查德·梅:《刑事证据》,王丽等译,法律出版社 2007 年版,第 389 页。

② Peter Murphy, *Murphy on Evidence*, 10th edition, Oxford University Press, 2007,p.473.

三、反对强迫自证其罪特权

(一)基本界定

在英国的特权规则体系中,反对强迫自证其罪特权规则的历史最为悠久。它来自一条著名的法律格言:"任何人无义务控告自己(Nemo tenebatur produce seipsum)。[1]"自从英国废除星座法院之后,反对强迫自证其罪特权就成为普通法的一部分并沿用至今,[2]关于其内涵的权威界定是 1942 年的 Biunt v. Park Lane Hote Ltd. 案中 Goddard 法官的下列表述:"任何人都没有义务回答在法官看来,有可能使作证者遭受刑事指控、处罚或没收财产的任何问题。"

1.民事诉讼

在民事诉讼中,反对强迫自证其罪特权保护诉讼程序中的所有人,包括证人和诉讼当事人。有意行使该权利者应在宣誓时进行主张,但无须发表长篇大论以详细解释为什么回答问题或提供证据将归罪于自己,因为这样可能使其陷入特权所防止的危险之中。[3] 依据《1968 年民事证据法》(*Civil Evidence Act* 1968)第 14 条第 1 款 b 项的规定,如果证人回答某个问题可能使其配偶遭受刑事犯罪的指控或处罚,该证人可以此为理由拒绝回答问题、提交书证或物证。

《1968 年民事证据法》第 14 条的规定是反对强迫自证其罪特权的成文法依据。(1)关于"刑事指控"。根据《1968 年民事证据法》第 14 条第 1 款 a 项的规定,如果主张反对强迫自证其罪特权的声明产生于民事诉讼程序中,"以可能使其遭受犯罪指控而拒绝回答问题或提交书证……的权利……仅在此类犯罪和刑罚为英国法律所规定时方可适用"。换言之,在英国进行的民事诉讼原则上不能以外国法作为可能使其自我归罪的依据。不过此规定并非绝对,如果根据外国法可能使证人自我归罪或使其他人遭受刑事处罚,法院也可以

---

①　齐树洁主编:《英国司法制度》,厦门大学出版社 2007 年第 2 版,第 199 页。

②　Colin Tapper, *Cross and Tapper on Evidence*, 11th edition, Oxford University Press, 2007, p.449.

③　Alan Taylor, *Principles of Evidence*, 2nd edition, Cavendish Publishing Limited, 2000, p.359.

考虑是否及在何种程度上开示证据。(2)关于"处罚"。根据《1968 年民事证据法》第 14 条第 1 款 a 项的规定,这样的"处罚"同样必须是为英国的法律所规定的。援引反对强迫自证其罪特权以避免遭受的处罚,主要是指欧洲委员会对违反欧共体法规(EEC regulations)的行为所科处的行政处罚、违反财税法等成文法以及因藐视法庭而遭受的处罚。(3)关于"没收财产"。随着《1968 年民事证据法》第 16 条第 1 款 a 项的生效,在英国现代的民事诉讼中,可能遭受没收处罚已不能再作为主张反对强迫自证其罪特权的理由。

2.刑事诉讼

在刑事诉讼中,证人与被告人可以援引反对强迫自证其罪特权而拒绝回答那些可能导致自我归罪的问题。一般认为,民事诉讼中反对强迫自证其罪特权的内涵亦适用于刑事诉讼。不同的是,根据英国的司法实践,证人不能以可能归罪于其配偶而主张特权。公司的主管、雇员或代理人可以为自己的利益而主张特权,但是如果主张特权是为了维护公司的利益,使其免于遭受刑事指控或承担罚款处罚,法律则不允许。与此同理,公司也不得以可能归罪于该公司企业的主管而主张特权。

刑事被告人在接受公诉人交叉询问时,只能以回答问题可能使其在本案之外遭受其他的刑事指控作为理由主张特权,而不得以可能证成其在本案所受刑事指控为由而主张特权。[①] 根据《1898 年刑事证据法》第 1 条第 2 款的规定,在刑事诉讼中,控方可以在交叉询问阶段对被传唤为证人的被告人询问任何问题,即使该问题可能使其陷于被控之罪。因此,在英国的交叉询问制度下,刑事被告人在对其进行的审判中必须接受控方的交叉询问,不得援引反对强迫自证其罪特权而拒绝作证。但是控方只能向被告人询问与被控之罪直接相关的问题,间接性的提问是不被允许的。比如有关被告人在其他场合的不当行为的问题,此类问题的证言在被告人不得援引特权的情况下不具有证据的可采性。

(二)危险之判断

为赋予被传唤出庭的证人以沉默权,法庭应该充分考虑案件的实际情况和证人证言的实质,以确定证人被传唤出庭作证是否会对其产生可觉察到的危险。所谓可觉察到的危险是指那些在一般案件中,一般法律运作时真实的

---

① Adrian Keane et al., *The Modern Law of Evidence*, 8th edition, Oxford University Press, 2010, p.593.

及可以被体会到的危险,而不是那些臆想的或无实质依据的危险。[1]　总之,法官如果要同意证人的特权主张,应当考虑以下两个要素:(1)证人的回答真的会使其遭受刑事指控等不利后果吗? (2)证人所宣称的危险是否是真实和实在的?[2]

在判断证人的主张是否合理时,法官应留有适当余地,因为单一的问题或许不会对证人产生危险,但是如果与其他证据材料相结合,就可能产生损害性的推论。在反对强迫自证其罪特权的规则下,证人有权拒绝回答可能直接地产生自我归罪后果的某些问题。如果证人的回答将导致一系列的询问,而这些询问对公诉所需的证据链的形成又是至关重要的,那么他可以拒绝回答可能间接招致危险的询问,而法官也有足够的理由同意证人的特权主张。最后,法院不能仅仅因为证人听取了相关的法律意见而支持其特权主张,因为律师的结论可能是错误的。[3]　在必要的时候法官可以在评议室(camera)中聆听证人关于作证危险的解释。

(三)限制性规定

在英国成文法上,针对反对强迫自证其罪特权存在大量的限制性规定。这些限制性规定适用于各种各样的法定调查程序,在这些程序中特定的被调查人面临遭受刑事制裁的威胁而必须回答向其提出的一些问题、提供调查所需信息或者文件,即使其作出的回答或陈述可能产生自证其罪的效果。

有一些规定明确地限制了特权的效力,这样的例子包括:(1)《1968 年盗窃罪法》(*Theft Act* 1968)第 31 条第 1 款规定,任何人不得以可能使自己或者配偶陷于本法规定之罪,而拒绝回答在诉讼中就有关财产返还或管理、信托执行、财产报告或财产交易所提出的问题。(2)《1981 年最高法院法》(*Supreme Court Act* 1981)第 72 条规定,在侵犯知识产权或假冒案件的诉讼程序中,任何人不得以会导致其本人或配偶受到刑事追诉或刑罚处罚为由而拒绝回答向他提出的问题。(3)《1989 年儿童法》(*Children Act* 1989)第 98 条规定,在任何诉讼程序中,当法院在审理关于照顾、监护与保护儿童的案件时,任何人均不得以可能归罪于其自身或其配偶为由而拒绝提交任何证据或回答任何问题。(4)《2006 年欺诈罪法》(*Fraud Act* 2006)第 13 条规定,在与

---

① 　R v. Boyes (1861) 1 B & S 311 (QB).

② 　Lord Templeman & Rosamund Reay, *Evidence*, 2nd edition, Old Bailey Press, 1999, p.247.

③ 　R (Crown Prosecution Service) v. Bolton Magistrates' Court [2004] 1 WLR 835.

财产返还或管理有关的调查程序中,被调查人必须回答向其提出的问题或者服从程序命令,即使回答问题或遵从命令将使其陷于本法规定之罪或其他相关犯罪。

与上述直接限制反对强迫自证其罪特权的成文法规定不同,英国法上还有一些成文法规定间接地限制了该特权,一般来说,这样的规定通常与对严重诈骗行为的调查有关,例如:(1)《1985 年公司法》(Companies Act 1985)第 xiv 编规定,当公司在运作或经营过程中涉嫌诈骗时,被派往调查上述诈骗行为的贸易委员会的稽查员,可以要求公司的雇员、代理人及其他拥有相关信息的人回答由其提出的问题。(2)《破产清算规则》(Insolvency Rules)第 9 编及《1986 年破产清算法》(Insolvency Act 1986)第 235 条、第 236 条规定,在私人检查中,公司的雇员应当提供公司的管理人或破产清算人所要求的与公司相关的各种信息,此外应法院的传唤还应该提交宣誓陈述书或书证。(3)《1987 年银行法》(Banking Act 1987)第 42 条规定,当任何人涉嫌本法第 3 条和第 35 条所规定的罪行时,英国银行基于合理的调查罪行的需要可要求其提交相关的书证。判断某些成文法是否包含着限制反对强迫自证其罪特权的意思,应由法院结合具体案情进行判断。① 不过法院一般认为,赋予各种各样的机构和公职人员(如重大欺诈案件调查局、商业部、贸易工业部和破产公司的清算人)对涉嫌欺诈的公司和个人进行调查的权力,相当于间接地排除了特权的适用,因为被调查人面临的选择不是服从命令自愿作出不利于己的陈述,就是因拒绝配合调查而遭受相应的刑事制裁。

有些限制反对强迫自证其罪特权的成文法规定含有相应的"使用豁免"条款,即如果被调查人因这些成文法上的限制性规定而不得不提交证据或回答问题,在其后针对该被调查人的任何刑事诉讼中,都不能使用上述的证据或回答作为指控其犯罪的证据。② 但是有些限制性规定没有相应的"使用豁免"条款,在此情况下,法院一般认为,诸如清算人或贸易工业部(Department of Trade and Industry,简称"DTI")调查员等非刑事侦查员有权力将被调查人作出的不利于己的陈述或其提交的可能自证其罪的文件,移交给公诉机关以作为指控其犯罪的证据。不过在 1997 年的 Saunders v. UK 一案中,由于欧洲人权法院认为英国 DTI 调查员的强制行为违反了《欧洲人权公约》第 6 条

---

① 齐树洁主编:《英国证据法》,厦门大学出版社 2002 年版,第 288～289 页。

② Adrian Keane et al., *The Modern Law of Evidence*,8th edition,Oxford University Press,2010,p.601.

的规定,英国对其成文法上限制反对强迫自证其罪特权的规定作了一些修改。

(四)欧洲人权公约第 6 条及相关案例之影响

英国作为《欧洲人权公约》的签署国,其反对强迫自证其罪特权规则的发展在一定程度上受到公约及欧洲人权法院相关判例的影响。《欧洲人权公约》第 6 条详尽规定了公正审判的权利,包括在合理的时间内接受独立且公正的法庭公开审理、无罪推定原则以及当个人受到刑事控告时所应享有的最基本的权利。虽然在第 6 条或者公约的其他条款中均没有关于反对强迫自证其罪特权的明确表述,但是欧洲人权法院在解释第 6 条时将沉默权和反对强迫自证其罪特权作为构成公正审判标准的组成部分。[①]

1997 年的 Saunders v. United Kingdom 案是英国法院的判决在欧洲人权法院受到申诉的一个重要案件。在该案中,欧洲人权法院审查了英国上诉法院对申诉人桑德斯的定罪。桑德斯是一名公司的高级管理人员,因其涉嫌在公司并购活动中存在不法行为,贸易工业部的调查员向其询问了有关公司并购资金的股票计划。根据《1985 年公司法》第 434 条、第 436 条的规定,被调查人对 DTI 调查员的调查或询问有积极配合的义务,拒绝回答调查人员的询问将被视为藐视法庭而受到刑事制裁,并且受询问者的回答可以在法庭审理中作为对其不利的证据使用。因此桑德斯选择回答 DTI 调查员提出的一系列可能自证其罪的问题,他的回答也在随后的刑事审判中被作为定罪的证据。欧洲人权法院认为,任何以无视被告人意愿的强制或压迫手段获取的证据,都不得在随后的刑事程序中作为公诉方追诉犯罪的证据;英国上诉法院把非出于申诉人自愿而是迫于外部强制或压力所作出的不利于己的陈述作为定案根据,有违《欧洲人权公约》第 6 条的规定。

受 Saunders 案的影响,《1999 年青少年审判与刑事证据法》在第 59 条和一览表三("限制使用通过采取强制手段获得的不利于己的回答")中新增了一系列"使用豁免"(use immunity)条款,对其成文法上关于反对强迫自证其罪特权的许多限制性规定进行了反限制。[②] 例如,在《1985 年公司法》第 434 条中植入一条"使用豁免"条款,该条款规定,法定调查机关进行与诈骗行为相关的调查时,强迫被调查人作出的不利于己的回答或陈述,不得在之后的刑事程序中提交作为指控其犯罪的证据,并且不得提出与上述回答相关的问题。

"使用豁免"条款仅适用于法定调查机关强迫被调查人作出不利于己的陈

---

① Funke v. France (1993) 16 E.H.R.R.297.

② I.H.Dennis, *The Law of Evidence*, 4th edition, Sweet & Maxwell, 2010, p.160.

述的情形。对于一览表三中未涉及的调查,法官在找不到"使用豁免"条款作为成文法依据时,可以根据《1984 年警察与刑事证据法》第 78 条的规定,决定是否排除在其看来将对诉讼的公正性造成不利影响的证据。以 2009 年 R v. K 案为例,在该案之前的一起离婚诉讼中,为确定是否准予当事人的附加补偿(ancillary relief)申请,法庭强迫被告人披露其资产状况,在此过程中被告人作出可能使其遭受逃税指控的供述。上诉法院认为,公权力机关为强迫被调查人开示证据而对其予以惩罚的强制手段(因藐视法庭罪而遭到监禁)与禁止逃税的立法目的不成比例,因此被告人的供述证据不得作为指控其触犯逃税罪的证据。

在 Saunders 案中,多数法官认为,反对强迫自证其罪特权的适用并非绝对,特权仅保护犯罪嫌疑人不被强迫作不利于己的陈述,但不保护于犯罪嫌疑人意志之外独立存在的不利于己的证据,即使这些证据是通过强制手段获取的,也有可能被采纳作为定罪的证据。例如,刑事审判中的既存文书,其存在并非追诉机关采取违背犯罪嫌疑人意志的强迫手段的结果,故其不在特权的保护范围之内,可以被追诉机关强迫开示。这一规则对英国国内相关案件的判决产生了重要影响。以 2007 年 C Plc v. P 案为例,在有关知识产权诉讼的程序中,上诉人按照法院颁发的搜查令上交了电脑,而后在电脑中发现存有有关儿童的不良图片,由于持有或散播儿童的不良图片会使上诉人遭受刑事指控,故其对上述图片主张反对强迫自证其罪特权。Lawrence Collins 法官认为,强迫开示之前就已独立存在的文件或其他资料,不应给予特权的保护。如果电脑本身是可能导致自我归罪的物证(例如是盗窃的赃物),则上诉人有权拒绝开示;而在执行法庭命令的过程中发现的不良图片,就如同搜查仿冒包包时发现受管制的药品,或者搜查被告人的住宅时发现非法持有的武器。因此该有关儿童的不良图片是独立证据,不应受到特权的保护。

欧洲人权法院也曾在一些案件中支持英国法院的判决,进而确认了一些限制性条款在将来案件中的适用。以 2008 年 O'Halloran and Francis v. United Kingdom 案为例,根据英国《1988 年道路交通法》第 172 条的规定,涉嫌交通犯罪的车辆所有人若拒绝对其交通工具的驾驶者进行识别,将被判处高达 1000 英镑的罚金并被吊销驾驶执照。针对该条款,欧洲人权法院认为,英国道路交通监管制度中关于反对强迫自证其罪特权的限制立法具有正当性且符合比例原则,这种强制手段对于犯罪嫌疑人而言不涉及任何拘留性质的惩罚,也不存在长时间的盘问和被迫认罪的风险,因而是适当的和可以接受的,这样的限制从本质上并未侵害犯罪嫌疑人享有的反对自证其罪特权。

四、不受损害特权

(一)法理基础

英国证据法上的不受损害特权(without prejudice privilege)源于其鼓励和解的公共政策。[①] 在民事诉讼过程中,对立的当事人及他们的律师之间往往要进行一定的信息交流。由于这样的交流不能援引法律职业特权加以保护,因此,如果在和解协商中一方当事人为尽快解决纠纷而作出一定的让步,而协商最终未能达成一致,另一方当事人在其后的诉讼中则可能将这些让步视为自认并作为证据加以使用。[②] 自认制度的存在一定程度上抑制了对立双方当事人就争端的解决进行和解协商,正如 Walker 法官所言:"如果必须不断地注意每句话,并与他们的律师进行确认,那么谈判双方就不能无限制地进行交流。"[③]

为了排除上述风险并鼓励当事人在进入诉讼之前尽量达成和解,英国证据法规定了不受损害特权。只要一方当事人在与对方进行和解协商的过程中就其口头陈述或函电往来事先声明或注明"不受损害",即使和解协议最终未能达成,陈述者所提出的任何建议事项均不能构成对其不利的自认。对于"不受损害"交流特权存在的基础,Oliver 法官曾经作过如下的解释:"应该尽可能鼓励当事人通过非诉讼方式解决纠纷,而非诉诸诉讼;但是如果当事人意识到其在和解过程中所作的任何陈述,可能在其后的诉讼过程中对其产生损害的后果,他就会避免与对方进行协商。事实上,基于社会政策正当化的要求,谈判双方在和解磋商过程中的陈述与让步,不应该在法庭审判中被披露出来作为承担自认责任的依据。"[④]

(二)内涵界定

不受损害特权是由上诉法院在 1889 年的 Walker v. Wilsher 案所确定

---

① Colin Tapper,*Cross and Tapper on Evidence*,11th edition,Oxford University Press,2007,pp.502-503.

② 自认是指"当事人在诉讼的口头辩论或准备程序中作出的与对方当事人主张一致且于己不利之陈述"。参见[日]高桥宏志:《民事诉讼法——制度与理论的深层分析》,林剑锋译,法律出版社 2003 年版,第 383 页。

③ Unilever plc v. Proctor and Gamble Co.[2001] 1 All E.R. 783.

④ Cutt v. Head (1984) Ch 290.

的。在此案中,当事人双方在诉前曾经进行和解磋商并最终达成了一份标明
"不受损害"的和解协议,被告请求开示这份和解协议以判定原告已经接受了
被告的提议,并且由原告承担协议达成之日起至协议最终实现期间的所有费
用。针对被告的请求,上诉法院的法官认为,双方的函电往来是一种善意的和
解提议,且已注明"不受损害",故应该认定本案原告并不同意法官阅读这些函
电,被告无权以上述的信件作为支持其主张的依据。值得注意的是,在 2005
年 R v. Hayes 一案中,被告人的律师向皇家检察署写了一封信表明被告人愿
意承认一项较轻的犯罪指控,后在法庭交叉询问环节中,控方被允许就被告人
在信中不一致的陈述进行询问。因此,在刑事诉讼领域不适用不受损害特权
规则。

1.特权的主体

不受损害特权是专属于当事人的权利,非经当事人同意,任何人既无权利
亦无义务代替当事人主张该特权。[①] 不过这里存在一个重要的特例:在英国
的民事诉讼实践中,由于当事人之间进行的和解协商通常是在律师的参与下
进行的,有时甚至只在律师之间进行,因此不受损害特权不仅可以由当事人声
明,也可以由律师声明。从这一点上看,"不受损害特权是一种由当事人和律
师所共同享有的权利"。[②] 但必须强调的是,该特权只有在当事人同意时才能
放弃,律师在未得到当事人授权的时候不得主动声明放弃不受损害特权。

2.构成要件

根据英国现有的司法判例与证据法学说,不受损害特权包含以下三个权
利构成要件:

(1)争议的存在

不受损害特权得以援引的根本前提是争议的存在,因此该特权不保护债
权人与债务人之间就后者是否、何时及在多大程度上能够承担债务而进行的
交流,因为此时债务人已经承认债务,借贷双方之间不存在需要进行和解的争
端。[③] 同理,不受损害特权不保护对立双方当事人为阻止争议产生而进行的
交流。以 2004 年 BNP Paribas v. Mezzotero 一案为例,在这一起劳资争议纠
纷中,梅佐泰罗以在工作过程中遭受性别歧视为由向其公司投诉,之后公司召
开独立于雇主申诉程序且声明"不受损害"的会议,会上梅佐泰罗得知自己被

---

① 齐树洁主编:《英国司法制度》,厦门大学出版社 2007 年第 2 版,第 201 页。

② La Roche v. Armstrong [1922] 1 KB 485.

③ Bradford & Bingley plc v. Rashid [2006] 1 WLR 2066.

列入了公司的"遣散超额员工计划"中。在初审中,针对梅佐泰罗关于性别歧视的权利保护请求,法庭允许她披露会议的谈话内容,理由在于当时并不存在劳资争议。劳工上诉法庭支持这一裁决并认为,没有证据显示在会议召开之前就已存在劳资纠纷,梅佐泰罗的申诉仅与其未来的工作相关,而彼时尚未存在终止雇佣合同的威胁,因此梅佐泰罗的申诉不能证明劳资争议的存在。

此外,判断争议是否存在不以任何民事诉讼程序的发生为必要条件。根据 2007 年的 Barnetson v. Framlington Group Ltd. 一案,在尚未产生诉讼的争端谈判中,声明或注明"不受损害"的交流仍受特权的保护。对于在诉讼发生多久之前进行的和解交流可以声明或注明"不受损害",奥德勋爵认为:一方面,可以声明或注明"不受损害"的协商时机若仅限于面临诉讼威胁的时候或者诉讼发生前不久,将鼓励谈判双方扩大或升级争端以获得特权的利益;另一方面,在未能达成一致的情况下,和解双方应有诉诸法律的打算或者合理的诉讼预期,只有这样才可以对协商过程中产生的交流主张不受损害特权。

(2)双方明示或默示的合意

在文件或口头谈判开始时注明或声明"不受损害",是双方当事人明示的合意表现,此合意是指谈判双方对于协商过程中产生的交流内容不予披露形成一致的意见。在实践中,当事人之间为达成和解协议而进行的沟通与协商往往要经过多个回合,使一系列的交流均受特权的保护,并不要求所有的函电往来或会谈都注明或声明"不受损害",而只需在最初的信件或会谈标明或声明即可。不过,一方当事人针对另一方当事人"不受损害"信件的回函,如果已明确表示并非"不受损害",则其有权在随后的诉讼中以自己的这些回函作为证据,但不能使对方"不受损害"的函电被披露出来。此外,双方当事人也可以就其讨论的内容中需注明"不受损害"的部分和无须受特权保护的部分达成一致意见。[①]

证据法之所以就现实的(指纠纷已经诉至法院)与未来的当事人(指纠纷尚未诉至法院)之间的各种和解交流规定保密特权,其目的在于让当事人可以放心地进行磋商与让步,从而在最大程度上避免诉讼。因此,在当事人之间的和解交流中即使未明确采用"不受损害"这样的表达,但谈判双方为达成和解确实进行过努力与尝试,法院就可以推定其已达成默示合意,他们之间的交流在实质上是"不受损害"的。相反,即使双方当事人在他们之间的往来函电或会谈中注明或声明"不受损害",也不必然得出结论认为这些信息交流可以受

---

① R v. K [2009] EWCA Crim. 1640.

特权的保护,法院还应根据这些信息交流的实质内容再加以决断,这事实上赋予了英国法官很大的自由裁量权以决定是否适用不受损害特权。

(3)谈判双方寻求和解的意图

如上所述,法官应根据信息交流的实质内容来判断是否适用不受损害特权。该实质内容即谈判双方寻求和解的意图,非以和解为目的而进行的交流即使注明或声明"不受损害",也不享有特权的保护。以 1991 年的 Standrin v. Yenton Minster Homes Ltd. 一案为例,一名被保险人发信给其保险人和理赔人提出赔偿请求,并在该信函上注明了"不受损害"。英国上诉法院认为,若发信人在索赔的同时表示愿意退让一步以解决双方之间的纠纷,或者对于赔付数额难以明确的纠纷提出其愿意接受的获赔金额,对于这样的信件可以主张不受损害特权。本案所涉信件的内容与和解谈判无关,该信件仅仅表达了被保险人的索赔主张而没有任何其他内容,故不受特权的保护。

不受损害特权的规定适用于任何以避免诉讼为目的而进行的和解谈判,包括调解和仲裁过程中的协商。判断一份文件是否具有和解的善意,法庭应考察作者的意图以及它是否会被一位合理的收件人接收。[①] 文件上注明"不受损害"是法庭应当考虑的一个因素,因为这表明作者把它当作一份协商性的文件,并且在多数情况下收件人也会持有对方想要进行和解的理解。不过,当不受损害特权的适用受到挑战时,法庭可以通过调查信件的内容以决定其是否在实质上不受损害。[②]

(三)除外规定

证据法上的不受损害特权存在着一些除外规定。在下列一些特定的情况下,即便当事人之间的信息交流事先声明或注明"不受损害",仍可能构成自认而在法庭上被披露出来并作为对其不利的证据加以使用:首先,如上所述,如果标明"不受损害"的资料可以用来证明当事人之间的磋商是否已经达成和解协议,则这些资料具有可采性。其次,根据英国的相关制定法,不受损害特权不能用来排除:(1)破产法令(比如当事人在往来函电中已承认无法偿还到期债务);(2)由共同承租人一方的律师向另一方的律师送交的相当于通知其终止双方共同承租关系的信件;(3)当事人在和解过程中就与争议事项无关的事实的陈述,但是在何种程度上的"无关联"应当排除特权的适用,该问题仍未有

---

①　Adrian Keane et al., *The Modern Law of Evidence*, 8th edition, Oxford University Press, 2010, p.630.

②　South Shropshire District Council v. Amos [1987] 1 All E.R. 340.

判例作出明确的回答和解释。最后,当事人之间的信息交流如果是为了准备或进一步采取犯罪或欺诈行为,或本身就是犯罪或欺诈行为的构成部分,则这些交流可以作为指控上述犯罪或欺诈行为的正当、合理的表面证据,不得对这些交流主张特权。[①]

(四)第 36 章要约

如何引导当事人在诉讼的早期阶段甚至在进入诉讼之前就现实的或潜在的争端达成和解,是沃尔夫勋爵领导的民事司法改革所关注的核心问题之一。作为改革的一项重要成果,《1998 年民事诉讼规则》在第 36 章中详细地规定了"和解要约及向法院付款"(Offers and Payment into Court),又称为"第 36 章要约"。第 36 章要约是关于当事人一方(要约方,通常为被告)在诉讼的任何阶段甚至在上诉程序中,以"和解要约"或"向法院付款"的方式向另一方(受要约方,通常为原告)提出和解要约时,界定当事人各方权利义务关系所适用的一系列规则。在该章节的规定之下,如果受要约方拒绝接受要约方的和解要约而又未能在诉讼后取得比后者提出的付款更为有利的结果时,除非法院认为会对受要约方产生不公平的结果,否则法院一般会要求受要约方承担要约方因此所产生的任何诉讼费用,其期间自受要约方应承诺而未承诺的最后之日起计算。

第 36 章要约的规定在某种程度上修正了传统的"不受损害"特权,因为一方提出的要约内容,是法院判决另一方是否承担诉讼费用的依据。不过在实践中,当事人提出和解要约或"向法院付款"之前通常有一个协商时期。在此阶段,由于案件的事实、责任争点和损害都要进行开示,相关的信息与主张也要进行交换,因此不受损害特权仍然发挥着重要的作用。直到决断受要约方是否取得了比要约方提出的付款更为有利的结果这一问题时,法院才会允许披露要约方的要约内容。或许正是考虑到这一点,有学者认为,《1998 年民事诉讼规则》第 36 章的实施并不会影响到英国普通法上关于不受损害特权的规定。[②]

[①]　齐树洁、黄斌:《不受损害特权初探》,载《政治与法律》2002 年第 3 期。

[②]　Peter Murphy,*Murphy on Evidence*,10th edition,Oxford University Press,2007,p.487.

第十三章　公共政策

一、概述

（一）公共政策的概念

公共政策（public policy）又称为公共利益准则，在 1824 年的 Richardson v. Mellish 一案中，曾被比喻为"一匹难以驾驭的烈马"（a very unruly horse）。一般而言，它是指被立法机关或法院视为与整个国家和社会根本相关的原则和标准，该原则要求将一般公共利益（general public interest）与社会福祉（good of community）纳入考虑范围，从而可使法院有理由拒绝承认当事人某些交易或其他行为的法律效力。法院有时甚至将其作为判决的正当理由，例如以合同"违反公共政策"（contrary to public policy）为由宣告某一合同无效（例如为了犯罪诉求、侵权行为或逃税而订立的合同，损害国家安全或执法的合同以及不道德的合同）。由于违反公共政策的认定标准——是否符合一般公共利益，并不依赖于证据而是依据法官的司法印象及判断，故有人抨击其所提供的是一种不确定的、危险的标准；若无先例之情形，一般也不愿加以引用。公共政策原则可以对当事人契约自由或私人交易进行限制，除在合同法中的作用外，公共政策还被用来支持婚姻神圣、宗教宽容的正当，保持政治廉正。在证据法场域内，公共政策的概念主要是对证据开示而言的，即在证据开示程序中若将发生损害国家或公用事业之危险时，则该证据将禁止公开。在英美法系学术著述中，表达相同内涵的术语除公共政策外，还有公共利益豁免（public interest immunity）、公共利益特权（public interest privilege）、政府特权（governmental privilege）、行政特权（executive privilege）等。

众所周知，为审判的公正和效率，所有相关和可采的证据都需在法庭上展示，但创设公共政策的规则却与之相悖。从总体上看这是为了维持公共利益的秘密性或确保个人的自由或特权。[1] 在某些情势下,对犯罪嫌疑人定罪的公共利益应让位于对基本公民自由保护的公共利益。[2] 从这一角度看,公共政策构成了英美证据法的一条"事实上的排除规则"(rules of exclusion facts)。这意味着随着现代政府行政行为的扩展,长久以来存在的"请公正处理,纵使天国倾覆"(fiat justitia ruat caelum)这一法谚,已逐渐被新的理念所替代,即法律不应被引入极端。然而可以肯定的是,证据特权是保护隐私的壁垒,我们可以合理地预测,法院对隐私和秘密领域的介入仍将持续。[3]

(二)公共特权(公共政策)与私人特权

在过去很长一段时间里,证据法的这部分内容被划分在"政府特权"(Crown Privilege)的规则下。直至 1942 年,Simon 勋爵在 Duncan v. Camell Laird & Co. Ltd. 一案中指出这种称法存在错误并可能引起误会,他认为在证据开示中的特权,乃至对诉讼参与人的保护可以被放弃。然而国家利益却不能被置于这种危险之中,即为了公正审判而冒着侵犯国家利益的风险提交证据。在 1973 年的 Roger v. Secretary of State for the Home Department 一案中,Simon 勋爵指出特权一词仅适用于可被弃权的诉讼请求。在 1983 年 Air Canada v. Secretary of State for Trade 一案中,Fraser 勋爵再次重申了这个观点,他认为,该规则并非指政府享有保留信息的特权,而是在特殊案件中,当保留信息的公共利益高于披露信息时,存在一种豁免。公共利益绝非属于那种可被政府或任何他方所放弃的特权。不可否认的是,公共政策与私人特权之间在概念和表征上存在某些竞合。以历史的长焦镜头来看,英国证据法中最为重要的特权有四种:(1)法律职业特权(legal professional privilege);(2)反对自证其罪特权(privilege against self-incrimination);(3)不受损害特权(without prejudice);(4)公共利益特权(public interest privilege)。上述四种特权又可大致区分为公共特权(public privilege)与私人特权(private privilege)两大类。与私人特权相区别,公共特权的独特运作主要表现在以下几个方面:

1.特权的主张者和弃权者不同。私人特权是一种人身权。因而只能由依

---

① Tracey Aquino, *Essential Evidence*, 2nd edition, 武汉大学出版社 2004 年英文影印版, p.171.

② Rupert Cross & Colin Tapper, *Cross on Evidence*, 7th edition, Butterworths, 1990, pp.411-412.

③ 肯尼斯·S.布荣:《麦考密克论证据》(第 5 版), 汤维建等译, 中国政法大学出版社 2004 年, 第 162 页。

法规定的特权享有者主张,任何其他人均无权主张,且该特权也只能由该人放弃。而公共特权则可以由任何人主张,包括诉讼当事人、非当事人的政府部门,甚至承审法官,但公共特权一般只能由英国政府放弃,并往往由有关部长作出。依 1980 年以来的判例,低级别的政府文书,即与国家安全或犯罪侦查无关的文书可由文书的作成者或收件者弃权。①

2.法官的作用不同。在私人特权案件中,一般而言,只要依法享有特权的人主张特权,法官则应不加怀疑地予以支持,仅在某些特殊情况下要求披露,如放弃特权或将促成某些犯罪或欺诈时。而在公共特权案件中,法官享有更大的自由裁量权,即法官需在披露与不披露的两种公共利益之间进行权衡。在少数情况下,特权无须法官权衡实践便可被支持,但这类当然享有公共特权的证据范围已呈现紧缩态势。②

3.第二位证据(secondary evidence)能否被采信的不同。私人特权仅依附于原始的文件或信息,因此对原件所反映的事实仍可用第二位证据加以证明。若对方能获得享有特权文件的副本或文件内容的口头证据,则其不因特权规则而被排除。同时适用于原件的特权也因实际披露或因作成副本而丧失,除非迅速请求法院作出限制使用副本的禁令。与之相反,公共特权不能用第二位证据证明,其不仅排除最直接的原始文书,该文书的副本和对其相关内容的口头证据,也排除了为恢复证人的某些记忆而对副本的使用。然而,文件所包含的信息对公众而言可以自由获取,则不能以该文件属于公共政策保护对象为由排除来自公众资源的获取信息的证明方式。这意味着,私人特权所排除的是某种证据方式,被排除的证据所能证明的事实还可用其他手段证明;而公共特权所排除的是某种事实,被排除的证据所能证明的事实通常不可用其他手段证明。

二、公共政策的历史背景和现状

大多数证据规则旨在敦促事实查明(fact-finding)的程序,并实行"真相,全部的真相并唯有真相"(the truth, the whole truth, and nothing but the

---

① 沈达明:《英美证据法》,中信出版社 1996 年版,第 86 页。
② 齐树洁主编:《英国证据法》,厦门大学出版社 2002 年版,第 626 页。

truth)这一著名的法谚。① 然而创设证据法中的公共政策特权却旨在禁止证据的披露,它被同时视为一种权利和权力(right and power)——即拒绝信息传播的权利和控制该信息的权力。② 它们排除具有相关性的证据,却是为了呼应与事实认定无关的外部政策。他们的主要目的在于保护法庭域外的特定关系和利益,这些关系和利益具有值得司法程序以牺牲证据的证明为代价换取的独特价值。③ 英国法律独一无二的动人之处在于,它运用判例将司法的功能和政策的制定巧妙地融合在一起,并不断创设新的法律制度。公共政策制度亦是如此,其源起以及后续发展极为丰富生动并在西方国家的证据法中得到了最为充分而全面的确立,该项特权几乎从未受到任何的质疑,甚至限制。④

(一)民事案件中公共政策的发展

在司法程序中禁止披露那些有损于国家或公共事业的文件,1942 年的 Duncan v. Cammell Laird & Co. Ltd. 一案对此表现得最为淋漓尽致。该案发生于 1939 年,Thetic 号潜艇在建造期间(被告依其与英国海军部所签订的合同建造)沉没并导致 99 人丧生。死者家属依据《1846 年死亡事故法》(*The Fatal Accidents Acts*),⑤以潜水艇建造疏忽为由提起诉讼。在证据开示阶段,被告依海军部的指示,拒绝提交有关船体和机器设备的合同,以及海上救助报告(salvage report)等文件,拒绝的理由是,披露上述文件将损害国家安全。考虑到当时处于战争阶段,且潜水艇携带秘密设备,法庭支持了该主张。然而上议院(House of Lords)未从当事人获取相关证据和军事秘密权衡的角度考虑,而是开创了一个新视角,主张由海军大臣(First Lord of the Admiralty)所提供的证明文书(certificate)为判断披露是否损害公共利益的结论性文

---

① John William Strong, *McCormick on Evidence*, 4th edition, West Publishing Co., 1992, p.269.

② Steven I. Friedland, *Evidence Law and Practice*, 2nd edition, Lexis Nexis, 2004, pp.768-769.

③ Ronald J.Allen, *Evidence Text*, *Problems*, *and Cases*, 4th edition, Aspen Publishers, 2006, p.787.

④ Jon R.Waltz & Roger C.Park, *Cases and Materials on Evidence*, Foundation Press, 1995, p.583.

⑤ 在英格兰普通法上,因过失或疏忽造成他人死亡的,死者亲属不享有民事请求权。但随着铁路和工业化的发展,因疏忽造成的死亡人数日增,从而促使法律作出变更,由此制定了《1846 年坎贝尔法》(*Lord Campbell'sAct*),即《1846 年死亡事故法》,此后又进行过增补。

书。这意味着,具有合法格式的证明文书对法庭有约束力,进而确立了政府部长对公共政策具有决定权的规则。①

首席大法官 Viscount Simon 随即将民事诉讼领域的公共利益豁免划分为两大类,一是依内容的主张(a contents claim);二是依种类的主张(class claim)②。依内容的主张是指对文件内容的披露将损害公共利益而不予披露,例如危害国家安全或危害外交关系。依种类的主张是指文件无论何种内容,均可不予披露,如为保护"公共事业适当运作"之利益而对某类文件不予披露。依内容的主张,法院需要审慎权衡。而依种类的主张之范围较前者更为宽泛,有些具有高度重要的公共利益,如内阁会议记录、政府部门有关政策形成的决议文件,此类文件无论何种内容均不予以披露,理由在于披露将带来或煽动一些恶意的政治批评,给公共机构的运作带来麻烦。对于那些例行报告文书是否享有公共利益豁免特权,则应由法院权衡判断。

然而,Duncan 案所确立的规则遭遇了司法界的批评,因为其可能以当事人(因不披露该文件)遭受不公正对待为代价,阻止了那些仅有极小可能损害公共利益的文件的披露。直到 1956 年,这一做法才得以逆转。在这一年,司法大臣(Lord Chancellor)宣布,公共利益豁免不再适用于某些种类的文件,例如,监狱医生针对政府医疗事故所作的医学报告,以及与刑诉被告人有关的文件。同年,上议院在 Glasgow Corpn v. Central Land Board 一案中也摒弃了其在 Duncan 案中所持的观点,主张苏格兰法院所拥有的固有权(inherent power③)可以撤销政府拒绝提交文书的决定。1964 年,上诉法院认为英国法院仍享有剩余权(residual power),④在某些案件中法院有权查阅文件并对此形成自己的意见。然而,真正改写 Duncan 案所确立规则的是 1968 年的 Conway v. Rimmer 一案。在该案中,原告为一名普通警员,其在先前诉讼(former probationary)中被指控偷窃手枪,其以恶意控告(malicious prosecu-

---

① I.H.Dennis, *The Law of Evidence*, 4ᵗʰ edition, Thomson Reuter(Legal)Limited, 2010, p.371.

② 也有学者将之译为"依等级的主张",参见[英]理查德·梅:《刑事证据》,王丽等译,法律出版社 2007 年版,第 405 页。

③ 法院的固有权限是指法院能够存在或履行其司法职能所应具有的必不可少的权限,它存在于法院所拥有的管辖权范围内,且不能通过立法予以剥夺。

④ 原指美国在政治权限分配下放给各州或各省政府之后的联邦政府或中央政府享有的剩余权力。在此是指,即使部长对文件披露享有决定权,但法院仍拥有查阅和审查的权力。

tion)为由,对前任上级提起损害赔偿之诉。诉讼期间,原告要求被告提交 5 份报告,其中 4 份为原告作为见习警员的表现报告,1 份是导致被告被控偷窃的报告。内政大臣(the Home Secretary)拒绝提供这些报告,理由是这些报告属于种类文书(classes of documents),即为提交上级的警方报告和关于犯罪侦查的报告,公开文书将有损公共利益。上议院认为部长的宣誓书(affida-vit)和证明书(certificate)均不具终局性,因为公共利益豁免乃一项由法院决定的法律问题。尽管政府反对提交文书具有极大的权威性,法院仍可要求政府对反对理由予以澄清和补充说明,并有权私下查阅文件,甚至不顾部长的反对而命令其提交文件。① 法院在决定是否应予披露文书时,应权衡以下两类公共利益,一是禁止披露文书以保护公共利益;二是披露文书以衡平司法利益。

　　1968 年的 Conway v. Rimmer 案乃是英国判例史上最具有里程碑性质的案件。它建立了法院在审判中判断公共利益的最终裁决者地位。它也同时开创了否决种类文书必得以确认公共利益豁免的先河。这种将文书划分为两类的做法在 1996 年由大法官宣告结束,并指出部长仅需关注披露将带来的损害,且只有其坚信披露会给公共利益带来实质的损害和伤害时,方可主张公共利益豁免。这种损害通常需表现为对个人人身安全、国家经济利益或外交关系有直接的或即时的威胁,或具有间接性或长期性的持续性损害结果。部长在任何情况下都需明示危害的性质,不得以内部建议或国家安全为由对损害的性质含糊其词。②

(二)刑事案件中的公共政策发展

　　在刑事诉讼中,早在 200 年前便建立了反对警方公开信息来源的规则。然与之恰恰相反的是,直到近期英国法院才对刑事诉讼中公共利益豁免规则作出较为详尽的规定。对该问题展开的第一次讨论是在 1992 年的 R v. Governor of Brixton Prison, ex p Osman 一案中。Mann 大法官指出,民事规则当然适用于刑事程序,但二者在利益权衡上有着微妙的不同,即尽管法官应在禁止披露文书以保护公共利益以及披露文书以衡平司法利益之间达成平衡,但刑事诉讼中所涉及的自由,甚至是生命的司法利益较之民事案件司法利益则显得更为重要。然而,上议院在 2004 年的 R v. H & C 一案中再次重申了刑

---

① Balfour v. Foreign and Commonwealth Office [1994] 2 All E.R. 588.

② Adrian Keane et al., *The Modern Law of Evidence*, 8th edition, Oxford University Press, 2010, p.562.

事案件中的"黄金规则"——"控诉的完全披露"(full prosecution disclosure)这一观点,即控方需披露所有文书而无论其是否有利于被告人。尽管"黄金规则"在随后作出了合理的修正,但该规则仍被视为是保护公共利益的最低限度——永远不得使公正审判陷入危境。如上所述,在刑事案件中法官有权决定相关文件是否需要披露,但法官对这一申请的初始裁决并不具有终局性,在审判中法官必须不断重新审视其裁决。这是因为在庭审中,情况或许会发生变化,以至于对被告人公正审理之需求的公共利益超过了禁止披露所保护的公共利益。① 法官在决定是否准许披露的过程中,不应局限于那些具有可采性的证据,传闻证据亦可。② 1993 年的 R v. Ward 一案则进一步主张,禁止披露文书的权利在于法院而非检察官、警察、检察长或律师。检方在未告知法院的情况下擅自扣留相关文书将违反《欧洲人权公约》第 6 条的相关规定。③ 但这一规则亦存在例外,如皇家检察署(Crown Prosecution Service,简称 CPS)在获得政府法务官(the Treasury Solicitor)的书面同意后,可自行选择向被告人披露的文书种类,而不提交法院裁决。④

三、公共政策之证据的排除范围

如上所述,1968 年的 Conway v. Rimmer 一案重申了法庭对公共利益豁免范围的控制权,但同样也为公共政策原则的概括和归纳做好了铺垫。它同时还明确了文书证据是否受保护与中央政府行为毫无关联这一观念,即便是非政府机构和代理机构(non-governmental bodies and agencies)行使公共职能,如地方当局(local authorities)、博彩委员会(the Gaming Board)、全国防止虐待儿童协会(National Society for Prevention of Cruelty to Children, NSPCC)以及律师协会(the Law Society)的行为也同样存在公共利益。⑤ 1978 年 Hailsham 勋爵在 D v.NSPCC 一案中指出,公共政策所涵盖的公共利益种类并非一个封闭的体系,它随着社会环境和立法的发展发生着紧缩或扩

---

① R v. Bower[1994] Crim L. R. 281.

② R v. Law (1996), *The Times*, 15 Aug,1996.

③ Rowe and Davis v. UK(2000) 30 EHRR 1;Dowsett v. UK [2003] Crim LR 890.

④ R v. Horseferry Road Magistrates,ex p Bennett (No. 2) [1994] 1 All E.R. 289.

⑤ Adrian Keane et al., *The Modern Law of Evidence*, 8th edition, Oxford University Press, 2010, p.567.

展的变化。在世界大战与和平时期,公共利益的定义会截然不同,例如,大战期间一封关于"今年煤炭产量"的政府内部信函也会享有豁免权。尽管如此,法院也只能在遵循先例的基础上进行谨慎的类推。目前,英国证据法上因公共利益豁免而排除的证据情形主要包括以下几个方面:(1)国家安全、外交关系和国际礼让(national security、diplomatic relations and international comity);(2)刑事侦查信息(information for the detection of crime);(3)审判披露(judicial disclosure);(4)公共事业的适当运作(the proper functioning of the public service);(5)秘密关系(confidential relationships)。

(一)国家安全、外交关系和国际礼让

对于涉及国家安全、外交关系和国际礼让的相关利益的证据资料,多数予以排除。Field 法官在 1888 年的 Hennessy v. Wright 案中对驳回证据开示所论述的观点发人深省。他指出,开示国家文件可能会将国家卷入战争并会伤害国家公职人员。[①] 在 1916 年的 Asiatic Petroleum Co. Ltd. v. Anglo-Persian Oil Co. Ltd. 一案中,被告方遵照海军部的指示,拒绝将其给代理机构的一份含有政府在一战期间波斯湾行动计划的信件提交法庭。上诉法院支持了这一做法,这并非因为该信件属于机密或官方文件,而是因为其所包含的信息一旦公开便将损害公共利益。与之类似的是,在 1942 年的 Duncan v. Cammell Laird & Co. Ltd. 一案中,被告成功拒绝了提交文书的申请。其理由是当时国家处于战争状态且该文书含有设计新式潜水艇的机密信息,一旦公开将使国外机构受益。其他诸如此类的例子还有,军事法院对公职人员行为的调查报告、殖民地总督和秘书之间的通信、驻外陆军最高司令官与政府之间的通信以及外交派遣等。

在涉及国家安全方面,部长证明文书(ministerial certificate)时至今日仍具有一定的终局性。[②] 在 1994 年的 Balfour v. Foreign and Commonwealth Office 一案中,Balfour 因被解除迪拜副领事职务而诉至劳资法庭(industrial tribunal),宣称其受到了不公正的免职并要求开示外交部所掌握的文书。由于开示含有安全和情报服务的文书可能会侵犯公共利益,外交部因此提出豁免申请。外交大臣和内政大臣同时签署了证明文书,该文书详细说明了应受

---

① Rupert Cross & Colin Tapper, *Cross on Evidence*, 7th edition, Butterworths, 1990, p.413.

② 行政证明文书指由政府官员或具有官方地位者对其所知的或其权限范围内的事实所作书面的确认或证明。

公共利益豁免的文件的性质、内容及主张豁免的理由。上诉法院支持了不予开示的决定,认为法院应当对所有形式的公共利益豁免保持警惕,一旦存在恰当的证明文件(appropriate certificate)证明国家安全有实质或潜在危险时,法院就不应行使其查阅的职权。在得出这一结论的过程中,上诉法院引用了Diplock 勋爵在 1985 年的 Council of Civil Service Unions v. Minister for the Civil Service 一案中的判决意见(dictum):"保护国家安全是执政政府的责任;为保护其利益而为之的行为,取决于享有最后决定权的人,而非法官。司法程序不适于处理所此类问题。"在英国,发出或接受来自国外主权国家的机密文件,或与国际恐怖争端有关的国家之间的机密文件,在未经相关国家同意之前,法院不得因私人诉讼而开示这些文件,因为这可能违背维护国际礼让的公共利益。争端的解决过程是一个政治问题,而绝非法院在法定权利的基础上,为达到名义上的宣判而采取的强制开示行为。①

(二)刑事侦查信息

1.一般规则

早在 18 世纪末期(1794 年的 R v. Hardy 案)就有了一条这样的法律规则,即无论在刑事或是民事诉讼中,证人不得公开警方线人(police informer)的身份或其获取信息的途径。1846 年,Pollock 爵士指出:"该规则清楚地建立在这样的基础上,即在公诉中不得向证人提出可能暴露情报人员的问题。这一规则的理论基础是推动犯罪侦查和维护公共秩序:(1)保护情报人员,如果公开了他们的身份,将使他们及其家人处于危险境地。(2)保护信息来源,如果信息来源的身份被公开,将会使信息的来源枯竭。"1978 年的 R v. Hennessy 一案确立了该规则的唯一例外,即仅在存在强烈的对抗利益——被告人能举出合理理由表明披露线人姓名将有助于证明自己无罪之时,方允许公开线人身份。这意味着,当存在这种审判不公可能性时该规定可不再适用。在法庭上,证人有不公开信息的权利,法庭也不得作出开示的命令。即使一方当事人并未援引该规则,法官仍需遵守该规则;若庭上提出旨在诱引出此类信息的问题,法官应及时制止。②

在 1890 年的 Marks v. Beyfus 一案中,原告 Marks 提起了恶意控告(malicious prosecution)致损的诉讼。在庭审中,他要求检察长作为证人出庭,并要求其提供线人姓名(以便其知悉何人向检方告密,而据此提出诉讼)。

---

① Buttes Gas & Oil Co. v. Hammer(No. 3) [1981]Q.B. 223.
② Marks v. Beyfus (1890) 25 Q.B.D.494;R v. Rankine [1986]2 All E.R. 566.

法官驳回了该请求。上诉法院支持了该决定并指出："这是由政府启动的公诉，基于公共政策的原因，其所涵盖的信息不得被披露。"Esher 勋爵则认为："这并非一条永远无法背弃的规则。倘若公开线人姓名将能证明犯人的清白……则不可判其有罪的公共政策优于另一政策。但除此之外，公共政策并非一种自由裁量权，它是一条法律原则。"

该规则既适用于口头证据也适用于审判前披露的证据。为此，总检察长公示了适用该规则的指导意见，如果某一陈述"比较敏感"，并且将之公开不利于公共利益，则控方享有拒绝其披露的自由裁量权。[①] 敏感材料是指可能危及信息提供者或其家人安全的材料。[②] 保护警察线人身份是出于一种公共利益的考量，不仅仅是为了保护其人身安全，更是为了确保获得犯罪活动的信息来源。Reid 法官在 1968 年的 Conway v. Rimmer 案中指出："警方正与罪犯展开一场无休止的战争，而今天许多罪犯都很聪明。因而不应向犯罪活动组织者暴露任何可能有价值的信息，这一点至关重要。"

2.一般规则的例外

如前所述，该规则存在的唯一例外便是开示证据能证明被告人的清白。[③] 究其原因在于，无辜者不应被判有罪的公共利益高于保护警方信息来源的公共利益。在 1990 年的 R v. Agar 案中，被告人 A 被指控藏有毒品，并意图出售。A 在到达 X 住处时，发现警察后试图逃跑并丢弃了毒品。他辩护称，警方事先在 X 处放置了毒品，并与 X 商定由其将被告人约至 X 处。在审判中，控方透露 X 正是警方的信息提供者，但法官裁决辩方不得提及此事或就警方得到信息的来源进行交叉询问。上诉法院认为此判决有误。Mustill 法官认为，尽管存在保护信息来源秘密的公共利益，但允许被告人在最大限度内作出申辩的公共利益更为重要。

尽管有人建议在存在审判不公之风险时，应当考虑披露该信息，但这却是一场运用衡平比较法则的实践。[④] 法官需审慎地查看披露信息提供者详细资料的申请，以判断被告人知悉上述细节（对辩护有着至关重要的影响）的主张

---

① Att.-Gen's Guidelines (1982) 74 Cr.App.R.302.

② Kai Ambos, Confidential Investigations (Article 54. 3. E ICC Statue) vs. Disclosure Obligations：The Lubanga Case and National Law, in *New Criminal Law Review*，2009，Vol.12.

③ Arthur Best, *Evidence：Examples and Explanations*, 7th edition, Aspen Publishers，2009，p.208.

④ Per Mann LJ in R v. Governor of Brixton Prison, ex p Osman [1992]1 All E.R. 10.

是否正当。有时,线人仅仅是信息提供者,但在某些案件中,他也可能参与了犯罪的策划、组织甚至是实施行动。即便线人参与了犯罪活动,法官仍需谨慎考虑其行为是否给被告人带来了现实或潜在的侵犯,并据此判断是否有必要作出披露线人信息的命令。[①] 为在互相冲突的公共利益之间达到平衡,法院逐渐改变了过去僵化的做法。这也是对各类公共利益近似绝对的保护政策的某种放宽。

3.与监视地点有关的规则

保护线人身份的规则已经扩展到保护警方用于监视的建筑物及其所有人、占有人方面。1986 年的 R v. Rankine 一案确立了上述规则,对线人保护的扩张的原因在于,与警方合作的证人必须受到全面的保护,以防罪犯的报复。然而,当被告人主张对上述建筑物的辨认有助于证明其无罪,则检方需提供充分的证据,以便帮助承审法官作出是否支持其保护请求的合理决定。上诉法院在 1989 年的 R v. Johnson 一案中明确了控方为"信息保护"之目的而需提供的最低证据要求:(1)负责监视的警察应证明下列事项:他事先已去过该建筑物,向房主告知该建筑物的用途、使用后将遭暴露的可能以及其他可能导致房主和建筑物被暴露等事项并确认房主的态度。此外,可能还涉及向法庭描述在被授权获准进入上述特定区域时,在获取公众支持的过程中所遭遇的困难等。(2)高级警官需证明下列事项:在即将启动审判之际,他去过上述监视地点,确认了房主身份以及其对可能导致的建筑物被暴露、自己及建筑物信息外泄等态度。

在 1989 年的 R v. Johnson 一案中,Johnson 被控贩售毒品。警方声称当时附近某处建筑物内的警察看到 Johnson 正在街道贩毒。控方认为其证人对监视地点的披露只能限定在离犯罪现场的某一最大距离之内。辩方律师则认为这为警察掩盖证据的不一致带来了可趁之机,严重妨碍了辩方试图在交叉询问中,通过询问控方证人(如从其监控的位置所能看到的街道的布局或陈设的物体树木等问题)所得到的精确描述。在陪审团离席后,警方提出了获取公众帮助的困难,并指出因为出于安全考虑,该房屋的所有人不愿意公开姓名和地址。法官据此作出警方无须披露用于监视的房屋信息的决定。尽管被告人的辩护策略在某种程度上受到限制,但并未造成不公正,正是基于此原因法官

---

① Per Lord Taylor CJ in R v. Turner [1995] 3 All E.R. 432.

驳回了其上诉申请。①

4.其他情况

在 1987 年的 R v. Brown 及 R v. Daley 一案中,上诉法院重申了 1986 年的 Rankine 一案对该规则的扩张解释是建立在保护建筑物所有人和占有人的基础上,绝非一致、完全地等同于监视地点。在 R v. Brown,R v. Daley 一案中,被告人被指控偷盗一辆停放的汽车。两名警察在一辆没有标识的警车内执勤,并声称目睹了案发的整个过程,辩方则认为警方伪造了该证据。承审法官决定批准控方保留与监视有关的信息,包括警车的颜色、材质和型号等。上诉法院推翻了该决定,认为有关警方的方法和技巧若与案件相关便具有可采性,审判法院无权认为警方所使用的方法、工具和技巧等属于公共政策。随着犯罪调查高端科技的发展,控方将可能援引公共政策,从而排除刑事侦查中某类复杂证据侦查方法在法庭的开示。但尽管如此,控方提出此类申请时,法官需审慎地确认将被排除的证据及排除原因,并需由一名高级警官的独立证明予以佐证。

在 1997 年的 Savage v. Chief Constable of Hampshire 一案中,法院批准了警方线人自愿公开其身份的请求。因为在此情况下,不存在因公开身份而危害其安全的情况。值得注意的是,尽管在某些情况下,公开身份是其个人自由,但倘若存在信息披露将可能帮助犯罪的其他参与者、暴露警方的办案方法或妨碍办案时,则仍被视为存在重要的公共利益而不得披露。

(三)审判披露

基于对诉讼效率和诉讼终局的考虑,法律对在庭审过程中参与庭审的人员能否被传唤作证一事作出了严格的限制。在诉讼活动中,当事人可能需要证明在早期诉讼中所陈述的事实。因此可获得的法院卷宗(court record)和能予以适当证明的证人证言(proper proved transcript)通常是最好的证据。原则上,任何目睹了诉讼程序的人均可被传唤出庭作证,但法律对参审人员的作证方面做了严格的限制,审判过程中所涉的文件或信息的披露也受到了一定程度的限制,主要表现在两个方面:(1)法官以及最高法院的司法官员(master of Supreme Court)不得强迫为以下事项作证:与履行司法职能有关的事项;或据此而知悉事件结果的事项。但对间接事实(collateral matter),如当庭实施的犯罪行为可不受此规则约束。若相关证据事实对诉讼当事人至

---

① Adrian Keane et al., *The Modern Law of Evidence*, 8th edition, Oxford University Press, 2010, p.571

关重要时,法官仍应提供证据而不得主张其所享有的不可强迫作证(non-compellability)特权。① (2)不得因陪审团评议室发生的事情而质疑陪审团的裁决。② 这意味着,陪审员不得对发生在评议室的事情以及不认同陪审团裁决等事项作证。这是为了确保诉讼终局性和陪审员之间不受拘束的讨论之公共利益,一旦陪审员对裁决达成了明确的默认,任何人均不得质疑其裁决的依据。

(四)公共事业的适当运作

为确保公共事业的适当运作,公共利益豁免被成功地运用在多种涉及国家利益的案件中。③ 该规则可被视为对官方信息的一种特免权,目的是保护行政官员之间的意见和建议交换,防止破坏决策过程。与之相关的理由是法院无权窥视行政官员的思维过程。④ 该规则所涉文书可分为两类:一是较高级别的政府文件(state papers:matters of high-level government policy);二是较低级别政府文件和例行报告(low-level policy communications and routine reports)。⑤ 前者可视为以保护中央政府的适当运作为目的,后者则旨在维护地方政府和其他机构适当运作。

1.中央政府的适当运作——较高级别的政府文件

较高级别的政府文件或讨论之所以受公共利益豁免规则的保护,主要有以下两点理由:一是对它们进行保密,有利于保证重要事项能够得到充分、自由和坦率的讨论;二是对于内部未决事项的保密,有利于防止政治上的干扰和阻挠。因此,强迫公开上述信息将抑制行政官员之间的意见和建议交流活动,从而对决策程序有消极影响。此外,有的观点还认为,这种豁免还有助于防止不成熟政府决策的公开,避免对公众的误导。(1)高层官员之间的信息交流。上议院在1968年的 Conway v. Rimmer 一案中,确立了由高级别政府(high-

---

① Warren v. Warren [1996] 4 All E.R. 664.

② R v. Roads [1967] 2 Q.B. 108.

③ Re Joseph Hargreaves [1900] 1 Ch 347;Anthony v. Anthony (1919) 35 TLR 559.

④ Ronald J.Allen, *Evidence Text*,*Problems*,*and Cases*,4th edition,Aspen Publishers,2006,p.892.

⑤ I.H.Dennis,*The Law of Evidence*,4th edition,Thomson Reuter(Legal)Limited,2010,pp.379-381.有论著将之区分为"High level affairs of State and national security"和"Local government and bodies with delegated authority"两大类。参见 Tracey Aquino,*Essential Evidence*,2nd edition,武汉大学出版社2004年英文影印版,p.174.

level government)决策的文件可主张公共利益豁免这一规则。这类级别文件包括：内阁会议记录、部长级和高级公职人员就国家政策问题进行的部门间交流、外交部发文、国家安全、海陆空的军事通信和文件等。① Reid 勋爵也认为类似于内阁会议记录的文件无论其内容，都不应予以披露。其中最主要的原因在于，披露这类文件将引发或煽动一些恶意的政治批评，其中不乏别有用心的攻击，这将给政府工作平添麻烦。(2)刑事方面。警察之间的内部交流在特定情况下，也可适用"适当运作"的公共利益豁免原则(尽管其并非政府机构，但却执行重要的政府职能)。鉴于内部交流可能涉及刑事侦查的内容，因此公共利益豁免所涉及的文件和信息限制在搜查令(search warrant)的范围内，诸如有关警方政策内容或职能运作的文件、负责调查的警察的调查报告或工作文书等内部调查文件。② 此外，警方交由检察长(Director of Public Prosecutions，简称 DPP)的报告，③(无论刑事诉讼是否完结或胜败)也享受豁免特权。④ 为确保刑事审判程序的正常运作，警方和控方之间为咨询法律意见而产生的信息交流享有不予披露的自由。这主要是为了保护这些文件在之后的民事诉讼中不被查阅、分析和调查，同时也是为了保护双方的跨国交流，防止泄露对罪犯有利的信息，推动不同管辖权机构之间的充分合作。⑤

2. 地方政府和其他机构的适当运作——较低级别政府文件和例行报告

随着国家对私领域的放权，中央政府的许多职能转移至地方政府和其他法定机构，如地方当局、博彩委员会、全国防止虐待儿童协会以及律师协会等。由于对相关文件的披露亦会损害到这些组织和机构职能的良好运作，因此同样适用该规则。在 1973 年的 R v. Lewes Justice, ex p Home Secretary 一案中，原告向博彩委员会申请从事博彩活动的资格证，博彩委员会在履行法定职责的过程中向警方发出调查原告的适格性的请求，警方在回信中提供了对原告不利的意见，博彩委员会据此驳回了原告的申请。原告遂以诽谤为由对警方提起了诉讼，并要求公开警方回信。基于博彩委员在控制社会犯罪方面所发挥的重要作用，上议院拒绝了这一申请。Reid 勋爵认为，不应对"公共事

① Burmah Oil Co. Ltd. v. Bank of England〔1980〕A.C. 1090.

② Taylor v. Anderton (1986)，*The Times*，21 Oct.，1986.

③ 检察长即刑事起诉处(Crown Prosecution Service)的负责人，负责提起所有的公诉案件，由总检察长(Attorney-general)根据《1985 年犯罪起诉法》任命。地方检察官在对某些指定的严重犯罪提起公诉前须取得检察长的同意。

④ Evan v. Chief Constable of Surrey〔1989〕2 All E.R. 594.

⑤ R v. Horseferry，Road Magistrates，ex p Bennett(No. 2) 〔1994〕1 All E.R. 289.

业"一词作狭隘的理解,本案的关键在于,拒绝公开此类文件是否有利于委员会充分行使其法定职责。类似的情形还出现在 1978 年的 D v. NSPCC 一案中,上议院确认了该规则对中央政府以下的机构组织的适用。NSPCC 是王室授权组建的一个志愿组织,它有权依《1996 年儿童和青少年法》的有关规定,在青少年法庭提起有关青少年犯罪的诉讼。NSPCC 接收公众举报儿童受虐信息并承诺对举报人身份保密。在该案中,有人举报原告女儿可能遭受了虐待,经 NSPCC 调查,证实为虚假举报。原告以 NSPCC 过失为由提起损害赔偿之诉,并要求披露该信息提供者身份。上议院认为,对披露信息提供者身份的豁免应延伸适用于向 NSPCC 提供举报信息之人。Diplock 法官认为,不应将反对披露的公共利益局限在中央政府的有效运作上,且公共利益的范畴是一个开放的概念:机密本身就是一种公共利益。[①] Edmund-Davis 勋爵也认为,当存在某种机密关系,且其文件的披露将损害包括公共利益在内的某种道德或社会价值时,法庭如果在权衡后认为排除某相关证据可更好地服务于公共利益,则可运用自由裁量权支持拒绝披露该证据。[②]

(五)秘密关系

有许多重要的关系建立在尊重秘密的前提之上,例如医生与患者、记者与消息提供者、牧师与忏悔者的关系等。值得注意的是,秘密(confidentiality)不等于特权(privilege)。因此,律师与客户之间的交流享有特权,而医生与患者之间的通信并不享有特权,但后者为秘密是毋庸置疑的。而法院对于秘密文件是否会下令披露,则取决于"公共利益"。

在私人特权领域,秘密关系中所涉及的文件或信息可作为享有私人特权的独立依据,受制于私人特权的通常规则。但在公共特权领域,Cross 勋爵在 1974 年的 Alfred Crompton Amusement Machines Ltd. v. Customs and Excise Comrs 一案中指出:"秘密不是另一种特权,但却是法院在考量公共利益特权时的一个重要因素。"这意味着,尽管秘密性在公共利益豁免中常作为必要条件,但绝非充分条件。当事人不得仅以"秘密"而主张证据披露的豁免,法官需行使自由裁量权,在基于对职业秘密的尊重而不予证据披露与实现司法公正而予以披露这两种公共利益之间进行权衡。1980 年的 Science Research Council v. Nassé 一案则保留了法院对秘密文件披露申请中的主导权力,这对

---

① I. H. Dennis, *The Law of Evidence*, 4th edition, Sweet & Maxwell, 2010, p.384.

② [英]理查德·梅:《刑事证据》,王丽等译,法律出版社 2007 年版,第 405 页。

案件的公正处理尤为重要,所谓公正处理包括节约成本和处理案件达到比例平衡。Wilberforce 勋爵在 1981 年的 British Steel Corporation v. Granada Television 一案中指出,法院有尊重秘密的潜在意愿,无论是医生与患者,神父与忏悔者,或银行与储户还是任何其他秘密关系。然而在所有的案件下,法院都需判断保护该秘密的公共利益的重要性是否远远超过法律所重视的其他利益。丹宁勋爵在 1963 年的 A-G v. Mulholland 一案中也对此持有相同观点,即法院应尽可能地尊重秘密关系,并在不违反保密的道德和社会义务的前提下,保护有关人士在职业中获得的秘密,在审理案件时引导其回答相关的、合理的且必要的问题。法官作为公众利益的代表,他被赋予了衡平两类冲突利益的权力——即他们一只手保护建立在职业秘密基础上的公共利益;另一只手致力于实现司法正义这一公共利益的最大化。在 1991 年的 Re Barlow Clowes Gilt Managers Ltd. 一案中,公司清算人从第三方获取的信息并通过明示或默示的方式保证这些信息仅用于清算目的,没有义务提供给公司董事,以协助他们为刑事指控辩护。因为一旦披露上述证据将带来一种普遍危险,即相关专业人士不再会在自愿的基础上与清算人合作,这将危害到自愿清算程序的有效运作。[①] 这种情况在 1992 年的 Price Waterhouse v. BCCI Holding SA 案中有所阐述。[②] 该案件涉及著名的 BCCI 银行倒闭,调查小组要求 BCCI 以前的会计师交出所有的报告以便调查、收集银行倒闭的原因。该会计师出于谨慎,向法院寻求是否应予提交报告的指引,因为其承担对 BCCI 保守秘密的责任。法院在平衡保护该机密(出于公共利益考虑,这样方能让专业人士在客户的信任下操作)与调查小组要求的重要性之间,认为后者关系到千千万万小储户的利益,具有更大的公众利益,因此下令可以披露。

四、公共政策之程序问题

公共政策的程序问题是适用公共政策排除证据的过程中所须解决的有关

---

① 但若信息属于刑事诉讼程序中传唤证人(witness summon)的"关键性证据"(material evidence)时,法庭需权衡是否披露证据的两种相竞的利益。在一些较重的刑事指控下,可能导致证据披露。R v. Clowes [1992] 3 All E.R. 440.

② 转引自杨良宜、杨大明:《国际商务游戏规则:英美证据法》,法律出版社 2003 年版,第 195 页。

程序上的特殊问题。包括反对(taking the objection),弃权(waiver),开示、提交和查阅(disclosure,production,and inspection),部分披露(partial disclosure)。它与公共政策之证据排除范围和证据排除规则共同构成了公共政策制度的内容。

(一)反对

在民事案件中,基于公共利益豁免而提出免于披露的申请通常发生在开示阶段。根据《1998年民事诉讼规则》第31.19条的规定,开示书证将损害公共利益的,有关主体(诉讼当事人或收到披露申请的非当事人)均可申请法院禁止对某一书证的开示,且有关申请无须向对方当事人送达。法院可以要求申请禁止开示或查阅书证的人向法院提交书证,以及要求任何人对此作出说明,而无论其是否为当事人。当一方当事人为政府部门时,亦需提交上述申请。在其他情况下,申请也可由因主动占有或其他相关部门要求(被动)占有文件的当事人提出。[①] 如果确有必要,部门领导或总检察长亦可禁止书证的开示。禁止披露的申请通常需要由相关部长或部门领导签署的宣誓书(affidavit),在部长禁止披露的情况下,只需一份由其签署的证明书(certificate)即可。无论是宣誓书或证明书,都应对文件予以鉴别,并尽可能地详细说明反对披露的理由。在任何情况下,法官都应抓住以下重点,即一旦涉及公共利益保护的必要,则必须确认对公共利益保护而非当事人的利益。[②]

在刑事诉讼中,以1993年的Ward案为例,上诉法院认为,如果控方需对有利于辩方的文件提出公共利益豁免,则他们依法负有通知辩方的义务。然而有人认为,Ward案要求将一切申请毫无保留与例外地告知辩方有失公允,应存在一种例外。此时,则适用控方作出单方申请(an ex parte application)。正如Taylor法官所指出的,如果不这么做,那么控方将被迫在遵循通常的两造程序和拒绝指控一项严重犯罪之间作出选择。上诉法院在1993年R v. Davis案中制定了提出公共利益豁免申请的适当程序,该程序可概括为以下几点:[③]

1.当控方基于公共利益豁免而申请禁止披露某文书时,应通知辩方并告

---

① Burmah Oil Co. Ltd. v. Bank of England [1980] A.C. 1090.

② Viscount Simon LC in Duncan v. Cammell Laird & Co. Ltd. [1942] A.C. 624.

③ Kai Ambos,Confidential Investigations (Article 54.3.E ICC Statue) vs. Disclosure Obligations:The Lubanga Case and National Law,in *New Criminal Law Review*,2009,Vol.12.

知文书的类别,给予辩方听取其申请的权利和向法庭陈述的机会。该程序使辩方得以向法庭指出披露该文件的原因及重要性。

2.若将披露的文件的类别与公共利益相冲突,则控方需通知辩方其将提出禁止披露申请,但可不透露材料类别,即申请应以单方申请方式提出。如果法官在聆听该申请时,认为辩方应被告知文件类别并得到提出意见的机会,则可裁定进行两造听审。但在1994年的R v. Keane案中,Taylor法官强调,由于单方申请有悖于司法公开原则,因此法庭批准此类申请仅限于以公共利益为目的。①

3.法官负有研究、审核文件的义务并听取解释。此外,法官还应作出裁决,该裁决应记录备案并可被任何上诉引用。辩方不得随意作出单方申请。法院在控方的邀请下查看该材料并形成自己的观点。在案件审理期间,需保持审慎并在必要时重新审视其裁定。②

(二)弃权

公共利益豁免能否被放弃取决于不同的因素,包括:提出申请的时间(在法庭裁决前或之后)、是否存在豁免申请、作出弃权决定的主体是相关政府大臣(Secretary of State)或普通当事人或争议文件的制作者和接受者、文件的性质以及泄密程度等。人们通常说公共特权不能放弃。这一观点在1973年的R v.Lewes Justice, ex p Home Secretary一案中得到了Simon勋爵的肯定,在该案中否定了过去"政府特权"一词,主张公共利益豁免乃当事人的义务,无论是否对其不利。这一原则在1992年的Makanjuola v. Metropolitan Police Comr一案中也得到了上诉法院Bingham法官的肯定:一方当事人主张公共利益豁免并非主张一项权利,乃是遵循一项义务。根据权利可放弃而义务不得放弃之法则,豁免特权不可放弃。然而,这两则法官意见均未得到普遍适用。Woolf勋爵认为,就文件内容而言,公共政策的规则不能用来阻止政府部门披露其认为适合披露的文件;同样的,在文件种类上,法院也不应反对政府已作出的赞成披露的决定。

对于非政府部门的普通诉讼当事人所主张的弃权,若其拥有的文件属于法院确认的适用种类豁免申请(class immunity applies)的类别,法院可以禁止披露。但如果该当事人咨询了总检察长或其他相关部长并签署同意披露决定书,法院应尊重其意见。这并非绝对,若法院对此存有疑虑,则决定权仍保

---

① [英]理查德·梅:《刑事证据》,王丽等译,法律出版社2007年版,第408~409页。

② R v. Turner〔1995〕3 All E.R. 432.

留在法院手里。对于秘密文件的制作者和接受者所主张的弃权,至今未有定论。丹宁勋爵通过法官附带意见书在 1981 年的 Neilson v. Laugharne 案中作出了以下划分:(1)属于较高级别(higher category)的文件,包括所有其披露将损害国家安全、外交关系或刑事侦查因而应高度保密的文件,豁免特权不得放弃。(2)属于较低级别的文件,包括为了下属能在报告中开诚布公地畅所欲言或是其他正当原因而保密的文件,豁免特权可被放弃。

法院认为,公共利益豁免特权一般不得放弃,但若涉及秘密文件的提供者和接受者同意披露该文件,则可视为主动弃权。Knox 法官曾形象地描述道:"倘若一只猫四条腿都跑到袋子外了,那么揪住它的尾巴还有何意义呢?"[①]在 1992 年的 R v. Governor of Brixton Prison, ex p Osman 一案中,原受公共利益豁免保护的文件已在先前的人身保护令(habeas corpus)申请中被披露。尽管并未在法庭上公开宣读,但已形成了向公众公布的事实,因而有观点认为,先前披露(prior disclosure)的文件须在以下事项中予以进一步考虑,即若向全社会公开,则不得主张公共利益豁免;若仅为较小程度的公开,则豁免特权不受影响。此外也有观点认为,当事人自愿对某秘密文件的重要部分(substantial part)的披露将导致对该文件剩余部分弃权的推定。[②]

(三)开示、提交和查阅

证据开示的功能在于收集固定证据、确认争点和展示事实。[③] 证据开示包括两个阶段:对相关文件予以披露和提交该文件以供查阅。在提出公共利益豁免申请前,所有书证依民事诉讼规则均应予以开示。根据《1998 年民事诉讼规则》第 31.6 条的规定,标准开示仅要求当事人开示如下书证:(1)当事人所依赖的书证;(2)从反面影响到当事人案件或他方当事人案件的书证;(3)支持他方当事人案件的书证;(4)有关诉讼指引要求当事人开示的书证。此外,法庭作出免除或限制(dispense with or limit)标准开示的命令,或根据《1998 年民事诉讼规则》第 31.12 条作出特定开示或特定查阅的命令时,都必须秉承公正处理案件的理念,包括节约成本和确保案件得到迅速和公正处理等。

若需开示的证据超越了上述范畴,并同时提起了公共利益豁免申请,则法

---

① 其所指的猫还有另一层隐喻,即泄密的意思(The cat is already out of the bag)。

② David P. Lenoard & Victor J. Gold, *Evidence: A Structured Approach*, 2nd edition, Aspen Publishers, 2007, p.567.

③ 齐树洁主编:《民事审前程序》,厦门大学出版社 2009 年版,第 130 页。

院需首先确认公共利益豁免的类别与先决判决所确认的公共利益是否类似。同时法官还须对禁止开示证据方所提出损害公共利益的理由予以评估。在某些案件中,法官可以通过对文件的描述和诉讼的性质来判断公共利益豁免申请是有据可依还是无稽之谈。但在另一些案件中,法官可能需要获取文件内容的更多细节方可作出评估判断。与此同时,反对司法查阅的呼声亦此起彼伏。在 1942 年的 Duncan v. Cammell Laird & Co. Ltd. 一案中,上议院认为法官和一方当事人的秘密谈话是一场彻底的错误。人们普遍认为,法官查看那些原本不被允许查看的文件是对当事人的侵害。[①] Wilberforce 勋爵指出,其一,法官不应轻易地对相关部长就不予披露的公共利益的性质和内容等进行发问;其二,在缺乏充分辩论的情况下,查阅极其浪费时间,因此他并不主张法官查阅文件。然而上议院的其他人则主张,一旦表明文件可能包含对请求方充分有利的内容时,查阅便是正当的。[②] 在 1983 年的 Air Canada v. Secretary of State for Trade 一案中,Fraser 勋爵认为,除非法院认为查阅可以满足作出进一步提交证据之命令的需要,否则不应查阅相关文件。

在此基础上,只在请求方已表明"该文件极有可能包含能支持己方主张的重要内容,且一旦失去该文件则其将被剥夺提交证据的途径之时",法官方得以进行查阅。这意味着,法官只在有明确的依据(definite ground)能找到对案件有至关重要的影响性证据时方可进行查阅,而禁止在极小可能发现有用信息的情况下对文书进行"窥看"(take a peep)。这主要是因为法官的职责在于冷眼旁观双方当事人的公平竞争,他既无权利也无义务超越其职权范围,独自一人裁断真相,这也是证据开示的普适性规则和英国审判对抗体系所造就的。Templeman 和 Scarman 勋爵则认为,证据开示的功能不仅在于向另一方当事人提供证据,也在于展示己方的力量进而鼓励和解和节约费用。换言之,如果书证的开示可能在实质上帮助诉讼程序中的任何一方,那么法官应予以查阅。此外为防止当事人遭受"远距离求证"(fishing expedition,直译为钓鱼式调

---

① Per Lord Denning MR in Neilson v. Laugharne [1981] Q.B. 736.
② Burmah Oil Co. Ltd. v. Bank of England [1980] A.C. 1090.

查)的侵害,①一旦有迹象表明文件所包含的内容亦可以从其他来源处获得,则文件应不予查阅。同理,当提出初步的公共利益豁免申请时,除非已形成书证披露的先例,否则法官有权拒绝查阅书证。若有部长证明书(ministerial certificate)证明有现实或潜在危害国家安全的危险时,法官不应行使其查阅的权力。②

值得注意的是,为了尽可能防止公共特权主张被错误地否决,反对书证披露的当事人可以在提交文件前对法官的裁决提起上诉。这种可上诉权的重要性同样体现在法官查阅书证之前。例如在 1983 年的 Air Canada v. Secretary of State for Trade 一案中,承审法官 Bingham 暂时倾向于作出提交文件的命令,但最终决定先予以查阅,并让该命令处于可上诉的未决状态。

(四)部分开示

法院可能作出禁止披露姓名、敏感或不相关资料的命令以代替根据公共利益豁免特权提出禁止披露(全部文件)的申请。这在受公共利益豁免保护的资料③和受秘密关系保护的资料问题上都得到了认可。Woolf 勋爵在 1994 年的 R v. Chief Constable of the West Midlands Police, ex p Wiley 一案中指出,一般而言公共特权是用来禁止对相关文件或其内容的披露,而不是用来反对从该文件中获取知识的使用。如果拥有免予开示文件之当事人的法律顾问知悉该文件的内容,则应慎重权衡其所负有的义务,即协助法院和他方当事人减轻不予开示书证所引起的不利益。因此,法律顾问可在不提交书证实物的情况下,开示某些必要信息或开示书证部分内容或在限制开示的基础上进行书证开示。当事人与法律顾问之间的合作应当尽量避免不公正审判的风险。

---

① 远距离求证指利用法庭审讯获取超出案件合理范围的信息,如仅为寻找证据和证人而请求法庭命令对方当事人提供书籍、文件、著作等做法,参见 Grossman (1981)73 Cr. App. 302. 也有论著将之称为"审前调查(盘问)",指一种利用法庭审讯获取超出案件合理范围的信息的法律程序,其主要目的在于询问对方或查询其财产、账册、文件和记录。参见:[美]诺曼·M.嘉兰、吉尔伯特·B.斯达克:《执法人员刑事证据教程》,但彦铮等译,中国检察出版社 2006 年版,第 386 页。

② Balfour v. Foreign and Commonwealth Office [1994] 2 All E.R. 588.

③ Conway v. Rimmer [1968] A.C. 910.

第十四章　先前判决

一、概述

判决是法院对其所审案件涉及的事实和法律问题作出的体现为判决书的结论。① 在普通法中,判决一经生效即具有一定的法律效力:根据既决事项不再理原则,当事人不得就同一问题再次起诉,法院亦不得再次审理;根据遵循先例原则,针对法律问题的先例判决对法院之后处理同类案件具有约束力,下级法院或某些同级法院在处理类似案件时有义务遵循先例判决。② 除此之外,法庭在先前案件中作出的已生效判决在后诉中还可能作为证据使用,具备一定的证据价值。这种作为证据使用的有效判决即是本章所要讨论的先前判决(previous judgement)。对于先前判决的证据属性和证据价值问题,英国学界存在不同的观点:由于判决在本质上是由法官作出的,体现的是裁判者的意见,因此有学者认为先前判决应被看作意见证据,即在后诉中具有意见证据的证据价值。此外,也有学者认为,既然先前判决是未经质证和辩论的证据,那么先前判决就应作为传闻证据,具备传闻证据的证据价值。③ 从实际情况来看,在考察先前判决的证据效力时应按以下三种情形分别予以讨论:

第一,先前判决能否用以证明其自身的存在、内容及法律效力? 具有合法管辖权的法院作出的判决是一项真实可信的公共记录,因此在普通法中,无论后诉中的主体与前诉是否相同,所有先前的判决都可以在后诉中作为证据证明判决本身的存在、内容及法律效果。也就是说,"当某一判决所影响事项的

---

①　在诉讼实践中,判决(judgement)包括衡平法院判决(decree)与可以上诉的命令和决定(order),在刑事诉讼中,"sentence"与"judgement"同义。参见薛波主编:《元照英美法词典》,法律出版社 2003 年版,第 745 页。

②　齐树洁主编:《英国民事司法改革》,北京大学出版社 2004 年版,第 124 页。

③　Peter Murphy, *Murphy on Evidence*, 7th edition, Blackstone Press Limited, 2000, p.348.

法律状态在后来的诉讼中又被审理或与后来诉讼中某一争议事项相关时,该判决对此事项的法律状态是结论性的,可以对抗任何人"。① 例如,在 1808 年的 Purcell v. Namara 一案中,原告起诉被告恶意诽谤。诉讼过程中,审案法官便认为先前诉讼中原告的无罪判决可作为结论性的证据,用以证明被告曾起诉原告以及原告已被法庭宣告无罪。在 1972 年的 Green v. New River Co. 一案中,被告新河公司的一名雇员因工作时的过失行为造成了原告的损害,原告遂起诉新河公司要求损害赔偿。法院作出了要求新河公司承担雇主责任而进行损害赔偿的判决。其后,新河公司起诉那位雇员进行追偿。法院认为,先前判决虽不能用来证明雇员存在多大程度的过失,但却是证明新河公司支付了多少赔偿数额的决定性证据。在成文法上,《1968 年民事证据法》(*Civil Evidence Act* 1968)确认了普通法中的上述做法。该法第 9 条第 2 款规定:"任何民事诉讼的记录(如法院记录、协议、土地权证、赦免令、授权委托书)均可作为证明记录中所载事实的证据。"其后,《1995 年民事证据法》(*Civil Evidence Act* 1995)第 7 条第 2 款再次确认了《1968 年民事证据法》的上述规定,即在民事诉讼中,法院判决等记录在证明其内容本身时可以作为证据使用。② 由此可见,英国法中已明确认为先前判决在后诉中可以作为证据,用以证明判决自身的存在、内容及法律效力。

第二,前后诉主体相同时,③先前判决能否用以证明其本身所依据事实的真实性? 对于这一问题的解答应综合考虑多种因素。可以想见,若允许法庭在后诉中对先前已由法庭审理并判决认定的某一事项再次进行审理,那么诉讼将变得无休无止,许多毫无意义、无理纠缠的请求将不断诉至法院,也就违背了"一事不再理"的法律箴言。因此,当前后诉之主体相同时,先前判决可以作为其所依据事实的结论性证据。此时,援引先前判决应满足以下条件:(1)判决的终局性。判决必须已对讼争事项作出完整、全面并且确定的裁判,而非临时性的裁定。(2)当事人的一致性。后诉当事人须与先前诉讼中的当事人身份相同。(3)事项的一致性。先前诉讼中的争议事项必须与后诉中的

---

① 齐树洁主编:《英国证据法》,厦门大学出版社 2002 年版,第 658 页。

② 何家弘、张卫平主编:《外国证据法选译(增补卷)》,人民法院出版社 2002 年版,第 360 页。

③ 本章中前后诉主体仅指代前后诉中的当事人及利害关系人。其中,当事人概念作广义使用,包括了刑事诉讼中的控辩双方。利害关系人是指与先前诉讼当事人共享争议标的利益,或从一方当事人处取得权利的人,如房产纠纷中的出租人与承租人,家事纠纷中的继承人与被继承人、立遗嘱人与遗嘱执行人等等。

争议事项具有同一性。此外,对于先前判决可采性的考察亦离不开对禁反言规则的解释,尤其是与先前判决相关的记录禁反言规则(estoppel per rem judicatam)。① 该规则的主要作用就是禁止任何一方当事人及其利害关系人以相同的身份在后一诉讼中对判决确定的事项再起争议,禁止当事人援引与既判事实不一致的证据。② 随着诉讼实践的发展,记录禁反言规则已发展为一项十分复杂的规则。有关该规则的具体内容本书有专章介绍,此不赘述。

第三,前后诉主体不同时,先前判决能否用以证明其本身所依据事实的真实性?当后诉中的当事人至少有一方不同于前诉当事人时,禁反言规则不再适用,此时,先前判决能否在后诉中作为证明判决本身所依据事实的证据?这一问题虽较为抽象,但却有着实际意义。举例而言,若甲因强奸乙而被法院判决认定犯有强奸罪,其后,丙作为甲的从犯而被起诉,那么此时甲的有罪判决能否作为指控丙犯有强奸罪的证据?相反,如果法院判决甲无罪,那么在后续诉讼中丙能否依赖法院对甲作出的无罪判决而主张自己无罪?还有可能发生的情况是,案发后记者丁在一篇新闻报道中将甲描述为强奸犯,甲在被判决无罪后随即起诉丁诽谤,那么甲能否将其无罪判决作为起诉丁诽谤的主要证据?对于上述问题,英国普通法与成文法给出的答案并不一致。因此,下文将着重考察前后诉主体不同时先前判决的证据效力。

二、普通法中先前判决的可采性

在 1943 年前,普通法中曾出现将先前判决作为证据的案例。在 1911 年的 Re Crippen 案中,③甲因谋杀妻子乙而被处以死刑。根据甲生前所立遗嘱,遗嘱执行人试图着手管理乙的那部分遗产。这一过程中,乙的近亲属丙向法院提起异议之诉。丙认为从公平和正义的角度出发,甲的遗产不应包括他从犯罪行为中获得的财产,即不应包括乙的财产,并出具了甲先前的有罪判决作为主要证据。该案争议的焦点之一:先前甲的刑事判决能否在本案诉讼中作

---

① Adrian Keane et al., *The Modern Law of Evidence*, 8th edition, Oxford University Press, 2010, p.638.

② Peter Murphy, *Murphy on Evidence*, 7th edition, Blackstone Press Limited, 2000, pp.351-352.

③ Re Crippen [1911] p.108.

为证据,用以证明被告人已实施的犯罪行为。最终,法院判决认为,在因犯罪结果而引发的权利争议方面,有罪判决可以采纳为证明被告人已实施该罪行的表面证据。① 在 1925 年的 Partington v. Partington and Atkinson 一案中,一名妻子以其丈夫通奸为由向法院起诉要求离婚,并向法院提出了一份被告人犯有通奸罪的先前判决作为主要证据。法院认为,被告人犯有通奸罪的先前判决具有可采性,可作为表面证据证明被告人存在通奸行为。然而,上述案例均未能在普通法中形成先前判决的可采性规则。

(一)民事诉讼中霍林顿规则的确立

1943 年的 Hollington v. F. Hewthorn & Co. Ltd. 案(以下简称 Hollington 案)真正在普通法中确立了先前判决的可采性规则。该案中,原告起诉被告要求民事赔偿,因为此前被告公司雇员驾驶的汽车与原告之子驾驶的汽车发生了严重的交通事故,导致原告之子不幸遇难。经调查,事故发生的原因是被告雇员疏忽驾驶,这名雇员也已被法院判处疏忽驾驶罪。在本案诉讼过程中,原告试图将该雇员犯有疏忽驾驶罪的有罪判决作为主要证据,以证明被告雇员的过错,继而要求被告进行民事赔偿。初审法院采信了这份先前有罪判决,并支持了原告的诉讼请求。被告不服判决并提起上诉,上诉法院经审理后认为,被告雇员的有罪判决在本案中不具有可采性,因为该有罪判决只能证明刑事法院认为被告人犯有疏忽驾驶罪,而刑事法院的意见与民事诉讼无关。同时,民事法庭对在刑事法庭上出示过的证据及对证据的质证情况毫不知情,由此将导致法院很难去探究证据的真实性。其中,上诉法院戈达德(Goddard)法官特别强调:"先前判决与当前诉讼中某一争议事项并不具有关联性。有罪判决仅仅表明被告雇员被宣判在某天曾有那样的驾驶行为,仅可证明另一法庭认为被告雇员犯有疏忽驾驶罪。简言之,A 所获得的针对 B 的判决不应作为对抗 C 的证据,因为任何人在未被允许对此提出抗辩、询问证人或对他认为是错误的判决提起上诉的情况下都不应受该判决的约束,否则就是不公正的。法庭基于已发现的事实作出的判决一般不可使用于不利于案

---

① 表面证据(prima facie evidence)是指表面上充分有效的证据,其在法律上足以证明当事人的诉讼请求或答辩所依据的事实。但对方当事人可以提出反证加以反驳,在此情况下审判人员应当对各种证据加以比较和权衡。参见薛波主编:《元照英美法词典》,法律出版社 2003 年版,第 1088 页。

外第三人的场合"。① 虽然该案的判决引发了巨大争议,②但不可否认的是,该案在民事诉讼中确立了先前刑事判决的可采性规则——霍林顿规则,该规则最初的含义是:在民事诉讼中,如果当事人并非前诉当事人或利害关系人时,先前刑事诉讼中的有罪判决在后诉中不具有可采性,不能用以证明先前判决本身依据事实的真实性。自 Hollington 案之后,"在普通法中,先前判决不应被采纳为证据用以证明判决本身所依据事实的规则逐渐成为一项一般规则"。③

(二)霍林顿规则效力的扩展

霍林顿规则虽源于民事诉讼,但却影响广泛,并逐步被适用于刑事诉讼中。在 1982 年的 R v. Spinks 一案中,被告人因帮助某甲藏匿犯罪刀具而受到起诉。在该案开庭之前,某甲已被法院判决认定犯有故意重伤他人罪。而在后诉对被告人的审理过程中,上诉法院最终认为:"刑事法庭不应将某甲犯有故意重伤他人罪的有罪判决作为证据,以期在本案中证明某甲犯有可受逮捕的伤害罪。"④基于此,上诉法院推翻了初审法院的有罪判决。自该案后,霍林顿规则同样适用于刑事诉讼中,先前有罪判决在其后的刑事诉讼中亦不能作为证据证明该人犯有此罪。⑤ 另须说明的是,通常情况下,先前无罪判决在后诉中同样不具有可采性。在 1992 年的 Hui Chi-ming v. R 一案中,法院认为:"前案的无罪判决在后诉中一般不具有可采性,主要是因为后诉裁判者无法获知前诉陪审团裁决无罪的理由。即使无罪判决并非陪审团的决定,而是审案法官的判断,上述规则仍然适用。"⑥同时,无罪判决也不能证明控方证人陈述不实。"陪审团裁决无罪,并不意味着一个对于控方重要的并且是唯一的证人是个骗子"。⑦

与此同时,先前民事判决同样适用霍林顿规则,即当前后诉主体不同时,

---

① Lord Templeman & Rosamund Reay, *Evidence*, 2nd edition, Old Bailey Press, 1999, p.333.

② 在 1980 年的 Mclkenny v. Chief Constable of West Midlands 一案中,丹宁勋爵(Lord Denning)尖锐地指出:"Hollington 案的判决是不慎所致,是错误的。"

③ Tracy Aquinoa, *Essential Evidence*, 武汉大学出版社 2004 年英文影印版,第165 页。

④ R v. Spinks [1982] KB 587.

⑤ [英]理查德·梅:《刑事证据》,王丽等译,法律出版社 2002 年版,第 101 页。

⑥ Hui Chi-Ming v. Reginam [1992] 94 Cr. App. R. 236.

⑦ See Lawton L.J. in Thorne v. R [1978] 66 Cr. App. R. 48.

先前民事诉讼中的判决在其后的民事诉讼中亦不具有可采性。① 在 2003 年的 Secretary of State for Trade and Industry v. Bairstow 一案中,英国贸易和工业部根据《1986 年公司董事资格法》(*Company Directors Disqualification Act* 1986)第 8 条的规定对被告提起诉讼,认为被告没有任职资格。在本案之前,被告已被原告所属公司解雇,为此,被告曾起诉该公司要求对其错误的解雇进行赔偿。经审理,尼尔森(Nelson)法官判决驳回了被告的请求。初审法院在审理中采纳了尼尔森法官的先前判决,并支持了原告的诉求。被告认为先前民事判决在本案中不具有可采性,遂提起上诉。上诉法院审理后认为,霍林顿规则并不局限于先前的刑事判决,而应同样适用于先前的民事判决,故最终支持了被告的上诉请求。②

受霍林顿规则影响,普通法中还出现了先前仲裁裁决在后诉中不能作为证据使用的案例。在 1993 年的 Land Securities plc v. Westminster City Council 一案中,争议的焦点是一份先前的仲裁裁决能否在案中作为证据证明相关的市场份额。霍夫曼(Hoffmann)法官最终排除了这一先前裁决。他认为:"先前的仲裁裁决仅能代表仲裁员个人的意见,裁决认定的事实是仲裁员根据证据材料作出的推断,也就是说,在仲裁裁决中认定的事实并不一定是真实的事实。在本案当事人与仲裁当事人并不相同的情况下,先前的仲裁裁决不能用作证明市场份额的证据。"③

(三)对霍林顿规则的质疑

随着普通法中的霍林顿规则的确立和适用,实践中针对该规则的质疑和批评也越来越多。在法律改革委员会(the Law Reform Committee)看来,即便是在程序正义理念深入人心的英国,霍林顿规则仍令民众感到难以接受,因为刑事案件中排除合理怀疑的证明标准明显要比民事案件中盖然性优势的证明标准高得多,而霍林顿规则却要求后诉当事人重新举证证明先前刑事判决中确定的事项,这种重复的证明显然是不必要的。如此做法不仅增加了当事人的负担,不利于实现诉讼经济,而且也不能保证后诉中民事法庭认定事实的

---

① Michael Stockdale & Rebecca Mitchell, Time to Wind up Hollington v. Hewthorn, in *Company Lawyer*, 2009, Vol.30, No.10.

② 类似的案例还有 2008 年的 Secretary of State for Business Enterprise and Regulatory Reform v. Aaron 案。该案中,上诉法院同样认为,根据霍林顿规则,关于被告经营资格的调查结论不具有可采性。

③ Land Securities plc v. Westminster City Council (No. 1) [1993] 1 WLR 286.

准确性。① 若从相关性的角度来看，先前判决中涉及的事项也常与后诉争议事项存在密切联系。"虽然先前判决在某种程度上代表的是法院的'意见'，但认为这种'意见'毫无相关性的观点是十分荒唐的"。② 排除相关的先前判决无疑使得后诉法院认定事实的工作变得更为艰难。此外，随着传闻证据规则的例外情形越来越多，将先前判决等同于传闻证据予以排除的做法亦逐渐缺乏说服力。因此，基于维护判决的终局性和权威性，确保同类案件中判决的统一性并实现诉讼公正和经济之考虑，成文法中逐渐出现了一系列支持法院适度采信先前判决的法律规定。

三、民事成文法中先前有罪判决的可采性

英国成文法对霍林顿规则的突破首先出现在《1968 年民事证据法》中。该法第 11 条至第 13 条规定了前诉有罪判决在与后诉之争议事项有关联时，法庭可以采信先前有罪判决，用以证明先前判决本身所依据事实的真实性。须说明的是，《1968 年民事证据法》未就先前民事判决的可采性问题作出规定，因为在法律改革委员会看来，在后诉中某一当事人在未参加先前诉讼的情况下，法庭引用先前民事判决中基于盖然性优势证明标准认定的事实很可能导致审判不公。之所以允许先前有罪判决在其后的民事诉讼中作为证据使用，是因为刑事诉讼中采取的证明标准要比民事诉讼中严格，刑事判决比民事判决具有更高的证明价值。换言之，先前民事判决可采性的判断依然适用霍林顿规则。③ 对于后诉中先前有罪判决的可采性问题，《1968 年民事证据法》作了如下规定。

（一）一般规定

《1968 年民事证据法》第 11 条第 1 款规定："在任何民事诉讼中，当该民事诉讼与先前诉讼中的任何争议事项有关联时，某人已在先前诉讼中被联合

---

① The Law Reform Committee：Fifteenth Report（The rule in Hollington v. Hewthorn），http://openlibrary.org，下载日期：2011 年 4 月 26 日。

② I. H. Dennis，*The Law of Evidence*，4th edition，Sweet & Maxwell，2010，p.910.

③ Michael Stockdale & Rebecca Mitchell，Time to Wind up Hollington v. Hewthorn，in *Company Lawyer*，2009，Vol.30，No.10.

王国的任何法庭或各地的军事法庭宣判犯有某罪的判决,①应被采纳为证明
此人实施了该罪的证据,而不论此人是因为有罪答辩还是其他原因被判决有
罪,也不论此人是否是民事诉讼中的一方当事人。此外,根据本款,只有已经
有效的有罪判决方能被采纳作为证据使用。"在该款中,"任何民事诉讼"的含
义不仅包括任何普通法庭的民事诉讼,还包括适用严格证据规则的其他任何
法庭的民事诉讼。"有罪判决"包括无条件释放或有条件释放的判决。"有效
的有罪判决"包括仍在上诉过程中的有罪判决,但不包括在上诉中被撤销的判
决,也不包括外国法院作出的有罪判决。② 例如在 2005 年的 Raja v. Van
Hoogstraten 一案中,原告甲起诉被告乙要求赔偿。而在此前的刑事诉讼中,
乙被指控共同参与谋杀了被害人丙。初审法院判决乙有罪,乙不服遂提起上
诉。上诉法院撤销了乙的有罪判决。在该案中,原告甲试图将初审法院所作
被告人的有罪判决作为证据,但法院最终排除了这份有罪判决,理由是乙的有
罪判决已被撤销,根据《1968 年民事证据法》第 11 条第 1 款的规定,已被撤销
的判决并不是有效的有罪判决,不能作为证据在后诉中使用。

　　第 11 条第 2 款规定:"在任何民事诉讼中,某人已被联合王国的任何法庭
或各地的军事法庭判决某罪的,则:①除非有相反证据证明,此人应被推定为
已经实施了该项犯罪。②为了证实该判决所依据的基础事实,在不妨害采纳
任何其他证据的前提下,任何可以采纳作为有罪判决证据的文件,包括犯罪嫌
疑人被判决有罪的控告书、申诉书、公诉书及犯罪事实记录等都应可以被采纳
为证据。"实践中,对于该款第 1 项的含义有着不同理解。一般认为,这一规定
意味着在采纳有罪判决作为证据的情况下,证明先前有罪判决错误的举证责
任发生倒置。例如,在 1970 年的 Wauchope v. Mordecai 一案中,原告在骑车
经过被告的汽车时,被告突然将车门打开致使原告摔倒受伤。原告遂向法院
起诉要求赔偿。在原告起诉之前,根据《1963 年机动车管理法》(Motor
Vehicles Regulations 1963)第 93 条之规定,法院已经认定是被告的过失行为
导致了原告受伤,并判决被告人有罪。在诉讼过程中,原告向法庭提交了被告
的有罪判决,但审案法官认为其不具有可采性,并驳回了原告的诉讼请求。原
告遂提起上诉。上诉法院认为:"原审法官忽视了《1968 年民事证据法》的规

---

① 军事法庭指依据英国《1955 年陆军法》、《1955 年空军法》及《1957 年海军军纪惩
处法》设立的军事法庭。

② 在 1987 年的 Union Carbide Corpn v. Naturin Ltd.一案中,法院即认为《1968 年民
事证据法》第 11 条不包括外国法院作出的有罪判决。

定,判决有误。根据《1968年民事证据法》第11条第1款的规定,被告先前的有罪判决具有可采性,同时根据《1968年民事证据法》第11条第2款的规定,在被告已被判决有罪的情况下,举证责任发生倒置。也就是说,只要被告无证据推翻有罪判决,法院就应推定是被告开车门的行为造成了原告的伤害。"①

目前,英国司法界对于第11条第2款第1项规定的举证责任倒置问题已无太大争议,但在具体的证明标准上依旧存在分歧。上诉法院法官巴克利(Buckley)和迪普洛克(Diplock)认为,完成举证责任所要求的证明标准就应该采取民事诉讼的盖然性优势标准。在1970年的Stupple v. Royal Insurance Co. Ltd.一案中,原告因涉嫌伙同他人抢劫运钞车而被判犯有抢劫罪,支持这一判决的主要证据是在抢劫案发生后的第4天,警方在原告公寓发现了被劫银行的部分支票,总额为1050英镑。对于这些支票,原告、原告妻子以及被告银行都主张拥有所有权。而该银行在抢劫案中的所有损失已由保险公司赔偿。1964年7月,治安法院根据《1897年警察法》(Police Property Act 1897)将在原告处发现的数额为985英镑的支票判令给了被告银行,但原告始终坚称其无罪,并认为其中有230英镑应归其所有,故起诉被告银行要求返还。初审法官驳回了原告的诉讼请求,原告的上诉也被驳回。巴克利法官认为:"根据《1968年民事证据法》第11条第2款之规定,本案中举证责任发生倒置,原告须按照民事诉讼中盖然性优势的证明标准来提供证明其无罪的证据,但是原告并未能提供相关证据。与此同时,原告也未能提供证据证明230英镑归其所有。因此,本院认为原告的主张不成立。"②也就是说,巴洛克法官认为,当事人只要按照民事诉讼的证明标准提供盖然性优势证据,就可以完成举证责任的倒置,继而根据第11条第2款之规定推翻有罪判决。其后,在1982年的Hunter v. Chief Constable of West Midlands Police Force一案中,迪普洛克法官同样指出:"根据第11条之规定,被告担负证明相反情况的举证责任应是民事诉讼中的普通举证责任,即盖然性优势的证明。若先前有罪判决经过充分恰当审理,提供盖然性优势证明已是一项艰巨的任务。"③

然而,也有法官认为,第11条第2款规定中"相反证据"的证明标准应高于盖然性优势标准。在1970年的Taylor(J.) v. Taylor(I.L.)一案中,原告起诉被告要求离婚,并出具了被告在1962年犯有乱伦罪的有罪判决作为主要证

---

① Wauchope v. Mordecai〔1970〕1 W. L. R. 317.

② Stupple v. Royal Insurance Co. Ltd.〔1970〕2 W. L. R. 124.

③ Hunter v. Chief Constable of the West Midlands Police〔1982〕A.C. 529.

据。被告同意离婚,但认为先前乱伦罪的判决有误,因为在先前的刑事诉讼中陪审团仅凭证人证言就对其作出了有罪裁决。审案法官经审查后支持了被告的主张,认为先前法院所作被告犯有乱伦罪的判决有误。原告随即提起上诉,认为被告并未能够依据《1968 年民事证据法》第 11 条第 2 款的规定提出相反证据推翻先前有罪判决。上诉法院支持了原告的上诉。戴维斯法官认为:"在刑事案件中,当某人已由 12 名陪审员裁决有罪时,被判有罪的人将很难证明其无罪,因为陪审团的裁决很难被推翻。因此,在民事诉讼中推翻前诉有罪判决的证明标准必然超出盖然性标准。"①持类似观点的还有上诉法院法官丹宁勋爵。丹宁勋爵在 1980 年的 Hunter v. Chief Constable of West Midlands Police Force 一案中指出:"只有通过证明有罪判决的作出存在欺诈、串通,或提供新的无罪证据,被判决有罪的人才能在后诉中证明他是无罪的。并且,新证据必须是确定和结论性的,他才能被宣告无罪。"由此可见,戴维斯法官和丹宁勋爵均认为第 11 条第 2 款所指相反证据证明标准应超过民事诉讼中的盖然性标准。此外,也有英国学者认为:"事实上,无论是认为第 11 条第 2 款第 1 项所指相反证明是等同于或超出盖然性标准的观点都不完全正确,具体的证明标准不能一概而论,而应视有罪判决作出的情况而定。"②因此,由于在证明标准这一问题上尚未达成一致意见,个案中对于何为相反证据的争论还将持续。

此外,实践中对于第 11 条第 2 款第 2 项的规定同样存在争议。该项详细列举了"犯罪嫌疑人被判决有罪的控告书、申诉书、公诉书及犯罪事实记录"等可以作为有罪判决证据的文件类型,但却并未将"法官总结陈词的副本"这一重要文件罗列在可采纳文件的类别中,故尚不确定其是否具有可采性。曾有学者认为,根据成文法的解释规则,既然没有罗列法官总结陈词的副本这一文件类别,就说明立法者认为其不具有可采性。然而根据《1995 年民事证据法》的精神,这一类文件却又是可以被采纳为证据的。③

(二)先前通奸和生父确认判决在民事诉讼中的运用

《1968 年民事证据法》第 12 条主要规定了"通奸罪"和"生父确认判决"在

---

① Taylor (J.) v. Taylor (I. L.) [1970] 1 W.L.R. 1148.

② Heydon, *Cross on Evidence*, Butterworths, 1979, p.458.

③ Adrian Keane et al., *The Modern Law of Evidence*, 8th edition, Oxford University Press, 2010, p.638.

其后民事诉讼中的运用。① 该条第 1 款规定："在任何民事诉讼中,当某人在任何婚姻诉讼中被认定为犯有通奸罪的事实,以及某人在相关的诉讼中被法庭认定为是某一孩子的生父,或已在非婚生子女之生父确认诉讼中由法庭判决确认他是某个孩子生父的事实,与当前民事诉讼中的任何争议事项有关联时,上述判决应采纳为证据证明此人确实存在判决中涉及的通奸行为,或证明此人是孩子生父,而不论此人是否对通奸或者生父的主张提出辩解,也不论此人是否是民事诉讼的当事人。"需要注意的是,该款中所规定的"婚姻诉讼"局限于在高等法院或郡法院进行的诉讼,治安法院作出的通奸罪判决不可采纳作为证据。而若诉讼请求人希望采用通奸或生父确认诉讼的判决作为证据,则在他的请求中应包含相应的陈述,并提供相关判决的详细内容、作出时间、作出裁判的法庭,以及诉讼中有关的争议事项。该条第 2 款规定:"在任何民事诉讼中,如果根据本条之规定,证明某人曾犯有第 1 款 a 项中提到的通奸罪,或存在第 1 款 b 项中规定的被发现或被判决为某个孩子的生父的情况,则:①除非相反的情况得到证明,此人应被视为已实施了与案件判决有关的通奸行为或者如案件一方所陈述的那样,是那个孩子的父亲;②为了证实判决或裁决所依据的事实,在不妨害接受任何其他可采纳的证据的前提下,在其他有关诉讼中,曾在法庭前出示过的或经法庭宣告过的文件的内容,均应被采纳为证据。"正如第 11 条第 1 款中规定的那样,认为通奸或生父确认判决有误的举证责任,同样由试图否定该判决的当事人负担,而证明的标准参照民事诉讼中的盖然性优势标准。②

(三)先前有罪判决在诽谤诉讼中的运用

《1968 年民事证据法》第 13 条规定了先前有罪判决在诽谤诉讼中的运用。③ 该条规定:"(1)在关于口头或者书面诽谤的诉讼中,若某人是否实施犯罪的问题与诉讼中出现的某一争议有关联,则此人被认定为有罪的先前判决应当是其实施该项犯罪的决定性证据;因此,此人的有罪判决应可以采纳为证据。(2)在任何前述的诉讼中,根据本条之规定,若已经证实原告已被宣判犯

---

① 通奸行为在英国法中是司法别居和离婚的重要理由之一,可用以证明夫妻双方感情确已破裂,法院据此可以直接判决离婚。参见宋雷主编:《英汉法律用语大辞典》,法律出版社 2004 年版,第 30 页。

② Alan Taylor, *Principles of Evidence*, 2nd edition, Cavendish Publishing Limited, 2000, p.409.

③ 在英国,诽谤分为口头诽谤和书面诽谤,书面诽谤既是民事侵权行为,又可能构成刑事上的诽谤罪。在此仅讨论关于诽谤的民事侵权之诉。

有某罪,则为了查明该有罪判决所依据的事实,在不妨害接受任何其他具有可采性的证据的前提下,被采纳作为该有罪判决证据的任何文件以及控告书、申诉书、公诉书等均可被采纳为证据。若诽谤诉讼中存在一名以上的原告,则:①上述针对原告的证明文件应推定是针对任一原告的,并且,②任一原告已被判犯有某罪这一事实的证明应成为他实施了该犯罪行为的结论性证据,只要该事实与诉讼有关争议事项具有相关性。③为实现本条之目的,当且仅当存在由联合王国法庭或军事法庭对某人作出的有罪判决时,方可认为此人已被认定犯有该罪。"

从上述条文中我们可以发现,第 13 条之规定不仅突破了普通法中的霍林顿规则,而且创设了一项结论性的推定:被判有罪的人,一旦他的有罪判决得到证实,他应无可置疑地被认定为已经实施了该罪行。换言之,若甲起诉乙诽谤,而之前甲已被法院判决有罪,那么在这一诽谤诉讼中,如果乙的言论仅仅是认为甲犯有其已被判决有罪的那一罪行,那么除非乙的陈述中还包含了其他法定的诽谤事由,否则甲所提起的这一诽谤诉讼将会被视为滥用法庭程序而败诉。总而言之,该条规定有利于防止被判有罪的人通过提起诽谤诉讼而使在刑事审判中已经终结的争议事项得到重新审理,避免了当事人对同一争点重复证明,节省了时间和成本。同时,它也在一定程度上避免了不公平。①

四、刑事成文法中先前有罪判决的可采性

"由于刑事诉讼与民事诉讼中的证明标准大相径庭,因此,民事诉讼中的判决将很难运用于此后的刑事诉讼中,对于这一点是毫无争议的"。② 由是,英国司法界多关注先前刑事判决在其后刑事诉讼中的证据效力。刑事法修订委员会(Criminal Law Revision Committee)认为:"若在刑事诉讼中同样适用霍林顿规则,那么在实质上就是要求控方再次证明被告人的犯罪事实,这显然是极其不合理的。"③举例而言,某甲被指控收受转卖乙的赃物,而乙已被法院

---

① 齐树洁主编:《英国司法制度》,厦门大学出版社 2007 年第 2 版,第 205 页。

② Tracy Aquinoa, *Essential Evidence*, 武汉大学出版社 2004 年英文影印版,第 167 页。

③ Adrian Keane et al., *The Modern Law of Evidence*, 8ᵗʰ edition, Oxford University Press, 2010, p.642.

判决认定犯有盗窃罪,那么在对甲的诉讼中,依据霍林顿规则,乙的有罪判决不能作为证据证明甲收受转卖的物品是赃物。对于上述适用霍林顿规则的结果,丹尼斯教授认为是"不方便且相当错误的"。① 因此,刑法修订委员会建议在刑事诉讼中应制定一条与《1968 年民事证据法》第 11 条相对应的规定,尤其是要规定在案外第三人已被法院判决有罪的情况下,控方在其后的诉讼中无须再就第三人的罪行加以证明。② 为此,《1984 年警察与刑事证据法》第 74 条、第 78 条对于先前有罪判决在刑事诉讼中的运用作出了新的规定。

(一)一般规定

《1984 年警察与刑事证据法》(*Police and Criminal Evidence Act* 1984)第 74 条规定:"(1)在任何诉讼中,若某一被告人之外的人已被联合王国内的任一法庭或联合王国外的服务法庭宣判犯有某罪,那么基于证明此人实施了该罪的目的,先前判决应当被采纳为证据,而不论是否有其他证明此人已实施了该罪的证据。在何种情形下应当这样做取决于该诉讼程序中的争议事项与有罪判决间的相关性。(2)在任何诉讼中,依据本条规定,若被告人之外的人经联合王国内的任一法庭或联合王国外的某一服务法庭宣判犯有某罪,他应被视为已经实施了该罪,除非相反的情形得到证明。(3)在任何诉讼中,当将被告人触犯某罪的判决作为证据在后诉中使用时,该先前判决与后诉中待证明之争议事项间应具有相关性,而不是为了表明被告人表现出实施其被指控之罪的倾向。如果被告人已被联合王国内的任何法庭或被联合王国外的服务法庭宣判实施了某罪,那么除非相反的情形得到证明,其应被视为已实施了该罪……"该条规定与《1968 年民事证据法》第 11 条规定相类似,再次突破了霍林顿规则,赋予了先前有罪判决在刑事诉讼中的证据效力。根据这条规定,当后诉争议事项与先前有罪判决存在相关性时,无论是被告人本人的还是被告人之外其他人的先前有罪判决均可作为证据,用以证明相关争议事项。

(二)适用中出现的问题

1."有罪判决"是否包含有罪答辩

《1984 年警察与刑事证据法》第 74 条第 1 款确认了针对被告人之外的其他人有罪判决的可采性,实践中首先出现的问题是"有罪判决"这一概念是否

---

① I. H. Dennis, *The Law of Evidence*, 4th edition, Sweet & Maxwell, 2010, p.912.

② R. Munday, Proof of Guilt by Association under Section 74 of the *Police and Criminal Evidence Act* 1984, in *Criminal Law Review*, 1990, No.4.

包含"有罪答辩"。在 1987 年的 R v. Golder 一案中，被告人被控与同伙在 X 车库共同实施了抢劫行为。而被告人的两名同伙均已承认犯有该抢劫罪，并供认他们也曾在 Y 车库进行抢劫。在本案中，由于缺乏其他证据，证明被告人有罪的主要证据是另两名共同被告人的认罪书。被告方辩护人提出，有罪判决不包括有罪答辩，并认为控方出具的认罪书是由警察局捏造的。初审法官认为，共同被告人的认罪书具有可采性。其理由是：两名共同被告人对在 X 车库实施抢劫的有罪答辩与本案是有关联的，而对在 Y 车库实施抢劫的有罪答辩可以用于证明其自认的真实性，因为 Y 车库的确发生了类似的抢劫案。在上诉过程中，上诉法院也对第 1 款中的"有罪判决"作出了说明，认为有罪判决包括了同案犯的有罪答辩。①

2.如何判断争议事项与有罪判决间的相关性

适用第 74 条第 1 款的前提是当前诉讼中的争议事项与先前判决间具有相关性。② 举例而言，若有人看到甲在深夜偷偷摸摸地将一袋物品送到乙家，其后甲和乙被连带指控盗窃并贩卖盗窃物品。在对乙的审判中，甲对盗窃罪的认罪答辩或法院对甲的有罪判决可以帮助法庭判断该物是否是盗窃物品，因此便具有相关性，可以在法庭上出示。然而，如何判断相关性是一个较为复杂的问题，英国法院对于相关性问题尚无统一的判断标准。在 1987 年的 R v. Robertson 一案中，法院对第 74 条第 1 款中涉及的"争议事项"和"相关性"这两个概念作了广义解释。在该案中，被告人被指控与另外两人乙和丙共谋进入一家公司的仓库和商店进行盗窃，乙和丙对于共谋并未作有罪答辩，但却承认曾与被告人共同入室盗窃达 16 次。对于此前的这 16 起入室盗窃案，乙和丙已被法院判决有罪，而被告人未受到刑事追究。控方遂根据第 74 条，将乙和丙在先前入室盗窃案中的有罪判决作为证据。初审法院判决被告人有罪。被告人不服判决，随即提起上诉，认为乙和丙的有罪判决与本案并不相关。最终，上诉法院驳回了被告人的上诉。上诉法院认为，初审法院的做法是正确的。相关性的判断须依赖于对第 74 条第 1 款中"争议事项"这一概念的解释。而"争议事项"不仅应包括作为被控罪行的基本要素的某一事项，而且包括次重要事项，例如一些在诉讼中产生并作为证据的事项。在该案中，从乙和丙所

---

① Veronica Cowan，"Conviction"—Meaning of Section 74 of the *Police and Criminal Evidence Act* 1984，*in Criminal Law Review*，1987，No.9.

② 在刑事诉讼中，争议事项一般是指控方为了证实其案件以及被告人为了提出辩护而必须证明的事实，例如被告人的身份、行为的性质、犯罪是被告人的主观状态等问题。

犯入室盗窃罪中可以推断出他们之间存在一项共谋，而这一共谋与被告人是否参与了团伙犯罪相关。因此，乙和丙的有罪判决与本案具有相关性。

与此同时，"相关性"这一概念的外延亦不能无限扩展。例如，在1994年的R v. Potamitis一案中，被告人被控诈骗取多名老年人的财产。辩护律师辩称被告人无罪，其仅仅是帮其堂兄某乙管理账户而已。控方要求提出一份先前判决，以证明某乙在本案之前已因相同罪名被判入狱。控方另有证据证明，被告人在本案案发之前曾多次去监狱探望某乙。初审法院认为，判断是否具有相关性应综合考虑控方起诉书中涉及的犯罪时间、地点、环境等因素。乙的有罪判决与本案具有相关性，故判决被告人有罪。被告人上诉后，上诉法院撤销了初审判决。上诉法院认为，初审法院判决有误。乙的有罪判决与本案不具有相关性，初审法官从广义上理解了相关性，混淆了侦查中相关性的标准与审判中判断相关性的标准，由此允许控方提出有罪判决和被告人经常去监狱探望乙的证据，使得陪审团轻易推断被告人明知自己在通过诈骗手段获得钱财，这样的做法是危险的。①

此外，并非只有控方会提出有罪判决作为证据，被告人为证明自己无罪也可能要求提出他人的有罪判决。为了尽可能查明案件事实，只要被告人提出的有罪判决具有相关性，法庭一般不会将其排除。

例如，在1986年的R v. Blastland一案中，被告人被控猥亵并谋杀了一名男童。相关证据显示被告人的犯罪行为十分特别。被告人辩称犯罪行为是乙所为，因为乙在先前就因猥亵男童而被判有罪，且乙猥亵男童的方式与本案罪犯采用的特殊方式恰好相同。法院认为，没有理由阻止被告人根据第74条第1款援引乙的有罪判决，故应认为乙先前的有罪判决与本案具有相关性。②

3.被告人先前有罪判决的采信

在英美法传统中，被告人先前的有罪判决一般不允许作为证据在后诉中提出，这主要是因为先前有罪判决的引入可能会使陪审团对被告人作出先入为主的否定性评价，继而影响本案判决的公正性。③因此，依据第74条第3款的规定，采纳被告人先前有罪判决的前提，在于被告人先前有罪判决的引入

---

① R v. Potamitis [1994] Crim. L. R. 434.

② I. H. Dennis, *The Law of Evidence*, 4th edition, Sweet & Maxwell, 2010, pp.914-915.

③ Sally Lloyd-Bostock, The Effects on Juries of Hearing about the Defendant's Previous Criminal Record: A Simulation Study, in *Criminal Law Review*, 2000, No.9.

旨在证明后诉中的争议事项,而不是为了证明被告人表现出实施其被指控之罪的倾向。例如,在一起系列杀人案中,被告人被指控杀害了某甲。审理过程中,控方向法庭出具了前案中被告人杀害某乙的有罪判决。法庭允许控方出具该有罪判决是因为,被害人甲和乙均因窒息死亡,其尸体被埋在同一个院子中,控方用被告人杀害某乙的有罪判决可以说明被告人作案的手法和犯罪现场的环境。最终,陪审团迅速作出了被告人有罪的裁决。① 同时,根据第74条第3款的规定,在控方提出有罪判决而被告人予以否认时,控方不需要提供其他证据证明被告人有罪,也无义务协助被告人证明其无罪,证明有罪判决有误的举证责任完全由被告人承担。被告人可搜集前诉中控方证人未经交叉询问等证据来证明有罪判决有误,也可提交新的证据证明其无罪。被告人承担的证明先前有罪判决有误的标准适用较低的盖然性优势标准。②

然而,随着《2003年刑事审判法》(Criminal Justice Act 2003)的施行,严格排除被告人先前有罪判决的传统正发生转变。③ 由于该法第101条对不良品格证据作出了规定,也就意味着被告人的先前有罪判决在一定情况下可以采信作为品格证据。例如,在2007年的R v. Campbell一案中,被告人因殴打其女友而被起诉犯有故意伤害罪。在此之前,被告人也曾因殴打前女友而两次被法庭判处故意伤害罪。法庭认为被告人先前的有罪判决具有可采性,根据《2003年刑事审判法》第101条之规定,采纳被告人先前殴打女友的有罪判决有利于证明被告人犯此类罪的倾向性。

(三)对第74条规定的限制

为了确保刑事诉讼中的被告人受到公正的审判,英国法中还对先前有罪判决的可采性作了限制性规定。法官在判断先前判决的可采性时,除了要对先前判决的相关性进行考察外,还须就先前判决的公正性问题作出判断。相关性判断是为了明确他人的有罪判决是否与当前诉讼中涉及的争议事项有关联,如果两者确有关联,法官还应考虑采纳该证据是否会产生对被告人不公正的判决结果,并相应地行使其自由裁量权。《1984年警察与刑事证据法》第78条规定:"(1)在任何诉讼中,法庭可以拒绝采纳检察官据以作出指控的证据,

---

① Niall McCluskey, Grave Threat to Fairness of Trials, in *Scottish Criminal Law*, 2010, No.2.

② Mark Evans & Alastair Munt, Challenging the Correctness of Previous Convictions, in *Archbold Review*, 2011, No.1.

③ Hoc Lai Ho, A Philosophy of Evidence Law: Justice in the Search for Truth, in *International Journal of Evidence & Proof*, 2009, Vol.13, No.2.

如果法官在考虑到包括收集证据在内的所有情况以后,认为采纳这种证据将会对诉讼的公正性造成不利的影响,则不应将其采纳为证据。(2)本条的规定不应妨害任何有关证据排除规则的适用。"这条规定赋予法官较大的自由裁量权以排除第74条的适用,也就意味着某一先前有罪判决即使符合第74条之规定,法官基于公正性的考虑仍有权将其排除。

在司法实践中,缺乏统一的规则来指导法官进行公正性的判断,[1]审案法官被要求结合具体案情,综合分析引证先前判决作为证据的目的是否恰当、被告人对证据的质疑权是否遭到侵害以及先前判决的采纳是否会导致审判不公等问题,从而决定是否采纳先前判决作为该案证据。例如在1989年的R v. Kempster一案中,被告人被指控伙同他人实施了抢劫和入室盗窃行为。本案审理前,其同伙已作有罪答辩。这些有罪答辩被允许作为证据引入本案的审理中,其间法官并未向陪审团告知引入先前有罪答辩的目的及其可能对诉讼公正性造成的危害。初审法院判决被告人有罪,被告人随即提起了上诉,上诉法院最终撤销了对被告人的有罪判决。上诉法院认为:"在每一个涉及第74条申请的案件里,法官都必须考虑控方引入先前有罪判决作为证据的目的和实际所起的作用。在运用第78条规定的裁量权时,法官应考虑采纳证据是否会对审理产生负面影响,若可能会对诉讼的公正性造成不利的影响,则不应将其采纳为证据。"[2]而在1990年的R v. Mattison一案中,被告人甲被指控伙同某乙犯有严重猥亵罪,被告人作无罪答辩。同时,控方在另案中也指控某乙伙同甲实施了严重猥亵行为,而乙已作有罪答辩。在对甲的审理中,审案法官允许控方出具某乙的有罪答辩。审案法官还提醒陪审团,某乙的有罪答辩并不能证明本案被告人是有罪的,而仅仅用以说明本案的背景情况。但当陪审团询问控方被告人是否为从犯时,控方给予了肯定回答。被告人随后被判有罪。经上诉,上诉法院最终支持了被告人的上诉请求。上诉法院认为:"虽然乙的认罪答辩对于甲的审判而言是具有相关性的证据,但陪审团的询问表明陪审团已将某乙的有罪答辩作为证明被告人有罪的证据,这对审判的公正性产生了不利影响。在这种情况下,法官应依第78条赋予的自由裁量权将该证据予以排除。"[3]

---

① Mary Hunter, Judicial Discretion: Section 78 in Practice, in *Criminal Law Review*, 1994, No.8.

② R v. Kempster [1989] 90 Cr. App. R 14.

③ R v. Mattison [1990] Crim. L. R. 117.

必须注意的是,在共谋案件中,可能造成审判不公的先前判决不具有可采性。在 1988 年的 R v. Curry 一案中,被告人甲被控犯有诈骗罪,同时被指控的还有乙和丙。控方认为,甲、乙、丙三人合谋诈骗。首先,由乙驾车带被告人甲去各个商店。在这些商店中,甲在丙知情的情况下使用丙的信用卡购物,丙则谎称报告的卡已被盗从而逃避付款责任。丙已作有罪答辩,其有罪答辩遂被采纳作为证据,证明甲与丙存在一份进行诈骗的非法协议。初审法院判决被告人有罪,但上诉法院撤销了有罪判决,理由是丙的有罪答辩明显地暗示甲是共谋者之一,这是不公正的。类似的,在 1991 年的 R v. O'Connor 一案中,被告人甲被指控与某乙共谋,通过诈称汽车被盗而进行保险诈骗。乙已作有罪答辩,基于此,法院判决乙犯有保险诈骗罪。根据《1984 年警察与刑事证据法》第 74 条第 1 款之规定,乙的有罪判决随即被作为审判被告人甲的证据。初审法院判决被告人有罪,被告人不服并提起上诉。上诉理由是根据《1984 年警察与刑事证据法》第 78 条的规定,乙的有罪判决应被排除。上诉法院支持了被告人的上诉请求,理由如下:"对乙的有罪判决不能作为本案中的证据。在只有两名被告人的共谋案件中,采纳其中一名被告人的有罪答辩作为证据将对另一名被告人极为不利。因此,根据《1984 年警察与刑事证据法》第 78 条的规定,该案中乙的有罪判决不应作为证据使用。"①

为使下级法院在适用第 78 条排除先前有罪判决时能够统一标准,在 1996 年的 R v. Lee 一案中,上诉法院总结了适用第 74 条和第 78 条的几点注意事项:(1)第 74 条第 1 款改变了普通法中不得采信先前他人之有罪判决(包括有罪答辩)的传统,控方根据先前有罪判决证明某人犯有某罪时无须提出其他证据予以证明。同时,法官可以根据第 78 条之规定行使自由裁量权,将上述有罪判决予以排除。(2)第 74 条第 1 款中所指的"相关性",并非要求被告人被指控的罪行与其共同被告人承认的罪行完全相同。(3)相关性与公正性是相互关联的。在共谋案件中,有罪答辩或有罪判决与本案的关联越直接则越容易被采纳作为证据,但其造成审判不公的可能性也越大。因此,法庭应根据第 74 条第 1 款和第 78 条之规定,首先对相关性进行客观的检验和判断,经全面考虑后再行使其自由裁量权。(4)鉴于第 74 条与第 78 条是相互关联的,

---

① Tracy Aquinoa, *Essential Evidence*,武汉大学出版社 2004 年英文影印版,第 168 页。在 R v. O'Connor 案中,上诉法院的做法曾引发较大争议。但在英国《1998 年人权法》施行后,上诉法院的这一决定得到了人权法上的肯定,因为在该案中采信乙的有罪答辩确有可能违反无罪推定的基本原则,也无法保障被告人与证人的对质权。

那么当法庭根据第74条第1款认定某证据具有一定的证明力时,法庭必须相应地根据第78条的规定对该证据进行审查,权衡其证明力与公正性是否存在冲突。(5)假设在某一共同犯罪案件中,在证明被告人有罪的证据并不充分的情况下,其中一名被告人作了有罪答辩,那么这一有罪答辩不应在对其他被告人的诉讼中作为证据使用,否则对于其他共同被告人而言是不公平的。① 总之,审案法官适用第78条的核心在于判断采纳先前判决是否会损害审判的公正性,以保障被告人的公正审判权。

① Alan Taylor, *Principles of Evidence*, 2nd edition, Cavendish Publishing Limited, 2000, p.405.

第十五章 禁反言

　　法院的判决是具有权威性、结论性的决定。在英国证据法中，当法院的判决被作为证据提出时，根据"当事人"和"纠纷"两者与先前判决的关系，引申出两种不同的情形：一是不同当事人引用先前判决作为当前判决的证据，二是相同当事人引用他们之间的先前判决。对于第一种情形，本书设"先前判决"章予以阐述，本章仅对第二种情形进行分析。①

一、证据法中的禁反言

　　在英国法中，"禁反言"（estoppel）②的类型非常丰富，例如记录禁反言（estoppel by record）、争点禁反言（issue estoppel）、事实规则禁反言（estoppel by representation of fact）、允诺禁反言（promissory estoppel）、财产禁反言（proprietary estoppel）等，所涉内容横跨合同法、证据法、诉讼法。但是，Estoppel 源于法语"estoupail"一词，本意其实只是"被阻止"（stopped）。"estoupail"通过古诺曼人传入英国，意思是阻挡东西跑出来的桶塞或者瓶塞。后来，柯克勋爵在法语法律书中将"estoppels"作为专业用语写入"pur ceo que le baron est estoppe a dire"一句中，意思是丈夫"被阻止"发表意见。③

　　在本章阐述之初，澄清"禁反言"本身的含义极为必要。我国法学界习惯

---

　　① 由于"禁反言"一词多用于实体法。在 2001 年的 Specialist Group International Ltd. v. Deakin 一案的判决中，法官建议用"终局性"（finality）这个词取代"禁反言"，以便让民众更易理解。本章仍沿用"禁反言"的表述。此外，限于本书主题，本章仅从证据法角度对英国法上的禁反言予以介绍。

　　② Estoppel：A rule of evidence (and not a cause of action) preventing a person from denying the truth of a statement he has made previously, or the existence of facts in which he has led another to believe. See L. B. Curzon & P. H. Richards, *The Longman Dictionary of Law*, 7th edition, 法律出版社 2007 年英文影印版，第 224 页。

　　③ McIlkenny v. Chief Constable of the West Midlands [1980] Q.B. 283.

于将"estoppel"通译为"禁反言",很容易让人产生错误印象,误认为证据法与合同法中的禁反言构成要件或者适用情形类似,甚至将"禁反言"理解为必须先有"言"在先才会遭法律"禁"止。其实证据法与合同法中的"禁反言"虽然名称相似,但规则内容关系甚微,是完全不同类型的制度。如何理解种类繁多且同样被冠以"禁反言"名称的制度?丹宁勋爵曾作过非常经典且贴切的表述:"历经几百年的法制建设,一幢大房子拔地而起,这座大房子就是'禁反言'。在柯克勋爵时代它只有三个房间:记录禁反言(estoppel by matter of record)、契据禁反言(estoppel by matter in writing)、陈述禁反言(estoppel by matter in pais)。但是在我们这个时代,这幢大楼已经有了太多的房间,以至于我们常把它们混淆……这些房间有一个共同点,那就是它们都处在同一个屋檐下。一些人被阻止说一些事、做一些事,或者不能质疑一些事情。但是每个房间与其他房间相比都有各自不同的功能。当你进入一间房间,你会发现标签上写着'禁反言是证据法规则';进入另一个屋子你会发现标签上写着'禁反言可以成为诉因'。每一个房间都有不同的标签,不可能在一个房间发现与另一个房间相同的事物。"① 由此,即使同在"禁反言"一个屋檐下,证据法与实体法的禁反言却有天壤之别。证据法禁反言的设立目的是排除证据,其本身并不能产生、变更、消灭实体法律关系。

证据法禁反言的根源在判决。判决的效力主要体现在当事人之间,即在当事人之间产生了"阻止"的效力,从广义上可把它们统归于"禁反言"的名下:一种是民事案件中的记录禁反言,另一种是刑事案件中的禁止双重危险原则。在私法上,禁反言使当事人免受在不同程序中处理同样纠纷的困扰;而在公法上,禁反言阻止法院滥用程序。② 有人认为此种效力应属程序法,无论如何,正是基于"阻止"的效力,当事人在该规则下才能提出或者否认某些事实。由此,禁反言被称为证据排除规则。

证据法上的禁反言与其他实体法类型禁反言的区别主要有两点:第一,证据法禁反言的产生源自司法判决,并不像其他类型的禁反言一样阻止当事人通过言语(表述或沉默)或行为(作为或不作为)作出与其之前所表述的(过去的或将来的)事实或主张权利不一致的表示;第二,证据法禁反言所依据的法律与其他的禁反言不同。其他类型的禁反言一般规定在实体法中,而记录禁

---

① McIlkenny v. Chief Constable of the West Midlands [1980] Q.B. 283.

② Colin Tapper, *Cross and Tapper on Evidence*, 12th edition, Oxford University Press, 2010, p.97.

反言和禁止双重危险原则一般归于程序法。英国证据法上的禁反言可以适用于外国判决、国内判决或者超国家组织的判决。在两个不一致但都具有管辖权的外国判决中，应当承认先作出的判决。[①]

⚖ 二、民事程序中的诉因禁反言

在众多禁反言种类中，民事证据法意义上的禁反言仅有一种，那就是记录禁反言。[②] 在 12 世纪以前，记录禁反言的内涵仅限于其字面意思，它所适用的范围不是法院判决，而是诉状"记录"中双方当事人的主张，因此而得名。由于当事人已经在诉状中作出了对事实肯定性的陈述，他们就不能在后续程序中对先前记录的陈述反悔或作出不同陈述。[③] 时至今日，记录禁反言的适用早已超越其原本的字面含义。

民事证据法记录禁反言的基本含义如下：具有管辖权的法院的裁决是终局性的，当事人不能基于同样的理由被诉两次，除非判决的作出是由于欺诈或者通谋。当事人和案件的利害关系人都不能声称否认判决确定的影响事物的法定状态（例如：A 被判离婚的事实，B 应据合同将 1000 英镑返还 C），也不能声称否认判决所依据的依据基础（例如：上例中的 A 有通奸行为，或者 B 和 C 之间存在合同关系）。[④] 记录禁反言有两种类型，一种是诉因禁反言（cause of action estoppel），另一种是争点禁反言。[⑤]

诉因禁反言是罗马法中的重要特征，即"既判力"（res judicata）。拉丁语

---

① Showlag v. Mansour［1994］2 All E.R. 129.

② 在英国法中也会出现"estoppel per rem judicatam"的说法，其实是记录禁反言的另一种表述方法。

③ Ali Cem Budak，Res Judicata in Civil Proceedings in Common Law and Civil Law Systems with Special Reference to Turkish and English Law，in *Civil Justice Quarterly*，1992，No.11.

④ Colin Tapper，*Cross and Tapper on Evidence*，12th edition，Oxford University Press，2010，p.95.

⑤ 在美国法中对以上概念不用禁反言的表述，但仍有类似的制度。与以上概念相对的是既决诉因阻却再诉（claim preclusion）和既决争点阻却再诉（issue preclusion）。美国法上的制度参见 Stephen C. Yeazell，*Civil Procedure*，5th edition，ASPEN Publishers，2000，p.797.

中的"既判力"在 12 世纪被引入英国法。① 正因为如此,直到 20 世纪,英国法中"res judicata"一词仅指针对判决诉因的阻却效力,而不包括争点禁反言,现代的指代有所放宽。② 由于既判力与记录禁反言的内容有相互重叠的部分,在判决中也经常出现"既判力"的表达。

(一)诉因禁反言的适用

诉因禁反言与实体法的关系十分密切。诉因一般是指原告起诉寻求司法救济所依据的事实,如侵权行为和损害后果等,有时也可以指依据这些事实所提起的诉讼的一部分。诉因禁反言指的是,"如果一方当事人基于一项诉因已经对另一方当事人提起过诉讼,且法院已行判决,法律严格规定此方当事人不能基于同样的诉因对另一方提起诉讼"。③ 也就是说,若法院曾对同样诉讼地位的当事人或者利害关系人,针对同样的诉因作出过判决,法院就不会再行审判。

在法院作出终审判决之后,无论结果对原告有利还是不利,本诉的诉讼标的都已消灭,诉讼不可能持续到永远。④ 原告不得针对由同一诉因产生的相同诉求或者不同诉求反复提起诉讼。例如,1928 年的 Conquer v. Boot 案中被告违反了对其施工质量的保证,原告基于此提起诉讼并因被告违约而获得赔偿。此后原告又以被告违约给自己造成损失为由,再次向法院提起诉讼,法院判决驳回其诉讼请求。

此外,在撤诉的案件中,如果无限制地允许当事人再度发动诉讼,无疑会引发当事人滥诉的现象。为此,在普通法上,法院同样也会基于诉因禁反言禁止当事人另行起诉。在 1996 年的 Barber v. Staffordshire CC 一案中,法院认为诉因禁反言和争点禁反言同样适用于那些法院已经作出正式判决驳回诉讼请求的案件,即使这种判决发生在当事人撤诉之后。法院已经对该案进行了全面的审理,并决定当事人撤诉是合理的。由于法院并非进行程序性的管理行为,而是作出驳回诉讼请求的判决,因此,即使法庭没有审查证据也不能排

---

① R. W. Millar, The Historical Relation of Estoppel by Record to Res Judicata, in *Illinois Law Review*. 1940-1941, No.35.

② 在美国法中,时至今日,res judicata 仍仅指"既决诉因阻却再诉",而不包括"既决争点阻却再诉"。

③ Anrian Keane et al., *The Modern Law of Evidence*, 8th edition, Oxford University Press, 2010, p.635.

④ Petr Briza, Lucchini SpA-Is There Anything Left of Res Judicata Principle? in *Civil Justice Quarterly*, 2008, Vol.27, No.1.

除既判力原则的适用。为此,英国《1998 年民事诉讼规则》对普通法的规则进行总结,规定原告在被告提交答辩状后撤诉后又针对同一被告重新起诉的,必须经过法院的允许;如果原告撤诉后又以相同或基本相同的事实拟对同一被告重新起诉,也要经过法院的准许。①

需要强调的是,禁反言适用的重要前提是前后诉之间的事实没有发生变化。如果当事人的请求权基础变了,而案件事实不变,那么禁反言仍然适用。以 1998 年的 Indian Endurance 案为例,尽管在先的判决是针对船主的对人诉讼,而在后的诉因是针对船的对物诉讼,禁反言仍然适用。该案判决认为,如果一方在外国提起了对人诉讼,在英国就不应该接受基于同样诉因的对物诉讼。但是,如果事实变了,或者事实在先前判决前就已经变化,但是在前的判决没有考虑这种变化,则先前的判决不会引起禁反言的问题。例如,2000 年一家法院曾判决卖方 C 卖给买方 W 的轻型飞机为无权处分,但是 C 在判决作出前就已将飞机出卖给 E,E 又转卖给了 P。而后,P 又在 2005 年的 Powell v. Wiltshire 案中起诉 W。法院认为,尽管禁反言应当约束物的所有人,但这种约束的前提是他们在法院判决生效后购买货物。该案 P 在判决生效前即向 W 购买了飞机,所以此种购买行为不应受记录禁反言的规制。

(二)法官自由裁量权下的诉因禁反言

《1998 年民事诉讼规则》规定,是否允许原告的重新诉讼需要经过法院的准许。这种规定赋予了法官自由裁量权。在何种情形下法院应当允许或反对诉因禁反言的适用,成为判例法需要回答的问题。以当事人是否滥用诉权为标准,法院判定一些案件当事人应尽合理谨慎义务,另一些案件当事人可以获得二次审判的机会。

1.当事人的合理谨慎义务

诉因禁反言在一些情况下被扩张解释,只要法院认为新的诉讼程序可能会造成对司法权的滥用,诉因禁反言就可适用于正式裁判过程中未涉及但本可被当作程序诉因的请求。② 在这种认识下,每一方当事人必须尽到合理谨慎的注意义务,尽可能一次性提出所有可支持自己的观点。持这种观点的判决书经常引用 Wigram 法官的话:"在诉讼或者判决时,法院要求当事人呈现的是全部案件事实,而不允许(除非特殊情形)当事人在以后的诉讼中将本可以作为以前案件争议的其他事实再次向法院提起诉讼,特别是当事人未提出

---

① 齐树洁主编:《英国司法制度》,厦门大学 2007 年第 2 版,第 349 页。
② 齐树洁主编:《英国证据法》,厦门大学出版社 2002 年版,第 693 页。

这些事项是因为他们的过失、疏忽。除特殊情况外,既判力不仅适用于当事人要求法院作出裁判时提出的诉因,更适用于每一个属于诉讼内容的诉因,只要这些诉因是当事人尽到合理谨慎义务就可以在裁判当时提出来的。"[①]近年来,这项扩张在知识产权领域得到广泛适用。根据 2005 年的 Hormel Foods Corp. v. Antilles Landscape NV 案,如果当事人要挑战专利、注册外观设计以及商标的有效性,他应当一次提出全部诉讼理由。如果他一次未成功,在以后诉讼中无论此人的诉因是否改变,都会因受禁反言的制约而败诉。

在实践中,"合理谨慎义务"被上诉法院、枢密院司法委员会和上议院所采纳,[②]也被法院在人身伤害案件中所肯定。例如,在 1994 年的 Talbot v. Berkshire CC 一案中,当事人 B 因为交通事故而受伤,因此向高速公路有关机关和作为肇事司机的 T 提起诉讼。B 胜诉,损失由 T 承担 2/3,由高速公路相关机关承担 1/3。T 不知 B 将高速公路机关也告上了法庭,所以他又自己向高速公路机关提起了诉讼,但被对方以既判力为由提出抗辩。法院认为 T 的诉讼本可以与 B 的诉讼同时提出,所以应当适用诉因禁反言。法官说:"(禁反言)是一项有益的原则。它避免了可能增加当事人花销的无谓程序,避免了法院本可用于其他当事人身上时间的浪费。它阻止了无意义的诉讼。它能够让被告确定事件发生后他潜在的责任程度。这对需要制定责任条款的保险公司尤为重要,这也会影响他们谈判的行为、他们的答辩以及上诉的问题。"

2. 诉因禁反言的例外

诉因禁反言的意义在于定分止争,让当事人免受重复诉讼之苦。但是,若僵化地适用该规则却会导致很多亟待解决的纠纷无法获得司法裁判,进而造成另一种不正义。正像丹宁勋爵在 1965 年的 Fidelitas Shipping Co. Ltd. v. V/O Exportchleb 案中所言,虽然当事人可能认为自己不能在以后的程序、案件中提出针对该案的不同观点,但法律还是应当允许例外的存在。法院在决定当事人是否有义务在前案中提出诉求时,应当采取一种广义的、以事实为依据的进路,尽管有些时候争点可以被提出,但是这不代表争点一定"应当"被提

---

① 　Henderson v. Henderson (1843) 3 Hare 100,114.

② 　上诉法院在 Greenhalgh v. Mallard [1947] 2 All E.R. 255 一案中采取了本观点。在英国法律中,共谋引起赔偿的构成要件必须目的违法或者手段违法,或者两者皆违法。在该案中,原告在前诉中声称被告欺诈性的共谋(目的违法)。在后诉中他又声称被告通过欺骗的方法共谋(手段违法)。法院认为当事人应当在前诉中就选择好自己的诉因,故此,后诉中当事人的请求应当适用诉因禁反言。See Brisbane City Council v. Attorney General of Queensland [1979] A.C. 411.

出,法律还是应当保留容许例外的空间,这种灵活处理的态度让规则更加适应现实生活。

这种立场最终在 2002 年被上议院的 Johnson v. Gore Wood & Co. 一案所采纳。在该案中,原告是已遭人格否认的公司,公司及其实际控制人都声称因为被告的过失而遭受损失。在诉讼中,公司没有将个人和公司的损失在同一程序中提出,公司的诉讼单独进行,最后以和解结案。原告随即对本人损失的部分提起诉讼,对方答辩称原告的做法违反了诉因禁反言。原告的诉求未得到初审法院认可,但最终获得了上议院的支持。上议院认为,原告对被告提起的诉讼不构成滥诉。前诉法院对诉讼的要求过于苛刻,没有考虑现实状况——原告的财务来源。而这却是原告决定在公司的案件之外继续个人的诉讼的原因。Bingham 法官重新阐释了诉因禁反言规则,他认为,应当根据具体情形分析当事人是否有滥用诉权的行为,不能一概而论。让法院打开二次审判大门的还包括 2001 年的 Sajid v. Sussex Muslim Society 案。该案当事人向劳工法庭(Employment Tribunal,又译劳资审裁处)起诉某一穆斯林团体,却发现争议金额超过劳工法庭受理普通法诉求的上限,故向高等法院提起诉讼并向劳工法庭撤诉。劳工法庭遂发撤诉令将该案撤销。在随后的审判中,被告答辩称高等法院应当判决本诉为劳工法庭案的重复诉讼。高等法院认为,诉因禁反言的原理在禁止重复诉讼和保证判决的终局性,撤诉令及其后向高等法院的诉讼不违反这些原则:首先,高等法院和劳工法庭之间并没有案卷移送制度,故此当事人只能重新起诉。其次,当事人的目的是让讼争被有管辖权的法院解决,并避免双重司法程序的产生,此行为不违反公共利益。最后,如果法院不允许当事人起诉,会使其实体争议无法通过司法程序解决,这对原告极不公平。

(三)评论

诉因禁反言的发展充分展现了法官自由裁量在英国证据法中举足轻重的作用。虽然"一事不再理"是原则,但是法院既可能"不理"不构成"一事"的争议,也可能再理"一事"。虽然标准模糊,但各判决暗含的理念相通,即在防止程序滥用的同时解决纠纷。一方面,法院要求当事人尽到谨慎义务,使对方免受重复诉讼之苦;另一方面,若诉因禁反言产生不正义,使纠纷增加而非减少之时,法院则可网开一面。

其实,前述 Wigram 法官所表达的意思不能被归于严格的"禁反言"制度框架下。2003 年枢密院在 Associated Electric and Gas Insurance Services Ltd. v. European Reinsurance Company of Zurich 一案中表达了如下观点:

"这项原则(当事人的合理谨慎义务)涉及那些可能被提起但是却没有被提起的争点,所以本原则的存在有赖于那些本可以被裁决却没有被裁决的争议事实,而与已经裁决的事实无关。"如果事实是未经判决的,归于禁反言名下则不太合适。Wigram 法官的本意是要求法官尽可能考虑公共政策因素,防止程序被滥用,要求诉讼程序既对当事人有利,也对公众利益有利。诉讼不应当无休止地进行下去,被告不应该被不断的诉讼所折磨。[①] 不能否认这项制度在阻止当事人滥诉和定分止争方面是有效果的,但是自从 1998 年的人权法通过之后,越来越多的人注意到这种制度可能有违《欧洲人权公约》第 6 条对于获得公正裁判权的要求。[②] 由于"当事人的合理谨慎义务"的功用和存在的价值不断受到批评,除了阻止当事人拆分诉求以保证一些法庭的利益外,这种制度存在的基础也越来越多地受到质疑。

为了防止僵化地适用"诉因禁反言",法院根据《欧洲人权公约》的规定应当保护当事人获得公平审判的权利,对善意的当事人要求法院重新审理案件的要求予以尊重。如何把握这种标准呢? 在 2002 年的 Johnson v. Gore Wood & Co.案中,Bingham 法官指出:"法官应当衡量当事人的行为是否构成'绝对程序滥用行为',而不是先默认当事人的行为是一种程序滥用,再考虑他的行为是否有正当理由。"这种更加灵活的做法更符合司法的利益。

三、民事诉讼中的争点禁反言

针对同一诉因,会出现很多对整个案件判决具有决定性作用的争点。同样的争点除非在特殊情况下,不能被一方在相同或者随后的程序中再次提出争辩。丹宁勋爵将争点禁反言看作是对诉因禁反言的扩张,他曾说:"在一个诉因下,肯定会有很多的争点用来支持整个案件。一旦双方当事人之间产生争点并被法院判决,一般情况下,任何一方当事人都不能再对此争点提出异议。"[③]他认为最好将禁反言限制于曾在前诉中裁决过的争点,因为前诉没有涉及一项争点可能有千百种原因,如果一概拒绝当事人提出这些争点,将是非正义的。但是,当一项争点已经被裁决过后,禁反言应当被严格地执行。

---

① Barrow v. Bankside Agency Ltd. [1996] 1 All E.R. 981.

② Johnson v. Gore Wood & Co. [2002] 2 A.C. 1.

③ Fidelitas Shipping Co Ltd. v. V/O Exportchleb [1966] 1 Q.B. 630.

争点禁反言理论成型较晚,且发展较为缓慢。本原则最早在 1967 年由 Mills v. Cooper 案阐明,后在 1981 年的 Hunter v. Chief Constable of West Midlands 案中被上议院采纳。在 1985 年的 The Sennar 案中,Brandon 法官总结道:"争点禁反言的适用有三个前提:第一,先前判决必须具备如下条件:(1)法院有管辖权。(2)判决是终局的、决定性的。(3)先前判决应当是实体处分。第二,前后诉当事人相同、诉讼地位相同。第三,前后诉中争点相同。"先前判决正确与否却并不重要。Hoffmann 法官指出:"争点禁反言的重点是当事人仍然被错误的判决所约束。"也就是说,本规则旨在防止或限制已决争点再次被交付审判。

以下将依次阐述 Brandon 法官所列的争点禁反言适用条件:

(一)先前判决

第一,先前判决必须出自有管辖权的法院。该问题在 1987 年的 Speedlink Vanguard v. European Gateway 案中有详尽的分析。在该案中,海上出现了船舶碰撞,根据 1984 年《商船法》(*Merchant Shipping Acts*)建立的有正式调查权的法院经过调查认为,这艘船在航行中有操作过失。但是,该法院并无民事管辖权。在随后的民事审判中,一方认为该法院的调查与随后在海事法院提起的赔偿诉讼中的内容有出入,海事法院判决认为,无民事审判权的法院所作出的结论不能成为禁反言的依据。此外,单纯行政的裁决,不论是治安法院作出的、行政裁判所作出的或是行政机关依据自由裁量作出的决定都不能引起禁反言的后果。[①] 但如果下一级的法院有司法裁判的功能,而且它在自己司法权限的范围内行使权力,则它的判决可引起禁反言的后果。[②] 值得注意的是,如果已有法院正在进行部分调查程序,这种程序本身并不能阻止其他法院行使管辖权。

第二,判决具有终局性。如果一项裁决仅仅是临时性的,则不能引起禁反言的适用。法官关于证据是否可采的预先审查裁决可作为最终裁决,至少陪审团在接受这些证据后作出最终裁决时,应当作为终局裁决。[③] 当然,如果陪审团不接受,案件被要求重新审理,前诉中的任何决定都不能在后诉中引起禁

---

① 治安法院作出的裁决参见 R. (on the application of Redgrave) v. Commissioner of Police of the Metropolis [2003] EWCA Civ 4;行政裁判所的裁决参见 R. v. Secretary of State for the Environment Ex p. Hackney LBC [1983] 3 All E.R. 358;行政机关凭自由裁量作出的决定参见 Mullen v. Conoco Ltd. [1998] Q.B. 382.

② Crown Estate Commissioners v. Dorset County Council[1990] Ch. 297.

③ Hunter v. Chief Constable of the West Midlands [1981] 3 All E.R. 727.

反言的效果,实质性的争议也不例外。① 在对超国家机构以及外国法院作出的对某一国内认定或者司法裁决的撤销裁判的案件中,以上非国内裁决也不能引起禁反言的效果,因为一般来说有撤销权的应当是国内法院。②

第三,先前判决应当是"实体处分",而非程序处分。如何界定实体处分呢?Diplock 法官在 1985 年的 The Sennar 案判决中指出:"它(实体处分)在法院判决中的意思是,法院认为自己对由特定诉因引起的争议具有管辖权,这些争议应当由特定事实引起,对诉因的判决不能被原审法院或其他具有管辖权的法院改变、再审或撤销。"③由此可见,英国法中的"实体处分"与中国法院对案件"作出实体处理"的含义基本一致。

(二)前后诉当事人相同、诉讼地位相同

英国法院对何为当事人相同、诉讼地位相同,采取了一种严格的解释态度。法院认为,诉讼当事人有权在裁决作出的过程中基于法律规定的地位提出自己的理由。即使前后诉当事人的利益有紧密的联系,只要客观上当事人不同或者诉讼地位不同,禁反言就不能适用。在 1939 年的 Townsend v. Bishop 一案中,原告在驾驶其父的汽车时与被告货车相撞中受伤。法院认定事故发生的原因是被告和原告的混合过失。④ 此后,原告的父亲向被告提起诉讼要求赔偿车的损失。法院认为,虽然该案原告在作为前诉的原告承认了在个人伤害中双方的混合过失,但是他在本诉当中并不受禁反言的规制,这仅仅是因为两案的当事人不同。以上观点被上议院在 2006 年的 Inntrepreneur Pub Co. v. Crehan 一案中重申,该案欧盟委员会对连锁酒吧集团旗下 A 酒吧和 B 之间的裁决并不影响到 C 酒吧和 D 之间的诉讼,即使 A 和 C 属同一集团并且诉讼所涉合同内容也是相同的,欧盟的裁决只会被当作证据来看待。

---

① Bobolas v. Economist Newspaper ⌊1987⌋ 3 All E.R. 121.

② Buehler AG v. Chronos Richardson Ltd. ［1998］2 All E.R. 960. 在 1995 年,欧洲专利办公室申请异议部门拒绝了 C 对 B 专利的异议,C 没有上诉。1996 年 4 月,B 于英国专利法院提起对 C 的侵权之诉。C 答辩认为专利无效,并提出了与上诉同样的理由,并认为专利应当被撤销。B 认为对 C 的答辩应适用禁反言,或者应当认定 C 滥用诉权。但是英国法院却持相反意见,理由有两点:首先,撤销专利的权利在国内法院;其次,欧洲专利办公室异议部门的决定并不是针对专利有效性的最终司法裁定。

③ DSV Silo und Verwaltungsgesellschaft mbH v. Owners of the Sennar (The Sennar) (No.2) ［1985］2 All E.R. 104.

④ 混合过失是指由于原告本身的疏忽,并且在所诉称的被告过错而导致的损害中,原告的过失亦构成致损原因的一部或者全部。

(三)争点相同

如果说法院对诉讼当事人的地位问题采取了严格解释的方法还是具有充分的理由的,那么对于争点相同这个问题是否仍应采取严格的方法呢? 对此,英国法院显然存在分歧。

在审理案件时,法院有时采取严格解释方法,有时采取广义解释方法,其中争议最大的当属持续、重复性的法律行为。在 1926 年的 Hoystead v. Taxation Comr 中,枢密院认为税务机关不应当在 1920—1921 年度违反法院针对 1918—1919 年度关于征税财产估价的裁决。而在 1960 年的 Society of Medical Officers of Health v. Hope 一案中,上议院认为当地估价法庭对本年利率的评估只产生针对这个利率的争点,在以后的利率问题上并不产生禁反言的效果。[①] 以上案件的争议焦点是,每年的征税财产评估是不是同一争点?

类似的争论在交通肇事案件中更频繁地出现,特别是在交通肇事案件中两车相撞,车内作为乘客的无辜第三人受害情况下,该问题会引发更大的争议。例如,两名司机在前诉中有关责任分配的判决生效后,对涉及第三人的后诉中的损失分配比例是否应当适用禁反言?[②]

采取宽泛解释的观点占了上风,当涉及第三方的诉讼与前诉的内容没有什么不同,而且在两案的证据都相同的情况下,后诉中关于在前诉已经决定的问题应当适用禁反言。例如,在 1991 年的 Wall v. Radford 一案中,乘客将她的司机作为第一被告,另一司机作为第二被告提起诉讼。法院支持了原告的起诉,将责任在两被告间平均分配。此后,第一被告就第二被告的过失提起诉讼,第二被告企图利用禁反言将自己的责任控制在 50% 以内。Popplewell 法官承认对乘客的责任与其他路人的法律问题是不同的,但是事实问题却是相同的。他认为就事实问题而言,司机对乘客的过失和自己受伤的与有过失之间没有什么区别。他评论道:"尽管归责于另一个司机与归责于另一个乘客的并不同,但是这不意味着该案中的责任有什么不同。"英国法律这样解释显然是对僵化适用条件的一种松绑。如果坚持认为争点不同,就会出现对同一争议判决冲突的情形,这样也不能说是一种正义。

---

① 该案中,估价法庭在 1951 年作出判决,社团免受《1843 年科技协会法》(Scientific Societies Act 1843)利率的规制。但是在 1956 年 4 月,一份新名单出炉,社团不动产列于名单之上。社团认为自己应当受到 1843 年法的保护。上诉法院支持了评估法庭的主张,1843 年法不应当成为禁反言的理由。

② 有时司机之间的诉讼先进行,例如 Wood v. Luscombe [1966] 1 Q.B. 169,有时候第三人和司机一人的诉讼先进行,Hell v. Holmes [1956] 3 All E.R. 449.

总之,尽管民事程序中的禁反言规则的适用有时相对僵化,但是仍然给法院较大的自由裁量权空间。当事人提起诉讼目的以及判决是否能够定分止争,仍是法官考量的主要因素。

四、刑事程序中的既决抗辩

英国的禁止双重危险原则主要是以"前经开释"和"前经定罪"的抗辩所组成,辅之以"程序滥用"理论。[①]

争点禁反言不能用于刑事案件中。早在 1964 年,负责审判 Connelly v. DPP 一案的三位法官曾经认为争点禁反言可以在刑事案件中适用。Devlin 法官认为如果仅仅因为在刑事程序中对于哪些争点获得裁决还有争议(因为刑事案件仅有陪审团对案件的整体裁决,并没有对事实分别作出判断)就因噎废食,全盘否定争点禁反言在刑事案件中的适用,是不适当的。[②]但是,该判决在 1976 年被上议院 DPP v. Humphrys 案推翻。上议院一致认为争点禁反言不能在英国刑事诉讼程序中使用。在该案中,赫弗里斯被指控在 1972 年 7 月 18 日无证驾驶,但是随即被宣告无罪。在前诉中的唯一争点是赫弗里斯是不是警察在当日拦下的那个人,警察作证说他曾见到被告人驾驶车辆。但是,赫弗里斯自己作证说他没有在 1972 年驾驶过车辆。此后,被告人被以伪证罪起诉。多位邻居曾看到被告人在 1972 年多次驾驶车辆。此时,曾经拦住赫弗里斯车的那位警官可否出庭继续作证,证明他在 7 月 18 日拦下的司机就是赫弗里斯? 作出终审判决的上议院认为:首先,争点禁反言不能在英国刑事诉讼法中适用。其次,即使在第一次审判中被判无罪,也不能阻止检察机关在后续的庭审中提出与前审部分相同的证据。[③] 也就是说,前诉虽然认为被告人不是被警察拦下的人这一争点导致被告人无证驾驶无罪,但是后诉不能由此将"被

---

① 应当注意的是,禁止双重危险原则与程序法中的上诉制度、裁判制度有非常紧密的联系。但是限于本书主旨,仅叙述本制度与证据法相关的内容。

② 1974 年 R v. Hogan 一案中,法官认为可以确定刑事裁判所涉争点范围。在该案中,被告人 Hogan 被控故意重伤罪,他提出的正当防卫的理由没有得到法院的采信。后被害人死亡,他又因谋杀被起诉。在第二次审判中 Hogan 被禁止否认该事件非正当防卫。法院认为他只能提出在第一次审判中没有判决且可用的争点。

③ 在意大利、法国、澳大利亚、德国等国家的犯罪嫌疑人不能因为在无罪案件中不会被追究因否认事实而成为伪证罪的犯罪主体,这点与英国不同。

告人不是被警察拦下的那位"这一陈述当作事实，呈交负责后诉的法院。故此，在刑事程序中只存在类似民事"诉因禁反言"的禁止双重危险原则，不存在争点禁反言。

严格意义上的禁止双重危险原则与诉因禁反言类似。在 1964 年 Connelly v. DPP 一案中，Devlin 法官这样阐述法律："前罪法则适用的必要条件是被告人必须再次受到原已指控罪名的二次定罪危险。'犯罪'这个词包括了构成犯罪的事实以及罪行的构成要件。前罪法则适用的前提是前后诉在事实和法律上都必须为同一犯罪行为。"也就是说，既决抗辩存在两个条件：第一，必须存在一个"有效的"无罪或有罪判决。第二，后起诉的"犯罪"与被告人已经被宣告的"犯罪"必须是完全相同的，作为认定构成犯罪的"事实"以及该事实所构成的"法律特征"均需前后一致。例如，在抢劫杀人案中，如果就抢劫过程杀害他人的事实指控被告人犯"谋杀罪"，但被告人被宣告无罪的，该无罪判决不影响控方以"抢劫罪"再次起诉，因为抢劫罪和谋杀罪的法律特征明显不同。[①]

传统的英国法强调有罪判决的准确性，以及无罪判决的终局性。这种观念致使检察机关不能对无罪判决表示异议，但是被告人却可以对有罪判决进行无休止的上诉。这种刑事审判天平偏向被告人的做法引起了诸多不满。由于英国警察的破案率长期低于 30%，大量案件变为无头公案。[②] 而极高的刑事证明标准导致进入司法程序案件的被告人也不一定被判有罪，未认罪当事人中只有不到一半被陪审团判决有罪。如此低的有罪判决率不禁让人怀疑，其中是否存在大量错误的无罪判决。[③] 特别是自劳伦斯案发生后，[④]传统的英国法所坚持的严格既决抗辩由于存在放纵错误无罪判决之虞，引发舆论不满。而该案也因此成为导火索，"禁止双重危险原则"的改革成为箭在弦上，不得不发。

---

① 李昌盛：《禁止双重危险原则在英国的发展》，载《人民检察》2006 年第 12 期。当然，即使不构成既决判决，法院是否允许这种二次起诉还要涉及是否"程序滥用"的问题。

② 英国司法部：Criminal Statistics, England and Wales 2009，http://www.justice.gov.uk，下载日期：2011 年 4 月 1 日。

③ David Hamer, The Expectation of Incorrect Acquittals and The "New and Compelling Evidence" Exception to Double Jeopardy, in *Criminal Law Review*, 2009, No.2.

④ 1993 年 4 月 22 日晚上，劳伦斯和朋友一起在等车的时候被人刺入腋动脉致死。在初审之时，五名嫌疑人被逮捕但是都没有被定罪。1997 年《每日电讯报》将该报相信杀害了劳伦斯的五个人都贴上"杀人犯"的标签并附上照片，并且扬言如果说错了，这五个人可以状告该报诽谤。该案深刻地影响了双重危险原则的适用标准。尽管如此，劳伦斯一案至今没有再次进行审判，也没有人因劳伦斯的死而负法律责任。

《2003 年刑事审判法》就是在这种背景下颁布的。该法旨在改变判决效力的不对称性,重新平衡了两项最主要的刑事审判价值目标:判决的终局性和准确性,特别是经由对"禁止双重危险"的改革成为达到刑事诉讼价值的对称,加强对被害人和社区利益的保护。[①] 此后,既决抗辩的范围被该法缩小,法律整合规定了两项例外:

(一)无罪判决存在瑕疵

假如案件是由有管辖权的法院进行审理的,但是审理程序却严重"失范",以至于被裁定为无效审判,那么由此作出的判决也不得成为"既决抗辩"的根据。《1996 年刑事诉讼与侦查法》第 54~57 条规定,当出现①歪曲审判过程的犯罪。②《1994 年刑事审判和公共秩序法》第 51 条第 1 款所列犯罪(对证人、陪审员或者其他人进行胁迫等)。③帮助、教唆、商劝、获得、引诱,或者煽动其他人实施《1911 年伪证法》第 1 条所列犯罪时,可认定为妨害审判管理的犯罪。[②] 在证明有以上情形存在的情况下,法院可以根据第 55 条的判断条件决定是否制作命令撤销以前法院的判决。这些条件包括:(1)对于高等法院来说,因为存在干扰或者胁迫,被宣告无罪的人可能不会被宣告无罪。(2)对高等法院来说,不会因为时间流逝或者其他原因,追溯因为他被宣告无罪而犯罪的人的程序可能与司法利益发生冲突。(3)对高等法院来说,已经给予被宣告无罪的人合理的机会向该法院提出书面陈述。(4)对高等法院来说,定妨碍审判管理罪将会成立。如果上诉法院作出了撤销原判决的决定,被告人就可因为前诉罪名再次受审。

令人惊讶的是,"无罪判决存在瑕疵"规则存在了十多年,但是从未被运用过。[③] 为此,法律委员会曾在咨询文件中要求法律对妨碍审判管理的构成予以松绑,扩大制作宣告瑕疵无罪判决命令的范围,改变证明因果关系的标准,改变现有要求重新审判必须有利于司法利益的要求。然而,以上的建议未被《2003 年刑事审判法》所采纳。

(二)新证据

这项例外出自《2003 年刑事审判法》第 10 部分,并于 2005 年 4 月开始在

---

① Ian Dennis, Prosecution Appeals and Retrial for Serious Offences, in *Criminal Law Review*, 2004, No.8.

② 中国政法大学刑事法律研究中心:《英国刑事诉讼法(选编)》,中国政法大学出版社 2001 年版,第 665 页。

③ Andrew Ashworth & Mike Redmayne, *The Criminal Process*, 3rd edition, Oxford University Press, 2005, p.364.

司法实践中运行。① 劳伦斯案发生后,内政大臣指示法律委员会考虑该案咨询报告中的意见。法律委员会的报告很快出台,建议在有新证据时,可重启审判。② 下议院内政部特别委员会也支持对禁止双重危险原则进行改革,随后法律委员会在两份咨询报告中整合了各方意见。2001 年,在奥德勋爵对刑事法庭大规模考察报告中提到了对该制度的改革。2002 年《所有人的正义》(Justice for All)报告提出,为了追求司法公正——更公平、有效的审判,"我们建议……重案中如有具有说服力的新证据出现,双重危险原则可以不适用"。③ 由此,《2003 年刑事审判法》抛弃了以前严格执行禁止双重危险的做法,规定如果出现新的令人信服的证据,且所涉犯罪为重罪,④则可以进行第二次审判。

根据《2003 年刑事审判法》第 75 条的规定,只有少数案件可以进入再审程序。这些判决必须是正式判决,而且根据第 76 条第 1 款或者第 2 款提出的无罪判决提出申请仅限一次。本程序只能由检察官向上诉法院提出撤销无罪判决的申请,并且申请重新审判。

《2003 年刑事审判法》第 78 条规定了"新证据"的标准:(1)如果关于限定的犯罪存在不利于被宣告无罪的人的令人信服的新证据,则本条规定的条件即已具备。(2)如果是在原审被告人被宣告无罪的程序中没有提出(如果是在上诉审程序宣告无罪的,在与该程序有关的先前程序中也没有提出)的证据,则该证据就是新证据。(3)该证据是令人信服的,如果它是可靠的,具有实质性,并且置于案件的重要争议背景之中,它对证明不利于被判决无罪的人的案件具有高度的证明力。(4)"重要争议"是指在宣告此人无罪的程序中有争议的事项,如果是在上诉审程序中宣告无罪的,还包括从先前的程序到上诉审中一直有争议的其他任何事项。(5)出于本条的目的,任何不利于被判决无罪的

---

① *Criminal Justice Act* 2003 (Commencement No. 8 and Transitional and Saving Provisions) Order 2005 (SI 2005/950).新南威尔士、昆士兰以及南澳大利亚也相继于 2006 至 2008 年间采用了这项例外。

② Ian Dennis, Rethinking Double Jeopardy: Justice and Finality in Criminal Process, in *Criminal Law Review*, 2000, No. 12.

③ 最高人民检察院法律政策研究室:《所有人的正义——英国司法改革报告》,中国检察出版社 2003 年版,第 8 页。

④ 符合条件的犯罪指《2003 年刑事审判法》中附件五第一部分所列最严重的 29 项罪,包括的类型有:侵犯人身罪(谋杀罪等)、性犯罪(强奸罪等)、毒品犯罪、刑事损害犯罪(纵火危及生命罪等)、战争犯罪和恐怖犯罪(种族灭绝罪等)。

人的证据在先前的程序中是否可采,无关紧要。新证据不必是直接证据,证据种类也没有限制,比如在强奸案中,新证据不需要是被告人对于强奸的本身的陈述或者直接证明强奸的证据,但是必须为新证据且具有高度证明力。① 总之,根据法律的规定,"新证据"必须具备符合司法利益和令人信服两项要求。

1.司法利益要求。该要求体现在《2003 年刑事审判法》第 79 条:(1)如果根据全部情况,法院根据第 77 条作出裁定符合司法利益,则本条规定的条件即已具备。(2)对该问题的决定应当特别考虑:①现有情况是否使公正审判不可能进行。②出于对该问题以及其他因素的考虑,限定的犯罪据称被实施以后的时间长短。③如果不是因为某一官员或者起诉人未能尽职尽责或者迅速行动,该新证据是否可能在原审程序中作为不利于被判决无罪的人的证据提出。④在原审程序之后,或者在本部分生效之后,任何官员或者起诉人是否能尽职尽责地或者迅速地行动。(3)第(2)款提到的官员或者起诉人,包括根据英格兰和威尔士以外的生效法律负有相应职责的人。(4)不论先前的起诉是否是由起诉人以外的人进行的,第 2 款第 3 项既适用于起诉人,也适用于此人。② 基于成文法的规定,法院必须考虑提出的证据为"新"证据,在前审中未被提出。

2."令人信服"的新证据。"令人信服"的新证据可能表现为多种形式:司法新技术(如 DNA 科技)③、无罪判决后的有罪自白、新发现的证据、新近可采的证据(如 2003 年后的被告人品格证据)④。对于"令人信服"一词,尚存很大的解释空间,只有对这些证据的真实性不存在现实的争议,法院才能启动再审。⑤ 总体而言,以 DNA 证据为代表的司法新技术及被告人自白,较之新发现的证据和新近可采的证据更加可靠。但是,在个案中如何考量新证据的"可

---

① Archbold News, Retrial for Serious Offences:"Compelling" New Evidence-Meaning, in *Archbold News*, 2009, Vol.1, No.3.

② 孙长永等:《英国 2003 年〈刑事审判法〉及其释义》,法律出版社 2005 年版,第77～78 页。

③ 上议院许可警察可在被告人被宣布无罪后继续保留他们的 DNA 及指纹。参见 International Journal of Evidence & Proof, Retention of DNA Samples after Acquittal, in *International Journal of Evidence & Proof*, 2005, Vol.9, No.1.

④ David Hamer, The Expectation of Incorrect Acquittals and the "New And Compelling Evidence" Exception to Double Jeopardy, in *Criminal Law Review*, 2009, No.2.

⑤ Criminal Law Review, R. v. G (G): Retrial—Criminal Justice Act 2003 S.76—Previous Acquittal—Crown's Application to Quash Acquittal and Direct Retrial on Basis Of New Evidence, in *Criminal Law Review*. 2009, No.10.

靠性"？2007 年的 R v. Miell 案的判决认为,应当考虑到在重新审判中证据的影响以及其真实性,无法证明真实性的证据不能"令人信服"。在该案中 S 和 R 都被认为可能对 B 的死亡负责。检察机关认为 R 应当是罪犯,但 R 却被判无罪。随后 S 因为其他案件被捕,作出自己杀害 B 的自白。随后又撤销了自白。检察机关认为他的自白构成《2003 年刑事审判法》第 78 条规定的"令人信服"的证据。但法院认为由于 S 的自白有很多不实之处,与其他证据相悖,所以不能被认为是可信的新证据。① 在 2009 年的 R v. B(J)一案中,法院认为,证据应当是可信的,这种可信性应当结合证据作出的渠道和取得的方式来判断,同案犯受一己私利影响所给出的证据不能认为是可靠的证据,不能成为再审的理由。在该案中,除 B 外的两名被告人都被判有罪。两人中的一人与检察机关达成协议,提供证言证明 B 也参与了该罪。检方即以新证据为由要求重审。上诉法院认为,判断新证据的标准不是证据是否"可能"可靠,而是证据"必须"可靠。尽管 E 提供的证言有可能真实,但是他也有可能是为达减刑目的而提供证言。更何况 E 的证言总是不合情理,且充满谎言,故检方再审要求被驳回。② 但是,如果被告人因为相信自己因为没有被再次起诉的危险而提供了令人信服的证据,这些证据可以被认为是第 78 条下的证据。例如,在 2006 年的 R v. Dunlop 一案中,D 两次因为谋杀一名妇女 H 受审,但是都被无罪释放。8 年后 D 向多人承认了他杀人的事实。在争夺对他女儿监护权的程序中,他证实自己对 H 的死负责。法院认为他的自白可以构成"新的令人信服的证据"。该案也成为新法实施超过三年后首个由于新证据的出现,无罪判决被推翻的案例。

除了成文法规定的例外,为了防止程序滥用,《2003 年刑事审判法》对再次提起审判还设置了程序限制:首先,根据第 78 条的规定,只有经检察长书面同意,起诉人才可根据前款提出再审申请。其次,为了限制侦查机关二次侦查,在第 85 条侦查的授权中规定:"除第 86 条规定的情形外,官员不得为了进行这种侦查而采取第(3)款规定的任何措施。"除非检察长书面证明、同意侦查。此外,上诉法院决定重审后,它有权根据第 82 条的规定,以司法利益为名限制公开报道。

总之,尽管英国对禁止双重危险原则作出了改革,但是再审的要求并不如

---

① R v. Miell [2007] EWCA Crim 3130.

② R v. B(J) [2009] EWCA Crim 1036.

表面那般宽松。① 英国的成文法多为原则性规定，法官自由裁量权很大，实践中倾向于严格控制二次审判的案件范围。为此，通过该规定进入二次审判的案例可谓凤毛麟角。但是从总体上看，英国的这项改革是妥当的，它增加了刑事程序结果的准确性，而准确性是判决合法性的重要组成部分，那种认为改革对被告人不公且违宪的论断很难令人信服。②

五、刑事程序中的程序滥用

既决判决可以保护被告人免受二次审判，但是它适用范围较窄。③ 现实生活中时常出现检察机关针对同一事实先后以不同罪名起诉被告人的情况，这种做法是否应当被允许？上议院经由 Connelly 和 Humphrys 两案，整合出了一种"程序滥用"的概念。在 Connelly 案中，法官认为，如果检察官为了反驳被告人的辩护，基于同一事件不断提出告诉，即使这些罪名在法律上是不同的，也构成对程序的滥用。程序滥用原则本质上是一种法官基于裁量权终止刑事诉讼的理论。

由于这项规则所依据的乃是法官的自由裁量权，故无统一标准，只能依个案分析。对同一行为的二次审判不一定全部是错误的，在特殊情况下可能是公正且有利的。法官应当根据案件情形运用自由裁量权决定是否适用该规则。在 1998 年的 R v.Beedie 案中，法官阻止检察机关针对同一事实以不同罪名进行二次起诉。该案中的承租人因有缺陷的煤气暖炉事故而死亡，出租人已对承租人死亡基于《1974 年工作中的健康和安全法》(*Health and Safety at Work Act* 1974)规定的其管理过失的事实作了认罪，并受到惩罚。随后，验尸官暗示他已经受审就不能再因为同样的事实受到审判，而让他提供承租人死亡的证据，发现被害人的确死于非法杀害。基于此，被告人再次因过失杀人被提起公诉。初审法官拒绝了前经定罪原则的适用。但是上诉法院推翻了当事

---

① David Hamer, The Expectation of Incorrect Acquittals and The "New and Compelling Evidence" Exception to Double Jeopardy, in *Criminal Law Review*, 2009, No.2.

② Ian Dennis, Prosecution Appeals and Retrial for Serious Offences, in *Criminal Law Review*, 2004, No.8.

③ 应当注意的是，程序滥用规则并不是成文法规则，也没有严格的分类，更多的时候充当"判决理由"的角色。作为既决判决规则的补充，法官在判决中可能会将其和程序滥用相联系。

人有罪的认定,认为初审法院没有考虑该案的特殊情况,只有在特殊情况下以更严重的罪名提起二次审判才能被允许。在该案中,公众对案件的兴趣、对被害人家庭的关心都不能算作特殊情况,而且该案没有新事实,所以基于完全同样的事实对被告人再次提起不同罪名的审判是不合适的。在适用本原则的过程中,先前无罪判决存在瑕疵或者有技术缺陷,或者法律在前诉判决后发生了改变,这些都不足以成为提起再审的理由。①

当然这项规则也有例外,如果在第一次审判后现实情况出现了改变,比如说被害人死亡,那么基于此提起的诉讼就不能被认为是滥用程序。例如在2005年的 R v. Young 一案中,在前诉中 Y 因故意伤害而被定罪,此后被害人死亡,Y 再次因谋杀被提起公诉。她提起上诉,认为第二次审判有违《欧洲人权公约》。法院驳回了上诉,认为由于被告人的死亡,两次审判的事实发生改变,故可以提起诉讼。

下文将探讨程序滥用规则最常出现的情形,它们虽然指向不同,但是都利于检察机关对被告人的指控。②

(一)对先前判决的附带攻击(Collateral attack on precious decisions)

附带攻击是指在某一诉讼或者程序中对另一诉讼的判决(或另一司法程序)所作的攻击。它常出现在非专以质疑或者推翻某一判决为目的的诉讼或程序中,发动对先前刑事判决的攻击,意在撤销或者否认先前刑事判决的效力。附带攻击在民事程序中的运用借由上议院 1981 年的 Hunter v. Chief Constable of the West Midlands Police 一案而受到瞩目。该案是英国著名的"伯明翰六人组"案的一部分,③嫌疑人在被判有罪后,提起民事诉讼称自己的认罪供述是在受到刑讯逼供后作出的,要求获得民事赔偿。上议院指出,如果当事人提起民事诉讼的目的是附带攻击刑事法庭作出的最后裁决,那么此行

---

① 参见 R v. G [2001] EWCA Crim. 1215.以及 R v. N [1998] Crim. LR. 886。

② Colin Tapper, *Cross and Tapper on Evidence*, 12th edition, Oxford University Press, 2010, pp.104-108.

③ 1976 年 11 月 21 日,伯明翰两家酒吧在同一时段发生了爆炸,在爆炸中 21 人死亡,162 人受伤。此外,嫌犯还在另一银行安装了爆炸设备,但此炸弹未被引爆。这是当时最严重的恐怖活动,爱尔兰共和军被指对此起事件负责。伯明翰 6 名犯罪嫌疑人(Birmingham Six)因被控对炸弹事件负责而接受审判,并在 1975 年被判终身监禁。在押期间,他们不断针对警察的不法行为提出申诉,但大多数因为禁反言而失败。在经历了两次上诉后,终于在 1991 年,由于出现新证据表明警方销毁证据、捏造证据,法院撤销了对他们的大部分指控。2001 年,在被释放 10 年后,上述 6 人分别获得了 84 万英镑到 120 万英镑不等的赔偿。

为构成程序滥用,应当受到禁反言的规制。而在刑事程序中,若当前起诉的目的是攻击在先的无罪判决,Hunter 案的判决也同样适用。[①] 在 1977 年的 DPP v. Humphrys 一案中,Hailsham 法官采取了同样的观点:"当现有证据与第一次庭审的证据相同的时候,基本上法院认为应当坚持无罪的判决,第二次指控因其违反了禁止双重危险原则和法院程序滥用原则而不被采信。"

值得注意的是,如果在先的判决是民事判决,即使当事人不同,攻击在先的该裁决也可能构成滥用程序;但如果是检察官攻击民事裁决,则不易被认定为滥用程序。[②] 当然,要在案件中真正证明滥用情形的存在绝非易事,这是因为在民事程序中的证明标准低于刑事诉讼,特别是当法院有控制证据权力的时候。

(二)无罪判决中证据的再次使用

英国法官主张以自由裁量权决定是否排除前诉中的证据。具体而言有两种类型:(1)在前诉中被排除的证据又在后一诉讼中被提起,而证据排除的理由是基本相同的。(2)在当事人被判无罪的前诉没有被排除,但可能构成犯罪的证据又在后诉中被提出。

第一种类型的典型案例是 1950 年的 Sambasiva v. Malaya Federation Public Prosecutor 案。上诉人被指控两项罪名非法持枪以及非法持有军火。在对第二项罪名的审判中他被判无罪,但是在第一项罪名的指控中法院被要求重新审判。在第二次庭审中,检察机关的依据是一份声明,上诉人在其中表明他既持有枪支又持有军火。此后他被判持有枪支罪成立,但是枢密院司法委员会建议撤销该有罪判决,因为如果声明被接受作为证据并认为这份声明为真,那么在法院作出上诉人第一项罪名成立的同时就等于也表明他的第二项罪名也成立。检察机关有义务接受第二项罪名不成立的判决,不能在重审中质疑它。基于以上问题,这份声明必须被排除,上诉人的上诉得到支持,有罪判决被撤销。

第二种类型的典型案例是 1950 年的 R v. Ollis 案。该案被告人被指控于 7 月 5 日通过诈骗获得支票,提起本诉讼的前提是当时检察机关以为 Ollis 给 Ramsey 的支票可被承兑。在发现支票不能承兑后,Ollis 被指控于 6 月 24 日、6 月 26 日和 7 月 6 日通过空头支票套现。在 Ramsey 对 7 月 5 日的事件

---

① Nina Zaltzman,Relitigating the Admissibility of a Confession:Collateral Attack on Acquittal in Subsequent Criminal Proceedings,in *Criminal Law Review*,1999,No.11.

② R v. SL [2006] EWCA Crim. 1902.

给出与第一次被告人被判无罪的庭审同样的证据后，Ollis 被判有罪。本判决被上诉审予以维持。上诉审法院认为被告人第一次被判无罪的判决是非实质性的，以 Ramsey 的证言可采。通过对比就会发现本判决和 Sambasiva 可能形成的矛盾：法院的判决等于支持了认为 OIllis 在 7 月 5 日不诚实行为的说法，这样进一步可能会得出他应当被判诈骗罪成立的结论。尽管法院认为第一次无罪判决为非实质性，但事实上也造成了对先前无罪判决的违反。

正因为如此，1967 年的 G v. Coltart 案企图调和这种矛盾。G 是一位家佣，被指控从她的女主人 T 以及她的客人 D 处偷东西。G 承认她拿了东西，但她辩称她有意归还原物。在庭审之时 D 在南非，关于 G 偷 D 女士的珠宝的问题不能在 D 不在场的情况进行庭审，所以 G 在 D 的问题上被判无罪。而在对 G 的指控中，为了反驳 G 有意归还珠宝的说法，检察机关举了 D 的例子，证明即使 D 女士已经表明自己第二天要去南非了，G 也没有返还的意图和行为。在初审中 G 被判有罪。但是在上诉审中有罪判决被撤销，因为当事人在 D 案中被判无罪，检察机关就不能在随后的审判中利用"无罪判决错误"的推论所得的任何结论。该案中，Salmon 法官企图将 Ollis 和该案的判决意见相协调，他认为，Ollis 和该案的差别在于，在该案中所呈证据的唯一联系点在于举出 D 案的例子是为了证明 G 有罪，但是在 Ollis 案中，举出前诉证据的目的仅仅是为了增加说服力；Ollis 案件没有宣称被告人有罪也没有依赖被告人在前诉中的有罪事实；他们企图以第一张票据不能兑现的事实说明被告人在开出其他三张票据时的知识和心理状态。

也就是说，法院认为区别是否可以采纳证明前诉无罪判决有错误的标准，在于有无依赖被告人在前诉有罪的认识。但是这种标准并未得到广泛认可。法律委员会也对这种做法提出了批评，随后，上议院于 2000 年在 R v. Z 案中推翻了前述判决。在该案中，Z 被控强奸。他之前曾四次被控强奸，其中只有一次被判有罪，其他三次被判无罪，在所有案件中他均以"对方同意"作为答辩理由。下级法院希望以前的四位指控者作证，以推翻 Z 认为"对方同意"的抗辩。而上诉法院拒绝采取这些证据，因为这些采证行为可能使 Z 面临双重危险。上议院拒绝适用 Sambasiva 规则，而认为这些证据可采，理由是被告人没有因以前的行为再次受到审判，就不存在双重危险。法官认为在 Sambasiva 案件中，弹药在枪里，故如果判被告人持有枪支有罪就等于违反了先前判他持有弹药无罪的判决。所以法官拒绝在本案——这个不会影响先前判决的案例中适用 Sambasiva 原则。最后，该案中的以上证据被允许作为相似事实证据（similar facts）使用。

　　总之，经过历史的演进，英国对无罪诉讼中所涉证据的态度经由严苛转向宽松。法院倾向于认为，只要没有直接攻击或者直接导致前无罪判决的推翻（如 Sambasiva 案），仅仅让人对前诉的无罪产生怀疑还不足以让被告人依禁反言排除证据。如果出现与该案相关的被告人以前的无罪案件，英国上议院的法官倾向于假定被告人有罪。虽然法官澄清这些证据只能被用作事实证据，但是这种态度对无罪判决的效力冲击仍然是巨大的。与英国法院的态度相比，欧洲人权法院显然更尊重无罪判决。欧洲人权法院在 2001 年的 Rushiti v. Austria 案判决中声称："应当尊重最终无罪的判决，对被告人无罪的任何一点怀疑都是不可取的。"英国法院的做法是否与《欧洲人权公约》第 6 条的规定一致，还有待时间的检验。

第十六章 免予证据证明的事实

一、引言

在一般情况下,当事人对于有利于己的事实,必须提供证据进行证明。但是为了使裁判切实简捷,法律基于特别理由,在法院显然可以认定而无证明之必要的情形下,规定当事人就其主张的事实可不负证明责任。不需要证据便可成为裁判资料的事实即所谓"免予证据证明的事实"(proof of facts without evidence)。根据英国证据法的理论与实务,免予证据证明的事实一般包括如下三类:推定(presumption)的事实、司法认知(judicial notice,judicial knowl-edge)的事实以及当事人正式自认(formal admission)的事实等。

证据法中的推定,是指从其他已经确定的事实必然或可以推断出的事实推论或结论。学者认为:推定是一项法律规则,当一方当事人证明了基础事实时,如果没有相反的证据,则推定事实将视为被证明。一方当事人可提出充分的证据否定推定的效果,这被称为对推定的反驳。① 如果某一基础事实与推定事实之间有着合乎理性的联系,根据事物的一般规律,基础事实的存在可以符合逻辑地推出推定事实的存在,那么,可以不必要求有证据证明推定事实的存在。

司法认知是"一种经由此途径,法庭可以不审查证据而认定某事实已得到证明的方式"。② 因此,当某特定事项为众所周知或可以通过特定权威渠道准确查明,法庭就可以直接确认其真实性而无须通过证据予以证明。学者认为:

---

① Peter Murphy,*Murphy on Evidence*,7th edition,Blackstone Press Limited,2000,p.579.

② "The means by which the court may take as proven certain facts without hearing evidence." See *Oxford Dictionary of Law*,6th edition,edited by Elizabeth A. Martin & Jonathan Law,Oxford University Press,2006,p.297.

"司法认知是证据法的一项原则。它授权法庭(法官或治安法官)宣称其发现某项事实的存在,无须当事人举证即可认定该事实。其认定的基础在于该事实属于法庭知识范围之内的事项。"①

自认既存在于民事诉讼中,也存在于刑事诉讼中。设立正式自认的基础主要在于对效率的追求。作出正式自认的一方,其自认可以作为诉讼的结论性事实,由此免除了对方当事人的证明责任,为相对方解除了举证上的负担,减少了当事人收集、保存证据及相互质证之累,并节省了举证证明争议事实的时间和金钱。通过对相对方当事人主张的正式自认,还有助于确定争点、明确证明对象,提高诉讼效率。"任何有利于提高诉讼效率和经济性的措施和制度对法院和当事人都具有难以抗拒的诱惑力"②。当事人在民事诉讼中作出自认的动机是费用因素;而刑事诉讼中自认的理论基础在于效率。因此,在民事诉讼中,对争议不大的事实不合理地提出反对的一方将被要求承担对方因证明这些事实而支出的费用,即使拒绝作出自认的一方最终胜诉。刑事诉讼中的自认主要由《1967年刑事审判法》第10条予以规定。起草《1967年刑事审判法》的刑法修订委员会(the Criminal Law Revision Committee)也认为,坚持对无争议的事实提出正式的证明是不必要的。如果坚持普通法规则,那么在刑事案件中,被告人不能通过同意而放弃证据规则的适用,由此将产生相当可观的时间和金钱上的浪费。③

推定、司法认知与正式自认由于具有免除举证责任的作用,因而在英国证据法上具有重要的地位。兹分述之。

二、推定

(一)推定的概念

在证据法上,推定是指从其他经司法认知或经证明或承认为真实的事实(一般称为基础事实)中推断出某一事实成立或为真实。④ 当一项事实(事实

---

① I. H. Dennis, *The Law of Evidence*, 4th edition, Sweet & Maxwell, 2010, pp.527-528.

② 张卫平:《诉讼构架与程式——民事诉讼的法理分析》,清华大学出版社2000年版,第435页。

③ I. H. Dennis, *The Law of Evidence*, 4th edition, Sweet & Maxwell, 2010, p.522.

④ 薛波主编:《元照英美法词典》,法律出版社2003年版,第1084页。

A)得到证明,法院将得出一个结论,并推定另一项事实(事实 B)为真实。事实 A 被称为基础事实,事实 B 被称为推定事实。在任何案件中,如果事实 A 得到证明,将只能产生一项推定。如果能提出充分的证据使事实 A 不能被证明,就没有推定产生的机会。[①]

法官有权根据当事人提交的证据作出合理的推论。他应当首先确定哪些事实被证据所直接证明,然后分析从这些事实能够得出何种结论。例如,原告经过一块高尔夫球场时,被一只高尔夫球击中,如果这一事实得到证明,同时没有证据表明球来自何处,法院就可以断定球是由高尔夫球场飞来的。直接被证明的事实是原告被一只高尔夫球击中,并且这发生在他从球场经过时。当然,并没有直接的证据证明球来自高尔夫球场,但从基础事实可以推断出这一结论。[②]

推定具有减轻当事人举证责任的作用,这种作用的效力强弱依推定的不同而有所不同。在某些案件中,推定降低了对案件争点问题的证明要求;在另一些案件中,推定甚至可能使当事人根本无须证明,或者阻止另一方当事人提出任何证据来进行反驳。根据法律规定,尽管这项推定的事实对另一方不利,他也不得否认它的存在。

推定制度建立在人类的普遍经验和立法者所考虑的社会政策的基础上,而并不必然遵循逻辑推理规则。一定的事实或事实的结合能够产生具有法律效力的推论,在这种情况下可以或必须得出某种结论。例如,手术完成后,一根棉签被发现留在病人体内,如果医生不能作出解释,那么就足以得出这一医疗事故是由医生的疏忽过失造成的推论。如果医生尽到了合理的注意,在一般情况下根本不会发生这样的事故,根据事故已发生的事实就可以作出医生存在过失的推定。

(二)推定的形式

推定的形式有两种:直接推定(direct presumption)和推论推定(inferential presumption)。

直接推定亦称无须基础事实的推定(presumption without basic facts),是指不需要证明任何基础事实,而由法律直接规定某一推定事实的存在。就其实质而言,直接推定仅仅是法律所规定的在无反证时必须得出的结论。换

---

① 齐树洁主编:《英国证据法》,厦门大学出版社 2002 年版,第 720~721 页。

② Lord Templeman & Rosamund Reay, *Evidence*, 2nd edition, Old Bailey Press, 1999, p.98.

换

言之,它是用推定形式表现出来的关于证明责任的实体法规则。由于这种推定不需要证明任何先决性的基本事实,所以并不转移证明责任。否定这种推定效果的当事人应首先对推定结论的反面事实负证明责任。这种证明责任是根据法律直接规定所产生的结果。例如,刑事诉讼中对被告人的无罪推定(presumption of innocence)[①]和精神正常(presumption of sanity)的推定。[②]

无罪推定与精神正常的推定等直接推定在其作出之前,不需要首先证实任何基本事实,所以也就不存在转移举证责任的问题。它们只是决定了第一次的举证责任应由哪一方承担。而推论推定则相反,它是把举证负担从证明基本事实的一方转移到对方。即从已知事实推论未知事实,从前提事实推论推定事实的结果,在某项基本事实得到证明后,根据这项事实推论出的推定。这种推定对另一方不利,所以也就把举证责任转移给了另一方。

英国法上的推论推定很多,典型的如婚生子女的推定:凡是在合法婚姻存续期间受孕或出生的子女,法律就推定其为婚生子女。试图证明自己为婚生子女的人,只需要证明在合法婚姻关系内受孕或出生这一基本事实,对他有利的推定即告成立。证明他为非婚生子女的证明责任,则属于对方。[③] 值得注

---

① 无罪推定是现代各国刑事司法通行的一项重要原则,是国际公约确认和保护的一项基本人权,也是联合国在刑事司法领域制定和推行的最低限度标准之一。有学者认为,如果将 presumption of innocence 翻译为"无罪假定",将更为确切和符合逻辑。被告人在被法院判决有罪之前,先假定其无罪,然后由控诉方履行证明责任来否定这一假定。控诉方如果能够提供确实充分的证据说服法官,使之确信被告人有罪,则推翻被告人无罪的假定,实现控诉主张;如果不能提供足够的证据使法官得出被告人有罪的结论,则维持被告人无罪的假定,导致控方撤诉或者宣告无罪的诉讼结果。参见卞建林、杨宇冠:《联合国刑事司法准则撮要》,中国政法大学出版社 2003 年版,第 60～61 页。

② 精神正常的推定是指在刑事诉讼中,推定被告人神智健全;如果被告方以精神失常作为辩护理由,就负有对此进行证明的责任。参见 L. B. Curzon & P.H. Richards, *The Longman Dictionary of Law*, 7th edition, 法律出版社 2007 年英文影印版,第 456 页。1843 年的 R v. Daniel M'Naghten 案确立了以精神病作为辩护理由的"姆拉坦(M'Naghten)规则"。这一规则有如下的表述:(1)在提出相反的证据使陪审团确信之前,任何人均被推定是精神健全的,并且具有充分程度的理智,从而应承担其犯罪的责任;(2)为了使精神病辩护得以成功,被告人有责任举证证明:a.当他实施被法律禁止的行为时,他正患精神病;b.由于遭受精神病折磨,他正处于缺乏理智的状态;c.由于他精神错乱,他不了解自己行为的性质和特征,或者即使了解这一点,也不知道自己正在做的事情是错误的。参见[英]鲁珀特·克罗斯、菲利普·A.琼斯:《英国刑法导论》,赵秉志等译,中国人民大学出版社 1990 年版,第 86 页。

③ 沈达明:《比较民事诉讼法初论》(上册),中信出版社 1991 年版,第 272 页。

意的是,在英国法上,尽管几乎所有的推论推定都只产生转移证明责任的作用,但有一些推论推定是不可反驳的,例如 10 岁以下的儿童应被推定为无犯罪能力。① 这种推定不允许提出反驳,证明基本事实就是证明被推定的事实,在这种情况下,推定不再影响到证明责任而是完全免除了证明的必要。②

在英国法上,对推定进行分类是最具争议的问题之一。传统的分类方法一般是将推定分为以下三种:不可反驳的法律推定(irrebuttable presumption of law)、可反驳的法律推定(rebuttable presumptions of law)和事实推定(presumptions of fact)。③

(三)不可反驳的法律推定

不可反驳的法律推定又称结论性的推定,是指根据法律的规定,从确定的事实中必然得出的结论和不能被任何反证推翻的结论。当基础事实得到证明或被承认时,另一事实必定会得出;因推定而遭受不利的当事人不得提出任何证据进行反驳。因此,它们实际上并不是真正的证据问题,而是法律原则问题,它所表达的是一种不能被"反驳",或不能被证据所推翻的固定的法律原则。其特点在于一旦引起推定的基础事实被证实,则推定事实自动获得证明。称其为"不可反驳",是因为无论多么强有力的证据也不能推翻推定的事实;称其为"法律"推定,是因为它们产生于权威的法律渊源,包括制定法和普通法。

在英国法上,不可反驳的推定主要有两种:一是知悉法律的推定;二是预料行为当然结果的推定。前者指的是任何人都不得以其不知法律有如此之规定而提出反证请求免责,即对法律的无知不能作为辩护的理由。后者仅适用于精神正常的成年人,对于未成年人或心神丧失精神耗弱者,则不能适用这种推定。

在 1951 年的 Walter v. Lunt 一案中,一对夫妻被指控接受了被盗的赃物,因为他们知道该物品是他们 7 岁的儿子偷来的。法院认为,要使这一指控成立,必须证明这个孩子盗窃了该物品并证明他犯有盗窃罪,但这一点不可能做到,因为 10 岁以下的儿童不具有犯罪能力,这是不可反驳的推定,因此也就无法构成指控犯罪所必需的犯罪意图的要件。④

---

① Section 50,Children and Young Persons Act,1933.

② 何勤华主编:《英国法律发达史》,法律出版社 1999 年版,第 516～517 页.

③ Raymond Emson,*Evidence*,2nd,edition,Palgrave Macmillan,2004,p.457.

④ Eward Phillips,*Briefcase on Evidence*,Cavendish Publishing Limited,1996,p.25.

英国法上不可反驳的法律推定,其产生根据往往源于对公共政策的考虑。从其特点来看,一定事实的证明必定导致一定结论的产生,从这个意义上来说,可将它称为不可争议的法律结论。严格说来,这类推定不应属于证据法上的内容,因为它们源于实体法上的具体规定,并且是不可争议的强制性规定。但从另一角度来看,它们确实可以影响诉讼程序的进行和审判的结果。在一些特殊情况下,它们能彻底阻止审判中某些诉讼行为的发生,如阻止当事人提出反证,因为因推定而遭受不利的当事人预先就知道不可能以证据方式说服法庭。例如,当被指控犯罪的人被证明不满 10 岁时,检察官将终止刑事诉讼程序。尽管在形式上用了"推定"这一术语,但不可反驳的推定在性质上与传统意义上的推定有较大差异,而更类似于法律上的拟制,两者都必须具备前提事实,只要前提事实获得证明,法律就以拟制方式确认推定事实的存在,使之不因反证而被推翻。

不可反驳的法律推定在英国受到很多学者的批判和否定。有学者认为:"这种推定不过是用有关推定的术语所笨拙地表达出的实体法规则。实际上,这种相当拗口的'不可反驳的法律上的推定'没有什么理由不能套用于实体法上的任何一条规则。"[1]奥斯丁认为:"所谓不可反驳的法律推定,在罗马法中从未见之,而为后人所捏造。其纯属实体法而非诉讼法上的问题,即为法律上的设定,其效果等于实体法。"[2]还有的学者认为:"不可反驳的法律推定仅仅是确定实体法上的规则,这里并没有涉及任何推论或推断的过程,所谓不可反驳的推定的观点可以说是荒谬的,因为其不可反驳的特性削减了推定的概念基础。推定规则是基于假定、推论、推断的内涵,如果没有可以反驳的结论,何来的推定?"[3]

不过,也有学者认为不可反驳的推定具有推定所要求的基本模式,只要事实 A 得到证明,法院就推定事实 B 为真实。因此,不可反驳的推定也是推定,并不仅仅因为不能被反驳就失去了推定的本质特征。它们仍然需要通过证明事实 A 来获得推定的基础,只有具备这一基础,事实 B 才能被认定为真实。[4]

① Adrian Keane et al., *The Modern Law of Evidence*, 8th edition, Oxford University Press, 2010, p.652.

② 转引自江伟主编:《证据法学》,法律出版社 1999 年版,第 135 页。

③ Alan Taylor, *Principles of Evidence*, 2nd edition, Cavendish Publishing Limited, 2000, pp.41-42.

④ Lord Templeman and Rosamund Reay, *Evidence*, 2nd edition, Old Bailey Press, 1999, p.99.

应当指出的是,允许反驳是推定的一项重要特征。无论是法律推定还是事实推定,都只是一种证明方法,并不能保证证明结果必定正确。推定所依据的虽然是基础事实与推定事实间的常态联系,但这种推定不可能完全正确,为了准确地认定案件事实,应当允许当事人提出证据加以反驳。

(四)可反驳的法律推定

可反驳的法律推定是指根据法律的规定,推出某一结论,为案件事实提供表面上看来确凿无疑的证明,除非其被更有力的证据所推翻。[1] 大多数可反驳的法律推定取决于先证明某一项基本事实,当前提事实或基础事实被证明或被承认,在没有更进一步的证据的情况下,另一事实(即推定事实)即被得出。依赖推定的当事人应承担对基础事实的证明责任,一旦他们提供了足以证明基础事实的充分证据,相对方当事人就要承担对推定事实进行反证的法定责任,或者根据案件具体情况,承担提出证据反驳推定事实的证据责任。可反驳的法律推定并非结论性的,但是,如果没有足够的反证,推定的结论几乎肯定会被得出。

当可反驳的法律推定(如婚生子女的推定)使反对方当事人承担法律上的证明责任时,它被称作说服性的(persuasive or compelling)推定。在此类案件中,推定将证明责任转移给反对适用推定的当事人,法律赋予其反驳推定事实的义务。当可反驳的法律推定(如死亡的推定)使反对适用推定的当事人承担证据责任时,它被称作证据性的(evidential)推定。在这种情况下,法律规定的证明责任由支持适用推定的一方当事人承担。如果他提供了证明基础事实的表面证据,相对方当事人就要承担证据责任,在对方当事人履行了这一责任后,就产生使推定仿佛从未发生过的法律效果。[2]

不过,说服性的推定与证据性的推定的区分只在民事诉讼中具有意义。在刑事诉讼中,法律要求公诉方承担证明案件一切必要事实的责任。根据这一基本原则,当推定的适用有利于被告人时,公诉方即负有法律上的证明责任,其对推定事实的反证必须达到排除合理怀疑的证明标准。而当推定的适用有利于公诉方时,被告人至多只承担证据性的举证责任,他可以通过提供证据使陪审团具有合理怀疑以尽到自己的举证责任。例如在 1995 年的 C v. DPP 一案中,被告人是一名 12 岁的男孩。控方根据《1981 年犯罪未遂法》

---

① 樊崇义主编:《证据法学》,法律出版社 2008 年第 4 版,第 353 页。

② Adrian Keane et al., *The Modern Law of Evidence*, 8th edition, Oxford University Press, 2010, p.651.

(*The Criminal Attempt Act* 1981)第 9 条的规定,指控他损坏了一辆摩托车并有盗窃该车的意图。控方认为,被告人损坏了摩托车并在警察追捕时逃离现场,这些证据已经反驳了其无犯罪能力的推定。① 被告人被判有罪后提起上诉。上诉法院认为,这一推定已不是一项合乎时宜的法律规则,公诉方不再需要对该推定进行反驳。案件被上诉到上议院后,上议院推翻了上诉法院的判决。上议院认为,这一无犯罪能力的推定仍旧是英国法律的一部分,虽然该推定的适用上存在困难和矛盾之处,但公诉方仍需要对此推定进行反驳。为了反驳这一推定,公诉方应证明被告人知道自己的行为是严重错误的,而不仅仅是一种淘气或孩子气的恶作剧。②

可反驳的法律推定出自各种法律渊源,甚至可能来自商业惯例。许多著名的法律推定就是由法官在审判实践中创设的,而大部分法律推定也都以判例形式表现出来。随着制定法的不断增加,制定法所规定的法律推定在解决法律领域中许多不确定的问题上发挥着越来越大的作用。③ 英国证据法上典型的可反驳的法律推定主要包括:(1)关于婚姻的推定;(2)关于婚生子女的推定;(3)关于死亡的推定;(4)关于当事人或证人精神正常的推定;(5)事实不言自明的推定(res ipsa loquitur)④;等等。⑤

(五)事实推定

事实推定又称为可反驳的事实推定、暂时性的推定,是指从事实判断或陪审团从其他已经证实的事实中得出的结论。事实的推定并非来源于任何法律规定,而是源于特定案件中的具体事实。其推理依据在于人类的理性认识和普遍经验。事实推定实际上是根据日常生活经验必定得出的结论,如果事实 A 是真实的,事实 B 就一定也是真实的。但这种联系并非永远正确无误,所以法院应听取反驳这种推定的证据。

---

① 在英国法上,10～14 岁的未成年人被推定为无犯罪能力人,但有证据表明他存有恶意或知道其行为构成犯罪者除外。

② Eward Phillips, *Briefcase on Evidence*, Cavendish Publishing Limited, 1996, p.25.

③ 齐树洁主编:《英国证据法》,厦门大学出版社 2002 年版,第 730 页。

④ 一般用于因疏忽而引起损害的诉讼中,指事件发生的本身已足以证明疏忽的行为。如开动船舶碰着下锚的船舶。参见本书编写组编:《英汉法律词典》,法律出版社 1999 年第 2 版,第 683 页。

⑤ *Blackstone's Civil Practice*, 10th edition, edited by Maurice Kay, Blackstone Press Limited, 2009, pp.657-661.

事实的推定与证据性的推定在很大程度上是相似的，它们都不会转移法律上的举证责任，并且一旦某些事实被证明，都必须得出特定的结论。英国学理和判例有一个未解决的难题，即可反驳的事实推定是否只影响举证或者其本身具有一定的证据力量。这个问题的重要性在于：如果事实推定本身并没有证据力，那么当对方提出其他证据方式时，法院将根据这些方式作出裁决，该事实推定将不产生任何效果。① 有学者认为，事实推定实质上属于情况证据。因为法律没有规定，如果不存在相反的证据，就必须作出这种推定。但根据特定的事实或相关事实的集合，法庭"可能"会作出这种推论。② "对事实的推定，不过是运用情况证据的一种特定的和经常的形式，因为情况证据实质上是可以用来推定其他事实存在的事实"。③ 另有学者持不同意见，认为可反驳的事实推定与情况证据存在区别。一方面，可反驳的事实推定只能由事实构成，作为推定，它使否定其存在的当事人承担举证责任（但并不一定是说服性的责任）。作为否定方的当事人必须提出反驳的证据，否则推定的结果几乎肯定将使其遭受不利。另一方面，对于情况证据来说，即使没有任何证据质疑其存在，法庭也未必将其作为裁判的依据。④

事实推定主要有以下几种：（1）意图的推定。即推定一个正常人知道自己行为的自然后果。在刑事诉讼中，上议院最初在 1961 年的 DPP v. Smith 一案中认为，在特定情况下它构成法律推定。《1967 年刑事审判法》（*Criminal Justice Act* 1967）第 8 条以制定法的形式重新确定这种推定为事实推定。在民事诉讼中，意图的推定究竟属于事实推定或法律推定，学理和判例上尚无定论。（2）犯罪认识的推定。例如，当被告人被发现持有刚刚失窃的财物，又不能给出令人信服的解释时，他将被推定犯有盗窃罪或是知道该物品是赃物。（3）生存持续的推定。当某人被证实在某个特定日期时活着且身体健康，如果没有充分的相反证据，可以推定其在该日的次日仍活着。这种推定效力的强弱完全取决于案情事实。（4）适航能力的推定。如果船只出港后很快就沉没或不能继续其航程，在没有证据表明该事故是由外部原因造成的情况下，可以

---

① 沈达明：《比较民事诉讼法初论》（上册），中信出版社 1991 年版，第 273 页。

② Adrian Keane et al., *The Modern Law of Evidence*, 8th edition, Oxford University Press, 2010, p.652.

③ 欧阳涛等：《英美刑法刑事诉讼法概论》，中国社会科学出版社 1984 年版，第 290 页。

④ 齐树洁主编：《英国证据法》，厦门大学出版社 2002 年版，第 731 页。

推定船只在离开港口时不具有适航能力。①

三、司法认知

(一)司法认知的概念

司法认知(judicial notice,judicial knowledge),又称审判上的知悉,指法院在审理过程中无须当事人举证证明而直接认定某一事实的真实性。② 作为一种便捷的证明方式,司法认知源自古罗马法法谚——"众所周知的事实,无须证明"。它是从公权角度对当事人举证负担这一私权利益的一种功能性救济,这种救济主要是基于诉讼节约、降低成本,避免社会资源的不当浪费以及促进诉讼迅速的目的。在现实生活中,有些事实本身即具有客观上的公知、公认的效力,使其不必经过当事人的举证这一环节便具有业经证明的效力已成为一种现实上的需要。③ 从成本和效益的角度来看,"证明显而易见的事实之证据将投入成本,但不产生收益"。④ 英国学者 Thayer 指出,在缩短和简化程序方面,司法认知有巨大的作用,在有能力的法官手里是一个有用的工具。司法认知的作用非常诱人,过于宽松和随便地应用,就会取消证据规则,甚至实体法;但是,不使用司法认知又会使审判因技术性、漫长而窒息。⑤

司法认知还有助于法官对陪审员的引导和指示,以确保判决的一致性。Dennis 教授指出:"有时,政策性考虑表明在对某项事实的调查上,一致性是应当考虑的。司法认知有助于避免前后矛盾,尤其是使法官通过指示陪审团某项事实已经成立来控制陪审团对事实的认定。"⑥英国实行陪审制,陪审团作为一个整体独立于职业法官之外而专门负责事实审理。一般来说,职业法官不能干预陪审团对事实的审理。但是,陪审员毕竟没有受过专业的法律训

---

① 齐树洁主编:《英国司法制度》,厦门大学出版社 2007 年第 2 版,第 193 页。

② 我国学者普遍认为,司法认知是指对于应当适用的法律或某一待认定的事实,法官依申请或依职权初步认定其为真实的一种诉讼证明方式。参见周萃芳:《司法认知论》,中国人民公安大学出版社 2008 年版,第 1 页。

③ 刘善春等:《诉讼证据规则研究》,中国法制出版社 2000 年版,第 609~610 页。

④ [美]理查德·A.波斯纳:《证据法的经济分析》,徐昕、徐昀译,中国法制出版社 2001 年版,第 110 页。

⑤ 转引自江伟主编:《证据法学》,法律出版社 1999 年版,第 159 页。

⑥ I.H.Dennis, *The Law of Evidence*, 4th edition, Sweet & Maxwell, 2010, p.528.

练,他们不可避免地会受到其他一些因素的影响。因此,法律赋予了法官采取司法认知的权力,通过对特定事项的真实性直接予以确认,并指示陪审团将采取司法认知的事实作为结论性事实加以采纳,以此防止陪审团在对这些事项的认定上出现偏差。它实际上限制了陪审团的部分事实裁决权。因此,恰当地采取司法认知除了有助于节省审理时间和为证明事实而支付的费用之外,还有助于避免各法院之间在事实断定上出现分歧现象,方便法官对陪审团的控制,排除陪审团作出荒谬的事实断定的可能性。

司法认知可以分两种:第一种是不需要经过调查的司法认知。其中又分为根据普通法不需要进行调查的司法认知和按照成文法规定不需要经过调查的司法认知。后者是指如果一项事实根据日常经验是众所周知的,不需要寻求任何辅助信息就可以确定,就可以接受该项事实,视同已经得到证明。例如,一个妇女正常的怀孕期间是 9 个月,伦敦闹市的街道车辆拥挤,明信片是一种可以被任何人阅览的文件。作为一般原则,外国法作为事实问题,需要专家证据予以证明,不能采取司法认知。第二种是需要经过调查的司法认知。经过调查的司法认知是指对那些不为众所周知的事项,在借助其他可靠的信息比如部长证明、权威著作、参考资料、专家证据等进行调查后作出的司法认知。这种调查活动与用证据证明相似,但又有明显区别。法官没有义务必须进行调查,证据规则并不适用,调查结果不得用相反证据反驳,法官的判决构成法律上的先例等,这些都是用证据证明所不具有的特点。该类司法认知的事项主要涉及以下几类:(1)容易查明的事实。如给定的日期为星期几、确定地点的经纬度、某著名历史事件发生的时间和地点等,都可以通过查阅年历、历史或地理资料等加以证明。(2)专业习惯或者商业惯例。例如,对于办理产权转让的律师、会计师、地图测量员的职业习惯,可以在经过调查后作为司法认知。(3)政治事实。主要涉及战争状态的存在、外国政府的法律地位、外交使团成员。①

(二)司法认知的范围

英国司法认知的范围包括裁判事实、立法事实、法律等,且基于判例法的特点,司法认知的个案事实层出不穷。

1.众所周知的事实

众所周知(well-know to everyone)的事实,又称显著的事实(notorious facts),是指为具有通常知识经验的一般人所通晓且无可置疑的事实,可以推

---

① 齐树洁主编:《英国司法制度》,厦门大学出版社 2007 年第 2 版,第 190～191 页。

定为每个普通人都知道。法官身兼两种社会角色,即案件的裁判者和普通人。在工作之外,法官也是社会的普通一员。因此,法官对每个普通人都知道的事情也应当知道。

英国证据法认为所谓显著的事实,一般具有普遍性。① 1917 年,Isaacs 法官在一份判决中指出:"凡是一项事实的众所周知性已经达到按照情理能推定每一个普通的人都知道的程度时,法院就可以认为已在审判上知悉。办法有两种:(1)直截了当地认为已知悉。(2)在进行法院认为可靠的与必要的调查,消除一切合理的怀疑之后认为已在审判上知悉。"②但学者也认识到,不能要求某一事实对所有人都是"显著的",有些事实只对于部分人来说是常识,如某个特定的地区居民或者某一特定行业的从业者。③ 对此,仍然可以采取司法认知。

2.成文法的规定

英国是一个判例法国家,但也有大量的成文法。许多成文法对司法认知的事项作出了一些规定,允许法官对各种各样的事项以司法认知的方式来处理。这些规定主要涉及文书的签名和蜡封盖印。为了防止诉讼中出现冗长的困扰,法律规定直至一方提起伪造控告为止,法院可以对签名的真正性采取司法认知。例如,根据《1989 年公司法》第 126 条规定,在英格兰、威尔士和苏格兰,由注册办公室保存的经登记官(其正式职务无须得到证明)证明的档案摘录,应是根据公司法递交给他的文件的内容的准确记录。在所有的法律程序中,这样的摘录是具有与文件原件同样效力的法律证据,并且在可接受口头证据的情况下,可作为所述事实的证据。由登记官提供的档案摘录可不必由他用文字说明,证明其准确性而代之以他的正式印章。④

根据成文法的规定,司法认知适用于一切由法官签名的司法或官方文件,以及传票和其他由郡法院签发、并盖有法院的印章的文书。此外,还可以对欧共体条约(European Community Treaties)、欧共体的官方公报(*The Official Journal of the Communities*)以及欧洲法院(the European Court of Justice)作出的判决和意见采取司法认知。法律还要求对议会立法(Acts of Parlia-

---

① Colin Tapper, *Cross and Wilkins Outline of the Law of Evidence*, Butterworths, 1986, p.45.

② 沈达明:《英美证据法》,中信出版社 1996 年版,第 63 页。

③ I.H.Dennis, *The Law of Evidence*, 4th edition, Sweet & Maxwell, 2010, p.529.

④ 刘善春等:《诉讼证据规则研究》,中国法制出版社 2000 年版,第 596 页。

ment)采取司法认知,而无须对它们的内容或它们已经由议会正式通过进行证明。其中,1850 年以后通过的每一部法律都是公法法令(Public Act)①,除非法律本身有明确的相反规定。② 在普通法上,可以对 1850 年以前通过的公法法令采取司法认知,但在没有相反明确规定的情况下,1850 年之前通过的私法法令(Private Act)必须用证据证明。制定法文件(statutory instruments)也必须证明,其中属于显著事实的事项,可以采取司法认知。

在成文法的规定上,外国法是一个例外。对于在诉讼中涉及的外国法的性质,究竟它是一个事实问题还是一个法律问题,各国的认识并不一致。英国司法实践采取"事实说"的观点,认为外国法相对于内国而言,只是一个单纯的事实,而非法律。③ 学者莫里斯(Morris)认为,外国法虽然是一个事实问题,但它是"一个特殊类型的事实问题"。④ 因此,作为一个事实问题,对外国法的证明往往需要专家证人。一般而言,外国法不能成为司法认知的对象。例如,在 1933 年的 Lizard Brothers & Company v. Midlank Bank Ltd. 一案中,英国法院认为苏联法律是一个事实问题,应当由当事人提供证据证明,法院不能采取司法认知。

3. 易于证明的事实(readily demonstrable facts)

易于证明的事实,指历史事实、地理上的事实等。学者基恩(Keane)说:"某些事实,虽然不显著,但经过调查立刻就可以得到证明。如某日是星期几,某地的经纬度,以及某个著名历史事件发生的时间和地点。这些事实,通过参考合适的权威历书、历史或地理著作,或者听取适格的专家的口头陈述,都是可以立刻得到证明的。"⑤ 在 1892 年的 Read v. Bishop of Lincoln 一案中,枢密院认为在决定某些宗教做法是否与寺院法相矛盾时,允许查阅历史和神学书籍。法庭认为,这是对历史书籍可用作查明公共性质的古代事实这一原则的适用。

4. 个人知识或经验

个人知识或经验(private knowledge,又称私人知悉),传统上不属于司法

---

① 公法法令是指处理有关公共事务以及关于公共利益和一般利益方面的法令。参见本书编写组编:《英汉法律词典》,法律出版社 1999 年第 2 版,第 640 页。

② Interpretation Act 1978 ss. 3,22(1),and Sch. 2,para. 2.

③ 齐树洁:《民事上诉制度研究》,法律出版社 2006 年版,第 41 页。

④ 转引自韩德培主编:《国际私法新论》,武汉大学出版社 1997 年版,第 200 页。

⑤ Adrian Keane et al., *The Modern Law of Evidence*,8th edition,Oxford University Press,2010,p.671.

认知的范围。当然,个人的知识或经验也并非完全不能发挥作用。在评价提交给法庭的证据时,事实审理者有权运用其个人知识予以判断,无论该知识是一般性的还是专门性的。陪审员可依其自身的经验及知识评价证据的证明力及证言的可信度。①而对于法官的个人知识,则较为严格,一般不允许使用。但是,在一些案件中,个人知识的使用已被允许。然而,一个法官对于争议事实或相关事实,究竟在多大程度上能使用其个人知识,从判例看是不明确的。实务中有"在合理限制的条件下适当地应用"(properly applied,and within reasonable limits)原则,仍嫌含糊,不易操作。

(三)司法认知的程序

司法认知的程序,不同于证据证明程序。根据司法认知事项的不同,也有不同的程序要求。一般从程序角度将司法认知分为"无须调查的司法认知"和"经调查后的司法认知"两大类。

1.无须调查的司法认知。对于众所周知的事实,法官可不经调查直接予以认定,是各国证据法的通例。关于"直截了当地认为已知悉"的方式,英国1919年的一个判决指出,审判上知悉是一种审判捷径,废除了形式上对证据的要求。理由是证据在实际上并不需要。事实上每一个人事前都知道这些事,不会提出问题。

2.经调查后的司法认知。在英格兰,司法认知规则亦适用于既不显著又非人所共知的事实。这样的事实可经调查而被司法认知。在决定采取司法认知前所作的调查中,法官可以查阅各种资料,如大臣和官署的证明书、学术著作、参考书以及证人证言。该调查程序类似于证据证明程序,但实质上仍有差异:并不要求法官必须进行这样的调查;并不适用证据规则;相对方当事人不能用证据反驳调查的结果;法官的判决构成先例。而证据证明程序不具有这些特点。经调查后采取司法认知的,大多数是关于政治性的事实。

(四)司法认知的效力

司法认知的效力包括两个方面,即对当事人的效力和对法官、陪审团的效力。兹分述如下:

1.对当事人的效力。司法认知的首要效力是免除了一方当事人的举证责任。一旦法官援用司法认知原则作出宣告:"本院在审判上知道此事",本应对该事实承担举证责任的一方当事人便因此免除了责任。司法认知原则使法官对未经正式自认的某些事实无须要求当事人提出证据加以证明。这种特免明

---

① 叶自强:《民事证据研究》,法律出版社1999年版,第41页。

显地有利于本应承担法律上的举证责任,对该项事实进行证明的一方当事人。[①] 当然,对一方当事人举证责任的免除,同时也就意味着对相对方举证责任的加重。因此,司法认知实际上影响了举证责任在当事人之间的分配。由于司法认知具有绝对的效力,对某一事项一旦采取司法认知,举证反驳将不会被采纳。但是,对导致司法认知的调查过程中发现的事实可以反驳。

但是,也有观点认为,"用来反驳经司法认知而确定的事实的证据是不可采纳的"这一规则在执行中会产生疑问,因为这些事实是具有普遍意义的事实。例如,司法认知的签名只是意味着该项签名与某人的签名相似。这项认知事实是不能用证据加以反驳的,但是另一个不同的事实,即具体的签名确实是此人所作的,能用伪造的证据予以反驳。又如法院使用司法认知确定一项习惯做法,但当事人能证明在具体情形下并没有按照这项习惯做法行事。[②]

2.对法官和陪审团的效力。首先,对法官来说,其效力体现在两方面:第一,对符合司法认知适用条件的,法官应当不再要求当事人对此提供证据,而应采取司法认知,直接确认这项事实的真实性;第二,法官应当对陪审团作出相应的指示。按照判例法,如果法官在调查后决定对某一件事实使用审判上知悉,他必须把这一事实从陪审团的审理内容中撤回来,即使调查曾使用听取证言的方式而且证人不同意这样做。在司法认知对法官的效力上,一种观点认为,只有经司法认知确定的"立法事实"才能成立有约束力的先例,而那些经过司法认知确定的"裁判事实"只是证明的一种代用品,它们与以证明为依据的事实断定相同,不能成为有约束力的先例。如果在审理案件的过程中碰到这一类事实,法官不必要也不应当对此采取司法认知。

其次,对陪审团来说,主要是接受法官对已经采取司法认知的事实的指示。在这一问题上,可以将英国的做法与同属一个法系的美国进行比较。在美国,民事案件和刑事案件的一个显著区别就在于对陪审团的指示上。《联邦证据规则》第 201 条规定:"在民事诉讼中,法庭应指示陪审团将业经司法认知的事实作为结论性事实采纳。在刑事诉讼中,法官应指示陪审团可以(但不要求这样做)将业经司法认知的事实作为结论性事实采纳。"[③]这一区别主要归

---

① I. H.Dennis,*The Law of Evidence*,4th edition,Sweet & Maxwell,2010,p.528.

② 沈达明:《英美证据法》,中信出版社 1996 年版,第 65 页。

③ 《美国联邦民事诉讼规则·证据规则》,白绿铉、卞建林译,中国法制出版社 2000 年版,第 215 页;《美国联邦民事诉讼规则》,齐玎译,厦门大学出版社 2023 年版,第 185 页。

因于宪法性规则，即在刑事案件中，直接裁决①应当有利于被告人（in a criminal case, no directed verdict can be returned against the accused）。而在英国，法院一旦对某事实采取司法认知，陪审团就必须认定该事实已经得到证明。② 例如，在 1983 年的 R v. Simpson 一案中，争点在于弹簧刀是不是进攻型武器。有人认为，实际上这一争议事项是一个事实问题而非法律问题。所以，它应当像任何其他事实问题一样，由陪审团来裁决。但上诉法院认为，既然弹簧刀在 1953 年《预防犯罪法》（*The Prevention of Crime Act* 1953）规定的范围内，因而本身是一种进攻型武器，法官就应当对弹簧刀是进攻型武器这一事实采取司法认知，并据此指示陪审团接受其为已经得到证明的结论性事实。可见，对于业经司法认知的事项，美国的做法是区分民事和刑事案件，对陪审团作出不同的指示，但在英国则是一律指示陪审团将其接受为结论性事实。

四、正式自认

（一）正式自认的概念

正式自认具有免除举证责任，提高诉讼效率的作用。"在民事诉讼中，自认是指争讼的一方或经其正式授权的诉讼代理人作出的对己方不利的陈述；在刑事诉讼中，自认是指被告人承认某项罪行或某个事实的陈述"。③ 经过正式自认的事实可以作为诉讼的结论性事实，一方当事人对不存在重大分歧的事项作出正式自认，可以免除对方当事人不必要的举证责任，节省诉讼费用。

根据《1998 年民事诉讼规则》第 14 条第 1 款的规定，一方当事人既可以

---

① Direct verdict（直接裁决），指负有举证责任的当事人无法提出充分证据时，法官指示陪审团按其指示作出有利于被告的裁决。从法律上讲，这种指示不容陪审团考虑，只能照做。在刑事案件中，此种裁决则由法官直接作出。参见本书编写组编：《英汉法律词典》，法律出版社 1999 年第 2 版，第 239 页。

② Peter Murphy, *Murphy on Evidence*, 7th edition, Blackstone Press Limited, 2000, p. 575.

③ "In civil proceedings, a statement by a party to litigation or by his duly authorized agent that is adverse to the party's case. In criminal proceedings, a statement by the defendant admitting an offence or a fact." See *Oxford Dictionary of Law*, 6th edition, edited by Elizabeth A. Martin & Jonathan Law, Oxford University Press, 2006, p.16.

对对方主张的事实的全部真实性予以承认,也可以只对部分事实的真实性予以承认。当事人作出正式自认后,法庭可以允许一方修正或者撤回。在民事诉讼中,正式承认有多种方式,被告可以在答辩中明示承认原告的某些主张,或者由于被告在答辩中没有涉及原告的某些主张而被认为是一种承认。该《规则》第 18 条规定,可以在回复时,也可以在书面请求时予以承认。第 32 条规定其中的某一方可以在回复对方的某项通知时予以承认。第 26 条规定可以通过法庭命令予以承认。《诉讼指引》第 18 条规定可以在提供辅助信息时予以承认。

《1967 年刑事审判法》第 10 条规定:在刑事诉讼中,公诉人或者被告人或者代表其利益的人的口头证据所提供的任何事实,为该诉讼的目的可以采纳。根据本条规定,任何一方对这类事实的承认将会在诉讼中作为对其不利的结论性证据予以采纳。但是根据该条文作出的自认受到该条第 2 款的保护性规定的合理限制:(1)如果自认是在法庭外作出的,则必须采取书面形式。(2)如果是由个人以书面形式作出的,则必须由当事人签名,如果是由法人作出的,则必须由董事、经理、秘书、文职人员或者其他类似职务的人签名。(3)如果被代理的被告是自然人,则必须由他的辩护人或律师作出。(4)如果是在审前的任何阶段由被告作出,则必须在庭审前或者庭审中得到他的辩护人或律师的同意(不论是当时还是之后作出)。自认既可以由当事人本人或者其法定代理人作出,也可以由诉讼代理人代为进行。

在刑事案件中,还应将自认(包括正式自认与非正式自认)与供认(confession)相区分,"供认是被告人作出的全部或部分有罪的自认"。① 因此,自认与供认不同,供认必须符合严格的使用条件,而自认则不受这些严格条件的限制。供认必须明确承认被指控之罪或构成犯罪的事实。但是,如果其所承认的事实必须与其他事实合并予以考虑,才能够推论其犯罪时,则为自认而非供认。例如,被告人对警察表示完全认罪,就是一种供认。但是,被告人承认当时在犯罪现场,却否认其实施了犯罪行为,则只能认为是自认而非供认。又如,被告人陈述曾经实施可犯罪行为,但并无犯罪之故意,亦系自认而非供认。再如,被告人对被害人表示愿以金钱赔偿其损害,也不是供认,但可以视为自

---

① Confession:An admission, in whole or in part, by an accused person of his guilt. See *Oxford Dictionary of Law*, 6th edition, edited by Elizabeth A. Martin & Jonathan Law, Oxford University Press, 2006, p.115.

认而容许采纳为证据。①

(二)正式自认与非正式自认

将正式自认与非正式自认区分开是很重要的,通过对二者的比较有助于加深对正式自认的理解。正式自认和非正式自认在两方面有所不同:首先,二者的性质不同。在英国法上,非正式自认传统上是作为反传闻规则的例外而被接受为有关案件事实的证据的。② 这种陈述对于法官查明案件事实是很有价值的,因而应该准许其进入诉讼程序。③具体来说,"根据普通法的规定,就一方当事人所陈述的事实与另一方当事人所主张的事实正好相反而被后者所接受,可以用来证明案件事实,这是作为一种反传闻规则的例外。这种例外固有的安全保障性则在于,除非这些事实具有真实性,否则当事人不会就对其不利的事实予以承认。"④例如,《1968 年民事证据法》第 64 章第 1 节"传闻证据"规定:在任何民事诉讼中,对诉讼的一方不利的自认,无论是该人作出的还是其他人作出的,可以作为反对该方的证据,以便证实该自认中所述的任何事实。⑤ 因此,在英国,非正式自认是作为一种证据来看待和使用的。

而正式自认则与之不同。从诉讼意义上而言,"正式自认一件事实是单为

---

① Lord Templemam & Rosamund Reay, *Evidence*, 2nd edition, Old Bailey Press,1999,p.157;李学灯:《证据法比较研究》,台湾五南图书出版公司 1995 年版,第 118～119 页。

② 英国学者特纳对此持不同意见。他认为,将其作为排除传闻证据规则的例外是不精确的。"因为,把以前所作过的承认作为证据提出来,只能是用以反对能够并且往往在实际上亲自提出证据的诉讼一方,正因为他亲自举证,也就使他以前曾承认过的东西成为与他目前的陈述的可靠性相关的证据,他应该有一个对以前的承认加以解释的机会。因此,不能认为承认是一种第二手的直接证据。"参见[英]J.W.塞西尔·特纳:《肯尼刑法原理》,王国庆译,华夏出版社 1989 年版,第 536～537 页。

③ 何家弘:《传说、传闻、传真及其他》,载《证据学论坛》(第 4 卷),中国检察出版社2002 年版,第 9 页。

④ Peter Murphy, *A Practical Approach to Evidence*, Blackstone Press Limited,1992, p.218.

⑤ 《1968 年民事证据法》第 9 条第 2 款第 1 项,参见《外国民事诉讼法分解资料》(上),中国人民大学法律系民法教研室 1982 年印行,第 194 页。《1995 年民事证据法》完全取消了民事诉讼中的传闻规则,其第 1 条规定:"在民事诉讼中,不得因为证据是传闻而予以排除。"相应地,《1968 年民事证据法》中的这条规定也被《1995 年民事证据法》第 7 条第 1 款所取代:即规定不利的自认(adverse admission)应遵循 1995 年证据法的规定。参见Alan Taylor, *Principles of Evidence*,2nd edition, Cavendish Publishing Limited, 2000,p.193.

审理之用而作出的,并不构成证据,而是免除证明的需要"。① 例如,在一起交通事故发生后,汽车司机承认其在错误的一边行车道上行驶,而且没有发出适当的信号。在诉讼过程中,对方当事人或者听到该陈述的证人,便可引用这段陈述作为证明司机所述事实的证据方法。但是,除非该司机在诉讼过程中重复以前说过的那一段话,从而使非正式自认转化为正式自认,非正式自认仅起到证明案件事实的证据作用,而不具有免除对方当事人举证责任的效果。② 因而,正式自认与其说是一项证据,不如说是一种证明方法(a form of proof)。它的功能在于免除了应当负有举证责任的一方提出证据证明的责任。

其次,二者的效力不同。非正式自认与正式自认不同,它不是结论性的,作出非正式自认的一方可以在庭审中举出证据予以澄清。非正式自认是在庭外作出的,因此它不具有绝对效力,作出非正式自认的一方可以不受其约束,而通过更正作出的陈述或举证证明自认是不正确地作出来予以反驳。而正式自认则与之不同,"正式自认与非正式自认实际上的区别就在于正式自认不能用证据来反驳,而非正式自认则可以"。③ 具体来说,它的效力体现在两个方面。第一,对当事人来说,正式自认的事实将停止被争论,"对此提出证据是不必要的,也是不被采纳的"。④ 也就是说,如果一方对他方主张的不利于己的事实明确作出自认或者不予争执,那么对方当事人就该项事实的主张,可以免除举证责任,其原因就在于双方当事人在这项事实上不存在争议。对于作出正式自认的一方来说,这项事实因此成为结论性的事实,他也因此受到了约束,即不能否认作出的自认,当然,在法庭允许的情况下也可以修正或撤回。⑤ 第二,对法院来说,当事人的正式自认也产生拘束法院的效力。法院应当认定当事人正式自认的事实为真实,而没有必要对其真实性予以审查,并且应当以双方一致的主张作为裁判的基础,而不得作出与之相反的事实认定。

(三)当事人自认与诉讼代理人自认

根据作出正式自认的主体的不同,可以分为当事人本人的自认和诉讼代

① 沈达明:《英美证据法》,中信出版社 1996 年版,第 59 页。

② 转引自江伟主编:《证据法学》,法律出版社 1999 年版,第 476 页。

③ Lord Templeman & Rosamund Reay, *Evidence*, 2nd edition, Old Bailey Press, 1999, p.157.

④ Charles Plant, *Blackstone's Civil Practice*, 2nd edition, Blackstone Press Limited, 2000, p.453.

⑤ 例如,《1998 年民事诉讼规则》第 14.1 条第 5 款规定:"法院可准许当事人修正或撤回自认。"

理人的自认。

1.当事人的自认,即当事人本人或其法定代理人作出的自认。在民事诉讼中,可由任何一方作出;在刑事诉讼中,可由检察官或被告人作出。例如,在1986年的 Blastland 一案中,控方指控被告人猥亵并谋杀一名12岁的男孩。被告人明确承认在案发当晚遇见过那名男孩,并意图对他进行猥亵。但他同时声称,当他发现附近有人可能看到他想干什么的时候,他很惊恐,并逃跑了。他描述了那个人(后来证明在附近的那个人是 Mark)的样子,并认为是他实施了猥亵和谋杀。警方即对 Mark 进行了详细的调查。在庭审中,检察官就警方对 Mark 的调查,即 Mark 在案发当晚的活动以及他过去曾经与成人(而非儿童)的同性恋行为作出了正式自认。

2.诉讼代理人的自认,即诉讼代理人代为进行的自认。在民事诉讼中,一般而言,律师能够代替其当事人作出自认,并且约束后者。在庭审前,律师可代替他的当事人用信函的方式作出正式自认。① 在刑事诉讼中,则可以由辩护人代替被告人作出正式自认。"授权他人代为承认并不需要具有明确的特定的声明。例如,一个人的合伙人或代理人甚至是某个经他委托第三者向其传递信息的人在普遍的贸易过程中代表他作出某种承认,他就要对这种承认负责任"。②

(四)明示自认与默示自认

根据作出正式自认的方式的不同,可以分为明示自认与默示自认。

1.明示自认即明确作出的自认,可以是口头作出,也可以是书面作出。根据《1998年民事诉讼规则》的规定,可以采取以下方式:(1)可以由被告在答辩状中明确作出(第16.5条第1款)。(2)可以由一方当事人通过书面通知方式,如在案情声明(a statement of case)中自认或通过信函进行自认(第14.1条第2款)。(3)可以由一方当事人对要求自认的通知书、书面请求,以及要求提供进一步信息的法庭命令予以答复(第18.1条、第26.5条第3款)③;还可以由一方当事人或其律师在审理中或在中间程序(interim proceedings)中口头作出。④ 例如,"莫尔特比诉克里斯蒂"一案中的承认就是一种明确的承认:

---

① Ellis v. Allen [1914] I ch 904.

② [英]J.W.塞西尔·特纳:《肯尼刑法原理》,王国庆译,华夏出版社1989年版,第537页。

③ 齐树洁主编:《民事审前程序新论》,厦门大学出版社2011年版,第77页。

④ Vrquhart v. Butterfield (1887) 37 ChD 357.

作为诉讼一方的一个拍卖商曾签发了一份明细表,其中讲到某些货物是一个破产者的财产。基于这一事实,法院认为,诉讼的另一方没有必要提出证据来证明那些货物的主人确已破产。①

2.默示自认。自认也可以通过单纯的沉默行为作出。例如,根据《1998年民事诉讼规则》第16.5条第5款的规定,被告在答辩状中对原告主张不予回复的,视为对原告主张的自认,②又如,根据警察的要求,一个驾驶汽车的人出示了一份执照,这就意味着他承认自己是执照上面提到名字的那个人。默示自认视其表现的场合而显示不同的效力。例如,对于一份商业函件,依通常的商业惯例,收信人如不同意信中的陈述,就必须立即予以反驳,因此,对于含有关于账目的叙述的信件未作答复这一事实,就可以成为证明信中所述账目正确的一种证据。当然,这种证据比起当面言谈时保持沉默的事实而言,证明力要弱一些。③

---

① 〔英〕J.W.塞西尔·特纳:《肯尼刑法原理》,王国庆译,华夏出版社 1989 年版,第537 页。

② 有两种例外情况,参见《1998 年民事诉讼规则》第 16.5 条第 3 款、第 4 款。

③ 叶自强:《民事证据研究》,法律出版社 1999 年版,第 68 页。

第十七章 英国证据法的发展趋势

　　当今世界正处于一个大变革、大发展的时期。在经济方面,全球经济一体化的趋势不断加强。英国作为世界重要的贸易实体、经济强国以及金融中心,是世界第五大经济体。近年来,该国除 2008 年第 3 季度至 2010 年第 1 季度期间因受到经济危机影响经历负增长外,自 1992 年至 2011 年,每个季度的经济都保持增长,在通货膨胀、利率和失业率方面都保持了较低的水平。① 在政治方面,"二战"结束后,以西欧为主的欧洲国家掀起了一场欧洲联合的运动,其目的在于实现欧洲的永久和平和复兴,学界一般将之称为欧洲一体化运动。② 随着欧洲一体化的迅速发展,欧盟法已经渗入各成员国国内法中,成为其不可分割的一部分,并对各国民商事法律和诉讼程序产生重大的影响。在社会方面,恐怖活动威胁着世界和平与秩序,成为各国人民的公敌。由"伦敦7·7 爆炸案"为代表的严重恐怖袭击引发了民众的恐惧和不满,③民众要求保障其生命财产安全、严惩犯罪的呼声不断高涨。在法治方面,随着法系之间、国与国之间法律交往的日渐密切,两大法系证据规则的发展呈现出一种相互借鉴、逐渐靠拢的趋势。④ 英国近年颁布的成文法总结、整理、废除了传统判例法的部分内容,成文法在当今社会中的作用越来越大。当然英国仍属于普通法系国家,司法创设和普通法原则及其实践的作用,仍不容小觑。⑤

　　在这种背景下,英国民事诉讼中程序烦琐、费用高昂、审理迟延的传统做法,无法适应当今民商事纠纷解决快速、高效、便利化的要求;而其刑事法律中

---

　　① Office for National Statistics:*GDP Growth*,http://www.statistics.gov.uk,下载日期:2011 年 5 月 4 日。

　　② 方国学:《欧洲一体化进程中欧洲法院的作用》,安徽人民出版社 2006 年版,第 1 页。

　　③ 2005 年 7 月 7 日早上交通高峰时间,伦敦发生了 7 起连环爆炸案。爆炸造成的死亡人数共 52 人,伤者逾百。数个地下铁路车站和数架巴士发生爆炸。这起事件是英国本土自 1988 年洛克比空难以来,单次伤亡最为惨重的一次恐怖主义袭击事件。

　　④ 齐树洁主编:《美国证据法专论》,厦门大学出版社 2011 年版,第 340 页。

　　⑤ Gary Slapper & David Kelly,*The English Legal System*,9th Edition,Routledge Cavendish,2009,p.102.

一味偏向保障被告人权利,忽视被害人及证人利益的做法,已经成为实现正义的重大障碍,无法回应社会要求严惩罪犯的呼声。证据制度作为法治国家的基本制度,处于诉讼制度的核心地位。① 在司法形势日益严峻之时,证据制度的改革成为社会关注的焦点。只有将证据法置于司法、立法和社会变革的大背景下,才能把握其发展脉络,探索未来英国证据法的发展趋势。

一、《欧洲人权公约》的影响

(一)《欧洲人权公约》对英国法治的影响

人权保护问题可以从国际、区域和国内三个层面进行研究和考察。

在国际层面,人权保护以《世界人权宣言》和联合国《经济、社会及文化权利国际公约》、《公民权利和政治权利国际公约》两公约为基石——它们既是欧洲人权保护的指导原则也是具有法律约束力的文件。

在区域层面,欧盟的法律体制以及欧洲理事会制定的与人权相关的法律对各成员国的法律制度产生了深远影响,大大促进了各国人权保护力度。欧洲各国尤其是法国、德国、意大利,具有长期的人权保护传统,这些国家的制度也深刻影响了欧洲人权法。②

1950 年通过并于 1953 年生效的《欧洲人权公约》(*The European Convention on Human Rights*,以下简称《公约》)作为目前国际性和区域性人权保护制度中的重要文件之一,与刑事程序的许多证据规则都有密切关系。该公约第 3 条、第 6 条以及第 8 条涉及众多证据规则:警察局的拘留和讯问、沉默权、反对自我归罪的特权、羁押决定的作出、证据展示和证据规则等。③《1998 年人权法》(*Human Rights Act* 1998)的制定标志着《公约》在英国法律体系内的生效,《公约》由此成为英国国内法的一部分。英国法院在对英国法律进行解释时,原则上必须和《公约》的权利规定保持一致。

在国内层面,《公约》对英国法律产生了重大影响,这种影响主要表现在以下几个方面。

---

① 张保生主编:《证据法学》,中国政法大学出版社 2009 年版,第 42 页。
② 赵海峰:《欧洲法问题专论》,中国法制出版社 2007 年版,第 49～50 页。
③ 芦森:《二十年来英国刑事程序改革回顾》,载《江西公安专科学校学报》2008 年第 4 期。

首先，《公约》为人权保护提供了成文法律依据。在《公约》颁行之前，英国自由主义的残余让其饱受批评。传统英国坚持"法律未禁止即自由"的观点，政府即使未得到法律的授权，仍可侵犯公民的自由，因为毕竟没有成文法律禁止其这样做。① 例如，在 1979 年的 Malone v. Metropolitan Police Commissioner 案中，Malone 证明其手机被监听，且该行为未经授权。由于当时英国尚无成文法规定对隐私权的保护，当事人无法证明法律明令禁止该行为，由此，Malone 的诉求被驳回。《公约》的颁行加强了英国法院对被告人权利的保护，为权利受损害者提供更好的帮助。

其次，《公约》为人权保护提供了多样的司法救济。第一，相关个人可以直接在英国法院提起诉讼，免去了前往斯特拉斯堡人权法院的跋涉之苦。第二，虽然英国没有法律义务去修改或者废除任何被欧洲人权法院认为与《公约》不一致的法律，而且法官也无权宣布某项国内法违宪，但是《公约》为法官提供了对成文法合法性进行司法审查的机会。② 英国法院恪守三权分立的理念，无权确认某项立法违宪，即使高等法院发现现行法律与《公约》相违背，亦不得径行修改或废除该国内法规定，但是可选择提出声明，由有关部门随后通过快速程序修改该法律，从而避免复杂的议会程序。例如，在 2003 年的 Wilson v. First County Trust 案中，上议院发表声明认为《1974 年消费信贷法》(Consumer Credit Act 1974)中的一个条文与《公约》相违背。

最后，严格限制公权力机构的权力滥用。公权力机构包括地方政府、警察等。上诉法院通过 2001 年的 Donoghue v. Poplar Housing and Regeneration Community Association 案，总结出公权力机构的权限范围。

(二)欧洲人权法院判例对英国证据法的影响

《公约》影响英国国内司法活动的途径主要有二：一是将《公约》视为解释英国国内法的依据；二是通过欧洲人权法院的判决影响英国国内的判决。③这两项途径均需通过法院来实现，再加上公约本身弹性很大，故此，法官对《公约》在司法实践中的成功与否起到了决定性作用，④其中，最具影响力的法院

---

① Catherine Ellic & Frances Quinn, *English Legal System*, 7th edition, Pearson Education Limited，2006，p.253.

② Gary Slapper & David Kelly, *The English Legal System*, 9th Edition, Routledge Cavendish，2009，p.38.

③ 齐树洁主编：《英国司法制度》，厦门大学出版社 2007 年第 2 版，第 58 页。

④ Catherine Ellic & Frances Quinn, *English Legal System*, 7th edition, Pearson Education Limited，2006，p.257.

当属欧洲人权法院。

欧洲人权法院由欧洲理事会于 1959 年建立。1998 年 11 月 1 日,欧洲人权法院成为一个拥有全职法官的永久性常设法院,其目的是取代旧时由欧洲人权委员会(1954 年设立)及 1959 年设立的欧洲人权法院所构成的机制。与大多数局限于某种含糊作用的国际法院不同,在欧洲一体化发展的过程中,欧洲法院作用显著,通过赋予共同体法一种在联邦体系下联邦法律所享有的权威,欧洲法院已经极大地转变了欧洲共同体的性质以及共同体法同成员国法律体系的关系。①

由于欧洲人权法院同样适用《公约》,它的判决不仅对当事人和当事国有约束力,也会对国内立法产生影响。《公约》第 46 条规定,缔约国有义务遵守法院对他们作为当事人的案件所作出的最终判决。同时规定,欧洲理事会部长委员会负责监督判决的执行,由其核查被判决违反公约的国家是否采取了必要的措施以履行由法院判决所引起的特殊的或一般的义务。对于国内立法而言,如果国内法受到欧洲人权法院的谴责,一般会修改其原有的立法或通过新法律或者条例,以避免被欧洲人权法院再次判决。②例如,2003 年英国对"禁止双重危险原则"增加了"新证据"的例外,该规定即借鉴了《公约》(第七议定书第 4 条第 2 款)要求明确承认在新的证据出现的情况下可以对案件进行重新审判的重要性的认识。

此外,国内法院也会根据欧洲人权法院的判决调整对《公约》的解释。例如,在 2001 年的 Khan v. United Kingdom 一案中,③针对证据法的"公正审判"判断标准,欧洲人权法院认为,违反《公约》第 8 条所录制的录音带作为可采的证据并不使庭审程序违反"公正审判"的要求,因为被告人自己放弃了对录音带的真实性和可否使用提出异议的机会。英国法院借鉴了欧洲人权法院的判决,对非法证据排除持谨慎的态度。

(三)欧洲人权法院与英国对《公约》解释的分歧

由于英国国内法院同样适用《公约》,难免会产生与欧洲人权法院对公约理解的分歧,加之欧洲人权法院的判例对英国法律没有完全的强制力,所以,实践中存在国内法和欧洲人权法院的冲突与矛盾。这种矛盾在证据法的主要

---

① 方国学:《欧洲一体化进程中欧洲法院的作用》,安徽人民出版社 2006 年版,第 278 页。

② 赵海峰:《欧洲法问题专论》,中国法制出版社 2007 年版,第 111 页。

③ Khan v. United Kingdom (2001) 31 EHRR 45.

表现为以下几个方面：

1.非法证据排除领域

在非法证据排除领域，Saunders 案体现了这种冲突。在该案中，欧洲人权法院审查了英国上诉法院对申诉人桑德斯的定罪。桑德斯是一名公司的高级管理人员，因其涉嫌在公司并购活动中存在内部交易行为，贸易工业部的调查员向其询问了有关公司并购资金的股票计划。根据《1985 年公司法》第 434 条、第 436 条的规定，被调查人对 DTI 调查员的调查或询问有积极配合的义务，拒绝回答调查人员的询问将被视为藐视法庭而受到刑事制裁，并且受询问者的回答可以在法庭审理中作为对其不利的证据使用。因此桑德斯选择回答DTI 调查员提出的一系列可能自证其罪的问题，他的回答也在随后的刑事审判中被作为定罪的证据。1996 年英国法院在对该问题进行审理的 R v. Saunders 案中认为，该证据在刑事诉讼程序中具有可采性。此后当事人上诉至欧洲人权法院。在 1997 年的 Saunders v. United Kingdom 一案中，欧洲人权法院认为，任何以无视被告人意愿的强制或压迫手段获取的证据，都不得在随后的刑事程序中作为公诉方追诉犯罪的证据，英国上诉法院把非出于申诉人自愿而是迫于外部强制或压力所作出的不利于己的陈述作为定案根据，有违《公约》第 6 条的规定。但是，在随后 1997 年的 R v. Morrissey 以及 R v. Staines 案中，上诉法院仍然坚持了 R v. Saunders 中英国法院的立场，并未因为欧洲人权法院的判决而有所改变。

2.证人作证

自《1998 年人权法》生效后，在"公正审判"问题上，英国一直尽可能地向欧洲人权法院靠拢。但是近年来，英国法院和欧洲人权法院在第 6 条的理解上却出现了很大的分歧，特别是"无法确认身份的证人的匿名证据"与"可确定身份证人的传闻证据"成为争议焦点。

在 2008 年的 R v. Davis 一案中，当事人就以证人匿名出庭违反了《人权公约》第 6 条第 3 款第 4 项的规定，使被告人不能获得公正的审判为由提起上诉。虽然上议院在本案中认为被告人的确没有受到公正的审判，并在判决中引用了欧洲人权法院的判决，但这项判决很快被成文法推翻。该举动说明，英国立法部门其实并未肯定欧洲人权法院的判决。

成文法的颁行并没有为英国证人出庭问题的争议画上句号，2009 年，有关证人出庭问题的论争蔓延至欧洲人权法院与英国最高法院之间。2009 年 1 月，欧洲人权法院在 Al-Khawaja and Tahery v. United Kingdom 一案判决中认为,英国国内对证人出庭的替代性措施并不合适,①能够确定证人身份却没有出庭的证人的证词作为决定性的定罪依据,违反了《公约》的规定。2009 年 6 月,发生另一件引人注目的 Horncastle 案,②该案的争议焦点与 Al-Khawaja 案基本相同。英国最高法院对欧洲人权法院判决的态度,以及如何协调国内法和《公约》的适用矛盾立即成为各界关注的焦点。在该案中,英国最高法院拒绝采纳欧洲人权法院对人权公约的第 6 条第 3 款第 4 项的理解,拒绝认为当传闻证据或者匿名证据对罪名形成"单独或者决定性的"证据时就违反了《公约》第 6 条第 3 款第 4 项关于"询问不利于他的证人,并在与不利于他的证人具有相同的条件下,让有利于他的证人出庭接受询问"的规定,即使有罪判决仅仅或者在关键程度上是建立在一个能够确定身份但是却没有出庭的证人的基础上,只要遵守了《2003 年刑事审判法》的规定,就没有违反关于保护人权和基本自由的《公约》以及英国《1998 年人权法》。该判决承认,尽管国内法院应采纳欧洲人权法院所建立的原则,但是在极少数情况下,如果国内法院认为欧洲人权法院的判决过程不够有说服力,可以拒绝遵照这些判决。英国法院认为《2003 年刑事审判法》已经对传闻证据法则尽了足够的滥用防范义务,并充分考虑了保证公平审判程序、被告人权利与防止被告人因为证人死亡或者其他原因不能到庭作证而导致被告人无罪的情况,英国法院依据《2003 年刑事审判法》作出的判决并未违反《公约》第 6 条第 3 款第 4 项。英国议会与最高法院的态度保持了高度一致,在《2009 年验尸官与审判法》中,重新确定了《2008 年刑事证据法(匿名证人)》的效力,希望在保证被告人获得公平审判的同时,能够保证那些胆怯的证人匿名出庭作证。

以上案件表现出了英国法院与欧洲人权法院对人权问题的不同理解,这种分歧直接导致了传闻证据法则的异动。尽管英国没有遵守欧洲人权法院判决的绝对义务,但是不同的判决仍然会在国内激起巨大的舆论压力,也让反对派的抗议愈演愈烈。某些西方国家认为,证据法体现了英国公正理念的大倒退,一些欧盟国家甚至开始质疑英国的人权政策。可见,以证人出庭为代表的证据法问题已经超越一般法律技术的高度,甚至超越了"公正审判"法律理念本身,成为英国与欧盟对人权问题不同认识的一个缩影。

如何解决证人问题以及如何协调与欧洲人权法院将来判决之间的矛盾,将成为考验英国的重要问题。虽然对于英国今后法律的发展方向我们不便作

---

① Al-Khawaja and Tahery v. the United Kingdom〔2009〕ECHR 26766/05.

② R v. Horncastle〔2009〕EWCA Crim. 964.

出揣测,但是可以肯定的是,这仍然是一场在保护被告人人权和打击犯罪之间选择孰重孰轻的较量。可以预见的是,如果未来英国受欧洲人权法院的影响再次加大对被告人权利的保护,届时传闻证据规则将再次发生大的变动。可见,未来几年内,在人权问题的影响下,沉默权、证人作证乃至公正审判的问题将继续成为争论的焦点。

二、法典化与证据法

(一)英国的法典化进程

2001 年《对英格兰和威尔士刑事法院的评论》开宗明义地说:"刑事法应当在一个新的刑事司法委员会的监督下进行法典化,并依赖或者借助法律委员会的必要协助。"①对制定法的依赖根源于普通法的局限性:普通法仅能裁判那些被提交给法官的问题,而很多问题其实早就存在,但是没有机会被提交到法院。例如,直到 20 世纪 90 年代法官才被要求考虑基于公共利益的豁免问题。正因为如此,英国以"接近正义"为主题的民事司法改革及以"所有人的正义"为主题的刑事司法改革,均以议会制定法律作为标志和推动力,制定法在其法律制度中的分量越来越重,尤其是刑事司法改革以制定法为依托的特点更为突出。②

1.主要民事成文法

20 世纪中期之后,英国证据法开始进入一个频繁的改革期。从 20 世纪 60 年代开始,英国在证据法立法方面逐渐确立了民刑分离的立法趋势。③ 在这一时期,民事证据立法方面,主要体现在 1968 年、1972 年和 1995 年的三部《民事证据法》,改革内容涉及证据法的各个方面,尤其是在意见证据与专家证据、特免权规则、传闻规则等方面。

20 世纪末在民事证据法律中最重要的当属 1998 年颁布的《1998 年民事诉讼规则》(*Civil Procedure Rules* 1998)。截至 2011 年 4 月,该规则已历经 55 次修改。《民事诉讼规则》的制定始于 1994 年启动的民事司法制度改革。

---

① Lord Justice Auld: *A Review of the Criminal Courts of England and Wales* 2001, http://www.criminal-courts-review.org.uk,下载日期:2011 年 3 月 1 日。

② 齐树洁主编:《英国司法制度》,厦门大学出版社 2007 年第 2 版,第 11 页。

③ 齐树洁:《程序正义与司法改革》,厦门大学出版社 2010 年第 2 版,第 231 页。

沃尔夫勋爵(Lord Woolf)受命负责这项改革。他于 1995 年发表了题为《接近正义》的关于英格兰及威尔士的民事司法改革中期报告,1996 年 7 月又发表了最终报告。1998 年,以上述两个报告为基础的《民事诉讼规则》正式颁布并于 1999 年 4 月 26 日生效。[①] 这是自《1875 年最高法院法》(*Supreme Court of Judicature Act* 1875)以来,对于民事诉讼制度、民事证据制度所进行的最为激进的变革。《1998 年民事诉讼规则》的第 32 章、第 33 章对证据规则作了规定。相对以前的民事证据法而言,新的规则更为简便和理性。为使整个程序更具有可接近性、公平性和高效性,陪审团仍被排除在民事审判场域之外。在陪审团日渐式微的同时,相关证据规则在整体上呈现简易化和理性化的趋势,表现为更加强调法院对证据的控制,简化证人作证程序,弱化专家证据的效力等等。近 10 年来英国民事诉讼证据制度不断发展,呈现出以“最大限度地简化法条以确保证据法适当运行”和“放宽证据可采性”为主线的新趋势。

　　2. 主要刑事成文法

　　在司法改革的指引下,英国大刀阔斧地制定和修改成文法。以下两部法律尤其值得关注:《2003 年刑事审判法》和《2010 年刑事诉讼规则》。

　　《2003 年刑事审判法》总结了普通法的经验,以《所有人的正义》为指导思想,吸收了奥德勋爵《刑事法院评审报告》以及法律委员会(Law Commission)有关报告的建议,对英国刑事程序和刑罚制度的相关法律进行了全面修订。该法旨在针对刑事正义(包括权力和警察的责任)以及违法处罚作出规定,对涉及陪审团的法律进行修改,修订《1998 年犯罪与妨害治安法》(*Crime and Disorder Act* 1998)的第 1 部分第 1 章以及《1997 年警察法》(*Police Act* 1997),并对与刑事相关的民事程序进行详细规定。修改后的法律扩大了警察的搜查权和控方对程序性审判的上诉权,缩小了陪审团审判的范围,加强了对被害人和证人的保护,建立了重罪案件的再审制度,进一步放宽了对传闻证据可采性的限制,加重了部分犯罪的法定刑,延长了拘禁刑的实际执行期限。这些修改反映出英国刑事司法制度“重新权衡刑事诉讼中的利益关系,向被害人和公众倾斜”的新动向。[②] 对证据法来说,变动最大的是传闻证据和品格证

---

　　① 齐树洁主编:《民事司法改革研究》,厦门大学出版社 2006 年第 3 版,第 454 页。

　　② 孙长永等译:《英国 2003 年〈刑事审判法〉及其释义》,法律出版社 2005 年版,第 1 页。

据,这两项重要的证据制度都因该法而发生了剧烈变革。①

2010 年 4 月 5 日生效的《2010 年刑事诉讼规则》以《2005 年刑事诉讼规则》为基础。后者在颁布后的 5 年间共有八个修正案。2010 年终于将此八个修正案融为一体,形成了《2010 年刑事诉讼规则》。② 该规则适用于所有在治安法院、刑事法院、上诉法院刑事分庭的案件。其目标在于总结整合众多散落于不同法令中的规则,促进刑事案件管理中的文化重构。英国高等法院王座庭庭长在介绍该规则时曾说:"新规则用平实的语言赋予法院明确的权力和责任来积极管理案件,这种责任的目标在于减少无效庭审的数量,减少由此可能带来的对证人的精神压力,以及诉讼参与人不必要的花费和不便。"③这种积极强调案件管理的做法标志着对普通法对抗制"当事人自治及法官消极"传统的背离。这样的规定试图改变传统刑事诉讼案件中被告人直到庭审最后时刻才拿出杀手锏的做法,例如,在 2007 年的 Malcolm v. DPP 一案中,高等法院强调,被告人有义务协助法院达成公正处理案件的"最高目标",必须在庭审早期就清晰地提出自己的辩护内容。④ 对于公正审判的这个"最高目标"内涵如何界定,成为贯穿证据法发展过程的重要内容。

与《2005 年刑事诉讼规则》相比,《2010 年刑事诉讼规则》着重对匿名调查命令和匿名作证命令的程序进行了新规定。除此以外,该法还制定措施协助证人和被告人提出证据,限制了传闻证据和不良品德证据的使用规定,修改了在治安法院的最后陈述规定,并根据《2008 年反恐法》(*Counter Terrorism Act* 2008)和《2006 年减少暴力犯罪法》(*Violent Crime Reduction Act* 2006)对上诉程序作出调整。⑤

(二)成文法化对证据法的促进作用

有学者将当代证据法比喻为一个建立在"工程师法官"创造的普通法基础上的机器,但这个机器总受到来自议会的机械师的控制。这些来自议会的机械师总是不断地拆下旧零件,换来新零件。法官为这个机器添油,维持机器的运

---

① Adrian Keane et al., *The Modern Law of Evidence*, 8th edition, Oxford University Press, 2010, p.4.

② 英国司法部:*Criminal Procedure Rules*, http://www.justice.gov.uk,下载日期: 2011 年 5 月 1 日。

③ I.H.Dennis, *The Law of Evidence*, 4th edition, Sweet & Maxwell, 2010, p.26.

④ Malcolm v. DPP [2007] EWHC 363.

⑤ Legislative Comment, The Criminal Procedure Rules 2010, in *Archbold Review*, 2010, No.3.

转,但是时不时地要改进机器,从而满足机器的运行。① 英国的成文法化进程不仅是对法律的汇编,更是对复杂而不清晰的普通法规则进行的调整和重制。

第一,成文法化有效地增加了法律的合理性,促进法官对法律的理解。例如:对品格证据,《2003 年刑事审判法》废弃了普通法中关于品格证据复杂且缺乏确定性的规定,制定了比较可行的品格证据可采性判断方法。根据英国司法部 2009 年 3 月发布的《不良品格证据规定对法院影响研究》(Research into the Impact of Bad Character Provisions on the Courts),这种成文法规定不仅没有打破辩诉双方的平衡,而且还在保持着刑事审判基础稳定的同时,对刑事审判具有正面影响。根据调查,在 86% 的案件中,品格证据因《2003 年刑事审判法》第 101 条"该证据与控辩双方争议中的一项重要事项相关"的规定而被准许提出。位于第二位的是"该证据是重要的说明性证据",占到 10%,而按照传统普通法规定的途径而适用的案件不到 3%。②

第二,成文法化的改革对减少限制证据可采性规定的数量起到重要作用。英国证据法中有关可采性的技术性规则可谓浩如烟海。这些技术性规则可以增加判决的可预测性,维持法律的确定性,但是却削弱了法官的自由裁量权,催生越来越多"合法不合理"的判决。针对这一问题,英国法律近年来增加了证据法中的裁量性规范,力图使之占据基础性地位。③ 主要体现在以下两个方面:

一是法官为了更大的司法利益,可以灵活处理成文程序的规定。例如,在非法证据排除规则中,法院对是否采纳口供拥有自由裁量权。决定违反程序所获得的口供是否应当被采纳的至高标准不是刻板的程序,也不是硬性要求,而是审判的公正性。如果法官认为采纳口供将使整个程序显失公正,法官也可行使自由裁量权拒绝采纳该口供。以 2006 年的 Peart v. Queen 一案为例,法官认为,即使警察违反了法官规则,也不必然导致证据被排除,程序的公正性才是主要的考察对象。

二是法官需要运用自由裁量权解释成文法中的原则性规定。例如,对于传闻证据规则,《2003 年刑事审判法》第 114 条第 1 款第 4 项规定的"司法利益要求其为可采",成为传闻证据可被法院采纳的一种方式,但究竟何为司法

① Adrian Keane et al., *The Modern Law of Evidence*, 8th edition, Oxford University Press, 2010, p.4.

② Ministry of Justice:Research into the Impact of Bad Character Provisions on the Courts,http://www.justice.gov.uk,下载日期:2011 年 4 月 1 日。

③ 齐树洁主编:《美国证据法专论》,厦门大学出版社 2011 年版,第 374 页。

利益,尚待法院解释。此外,《2003 年刑事审判法》第 101 条第 3 款中的"公正审判"一词也面临类似问题。上诉法院在 2008 年的 R v. Ngyuen 案中认为,控方提出的不良品格若与所控行罪名不同,不能直接导致第 101 条第 3 款中规定的程序不公。是否允许这种证据的提出,仍属法官自由裁量的范畴。

英国之所以赋予法官如此大的裁量权,最重要的原因是"法官的首要任务在于保证公正审判"。① 正如 Fraser 大法官所言,自由裁量权的行使是一件主观的事情,有赖具体案件的事实,并没有一个精确的标准来界定疑难案件与自由裁量权的行使。②

(三)普通法对成文法的排斥反应

成文法自身存在的一些问题,如偶发性、缓慢性的特点,使得对法律的解释变得更加复杂,而且由于改革常集中于法律的某一特定领域,法律容易变得碎片化。英国学者也承认,虽然近年引入了许多成文法,但是成文法改革却没有系统性,甚至欠缺对现代证据法目标的清晰阐述。③

成文法化的另一个问题是,成文法如何与判例法相互交融。尽管成文法整合并修订了普通法上传闻证据法则,然而成文法有时过于宽泛和不确定,导致实践中对传闻证据规定的适用产生争议,其中最重要的是对法官自由裁量权进行限制的问题。

以传闻证据可采性中的"司法利益"要求为例。根据第 114 条第 1 款第 4 项的规定,法院认为"符合司法利益要求"也能成为证据可采的原因,但是该项仅能作为本款第 1 项"本章的任何条款或者任何其他成文法条款规定可采"的补充。具体到证人不能到庭陈述的问题,司法利益要求仅是针对第 116 条第 2 款第 5 项的"担心规定"而非全部的证人不能到庭问题。但是在实践中上诉法院却没有遵守成文法的规定。在 2006 年的 R. v. Harwich Justices 一案中,法院对第 116 条第 2 款第 2 项规定的是否相关人出于身体或者精神状况不适宜作为证人的问题上,也考虑了司法利益问题,法官依据"司法利益的要求"推翻了治安官的裁定。该案并非个案。在 2007 年的另一 R. v. Cole 案中,针对基于第 116 条第 2 款第 2 项提出的可采性问题,法官回溯至第 114 条,以司法利益为由采纳了此项证据。这项判决得到了上诉法院的认可。

---

① Peter Murphy, *Murphy on Evidence*, 7th edition. Blackstone Limited, 2000, p.87.

② 齐树洁主编:《英国证据法》,厦门大学出版社 2002 年版,第 76～77 页。

③ I.H.Dennis, *The Law of Evidence*, 4th edition, Sweet & Maxwell, 2010, p.19.

其实,第 116 条第 2 款前四项将司法利益排除在外的目的,就是限制法官的自由裁量权,如果对这些条件都回溯至第 114 条,那么第 116 条第 3 款的规定也就名存实亡了。2010 年,这种避开成文法另辟蹊径的做法引起了上诉法院的注意。在 2010 年的 R. v. C 一案中,被害者的监护人以该案件涉及隐私且受害者年龄不适合作证为由,拒绝被害者出庭,转由监护人自己对被害者的遭遇进行转述。后来尽管被告人被定罪,但是上诉法院认为被害人监护人在庭上陈述的证据为传闻证据,不应当被法庭所采纳。评论认为,这是近期上诉法院一系列抑制下级法院依据"司法利益"裁量权采取传闻证据的案例之一,法院直接表明,如果在第 116 条规定的情形下,法院仍然可以行使自由裁量权,那么第 116 条的规定就已形同虚设。法院认为当主要事实的证人还健在,特别是主要事实的证人还是严重犯罪的被害人且健康状况良好时,法院应当对采纳传闻证据采取一种谨慎的态度。虽然法院对第 114 条第 2 款和第 116 条的适用范围尚存争论,上诉法院也未直接规定所有应受第 116 条规制的情形都不再适用第 114 条第 2 款,但是谨慎的解释现在得到了更多的认可。[①]

可见,尽管这部成文法已经颁布多年,英国法院却仍醉心于对有利于法院自由裁量权的条文作扩大解释。英国的法官似乎将个案公正置于对议会制定法律的严格遵守之上,成文法在传闻证据规则这块历来判例法占主导的战场上遭遇到许多尴尬。由此,一些学者认为在初审法院,彻底对传闻证据规定进行大手术将比目前成文法的空泛规定、外加大量例外的模式要好得多。[②] 在可预见的未来,这种法官自由裁量权和成文法之间的较量还会继续。

三、英国司法改革与证据法

(一)英国司法改革简述

1.民事司法改革

虽然整个 20 世纪英国一直没有中断对民事程序制度的变革探索,但是直

---

① David Ormerod, Hearsay: Hearsay Evidence—Whether to Be Admitted Where Primary Witness Available—Criminal Justice Act 2003 Ss.114(1)(D), 116, in *Criminal Law Review*. 2010, Vol.11.

② Tom Worthern, The Hearsay Provisions of the Criminal Justice Act 2003: So Far, Not So Good, in *Criminal Law Review*, 2008, No.6.

到 90 年代初,英国的民事司法程序仍然是法官消极判案,当事人各自以自由的方式进行搏击。从宏观看,英国民事司法制度的弊端主要体现在三个方面,即程序烦琐、诉讼拖延及耗费过大。在此三方面的共同作用下,尤其由于缺乏对个案司法管理和对法院整体的行政管理规定明确的责任,滋生了诉讼的放任性。①

1988 年,英国在对民事司法制度进行全面省思后,痛下决心进行司法改革。1994 年,组织细致而又意义深远的民事司法制度改革在英国正式启动,英国司法大臣任命沃尔夫勋爵牵头负责这项改革,随后于 1995 年 6 月发表了题为《接近正义》的关于英格兰及威尔士的民事司法改革中期报告,1996 年 7 月又发表了最终报告。

这两份报告系统地分析了英国现行民事司法制度中存在的问题,论证了对其改革的必要性,指明了改革的内容与方向。为了解决英国民事法律中的弊端,沃尔夫勋爵建议的新司法制度具有以下特征:(1)尽可能减少诉讼。(2)减少诉讼的对抗性,增加合作性。(3)简化诉讼。(4)诉讼时间缩短,使其更具确定性。(5)诉讼费用制度和理化。(6)经济能力受限的当事人也将能平等地进行诉讼。② 具体的改革措施包括:统一高等法院和郡法院的诉讼规则;加强法院对诉讼程序的干预;防止诉讼过分迟延;严格控制诉讼费用;鼓励当事人采用 ADR 解决纠纷等。

以"接近正义"为主题的民事司法改革在促进当事人和解,缩短诉讼时间与节省诉讼费用方面已经起到了一定作用。2005—2009 年,在郡法院通过小额程序解决的分配案件比率在 50%～64%,通过快速程序及多轨程序解决的分配案件比例在 21%～25%,庭审解决的分配案件比例在 2009 年低至37%。③ 此外,根据英国 CEDR 在 2010 年 5 月公布的一项针对民商事调解员进行的调查发现,英国每年有 6000 件案件诉诸调解,2010 年的调解案件的数字是 2003 年数字的 3 倍。④

---

① 齐树洁:《程序正义与司法改革》,厦门大学出版社 2010 年第 2 版,第 323 页。

② 英国司法大臣办公厅:《民事司法改革初期评估报告》(Emerging Findings——an Early Evaluation of the Civil Justice Reforms),http://www.dca.gov.uk,下载日期:2011 年 1 月 1 日。

③ 法律委员会:*Judicial and Court Statistics* (annual),http://www.justice.gov.uk,下载日期:2011 年 5 月 1 日。

④ CEDR:*The Fourth Mediation Audit:A Survey of Commercial Mediator Attitudes and Experience*,http://www.cedr.com,下载日期:2010 年 12 月 10 日。

2. 刑事司法改革

与民事司法改革不同,自 2003 年至今,英国刑事司法制度一直处于不断变动之中。2002 年刑事司法白皮书《所有人的正义》(Justice for All)、2001 年奥德勋爵《刑事法院评审报告》以及法律委员会近年的相关报告对英国近期刑事司法改革具有重要影响。以这三个文件为蓝本,英国对其刑事程序和刑罚制度方面的相关法律进行了大幅度修改。

在司法改革的指导思想方面,与过去单纯地强调对被告人诉讼权利保障不同,英国近期司法改革的目的在于实现一种司法平衡。面对日益严峻的犯罪形势,现有刑事司法体制已经被证明在打击犯罪方面颇显乏力,司法的天平应当逐渐由被告人向被害人和社区等主体倾斜。对此,《所有人的正义》阐释得十分明确:"我们的改革项目被一个优先目标所指导:调整为有利于被害人和社区的刑事司法体制以减少犯罪和让更多的被告人接受审判。"根据《所有人的正义》,为实现预定的目标,英国采取了如下 5 项基本措施:一是减少保释期犯罪;二是将证据确实充分的案件诉至法院;三是建立快速起诉的新程序,减少被告人"钻制度空子"以逃避法律制裁的机会;四是简化、现代化取证手段;五是使判决有效、惩罚奏效。[①]

以法律委员会为代表的司法改革推进主体在此期间发挥了重要作用。英国立法部门曾多次采纳法律委员会的意见,例如,法律委员会曾经发表报告赞成对禁止双重危险规则进行限制,而《2003 年刑事审判法》的第 10 章就明确贯彻了这份报告的精神。近 20 年来法律委员会已作出过三份专门针对证据法的报告,尽管其建议有时未被采纳,[②]但不可否认,作为改革的方向标,这些报告为法律改革提供了指引,也成为研究证据法发展趋势的重要素材。

3. 司法改革与证据法的发展

证据法作为法律体系的重要一环,受到司法改革理念影响的深度和广度都超过其他类型的法律。

在民事领域,由于司法改革的重点放于传统诉讼以外的纠纷解决形式的建立上,特别鼓励调解、仲裁等 ADR 制度的发展,所以,《1998 年民事诉讼规

---

① 崔凯:《21 世纪初英国刑事司法改革及其启示——侧重于程序法角度的分析》,载张卫平、齐树洁主编:《司法改革论评》(第 12 辑),厦门大学出版社 2011 年版。

② 例如,对于法律委员会针对相似事实证据的建议,《2003 年刑事审判法》并未完全采纳,立法机关拒绝了保守的改革建议,不仅废除普通法相似事实证据采纳规则,还降低了可采性标准——证据仅需要与案件重要性事项相关即为可采,并且也无须经过法院的许可程序。

则》的重心主要放在加强法官的案件管理权,减少当事人不必要的支出方面。尽管其间也有一些对传统诉讼中的证据制度改革的变动,但并不剧烈;证据制度虽然是改革的重要方面,但不是其核心内容。考察法律委员会 2001—2011 年的法律改革报告,其中并没有对民事诉讼程序的咨询。

变动最大的当属刑事领域的证据规则。由于英国刑事司法改革的核心之一为"追求司法公正——更公平、有效的审判",而传统刑事程序以审判为核心,证据成为陪审团判断当事人是否有罪的重要依据,所以本次刑事司法改革引起几乎所有刑事证据制度领域的变革。以法律委员会为代表的司法改革推进机构秉承"公平""现代化""简便""尽可能有效益"的理念,继续推动着刑事司法改革。法律委员会 2001—2011 年的法律改革报告中,直接涉及刑事程序改革的就有 3 次,分别是 2001 年的刑事程序中的品格证据问题、2010 年的高等法院在刑事程序中的管辖权问题、2011 年的刑事程序中的专家证人问题,足见司法改革对刑事证据法的影响之大。在司法改革的背景下,总结近年刑事证据法的改革,有学者认为贯穿了以下理念:首先,重新平衡被告人和被害人证人之间的关系,更多地向被害人和证人倾斜,减少证人在作证过程中对其品格的攻击,允许在庭审中将针对被告人被控罪名的相关不良品格呈献给陪审团。其次,一改往日普通法规则多为限制法官行为的规则,许多改革更加依赖庭审法官的自由裁量权以及法官对陪审团的指示,允许法官对"公平审判"的概念予以能动性的解释。再次,允许陪审团更多地接触证据,利用常理决定证据的价值。最后,证据法改革贯穿了一个重要的理念——保护证人,特别是被害人证人的作证积极性。[①]

(二)司法改革对证据制度的具体影响

1.便利迅速思想对民事证据法的影响

《1998 年民事诉讼规则》在第 1 章第 1 条明确规定了法官解释新规则与行使权力时所依据的根本目标:"为公正地审理案件,应切实做到:①保障当事人平等;②节省诉讼费用;③采取相应的方式审理案件;④保证便利、公平地审理案件;⑤案件分配与法院资源配置保持平衡,并考虑其他案件资源配置之需要。"该目标反映了沃尔夫勋爵的深层次改革思路,即审理案件不仅仅要追求审理的正确性,还要考虑时间、费用等多方面因素。由此,民事证据规则不应当成为当事人拖延战术的帮凶,法庭不应当成为当事人推诿责任的竞技场,法官也不应当成为只注重案件精确性的消极观战者。在解释何为"公正审判"

---

① I.H.Dennis, *The Law of Evidence*, 4th edition, Sweet & Maxwell, 2010, p.25.

时,应当将效益、时间、费用考虑在内。

这种观念对民事证据规则最重要的影响是加强了法官对案件的管理。通过案件管理制度,法院有权将没有胜诉可能的纠纷剔除出诉讼过程,并控制证据开示程度。① 《1998 年民事诉讼规则》第 32.1 条规定了法院主导证据的权力:符合一定条件的证人证言可以作为直接证据,在开庭审理或者审理前当事人须进行证人证言的交流;第 34.8 条规定笔录证言,由法官、法院的证人询问官或者法院委任的其他人士对证人进行询问。过去证人出庭作证时须进行主询问和交叉询问,其证词才得作为直接证据,这些工作现已部分地书面化了,虽然弱化了言词原则,但将大大提高诉讼效率。

在民事证据领域,《1998 年民事诉讼规则》对证据制度最大的改革当属第 35.7 条创设的"单一共同专家证人"制度,以此对"法庭专家"进行改良。《1998 年民事诉讼规则》施行不久,涉及专家证人的庭审中已有 46% 的案件使用了"单一共同专家证人"制度。② 该制度体现了立法者对成本、效益的强调。为了达成这一目的,2005 年法院通过 Phillips v. Symes 案确定,如果专家由于鲁莽地违反了自己的客观中立义务或者存在玩忽职守,而给当事人的诉讼费用造成了浪费,专家应当对由此产生的诉讼费用负责。③ 这无疑加强了民事案件中共同专家证人的责任。此外,针对民事专家证人的费用问题,2010 年在曼彻斯特民事司法中心(Manchester Civil Justice Centre.)已经在商事、技术以及建筑案件中采取措施,以加速审理以及减少专家证据费用。④ 当然,在实践中,对该制度是否可带来比过去更客观中立的专家意见,以及专家证人制度是否达到了沃尔夫勋爵"降低专家费用"的初衷,学界仍尚存怀疑。⑤

2.被害人、证人中心主义对刑事证据法的影响

《所有人的正义》报告指出:"被害人对经常工作的满意率已从 1994 年的 67% 下降到 2000 年的 58%。许多被害人觉得犯罪嫌疑人的权利优先于他们

---

① 齐树洁主编:《英国民事司法改革》,北京大学出版社 2004 年版,第 14 页。

② DCA:*Further Findings:A Continuing Evaluation of the Civil Justice Reforms* 2002,http://www.dca.gov.uk,下载日期:2010 年 12 月 24 日。

③ Neil Andrews,Liability of Expert Witnesses for Wasted Costs in Civil Proceedings,in *Cambridge Law Journal*,2005,Vol.64,No.3.

④ Ministry of Justice:Proposals for Reform of Civil Litigation Funding and Costs in England and Wales,http://www.judiciary.gov.uk,下载日期:2010 年 2 月 21 日。

⑤ Remme Verkerk,Comparative Aspects of Expert Evidence in Civil Litigation,in *International Journal of Evidence & Proof*,2009,Vol.13,No.3.

的权利,有'被弃在黑暗中'之感,易受伤害、恐吓和绝望。"①传统的英国法强调有罪判决的准确性,以及无罪判决的终局性。这种观念致使检察机关不能对无罪判决表示异议,但是被告人却可以对有罪判决进行无休止的上诉。这种刑事审判天平偏向被告人的做法引起了许多不满。基于这种现实,该报告提出应当将被害人和证人置于刑事司法制度的中心位置。故此,在"被告人人权"和"打击犯罪"的权衡中,英国近年来逐渐向后者倾斜,以保证被害人和证人在尽可能最安全的环境中提供最有力的证据。

这种理念在证据法的发展中直接体现为证人作证问题。证人作证是刑事诉讼不可缺少的重要环节,也是刑事司法改革的核心。证人作证是公民应尽的义务,多数国家刑事诉讼法对此均有明确的规定,但在具体制度设计上却较少顾及证人作证的危险境况。据英国的一项调查表明,40%的证人对自己在法庭上的经历感到不快,并决定今后不再出庭作证。② 为了给证人创造更好的条件,英国始终坚持尽可能地有利于证人作证的政策。

在《2003 年刑事审判法》对传闻证据规则进行了修改和完善后,近年来证人出庭规则也经历了充满争议且富有戏剧性的变化。变化的源头在 2008 年R v. Davis 判决,③以及 33 天后就改变这一规则的《2008 年刑事证据(证人隐名)法》中证人出庭的规定。在该案中,Davis 被控枪杀了两个人。他以自己在枪案发生前已经离开,并有不在场证明为辩护理由。但是三名控方证人都证明 Davis 就是开枪的人。为了保护这些证人,法官允许证人以假名作证,拒绝回答任何可能泄露他们身份的问题,允许他们通过变声器并在遮挡物后作证。但是,Davis 的律师以这些措施违反《公约》致使被告人不能获得公正审判为由提起上诉。上议院在 2008 年 6 月 18 日判决 Davis 没有获得公正审判,因为他的律师不能充分地对控方证据进行质证,也不能对匿名证人的可靠性进行检验。该判决一出,警界一片哗然,认为它是对打击黑社会及枪支犯罪的阻碍。因此仅在 33 天后,下议院就通过了《2008 年刑事证据(证人隐名)法》,允许在一些案件中证人匿名作证。从否定到肯定,展示了英国在保护被告人人权和打击犯罪之间的摇摆不定。保护被告人权利诚然重要,但就像

---

① 最高人民检察院法律政策研究室:《所有人的正义——英国司法改革报告》,中国检察出版社 2003 年版,第 7 页。

② 李晓明:《英国 21 世纪的刑事司法改革——兼论对我国的借鉴与启示》,载《中国法学》2005 年第 4 期。

③ R v. Davis〔2008〕UKHL 36.

2008 年 7 月 7 日《每日电讯报》对该案评述的一篇文章的题目所表述的:"如果城市被恐惧所统治,公平的审判就不可能出现。"①虽经反复,英国立法者最终还是选择了鼓励知情的证人克服困难出庭作证,并为作证者提供最安全的保障。

但是关于证人出庭问题的争论并没有停止,2009 年英国法院和欧洲人权法院对第 6 条的理解不同已经引起相互对立的判决。尽管欧洲人权法院的判决在前,但是英国最高法院并未妥协,仍然坚持认为:即使被告人因为未到场证人的决定性证言而被判有罪,这种行为也没有侵犯被告人获得公正审判的权利。英国法院通过此举表明其坚持传闻法则例外的坚定决心,这种决心至今没有动摇的迹象。2010 年 4 月 26 日生效的《2003 年刑事审判法》第 51 章以及《2010 年刑事诉讼规则》赋予法官较大的权力,可在其认为符合司法公正效率的前提下,决定证人通过闭路电视现场连线的方式在法庭外作证。② 此外,还允许法院在处理某些涉及枪刀的刑事案件时采用证人匿名作证的方法。

客观而言,英国并非不重视对被告人的人权保护,判例表明近年来法院仍不遗余力地保护被告人的人权。例如在警察陷阱问题上,2004 年英国案例表明,如果警察行为积极导致了犯罪行为的发生,则应当认为损害了公正审判。③ 但是,只要英国仍坚持以"被害人、证人中心主义",它对被害人和证人出庭就会提供更多的便利。

3.严惩犯罪对刑事证据法的影响

英国警察的破案率长期低于 30%,大量案件变为无头公案,④而极高的刑事证明标准导致在进入审判程序中的未认罪被告人中,只有不到一半被陪审团判决有罪。如此低的有罪判决率不禁让人怀疑,其中是否存在大量放纵犯罪的情况。⑤ 如果说最大限度地实现社会公正是此次英国刑事司法改革的前位目标,那么最大限度地确保公众安全就是其最终目标。这是因为安全是人

---

① Johnston, Philip "Fair Trials impossible If Fear Rules the Streets", http://www.telegraph.co.uk,下载日期:2011 年 2 月 22 日。

② 英国司法部:The Criminal Procedure (Amendment) Rules 2010 Guide for Court Users, Staff and Practitioners, http://www.justice.gov.uk,下载日期:2011 年 4 月 1 日。

③ R. v. Moon [2004] EWCA Crim. 2872.

④ 英国司法部:Criminal Statistics, England and Wales 2009,http://www.justice.gov.uk/,下载日期:2011 年 4 月 1 日。

⑤ David Hamer, The Expectation of Incorrect Acquittals and The "New and Compelling Evidence" Exception to Double Jeopardy, in Criminal Law Review, 2009, No.2.

的第一需要。"这个司法体系应当既为罪犯又为受害者提供公正,以确保公众有信心,还要给公众以安全。如同英国的全民健康体系通过福利国家补充社会的不足而抵制疾病得到安全一样,该刑事司法体系通过打击犯罪而使公众获得安全。"[1]

"严惩犯罪"对刑事证据的影响主要体现在"禁止双重危险原则"和"反对自证其罪特权"两项制度的发展之中。

(1)禁止双重危险原则。传统英国法坚持的严格既决抗辩由于存在放纵错误无罪判决之虞,引发舆论不满。在这种背景下,英国颁布了《2003 年刑事审判法》,该法旨在改变判决效力的不对称性,重新平衡了两项最主要的刑事审判价值目标:判决的终局性和准确性,特别是经由对"禁止双重危险"的改革成为达到刑事诉讼价值的对称,加强对被害人和社区利益的保护。[2] 此后,既决抗辩的范围被该法缩小,法律整合规定了两项例外:无罪判决存在瑕疵例外和新证据例外。

其中"新证据例外"为该法新创。2002 年司法改革报告《所有人的正义》指出,为了追求司法公正——更公平、有效的审判,"我们建议……重案中如有说服力新的证据出现,双重危险原则可以不适用"。[3] 为此,《2003 年刑事审判法》抛弃了以前严格执行禁止双重危险的做法,规定如果出现新的令人信服的证据,且所涉犯罪为重罪,[4]则可以进行第二次审判。尽管实践中通过该规定进入二次审判的案件可谓凤毛麟角,但是从总体上看,英国的这项改革是妥当的。它增加了刑事程序结果的准确性,而准确性是判决合法性的重要组成部分。那种认为改革对被告人不公且违宪的论断很难令人信服。[5]

(2)自 1994 年英国议会通过的《刑事司法和公共秩序法》中对反对自证其

---

① 李晓明:《中英刑事司法改革比较研究——重在从技术层面进行客观分析》,载《中外法学》2007 年第 3 期。

② Ian Dennis, Prosecution Appeals and Retrial for Serious Offences, in *Criminal Law Review*, 2004, No.8.

③ 最高人民检察院法律政策研究室:《所有人的正义——英国司法改革报告》,中国检察出版社 2003 年版,第 8 页。

④ 符合条件的犯罪是指《2003 年刑事审判法》中附件五第一部分所列最严重的 29 项罪,包括侵犯人身罪(谋杀罪等)、性犯罪(强奸罪等)、毒品犯罪、刑事损害犯罪(纵火危及生命罪等)、战争犯罪和恐怖犯罪(种族灭绝罪等)等。

⑤ Ian Dennis, Prosecution Appeals and Retrial for Serious Offences, in *Criminal Law Review*, 2004, No.8.

罪特权进行了重大限制后，①1996 年的《刑事程序与侦查法》和《1998 年的刑事审判(恐怖与密谋)法》更加强了对沉默权的限制，②这种趋势一直未有变化。2007 年英国法院的 C Plc v. P 一案是近期涉及反对自证其罪问题的重要判例。③ 在该案中，警方持有对被告人所有建筑的搜查令。在搜查开始之时，法务官被告知被告人对此次搜查所获的一切材料均将行使反对自证其罪的特权，此后，被告人允许了这次搜查。在搜查过程中发现了被告人的几台电脑。随后，独立的电脑专家在查看一台电脑资料的时候发现了一些对被告人不利的、关于孩子的令人作呕的图片。根据专家和他的雇员的申请，法官指示专家将此电脑还给警察，并认为反对自证其罪的特权不适用于组成独立证据的材料，特别是这些材料并不是通过强迫手段获得的。法院在判决中援引《1984 年警察与刑事证据法》第 78 条的规定："在任何程序中，法庭可以拒绝将审查官据以作出指控的证据予以采纳，如果它考虑到包括收集证据情况在内的所有情况以后，认为采纳这种证据将会对诉讼的公正性造成不利的影响，因此不应将它采纳为证据。"④据此，反对自证其罪的规则并不是不考虑案件情况的、绝对的。普通法中的反对自证其罪的特权不可以延伸至那些不独立于此特权的人的意志之外的文件或者事物。尽管电脑是基于搜查令而被交给治安官和电脑专家，但是因为被告人电脑储存的文件不能离开电脑的硬件而存在，所以它不能独立于搜查令存在，故这材料本身不具特权。基于以上原因，法官有权指示专家将这些存有麻烦资料的电脑交还给警察。

4.追求事实真相对刑事证据法的影响

在《刑事法院评审报告》中，奥德勋爵认识到："我建议英国刑事证据在总体上应当从排除证据的技术性规则转向相信法官和陪审团能够衡量证据所应有的分量。"⑤在《所有人的正义》中，改革者提出："审理应当是寻求事实真相。目标是判决有罪者、释放无辜者。现在对法院可以听取的证据限制太多，比如犯罪前科、传闻证据，同时亦有太多的技术规则妨碍了证人有效作证。""我们

---

① 龙宗智：《英国对沉默权制度的改革以及给我们的启示》，载《法学》2000 年第 2 期。

② 梁玉霞：《论如实供述义务——兼论英国限制沉默权的可借鉴性》，载《国家检察官学院学报》2005 年第 4 期。

③ C Plc v. P［2007］EWCA Civ 493.

④ 中国政法大学刑事法律研究中心：《英国刑事诉讼法（选编）》，中国政法大学出版社 2001 年版，第 320 页。

⑤ Lord Justice Auld：*A Review of the Criminal Courts of England and Wales* 2001，http://www.criminal-courts-review.org.uk，下载日期：2011 年 3 月 1 日。

希望向治安法官、法官和陪审团提供更多证据。按照我们的建议,犯罪者推迟认罪将不会有任何益处,要把被害人和证人从不必要的折磨中解脱出来……我们建议全面修订证据规则,让最大可能范围的资料包括有关的先前犯罪判决为法庭所用。"①这种对事实真相的追求主要体现在两种制度的发展轨迹中:

(1)不良品格证据。在 2003 年前,品格证据的规范主要是成文法和普通法的混合。被告人的品格得到了法律充分的保护,只要被告人不作证,就不能提出关于他的与本案无关的恶劣行为;但是证人的不齿行为却可以作为攻击其可信性的手段。在 2003 年,在法律委员会第 273 号文件的基础上,②《2003年刑事审判法》对被告人和证人的品格证据的提出规则进行了大幅度修改。首先,针对何为品格证据问题,《2003 年刑事审判法》将构成"品格证据"的标准予以放宽,不限于先前判决。第 98 条将"不良品格"定义为"一个人不良行为的证据或者其不良行为倾向的证据",而不必与被告人的被起诉的罪行有相关性。其次,2003 年的修法对被告人以外的人的品格证据的提出提高了门槛。最后,无论在交叉询问中还是在直接询问时,只要证据符合第 101 条的规定,就可以提出被告人的不良品格证据。此外,该法还动摇了"品格可分"的理论。由于对被告人的品格攻击必须建立在第 101 条的基础上,如果检方越界,就会损害被告人获得公正审判的权利,法官可以根据第 101 条第 3 款自由裁量决定证据的可采性。所以,在庭上所呈现的被告人的品格可能是不完整的。

为了配合《2003 年刑事审判法》的施行,《2005 年刑事诉讼规则》第 35 章对品格证据的举证和采纳进行程序上的规范。《2010 年刑事诉讼规则》在《2005 年刑事诉讼规则》的基础上对传闻证据和品格证据提出的程序又进行了新规定,要求举证的当事人应适时提出他们举证所依据的事实和理由。此外,还规定了提出异议的独立简单程序。③

近年来,英国上诉法院在多起案件中对《2003 年刑事审判法》作出澄清。首先,在 2005 年的 R. v. Hanson 案中,法官主要考虑了"前罪用以证明被告人实施被控犯罪的倾向性问题"的判断标准。此标准应当包括:①被告人前科

---

① 最高人民检察院法律政策研究室:《所有人的正义——英国司法改革报告》,中国检察出版社 2003 年版,第 7~23 页。

② 法律委员会:Evidence of Bad Character In Criminal Proceedings,http://www.justice.gov.uk,下载日期:2011 年 3 月 1 日。

③ 英国司法部:*The Criminal Procedure Rules 2010 Guide for Court Users*,*Staff and Practitioners*,http://www.justice.gov.uk,下载日期:2011 年 4 月 1 日。

是否能表明其实施所控犯罪的倾向;②有关倾向是否使得被告人更可能实施所控之罪;③让陪审团接触性质相同的或类型相同的前罪是否会造成不公正,审判程序是否会因采纳该证据而变得不公正。此外,法官认为用来证明犯罪倾向的前罪不限于第 103 条第 2 款所规定的两种类型,但法官应当指示陪审团,不能因为前科而认定被告人有罪,倾向性证据仅是参考因素,要判定被告人有罪还必须考虑其他证据。

其次,如果非被告人证人的前科不涉及他们是否诚实作证的可信性,这些前科是否还应当被允许呈交给陪审团? 2010 年的一个案件对这一问题作出回答,认为被害人的前科,即使既不涉及伪证也不涉及虚假陈述,仍然对其信用起到必要的证明性作用。① 但是也有评论者认为前科问题不能一概而论,应当结合犯罪本质、犯罪数量、主体年龄等因素进行分析。该案的判决可能过于宽泛而导致对证人品质的凭空攻击。②

为了检验《2003 年刑事审判法》和《2005 年刑事诉讼规则》中不良品格证据的实际运作状况,英国司法部于 2009 年 3 月发布了《不良品格证据规定对法院影响研究》。根据这份报告,在治安法院有 5%～6% 的案件申请提出不良品格证据,而在刑事法院这个比例达到了 27%～72%,法官多在 1 小时内对申请作出裁决,绝大多数案件都申请提出被告人的不良品格证据。这些申请中的 45% 法官裁定完全允许,33% 法官裁定拒绝,22% 法官裁定部分允许。其中,48% 的案件被拒绝是由于考虑到"该证据对程序公正具有负面影响",23% 是由于"定罪后经过的时间太长",其他的拒绝原因还包括申请程序不完整等。③ 报告还发现,如果被告人申请排除此项证据,证据被排除的可能性大于被采纳的可能性。

针对品格证据运行中存在的问题,英国司法部建议,由于《2003 年刑事审判法》第 101 条第 1 款第 4 项所规定的"控辩双方的争议事项"中的"倾向性"标准适用范围最广,应当对皇家检察署加强关于"倾向性"的培训,以期为其他标准所借鉴。此外,还应加强对检察官的办案指导,指导内容可以包括构成第 112 条中构成"应受指责的行为"的要件以及证明标准等。

---

① R. v. Brewster (Neil) [2010] EWCA Crim. 1194.

② Andrew Roberts, Evidence-Non-Defendant's Bad Character, in *Criminal Law Review*, 2011, No.1.

③ Ministry of Justice: *Research Into The Impact of Bad Character Provisions on the Courts*, http://www.justice.gov.uk, 下载日期:2011 年 4 月 1 日。

　　(2)专家证据。专家证人制度是英美法系对抗制诉讼模式的缩影,英国作为专家证人制度的发源地,其制度历史悠久,规则完备,历经长期司法实践的磨砺,相关学术研究十分发达、判例众多。[①]但由于相关立法不够完善,法官在判断专家证据可采性时表现出"不确定性"和"自由性"过大的问题,很少考虑专家证据的可靠性。[②]在英国司法实践中,1991年出现是否允许单纯依据听觉对比所产生的声音一致的鉴别的问题;[③]2002年出现能否基于耳朵的纹路来确定当事人的问题;[④]2003年出现是否允许某教授基于统计学出具同一家庭出现两件婴儿猝死事件的几率只有7300万分之一的证言问题;[⑤]2009年出现是否允许面部识别专家依靠其自身的技术和经验对在现场拍摄到的十分模糊的犯罪人头像进行鉴别问题;[⑥]等等。在上述案件中,不同专家对这些科技提出的意见截然相反,让法官很难辨别。更严重的是,前三个案件的被告人都因为不可靠的专家证据而被错误定罪。可见,英国证据法中存在的问题在于专家证人的证言太容易被法院认可,对方律师对专家证人的异议却太过薄弱,专家的意见却太容易被陪审团所接受,专家的可信性由此出现危机。

　　为了推动立法发展,法律委员会于2009年4月7日发布了有关刑事诉讼中的专家证人可采性的咨询文件,[⑦]并在2011年3月21日将各方意见汇集形成了《刑事程序中的专家证据》报告。[⑧]《刑事程序中的专家证据》的主要内容及建议如下:

　　第一,该报告的核心观点是,应当在刑事程序中建立一个以可靠性为基础的专家证据可采性标准。在考虑专家证据可采性的同时制定规则,将专家证人的可靠性作为重要考量因素。如果不具可靠性,专家证人意见将不可采。

　　第二,具体而言,广义的可采性标准应当超越目前的普通法要求,具有协助性、专业性和公正性。法律委员会建议,对可采性的考察主要有三个层次:

----

① 齐树洁:《程序正义与司法改革》,厦门大学出版社2010年第2版,第256页。

② 季美君:《专家证据制度比较研究》,北京大学出版社2008年版,第88页。

③ R. v. Robb (1991) 93 Cr. App. R. 161.

④ R. v. Dallagher [2002] EWCA Crim. 1903.

⑤ R. v. Clark (Sally) (Appeal Against Conviction) (No.2) [2003] EWCA Crim. 1020.

⑥ R v. Atkins (Dean) [2009] EWCA Crim. 1876.

⑦ 法律委员会:*The Admissibility of Expert Evidence in Criminal Proceedings in England and Wales*, http://www.lawcom.gov.uk,下载日期:2011年3月1日。

⑧ 法律委员会:*Expert Evidence in Criminal Proceedings in England and Wales*, http://www.justice.gov.uk,下载日期:2011年5月1日。

第一层考察以下几点：①必要性，是否超越了陪审团的经验和知识。②专家证人是否为作出此意见的合适人选。③意见的作出是否具有公正性。第二层考察专家意见的可靠性。第三层确定专家意见为事实证据还是意见证据。

法律委员会认为，作为核心的第二层次"可靠性"的判断标准有两点：第一，意见证据应当具有合理的基础；第二，该基础决定该意见具有说服力。排除专家意见证据具有可靠性的情形包括：①意见证据建立的假设未经充分审查，或者经审查但未通过。②意见建立在无理由的假设之上。③意见建立在有误的数据之上。④意见建立的基础为未经正确进行、应用或者未在本案中适当运用的调查、技术方法或者过程。⑤意见证据作出的依据是那些不正确的推论或者结论。

第三，各方达成了广泛共识：提出专家证据的一方应当对其可靠性负有证明责任，而对于"无须证明的事实"则由法官自由裁量决定。

此外，为了保证法律委员会的建议在实践中得到充分实现，他们建议对法官、律师进行有关证据可靠性的培训，加强有关科学本质方面的训练。

然而，由专家证据延伸出的问题永远不会完全得到解决。随着科技的发展，将会出现更多的假设，而建立在这些不完全假设上的判决势必会引起对判决合法性的怀疑。在 2008 年的 R v. Suzanne Holdsworth 一案中，法官总结了当今英国司法界对专家证据的担心："专家的结论肯定涉及归纳的过程，这是一个对建立在其他知识和经验的基础上对已知事实进行总结的过程。但是如果这一过程或者这些科学知识并不全面，就要引起我们的特别注意。随着知识的增长，今天的正统做法明天就可能成为过去式。当专家的意见不仅是检察机关的补充材料而且是审查起诉的基础时，应当特别关注对这些知识的运用。"